国家出版基金资助项目
“十二五”国家重点图书出版规划项目

中华佛教史

宋元明清佛教史卷

魏道儒　著

总主编
季羡林
汤一介

山西出版传媒集团　山西教育出版社

图书在版编目（CIP）数据

中华佛教史. 宋元明清佛教史卷 / 季羡林, 汤一介主编；魏道儒著. -- 太原：山西教育出版社, 2013.7
ISBN 978-7-5440-5903-9

Ⅰ. ①中… Ⅱ. ①季… ②汤… ③魏… Ⅲ. ①佛教史—中国—宋元时期②佛教史—中国—明清时代 Ⅳ. ①B949.2

中国版本图书馆CIP数据核字(2013)第069863号

书　　名 / 中华佛教史·宋元明清佛教史卷
作　　者 / 魏道儒

出 版 人：判作栋
总体设计：崔元和
编辑主持：雷俊林　刘立平　杨　文
责任编辑：李　飞　冉红平
复　　审：杨　文
终　　审：刘立平
装帧设计：王耀斌　陈　晓
印装监制：郭　勋　贾永胜
出版发行：山西出版传媒集团·山西教育出版社
（地址：太原市水西门街馒头巷7号　电话：0351-4729801　邮编：030002）
印　　装：北京图文天地制版印刷有限公司
版　　次：2013年7月第1版　2013年7月第1次印刷
开　　本：787×1092　1/16
印　　张：27.75
字　　数：477千字
印　　数：1—5000册
书　　号：ISBN 978-7-5440-5903-9
定　　价：76.00元

《中华佛教史》总序

◎季羡林

此丛书名曰《中华佛教史》，为什么我们不按老规矩，称此书为《中国佛教史》呢？用意其实简单明了，就是想纠正一个偏颇。我们惯于说中国什么史，实际往往就是汉族什么史。现在改用“中华”这个词，意思是不止汉族一家之言，而是全国许多个有佛教信仰的民族大家之言。

谈到中华佛教史，我们必须首先提到汤用彤先生的《汉魏两晋南北朝佛教史》，此书取材丰富，分析细致，确是扛鼎之作，已成为不朽的名著。但是，人类社会总是在不停地前进，学术也是日新月异，与时俱进。到了今天，古代西域（今新疆一带）考古发掘随时有新的考古材料出土，比如，吐火罗语就是在新疆发现的，过去任何书上都没有这种语言的记载。所以我们感觉到，现在有必要再写一部书。

在中国古代佛教的著述中，有几种实际上带有佛教史的性质，比如《佛祖历代通载》等。佛教以及其他学科而冠以史之名称（如文学史之类），是晚近才出现的，其中恐怕有一些外来的影响。

近代以来，颇有几种佛教史的著作，这些书为时代所限，各有短长，我在这里不一一加以评论。

我们现在有胆量写这一套中华佛教史，就是为了赶上学术前进的步伐。

总而言之，归纳起来我们这套书有几个特点：第一，就是我们不只说汉族的事情，也介绍我国其他有关的少数民族的情况；第二，我们对古代西域佛教史的发展有比较详细的论述；第三，现在写这部书不仅有学术意义，而且还有现实意义。佛教发源于印度，传入中国后，经过两千多年的演变，最终已成为中华文化的一部分。在现实生活中，佛教仍然是一个有生命的团体。中国人民不管信佛教与不信佛教的，都必须了解佛教的真相，这会大大地促进社会主义和谐社会的发展。

在另一方面，也有利于世界各国对中国人民精神生活的了解。我们现在所需要的正是中外互相了解，全世界都互相了解。

我是不信任何宗教的，但是，对世界上所有的堂堂正正的宗教，我都有真挚的敬意。因为这些宗教，不管它的教义是什么，也不管它是如何发展起来的，这些宗教总是教人们做好事，不做恶事，它们在道德上都有一些好的作用。因此，现代世界上，宗教的存在有它的必要性。专就佛教与中国而论，佛教的原生地印度和尼泊尔，现在佛教已经几乎绝迹，但在我们中国，佛教得到了很大的发展。原因是中华民族几千年来，大度包容。中华民族文化之所以达到今天这样如火如荼的程度，就是因为我们民族有这种特点。从当前世界来看，我们最近提出了和谐世界的概念，这就希望全世界各个国家各个民族之间互相了解，互相促进，共同达到人类社会更高的层次。

所以，我们研究佛教写佛教史，不但有其学术意义，还有更深刻的现实意义。

目录

导　言

从北宋建立到清朝灭亡，是佛教在中国封建社会发展演变的第二个千年。本期佛教在学说思想、信仰形态、修行方式和传教方式等方面，都与域外佛教拉开了更大的距离，特别是这一时期形成的政治品格、思想纲领和道德标准，使中国佛教在整体精神风貌方面呈现出更鲜明的特点，并且发挥了多样化的社会功能。也正是在这一时期，融合了多民族宗教文化因素的佛教，真正成为中国传统文化中不可分割的有机组成部分。

佛教在这一历史时期的演变，可以划分为三个阶段，即两宋、辽金元和明清。不同王朝在特定时期形成的政治结构、经济结构和意识形态结构以及宗教政策，是促成佛教新格局形成的重要因素。同时，特定历史时期的国际形势、国内科学技术和思想文化的状况，也是我们考察本期佛教时应密切关注的内容。

一

宋王朝在总结历代经验和教训的基础上，对佛教采取了既不盲目崇奉，也不过分抑制的基本方针。从北宋开始，因为宗教政策引发的佛教大起大落情况减少了，给社会带来的负面影响也减弱了，特别是像“三武一宗灭佛”那种针对整体佛教的政治打击和武力镇压运动，再也没有出现过。与隋唐五代及其以前的历代王朝相比，宋王朝对佛教事务管理的措施更少随意性，更具备系统化和制度化的特点。仅就僧尼普查而言，次数之多，程序之严密，统计之精确，超过以往任何朝代。

宋王朝注重运用经济手段对佛教进行调控，名目之多，前所未有。但是到北宋中期以后，随着财政支出日趋增多，像鬻牒、出售紫衣和师号、向寺院和僧人征收各种税费等多种措施，逐渐丧失了控制和调节僧尼数量、协调僧团与社会各阶层关系的功效，成为国家弥补财政亏空、肆意搜刮的手段。这既助长了官僚机构的违法乱纪之风，也加剧了佛教僧团的腐败。这些情况都是后代王朝，特别是明清两朝所尽力避免的。

考察两宋时期佛教新格局的形成过程，考察宋代佛教的新特点及其深远影响，有以下五方面的内容值得特别关注。

第一，禅宗经过唐末五代的发展，逐渐成为佛教中影响最大的一派。经历了巨变的禅思潮，开始笼罩整个佛学界，基本奠定了佛学发展趋向的基础。

就禅宗内部的派系变化而言，北宋前中期是临济、云门两宗共同推动禅学的发展，到北宋末年则是临济、曹洞成为禅宗最主要的两支。至南宋末年形成的“临天下，曹一角”的禅宗分派格局，直到清末也没有改变。

北宋时期，从汾阳善昭到圆悟克勤，以“代别”、“颂古”和“评唱”为主要内容的“文字禅”成为显学。文字禅的思想和实践可以追溯到唐代，但是形成与公案之学相联系的稳定形式，成为颇具影响力的禅学潮流，则是从北宋开始。文字禅之所以能够产生，是因为禅宗上层人物在新的历史时期具备了放下锄杆拿起笔杆的条件。文字禅的形成过程，也是禅宗新经典的创造过程，是禅学整合佛学各部分的过程。它能够风靡禅林，与宋代科举体制造就的士大夫群体、与宋代的官僚体制和士风特点等有着密切关系。文字禅的兴盛，把有文化的禅师与士大夫联系得更紧密了，也把禅与文学联系得更紧密了。

两宋之际，宏智正觉发挥唯识性空思想，吸收庄子入禅，力倡静坐默究为证道的唯一手段，弘扬默照禅法，形成了曹洞新宗风，影响很广。稍后，大慧宗杲融合儒释教义，主张通过直观参究公案中的“话头”，达到对“诸法无别，以我为主”的体验，进而能够在现实生活中“随缘放旷，任性逍遥”，完善了临济宗的“看话禅法”。这种禅法也和默照禅一样，不仅吸引了众多禅僧，而且得到士大夫的响应。南宋初期以后，“看话禅”成为禅学的主流，超越了宗派界限。因此，到两宋之交，整体禅学的三大组成部分，即夹杂着棒喝的机语酬对，与公案相联系的文字禅，以及注重心理体验的看话禅和默照禅，就最终定型了。

尽管禅学经历了诸多变化，并且努力把佛教各派思想纳入禅学体系，但是，从初唐以来，特别是从六祖慧能以来所强调的自证自悟、自成佛道的禅学基本思想，并没有被放弃。文字禅的逐步展开，禅宗新经典的不断涌现，正是用大立文字的方法，支撑“不立文字”的宗旨。

在禅学突出个性特征发展的同时，佛教内部各派学说的融合也进入了新阶段。延寿在坚持禅宗基本理论的基础上，用法相宗证成万法唯识，用华严宗明万行的必要，用天台宗检约身心以去恶从善，从而使一切经教全部纳入禅宗领域。延寿的理论，标志着纯禅时代的结束，综合禅时代的来临。宋代以后，诸宗融合，包括禅、教、密、律、净土的融合，不仅是禅宗的演变方向，也成为佛学发展的趋势，其影响远远超过了以突出本派理论优势为宗旨的各派中兴运动。

第二，域外佛教的持续输入，已经不再成为左右中国佛学发展的主要因素。佛教在循着自身内在规律发展的过程中，诸宗派分别出现了所谓“中兴”运动，其声势之浩大，涉及面之广泛，影响之深远，都是此后所没有的。

从两汉之际到隋唐，佛教的发展既受到传统思想文化和社会现实的制约，又与域外输入的佛教新因素息息相关。从宋代开始，以注解新译典籍进行理论创造的阶段基本结束。尽管宋代在译场组织、人员配备、译经种类和数量等方面都有值得重视的内容，但是所译经典对当时及其以后佛学发展演变的影响，微小到几乎可以忽略不计的程度。

隋唐时期形成的佛教诸宗派，其不均衡发展的态势在唐中叶就明显呈现出来。经过唐末五代社会剧烈动荡，多数宗派典籍散失，传承断绝。中兴运动正是在佛教义学普遍衰落的情况下兴起的，而不是在民间佛教信仰消失的情况下兴起的。激发教、净、律诸派中兴的原因是多方面的，或有历史传统的作用，或受佛教总体格局变动的牵制推动，或与中外佛教交流息息相通。北宋的佛教综合复兴运动，在社会各阶层产生了程度不同的反响和回应。

以振兴本宗为己任的佛教各派，主要进行了四个方面的工作。其一，建立永久弘扬本宗的寺院；其二，致力于本宗散失典籍的收集、整理、研究和宣讲，争取多继承前代遗产，力求较全面地普及本派基础知识；其三，重新设计或接续已有的本宗传法系谱；其四，以本宗的基本思想诠释别派比较流行的典籍，促进本派学说在整体佛学中的运行。

然而，义学诸派在理论创新方面，几乎没有可圈可点的闪光之处，全然不能与同时期的禅学相提并论。即便在中兴气象最可观的华严和天台那里，情况也是一样。在华严学僧内部，仅仅围绕“同教”与“别教”的辩论，竟然延续了几十年。复兴天台的旗手知礼，提出所要“观”（想）的对象(“境”)，是与真如、佛果直接对立的“三魔四障”，就是“众生心”、“己心”中纯恶无善的部分。这种重点让人们认识和体认“妄”、“恶”等纯负面精神活动的止观实践，原本是要发挥自我忏悔罪恶，加强自我道德修养的作用。但是，它同时会让人不能全面看待世界、人生和自我，把人带到与“存天理，灭人欲”相同的道路上去。他的焚身愿望，正是这种极端思想指导下的追求。所以，他提出的最具创新意义的学说，也最没有活力。

第三，净土法门经过多途发展，出现了不同种类的多元复合性质的净土信仰，具有惊人的号召力和感染力。此类净土信仰以僧俗结社为桥梁，广泛流行于社会各阶层，发挥着超出宗教范围的多种社会功能。从佛学内部而言，净土开始成为影响力仅次于禅学的佛教信仰和实践。

从纯宗教的目的方面考察，人们对于净土的执著追求，实际上是对救世主的呼唤，是对消除现实苦难的企盼，是对百年之后获得圆满归宿的憧憬。这是倡导自证自悟，号召凭借自力解脱的禅学所不能满足的。可以说，禅宗理论中蕴涵的顽强理性精神，恰恰不能阻止净土信仰在特定人群中的流行。

自北宋初年开始，倡导和实践净土信仰成为各宗派僧众的共识，净土学说由此多渠道、多层面展开。当时出现的多种自成体系的净土学说，分别属于禅宗、华严、天台和律宗诸系统。它们一般都具有吸纳多种因素的融合特点，不但远远超出了佛教译籍的学说范围，也超出了唐代注疏的论证范围。这些“多元复合净土信仰”所依据的基本理论、所崇拜的信仰对象、所确定的修行内容、所树立的修行目的，都与传统的净土经典存有差别，具有适应社会需要的创新性质。然而，无论任何一种净土学说，又都与本于弥陀经典的西方净土有着千丝万缕的联系。尤其值得注意的是，净土结社运动从以杭州为中心的江浙一带兴起，扩展到北方的京畿地区，其种类之多，规模之大，延续时间之长，传播速度之快，是历史上所罕见的。创建和参与各类结社的人员，在僧团之外有朝廷的达官显贵，有各级地方官吏，有一般士人，更有广大下层民众；在佛教内部则有各宗派的领袖人物，有地方名寺的住持，以及一般僧众。

第四，在三教融合的大背景下，三教关系开始进入新的阶段，佛教由此逐步形成了新的政治品格和道德观念。

宋王朝实行三教并举的方针，使思想界有了宽松的环境，有利于新思想、新学说的产生。从宋代开始，三教的平等融合，开始成为统治阶级、佛教僧侣和社会各阶层的共识。无论在儒家人士中还是在文化僧侣中，都出现了三教融合的新理论和新实践，理学也正是在这种时代潮流中产生的。让三教从不同方面发挥治世利人、协调人际关系、维护王权统治的作用，已经不仅仅是学说发展的状况，而是社会不同阶层的需要，更是统治阶级的要求。宋代以后，三教在思想方面的冲突和斗争退居次要地位，相互融合成为主流，特别到明清时期，开始出现了荣辱与共的局面。

就佛教而言，吸收儒家思想也进入了新阶段。儒教的政治伦理观念，开始被公认为是佛教伦理体系的重要支柱，宋代一些倡导儒释融合的代表人物，也成为后世的典范。从契嵩开始，佛教逐渐成为推广和神化孝道的重要力量，成为“慎终追远”的儒家孝制中不可缺少的组成部分。正是在这种情况下，佛教才真正不会从社会生活中被排斥出去了。

宋代佛教界所讲的道德，明确以儒家的道德规范为核心，并不仅仅局限于佛教传统戒律的范围。《禅林宝训》比较完整地反映了宋代佛教界把儒家的纲常名教和佛教戒律结合起来，共同作为道德建设基本准则和内容的实况，对后代佛教产生了持久的影响。

宋王朝强化君主专制主义的中央集权，给意识形态以巨大影响。国家至上，君主至上，化作“忠君报国”的理想和呼唤，成为那个时代的最强音。毫无疑问，这是诱导佛教思想剧烈变化的一个持久和重要的因素。把“忠君爱国”、“爱君忧时”等作为僧侣的美德，把振兴佛教视为“报国恩”，把树立佛教信仰（发菩提心）等同于树立“忠义之心”，已经不是个别僧侣的特殊见解，而是佛教界的思想纲领和道德标准。佛教的爱国主义意识可以追溯到很早，但是，它作为中国佛教的一个传统则是从宋代开始形成的。

第五，从佛教的传播途径方面考察，自北宋开始，佛教从写经流传时代过渡到刻印藏经的流传时代，这是具有重要意义的。

刻板印刷佛教经典可以追溯到唐代，但是在宋代以前，还没有大规模刻印佛教经典总集性质的大藏经。北宋“开宝藏”的问世，标志着印刷大藏经开始取代手写大藏经。两宋历时悠久的五种大藏经的刊刻，对佛教经典的普及和流通，对雕刻、造纸、印刷等手工艺的发展，对加强与周边地区和民族的思想文化沟通交流，都具有重要的推动意义。从宋代开始，雕刻和印刷大藏经成为历代王朝的重要文化建设事业。从宋到清的大藏经刻印，规模之浩大，影响之久远，在古代世界印刷史上是绝无仅有的事情，其意义已经远远超出了宗教的范围。尽管此后手写佛经作为功德善举依然在社会各阶层流行，但是作为提供学习、研究之用的各类佛教典籍，毫无例外是以印刷本为主。

二

辽金元统治的四百多年间，少数民族统治者采取的宗教政策，既有别于此前的唐宋，也不同于以后的明朝。特别是辽、元两朝的佛教政策，尽管曾产生了广泛而持久的影响，但在历史上都是受称颂最少，遭诟病最多的。

从辽太宗开始，就把观音作为王族的保护神，把佛教崇拜对象纳入了辽王朝的崇拜体系之中。随着帝王对佛教的崇信程度不断加深，尤其是佞佛帝王的出现，进一步刺激了佛教信仰在民间的流传。从宫廷到民间，妇女以黄粉涂面，称为“佛装”；无论男女贵贱，直接使用佛、菩萨名起小名，这些做法逐渐成为民间习俗。正是在佛教信仰的流传过程中，契丹族与汉族加强了对统一民族的认同感。

辽王朝并没有设置专门管理宗教的机构和官吏，任命僧官往往与帝王个人喜好有关。辽朝对僧人的封官赐爵始于景宗，盛于兴宗、道宗。辽代僧人的社会地位和政治地位空前提高，他们所享有的某些特权，只有以后元代的喇嘛教僧人可以相比。从王室、达官显贵到一般富豪的大量施舍捐献，社会地位十分低下的寺院二税户和社会民众以结社形式参与寺院佛事，共同支撑起辽朝庞大的寺院经济。

辽朝虽然和北宋一样，直接承袭晚唐五代的佛教，但两地佛教的精神和面貌截然不同。辽朝佛教以密教和华严为主，密教广泛流行于社会各阶层。从皇室贵戚到士庶百姓，往往通过雕塑佛菩萨像、建塔造幢以及讽诵行持等活动，表达虔诚的信仰。密教义学的发展，显密之间的对立、冲突和融合，也正是在这种大背景下形成的。华严学是在密教刺激下发达起来，其兴盛不是表现在对唐代原有教义的创新方面，也不是表现在传播范围的扩大方面，而是表现在与密教的融合方面。辽代最著名的密教学问僧是精通华严的，而倡导显教和密教融合的学僧也是研究华严的学者。显教和密教的关系，在辽代表现为华严和密教的关系。

在辽代佛教界，觉苑和道硕是倡导显密融合的两个代表。他们的区别在于，觉苑是站在密教的立场上，通过吸收华严学的内容，沟通两者的关系；道硕则是从华严学的角度论证显密的平等无差别。他们所要吸收或弘扬的华严学内容，有着惊人的相同之处：不是来自《华严经》，而是来自华严宗的教理，其核心思想就是智俨在《华严一乘十玄门》开头所揭示的“法界缘起”理论，“一即一切，无过不离，无法不同”。尽管他们引用的《华严经》语句不同，并且以引用澄观的著作内容为多，但是其核心思想，不出这个范围。他们虽然祖述善无畏、一行所传的胎藏系统，但是，由于吸收了华严宗的核心理论，已经成为带有时代特点的中国化密教思想。这是在显密融合大背景下的必然产物。

金王朝的统辖地区包括了此前的辽地。尽管金朝佛教接受了辽和北宋佛教的双重因素，但汉化进程更快、程度更深的金王朝，把辽代的一些佛教管理措施都逐渐作为消极残余来消除。特别是二税户制度，金王朝三令五申予以取缔。从发展总趋势上看，金代的政策使佛教逐渐消除了辽代的残余影响，并逐步向宋地佛教靠拢。与辽代相比，金代佛教的派系结构和学说思想都发生了重要变化，密教与华严学不再成为显学，继承北宋传统的禅学成为佛学的主体。

元王朝建立的民族等级制度，直接波及民族心理和文化的分布，流行于不同地区的宗教也首次被官方放置在有民族等级优劣划分的前提下来考察。与此相应，儒释道三教在蒙元统治集团的直接干预下，经历了重新定位和排列，形成元代独特的意识形态结构。元代的佛教管理机构繁多杂乱，设立和罢撤随意、管辖范围交叉重叠，僧官位高权重。佛教管理体系之所以发生这种显著变化，与喇嘛教至高无上的宗教地位有直接联系。

无论是古代藏文典籍还是汉文史书，凡记载元代萨迦派者，无不痛斥其上层僧人在内地和藏区横行不法、跋扈恣睢、乱政害民，可谓劣迹斑斑，罪状多端。然而，萨迦派活跃于元代政治舞台上，也发挥了多方面的积极的历史作用。它帮助元廷在西藏地区建立了有效的行政体制，结束了藏区大约400年的分裂割据局面，实现了政治的统一，使藏族地区作为一个整体进一步密切了与中央的关系，从而使藏区加强了与内地的经济、技术和文化相互交流和融合。另外，以喇嘛教为载体的藏族文化，在这个历史阶段才真正成为中华民族文化的有机组成部分。

南宋时期，各地在执行朝廷颁赐寺额过程中，出现过把寺院进行分类的现象，但那时还没有形成寺院分类制度。从元代开始，官方把政府管理的寺院分为禅、教、律三类，并且要求它们保持各自的专业。这种措施为明代寺院分类管理的系统化和完善化奠定了基础。元代寺院经济不是与社会生产发展同步成长起来的，而是通过掠夺民田、接受赏赐、规避差税等方式在短时间内膨胀起来的，所以对社会经济造成了更大的危害。同时，经济实力的极度膨胀，也成为佛教内部孳生腐败堕落的温床。

在藏传佛教居统治地位的情况下，汉地佛教，特别是作为主流的禅宗，受到巨大冲击。那些不堪忍受蒙古贵族压迫的汉族僧人，从修行思想到实践，都发生了变化。他们往往主张退隐山林，不与统治者来往。

元代政权巩固后，佛教中以喇嘛教的地位最高，是密宗的代表；在北方重点扶植天台、华严和唯识三宗，被称为教门。元代临济宗分为北南两支，差别是很大的。北方的海云印简一系，在蒙元统治初期，与统治者保持密切关系，积极参与政治，管理宗教事务。尤其是在规劝蒙古贵族接受汉文化，鼓励他们以儒术治国等方面，成效显著。此系始终被元代统治者树立为临济正宗，但是，他们在禅学上并没有任何建树。另外，北方的曹洞宗接续金代的发展，其状况与海云印简一系相似，主要弘法基地是河南嵩山少林寺。

南方禅宗均属临济宗，分别出自宗杲和绍隆两系。宗杲弟子育王德光之后，出现了灵隐之善和北磵居简两支；绍隆的再传弟子密庵咸杰之后，出现了松源崇岳和破庵祖先两支。这四支构成了南方临济宗的主流，也是整个元代禅宗的主体。它们总体可归为功利禅和山林禅两种类型，前者指以功利为目的，积极靠拢朝廷，凭借政治权势带动禅宗发展的派别，其代表主要有之善系和居简系，以及崇岳系的清茂、守忠等人。五山十刹，主要由这类禅师住持；后者则与此相反，大多数人山居隐修，不为世人所知。部分人活动于民间，影响很大，但拒绝应征，与朝廷官府的关系疏远，其最重要的代表是祖先系统。无论属于那个系统，在禅学上主要继承的都是宗杲的“看话禅”，并进行了若干调整。尤其是到元中叶以后，主张密、教、禅、律四宗统一以及禅净融合的浪潮在禅宗中逐渐高涨起来。

三

明王朝建立之初就废除了蒙元贵族不平等的民族政策和宗教政策，特别是取消了喇嘛教的特权，不仅受到社会各阶层的拥护，也为佛教的发展提供了新的社会环境。

明太祖时期，建立了与行政建制相配套的僧司机构，在中央设僧录司，在府、州、县分设僧纲司、僧正司和僧会司，同时规定了各级僧官的名额、品阶、职权范围，以及任选标准等，由此构成了自上而下的严密佛教管理体系。这是中国历史上最成熟的僧尼管理机构，并且为清代直接仿效。明太祖直接插手佛教的内部事务，多次颁布诏令，把寺院分为禅、讲、教三等，僧人也相应分为三宗，要求“各承宗派，集众为寺”。这对明代及其以后的佛教发展走向起到决定性的作用。

明朝前期，佛教从王朝更替的动荡中逐渐趋于稳定，并且在新王朝规范治理的过程中实现逐步转变。佛教界的义学诸派陷入沉寂，有影响的义学名僧很少。相对说来，禅宗比较活跃，以元叟行端和笑隐大䜣两系最有影响，特别是前者，与明廷关系尤为密切。就禅学而言，也发生了不同于宋元的新变化，禅向义学的倾斜，是其中一个突出的特点。

明代中期，佛教队伍在规模上超过明初，但是，无论义学还是禅学，都处于有史以来最缺乏生机的阶段，既没有形成能影响全国的传教基地，也没有出现众望所归的禅师，更没有什么新的禅思潮兴起。有活动能力的禅师，多数在为建寺院、治田庄、蓄财使奴、构筑豪富生活而奔忙。禅宗之所以不景气，从学风上讲是因为禅僧对于义学的攀附。当时，讲经、注经受到国家重视，禅僧们争赴京城，听习经典，作为修行过程的必要环节。因此，佛教经论的功底如何，不仅是衡量义学法师水平的标准，也是考察禅师水平的尺度。法师登门向禅师挑战，似乎也成为常见现象。

从神宗到明朝灭亡的70余年间，明王朝对佛教逐渐失去有效控制，各种佛教管理措施已经不能执行。随着各种社会矛盾的激化，以江浙地区为中心，佛教出现了复兴浪潮，声势浩大，发展迅猛，席卷全国，并且一直延续到清雍正时期。明末佛教复兴运动分为两股潮流，一股潮流主要在都市城镇里奔涌，是以祩宏、德清、真可和智旭为代表的“佛教综合复兴运动”；另一股潮流主要在山林村野中流淌，是以临济、曹洞为主体的“禅宗复兴运动”。两股潮流相互激荡，相互呼应，相互影响，打破了佛教的长期沉寂，共同促成了佛教在中国封建社会最后一个兴盛期。

以“明末四大高僧”为代表的学问僧，在佛教思想方面有共性。他们所推崇的佛教人物，是宋代以来倡导禅教净律融合的延寿等人。他们继承教禅并重、三教合一的主张，既重禅学，也重义学，更重净土。特别是明末清初的智旭，不仅倡导不分优劣地弘扬天台、禅、律、唯识、净土等教理，而且主张信仰一切佛、菩萨和祖师，并且包括佛教一切经典。他积极推广各类赎罪法事，重视和支持礼忏、持咒、血书、燃香等活动，并且把念佛、戒杀和放生有机地统一到求生净土的信念和实践中。他们以俗家弟子为主要宣教对象，不以复兴佛教的某个宗派为目的，号召全面继承佛教遗产。他们不仅在当时社会上和佛教界享有盛誉，也成为后世佛教信仰者顶礼膜拜的偶像。但是，他们淡化法系传承，消除门户壁垒的主张，始终没有成为此后清代佛教界的主流认识。

禅宗崛起的直接原因，是社会动乱造成的穷苦民众源源不断地涌入佛教队伍，范围很广，规模很大。当时具有弘教传禅资格的禅师达上千人，这在整个禅宗史上也是少见的。在数以百计的“开堂说法”者周围，往往聚集着数百名僧人，有的多至一两千众。他们中的不少人不循戒律，贬低佛典价值，否定西方净土，反对从事瑜伽教僧的职业。这种禅风与宋以来的禅宗传统直接抵触，而与晚唐五代的山林禅有更多相似之处。当时禅宗内部的争论很激烈，辩论的症结在于是突破传统佛教，还是维护传统佛教；是有选择地继承禅学遗产，还是全面继承佛教遗产。这些争论有时十分烦琐，引发出的创见则极少，往往与参加争论者的宗派隶属、政治态度等交织在一起。就此而言，这与当时党社的派系斗争又有些近似。

就明末禅宗复兴的派系结构来说，是曹洞宗和临济宗并兴。曹洞宗有两支不断扩张，一是湛然圆澄开创的云门系，二是无明慧经开创的寿昌系。临济宗的主要派系出自笑岩德宝的弟子幻有正传门下，正传的著名弟子有密云圆悟、天隐圆修和雪峤圆信，都在江南一带传禅。到了清代初年，禅宗复兴运动的影响已经遍及全国，受到清廷的特殊关注和强力干预。

支撑佛教综合复兴的是官僚士大夫阶层，托起禅宗复兴的是失去土地和生活资料的流民。他们有不同的境遇、不同的需要和不同的追求，从而使两股复兴潮流呈现出迥然不同的风貌。到清雍正时期，禅宗的复兴运动彻底沉寂，佛教综合复兴运动中的主导思想逐渐成为社会各阶层信众的共识。

四

清王朝宗教政策的指导思想，是把维护专制皇权放在第一位，彻底清除任何宗教派别中有违于皇权至上的因素。这个政策的突出特点，是把儒释道“三教”与其他一切有秘密结社性质的民间教派严格区分开来，自觉把前者作为加强统治的思想工具，扶植多于限制，采取相对宽松的政策；明确把后者作为颠覆政权的力量，武力镇压多于思想诱导，采取严厉打击的措施。

清王朝对建寺和度僧都颁布了法律条文，而且规定也比较细致。清代寺院分为国家建造和民间建造两种，都被纳入政府的统一规划和管理之下，限制比较严格。清代的僧道管理机构基本仿照明代建立，变动不大。在度牒管理、废除试经度僧制度等方面，清王朝进行了较大变动，对佛教发展也产生了深刻影响。清王朝对佛教内部不同宗派或不同法门的变动情况格外重视，其中，干预较多的是清代前四帝。他们的态度相当明确，也完全一致：着重鼓励和支持的是律宗和净土，重点整顿和清理的是禅宗，任其自生自灭的是教门诸派义学。

即便与元代相比，清朝对藏传佛教的管理措施也更为细致。总的说来，清廷授予上层喇嘛以政教权力，鼓励喇嘛教在内地传播，但并没有引发元代那样从中央到地方的乱政扰民局面。宗教上层人士的教权，在协助中央管理地方上起了重要作用。同时，清廷通过编译四种文字对照的《大藏全咒》，通过在京城建立喇嘛教寺院等措施，强化了满、汉、藏、蒙诸民族的文化认同意识。有清一代，藏传佛教对汉传佛教的影响已经不能与元代相比了。

从顺治到乾隆，佛教沿着明末开辟的方向继续发展演变。由于受到清王朝政治、经济和思想文化的制约，也不断修正前进方向，调整内部结构。总的说来，佛教还保持着相当规模，在社会上还产生相当大的影响。尤其是禅宗，还一度保持兴旺局面。嘉庆以后，随着清王朝的内忧外患进一步加剧，官方已经无暇顾及传统宗教，佛教自身也进一步衰落，许多寺院逐渐成了流民的藏身之地。太平天国运动时期，以天主教为号召，反对偶像崇拜，对佛教和道教都予以排斥和打击。僧尼星散，寺院遭受破坏，以至佛教的存在，更集中地表现在瑜伽焰口、水陆道场、慈悲水忏、梁皇忏、大悲忏、金刚忏、打佛七等各类法事的广泛盛行中。

总体观察，清代佛教有三个重要情况值得关注。

其一，教门各派义学进入全面衰落期，律宗形成一支严格意义上的宗派。佛教界在普遍淡化原有宗派隶属的同时，更重视师徒传承关系，从而使新形成的支派持续保持着旺盛的活力。

清代佛教界始终没有形成学习、研究佛教经典和探讨佛教理论的风气。谈得上对佛学有研究者，已经寥若晨星。就佛教义学的总体情况而言，尚不能与明代末年相比。除了个别华严学者还保持某些特点之外，其余的义学门类就没有特点可言了。佛教各宗派中，只有兴起于明末的如馨一系，在组织规模的宏大、法系传承的严整、社会影响的扩大等方面全面超越前代律宗。

随着佛教内部各派思想融合的不断加深，在绝大多数情况下，宗派之别已经很难反映思想的不同。对于一般僧人而言，由于原有的宗派划分并没有高低优劣之别，所以师出临济或曹洞，禅宗或教门，并没有什么重要意义。能够决定他们身份、地位以及是否赢得社会承认的一个关键因素，是他“嗣法阿谁”。也就是说，他是谁的弟子很重要，关键时刻会决定他在佛门的进退荣辱。同样因为重视师徒传承关系，有的宗师谨慎择徒，终生只认可一位嗣法弟子。正是由于对师徒传承关系更为重视，许多佛教新支派发展起来，并且法脉延续久长，其影响至今还看得到。

其二，禅宗诸派依然保持着传法系统，在组织规模上始终是佛教的主体。但是，禅学却从保持个性的多头发展，逐步转向融合各种佛教思潮，并与其他教派逐渐趋同。

明末山林禅宗复兴的浪潮在清初得到进一步发展，继续成为佛教的主体。就派系结构而言，临济和曹洞都有一定扩张，以江浙等地为主要基地，分别衍生出若干支派，活跃于南北各地。不同的支派，其禅学思想或宗风也不相同，或者推崇斗机锋、施棒喝，甚至呵佛骂祖，用极端狂放的方式表达自证自悟的教义，完全沿袭唐末五代的山林禅风；或者主张钻研语录公案，作拈古、颂古，继承北宋以来的传统；或者以参究话头为证悟正途，沿着南宋宗杲开创的禅学道路前进。随着清王朝政权的巩固，在社会趋于稳定的过程中，加上雍正的严厉整顿，山林禅和文字禅成为主流舆论批判的对象，逐渐趋于沉寂，只有看话禅与净土思想融合，继续盛行于禅林。

其三，西方净土信仰、菩萨信仰和各种救赎性质的法事盛行于佛教界和社会各阶层，成为最有影响力的佛教信仰和实践。

进入清代以后，禅宗的唯心净土思潮逐渐失去号召力和感染力，传统弥陀经典宣扬的西方有相净土越来越兴盛。专弘西方净土的宗师比以前任何时期都多，并且在实践上不断有所创造。另外，专门弘扬西方净土的著名道场及其结社组织也随之涌现。纯粹的西方净土法门在普及过程中，逐渐取代禅宗法门，成为佛教界最流行的思潮，同时为越来越多的社会民众所接受。与此相联系，同样是寄希望于佛、菩萨拯救的各种救赎性质的忏仪法会，流行于社会各阶层。西方净土信仰、菩萨信仰和救赎法会在僧俗两界的盛行，表明人们重视他力拯救远远超过重视自力解脱。这也是导致禅学必然衰落的一个重要原因。

本书从宋到清的禅宗、华严相关部分，借鉴和吸收了与杜继文先生合著的《中国禅宗通史》以及拙作《中国华严宗通史》、《宋代禅宗文化》的一些内容，特此说明。限于个人水平，本书中错谬难免，敬请读者指正。

第一章

宋代社会与佛教新格局

第一节　佛教政策与管理制度

一、促动新格局形成的社会因素

宋王朝包括北宋（960—1127）和南宋（1127—1279），立国320年。北宋王朝的建立，结束了唐末以来长期的社会动乱和地区分治局面，再次出现了全国的统一。宋王朝在政治、经济和思想文化等方面形成的新特点，宋代帝王的佛教政策，成为制约佛教发展演变和促动佛教新格局形成的主要因素。

第一，宋王朝在特定历史时期强化君主专制主义的中央集权，对佛教爱国主义传统的形成有推动作用。

中唐以来，藩镇猖獗，地方割据势力膨胀，造成了君弱臣强、政局不稳、社会动荡的恶果，直接损害了整个统治阶级的利益。自五代开始，北方少数民族崛起，从东西两个方向不断侵入中原，始终对宋王朝构成威胁。针对这样的历史环境，宋王朝在处理内部事务方面，明确把防止地方势力复辟、镇压农民起义、制止官吏专权和集权中央作为基本国策，作为加强专制君主权力的重要内容。特别是北宋中期以后，为了抵御接连不断并且日益严重的外患，进一步高度集中军政财权。宋王朝推行的一系列加强皇权的措施，有着顺应社会稳定和抵抗外敌侵扰的实际作用，因此在实施过程中几乎没有遇到大的阻力。如此，强化君主专制主义的中央集权，成为宋王朝在政治方面的一个突出特点。

这种在特殊历史背景下形成的专制制度，给予意识形态巨大影响，特别在伦理观念和价值趋向上，变化是剧烈和显著的。国家至上，君主至上，化作“忠君报国”的理想和呼唤，成为那个时代的最强音，成为那个时代的思想纲领和道德标准。这种倾向随着民族危机的加深而同步增强，直到北宋南渡和南宋灭亡。毫无疑问，这是诱导佛教思想变化的一个持久和重要的因素。把“忠君爱国”、“爱君忧时”等作为僧侣的美德，把振兴佛教视为“报国恩”，把树立佛教信仰（发菩提心）等同于树立“忠义之心”，已经不是个别僧侣的特殊见解，而是逐步成为佛教界的共识。佛教的爱国主义意识可以追溯到很早，但是，它作为中国佛教的一个传统则是从宋代开始形成的。

第二，大量科举入仕的官僚士大夫成为佛教发展演变的重要社会力量，他们的精神需要对于佛学各分支的兴衰变化起了重要作用。

与唐代相比，宋王朝的科举已经不再被门阀贵族所垄断和操纵，取士范围更广，人数也更多。各级官员绝大多数是科举出身，文化修养良好，成为宋代官僚阶层的一个特点。为防止因官吏擅权而削弱君权，宋廷进行了削弱和分散官僚权力的行政改革，在任用官吏上实行了官与职殊、名与实分的制度。但这一切并没有从根本上提高行政机构的办事效率，并没有彻底解决小人擅权的问题。相反，这些措施造成机构设置的臃肿膨胀、人浮于事，加上任用和罢黜随意，提拔的多，需要安置的更多，从而造成了历史上少有的在职加赋闲的官僚阶层。这样一来，统治阶层中的大量干才时时受到各种牵制，许多人往往是“志未伸，行未果，谋未定，而位已离矣”。[①] 官场风云的变化莫测、宦海沉浮的不能自主，都促使官僚士大夫从佛教中寻找精神寄托。

两宋文武官僚的一个共性，是他们经世时多有两手准备。宋人罗大经说：

> 士岂能长守山林，长亲蓑笠？但居市朝轩冕时，要使山林蓑笠之念不忘，乃为胜耳。……荆公（王安石）拜相之日，题诗壁间曰：霜松雪竹钟山寺，投老归

①王夫之：《宋论》，卷二。

欤寄此生。……山谷（黄庭坚）云：佩玉而心如枯木，立朝而意在东山。[①]

包括像岳飞那样气吞山河的将领，也不时流露出退隐之意。在当时，士大夫们普遍认为精神上退隐的最好去处莫过于佛教，特别是逐渐成为佛教主流的禅学。

无论有退隐之志的官僚，还是有佛教信仰的士人，都很愿意与文化僧人交往，都积极参与佛教文化事业，像翻译佛经、刻印藏经、编辑禅书等活动，都有士大夫的广泛参与。正是在这种环境中，宋代的佛教文化事业出现了兴盛的局面。与此同时，佛学的发展也呈现出刻意迎合士大夫阶层胃口的特点，其中尤以禅学的表现最为突出。可以说，禅学的持续兴盛，各种禅学新思潮的兴起，不是在士大夫的共同参与下进行，就是在流行过程中对士大夫形成巨大的吸引力。

与唐末五代相比，两宋社会相对稳定，王朝的宗教政策比较宽松，佛教的寺院经济平稳发展。禅宗的领袖人物走出农耕山林，进住通都大邑或名山胜地的大寺院，这就为他们放下锄头拿起笔杆提供了可能。山林旷野的质朴禅风由此在禅宗主流阶层身上逐渐消退，都市书斋的浮华禅风却日益浓重。禅宗新禅学的发展过程，也正是禅师们在研究旧经典的基础上创造新经典的过程。宋代是产生禅宗典籍的黄金时期，其数量之庞大、种类之齐全，不仅超过唐五代，而且也为后代所不及。而禅宗所推崇的经典、灯录、语录的风骨，对文人也有很强的吸引力。据记载，张商英曾说过："比看《传灯录》，一千七百尊宿机缘，唯疑德山托钵话。"[②] 可见他对《景德传灯录》这部篇幅甚巨的禅书的熟悉程度。朱熹喜读大慧宗杲的语录，从中受到启发。他甚至说："今之不为禅者，只是未曾到那深处，才到深处，定走入禅去也。"[③] 士大夫在与禅僧的日常交往中，也喜欢运用《灯录》和《语录》中的那种机语问答和诗颂酬唱形式。他们相见时的斗机锋、逞辩才，被称为"禅悦之乐"。

在宋代，士大夫阶层是推动佛教发生巨变的重要社会力量。这不仅表现在禅学上升为佛学主流上，也表现在净土信仰从一种学说、行仪发展到创教立宗上，还表现在因为士大夫普遍"厌闻名相之谈"而使教门诸派的所谓"中兴"没有兴旺气象上。同时，尽管宋代佛经翻译规模大，数量多，延续时间长，但并没有成为影响佛教思想发展的重要因素。造成这种现象的原因虽然是多方面的，但是士大夫对新

①罗大经：《鹤林玉露》，丙编卷五。

②《罗湖野录》卷上。

③《朱子语类》卷六。

译经典的态度，无疑也是一个不可忽视的原因。

第三，随着宋王朝加强对佛教的经济调控，使经济关系进一步渗透到佛教内部，加剧了僧团内部的分化，催生了腐败现象。与此同时，佛教界和士大夫阶层批判违律破戒、倡导加强僧众道德修养的声音也不断高涨，逐渐成为潮流。

宋王朝在社会经济关系方面出现的一个重要变化，是地主对农民的剥削形式发生改变。贵族官僚等级世袭的占田制度从唐中叶开始瓦解，唐末农民起义最后消灭了这一制度。宋代地主主要以购买土地的方式扩大土地占有，以出租土地榨取实物地租的方式实现财富增值。伴随着土地再分配的合法进行，土地买卖和兼并不断加剧。这种经济方面的变化也直接影响到佛教，促使佛教寺院经济膨胀，促使佛教界的上层人士重视经济建设，从而引起佛教内部的分化。

佛教内部发生的分化，在作为佛教主流的禅宗那里表现得更为突出。部分禅师取代过去法师和律师的社会政治地位，迅速贵族化，并且成为可以影响佛教发展的力量。慧洪曾讲述自己见到的一个场面："予南还海岱，逢佛印禅师元公出山，重荷者百夫，拥舆者十余夫，巷陌来观，喧吠鸡犬。"① 这个场面可以作为宋代上层禅师生活的一个缩影，佛印了元出行的威风气派，不仅是唐代活跃于山林的禅师们所无法相比的，也是当时义学法师们所无法达到的。

当然，在特定的社会历史条件下，为了安置因为天灾人祸而丧失生活资料、丧失家园的流民，因此而重视寺院经济建设，对于社会稳定是有积极作用的。在北宋末南宋初，大批因战乱而逃离家园的农民找不到生活出路，纷纷涌入寺院，多数人也因此出家。在这个时候，有社会责任感的禅师面临的最紧迫任务，不是给饥民讲经说法、谈禅论道，而是组织他们开荒垦田，生产自救，解决他们的衣食问题。实际上，从唐末五代以来，这是禅宗的传统，山林禅也就是从这里起家的。到了宋代，佛教团体中也有许多这样的禅师，两宋之际的大慧宗杲就是一个代表。他很重视钱粮问题，认为："安著禅和子，不过钱谷而已。"② 所以，他率领僧众垦荒开田，自己动手建立寺院，有僧多达一两千人。两宋之际，以这样的方式建立起来的大寺院很多。

然而，佛教界涌现出的新贵巨富毕竟有着强烈的诱惑力。当众多僧人开始采取

①《冷斋夜话》。

②《禅林宝训》卷三。

种种手段积累财富的时候，佛教界的主流观念也开始发生变化，不再推崇安贫乐道，而是“以清贫为耻，以厚蓄为荣”①。许多人出家，并不是出于信仰原因，而是为了解决生活问题，更有甚者，许多僧人把生活质量作为衡量佛教是否昌盛的标准。② 当一般僧众贪恋财富，追求生活享受的时候，佛教内部的道德沦丧和腐败现象就产生了。有些僧人见利忘义，得了一顿饭的好处就可以自食其言，阿谀逢迎，高谈阔论的佛理禅理都是以求食为目的。③ 与众多禅师关系密切的苏轼，也对不守戒律的现象予以痛斥：

> 僧谓酒为“般若汤”，谓鱼为“水梭花”，鸡为“钻篱菜”，竟无所益，但自欺而已，世常笑之。人有为不义而文之以美名者，与此何异哉！④

两宋之交，佛教界一度还有僧人别有用心地曲解经典，公开主张破坏戒律，鼓励道德沦丧，诲淫诲盗。南宋初年的禅僧万庵道颜指出：“丛林所至，邪说炽然。乃云：戒律不必持，定慧不必习，道德不必修，嗜欲不必去。又引《维摩》、《圆觉》为证，赞贪、嗔、痴，杀、盗、淫为梵行。”⑤

在这种情况下，宋代一大批有影响的僧人疾呼加强佛教的道德修养建设，并且付诸实践。编定于南宋的《禅林宝训》⑥ 一书，大体可以反映出宋代佛教界有针对性地提倡道德修养的情况。冠于《禅林宝训》三百篇之首的，是明教契嵩的关于道德重要性的一段话：

> 尊莫尊乎道，美莫美乎德。道德之所存，虽匹夫非穷也；道德之所不存，虽王天下非通也。……是故学者患道德不充乎身，不患势位之不在乎己。

全面考察《禅林宝训》所收集的宋代高僧关于加强道德修养建设的言论，可以发

---

①《云卧纪谭》卷上。

②《古尊宿语录》卷四十一。云峰文悦曾指出他所看到的情况：“看却今之丛林，更是不得也。所在之处，或聚徒三百五百，浩浩地，只以饭食丰浓，寮舍稳便为旺化也。”

③《禅林僧宝传》卷四。真净克文曾愤怒指出：“末法比丘，鲜有节义。每见其高谈阔论，自谓人莫能及。逮乎一饭之惠，则始异而终辅之。求其是曰是，非曰非，中正而不隐者少矣。”

④《东坡志林》卷二。

⑤《禅林僧宝传》卷四。

⑥两宋之交的临济僧人宗杲和士珪收集宋代著名禅师有关道德修养的言行，编成《禅林宝训》。此书不久散失过半，南宋僧人净善重新收集材料续编，大约于淳熙年（1174—1189）后完成，即现存的《禅林宝训》。

现，宋代佛教界所讲的道德，明确以儒家的道德规范为核心，并不仅仅局限于佛教传统戒律的范围。《禅林宝训》比较完整地反映了宋代佛教界把儒家的纲常名教和佛教传统戒律结合起来，共同作为道德建设的准则和基本内容的实况，对后代佛教产生了持久的影响。①

第四，宋王朝奉行三教并举的政策，为思想界提供了宽松的政治环境，使三教的融合进入了崭新阶段，也促使佛教进入了吸收儒教和道教思想的新阶段。

在整个两宋历史上，绝大多数帝王都奉行三教并举的宗教政策，期间虽然有两次小的波折，但没有改变大的方向。从宋真宗开始，在明确把儒教作为统治思想的同时，积极提倡佛教，宣扬信奉道教。南宋孝宗在《原道辩》中对三教关系的系统表述，可以代表宋代绝大多数帝王的思想：

> 朕观韩愈《原道》，因言佛老之相混，三教之相绌，未有能辩之者，且文繁而理迂。揆圣人之用心，则未昭然矣。何则？释氏专穷性命，弃外形骸，不著名相，而与世事自不相关，又何与礼乐仁义哉！然尚立戒，曰不杀、不淫、不盗、不饮酒、不妄语。夫不杀，仁也；不淫，礼也；不盗，义也；不饮酒，知也；不妄语，信也。如此，与仲尼夫何远乎？……三教末流，昧者执之，自为异耳。夫佛、老绝念无为，修身而已矣，孔子教以治天下者，特所施不同耳，譬犹耒耜而耕，机杼而织。后世徒纷纷而惑，固失其理。或曰：当如之何去其惑哉？曰：以佛修心，以老养身，以儒治世，斯可也。其唯圣人为能同之，不可不论也。②

孝宗通过对唐代韩愈《原道》中反佛排佛言论的批判，指出佛教的五戒与儒家的五礼本质上是一致的；通过批驳三教相异的言论，提出了三教的分工论。孝宗是从伦理观方面寻找三教融合的契合点，从论证三教各有分工的方面提出解惑方法的。他的这些言论，完全都是重复北宋僧人的陈词滥调，并没有一丝一毫的新见解。如此论述，竟然还以融合三教的“圣人”自诩，从三教融合理论历史发展过程来衡量，

---

①《禅林宝训》此后被奉为禅僧的必读书，既受到佛教界的重视，也受到士大夫的重视。明清两代，注解此书的有五家之多，他们是明代大建的《禅林宝训音义》一卷，清代张文嘉和张文宪的《禅林宝训合注》四卷，盛行的《禅林宝训拈颂》一卷，德玉的《禅林宝训顺硃》四卷，智祥的《禅林宝训笔说》三卷。净善在《禅林宝训》序言中指出，编辑本书的目的“大概使学者削势利人我，趋道德仁义而已”，不仅仅是呼唤信守戒律，而是自觉吸收儒家的伦理规范，加强僧众的道德修养建设，这些自宋代开始成为佛教的一个优良传统。

②上引均见《云卧纪谭》卷下。

自然显得十分可笑。但是，与此前的历代帝王相比，他所倡导的又完全是顺应思想文化发展潮流的理论。因此，让三教从不同方面发挥治世利人、协调人际关系、维护王权统治的作用，实际上已经不仅仅是学说发展的状况，而是社会不同阶层的需要，更是统治阶级的需要。

三教并举的方针，使思想界有了宽松的环境，有利于新思想、新学说的产生。从宋代开始，三教的平等融合，开始成为统治阶级、佛教僧侣和社会各阶层的共识。无论是在儒家人士中还是在文化僧侣中，都出现了三教融合的新理论和新实践。理学的产生，也离不开这种三教融合的高潮。就佛教而言，吸收儒教、道教的思想进入了新的阶段，并且成为后世的典范。特别是儒教的政治伦理观念，开始被公认为是佛教伦理体系的重要支柱。从此以后，三教在思想方面的冲突和斗争退居次要地位，并且开始出现荣辱与共的局面。这是佛教进入宋代后的又一个新变化。

二、控制佛教规模的政策

宋王朝在总结前代佛教政策得失利弊的基础上，对佛教采取了适度限制的政策，对佛教既不盲目崇奉，也不过分抑制；既不使其经济实力过度膨胀，又不使其完全萎缩。就朝廷治理的重点而言，其一是避免佛教队伍的大起大落，其二是防止其经济实力的过度膨胀。从两宋开始，像“三武一宗灭佛”那样针对整体佛教的政治打击和武力镇压再也没有出现过。

在设置管理机构、制定具体管理措施等方面，宋王朝既注重参考和采用唐五代的某些做法，又针对当时的社会情况进行了许多重要调整，相继制定出不同于前代的配套措施。与唐五代及其以前相比，宋代制定的佛教事务管理办法更少随意性，更具备系统化和制度化的特点。

随着宋代中期以后内忧外患的加剧，前期制定的一些适度调控佛教的规定往往不能有效地贯彻和实施，有些制度逐渐徒具空文。特别是一些经济调控措施发生了质变，演化为转嫁政府财政危机的手段，对佛教的负面影响越来越大。这也是宋代佛教管理方面值得重视的方面。

宋太祖亲身经历过周世宗“灭佛”事件，既了解这种做法在短期内抑制佛教恶性膨胀的积极作用，又看到过它所造成的人心浮动、不利于社会稳定的负面影响。因此，他在强调发挥佛教维护社会政治稳定的同时，又注重消除其可能引发的社会动荡。宋太祖即位数月，便解除了周世宗显德年间（954—959）的废佛令，并普度童行8000人，以此作为稳定北方局势和取得南方吴越等国归顺的重要措施之一。但是，太祖并不是要把当年毁弃的佛寺全面恢复，他在建隆元年（960）六月诏书中说："诸路州府寺院，经显德二年停废者，勿复置；当废未废者，存之。"① 对于可能引起社会动荡的佛教活动，太祖则积极干预，防患于未然。开宝八年（975），诏令禁止在举行灌顶道场、水陆斋会等法事中于夜晚聚集士女，认为这些活动"深为亵渎，无益修持"②。

宋太祖采取多种保护和扶植佛教措施，表面上看是仿效唐代帝王的故事，实际上是与当时的具体情况分不开的。例如资助出国求法、建筑寺塔，都与开发西北边疆、争取南方地主阶级的支持等政治目的结合起来，收到了良好效果。对于公开倡导反对佛教者，均严厉惩罚。河南进士李蔼作《灭邪集》反佛，太祖认为他是"非毁佛教，诳惑百姓"，将其发配沙门岛。太宗认为："浮屠氏之教，有裨政治。……朕于此道，微究宗旨。"③ 真宗是有宋一代帝王中大力倡导三教并举的代表，他在撰写《崇儒术论》的同时，又作《崇释论》，认为佛教与孔孟"迹异而道同"。但是，当有人建议修复在会昌年间遭到破坏的龙门石佛时，他明确表示反对，认为"军国用度，不欲以奉外教，恐劳费滋甚也"④。真宗绝对不容许在这方面耗费人力和财力。

南宋高宗曾指出："朕观昔人有恶释者，欲非毁其教，绝灭其徒；有善释氏，即崇尚其教，信奉其徒。二者皆不得其中。朕于释氏，但不使其大盛耳。"把佛教发展规模控制在一定程度之内，"不使其大盛"，这是在总结历代佛教政策经验和教训的基础上得出的结论，不仅反映了宋代绝大多数帝王的观点，也是对宋太祖以来佛教政策的概括，可以说是两宋佛教政策的一个显著特点。

在控制佛教僧尼人数方面，突出反映了宋王朝"不使其大盛"的治理原则。北宋建国之初，官方掌握的各地僧徒数量较少，大约68 000多人，这是宋代300余年历史上的最小数字，可能与当时统计不精确有关。到太宗时，有僧尼24万。真宗天禧五年（1021），有僧397 615人，尼61 239人，是宋代僧尼的最大数量。从仁宗天圣年间（1023—1032）开始，鉴于佛教僧尼人数长时间居高不下，大臣不断提

①《续资治通鉴长编》卷一，建隆元年六月。

②《宋大诏令集》卷二二三《禁灌顶道场水陆斋会夜集士女诏》。

③《续资治通鉴长编》卷二十三。

④《续资治通鉴长编》卷六十五，景德四年二月。

出裁汰僧尼之议。天圣四年（1026）正月，宰臣张知白在奏章中提出了僧人聚众为盗，危害社会的情况："臣任枢密日，尝断劫盗，有一火（伙）之中，全是僧徒者。"仁宗对此奏的批示是"自今，切宜渐加澄革，勿使滥也"①。然而，短时期内朝廷的整顿措施显然收效甚微，至少没有起到削减僧尼人数的作用。根据景祐元年（1034）统计，仍然有僧 385 520 人，尼 48 740 人。② 仁宗朝野上下抑制佛教的声浪持续高涨。张洞奏，"今祠部帐至三十余万僧，失不裁损，后不胜其弊"，于是，"朝廷用其言，始三分减一"③。除了减度僧三分之一之外，还下令毁天下无名额寺院。从此以后，僧尼数量直线下降。到神宗熙宁元年（1068），有僧 220 761 人，尼 34 027 人。④ 此后僧尼人数一直稳定在 20 万左右。南宋高宗绍兴二十七年（1157）时，有僧尼 20 万。⑤

三、管理机构及其职能

宋代开始建立宗教管理机构时，很多方面沿袭唐五代，北宋中期以后逐渐有大的调整。两宋管理宗教事务的中央政府机构，曾经历了几次变更。元丰年（1078—1085）官职改革之前，宗教事务主要由功德使负责。其他有关部门，如鸿胪寺、祠部等也配合管理某些相关事务。建隆二年（961）七月，太祖派其弟光义为开封府尹，并兼功德使，有取缔僧道的权力。⑥ 可见，宋朝廷一开始就重视宗教行政管理。这种安排，与后周世宗在登基前曾担任过开封府尹兼功德使有关。宋王朝建立初期，与后周灭佛时间相距不远，佛教被认为是可能导致社会动乱的一个潜在因素，所以引起高度重视。北宋局势稳定之后，功德使的作用就自然削弱了。元丰之后到北宋末年，主要由鸿胪寺管理宗教事务。南宋时，鸿胪寺并入礼部，祠部成为管理宗教的主要权力机构。

无论是北宋的功德使、鸿胪寺，还是南宋的祠部，作为其职权一部分的佛教事

---

①上引均见《宋会要辑稿·道释一》。

②《宋会要辑稿·道释一》及《佛祖统纪》卷四十五。

③《宋史》卷二九九《张洞传》。

④《宋会要辑稿·道释一》。

⑤《佛祖统纪》卷四十七。

⑥根据《宋会要辑稿·职官·开封府尹》所记，据《佛祖统纪》卷四十三，太祖开宝五年（972）建功德使，隶属于开封府。

务，主要是督管左右街僧录司，处理僧尼试经出家、受戒得度、度牒发付和僧官迁补等。由于有些宗教事务涉及面较广，往往是众多机构分工负责，协调处理。例如，僧尼度牒，从申请、制造到确定种类、发放数量以及办理发放手续等，都不是某一个机构所能决定的。即便在北宋初，功德使也并不是能够管理所有佛教事务。赞宁指出北宋初年的情况："至今大宋，僧道并隶功德使。出家乞度，策试经业，则功德使关，祠部出牒，系于二曹矣。"①

总的说来，在管理宗教事务的官方各部门中，并没有一个能够号令天下僧尼的最高权力机构。相比较而言，北宋初年一度设立的功德使虽承自唐代，但由于隶属于开封府，权限较小，并且不再由宦官担任。

直接管理佛教事务的僧官机构，在中央有左右街僧录司，在地方各州有僧正司。契嵩曾提到，"唐革隋则罢统而置录，国朝沿唐之制，二京则置录，列郡则置正"②。因此，北宋王朝在首都开封府和西京河南府都设立了僧录司。两宋僧录司先后由功德使、鸿胪寺、祠部直接管辖。僧录司中的僧官排序是：僧录、副僧录、讲经首座、讲论首座、鉴义等。僧录司的职权范围很广泛，可以参与包括寺院内部事务管理以及与政府交往的各种活动，例如参与试经剃度、寺额赐授、住持任命、颁赐紫衣师号、僧尼簿籍管理等。至于僧尼个人的剃度、出家、受戒、出行以及有关修行生活各个方面的问题，主要由僧录司处理，政府机关是不过问的。

在两宋时期，担任僧官者以处理日常事务为主。即便是担任僧官之首僧录的僧人，也罕有在佛教史上产生较大影响者。③ 宋真宗以后，政府曾尝试过多种方法选拔中央僧官，或从诸寺住持中选拔优良者，或通过经论考试遴选，或规定候选僧官的年龄、僧腊等，或由达官、内臣推荐。选拔方法的不断变化，不仅反映了朝野官员对僧官的不满意，同时也反映了宋王朝相当多的官员对选任僧官重视不够。治平二年（1065），中书朝官与内臣宦官为推荐两街僧官发生争执。欧阳修奏曰："补以僧官，当与不当，至为小事，何系判官？但中书事已施行，而用内冲降改先朝著

①《大宋僧史略》卷中《管属僧尼》，《卍续藏经》卷八十八 450 页中。

②《辅教编》卷中。

③根据《宋高僧传》、《佛祖统纪》等书统计，太祖、太宗时担任僧录者有道深（见《宋高僧传》卷七《传章传》）、神曜、可朝、省才（上 3 人见《佛祖统纪》卷四十三），真宗时有赞宁（见《佛祖统纪》卷四十四）、澄远（见《宋史》卷四六六《周怀政传》）。仁宗之后到神宗有重询（见《通鉴长编》卷一一四）、智林（见《佛祖统纪》卷四十五）、方谏、法宝（二人见《天台五台山记》）等。

令，则是内臣干扰朝政，此事何可启?”[1] 可见，有关官员对选僧官的态度，也在一定程度上决定着被选拔者的素质。

地方僧官制度是继承唐代，各州设置僧正司，有僧正 1 名，其下有副僧正、僧判等。赞宁曾指出：“今天下每州置一员（指僧正），择德行才能者充之，不然则缺矣。”[2] 选派僧正宁缺毋滥，可见对地方僧官的重视。在佛教比较兴盛，僧尼比较多的温州、杭州、台州、湖州、处州、明州等地，僧正之上还设立了都僧正一职。另外，在五台山沿袭唐代制度，设置了十寺僧正司。僧正司直接隶属于本州政府，管理本州的佛教事务，其具体活动与僧录司区别不大。地方的僧官机构，是沟通官方与僧众的桥梁。在宋代，还没有建立起与行政建制相配套的地方僧官机构。

四、僧帐编制及其作用

随着宋代户籍制度的发达，对人口的统计比前代更为精确。与此相应，宋王朝对僧尼人口普查的次数之多，统计之精确，不仅超过前代，也为后代所不及，这无疑标志着宋王朝在佛教事务管理方面的一个进步。在特定历史时期，僧尼的数量及其增减变化，一定程度上可以反映佛教本身的盛衰，反映佛教社会作用和影响的强弱，也间接表明了统治集团对佛教的态度。

籍帐是记录僧尼、沙弥、童行数量和其他基本情况的簿籍，也简称“僧帐”[3]。宋代所造的僧尼籍帐主要参照后周，对造帐、稽查和管理的各个环节都有详细规定，以便官方能够准确、及时掌握佛教僧众的变动情况。宋王朝每年对佛教人数普查统计一次，制作所谓“刺帐”，记录本年度僧尼、沙弥、童行的人数变动情况。每 3 年造“全帐”，记录各寺院僧尼、沙弥、童行的数量、法号、年龄，籍贯、俗姓以及出家、剃度、受戒师傅和时间等。造帐过程是从最基层的寺院开始，每年四月十五日前，诸县将辖区内各寺院上报的簿籍汇总，然后上报到州。诸州在进行汇总整理后，制成 3 份僧帐，自留 1 本，另外 2 本于五月底以前分别呈交祠部和上奏皇帝。

这种由寺院到朝廷逐级完成的僧帐，是政府制定多项整顿佛教措施的重要依

①《通鉴长编》卷二〇六，治平二年八月。

②《大宋僧史略》卷中《立僧正》，《卍续藏经》卷八十八 447 页中。

③根据《佛祖统纪》，僧帐制度开始于唐开元十七年。

据。首先，它是作为淘汰非法出家者的一个重要凭据。如果在检查中发现籍帐上没有登记名字的僧尼，各州县可以勒令其还俗。其次，政府通过全帐或刺帐记录的僧尼数量，制定每年各州乃至各寺院剃度童行的数量。再者，僧帐可以作为控制僧众人数的依据。如果发现僧帐显示全国僧尼数量过多，可以依此为基准削减。

尽管有一套统计僧尼数量和稽查僧尼基本情况的措施，但是所造籍帐也并不能完全准确反映僧尼的真实数量。这首先因为僧帐并不包括私度的僧尼。对于这部分人，政府除了发现之后令其还俗之外，并没有其他有效的管理办法。另外，随着北宋中期以后鬻牒成风，空名度牒逐渐泛滥，僧帐制度就更不能反映真实情况了。

五、度牒买卖与多种税费

度牒，是朝廷颁发的证明僧尼合法身份的文字凭证，其发放开始于唐玄宗时期。官方颁发度牒的直接目的，是为了防止民众通过私自出家逃赋税和兵役；防止罪犯入寺为僧，聚众造反，扰乱社会治安。另外，政府通过调节度牒发放时间和数量，可以掌握和控制佛教的规模。对佛教僧团本身来说，度牒制度也是整顿僧团秩序的一种手段。围绕度牒发放，宋王朝不断推出各种调控措施。在宋代历史上，度牒对佛教界及社会各阶层所产生的广泛而深刻的影响，是宋代以前和以后都没有过的。

北宋管理度牒的部门主要是祠部和少监府，前者负责发放，后者负责制造。绍兴五年（1135），曾因文思院所造度牒供不应求，下令诸路转运司制造。由于度牒发放与僧籍管理、试经剃度以及财政收支有关，所以礼部、户部以及不属于政府行政机构的僧录司也参与某些活动。北宋时期度牒是用黄纸印制，南宋改用绫绢，一般也称为绫纸。

宋代对发放度牒程序、度牒样式等都有具体规定。一般的程序是：各地方组织申请出家者考试佛教经典，如同科举考试一样，然后把合格者具名造表呈报祠部，祠部根据实有人数分别填写度牒，发放到原呈报地区，再由地方官吏送达本人。另外，一些大寺院也可以根据实有名额具名呈报祠部，得到由祠部填写了具体人名的拨放度牒后，再逐一发放到本人手中。祠部发放的这些度牒称为“记名度牒”，其上填写了出家者的籍贯、年龄、法名、剃度师、所属寺院等内容，不得转让或者买卖。

严格发放这种记名度牒，可以起到控制出家人数量，防止不符合条件者进入佛门的作用。把度牒发放权完全掌握在政府手中，严格遵守这些法律条文，既符合国家利益，也有利于僧团内部的稳定。对于通过私下买卖度牒而出家者，宋廷是严令禁止的。真宗咸平五年（1002）十月规定，“诏天下窃买度牒、冒为僧者，限一月于所在陈省，释其罪。违者论如律，少壮者隶军籍。”① 北宋初期，颁发度牒是出于政治考虑而不是经济考虑，这种政策与试经度僧的措施相联系，目的在于保证出家人具有一定的佛学素养和道德品质，使佛教僧众能够有效发挥教化人们遵纪守法、弃恶从善的作用，也就是“有裨政治”、“善世利人”的作用。

北宋初年，尽管发放度牒只是象征性地收取费用，仍然有人提议实行免费发牒。太平兴国二年（977），工部郎中侯陟上奏：“祠部给僧尼度牒，每通纳钱于有司，请罢之。”② 由于度牒是有价证券，官吏从中牟利就不可避免。太平兴国八年（1983）八月诏曰：“先是祠部给僧尼牒，并传送诸州长吏亲给，如闻吏缘为奸，募人以缗钱市取，齐以至外郡卖焉，得善价即与之。”③ 这样一来，购买度牒者所付的价格就与祠部制定的价格不符。

以解决政府财政困难为目的，出卖不记名的所谓“空名度牒”④，始于唐代，当时只是极个别现象。但到北宋中期以后，随着官僚机构的膨胀，军费开支的增加，外敌侵扰频繁，财政支出日趋困难，鬻牒逐渐成为国家弥补财政亏空的重要手段，使发放度牒失去了控制和调节僧尼数量的功效。空名度牒的出现，使发放度牒的目的发生了质变。

北宋神宗以后，各地方每遇修城浚濠、治河筑岸，乃至粜米赈灾、筹措军费等，就奏请朝廷，让祠部发放空名度牒。在这种情况下，许多出资购买度牒者，往往不是因为有佛教信仰寻求出家，而是借出家以隐匿财产、逃避赋税和兵役。

到了北宋后期，甚至一度把度牒作为货币使用。崇宁五年（1106）三月二十七日，诏川峡和买，“以交子、度牒充折买价，致细民难以分擘，货卖皆被豪右操权，坐邀厚利，民间颇以为扰”⑤。滥发度牒，甚至成为造成南宋初年某些地区出现

---

①《续资治通鉴长编》卷五十三，咸平五年十月。《宋会要辑稿·道释一之十八》同，次年五月又重申禁令。

②《续资治通鉴长编》卷十八。

③《宋会要辑稿·职官一三》。

④关于度牒的历史，参见《大宋僧史略》卷下，空名度牒始于安史之乱。

⑤《宋史》卷一八二《食货三十八·和市》。

“钱荒”的原因之一。绍兴十一年（1141）八月十三日，有大臣指出：“近时籴本，例多抛降度牒、绫纸之属，漕行之郡，郡行之邑，未免强率子民。今湖南钱荒已甚，若继之以此，其何以堪！”①

南宋孝宗时，为抑制僧尼人数增加过快，朝廷大幅度抬高度牒价格。绍兴初年，每道度牒官价120贯；绍兴三十年（1160），增加到500贯；② 孝宗淳熙十四年（1187），又增加到700贯③。在官方不断提高度牒的同时，民间买卖中度牒的实际价格却下降了。绍兴六年（1136）四月九日，尚书省言：“盖给降度牒，许人进纳官中，旧价百二十贯，民间止卖三千，稍能图例，便行披剃，谁肯勤试经。”民间度牒之所以便宜，是各地方官吏为了牟利而非法出售修改了内容后的亡僧度牒：“州县人吏卖亡僧度牒，与僧行洗改重行。”④ 利用度牒差价牟利，助长了官僚部门的违法乱纪之风。由于有钱就可以买到度牒，严重挫伤了申请出家者勤习经典以备应试的积极性，僧众的佛教修养自然得不到保证。南宋后期，度牒被直接当成军费发放。宁宗嘉定十一年（1218），“以度僧牒千给四川军费”。⑤ 总之，从北宋神宗开始直到南宋灭亡，以度牒弥补国家财政亏空始终是王朝的经常性措施。

宋王朝在出售度牒的同时，还出售紫衣和师号。赐紫衣和师号，本是帝王对有特殊贡献的僧人或硕学大德的奖励。僧人的衣服本来只有“赤黄黑青等色，不闻朱紫”。按照中国的传统，“赐人服章，极则朱紫”⑥。从武则天开始，对那些有特殊贡献的僧人赏赐紫衣，后代沿袭这种做法。赐师号是指帝王给僧人赏赐名号，与赐紫衣的作用是相同的。赐师号源于梁武帝，当时只有某师之号。赐号中有“大师”二字，开始于唐懿宗时期。北宋初年，赐紫衣和师号往往同时进行，都是不收费的。据赞宁记载，“开宝至太平兴国四年以前，许四海僧人殿廷乞比试三学，下开封府功德使差僧证经律论义十条，全通赐紫衣”和师号。此后，赐紫衣师号改为由推荐产生。在皇帝诞辰节时，由亲王、宰辅、节度使至刺史上表推荐僧道获紫衣和师号；另外，两街僧录、道录司可推荐僧道进入内廷接受紫衣师号，分别称为“帘

---

①《宋会要辑稿·方域八》。

②《宋会要辑稿·食货四〇·市籴粮草》。

③《宋会要辑稿·食货四十一·和籴》。

④《宋会要辑稿·道释一》。

⑤《宋史·宁宗本纪》。

⑥《大宋僧史略》卷下《赐僧紫衣》，《卍续藏经》卷八十八453页上。

前师号”和“帘前紫衣”，这是荣誉规格最高的一种。[1] 由于获得紫衣师号从考试过渡到推荐，也就助长了僧道为获得紫衣师号而奔走于权贵之门的风气。

从北宋中期开始，紫衣师号开始和度牒一样可以出卖。无论僧人道德才学优劣，也无论名望高低，只要出钱就可以买到。熙宁四年（1071）十二月二十四日，“赐河北转运司度牒五百，紫衣、师号各二百五十”，[2] 用于修筑河流。另外，所赐师号的字数多少不同，价格也不一样，在这方面也有规定。例如，建炎二年（1128）十一月，“敕卖四字师号，价二百千”[3]。

为了调动僧人抢购紫衣师号的积极性，解决政府的财政困难，南宋理宗时的岳珂（1183—1234）公开主张，没有紫衣师号者不能担任寺院住持，就像没有官品不能差注任职一样。这项建议居然得到有关方面的采纳。“朝省因总领岳珂奏：乞降紫衣师号二等，赐金环象简并四字禅师号，以住太（大）寺观，每赐服师号绫纸出卖三百缗，仍附品官条制，非有官不得差注，非有赐服不得住持。”这种规定引起许多僧人反对。嘉熙年间（1237—1240），双杉元禅师上书指出：“近世货赂公行，求为住持者，吾教之罪人。”可见行贿以求住持的现象已经很普遍，如果再加上只有获得紫衣师号者才能任住持，那么“嚣顽无赖之徒皆以贿进，何以整齐风俗？况僧道非能自出己财求住持，必将取之寺观。师徒相残，常住心坏”。这样造成的后果，就是“师废则正法微，正法微则邪法炽，以清净之门而为利欲交征之地，非国家之福”[4]。总之，出卖度牒和紫衣师号之类，无论对佛教团体还是对国家都有很大的弊端。

南宋高宗时期，鉴于滥发度牒造成僧道人数失控，便一度下令停发度牒。但是，为了挽回这项措施带来的政府经济损失，宋王朝又于绍兴十五年（1145），“敕天下僧道，始令纳丁钱，自十千至一千三百，凡九等，谓之清闲钱。年六十以上及残疾者听免纳”。这种“清闲钱”也叫“免丁钱”，是南宋王朝向僧道开征的新税种，按人头摊派，加重了出家人的负担。而在度牒重新开始出售之后，这种宗教界的人头税并未停征。免丁钱原本有中央指定数额，但各级地方政府在实际征收过程中，逐渐出现了新情况。南宋中期的志磐曾指出：“今州家征免丁，则必举常年多

---

①《大宋僧史略》卷下《赐师号》，《卍续藏经》卷八十八 454 页上。

②《宋会要辑稿·方域一三》。

③《佛祖统纪》卷四十七。

④上引均见圆悟：《枯崖漫录》卷下。

额以责之，而不顾僧之存亡去住。又欲以亏额均赋诸寺者，其为患皆此类。尝考郡县志云：僧道免丁钱无定额。官吏曾不省。”①

当把出卖度牒、紫衣、师号等作为弥补财政亏空的经常性经济措施时，宋王朝从经济方面调控佛教的措施就转变为对佛教僧人的搜刮手段了，这既助长了官僚机构的违法乱纪之风，也加剧了佛教僧团的腐败。

六、寺院类别与管理措施

同唐五代一样，宋王朝也禁止民间私建寺院。作为合法寺院的一个重要标志，是具有朝廷赐予的匾额。这是防止滥建寺院，保护合法寺院的一种措施。由于宋代帝王把下赐寺额视为积累功德的善举，导致了批量滥赐寺额。宋太宗太平兴国三年（978），向天下无额寺院赐授“太平兴国”、“乾明”等额，开启大量赐额的风气。对于可以接受敕额的寺院规模，也有逐渐降低要求的趋势。敕额的有无，是官方整顿寺院时决定该寺存留废毁的依据，所以，僧人总是奔走于各地官府衙门，想方设法为所居住的寺院争得赐额。在这种上下意愿一致的力量驱动下，许多私建小寺也因为获得朝廷颁赐的寺额而合法化，使宋代官方掌握的寺院数量剧增。

根据现存资料，宋王朝所辖地区的寺院数量很难准确统计。日本学者高雄义坚根据孔仲平《谈苑》卷二的说法，认为景德（1004—1007）年中共有寺院 25 000 座，到北宋末年有 39 000 座。② 这虽然不能算是准确数字，还是可以参考的。这个说法反映出北宋寺院数量之巨，增加势头之猛。

朝廷对合法的寺院划分类别，开始于元代，在两宋时期，还没有出现这种情况。但是，南宋时期已经酝酿了后代寺院分类的萌芽，这主要与颁赐寺额的过程有联系。日本入宋僧人道元在《宝庆记》中说：“天下有四个寺院，即禅院、教院、律院、徒弟院。”对此，天龙如净解释：“往古未闻教、律、禅之名，今分三院，是王臣不知佛法，乃因寺额下赐寺，其牒文记录某某禅院、教院、律院。如是辗转，天下今见五辈之僧：律僧是南山之远孙，教僧是天台之远孙，瑜伽僧是不空等的远孙，徒弟僧未详师资，禅僧是达摩的儿孙。”③ 很明显，这里讲的禅教律的寺院分

①上引均见《佛祖统纪》卷四十七。

②《宋代佛教史研究》，第 72 页。

③《宝庆记》。

类，是按照僧人隶属的佛教宗派划分的，在南宋时还不是官方的正式规定，也没有得到佛教界的普遍认可，只是各地官员在颁发寺额时填牒文使用的名称。给某个具体寺院的牒文填写或禅或教或律哪种名目，大约主要依据该寺住持僧的隶属宗派。元代禅教律的寺院分类可能源于此。至于上文中讲的“徒弟院”，则不同于按照宗派对寺院的分类，而是依据寺院住持产生制度划分寺院类别的一种名称。

从住持产生的形式方面划分，宋代的寺院可以分为四类。

其一，继承制下的甲乙徒弟院，即上文的徒弟院。在这种寺院中，住持逝世或隐退，由其弟子依照资历接任。这是最古老的师徒继承方式，是在佛教发展过程中自然形成的制度，广泛流行于大多数寺院，并且在宋代之前和之后都很流行。这种继承法在传统佛教典籍中也有直接根据，所谓“住持三宝，全赖人弘，师徒相摄，不断僧宝，则增益佛法”[①]。

其二，选举制下的十方住持院。这是通过各方面协商，遴选德才兼备的著名僧人担任寺院的住持，并不考虑被提名者与前任住持是否有师承关系，寺院由此得名，所谓“不拘甲乙，故为十方刹也”[②]。宋代之前就有这种寺院，直到宋代才逐渐制度化。采用这种方式选住持的目的，是为了维护寺院在佛教界或社会上的声望。这些寺院大多是一些宗派的历史悠久、影响深广的名寺大刹。例如，天台宗的延庆寺，就是这种寺院。[③] 在整个两宋社会，甲乙徒弟院和十方住持院是始终并存的。当时的一般僧众认为，不论师承关系选任住持，有利于提高寺院的知名度和声望，有利于弘扬佛法。但是，十方住持院在住持更替之时，往往引起寺院器物的毁坏和财产的流失，不利于寺院经济的稳定发展。两种住持产生制度各有利弊，所以，不少寺院经常交替实施两种制度。

其三，政府任命制下的敕差住持寺。宋代有极少数寺院与皇室关系密切，经由朝廷宣敕来任命住持。这些寺院包括京城大寺，也有一些规模较小的寺院。由于是皇帝任命住持，所以社会地位较高，并可获得某些特殊待遇。在北宋时期，云门宗的许多代表人物被朝廷任命为京城寺院的住持，就属于这一类。

其四，私家延请制下的功德坟寺。功德坟寺指豪富或权贵在家族墓地所建造的

---

①《四分律行事钞资持记》卷上三之三《师资篇记》。

②《禅林象器笺》。

③《四明尊者教行录》卷六。

寺院。这种寺院在唐代已经出现，到宋代则很普遍。功德坟寺是“从本家请住持”①，即任命住持完全由建造寺院的家族全权决定，不用申请官方批准，无须征得佛教界同意，也不受师承关系的影响。

从寺院的来源上说，宋代既有国立寺院，也有僧人通过化缘募资、垦荒开田等方式建立的寺院，还有皇亲国戚、高官显贵及大地主建立的私人功德寺院。对于私立的寺院，只要达到一定的规模，朝廷就颁赐名额，即承认其合法性。英宗治平四年（1067），“敕天下私造寺院及三十间者，并赐寿圣之额”②。由于寺院具有免交田产税的特权，许多官吏以建立功德坟寺为名，把大量土地变成寺院田产，而收入仍归自家，造成国家的税收流失。更有甚者，有些地方官吏依仗权势，建功德坟寺时并不出资建房屋，置田产，而是把当地的有额寺院据为己有，改造成私人寺院，从中牟利。志磐曾记载了南宋时期的这种情况：

> 迩年士大夫一登政府，便有规利，指射名刹，改充功德，侵夺田产，如置一庄。子弟无状，多受庸僧财贿，用为住持，米盐薪炭，随时供纳，以一寺养一家，其为侮辱祖宗多矣。况宰执之家，所在为多。若人占数寺，则国家名刹，所余无几。③

官僚把国家寺院据为己有，自己选择住持，使寺院成了他们的私人庄园。有些僧人或为了谋取住持之位，或为了使寺院得到豪强庇护，免受盗贼流寇的侵扰，也很愿意把自己所在的国家寺院变成私人功德坟寺。因此，官僚与寺院上层相互勾结，把国立寺院、僧人自建寺院、无名额寺院等改为私人功德寺的现象，无论在北宋还是在南宋，都普遍存在。北宋徽宗大观年间（1107—1110），诏令“不许近臣指射有额寺院，改充功德”。高宗绍兴年间，又明令不许侵占有额寺院，私立功德寺院必须自置田产，自造屋宇。实际上，这些禁令在以后并没有发挥多大的效力。南宋中期，这种现象依然普遍存在。相对说来，有额寺院一般规模比较大，历史比较长，政府采取了保护措施。对于那些无额的寺院来说，被高官显宦改为功德寺之后，更容易获得赐额。总之，侵占寺院田产建立功德坟寺，是各级官吏和地方豪强进行土地兼并的重要活动之一。在宋代历史上，功德坟寺对社会各阶层和佛教界都产生了

①《佛祖统纪》卷四十六。

②《佛祖统纪》卷四十五。

③《佛祖统纪》卷四十八。

广泛影响。

宋王朝也很注意从日益发展的寺院经济中获利。北宋王安石变法，取消了寺院免役免税的特权。从熙宁四年（1071）开始，规定寺观也要按照户等交纳相当于免役钱半数的“助役钱”。“于官户、寺观、单丁、女户，有屋产月收僦直可及十五千、庄田中熟所收及百石以上者，并随贫富以差出助役钱，自余物产，约此为准。”[①] 但是，在实际征收过程中，根本没有任何收入的小寺院也要交纳助役钱，使许多下层僧人不堪其苦。晓莹记述了他本人的情况：“至淳熙戊戌（1178），以徒弟隶名感山小寺，而徙居焉。寺基税钱三十有一，并无常产，唯破屋数间。”[②] 显然，征收助役钱对大寺院的上层并无大的妨碍，主要是加重了下层僧人的负担。

第二节　佛教文化事业

一、中印交流与佛经翻译

北宋初中期，中印佛教界的相互交往出现了一个高潮。当时宋廷出于经略西域的目的，也比较重视西行求法的僧人。乾德三年（965），沧州僧人道圆游历天竺18年返回，带着于阗使者到京城，并带回了佛舍利和许多贝叶梵经。太祖在便殿召见，询问西土风俗。从宋太祖到宋仁宗时期，无论去印度求法的汉僧还是来华传教的外籍僧人，数量都是惊人的。从西行求法方面来看，由于得到北宋诸帝的积极支持，可谓规模空前。太祖乾德四年（966），派遣行勤等157人西去求经，这是中国历史上规模最大的官派僧团。当时民间自发赴印度的僧人也很多。从外籍来华传教的僧人方面看，也被认为是盛况空前。真宗时，“西土梵僧绳绳而来者多矣，至于五竺沙门竞集阙下，则无若兹时为盛”。

当时中印佛教界的频繁交往，对佛经翻译确实有一定的促进作用。但是，由于受到印度佛教发展状况的制约和求经僧人素质的影响，这种促进作用也是很有限的。北宋时期，印度佛教已经进入了衰退期。首先，伊斯兰教在今天的阿富汗、伊

---

①《宋史·食货上五》。

②《云卧记谭·序》。

朗等国陆续建立回教国家，它们不断入侵印度。以加斯尼王朝的马穆德为例，公元1001至1027年之间，入侵印度达十七次之多。印度许多寺塔被毁坏，僧尼遭杀戮。因此，许多来华僧人都是为逃避战乱而来汉地，自身的佛教修养比较差。所以，到达宋地的西域僧人虽然很多，但并没有为译经工作提供大量高素质的人才。汉地僧人去印度并且返回的人也很多，但几乎没有什么成就。在当时人看来，这与西行求法者的素质有关系。咸平六年（1003），知开封府陈恕有一个上奏："僧徒往西天取经者，臣尝召问，皆罕习经业，而质状庸陋。或往诸藩，必招轻慢。自今宜试经业察人才，择其可者令往。"①

在我国历史上，由朝廷组织进行大规模佛经翻译，把它作为国家文化事业的一部分，至北宋是最后一个阶段。在译场组织、人员配备、翻译内容等方面，宋代都具有与前代不同的特点。总的说来，宋代翻译佛经的种类和数量都不少，但是所译经典在佛教史上影响很小。

宋代的佛经翻译也是从民间开始，转到由朝廷组织进行的。外来僧人的自发译经始于宋太祖时期。开宝年间（986—976），中天竺僧法天与其兄达理摩多携带梵夹先到鄜州（治今陕西富县），遇到河中府（治今山西永济县蒲州镇）梵学僧法达，合作翻译出《圣无量寿经》、《尊胜陀罗尼经》、《七佛赞》②。开宝七年（974），鄜州知州王龟从上表进献这些新译经，太祖诏法天等进京，赐以紫衣。

宋王朝把佛经翻译作为国家文化事业的一部分开展起来，开始于宋太宗时期。据《宋会要辑稿·道释二》记载，太平兴国五年（980），北天竺僧天息灾、施护到达京城，诏赐紫衣，并令他们与法天查阅已有梵夹。"太宗崇尚释教，又以梵僧晓二方言，遂有意于翻译焉。"③ 宋太宗看到梵僧通晓中、梵两种语言，具备了译经的人才条件，便有意效仿唐太宗支持玄奘的故事，开始宋王朝的译经事业。他命中使郑守约主持在太平兴国寺的西边兴建译经院。译经院于太平兴国七年（982）建成，其布局是：正中设译经堂，东序为润文堂，西序为证义堂。诏请天息灾等人入内居住译经。自唐元和六年（811）中断的官方佛经翻译事业，从此开始继续进

①上引均见《佛祖统纪》卷四十四。

②这三部经在译经院成立后又进行了重新翻译。

③《宋会要辑稿·道释二》。

行。[①] 第二年八月，诏改译经院为传法院，又在显圣寺设印经院，以放置经版和印刷佛经。[②]

在天息灾受命开始译经之初，就制定了规范的译场制度，其后没有太大的变化。北宋译场借鉴了唐代的经验，在人员配备、职责分工等方面有严格规定。参与译事的成员分为九类，各司其职，层层把关。

第一，译主，是主持译经的最高学僧，正坐面外，负责宣讲梵文原本。

第二，证义，位于译主左侧，基本由义学沙门担任，负责与译主讨论和确定梵文原经。

第三，证文，位于译主右侧，负责审查译主对梵文原典的朗读是否有错误。

第四，书字，负责采取音译方法把译主宣读的梵文用汉字记录下来。

第五，笔受，多由精通梵语的汉僧担任，负责把梵音汉字翻译成汉文。

第六，缀文，多由汉僧担任，负责对译文进行增删修改，连词成句，使其符合汉语语法。

第七，参译，负责对照梵文原典和汉文译本进行审核，主要从义理方面修改错谬。

第八，刊定，负责删削重复，弥补缺漏，主要对译文进行文字处理。

第九，润文，负责对译文进行修饰润色。一般由皇帝任命的宰辅或词臣担任润文使，由翰林学士担任的润文官组成，其人员配备规格较高，在僧众的南面另设座位。[③]

在译经过程中，参加的僧人很多。除了担任主译的人之外，担任证义、笔受、缀文等工作的僧人是以法进为首的 79 人。负责译经主管（译经使）和担任润文的，都是朝廷重臣，见于记载的有吕夷简、宋绶、王曙、张洎、赵安仁、杨砺、晁廻、李维、朱昂、梁周翰、杨亿等人。其规格之高，是前代所没有的。

宋代译经主要集中在太宗太平兴国七年（982）到仁宗景祐二年（1035）的半

---

①据《大宋僧史略》卷上《此土僧游西域》，“唐元和年中翻《本生心地观经》之后百六十载，寂尔无闻”。见《卍续藏经》卷八十八 444 页。

②宋神宗熙宁三年（1070），废印经院。南宋迁都临安（今杭州）后，传法院也随之迁移，设在新建的寺庙。南宋孝宗淳熙二年（1175）赐名“太平兴国传法寺”，此时译经活动已经停止。

③《宋高僧传》卷三《译经篇》和《佛祖统纪》卷四十三对译场均有记载，大同小异。此处依据《佛祖统纪》。

个多世纪间。此后译事时断时续，所译出的典籍数量也不多。宋代译经以外来译师为主，虽然也有少数西夏僧人和汉地僧人参与，但只起辅助作用。来华译经僧主要有法天、天息灾（法贤）、施护、法护（中天竺人）、法护（北天竺人）等人，西夏僧人有日称、智吉祥、金总持等人，汉地僧人有惟净、慧洵、绍德等人。

仁宗景祐三年（1036），宰相兼译经使吕夷简与润文官宋绶奉诏编定《景祐新修法宝录》。仁宗撰写序文说："自兴国壬午（兴国七年，982）距今乙亥（景祐二年，1035）五十四载，其贡献并内出梵经无虑一千四百二十八夹，译成经论凡五百六十四卷。"① 据现存《景祐新修法宝录》卷一，此期间实际译出大小乘经律论及集、赞共243部，574卷。据元庆吉祥《至元法宝勘同总录》统计，宋代共译大小乘经律论及西方圣贤集传285部，741卷。

随着新译经典的陆续完成，北宋先后三次编辑佛经目录：其一，赵安仁、杨亿等人于祥符二年至八年（1009—1015）编修《大中祥符法宝总录》22卷；其二，惟净等人于天圣五年（1027）编《天圣释教总录》3卷；其三，吕夷简等人于景祐二年到四年（1035—1037）编《景祐新修法宝录》21卷。

7世纪以后，在印度佛教内部兴起了密教，并且逐渐盛行。北宋时期，正值印度密教进入兴盛阶段，来华传教者多为密教僧人，所以，宋代译经的主要部分是密教经典。按照支那内学院辑佚补编的《大中祥符录略出》和《景祐新修法宝录略出》统计，在新译的243部574卷经典中，密教经典有123部241卷，约占总数的一半。

密教以重视繁多的祭祀、咒术、仪轨为特色，这不仅表现在具体的修行上，也表现在译经方面。译经僧人在译经之前，要按照密教的规定设立译经道场。例如，施护征得朝廷同意，在译经前于译经院的"东堂西面，粉布圣坛，坛开四门，梵僧（来自印度或西域的僧人）四人，各主其一，持秘密咒七昼夜。又设木坛，布圣贤字轮（设立供奉佛、菩萨、天神的名位），目曰'大法曼拏'。……香花、灯、涂、果实、饮食，二时供养：礼拜旋绕，以殄魔障"。参与译经的僧人还要"每日沐浴，严洁三衣、坐具，威仪整肃"②。密教人士认为，这些做法并不仅仅出于表达对佛经的尊崇和对佛的敬仰，而是这些仪轨具有受佛菩萨保佑、驱除魔扰、保证译经工

①《宋会要辑稿·道释二》。但是，现存《景祐新修法宝录》前所载仁宗的序文中并没有这段话。

②《宋会要辑稿·道释二》。

作顺利进行的功效。

宋代译经事业的艰难，从一开始就表现出来了，或因人才缺乏，或因经费不足，或因译成的经典受到责难，或因没有输入的梵文原经，不断有人提出罢译之议。太平兴国八年（983）十月，天息灾等人鉴于能翻译经典者均为梵僧，为了使译经事业日后不致中断，奏请遴选两街童子学梵文，为翻译经典储备人才。于是，朝廷诏令集京城童幼500人，从中选拔惟净等50人到译经院学习梵文。此后惟净学通梵文出家，受赐号“光梵大师”，成为宋代知名的汉族译僧。

淳化五年（994），译出《大乘秘藏经》2卷，发现有65处“文义乖戾”，太宗听后认为，“使邪伪得行，非所以崇正法也”，勒令将此经“对众焚弃”①。真宗咸平二年（999），时任礼部侍郎的陈恕因译经“久费供亿”，奏请废除译经院。真宗认为译经属于“先朝盛典”② 而未采纳。天禧元年（1017），译出《频那夜迦经》4卷，发现同样问题。真宗认为：“荤血之祀，颇渎真乘；厌诅之词，尤乖妙理。……其新译《频那夜迦经》四卷，不得编入藏目。自今传法院似此经文，无得翻译。”③ 神宗熙宁四年（1071），废译经（传法）院。元丰五年（1082），罢译经使、润文官，废“译经使司印”。

总之，宋代译经既与当时印度佛教发展的状况息息相关，又与宋代佛教自身发展的态势密切联系，同时更突出地受着儒家思想文化的制约。以注解外来经典提出创新理论的时代结束以后，新输入的外来佛教思想就不能成为制约中国佛教理论发展的重要因素。

二、刻印藏经与重要典籍

1. 刻印藏经

佛经从手写传抄发展到刻板印刷流通，是佛教史上有着多方面影响的大事。刻印佛经起源于何时何地尚不清楚，现存最早的印刷佛经，是唐懿宗咸通九年（868）四月十五日王玠为其双亲做功德而敬造普施，带有愿文的《金刚般若经》。这是斯坦因在敦煌古籍中发现的。从有关资料的记载和实物发现来看，宋代以前，只有刻

---

①《宋会要辑稿·道释二》。

②《佛祖统纪》卷四十四。

③《宋会要辑稿·道释二》。但此经并未禁住。据童玮编，中华书局1997年出版的《二十二种大藏经通检》第363页，中国古代竟然有15种（包括“房山石经”）大藏经收录此经。

板印刷的单本经书、佛教僧人的注疏著作，还没有大规模刻印佛教经典总集性质的大藏经。雕刻和印刷大藏经，是始于宋代的佛教文化事业。大规模刻印藏经，使佛教典籍的流传更为便利和快捷，并影响到少数民族地区及周边国家。宋代由政府主持的大藏经雕刻始于宋太祖时，其印刷由印经院负责。到北宋末年，民间刻印取代了官方刻印。由朝廷资助并派人主持刻印的藏经习称“官版”，由地方官吏、富豪或寺院主持刻印的藏经习称“私版”。宋代300余年间，官私刻印的大藏经有五种版本。

第一，开宝藏。由宋太祖提议开刻的官版藏经。开宝四年（971），宋太祖派遣内官张从信到益州（成都）雕造大藏经，至太平兴国八年（983）完工，历时12年。由于刻成于益州，也称“蜀版”。开宝藏所收入的典籍依据《开元录》记载，计有5 000余卷，刻板保存于汴京太平兴国寺内的印经院，并在那里刊印，印刷好之后颁发给各大寺院。随着新经陆续译出，不断补刻加入，另外还增刻了东土撰述和《贞元录》入藏经典，并予以校勘，最后达到6 620余卷。开宝藏的印本为以后所有官私刻藏的准绳，并曾印赠高丽、契丹，从而引起仿刻。

第二，崇宁万寿藏。为满足远离京城的地方寺院的需要，福州东禅等觉院住持冲真等人大约于元丰元年（1078）募刻，到崇宁二年（1103）基本完工。经奏请政府允许，得“崇宁万寿大藏”的名称。其后还增刻了一些《贞元录》的经典和入藏著述，至政和二年（1112）结束，共计5 800余卷。南宋乾道、淳熙年间（1165—1189），又补刻了10余函。

第三，毘卢藏。在东禅版刻成的当年，福州人蔡俊臣等组织了刻经会，支持福州开元寺僧本悟等募刻大藏经。从政和二年到绍兴二十一年（1112—1151），历时40年竣工。此藏依照东禅版刻成，南宋孝宗隆兴初（1163）又增刻两函。

第四，思溪圆觉藏。湖州归安思溪圆觉院僧人怀深等募刻，湖州致仕的密州观察使王永从家族资助，主要依据东禅版内容刻成，约5 687卷。刻板先保存于圆觉院，淳祐年间移藏思溪资福禅寺。①

第五，碛砂藏。此藏因受思溪版的影响而发起，由平江碛砂延圣院僧人法思等募刻。此藏从绍兴初年（1131）始刻，以后时断时续，到至正九年（1349）完成。宋理宗端平元年（1234），曾仿思溪版编定本藏目录，后来屡有改动，并增补元代

①也有学者认为资福寺另有刻版。

刻印的经典，共计6362卷。

宋代零星刊刻的佛教经典不胜枚举，而历时悠久的五种大藏经的刊刻，对佛教经典的普及和流通，对雕刻、造纸、印刷等手工艺的发展，对加强与周边地区和民族的思想文化沟通交流，都具有重要的推动意义。刻印大藏经是宋太祖在佛教文化事业上的一个创举。开宝藏的问世，标志着印刷大藏经开始取代手写大藏经。其规模之浩大，影响之久远，在古代世界印刷史上是绝无仅有的事情，其意义已经远远超出了宗教的意义。熙宁四年（1071），王安石变法，国家财政困难，为节约费用而废止了印经院。开宝藏刻版转移到显圣寺的圣寿禅院，有需要时才开印。

以开宝藏的雕印为标志的佛教经典印刷时代开始之后，手写佛经作为功德善举依然在社会各阶层流行。但是，作为提供学习、研究之用的流通中的佛教经典，则以印刷本为主。刻印佛教典籍，特别是禅宗语录，在宋代及其以后都蔚然成风。

2. 重要典籍

佛教典籍的大量涌现，是宋代佛教文化事业兴旺的重要标志之一。能够反映本期佛教发展实况，并具有较大影响的著作可以分为三类：即影响广泛的禅宗“灯录”、数量十分庞大的禅宗“语录”、主要出自禅宗和天台宗僧人之手的佛教史籍。这些著作之所以能够出现，既有许多学问僧的贡献，又与政府的持续支持和士大夫的广泛参与分不开。至于数量不少的注疏之作，其影响则远不能与唐代的注疏之作相提并论。

在宋代编撰的禅宗典籍中，最有特点的是灯录，这是突出强调禅宗传法系谱的通史性的禅宗特有僧传。宋代第一部灯录是《景德传灯录》。景德元年（1004），法眼宗僧人道原编就《景德传灯录》呈送朝廷，宋真宗命翰林学士杨亿等人裁定。杨亿（974—1020）等用了1年多时间修订成书30卷，成为有史以来第一部官修禅书，入藏流通。

灯录的雏形起源于初唐，中唐始有卷帙较大的《宝林传》、《续宝林传》等产生。及至五代十国出现的《祖堂集》，是汇集整理各家禅师传闻、语录编成，从篇幅上讲，已接近后出《景德传灯录》的规模。根据杨亿自序，他的修订着重在三个方面：第一，修饰文字，使其文意畅达，具有可读性。“或辞条之纠纷，或言筌之猥俗，并从刊削，俾之纶贯。”第二，对史实作了必要的订正，纠正了一些明显的错误，使其具有可信性。“至有儒臣居士之问答，爵位姓氏之著名，校岁历以愆殊，约史籍而差谬，咸用删去，以资传信。”第三，确定了灯录的体裁，即以记载历代禅师启悟学人的机语为主，而有别于禅宗以外的僧传。“自非启投针之玄趣，驰激电之迅机，开示妙明之真心，祖述苦空之深理，即何以契传灯之喻，施刮膜之功？若乃但述感应之征符，专叙参游之辙迹，此已标于僧史，亦奚取于禅诠？聊存世系之名，庶纪师承之自。”

综观杨亿的编改，删去了一般僧史传的大部，变成了主要是禅师的语录集锦，从而削弱了历史感；压缩了禅僧的信仰和神异，着重于机锋禅理，失去了禅宗的宗教性；注重了文字润色，显得文采飞扬，丢掉了它们在下层禅众中流行的粗俗淳朴。杨亿的眼光在于有利于王朝的安定，着重适应士大夫的口味，所以此灯录最受士大夫的欢迎。它的功能有些像《世说新语》之于南北朝的谈玄者，成为两宋参禅者效法和模仿的教本。一般认为，两宋士人多受理学熏陶，这里要补充的是，他们还受禅学的熏陶，只有理学性格加禅学性格才是两宋士人的全面性格。在禅性格的形成上，《景德传灯录》发挥了重要作用。

《景德传灯录》的问世及其广泛流传，在佛教界引起巨大反响，推动了佛教禅化向深层发展。另外，效颦之作也不断出现。今天尚能见到的有4部，它们是临济宗李遵勖撰的《天圣广灯录》、临济宗悟明撰的《联灯会要》、云门宗正受撰的《嘉泰普灯录》、云门宗惟白撰的《建中靖国续灯录》。此四书与《景德传灯录》合称为“五灯”。至普济将五灯合一，编成《五灯会元》，才告一段落。《五灯会元》的影响也不小，它将中唐以后的禅宗整理为青原与南岳两大系统，分为五家七宗，使师资传承的眉目十分清晰，同时精简了繁缛的禅语和复杂的义理，显得言简意赅，给检索查阅提供了方便。但这种简化过于俯就现实的需要，以致扭曲历史、背离事实现象更加严重。另外，灯录只收禅僧，不涉及与禅门无关的僧人，所以算不上是完整的佛教僧传，不同于3部《高僧传》。这一点也刺激了超越宗派的佛教史书的编撰。

“语录”一般只记禅师个人及其与师友、弟子的言论，类似《论语》之记孔子语的体裁。编录者多属禅师的后学。此风也始于初唐，在中晚唐转盛，到了宋代简直是泛滥成灾。一些禅僧不但编集前代禅师的语录，也编集当代僧人的语录；不但名震一方的禅师有语录行世，而且无所影响的禅师也有语录流传。士大夫欣赏它们，纷纷为之写序，犹如唐代文人乐于为禅师高僧撰写碑铭一样。《丛林盛事》卷下谓：

本朝士大夫为当代尊宿撰语录序，语句斩绝者，无出山谷（黄庭坚）、无为（杨杰）、无尽（张商英）三大老。

从语录的类别看，大多为单个禅师的言行录，也有包括某一系禅师的语录集子。从语录的内容看，主体部分多半是师徒或师友之间的问答酬对。有些语录也汇集了禅师的诗文著作等，相当于全集，名为“广录”。语录一般详于记言，略于记事，能够比较直接地表达禅师的独特禅学观点。从宋代开始，多种有代表性的语录成了禅僧传禅和习禅的经典和基本资料，甚至有取代传统佛教典籍之势。

赞宁是第一位受到宋朝廷重视的佛教史学家，他的两部史学著作，即《大宋高僧传》和《大宋僧史略》，集中体现了宋代佛教史学从继承唐代传统向开创宋代新史学过渡的特点，影响深远。

《大宋高僧传》在体例上仿效梁代和唐代的僧传，也分为十科，即译经（3卷），义解（4卷），习禅（6卷），明律（3卷），护法（1卷），感通（5卷），遗身（1卷），读诵（2卷），兴福（3卷），杂科（2卷）。本书收录从刘宋到宋初10个朝代的僧人，正传533人，附见130人，共663人，有弥补《续高僧传》缺漏的作用。赞宁在上太宗文中说他撰写本书时“遐求事迹，博采碑文”，在自序中说：“或案诔铭，或征志记，或问辅轩之使者，或询耆旧之先民。”可见其搜集资料的广泛，并且重视资料来源的多样性和可靠性。本书在一些重要人物传记的后面加上“系曰”表达作者的观点，或者设问自答，解释疑难问题。这些都是该书的创新。

僧传是人物传记，在《唐高僧传》写作时期，宗派意识在整个佛教界还很淡薄，僧传史书的写作可以较少受其影响。但到了宋代，宗派意识强烈，不受宗派局限的史书就少见了。宋代的绝大部分史书，包括僧传，都是属于宗派的。例如，禅宗僧人达观昙颖的《五家宗派传》，石门慧洪的《禅林僧宝传》，祖琇的《僧宝正续传》等，都是如此。《宋高僧传》则是继承前代僧传传统的最著名代表。

《大宋僧史略》（简称《僧事略》）3卷，完成于哪一年尚无明确记载，仅在每卷的目录下注有“咸平二年（999）重更修理”。本书不是僧传，也不是只记僧尼事迹的史书，而是记载佛教重要史实以及典章制度起源和沿革的著作。本书上卷目录之后说“所立仅六十门”，实际上是59门。上卷23门，内容包括佛陀降生、三宝东传、佛经翻译、寺宇创建、中土僧众的出家、服装、受戒、斋忏、礼节、讲经、注经、传禅、密教等，对各项内容都讲其起源与变化。中卷分为17门，内容包括僧制、行香、唱导、赞呗、佛教管理机构、僧官设置及待遇、国师封号、内道场等。下卷 19 门，内容包括紫衣师号、僧官品秩、戒坛规定、法社、谥号、对国王的称谓、度牒、盛经七宝案、城门天王像、上元节灯会、摩尼教等。本书所记载的每一事项，多叙述其起源及变化。本书涉及范围十分广泛，不仅涉及佛教自身的历史、理论和典章制度的发展，而且在佛教与政治的关系、佛教与社会的关系、三教关系等方面提供了许多有价值的资料，这是其他著作所不具备的。在现存的宋代以前的佛教著作中，还没有与此书同类的著作。志磐曾经指出："台阁之士欲通练内外典故者，皆于此观之。"① 更为重要的是，本书的许多记载可以补正史的不足。真宗于大中祥符四年（1011）诏令将本书收入大藏。

天台宗学僧编撰了多部史书，基本采用纪传体而不是编年体，以突出本宗的地位为特点，反映了天台宗人为振兴本宗在著书立说方面的努力，先后有吴兴元颖于政和二年（1112）撰《天台宗元录》，铠庵吴克己于庆元年间（1195—1200）在《天台宗元录》基础上编撰的《释门正统》，左溪克昭在《释门正统》基础上编撰《释迦谱系历代宗承图》，镜庵景迁于嘉定年间（1208—1224）在整理《宗元录》和《宗承图》基础上撰成《宗源录》。以上各书现均已失传。作为天台宗人史学成果的代表作，是流传至今的良渚宗鉴的《释门正统》和志磐的《佛祖统纪》。其中，《佛祖统纪》更有史学价值。

志磐，号大石，曾住四明（今浙江鄞县）福泉寺及东湖月波山。他在参考元颖的《天台宗元录》、吴克己的《释门正统》、克昭的《释迦谱系历代宗承图》、景迁的《宗源录》、宗鉴的《释门正统》、德修的《释氏通纪》、祖琇的《佛运统记》等书的基础上，撰成《佛祖统纪》。志磐自宝祐六年（1258）动笔，到咸淳五年（1269）完成，5 次修改书稿，历时 10 余年。书成之后，还邀请必升、慧舟、善良、宗净、法照五人参与校正，于咸淳七年（1271）刊行。可以说，此书集众家之长，补前书不足，是宋代编辑史书的集大成之作。现存《佛祖统纪》54 卷，其中卷四十八、卷五十三等个别部分载有元代的一些内容，是后人增补的。

《佛祖统纪》分为本纪、世家、列传、表和志五部分。其中，本纪部分有 8 卷（卷一到卷八），叙述从释迦牟尼、大迦叶尊者到师子尊者的历代嫡传祖师系谱，中国方面则是从北齐慧文到北宋的知礼。这是天台宗的正宗传承。世家部分有 2 卷

①《佛祖统纪》卷四十四。

（卷九、卷十），有南岳、天台以至宝云的 13 个支派，被认为是与诸祖相互辉映的本宗传教大师。列传部分有 12 卷（卷十一到卷二十二），分为三类：其一是《诸师列传》，自慈云以下，至法智十世为止，尤其多述广智、神照和南屏三家；其二是《诸师杂传》，为净觉、神智、草庵三家，认为他们“背宗破祖，别树门庭”，所以区别开来；其三是《未详承嗣传》，因为这些法师有功于天台宗的传播，但其师承事迹不完全清楚，所以另外集成一部分。表的部分有 2 卷（卷二十三、卷二十四）：卷二十三是《历代传教表》，时间起止是从梁武帝天监元年（502）到宋仁宗明道二年（1033），按照年代顺序排列从慧文到知礼的大事，是天台宗的大事年表；卷二十四是《佛祖世系表》，把本纪、世家和列传中的法师用列表的方法表明传承关系。这四个部分的内容，是以志磐一系的观点来叙述整个天台宗的历史。而对天台系统的僧人划分等级，一方面是着眼于他们对天台宗发展的贡献，一方面也与派系斗争有关。志的部分有 30 卷（卷二十五到卷五十四），其内容已经不限于天台一宗，而是涉及整个佛教。志的部分共分为九个小部分：第一，《山家教典志》，是慧思、智顗等 61 人的著述目录；第二，《净土立教志》，有莲社七祖以及东晋慧远莲社成员的传记，然后是历代往生净土的僧俗信众 200 多人；第三，《诸宗立教志》，记载禅宗、华严宗、慈恩宗、密宗和律宗的祖师；第四，《三世出兴志》，记载过去、现在和未来三世世界的演变及佛教的情况，主要是有关佛教的世界成住坏空的神话故事；第五，《世界名体志》，绘制有关华藏世界、万亿须弥、大千世界、诸天宫以及地狱等佛教经典中描述的整个世界的图景，还包括震旦、西域以及五印等现实世界的图景；第六，《法门光显志》，介绍佛教各种仪式和事项的起源、内容和变革；第七，《法运通塞志》，按照年代顺序记述佛教的产生、发展、传播及其盛衰消长变化，始自周昭王二十六年（前 1023。此处纪元与现行“夏商周断代工程”之结论不符。据原书），终于南宋理宗宝庆三年（1227）；第八，《名文光教志》，选录有关天台宗的重要碑文、序言、书牍等；第九，《历代会要志》，按年代先后分类排列的有关佛教以及佛教以外的重要史实，共 65 项。

《佛祖统纪》以记述天台宗的历史为主，兼及其他宗派以及整个佛教，也涉及道教的一些内容。志磐在确定本书体例方面，有着效法《史记》和《资治通鉴》长处的主观愿望。从总体上讲，本书是一部纪传体的通史著作，但是，从各部分的具体内容来看，本书又把纪传、编年和会要融为一体，一方面使内容很丰富，保留了许多佛教以外的重要史料；另一方面又使本书的结构不太严密，显得松散，各部分的安排也不太协调。

本书每部分的前面都有“序”，本纪的后面有“赞”，遇到有疑难问题需要特别说明则有“述”。这样的安排不仅使叙述脉络清楚，而且通过对书中所涉及的人物、事件、教理等问题的解释、评论、辨析，使读者对所述内容有更全面的理解。这反映了本书作者对佛教史的深厚研究功底。无论与此前或此后的佛教史书相比，它的学术价值都是很突出的。另外，书中对一些重要的史实等还用夹注解释，在一些叙述末尾加资料出处，这都反映了作者严谨的治史态度。

宋代以后，重要的佛教史书有《佛祖历代通载》、《释氏稽古略》等，都是编年体的佛教史书。像《佛祖统纪》这样一部纪传体的佛教通史著作，不仅在宋代以前没有，宋代以后也没有仿效作品，所以它在中国佛教史学中的地位是十分显赫的。

第三节　诸宗态势及其发展阶段

宋代佛教的发展可以划分为三个阶段：第一阶段，北宋前中期，大约相当于宋太祖到宋哲宗统治时期（960—1100）。

在这 140 年间，与宋王朝各种政治、经济和文化制度的建立相适应，政府的佛教政策、管理佛教的各种具体措施基本形成，此后没有发生重大的改变。相对说来，这一阶段宋代社会发展比较平稳，为寺院经济的发展、佛教文化事业的繁荣、佛教思想的活跃提供了适宜的环境。

第一，这一阶段是宋代佛教文化发展的黄金时代。宋代的佛经翻译虽然已经不能成为左右佛教发展方向的主要因素，但这项工作规模之大，延续时间之长，译出的经典数量之多，仅次于唐代。而从宋初诸帝对这项工作的重视程度而言，并不比唐代的帝王逊色。由朝廷直接支持，动员了大量人力、财力而进行的佛经翻译事业，完成于这个阶段，同时也标志着官僚化的中国古代佛经翻译史的结束。具有划时代意义的佛教大藏经的刻板和印刷，也是从这个阶段发端。重要的佛教典籍，尤其是禅宗的灯录，大多也是在这个阶段涌现出来。

第二，在这一阶段出现了佛教诸宗派的综合复兴。隋唐时期形成的佛教诸宗派，其不均衡发展的态势在唐中叶就明显呈现出来。经过唐末五代社会剧烈动荡，佛教义学各派已经难以为继，多数已经没有传承系谱。到了北宋时期，佛教呈现出新的发展格局。禅宗经过唐末五代的发展，成为在佛教中影响最大的一派。北宋禅宗接续这种发展势头，在保持本派个性特征的同时，又有了新的变化。自北宋开始，禅思潮笼罩了整个佛教界，禅宗的发展决定着整个佛教的发展趋向和面貌。就禅宗内部的派系变化而言，北宋前中期是临济、云门两宗共同推动禅学的发展，而在变革禅学方面最具活力的临济宗开始成为禅宗中最有影响的一派。

接续五代吴越佛教的传统，以江浙地区为中心，出现了天台宗、华严宗、律宗和净土宗的所谓“中兴”局面。有复兴气象的北宋律宗，法脉出自道宣的南山宗，发展中心是在杭州地区。继承道宣法系的周秀，递传道恒、省躬、慧正、玄畅（世称法宝律师）。玄畅撰有《行事钞显正记》，从学于他的赞宁知名于宋初，有“律虎”之称。玄畅递传元表、守言、元解、法荣、处元、择悟、允堪，至此律宗开始出现复兴势头。允堪（1005—1061），钱塘人，曾住持西湖菩提寺，专弘律学。庆历、皇祐年间（1041—1054），在杭州大昭庆寺、苏州开元寺、秀州精严寺建立戒坛，每年依照戒律度僧。他对道宣的所有重要著述都作“记”解释，有《行事钞会正记》、《戒本疏发挥记》、《羯磨疏正源记》、《拾毗尼义钞辅要记》、《教诫仪通衍记》、《净心诫观发真钞》等10部，世称“十本记主”。其中，他的《行事钞会正记》比较重要，后来把继承其学说的一派称“会正宗”。

允堪递传择其、元照（1048—1116），律宗又产生了较大影响。元照，余杭人，初依祥符寺的慧鉴律师出家，专门学习毗尼，后来从天台学僧处谦探究天台教观。此后30年间，元照住持杭州的灵芝寺，广事讲说和写作，著有《行事钞资持记》、《戒本疏行宗记》、《羯磨疏济缘记》等，共100多卷。他的《行事钞资持记》用天台宗的教义解释道宣的学说，与允堪的《行事钞会正记》在行仪方面有许多不同，对如绕佛的左右旋转、衣服定制的长短等，都提出新见解。继承此派的称为“资持宗”，律宗以后只有此支维持传承，并且传播到日本。宝祐六年（1258），临安明庆闻思律师奏请朝廷将元照著作入藏流通。元照之后递传智交、准一、法政、法久、了宏、妙莲等，到了元明之际，法系传承不明。律宗经过这一阶段的短暂复兴以后，直到明末清初才重新兴盛。

净土信仰的学说与实践也在宋代出现了多种新变化，弘扬净土者的创宗建派意识也非常强烈。激发教、净、律诸派此类“中兴”的原因是多方面的，或有历史传统的作用，或受佛教总体格局变动的牵制推促，或与中外佛教交流息息相通。北宋的佛教综合复兴运动，在社会各阶层产生了程度不同的反响和回应。此后近200年中，再也没有出现过这样的局面。

第三，这一阶段也是佛教思想活跃的时期。在宋王朝三教并举的大环境下，佛教内部出现了各派学说融合发展的局面，其广度和深度是前所未有的。与隋唐佛教各派分途竞立新说进行理论创新不同，宋代佛教是在融合中进行理论创新。在中国佛学发展的悠久历史进程中，两者堪称双璧，相映生辉，共同促成了佛学的博大和繁荣丰富。就禅学而言，与公案之学相联系的文字禅形成相对稳定的形态，反映了禅学新思潮的兴起，发挥了巨大的理论作用和社会作用，直接影响此后的佛学发展。倡导三教融合，倡导禅、净、教融合的最知名、并且其学说影响最久远的学僧，基本活动于这个阶段。另外，具有理论创新意义，并且产生多样化社会反响的净土信仰实践，也在这个阶段形成。

第二阶段，北宋末年到南宋初年，相当于北宋徽宗到南宋孝宗统治时期（1101—1189）。

北宋末年，朝廷宗教政策的变化，对佛教产生了更为直接和强烈的影响。宋徽宗排佛崇道，力图用道教神化自己的政权，并于晚年推行佛教道化的措施。他自号“教主道君皇帝”，于宣和元年（1119）下诏说，佛教属于“胡教”，虽然“不可废”，但仍为中国“礼仪之害”，所以“不可不革”，于是改“佛号为大觉金仙，余为仙人、大士之号；僧称道士，寺为宫，院为观，即主持之人为知宫观事”①，还下令僧尼蓄发、顶冠、执简，完全按道教改造佛教，希望以此泯灭佛道的差别。这些措施虽然实行的时间不长，对佛教还是产生了相当程度的影响。它促使一些禅僧引道教入禅宗，形成了禅学发展中的另一支流。其中最显著的是把修禅与道教的胎息、长生等联系起来，将修禅的目的归结为长寿永年、羽化升天，同时用道教的观点解释禅宗史上的神话，使佛教屈从于道教。

徽宗的崇道抑佛做法，自然引起佛教徒的强烈抗议，而引神仙术入禅门，更受到正宗禅师的批判。克勤在《破妄传达磨胎息论》中说：

> 嗟见一流拍盲野狐种族，自不曾梦见祖师，却妄传达磨以胎息传人，谓之传法救迷情，以至引从上最年高宗师，如安国师、赵州之类，皆行此气。及夸初祖

---

①《宋大诏令集》卷二二四《佛号大觉金仙，余为仙人、大士之号等事御笔手诏》。

只履、普化空棺，皆谓此术有验，遂至浑身脱去，谓之形神俱妙。……复有一等，假托《初祖胎息论》、赵州《十二时别歌》、庞居士《转河车颂》，递互指授，密传行持，以图长年。及全身脱去，或希三五百岁。殊不知，此真妄想爱见！①

宋代相当一部分士大夫也不满意将禅与养生术混为一谈，他们重视禅与老庄的思想结合，而不是吸收长生不老之类的方术。罗大经说：

庄子谓至人入水不濡，入火不热，如周公遭变而赤舄几几，孔子厄陈而弦歌自如，皆至人也。不濡、不热，其言心耳，非言其血肉之身也。

又说：

老庄之意，以身为赘，以生为苦，以死为乐也。今神仙方士，乃欲长生不死，正与老庄之说背而驰矣。佛家所谓"生灭灭已，寂灭为乐"，乃老庄之本意。故老庄与佛，元不为二。②

尽管正统禅师和侧重寻求心理平衡的士人，都反对把禅归结为长生术的一种，但以长寿健身为目的的修禅人，在佛教中还是很普遍的。这种倾向自禅传入中土就已经存在，在天台宗创始者那里有突出发展。但是，使禅脱离佛教的基本教义而与道教一致起来，应该从北宋末年算起，可以说与徽宗崇道抑佛的政策导向有关系。正如克勤所说："其流浸广，莫之能遏。"③

在这一阶段影响佛教全局变化的，主要还是当时的社会政治形势。两宋之际是中国封建社会再一次陷入全面危机的时期，民族矛盾上升为社会的主要矛盾，围绕这一主要矛盾而形成的主战派和主和派的斗争，也达到了极端尖锐的程度。社会的长期动荡和连年的战争，迫使许多人流入佛教队伍，也就是禅宗队伍。及至宋廷南迁，北方僧人也随之纷纷渡江，使得以杭州为中心的东南一隅，再度成为佛教活跃的基地。根据南宋高宗（1127—1162）时统计，半壁江山中有僧尼20万。当时禅宗的著名寺院动辄有僧一两千人。官方掌握的僧尼数量恐难以反映真实情况，日本学者一般采纳笔记的说法，认为当时有僧尼百万，当然也不一定确切。

①参见《圆悟佛果禅师语录》卷二十。
②上引均见《鹤林玉露》乙编卷三。
③《圆悟佛果禅师语录》卷二十。

由于时代的急剧变化，涌入佛教队伍的社会成分和它们的社会联系不同，对佛学也提出了新的要求。但是有一点十分明确，就是他们主要是倾心于禅学和净土。因此，在两宋之际，佛教义学诸派再也没有出现兴盛局面。律学适应整顿佛教僧团的需要，有一些表现。从宗派兴衰而言，禅宗得到了进一步的扩展。云门宗经过了它的昌盛期，由于不能适应社会变化开拓新的禅学道路，逐渐走向衰落。在整个南宋，尽管它的传法系谱不断，但没有出现有影响的禅师。到元代初年，此派便湮没无闻了。临济宗的黄龙派自北宋末年衰落，进入南宋不久便法系难考。代之而起的杨岐派以临济正宗和唯一代表自命，成为禅宗中最大的派系。在北宋前中期，曹洞宗萎靡不振，到了这个阶段逐渐崛起，其影响仅次于临济宗。所谓“临（指临济宗）天下，曹（指曹洞宗）一角”的格局由此确立，历元明清而没有改变。此时期禅学新发展的标志，是临济宗禅师宗杲的“看话禅”和曹洞宗禅师正觉的“默照禅”。从这一阶段开始，整体禅学的三大组成部分，即夹杂着棒喝的机语酬对、与公案相联系的文字禅，看话禅和默照禅，就最终定型了。

在这一阶段，禅学上出现的一些微妙变化，也迂回曲折地反映了僧人们关于时局的心态，反映了战争环境中出家僧人们心愿之所系。例如，绍兴三十一年（1161），“金虏主完颜亮涉居汴京，九月自将入寇，兵号百万。中竺寺沙门昙莹学禅悟《易》，屡对禁中，至是策以易数，谓亮当毙于江北”，于是鼓励皇帝“亲征浙西”。[①]《周易》思想早已为禅宗所接受，曹洞宗自曹山本寂之后，传授《洞山五位》与《宝镜三昧》，在《宝镜三昧》中说五位，就是用《易经》思想来进行解释。临济僧人慧洪也结合卦象解释《洞山五位》。主张“学禅悟易”，用以占卜吉凶来为抵抗外敌服务，是禅僧忧国忧时可能的表现形式。

第三阶段，南宋中后期，自南宋光宗至南宋灭亡（1190—1279）。

在这一历史阶段，佛教既没有经受严重的政治打击，也没有任情膨胀。总的说来，佛教队伍还保持着一定的规模，但是佛教思想基本没有出现令人注目的变化。一个突出的现象是，佛教的对外传播在这一阶段进入黄金时代。

南宋光宗之后的诸帝，基本沿袭前朝的宗教政策，对佛教和道教既扶植又限制。在对佛教的具体管理措施方面，也主要是因循旧法，没有什么创新。根据南宋王朝每况愈下的财政情况，针对佛教寺院经济还有一定的活力，他们特别重视运用

①《佛祖统纪》卷四十七。

经济手段调控佛教。北宋以来实行的鬻牒、出售紫衣师号、征收寺院田产税、向僧人征收“免丁钱”等措施仍在执行，并在各地的执行过程中有逐渐加强的趋势，这就促使寺院普遍重视生产经营和经济效益。需要专靠国家供养的佛教义学，在南宋境内进一步衰落。这样，佛教在元代表现出的南禅北教格局，在宋金对峙时代已经酝酿成熟了。

随着南宋政权的稳定，江南地区的禅宗也逐步形成了一些稳定的聚集地。国家为了加强对禅众的管理，采纳了史弥远的建议，确定了“五山十刹”的禅寺划分，“五山”在杭州的有径山兴圣万寿寺、北山景德灵隐寺、南山净慈报恩光孝寺，在宁波的有太白山天童景德寺、育王山雪峰广利寺。“十刹”是杭州的中天竺天宁万寿永祚寺、湖州的道场山护圣万寿寺、温州的江心龙翔寺、金华的云黄山双林寺、宁波的雪窦山资圣寺、台州的天台山国清教忠寺、福州的雪峰山崇圣寺、建康的蒋山兴国寺、苏州的万寿山报恩光孝寺和虎丘山云岩寺。这些禅寺实际上是传禅中心，也是国家用以控制整个丛林的枢纽，也为以后元明等朝所沿袭。南宋时期，禅宗的对外传播，主要以这些寺院为基地，而外传的宗派则主要是临济宗。

南宋后期，社会动荡，国之将亡，许多禅宗僧人或南走越南，或东渡日本。应请去日本弘法的禅师，有出于松源崇岳系下的兰溪道隆（1213—1278），于淳祐六年（1246）赴日；出自破庵祖先系下的兀庵普宁，于景定元年（1260）赴日；另有无学祖元（1226—1286）、大修正念等。他们不仅把禅学，也把儒学传到了日本。

这个时期相当于日本的镰仓幕府时代，日本佛教进一步发展，来华求学的僧人很多。其中，荣西（1141—1215）于乾道四年（1168）和淳熙十四年（1187）两度来宋，参学于天台、庐山、育王、天童等名刹，回国后创立日本临济宗。圆尔辩圆嗣法于无准师范，1241 年回国，开创东禅寺派。无门普门于 1251 年入宋，嗣法于无准师范的弟子断桥妙伦，1266 年回国，开创南禅寺派。另外还有无象静照于 1252 年入宋，1262 年回国；南浦绍明于 1259 年入宋，1267 年回国；这些人都属于临济系统。

第二章

宋代佛教宗派（上）

第一节　临济宗及其禅学新趋向

在唐末五代形成的禅宗五家中，沩仰一系入宋不传，法眼一系在延寿（904—975）以后衰落。宋代禅宗主要有临济、云门和曹洞三派，而在宋代前中期，相当于宋太祖到哲宗时期（960—1100），主要由临济和云门两派推动禅学发展。

直到北宋初年，临济宗的主要基地仍然在北方，以今天的河北、河南和山西等地为中心。从仁宗统治时期开始（1023），其活动区域转到了南方，以江西为中心，一变成为禅宗中最活跃的一派。就其派系结构而言，在楚圆之后分化出黄龙、杨岐两支分道发展，活动于北宋末至南宋初；就其禅学演变而言，倡导和完善了与公案之学相联系的文字禅诸形态，促成了禅思想的转变，并且逐步行之于整个禅林。

所谓文字禅，是指通过学习和研究禅宗经典而把握禅理的禅学形式。它以通过语言文字习禅、教禅，通过语言文字衡量迷悟和得道深浅为特征。禅宗文字禅的思想和实践可以追溯到唐代，但是它形成与公案之学相联系的稳定形式，成为颇具影响力的禅学潮流，则是从北宋开始。作为宋代文字禅的主导方面，它的产生和发展始终与运用语录公案紧密结合在一起。概括说来，宋代围绕语录公案展开的文字禅有四种形态，也可以看成是公案之学发展的四个方面。其中，“拈古”是以散文体讲解公案大意，“代别”是对公案进行修正性或补充性解释，这两者都起源于宋代之前；“颂古”是以韵文对公案进行赞誉性解释，“评唱”是结合经教对公案和相关颂文进行考证、注解以发明禅理，这两者都起源于北宋。一般说来，能够主导禅学发展方向，并能够发挥多方面理论作用和社会功能的文字禅形态，是代别、颂古和评唱。北宋初年，临济僧人汾阳善昭倡代别、创颂古，标志着临济禅学开始了一个方向性转变。

一、汾阳善昭的公案代别和颂古

临济宗从兴华存奖（？—924），经南院慧颙（？—952）、风穴延沼（896—973），至首山省念（926—993），日呈衰落之势，以至流传有仰山慧寂的谶语，所谓“临济一宗，至风而止”[①]。省念重视佛教戒律，提倡《法华经》，有“念法华”之称。他也沿袭机锋棒喝的传禅手段，每有禅僧来“必勘验之”，因而禅宗典籍中有“天下法席之冠，必指首山”的记载。实际上，在省念身边的禅僧，“留者才二十余辈”。他常住“汝州城外荒远处”的首山，是一个不具多大影响力的丛林，他本人在禅理论和实践上都没有什么建树。

改变临济宗这种窘迫处境的是省念的弟子善昭。他倡导公案代别和颂古，以复古主义的形式，将禅化解为文字玄谈；在解释古圣语言中寓以禅境，创造了文字禅的新形态。善昭由此为禅僧与士大夫的沟通、交流开辟了一条新路，不仅促成了临济的持续兴盛，并且推动着整个禅宗的全面发展。

善昭（947—1024），俗姓俞，太原人，因父母早逝，14 岁出家。此后，他一直过着奔走各地的游方生活，“历诸方，见老宿者七十有一人，皆妙得其家风。至首山谒省念，大悟言下”。后又“南游湘衡”，“北历襄沔”，继续访师问道，前后达 30 年。[②] 杨亿称誉他“效遍参于善财，同多闻于庆喜”[③]。他的禅学在游学中形成，也在游学途中声誉四播。淳化四年（993），首山省念逝世，道俗千余人迎请善昭住持汾州（山西吉县）太平寺太子院。从此，善昭“宴坐一榻，足不越阃者三十年”，被尊称为“汾州”[④]。

善昭重视游方遍参，并鼓励他的弟子们践行。他教诲门徒兼容并蓄，参学各家

---

①《禅林僧宝传》卷三《首山传》。

②上引均见《禅林僧宝传》卷三。

③杨亿：《汾阳无德禅师语录序》，《大正藏》卷四十七 595 页中。

④《禅林僧宝传》卷三。

禅说。慧洪在《林间录》中说：“汾州无德禅师，示徒多谈洞山五位，临济三玄，至作《广智歌》，明十五家宗风，岂非视后进惰于参寻，得少为警之以遍参耶?”①

善昭倡导行脚广学有明确的目的，那就是磨炼锋机酬对的能力，作禅宗“正法”的“内护”，争取“国王大臣”为自己的“外护”。他说：

> 我大觉世尊于多子塔前分半座，告摩诃迦叶云：吾有清净法眼，涅槃妙心，实相无相，微妙正法，将付嘱汝，汝当流布，勿令断绝。如是展转，西天二十八祖，唐来六祖，诸方老和尚，各展锋机，以为内护；及付嘱国王、大臣、有力檀信，以为外护。②

简言之，“各展锋机”是历代祖师开创局面，求得发展的根本途径。善昭强调参学，就在于去提高掌握和运用各种锋机的能力。诸大禅师的锋机，蕴藏在关于他们的语录行事中，称作“公案”。公案一词原指官府用以判决是非的案牍，禅宗用来特指前代禅师的言行范例。《碧岩集·三教老人序》说：

> 祖教之书谓之公案者，唱于唐而盛于宋，其来尚矣。二字乃世间法中吏牍语。

说它始于唐，系指黄檗希运；说它盛于宋，倡导者即是善昭。他把参究祖师锋机最终落实到了参究公案语录上。据善昭说，古代禅师的言行在“随机利物”，学者随之而“各人解悟”。因此，禅师以文字语言示禅，学徒通过文字语言解悟。文字语言成了禅可“示”可“悟”的中介；参究古人语录公案，等于悟解禅的真谛，故亦名“参玄”。这种从古人语录上把握禅理的主张，同沙门义学从三藏经论中把握佛理的做法，没有什么原则区别，都是把言教看成是第一位的。然而，善昭特别把禅学与义学作了区别：

> 夫参玄大士，与义学不同。顿开一性之门，直出万机之路；心明则言垂展示，智达则语必投机。了万法于一言，截众流于四海。③

禅之所以优于义学，仅在于“顿开”、“直出”，而不是拖泥带水；在于“一言”而“了万法”，没有那么多的烦琐注疏。至于语言，仍然是垂示、了法和参玄投机的钥

①《林间录》卷下。

②楚圆集:《汾阳无德禅师语录》卷下,《大正藏》卷四十七。

③《汾阳无德禅师语录》卷下，《大正藏》卷四十七 619 页中。

匙。善昭的这些主张，代表了中国禅宗演变的又一个方向，从“说似一物即不中”，经过五代十国对公案的自发讨论，转成了“了万法于一言”的理论自觉，于是参禅变成了名符其实的“参玄”，追求对禅境的直观体验变成了追求含“玄”的语录。所以，语言的运用和理解，成了禅宗僧人修行的头等大事。

善昭特别重视临济义玄的“三玄三要”，把它看成是禅语玄言运用的典范。慧洪作《临济宗旨》，集中讲善阳对“三玄三要”的理解。书中还引用了张商英对慧洪讲的话：“汾阳，临济五世之嫡孙，天下学者宗仰。观其提纲，渠唯论三玄三要。”善昭本人解释：“三玄三要事难分，得意忘言道易亲，一句明明该万象，重阳九日菊花新。”意思是说：“三玄”、“三要”具体指谓的是什么，难于区别，关键是悟解它们蕴涵的玄旨，由“得意忘言”而“会通”。他又说：“汝还会得三玄底时节么？直须会取古人意旨，然后自心明去，更得变通自在，受用无穷，唤作自受用身佛，不从他教，便识得自家活计。”①简言之，通过“三玄三要”的语言，会取古人意旨，使得自心明睿。至于“一句明明该万象”，是形容“三玄三要”之言，在于抓纲，一通百通。“重阳”指《周易》中的乾卦，用以譬喻万象更新的本源“道”，这里指圣人“意旨”。因此，善昭之强调“三玄三要”，在于提倡语言玄化，寓禅于言；但不是照字面去理解禅师语录，而是在公案中别求古人意旨。这样，作为中介的语言，成了只是可以示现和悟解的符号和门径。他说：“言之玄也，言不可及旨之妙也。”②“言之玄”是及于禅之妙的前提，而这玄化了的言当然就不能单从词义上去理解了。

为了倡导言玄，善昭作《公案代别百则》和《诘问百则》，弘扬这些公案，并给出自己的解释。关于公案代别，善昭指出：

> 室中请益，古人公案未尽善者，请以代之；语不格者，请以别之，故目之为代别。③

“未尽善者”和“语不格者”的意思相同，都是指公案的语意未尽，需要给以“代语”或“别语”，以作进一步的揭示，也可以说是对公案的修正性解释。

这里的“代别”是“代语”和“别语”的复合词。所谓“代语”，原有两个含

---

①《汾阳善昭语录》，见《古尊宿语录》卷十。

②《汾阳无德禅师语录》卷上。

③《汾阳无德禅师语录》卷中，《大正藏》卷四十七 613 页下。

义：其一，是指问答酬对间，禅师设问，听者或懵然不知，或所答不合意旨，禅师代答的话语；其二，是指古人公案中只有问话，没有答语，代古人的答语。所谓“别语”，是指古人公案中原有答话，作者另加一句别有含义的话。代语和别语区别不大，都是对古人或他人禅语的发挥。由于云门语录中多有代语和别语，一般认为“代别”以云门为始。善昭利用这种形式，将禅引导到发掘古人意旨方面，更确切些说，是借用古代公案，表达自己的思想。譬如：

> 梁武帝问祖师：如何是圣谛第一义？祖曰：廓然无圣。帝云：对朕者谁？祖曰：不识。代云：弟子智浅。
>
> 梁武帝请傅大士讲经，大士俨然。帝曰：请大士与朕讲经，为什么不讲？志公曰：大士讲经毕。代云：讲得甚好。
>
> 马鸣问迦毗摩罗：汝有何圣？云：我化大海，不足为难。又问：汝化性海得否？云：若化性海，我当不得。别云：许即不让。

《诘问百则》是对著名的禅语提出问题，并代以作答。以“四誓”为例：

> 众生无边誓愿度。谁是度者？代云：车轮往灵山。
>
> 法门无边誓愿学。作么生学？代云：朝参暮请。
>
> 烦恼无边誓愿断。将什么断？代云：有么？
>
> 无上菩提誓愿成。作么生成？代云：天子不刈草。

无论是公案代别还是诘问代答，都反映了善昭追求玄妙语句的用心和提供给公案一个标准答句的努力。其中有的就是字面的含义，别无他解，如“朝参暮请”之类。有的是对原意的引申，如“智浅”即是“不识”，“讲得甚好”即是“讲经毕”，代别得并不高明。有的是纯譬喻，如“车轮往灵山”，“车轮”是“法轮”的譬喻，代得也不甚新奇。值得寻味的是“有么?”以反问的口气表达对“烦恼无边誓愿断”的否定。“天子不刈草”，暗喻“无上菩提”无须劳作生成，带有浓郁的山村野风，倒是少些矫揉造作。

代别作为一种文体，对后世还是有不小影响的。明清特别盛行的批点，以及通过批点让古人的著作代自己立言，就是这种代别的发展。因此，尽管善昭的代别也有精彩的部分，但多数平平，或不如原来的语言含蓄生动。因为代别之作同公案的选择一样，真正的目的不是发明古圣意旨，而是借题发挥；既可以作为言谈交往的口实，也是阐述自己思想观念的途径。所以从善昭的代别中，大致能够看到他的禅者面貌。善昭自认为他的百则诘问可以将道理收全，但不敢肯定他的诠释能够穷尽这些道理，也表明他只是一家之言。所以他说:“诘问一百则，从头道理全，古今如目睹，有口不能诠。”他还说：“夫说法者，须及时节，观根逗机，应病与药。不及时节，总唤作非时语。”① 所以也不能把他的代别当成真言。善昭着意追求语言上的“善”和“格”，实际上是用自己的标准去统一公案的答语，与此同时，也把禅宗引向了追求玄言妙语，在文字上下工夫。

宗杲曾经指出：“近年以来，禅有多途……或以古人入道因缘，聚头商榷云：这里是虚，那里是实，这语玄，那语妙，或代或别为禅者。”② 北宋末南宋初仍然普遍存在的这种现象，就是由善昭发起的。由于代别成为一种时髦，禅师们普遍希望通过与众不同的新奇语句，显示自己的心明智达，以至同一问句会出现多种不同的答语。宗杲举例说：“或师家问，不是心，不是佛，你作么生会？便云：和尚不妨惺惺。或云：和尚什么处来？或云：不可矢上加尖。或云：漫却多少人。或再举一遍云：不是心，不是佛，不是物。”③ 古圣多具深意的佳言机语，在代别中多变成了无聊的套话。圆悟在《枯崖漫录》中叙述了一个颇有代表性的例子，并予以评论：

> 金华元首座，刚峭简严，丛林目为饱参，见等庵于白云，始了大事。僧问：如何是佛？曰：即心是佛。问：如何是道？曰：平常心是道。问：如何是祖师西来意？曰：赵州道底。闻者皆笑。后有僧问：如何是佛？曰：南斗七北斗八。问：如何是道？曰：猛火煎麻油。问：如何是祖师西来意？曰：龟毛长数丈。传者皆喜。噫，若如此辨验答话，不惟埋没己灵，抑亦辜负前辈！④

代别之流风所及，使老实简严的禅师也不得不刁钻古怪起来。而“前辈”们那些不无苦心的“断流语”，变成了一片油腔滑调，引起正派禅师激烈谴责是正常的。事实上，高层次的士大夫对此也不满意。岳珂说：“今之言禅者，好为隐语以相迷，

①上引均见《汾阳无德禅师语录》卷中。

②蕴闻编:《大慧普觉禅师语录》卷三十,《大正藏》卷四十七 941 页中。

③《大慧普觉禅师语录》卷十四。

④圆悟:《枯崖漫录》卷上。

大言以相胜，使学者怅怅然益入于迷妄。”① 这“隐语”、“大言”可以成为代别者追求妙语玄言的注解，其在宋代禅宗中始终十分盛行。

“颂古”是以韵文对公案进行赞誉性解释的语录体裁，它不仅是研究公案的方法，而且是教禅学禅、表达明心见性的手段。善昭首创颂古，是对宋代禅学发展的又一促进。在北宋以后的禅史上，颂古比代别和拈古具有更大的影响。由于得到士大夫的特别喜爱，使它有着很强的生命力和感召力。

善昭的颂古之作是《颂古百则》，选择百则公案，分别以韵文阐释。他在其后作《都颂》，简述选材的原则、作用和目的：“先贤一百则，天下录来传。难知与易会，汾阳颂皎然。空花结空果，非后亦非先。普告诸开士，同明第一玄。”② 意谓他选用公案的标准主要是择优，不论宗派，只以禅林公认的“先贤”言行作为弘禅证悟的典型范例流通天下。这反映了善昭力图融合禅宗各家宗风的倾向，也为日后多数颂古禅师所接受，成为共识。当然，由于各选家的眼光不同，水平有别，所选公案也就不会完全一致。善昭认为，公案中的古德言行和机缘，有的晦涩难懂，有的易于理解，颂古的文字都应该使其清楚明白，便于学者同明“第一玄”（即禅理）。他的颂古明确宣示：禅既可以通过文字“普告”学者，学者也可以通过文字去“明”，这一主张在他的颂古实践中得到更明朗的表现。

北宋末年，圆悟克勤曾给颂古下过一个经典性的定义：“大凡颂古，只是绕路说禅，拈古大纲，据款结案而已。”③ 意思是说，颂古不是照直把古圣的意旨叙述出来，而是绕着弯表达自己的禅理。这也是禅宗常讲的“不点破”的原则。因此，即使平直的语言，也不能单从字面上去理解。但事实上，善昭的颂古特点远非如此，他总是从公案的事实出发，推论出古圣的意旨来。例如《俱胝一指》这则公案，说的是唐代俱胝和尚，每遇有人向他问禅，他都不多说话，只竖起一个指头表示回答。善昭的颂文是：“天龙一指悟俱胝，当下无私物匪齐。万互千差宁别说，直教今古勿针锥。”④ 意思是说，俱胝和尚竖一指悟人的方式，是从天龙和尚那里学来的，因为他就是从一指得悟。“一指”喻一以贯之，在千差万别的世界中要把握它们的统一性。佛教通常或指“空”，或指“心”，善昭给予的解释是“无私物

①岳珂：《桯史·解禅偈》。

②《汾阳无德禅师语录》卷中，《大正藏》卷四十七 613 页下。

③《碧岩集》卷一，《大正藏》卷四十八 141 页上。

④《汾阳善昭禅师语录》卷中，《大正藏》卷四十七 609 页上。

匪齐”。“无私”即“无我”，“无我”即“性空”，所以从“无私”的角度看世界，无物不是齐一的。至于俱胝和尚的本意是否如此，则是另一个问题。但是，善昭在这里没有故弄玄妙，是很明显的。可见他的颂古，有很大成分是为了普及禅知识。可以说，善昭的颂古之作代表了颂古的初始形态。善昭之后，颂古之风弥漫禅宗界，成了明心见性的重要手段，颂古本身也经历着变化。

二、黄龙慧南和黄龙派

善昭的著名弟子是石霜楚圆（986—1039），全州清湘（广西桂林）人，俗姓李，22 岁出家。他慕名到山西参访善昭，从学 7 年，后又游历今河南一带，结识杨亿、李遵勖等人。晚年至潭州（湖南长沙）弘教传禅，临济宗的活动区域开始南移。楚圆的门徒以黄龙慧南和杨岐方会的知名度最高。他们各立门户，分别形成黄龙派和杨岐派。禅宗史上把这两派与唐末以来的五家合称“五家七宗”。

1. 慧南和他的“黄龙三关”

慧南（1002—1069）是信州玉山（江西玉山县）人，11 岁出家，19 岁受具足戒，先随云门宗的三角怀澄习禅，后投楚圆门下。先后住持同安（福建同安县）崇胜禅院、庐山归宗寺、高安黄檗山等。从景祐三年（1036）开始，常住江西南昌黄龙山。慧南的禅要，人称“黄龙三关”：

> 师室中常问僧出家所以，乡关来历，复扣云：人人尽有生缘处，那个是上座生缘处？又复当机问答，正驰锋辩，却复伸手云：我手何似佛手？又问诸方参请宗师所得，却复垂脚云：我脚何似驴脚？三十余年，示此三问，往往学者，多不凑机。丛林共目为三关。①

这里的“生缘”，指决定人生及其命运的诸因素；“我手”与“佛手”相比，涉及人身与诸佛的关系；“我脚”与“驴脚”相比，涉及人身与畜生（异类）的关系。这类问题，在禅宗史上都有过热烈的讨论，所以涵盖有深厚的佛学理论内容，与一般禅师的信口提问或随根发机者不同。

据慧洪的《林间录》记载，慧南禅师“以佛手、驴脚、生缘语问学者，答者甚众。南公瞑目如入定，未尝可否之。学者趋出，竟莫知其是非，故天下谓之三关

---

①《建中靖国续灯录》卷七。此处所记“三关语”的次序与《林间录》等书不同。

语”。为什么对任何回答都不置可否？慧南解释说：“已过关者，掉臂径去，安知有关吏？从吏问可否，此未透关者也。”① 所谓“已过关者”，指由此三问而自悟的人，就用不着再作解释；所谓“未透关者”，虽经三问启发犹未悟解的人，再作讲说也无济于事。

慧南的“三关”之设，目的在启示参禅者自修自证，自悟佛道。慧南曾对自己的“三关语”以颂文形式作过阐述，《林间录》中记有“佛手”和“驴脚”两颂，《云卧纪谭》将三颂录全：

> 我手佛手兼举，禅人直下荐取，不动干戈道出，当处超佛越祖。我脚驴脚并行，步步踏着无生，会得云收日卷，方知此道纵横。生缘有语人皆识，水母何曾离得虾，但见日头东畔上，谁能更吃赵州茶?②

意思是，我手、佛手兼举，表明凡圣无二，只要直下荐取本心，即会超佛越祖；我脚、驴脚并行，显示我与畜类在“无生”性空上一致，只要懂得这个道理，即可在世间自由纵横；参悟“生缘”，在于理解生存争斗之烈（水母食虾）和生死无常之速(不能更吃赵州茶)。

由此看来，“黄龙三关”的思想并没有超出佛教禅师一般弘扬的内容，而它的特点在于使用具体形象，将抽象的道理寓于其中，从而使平凡的事理变得迂回含蓄起来，使已经成为老生常谈的佛教教义变得生动而增添新的风采。慧南的“三关”之设，推动了禅宗用语示意的灵活性。据传，他离开怀澄的原因，是怀澄以“死句”教人，而慧南主张以“活句”说禅。他的弟子隆庆庆闲（1037—1081）对“黄龙三关”的答语，可以看成是使用“活句”的标本：

> （南）又问：如何是汝生缘处？对曰：早晨吃白粥，至今又觉饥。又问：我手何似佛手？对曰：月下弄琵琶。又问：我脚何似驴脚？对曰：鹭鸶立雪非同色。③

相比之下，慧南自己的解释，反而成了“死句”。这样的活句，虽然也算具体、风趣，但其中表达的禅理，已不是含蓄，而是晦涩了。尽管如此，“活句”的提出，说明同一思想可以用多样的语言表达，不拘一格，能够各具千秋。这对于推动语言

①上引均见《林间录》卷上。

②《云卧纪谭》卷上。

③《禅林僧宝传》卷二十五。

运用的艺术和表现上的生动多姿，无疑是有益的。

据慧洪说，黄龙以“三关”立宗说禅，采用“三句”格式，是源自百丈怀海。“大智禅师（怀海）曰：‘夫教语皆是三句相连，初、中、后善。初直须教染发善心，中破善，后始明善菩萨即非菩萨，是名菩萨法，非法非非法。……故知古大宗师说法皆依佛祖法式，不知者谓苟然语。’”① 这里讲的“三句相连”，实脱胎于天台宗的三位一体，即由《中论》三是偈那里转化过来的“假”、“空”、“中”三谛说，与怀海无关。怀海有关“三句”的说法是这样的：“若透得三句过，不被三段管教家举，喻如鹿三跳出网，唤作缠外佛，无物拘系得渠，是属燃灯后佛，是最上乘，是上上智，是佛道上立，此人是佛，有佛性。”② 因此，怀海的“三句”是透“三句”、超“三句”，不被“三句”所缠，与“三句相连”的意思恰恰相反。不过，慧南的“三关”确有受怀海说法的影响。所谓透过“三关”，即可掉臂而去，不再受文字教理的束缚，就是怀海的精神。

宋初云门僧人惯以“三句”教人，德山缘密概括文偃思想为“云门三句”，缘密的同学巴陵景鉴有所谓“巴陵三句”。慧南设“三关”之后，影响扩大，“转三句”的方法在禅僧中十分流行，有的照搬黄龙旧说，有的是花样翻新，同善昭倡导的代别、颂古相呼应，形成了宋初在文字语言上立禅的一代风气，由此产生了许多介乎似有哲理又似“行话”的“玄言”。

2. 黄龙系诸禅师

慧南以黄龙山为基地，建立了庞大的僧团，称为嗣法弟子的达 83 人之多，其中以晦堂祖心、东林常总和宝峰克文最为著名。

晦堂祖心（1025—1100），南雄始兴（广东始兴县）人，俗姓邬。21 岁时依龙山寺沙门惠全剃发受具足戒，曾求学于云峰文悦，后到黄龙山参见慧南，深得赏识。慧南生前曾让他分座训徒。慧南逝世后，他继任黄龙住持 12 年，嗣法弟子 47 人。元丰三年（1080），王韶推荐他住持东林禅寺，他荐举常总以代，自己乐于闲居。祖心与官僚士大夫来往较多，除观文殿学士王韶外，与潭州太守谢师直、江西转运判官彭汝砺等人也很密切。他曾游历京城，驸马都尉王铣“尽礼迎之”。

在祖心之前，禅僧名前多加居住地名以为道号，是唐代以来的惯例。祖心首创

①《林间录》卷上。

②《古尊宿语录》卷一《百丈怀海禅师》。

以所住庵堂为道号，为各派禅僧所仿效，成为一种时尚。宋代以后，禅宗僧人依然沿袭这种习惯。

东林常总（1025—1091），南剑州（福建南平）人，出家后到庐山归宗寺追随慧南，前后20余年。曾住持江西泐潭，被称为“马祖再来”。元丰三年（1080），“诏革江州东林律居为禅”，他应命住持，被认为是应了700年前东晋慧远的谶语，又号“肉身大士”。宋廷曾诏其住持京城相国寺智海禅院，以年老多病推辞。元祐三年（1088），赐号“照觉禅师”。

常总把江州东林寺经营得规模巨大，其寺“厦屋崇成，金碧照烟云，如夜睹史之宫从天而堕。天下学者从风而靡，丛林之盛，近世所未有也”。[①] 常总身边常有徒众700余人，嗣法弟子61人。

宝峰克文（1025—1082），陕府阌乡（河南灵宝）人，俗姓郑，号真净。少年出家，26岁受具足戒。克文曾游历京城，“贤首、慈恩、性相二宗，凡大经论，咸造其微”。后离京南下，弃教习禅，多方参访，最终投到慧南门下。先后住持江西的宝峰、洞山、圣寿、庐山归宗寺和金陵报宁寺，与王安石、张商英等官僚文人过从甚密。王安石曾舍金陵家宅为报宁寺，请其住持。克文在江西的影响尤大，“民信其化，家家绘其像，饮食必祠”。克文精通佛教义学及儒学，能够融会儒释典籍以解释公案，以善于说法著称。他“五坐道场，为诸方说法，得游戏三昧，有乐说之辩”[②]。他反复宣讲的，依然是禅宗一贯提倡的学说，认为“达摩西来，亦无禅可传，唯只要大众自悟自成佛，自建立一切禅道。况神通变化，众生本身具足，不假外求”。[③] 虽内容毫不新鲜，但由于他擅长辞令，他的《语录》很受时人的欢迎。

克文的嗣法弟子有38人，黄龙第二代弟子中的知名人物，均出在他的门下，如兜率从悦（1044—1091）、泐潭文准（1061—1115）等，当时都很有影响。然而在两宋禅宗史上占重要地位的，乃是清凉慧洪。

慧洪（1071—1128），字觉范，号寂音，江西筠州（高安）人，俗姓俞（一说姓彭）。14岁入寺，19岁在京城天王寺试经得度，4年后到庐山归宗寺学禅于真净克文，并随其迁往洪州石门。29岁后，游历江南一带，住持过临川北禅寺和金陵清

①《禅林僧宝传》卷二十三。

②上引均见慧洪《云庵真净和尚行状》。

③《住金陵报宁寺语录》。

凉寺。在金陵时，因有僧人告他持伪度牒，被下狱1年，经张商英的帮助，恢复了僧人身份，几年后改名德洪。

慧洪博闻强记，精通佛典，在京城及江南的士大夫中享有盛誉，尤为张商英所看重，被誉为“今世融肇”。据《宋史·张商英传》，大观四年（1110），蔡京下野，张商英入相，“于是大革弊事”，包括“行钞法以通商旅，蠲横敛以宽民力。劝徽宗节华侈，息土木，抑侥幸”。蔡京党人“日夜酝织其短”，“因僧德洪、客彭儿与语言往来，事觉，鞫于开封府”。说明张商英罢相，直接的罪名是与慧洪等有“语言往来”。究竟是什么“语言”，史无记载。但从张商英当时正在改革部分积弊，抨击蔡京“劫持人主，禁锢士大夫”的倾向，大致可以推断出他们谈话的内容。政和元年（1111），慧洪因此被流放崖州（海南省），政和三年获释回江西。宣和四年（1122），有僧人告他为张怀素的同党，尽管地方官吏知道这是把张商英误为张怀素，纯系诬告，仍以查清事实为由，将他下狱百余日。此后，慧洪深感“涉世多艰，百念灰冷”①。有一首诗很能表达他晚年的心境：

> 霜须障面老垂垂，瘦搭诗肩古佛依。灭迹尚嫌身是累，此生永与世相违。残经倦读闲凭几，幽鸟独闻常掩扉。寝处法华安乐行，荡除五十二年非。②

最后两句特别值得注意。《法华经》中讲的“安乐行”，要求“不亲近国王、王子、大臣、官长……”，不“造世俗文笔、赞咏外书”③。慧洪作为僧人，积极涉世，遭三度身陷囹圄；及至晚年闭门隐居，而国事日非，北宋王朝已走向末路。他的诗充分流露出对自己，也是对北宋官僚士大夫和整个北宋王朝的悲观失望情绪。

慧洪的著作很多，在禅宗史方面，以《禅林僧宝传》和《林间录》为代表。《禅林僧宝传》30卷，撰于宣和六年（1124），以北宋时期的禅师为主，记有81人。《林间录》2卷，笔记体，录其所见所闻300余事，“莫非尊宿之高行，丛林之遗训，诸佛菩萨之微旨，贤士大夫之余论”，④ 也有史料价值。此外，《石门文字禅》30卷，集诗、偈、书、序等，很能看出北宋后期禅宗的面貌。他的《临济宗旨》等论文，在以后的禅僧和士大夫中也有影响。

---

①《石门文字禅》卷二十四。

②《石门文字禅》卷十二。

③《妙法莲华经》卷五。

④《洪觉范林间录序》。

慧洪是北宋时期最具眼光的禅史学家。他关于禅宗的史学评论，在当时和后代都具权威性。作为一个禅师，他才华出众并有政治头脑，任性不羁，屡触当道，富于个性。反映在学术观点上，他也是驰骋纵横有余，严谨周密不足，失实之处，常为史学家所讥。

慧洪在禅学上有自己的独立看法，反对把禅同语言文字割裂开来。他指出："禅宗学者，自元丰（1078—1085）以来，师法大坏，诸方以拨去文字为禅，以口耳受授为妙。"① 对此他很不以为然。他最推崇汾阳善昭，认为"淳化以后宗师，无出汾阳禅师之右者"。这是因为善昭重视临济义玄提出的"三玄三要"，并通过对"三玄三要"的新解释追求玄言，提高文字语言在明心见性过程中的功能。慧洪的《临济宗旨》，就是联系讲解善昭关于"三玄三要"的颂文，实现以文解禅的。他说："言通大道，不坐平常之见，此第一句也，古（指荐福承古）谓之句中玄。"② 以"言"沟通"大道"，成为慧洪所倡文字禅的基本特色，并在许多著作中作了反复论证。慧洪指出：

> 心之妙不可以语言传，而可以语言见。盖语言者，心之缘，道之标帜也。标帜审则心契，故学者每以语言为得道浅深之候。③

这里的"心"，就是"大道"。心的神妙不可用语言传递，但可以用语言表现。心表现为语言，语言就成了大道的外在标帜；标帜明悉了，心即契会了。所以，是否"得道"就可以从其所使用的语言上来衡量。据此，禅宗的修持自然也要归结到语言运用的技巧上来。慧洪很注意禅师的文字运用，他曾借曹洞宗僧人之口，批评某些公案记录的语言，谓："古人纯素任真，有所问诘，木头、碌砖，随意答之，实无巧妙。"所谓"实无巧妙"，本质上是指那种不事雕琢、缺乏文采的断流语。他认为："借言以显无言，然言中无言之趣，妙至幽玄。"④ 用语必须蕴涵"无言之趣"，使人能体会到"幽玄"之旨，那才是值得肯定的。显然，要使用这样的巧妙语言，参禅者必须有足够的文化素养。北宋以文字为禅的禅师，大都具备这样的条件。

---

①《石门文字禅》卷二十六。

②《临济宗旨》。

③《石门文字禅》卷二十五。

④《石门文字禅》卷二十五。

慧洪的诗文既多，词句也美，可作为他提倡的文字禅的一种标本。其中“十分春瘦缘何事？一掬归心未到家”①，被认为是他的得意之句。批评他俗情未泯，固然有理；说他表现探求心源的执著，也未尝不可。另有《赠尼昧上人》诗：“未肯题红叶，终期老翠微；余今倦行役，投杖梦烟扉。”② 本诗似乎情浓于禅，很难避免正人君子的责难。传说王安石之女即称他为“浪子和尚”。事实上，慧洪本人是充满世俗情感的，以文字为禅，就是情不自禁的表现。

文字禅特别能为士大夫所接受，苏东坡是其中的突出一个。慧洪曾评论说：“东坡居士，游戏翰墨，作大佛事，如春形容，藻饰万象。”③ 他使文学走进佛事达到了自觉，也使文学步入禅境达到了自觉。北宋文字禅的兴盛，把有文化的禅师与士大夫联系得更紧密了，也把禅与文学联系得更紧密了。

南宋以后，一些反对以文字为禅的僧人，往往把批判的矛头指向倡代别、创颂古的善昭，指向把颂古之风推向高潮的重显。实际上，从理论上论证文字禅合理性的北宋禅师，应首推慧洪，这是一般人所没有意识到的。

三、杨岐派的早期传承

杨岐方会（992—1049），袁州宜春（江西宜春）人，俗姓冷。10 岁在筠州（江西高安）九峰山出家，曾到潭州（湖南长沙）随石霜楚圆习禅，后被道俗迎至袁州杨岐山（江西萍乡县北）。庆历六年（1046），迁住潭州云盖山。关于方会的言行，有《袁州杨岐山普通禅院会和尚语录》1 卷、《杨岐方会禅师后录》1 卷。

方会在门庭设施上融会临济、云门两派风格。慧洪说他“提纲振领，大类云门”，“其勘验锋机，又类南院（慧颙）”。④ 方会不像黄龙慧南那样，用“三关”之类的固定格式启悟学者，而是侧重灵活的机语，推崇机释棒喝。“杨岐天纵神悟，善人游戏三昧，喜勘验衲子，有古尊宿之风。”⑤ 在巧言善辩方面，方会要远远胜过慧南。

方会的嗣法弟子 12 人，白云守端为上首。方会晚年曾“以临济正脉付守端”。

---

①《石门文字禅》卷十。

②《石门文字禅》卷九。

③《石门文字禅》卷十九。

④《禅林僧宝传》卷二十八。

⑤《佛祖历代通载》卷十九。

守端（1024—1072）是衡阳（湖南衡阳）人，俗姓葛，出家后从学于方会多年。28岁时辞别方会游庐山，深得云门僧人圆通居讷的赏识，“圆通讷公见之，自以为不及，举住江州承天”。[①] 不久，守端辞去，应郡守之请，住舒州法华寺。这个寺院很小，难得有名家住持，但守端“欣然杖策来”。这种做法，深受当时文士的称赞。后又应士大夫请，移住白云山。守端的嗣法弟子12人，以五祖法演最有成就。

法演（1024—1104）是绵州（四川绵阳）人，俗姓邓。35岁出家，先在成都习《唯识》、《百法》等法相经典，后来弃教习禅。张商英曾称赞他“应机接物，孤峭径直”。由于他常住湖北黄梅五祖山，故称“五祖法演”。法演弟子22人，以佛眼清远、佛鉴慧勤和佛果克勤最为著名，被称为法演门下的“三佛”。

从方会到法演，杨岐派辗转于江西、湖南、湖北一带活动，尽管势力不断扩大，但远不能与黄龙派相比。直到北宋末年，从佛果克勤开始，杨岐派兴盛起来，逐渐取代了黄龙派。

四、圆悟克勤及其《碧岩集》

圆悟克勤（1063—1135），字无著，俗姓骆，彭州崇宁（今属四川）人。18岁出家，先习佛教经论，后属意禅宗，就学于昭觉胜禅师。不久，克勤离川东下，参见法演。崇宁（1102—1106）初，因母老归省，住持成都昭觉寺。后来到澧州（湖南澧县），住持夹山灵泉院，再迁湘西道林寺。政和（1111—1118）末，奉旨移住金陵蒋山。此时，克勤已名冠丛林，“法道大振”。宣和（1119—1125）中，奉诏住持京城天宁寺。不久因战乱返蜀，仍住持昭觉寺。绍兴五年（1135）逝世。

克勤非常重视研究佛教经论和禅宗语录。“凡应接虽至深夜，客退必秉炬开卷，于宗教之书，无所不读。”[②] 这里的“宗”，谓“宗通”，特指“禅”言，指禅宗的经典；“教”为言教，即所谓“说通”，指教门经典，他是主张“融通宗教”的。张商英在听了他讲《华严》教义和禅宗机语之后说：“夫圆悟融通宗教若此，故使达者心悦而诚服，非宗说俱通，安能尔耶！”[③]

克勤也重视当时禅宗通行的机用。据说，他跟随法演来到五祖山，要建“东

①《佛祖历代通载》卷十九。

②祖琇：《僧宝正续传》卷四。

③《罗湖野录》卷上。

厨”，而“当庭有嘉树”挡道，法演对克勤说“树子纵碍不可伐”，克勤不听，把树砍了。法演大怒，“举杖逐师”，克勤仓促躲避间，“忽猛省，曰：此临济用处耳。遂接其杖曰：老贼，我识得你也。演大笑而去，自尔命分座说法”。[1] 这种机锋棒喝已形同儿戏。又传，克勤在五祖山时，有某漕使入山问法。法演“诵小艳诗云：频呼小玉元无事，只要檀郎认得声”，时克勤侍侧，“忽大悟，即以告演。演诘之，师（克勤）曰：今日真丧目前机也。演喜曰：吾宗有汝，自兹高枕矣”。诵艳诗以传禅，由艳诗而得悟，同棒喝儿戏可谓双璧。政和末年，北宋王朝已危在旦夕，克勤移居金陵蒋山。有人问：“忠臣不畏死，故能立天下之大名；勇士不顾生，故能立天下之大事，未审衲僧家又作么生?”师曰：“威震寰区，未为分外。”曰：“恁么则坐断十方、壁立千仞?”师曰：“看箭。”[2] 他肯定忠臣勇士之不畏死不顾生，理应“威震寰区”，而他的禅法却不能因此而动摇。所谓“看箭”，也是古禅师的机锋，但在这里变成了纯粹的遁词。

克勤一生南北辗转，结交的知名禅师和士人官僚很多，使他具有广博的禅学知识和丰富的阅历。他颇为得意地说：“老汉生平，久历丛席，遍参知识，好穷究诸宗派，虽不十分洞贯，然十得八九。”[3] 他在此基础上，创作了影响巨大的《碧岩集》。

《碧岩集》虽以克勤所住夹山（碧岩为异名）为名，但形成却不限于此一地。现存《卍续藏经》中的《碧岩集》，收有前后序、题记、疏等10篇。其中，以署名“关友无党”的序最早，为宣和七年（1125）作，记述了《碧岩集》的形成过程：

> 圆悟老师在成都时，予与诸人请益其说（指《雪窦颂古百则》），师后住夹山、道林，复为学徒扣之。凡三提宗纲，语虽不同，其旨一也。门人掇而录之，既二十年矣，师未尝过问焉。

克勤住持成都昭觉寺是在崇宁（1102—1106）初年到宣和七年（1125），正是20年左右。因此，《碧岩集》是克勤的门徒根据他在昭觉、灵泉和道林三寺讲解重显《颂古百则》的稿子汇编整理而成。《僧宝正续传》又记，克勤分别在成都、夹

①《僧宝正续传》卷四。
②上引均见《佛祖历代通载》卷三十。
③《圆悟佛果禅师语录》卷二十《辩伪》。

山和湘西住持上述三寺之后，又奉旨住金陵蒋山，于是“法道大振”，说明克勤影响力的扩大与讲解重显《颂古百则》有直接关系。

克勤在三地的讲稿，可能先分别流传，多有被窜改的情形发生，故关友无党的序中说克勤的讲稿，“流传四方，或致踳驳，诸方且因其言以其道不能，寻绎之而妄有改作”。克勤本人也曾指出：“不知何人，盗窃山僧该博之名，遂将此乱道为山僧所出，观之使人汗下面赤。况老汉尚自未死，早已见如此狼藉，请具眼衲子详观之，勿认鱼目作明珠也。”① 究竟窜改的是什么内容，虽不得而知，但其中包括关于重显《颂古百则》的讲解应无疑问。由此可见，《碧岩集》是在禅宗普遍重视颂古的情况下形成的，而不是应某个人的邀请而作。

《碧岩集》由重显《颂古百则》所选的100个公案为骨架组织起来，共分10卷，每卷解释10个公案和相应的颂古，形成十个部分；每一部分都有五项内容，依次是“垂示”、公案“本则”、雪窦“颂文”、“著语”和“评唱”。其中，“垂示”是关于公案和颂文的总纲，克勤对公案、颂文的解释，都围绕“垂示”的主题展开。公案“本则”，是指重显《颂古百则》所选的公案。雪窦“颂文”是复述重显原著的颂文。“著语”是克勤给公案本则和重显颂文所作的夹注，也称“下语”，文字简短，多则十余字，少则三五字，有时只有一个字；形式则多样，有书面语，也有口语、俗语、谚语，大多具有点评性质，或称誉，或嘲讽。著语实际上就是机语。最后一项“评唱”，是《碧岩集》的主体部分，分散在公案本则和颂文之后，是克勤对公案和颂文的正面解释，语言活泼，间或有韵。

试以《碧岩集》第十二则《洞山麻三斤》为例来分析《碧岩集》的特点。

“第十二则，洞山麻三斤。”这是题目，以下进入正文：

> 垂示云：杀人刀，活人剑，乃上古之风规，亦今时之枢要。若论杀也，不伤一毫；若论活也，丧身失命。所以道：向上一路，千圣不传，学者劳形，如猿捉影。且道，既是不传，为什么却有许多葛藤公案？具眼者试说看。

大意是说，消除参禅者的错误观念，启发参禅者认识自己本来具有的智慧，既是上古禅师教禅的原则，也是现在参禅者要掌握的关键。然而，消除参禅者的错误观念，并不正言直说，而是要旁敲侧击，应机示现，不留丝毫痕迹；要启发参禅者

①《圆悟佛果禅师语录》卷二十。

自证自悟，也必须消除世俗的观念，才能获得佛教智慧。既如此，为什么还要研究这些公案呢？克勤的反问，就是强调古圣所传“麻三斤”的公案，其意义在于启发人们自证自悟，不要在表面文字上兜圈子。

公案“本则”及其夹注是这样：

> 举。僧问洞山：如何是佛［铁蒺藜，天下衲僧跳不出］？山云：麻三斤［灼然破草鞋，指槐树骂柳树，为称槌］。

意思很简单，克勤在“如何是佛”下的注语，暗示这个问题难以回答，难以理解。“麻三斤”后面的注语，暗示“麻三斤”并不是对“如何是佛”问题的正面作答。

本则公案之后，是克勤的“评唱”，文字颇长。首先，他指出这则公案的特点：

> 这个公案多少人错会。直是难咬嚼，无你下口处。何故？淡而无味。古人有多少答佛话，或云殿里底；或云三十二相；或云杖林山下竹筋鞭。乃至洞山却道麻三斤，不妨截断古人舌头。

“如何是佛”，是参禅者经常会提出的问题，历来有多种回答。克勤认为，这些答语都同“麻三斤”一样，是用“淡而无味”的话去截断从字面上理解的思路。继之，他批判了关于这则公案的几种错误理解：

> 人多作话会，道：洞山是时在库下称麻，有僧问，所以如此答；有底道：洞山问东答西；有底道：尔是佛，更去问佛，所以洞山绕路答之。死汉！更有一般道：只这麻三斤，便是佛。且得没交涉。尔若恁么去洞山句下寻讨，参到弥勒佛下生，也未梦见在。

这些解释都没有超出“麻三斤”的字面意义，所以都不能把握公案中蕴涵的禅理。按克勤的主张，“言语只是载道之器，殊不知古人意，只管去句中求，有什么巴鼻？不见古人道：道本无言，因言显道，见道即忘言。若到这里，还我第一机来始得”。因此，这则公案是让人追求言外之旨，即扫除情解，离言会道。他引用五祖法演的颂云：“贱卖担板汉，贴称麻三斤，千百年滞货，无处著浑身。”由此证成：“你但打迭得情尘、意想、计较、得失、是非，一时净尽，自然会去。”简言之，洞山以“麻三斤”来回答“如何是佛”的问话，只是让人扫除一切情节，净尽所有得失是非，由此自然会道。

接下去是列举重显的颂文，中间也有夹注：

金乌急［左眼半斤。快鹞赶不及，火焰里横身］，玉兔速［右眼八两。姮娥宫里作窠窟］，善应何曾有轻触［如钟在扣，如谷受响］。展事投机见洞山［错认定盘星，自是阇黎恁么见］，跛鳖盲龟入空谷［自领出去，同坑无异土，阿谁打你鹞子死］。花簇簇，锦簇簇［两重公案，一状领过，依旧一般］，南地竹兮北地木［三重也有四重公案，头上安头］。因思长庆陆大夫［癞儿牵伴，山僧也恁么，雪窦也恁么］，解道合笑不合哭［呵呵！苍天！夜半更添冤苦］。咦［咄，是什么便打］！

克勤对这段颂文的解释也很长，他首先指出，重显讲的禅理同洞山是一致的："雪窦见得透，所以劈头便道'金乌急，玉兔速'，与洞山'麻三斤'更无两般"，"南地竹兮北地木，与麻三斤只是阿爷与阿爹相似"。据此，他批判禅僧对重显颂文的各种错误理解。关于"金乌急，玉兔速"一语，克勤说："人多情解，只管道：'金乌是左眼，玉兔是右眼'，才问着便瞠眼云：'在这里。'有什么交涉?"关于"花簇簇，锦簇簇，南地竹兮北地木"一语，他说："后人却转生情见道：麻是孝服，竹是孝杖，所以道'南地竹兮北地木'。'花簇簇，锦簇簇'，是棺材头边画底花草。还识羞么?"克勤之所以认为这些解释都是错误的，不在于它们脱离了公案，而是没有超出"情见"，同"麻三斤"公案的主旨背道而驰。为此，克勤对重显的颂文每一典故都作了考证，以此证明颂文的主旨与公案相同，都是表达不要执著于言句，不要作道理会的。

比如，他考证"花簇簇，锦簇簇，南地竹兮北地木"出自智门和尚的机语。智门和尚这句话的意思，已由洞山守初讲出来："言不展事，语不投机，承言者丧，滞句者迷。"重显颂文中加以引用，就在于"破人情见，故意引作一串颂出"。"因思长庆陆大夫，解道合笑不会哭"，典出《景德传灯录》卷十《陆亘大夫》。[①] 这样，颂文的每一句话都应该考证，考证的结果就是说明颂文与公案表达的是同一主旨。由此形成了《碧岩集》的一大特点，即思想单一而考证烦琐。

中国的传统哲学，大多是一元论的，在认识论和方法论上，特别地看重纲举目

①"陆大夫"指陆亘，是南泉普愿的弟子；"长庆"即福州大安，为百丈怀海的弟子。陆亘事迹最早见于《祖堂集》，与《景德传灯录》的记载差别很大。重显颂文用的典故，本于《景德传灯录》，编者以长庆的口吻，对陆亘的话作代别曰："合善不合哭。"此处改为"合笑不合哭"。这是禅师们随兴用典的例证之一。

张，一以贯之。在特定条件下，这种哲学特色有从根本上转变观念，革新实践，或坚持原则，不为现象迷惑的意义。但在另外一些情况，它简化了复杂和多变的现实，很容易导向主观、片面、凝固僵化，令认识贫困化。克勤的《碧岩集》就有这种趋向。

克勤在《碧岩集》第一则《圣谛第一义》中说：

> 达磨遥观此土，有大乘根器，遂泛海得得而来，单传心印，开示迷途，不立文字，直指人心，见性成佛。若恁么见得，便有自由分，不随一切语言转，脱体现成。

这本是隋唐以来诸大禅师咀嚼过多少遍的老生常谈，他却作为新的发现贯彻到颂古之中，所谓“古今言教，机缘公案，问答作用，并全明此”。[①]“古人举一机一境，皆明此事。”[②]这样，他把丰富多彩、表现着诸多禅僧生活和社会内容的禅思想，统归到一个框架之中，使得禅也贫困化起来。

正因为克勤是把“百则公案从头一串穿来”[③]，所以像《禅林宝训》等称，“圆悟又出己意，离之为《碧岩集》”。克勤对公案、颂文的解释，处处都要装进一个框架，处处都使之显出属于“己意”。为要证明他所穿的那“一串”符合公案和颂文的本旨，又进行了细密的考据，用大立文字的方法，支持“不立文字”的宗旨，结果将人引进了烦琐的考证，形成《碧岩集》的另一特点。

总之，克勤的《碧岩集》把公案、颂文、经教三者结合起来，用评唱直截了当地进行解说，容易为人们所理解。但在夹注中或透机锋，评唱中时用机语，仍不失禅家的特色。克勤创造了一种新的禅宗经典形式，在禅林中产生了很大的影响。

《碧岩集》反映了当时禅宗的一种思潮，它以烦琐的文字说禅，能令人暂时忘却当代的得失是非，故不在于思想之丰满与否。因此，在相当多的士大夫中也得到响应。与此相反，起来反对的也大有人在，他们的主要代表是大慧宗杲，这是反映了另一种社会倾向的禅思潮。

---

①《圆悟佛果禅师语录》卷十四。

②《击节录·德山示众》。

③《碧岩集·普照序》。

五、大慧宗杲及其“看话禅”

1. 生平及其思想渊源

宗杲（1089—1163），宣州（安徽）宁国人，俗姓奚，出身在一个祖上为官但已“家道日微”的破落地主家庭。13 岁入乡校，因用砚台误伤老师而弃学。17 岁出家，受具足戒于本州景德寺。他一生的活动可分为四个阶段。

第一阶段：游方参学时期。从徽宗崇宁四年（1105）至钦宗靖康元年（1126），前后 21 年。这是对他禅学思想的形成有很大影响的阶段。

宗杲出家之后，在景德寺潜心苦读两年。他喜读禅宗语录，特别是云门文偃的语录，同时也学习其他佛教经典。在游方参学中，他最初接触的是曹洞宗僧人，曾就学于芙蓉道楷的弟子瑞州微和尚，在两年中对“曹洞宗旨，一时参得”。但他不满于微和尚将“功勋五位、偏正回互、五王子之类许多家事来传”，认为若“禅有传授，岂佛祖自证自悟之法？遂弃之”。[①] 这个记载一定程度上反映出他不喜欢那种所谓细密的禅风。

大观三年（1109），宗杲到泐潭山宝峰寺（江西南昌），投到湛堂文准（1061—1115）门下。文准是临济宗黄龙派真净克文（1025—1102）的弟子。同时，宗杲又与文准的同学慧洪、兜率从悦（1044—1091）的弟子慧照（1049—1119）保持着密切关系。宗杲对慧洪尤为崇拜，慧洪对宗杲的评价也高。文准逝世后，宗杲编集他的语录，“谒洪觉范，以议编次”[②]，并请慧洪题记。宗杲的为人和禅风，与慧洪有许多相似处。

黄龙派僧人广交士大夫的传统、文准重视道德修养的作风，都对宗杲有深刻的影响。文准在逝世前一年与宗杲有一段对话：

> 杲上座。我这里禅，你一时理会得，教你说也说得，教你做拈古、颂古、小参、普说，你也做得。只有一件事不是，你还知么？对曰：什么事？某甲不知。湛堂曰：囝你欠者一解在，你不得者一解。我在方丈里与你说时便有禅，才出方丈便无了。惺惺思量时便有禅，才睡着时便无了。若如此，如何敌得生死？[③]

---

①《大慧普觉禅师年谱》，大观二年（1108）。

②《大慧普觉禅师年谱》，政和五年（1115）。

③《大慧普觉禅师年谱》，政和四年（1114）。

这里值得注意的有三点：其一，宗杲善于写作拈古、颂古、小参、普说，即善于“说禅”。在南宋初年，善于写作或讲演是成为知名宗师的基本条件。其二，文准批评他还“欠者一解在”，是强调其在“说禅”的同时，必须有自己独特的“妙悟”。以后宗杲果然重视参禅过程中的瞬间顿悟。其三，文准强调要时时处处体验禅的境界，否则就达不到超脱生死的目的。这一思想后来也为宗杲所发挥。宗杲的禅风在一定程度上是文准的继续。

文准临终，嘱咐宗杲投奔当时已名冠丛林的佛果克勤。宗杲几经周折，又经克勤的同乡张商英推荐，于宣和七年（1125）四月抵京师，在天宁寺见到克勤。1 个月以后，克勤“著《临济正宗记》以付之，俾掌记室，分座训徒”，宗杲“乃握竹篦为应机之器，于是声誉蔼著，丛林咸归重之”①。克勤所示，主要是讲解公案。他听过宗杲解释法演的一段公案，评其“出语无滞”，同时又指责他“只恐你透公案不得”。这表明二人在解公案上，一开始就有意见分歧，不甚投机。宗杲在汴京很快就声誉大振，“士大夫争与之游”，钦宗赐号“佛日大师”②。

第二阶段：弘教传禅，独辟新说时期。这是宗杲思想最活跃的阶段，从高宗建炎元年到绍兴十年（1127—1140），前后 13 年。

靖康二年（1127），汴京陷落，二帝被俘，宗杲和许多僧人一起逃离京城，辗转于江浙、广、闽等地。建炎四年（1130），“妙喜庵于云门，方成法席”。绍兴八年（1138），住持新都杭州径山能仁禅院，聚集僧众多达 1700 余人，“宗风大振，号临济再兴”。

这一时期，宋王朝依然是危机四伏，朝不保夕，民族战争、阶级斗争、和战之争都处在最尖锐、最激烈的状态。此期，宗杲主要做了两件事。其一，批判“默照禅”。绍兴四年（1134），他结庵于福建洋屿，看到正觉倡导的默照禅盛行于闽，不仅吸引了许多禅僧，而且受到士大夫的欢迎，强烈不满，遂“力排默照为邪”③。其二，火烧《碧岩集》。这一事件发生的具体时间，史无记载，大体不会晚于绍兴十年（1140）。对自己师长的著作，采取如此深恶痛绝的态度，即使在极不看重权威的禅宗历史上，也是罕见的。究其原因，固然可以从禅宗内部的歧见中找到解

①《大慧普觉禅师年谱》，宣和七年（1125）。
②《大慧普觉禅师年谱》，靖康元年（1126）。
③《大慧普觉禅师年谱》，绍兴四年（1134）。

释，但主要还是由时代触发的。《宋史》评徽宗失国之因，有“君臣逸豫，相为诞谩，怠弃国政，日行无稽”之语。作为从汴京逃亡过来的禅师，当然也会有自己的反省。克勤虽然大力推行文字禅，没有像道教那样虚诞蠹国，但《碧岩集》那种以烦琐粉饰空虚的禅风，也是“君臣逸豫”的表现。

据《碧岩集·希陵后序》记：

大慧禅师因学人入室，下语颇异，疑之。才勘而邪锋自挫，再鞠而纳款自降，曰：我《碧岩集》中记来，实非有悟。因虑其后不明根本，专尚语言，以图口捷，由是火之，以救斯弊也。

宗杲毁《碧岩集》是由于它导致禅僧“专尚语言，以图口捷”，不应继续流传在国难时刻，并不是针对克勤其人。心闻昙贲（嗣育王介湛，南岳下十六世）说：

绍兴初，佛日入闽，见学者牵之不返，日弛月骛，浸渍成弊，即碎其版，辟其说，以祛迷援溺，别繁拨剧，摧邪显正，特然而振之，衲子稍知其非而不复慕。然非佛日高明远见，乘悲愿力救末法之弊，则丛林大有可畏者也。①

如果说，宗杲是在游闽时即碎《碧岩集》版，则其动机与力排默照禅完全一致，都有社会政治意义。尽管如此，《碧岩集》并未因此而禁绝，继续有人欣赏，元延祐年间（1314—1320）再次刻版流行，对元、明两代北方曹洞僧人影响尤大。

就在扫荡默照禅和《碧岩集》的过程中，宗杲形成了自己的禅学，这就是“看话禅”。绍兴五年（1135），有人致书宗杲，讨论关于“看狗子无佛性一语”的效果问题，是有关看话禅的最早记录。

第三阶段：流放时期，从绍兴十一年（1141）至二十六年（1156），约15年。

绍兴十年（1140）五月，金人背盟，大举来攻。宋高宗急于议和，于六月始，屡贬主战派重臣赵鼎，八月又降黜主战派大臣张龙成等7人。次年，前线诸帅在全面北进中被先后召回。八月，罢岳飞兵权。十二月，以诬杀之。绍兴十三年（1143），张九成又坐党赵鼎，谪居安南军。宗杲与张九成甚善，据《宋史·张九成本传》，“径山僧宗杲善谈禅理，从游者众，九成时往来其间。（秦）桧恐其议己，令司谏詹大方论其与宗杲谤讪朝政”，由此放逐。据《大慧普觉禅师塔铭》，绍兴十一年（1141），宗

①《禅林宝训》。

杲于径山同张九成的问答，中有“神臂弓”之语，因而被追牒流放。先是衡州（湖南衡阳），后移梅州（广东梅州），直至绍兴二十六年（1156）遇赦，恢复僧人身份。在此期间，他主要为参禅僧人讲说公案语录，其弟子汇集成书，自题《正法眼藏》，6卷。

第四阶段：晚年垦荒传禅。

宗杲遇赦后回到浙江，先后住育王山和径山，威望盛极。所谓“裹粮问道者，万二千指，百废并举，檀度响从，冠于今昔”。他把众多僧人组织起来，开荒垦田，建立农禅庄园，其中“筑涂田凡数千顷，诏赐其庄名般若”[1]。绍兴三十一年（1161），到仪真，听说“州学文宣王殿建造未圆”，便“以说法施利二十万而助之”。尽管当时他的思想已相当消沉，但爱国之心依然未泯，垦田拓荒和扶植儒学都属执行南宋的基本国策。绍兴三十二年（1162），宋孝宗赐“大慧禅师”号。次年逝，谥号“普觉”。祖琇曾经指出，宗杲“去世未几，道价愈光，法嗣日盛，天下学禅者仰之，如泰山北斗云”[2]。嗣法弟子八十四人，随他参禅的僧人和士大夫不计其数。

记载宗杲言行的主要著作有其弟子蕴闻所编的《大慧普觉禅师语录》30卷、祖咏编的《大慧普觉禅师年谱》1卷、道谦编的《大慧普觉禅师宗门武库》1卷。

纵观宗杲的禅学，各个时期表现的冷热形式有很大不同，但忠君爱国之情始终如一。他自己说：“予虽学佛者，然爱君忧国之心与忠义士大夫等。但力所不能，而年运往矣。”[3] 他所结交的张九成、张浚等，都是主张抵御外侮、革除弊政、振兴国家的“忠义士大夫”。张浚在《大慧普觉禅师塔铭》中也说：“师虽为方外士，而义笃君亲。每及时事，爱君忧时，见之词气。”这种忠君忧国之心，自恨“力所不能”的情绪，是同时代许多士人的共同心声。宗杲的忧患意识，同无限忠于宋王朝的热情，不能不反映在他的禅思想中。他提出“菩提心则忠义心也，名异而体同”[4]，可算是一个集中的表现。

在禅风上，宗杲是多样的。他的参访经历，使他能够博采众长，融摄各家精粹而不拘一格。《僧宝正续传》谓：

---

①《大慧普觉禅师塔铭》。

②《僧宝正续传》卷六。

③《大慧普觉禅师语录》卷二十四。

④《大慧普觉禅师语录》卷二十四。

凡中夏有祖以来，彻法源，具总持，比肩列祖，世不乏人。至于悟门广大，肆乐说无碍，辩才浩乎沛然如大慧师，得非间世欤！

对宗杲禅风的这一评论，大体确当。然而最能显示他的本色的，是张浚概括的“喜笑怒骂，佛事炽然”①。

按禅众的本分，是不应过问是非得失，更不应该形诸情感。制情不仅是僧人应有之义，也是两宋儒者修养的内容。把“喜笑怒骂”当做“佛事”，在佛教中是前无古人，对当时的士大夫也是一种振奋。早在北宋，张商英不满于宋哲宗更改新法，曾移书苏轼，其中就有“老僧欲住乌寺，呵佛骂祖”之语，被视作“庾词”。由此一斑，可见“喜笑怒骂”在当时含有多么强烈的社会政治意义。

现存《大慧普觉禅师语录》（以下简称《大慧语录》）30 卷，有 9 卷是宗杲在各地与禅僧的机语问答，与一般语录相似，没有什么价值。卷十至卷十二是“颂古”、“偈颂”和“赞佛祖”的诗偈，也很平平。他的禅思想，特别是关于看话禅，主要保存在卷十三以后的“普说”、“法语”和“书”这三部分之中。“普说”6 卷，半数是为士大夫和居士讲的；“法语”6 卷，则全是对在家人的讲话；“书”6 卷，几乎全是与士大夫的往来书信。从他宣教的对象中，也可以透露出他的禅思想特点。

2.“话头”与“死句”、“活句”

在丛林中和佛教史中，一般将宗杲的特殊禅说归结为看话禅。看话禅与公案既有联系，又不同于对公案的解释。所谓“看话”，指的是参究“话头”；而“话头”，指的是公案中的答话，并非公案全部。在《大慧语录》中，提出要求参究的话头只有六七个，即“庭前柏树子”、“麻三斤”、“干屎橛”、“狗子无佛性”、“一口吸尽西江水”、“东山水上行”之类以及云门“露”字。② 但是，宗杲论述看话禅

①《大慧普觉禅师塔铭》。

②这七个话头的原公案是：
“庭前柏树子”出自唐代禅僧赵州从谂。有个僧人问赵州：“如何是祖师西来意？”州云：“庭前柏树子。”
“麻三斤”出自唐代僧人洞山守初。僧问洞山：“如何是佛？”云：“麻三斤。”
“干屎橛”出自五代僧人云门文偃。僧问云门：“如何是佛？”云：“干屎橛。”
“狗子无佛性”出自赵州从谂。僧问：“狗子还有佛性也无？”州云：“无。”
“一口吸尽西江水”出自唐代禅僧马祖道一。庞蕴居士问马祖：“不与万法为侣者是什么人？”马祖道：“待汝一口吸尽西江水，即向汝道。”
“东山水上行”出自云门文偃。僧问：“如何是诸佛出身处？”云门答：“东山水上行。”
“露”出自云门文偃。僧问：“杀父杀母，向佛前忏悔；杀佛杀祖，向什么处忏悔？”云门答：“露。”

使用频率最高的，乃是“狗子无佛性”这一赵州话头。

据传，最早引用赵州这则公案的是黄檗希运。他说：

> 若是个丈夫汉，看个公案。僧问赵州（从谂）：狗子还有佛性也无。州云：无。但去二六时中看个无字，昼参夜参，行住坐卧，著衣吃饭处，阿屎放尿处，心心相顾，猛著精彩，守个无字，日久日深，打成一片。忽然心花顿发，悟佛祖之机，便不被天下老和尚舌头瞒，便会开大口。

此文出自《频伽藏》所收的《黄檗断际禅师宛陵集》中，可疑处甚多，《古尊宿语录》本中无。《宛陵集》经后人添加了不少内容，此段当是其中之一。希运死于855年左右，从谂终于868至897年之间，从禅宗宗系上说，二人同是道一的法孙；从年龄上讲，希运比从谂年长近乎一代，因此，说希运把从谂的答语当作公案去参，是不可能的。但《古尊宿语录》载《黄梅东山演和尚语录》，其中有一段记五祖法演（？—1104）的事：

> 举。僧问赵州：狗子还有佛性也无？州云：无。僧云：一切众生皆有佛性，狗子为什么却无？州云：为伊有业识在。师云：大众，你诸人寻常作么生会？老僧寻常只举无字便休，你若透得这一个字，天下人不奈何你。你诸人作么生透？还有透得彻底么？有则出来道看。我也不要你道有，也不要你道无，也不要你道不有不无，你作么生道？

上举赵州的狗子公案，与《五灯会元》所记同。法演对此公案的论述，似乎是承袭《宛陵集》而来，也或许是法演后人的附会。但在这两则传说中，已经具备了“看话禅”的基本特征。其一，参究“话头”，并不是对话头作解释，更与公案的上下文无关。它只取话头中的“无”字作参究对象，而不是去正面回答狗子是否有佛性的问题。其二，看话头是一种长期的践行功夫，要求与禅僧的生活打成一片，而不是停留在一时一刻。因为它的终极目的在于全悟，而不仅仅是对一则公案的简单理解。也就是说，它要求体验整体的禅精神，而不是纠缠在公案的文句上。因此，看话头的本质，在于摆脱公案，超越文字。

宗杲所倡导的看话禅，就是围绕这些特征开展的。从中他提出了一个重要的原则，即应该把话头作为“活句”看，而不是作为“死句”读。他在《答富枢密（季申）》中说：

但将妄想颠倒底心，思量分别底心，好生恶死底心，知见解会底心，欣静厌闹底心，一时按下，只就按下处看个话头。僧问赵州：狗子还有佛性也无？州云：无。此一字子（无），乃是摧许多恶知恶觉底器仗也。不得作有无会，不得作道理会，不得向意根下思量卜度，不得向扬眉瞬目处垛根，不得向语路上作活计，不得扬在无事甲里，不得向举起处承当，不得向文字中引证，但向十二时中，四威仪内，时时提撕，时时举觉。狗子还有佛性也无？云：无。不离日用，试如此做工夫看，月十日便自见得也。①

在这里提的“按下”5种“心”和8个“不得”，具有全面清算宋以来各种禅风的意味。他曾说过：“近代佛法可伤，邪师说法，如恒河沙，各立门户，各说奇特，逐旋提合，疑误后昆，不可胜数。”②

其中“不得作有无会”、“不得作道理会”、“不得向意根下思量卜度”的3个“不得”，是针对以语言意度而“谈”禅和“解”禅者讲的，既可包括专逞机锋口辩的禅风，也可以包括参究公案、颂古、评唱等专逞笔墨诗文的倾向。如他批判对“庭前柏树子”这一话头的解释：

或问：如何是祖师西来意？庭前柏树子。即下语云：一枝南，一枝北；或云：能为万象主，不逐四时凋。已上尽在瞠目努眼提撕处，然后下合头语，以为奇特。③

据宗杲看，尽管这些应对答语满含机辩，显得奇特，但依然只是一种注解，而且是令人莫明其妙的注解，不可能从中体验禅的境界。他说：“近世学语之流，多争锋，逞口快，以胡说乱道为纵横，胡喝乱喝为宗旨。”④ 因此，“看话头”首先不能就话头下注语，至于胡说乱道，貌似深奥，离禅旨就更远了。

所谓“不得向扬眉瞬目处垛根”、“不得向举起处承当”，批判的是那些以“不立文字”为口实，对“举觉”所问，或回以怪异动作，或一概采取“不受”的态度的。他说：“或者谓一切言语总不干事，凡举觉时先大瞪却眼，如小儿患天吊见神见鬼一般，只于瞪眉努眼处领略……亦各自谓得祖师巴鼻。”“凡问他古人因缘，

①《大慧语录》卷二十六。
②《大慧语录》卷十四。
③《大慧语录》卷十四。
④《大慧语录》卷二十四。

皆向举起处承当，击石火、闪电光处会，举了便会。凡有所问，皆不受，唤作脱洒自在，得大快乐。”① 所谓以“势”示禅、“一切不受”，在唐宋以来的禅宗中也是风靡不已的。据此，看话禅不是否定任何文字，也不一概拒绝回答问题，以致弄得学者不知所云，无所适从。

所谓“不得扬在无事甲里”，按下“欣静厌闹底心”，从广义上讲，这是反对一切以“守静”为宗旨的禅风的；特殊地说，是针对默照禅而发。宗杲认为，这类禅师教人“是事莫管”、“只管守静”，是迎合了一部分士大夫逃避时事的遁世趋向，与禅之必须贯彻在世事之中的精神是相违的。

按下五种“心”，远离八“不得”，关键就是把话头当做“活句”，而不是当作“死句”看。什么是“活句”、“死句”？慧洪在《禅林僧宝传》卷十二《荐福古禅师传》中早有解释。当时他指责饶州荐福寺承古禅师（？—1045）“罪巴陵（景鉴）三语，不识活句”。他认为：

> 夫语中有语，名为死句；语中无语，名为活句。使问提婆宗，答曰外道是；问吹毛剑，答曰利刃是；问祖教同异，答曰不同。鉴作死语，堕言句中。今观所答三语，谓之语则无理，谓之非语则皆赴来机，活句也。②

慧洪认为，巴陵三语答非所问，不是从文字上作解，是超越“言句”的表现，所以叫做“活句”。以此悟人，不应受到指责；相反，那种就问作答，堕在言句，只能是“死语”。这种答非所问的“活句”，通常称为“玄言”。

《僧宝正续传》的作者祖琇作《代古塔主（指承古禅师）与洪觉范书》，批评慧洪，认为“活句”不应限在“语中无语”上，一切能启悟人的手段，乃至风声雨声，都可视为活句：

> 承许巴陵三语曰：谓之语则无理，谓之非语则赴来机。呜呼，此失之远矣！夫死句活句，虽分语中有语、语中无语之异，然在真实人分上，棒喝讥诃，戏笑怒骂，以致风声雨滴，朝明夕昏，无非活句，岂唯玄言妙句而已哉。

这样，在“活句”中，不但恢复了一切机辩禅势，而且连翠竹黄花也成了菩提

①《大慧语录》卷十四。

②《禅林僧宝传》卷十二。巴陵三句是：“僧问：提婆宗？答曰：银碗里盛雪。问：吹毛剑？答曰：珊瑚枝枝撑着天。问：佛教祖意是同是别？答曰：鸡寒上树，鸭寒下水。”

般若。很明显，慧洪使用“活句”一词，是反对颂古者钻故纸堆，走向考据学的歧途；祖琇则复古唐人禅学，要求扩大禅的适应范围，不要仅限于文字一途。二人的主张不悖，但着眼点不同。

宗杲的看“话头”，是从这种死活之辨出发的，所以他也强调：

> 夫参学者，须参活句，莫参死句。活句下荐得，永劫不忘；死句下荐得，自救不了。①

但他理解的“活句”又全然不同。一方面，这话头是取自公案，不能离开公案，这公案毕竟是可理解的；另一方面，这话头是活句，不能从字面理解，所以又具不可解释性。因此，他既作颂古以释公案，又倡“看话禅”参究话头，两者并行不悖。

3．从逻辑分析到心理体验

宗杲的弟子开善道谦与秦国夫人法真②有段对话，“真一日问谦曰：径山和尚（指宗杲）寻常如何为人？谦曰：和尚只教人着狗子无佛性及竹篦子话……”③ 所谓“竹篦子话”，是宗杲在宣和七年受命“分座训徒”时提出来的：

> 妙喜（宗杲）室中常问禅和子，唤作竹篦则融，不唤作竹篦则背；不得下语，不得无话，不得思量，不得卜度，不得拂袖便行，一切总不得。你便夺却竹篦，我且许你夺却。我唤作拳头则触，不唤作拳头则背，你却如何夺？更饶你道个请和尚放下著，我且放下著。我唤作露柱则触，不唤作露柱则背，你又如何夺？我唤作山河大地则触，不唤作山河大地则背，你又如何夺？④

上文中的“触”，即触觉，以承认客体与主体的分离为前提，又是沟通主体与客体联系的中介，世俗认识将它作为认识的唯一来源，这与禅宗奉行唯识空观的哲学和提倡内证真如（道）的实践是对立的。在这里，宗杲以手持的竹篦为例，提出了一个佛教哲学上的二律背反：如果唤它作竹篦，就是世俗化认识，就与禅要契合的真理无关；如果不唤它作竹篦，或可符合佛教教义，但又与现实生活经验相违

---

①《大慧语录》卷十四。

②秦国夫人计氏法真，是张浚之母。

③《五灯会元》卷二十。

④《大慧语录》卷十六。

背。换句话说，佛教通常用真俗二谛说调和它的出世理论同其入世实践间的矛盾，宗杲则用竹篦的实例揭示这一矛盾是不可调和的，不论如何判断，如何推理，都不可能得到解决，要想以惯用的禅势绕过或逃脱也不可能。通过参究“话头”，达到这种二律背反式的困惑，是宗杲看话禅要达到的第一个目标。

从看竹篦到看山河大地，是从个别推及一般；从看某一话头到一切经教公案，也是从一到一切，从个别推及一般。因此，宗杲认为参究话头不在多，而在于悟，所谓“一了一切了，一悟一切悟，一证一切证”。如果穷年累月尽参佛语祖语，探究日用尘劳，只能成为“邪魔眷属”。他说：“千疑万疑，只是一疑。话头上疑破，则千疑万疑一时破。话头不破，则且就上面与之断崖。”①

宗杲经常要人参看的话头，的确主要是“狗子无佛性”一句。法演所引用的这一赵州公案，也是一个二律背反。神宗普遍承认，“一切众生皆有佛性”，狗子属于众生之列，当然也有佛性。赵州偏说“狗子无佛性”，而赵州属于古贤，他的话在禅众中不容置疑，于是就发生了逻辑矛盾。当然，后人还记赵州另有个解释，说狗子“有业识在”。但这更糟糕，因为照佛教教义，凡属世间众生，无不“有业识在”。如果从狗子“有业识在”，推论出“狗子无佛性”的结论，那么“一切众生”岂不是“皆无佛性”了。所以，参究的结果同样令人困惑。

看话禅教人的第二步，就是跳出这种困惑，不要按二律背反的那种思维方式去思考。譬如说，在“狗子无佛性”中，只看一个作为答语的“无”字，“方寸若闹(包括陷入逻辑矛盾)，但只举狗子无佛性话……若透得个无字。一时透得”。至于怎样才能把“无”字看透，宗杲没有进一步阐述。而对于“看话头”，他是有总纲性的说明的：

> 但于话头上看，看来看去，觉得没巴鼻，没滋味，心头闷时，正好著力，切忌随他处。只这闷处，便是成佛作祖，坐断天下人舌头处也。
>
> 所谓工夫者，思量世间尘劳底心，回在干屎橛上，令情识不行，如土木偶人相似，觉得昏怛没巴鼻可把捉时，便是好消息也。莫怕落空……②

看话禅的形式，同禅定的观法基本一样，都是以一定的事物为观想的对象。但

①《大慧语录》卷二十八。

②《大慧语录》卷二十八。

不论哪一种禅观，都有消除烦恼扰动的功能，都能获得某种宁静的安适感。看话头则相反，它是让人“觉得没巴鼻，没滋味，心头闷”，“觉得昏怛没巴鼻可把捉”，以至由超脱理性思维制造的二律背反，达到一种极特殊的心理体验，即近乎非理性的困惑和不可名状的烦闷。据他的《答张丞相（德远）书》，要达到这种心理体验，只要做十余日工夫即可，而这种体验的心理感受，“如人饮水，冷暖自知，说与人不得，呈似人不知”①。

宗杲要求人们在看话头中追求这种奇特的感受，目的何在？他没有直接明说。但他告诉人们，这个时刻会“蓦然不知不觉，向‘露’字上绝却消息”②，以此劝诫大家“莫怕落空”。这说明，他是激励人们“绝却消息”。由此“落空”，即在走投无路的烦恼之后，接下去的应是一片空白，什么人我、法我、山河大地，全部空寂。按禅宗哲学，这是精神的原始状态，也是精神的最后归宿。在《答荣侍郎（茂实）书》中，宗杲谈得比较具体：

> 只觉得肚里闷，心头烦恼时，正是好底时节，第八识相次不行矣。觉得如此时，莫要放却，只就这无字上提撕。
>
> 第八识即除，则生死魔无处栖泊。生死魔无栖泊处，则思量分别底，浑是般若妙智，更无毫发许为我作障。③

禅宗承接的是真谛旧译的唯识说，把“第八识”看成是生死之本、流转出离之本。“第八识相次不行”，不等于除灭第八识；除灭第八识的灵性（神灵），剩下的是干干净净。宗杲并不强调去复原这种永恒的灵性，而是突出把“无”字贯彻到底，让“生死魔无处栖泊”。只要令“生死魔无栖泊处”，则一切思量分别，“浑是般若妙智”，人就得到了完全的自由。

仅从字面上看，看话禅所达到的这一结果，没有超出禅宗已经历的轨迹：通过对于“无”的把握，成就般若智慧。但联系宗杲强烈的入世干政的价值趋向，则具有它的时代特征。从消极方面说，它肯定落空是一种必然，是给仕途坎坷的士大夫一种思想准备或精神安慰；从积极方面说，它能勘破生死难关，为“武官不怕死，文官不爱钱”提供一种精神的支撑。正如灵魂不灭、生死轮回也能激励一些人视死

①《大慧语录》卷二十七。
②《大慧语录》卷二十四。
③《大慧语录》卷二十。

如归一样。

然而，宗杲认为，由看话头得悟成智，并非一次完成；即使勉强完成，也不会一劳永逸。所以他要求时时看、事事看，贯穿在一切世事活动中。他说，像“赵州狗子无佛性话”，要“时时向行住坐卧处看，读书史处，修仁义礼智信处，侍奉尊长处，提诲学者处，吃粥吃饭处，与之厮崖”①。这样训练既久，能够促成认识上的突变，确立一种视天地、彼我为一的思维模式，才能最终获得自我，达到自主：

> 若得囗地一下，儒即释、释即儒，僧即俗、俗即僧，凡即圣、圣即凡，我即尔、尔即我，天即地、地即天，波即水、水即波，酥酪醍醐搅成一味，瓶盘钗钏熔成一金，在我不在人。得到这个田地，由我指挥，所谓我为法王，于法自在，得失是非，焉有罣碍？②

在“心头烦闷”中瞬间发生的证悟、瞬间获得的智慧，就是要直观体验一种无差别的境界。这是内心泯灭一切差别对立，达到万法相即无二、平等无间的精神状态，体验凡圣无别、天地无别、三教无别的境界。在这种境界中，只有一个“我”，所谓“我为法王”。世界万有原本都是因为“我”而存在，只有这个“我”才是唯一的真实。

4. “随缘放旷，任性逍遥”

从整体上说，“在我不在人”是看话禅全面追求的终极目标，也是宗杲为士大夫勾画的理想人格。他说：

> 忽然一句下透得，方始谓之法界无量回向，如实而见，如实而行，如实而用。便能于一毛端见宝王刹，微尘里转大法轮。成就种种法，破种种法，一切由我。如壮士展臂，不借他力；师子游行，不求伴侣。种种胜妙境界现前心不惊异，种种恶业境界现前心不怕怖。日用四威仪中，随缘放旷，任性逍遥。③

“随缘放旷，任性逍遥”，本是反映唐代自给经济和表现独立个性的名言，宗杲把它视作“一切由我”、“我为法王”的代用词，则反映了士人在宋王朝的两难境地，即不能不忠君爱国，又不得不遁世避祸。为此，必须既准备功名事业，又准备

①《大慧语录》卷二十八。
②《大慧语录》卷二十八。
③《大慧语录》卷二十七。

后路退路，造作出一种能伸能屈的、不为顺逆诸境所动的观念和性格。他说：

> 现在事到面前，或逆或顺，亦不须著意，著意则扰方寸矣。但一切临时随缘酬酢，自然合着这个道理。①

“不著意”，也是“如实而见、如实而行、如实而用”的一种概括。具体包含两层意思：处逆境要忍，处顺境无执。他说：“逆境界易打，顺境界难打。逆我意者，只消一个‘忍’字，定省少时，便过了。”处顺境不同：“顺境界直是无你回避处，如磁石与铁相偶，彼此不觉合作一处。”② 因此，不必回避，但决不能执著。他曾对秦国夫人说：“儿子作宰相，身作国夫人，未足为贵。粪扫堆头，收得无价之宝，百劫千生受用不尽，方始为真贵耳。然切不得执著此贵，若执著则堕在尊贵中，不复兴悲起智，怜愍有情耳。”③ 这是劝告尊贵者，不要执此凌物，暴虐无辜。在更多情况下，他是要人在春风得意时，做好一旦倒霉的思想准备。在《答刘实学（彦修）书》中，他说：“往往士大夫，多于不（如）意中得个瞥地处，却于如意中打失了。不可不使公知：在如意中，须时时以不如意中时节在念，切不可暂忘也。”④ 据此而言，宗杲的“一切由我”，多是历尽沧桑、饱经风霜之言，蕴涵着几多无可奈何的悲哀。

“随缘放旷，任性逍遥”的另一面，是促进了看话禅思想开放的程度，努力消除禅宗中存在的宗派主义恶习。宗杲说，一旦“得消息绝了，起佛见、法见、众生见、思量分别，作聪明、说道理，都不相妨”⑤，即使“邪禅”也可以运用。“而今诸方有数种邪禅，大法若明，只这邪禅，便是自家受用家具。”⑥

因此，在宗杲看来，世间法与佛法是一致的，儒释道可以协调统一起来。他把禅宗主张的任性的“性”，即佛性，与儒家主张的“天性”，视为同一个东西，尤其突出。例如，他听说汪彦章（内翰）死了儿子，便向汪说：“世间法则佛法，佛法则世间法也。父子天性一而已，若子丧而父不烦恼不思量，如父丧而子不烦恼不

①《大慧语录》卷二十七。
②《大慧语录》卷二十七。
③《大慧语录》卷二十七。
④《大慧语录》卷二十七。
⑤《大慧语录》卷二十八。
⑥《大慧语录》卷十五。

思量，还得也无？若便止遏，哭时又不敢哭，思量时又不敢思量，是特欲逆天理天性，扬声止响，泼油救火耳。”① 宗杲在禅宗中，也是主存“情”说的代表人物。肯定父子人伦之情是表现之一；不一般地否定功名利禄，不一般地提倡禁欲制情，也有不少表现可见。

六、南宋中后期临济派系结构及禅法

南方禅宗是临济宗的天下，有影响的禅师大多出自克勤弟子大慧宗杲和虎丘绍隆两支。特别是宗杲一系，始终与南宋王朝保持着密切关系，影响最大，宗杲的禅思想变成了禅学的主流；被宗杲批判的两大禅支，评唱公案和默照禅，没有继续盛行。

宗杲的嗣法弟子84人，大都在江浙、福建一带住持寺院，只有感山晓莹例外，他以撰写《云卧纪谭》和《罗湖野录》而著名。两书记录了他平生的见闻，有当代禅师的言行、禅僧与士大夫的往来、禅宗界的趣闻逸事等，是研究宋代禅宗历史的重要资料。特别是《罗湖野录》，“其所载者皆命世宗匠、贤士大夫言行之精粹，机锋之劲捷，酬酢之雄伟，气格之弘旷，可以辅宗乘、训后学、抑起人与至善，是故阅者不忍释手”②。

宗杲的弟子辈中，以佛照德光（1122—1203）最有代表性。他住持过多处大寺院，与朝廷关系密切。“孝宗皇帝在位二十七年，每宣诸山长老论道，唯佛照禅师最为知遇。”③ 他入宫谈禅论道，既有禅学，也有儒学，多表达对朝廷的忠诚。《古尊宿语录》收有《佛照禅师奏对录》1卷。德光的弟子也多，北磵居简和妙峰之善两支比较活跃，在元初都出现过知名禅师。

虎丘绍隆（1078—1136），和州（安徽和县）含山县人，9岁出家，15岁受具足戒，20岁以后游方参禅，曾从学与长芦崇信、湛堂文准、黄龙死心等禅师。后来慕名投到圆悟克勤门下，习禅20年，晚年常住苏州虎丘。在南宋初年，绍隆的名望远不能和宗杲相比，《大明高僧传》卷五说二人在当时被并称“二甘露门”，是后人对绍隆的抬高。现存《虎丘绍隆禅师语录》1卷。

①《大慧语录》卷二十七。
②《大明高僧传》卷八。
③《丛林盛事》卷下。

绍隆一系后来十分兴盛。他的弟子应庵昙华（1103—1163）是湖北黄梅县人，俗姓江，17 岁于东禅寺出家，曾追随圆悟克勤，后投到绍隆门下。不久，他辗转于江西、江苏、湖北、浙江一带，住持过多处寺院，先后有“衢之明果，蕲之德章，饶之报恩、荐福，婺之宝林、报恩，江之东林，建康之蒋山，平江之万寿，两住南康归宗”①，最后居住浙江天童，影响开始扩大。据说，大慧宗杲见到僧人们传抄他的“示众”语录，“极口称叹”②。

昙华的嗣法弟子 8 人，密庵咸杰（？—1186）的知名度较高。他是福州人，俗姓郑。曾随昙华习禅 4 年，后奉诏住持杭州径山和灵隐。咸杰有弟子破庵祖先和松源崇岳，绍隆一系由此大盛起来，其影响逐步超过宗杲系。

祖先（1136—1211）是广安（四川宁西）人，俗姓王，字破庵。出家后，“闻密庵大弘临济之宗，遂腰包参谒”③。咸杰住持灵隐寺时，令他分座训徒。祖先曾住持夔州（四川奉节）卧龙寺，后又至江浙一带住持多处寺院。他的著名弟子无准师范（？—1248），四川梓潼人，俗姓雍，9 岁出家，后到灵隐寺侍奉祖先，先后也在江浙一带住持寺院，晚年奉诏住径山。师范的门徒中有断桥妙伦、雪岩祖钦、兀庵普宁、无学祖元以及日僧圆尔辩圆等。这一系在把禅宗传向日本方面起过突出作用。另外，元代南方最著名的禅师大都出自这一禅系，代表了元以后临济宗的传承。

松源崇岳（1132—1202）是处州龙泉（浙江龙泉）人，俗姓吴，隆兴二年（1164）出家，长期游方参禅。咸杰住持灵隐寺时，曾命他为“第一座”。庆元三年（1197），他奉诏住持灵隐寺。他的弟子有运庵普兴、灭翁文礼等人。相对来说，这一系影响力较弱。

就南宋中后期的禅学而言，主要仍然是研读公案、颂古和修习看话禅。在这方面，突出的代表人物是杨岐系的无门慧开禅师。自从宗杲倡导并完善了看话禅之后，看话禅成为禅宗界占主导地位的禅法，持续兴盛于禅林，禅师莫不教授，学僧莫不修习。无门慧开把教授看话禅与讲解公案结合起来，反映了当时禅学的特点。

在禅宗史书中，记录慧开言行的有《续传灯录》卷三十五、《增集续传灯录》

①《佛祖历代通载》卷二十。

②《大明高僧传》卷六。

③《大明高僧传》卷八。

卷二、《五灯严统》卷二十二、《五灯全书》卷五十三等。它们的记载或因太简略而难见其全貌，或因隔年久远而可信程度较低，只能供参考。研究慧开生平及思想的主要资料有二：其一，是普敬等人编辑的《无门慧开禅师语录》2 卷，又名《无门和尚语录》，于淳祐九年（1249）序刊；其二，是他自著的《禅宗无门关》1 卷，简称《无门关》。

慧开（1183—1260），字无门，杭州人，俗姓梁。早年出家，初习佛教经论，并专注于修习禅定，历参当时的多位著名禅师，最后投到万寿崇观禅师门下，成为其嗣法弟子。从嘉定十一年（1218）开始，慧开前后住持过 15 处寺院，有湖州（治在今浙江吴兴）报因寺，隆兴府（治在今江西南昌）天宁寺，黄龙崇恩寺，翠岩广化寺，镇江府（治在今江苏镇江）焦山普济寺，平江府（治在今江苏吴县）灵岩显亲崇报寺、开元寺等。慧开在南宋禅林和社会上有相当的知名度，曾应理宗的召见谈禅论道，受赐号“佛眼”。景定元年（1260），慧开逝世，理宗赐钱 3000 贯，宣葬于护国灵洞山。

慧开以善讲说闻名。据其自述，“一十五处道场随缘入感，八万四千偈颂信口入玄”。当时他的语录为“参徒口传，侍者笔受”，流传颇广。从其语录来看，他以讲解公案为主。通过讲解公案发明禅理，启悟参禅者，是北宋以来的传统，慧开正是继承了这一传统。他对公案的价值和作用有一段比较集中的说明：

> 灵山密付，黄叶止啼；少室单传，望梅止渴。乃至德山棒，临济喝……天龙竖指，尽是弄猢狲底闲家具，到者里总用不着。虽然如是，事无一向，不免随例开个皂角生姜铺子，兄弟上门，要买人参、附子、甘草、大黄，决定是无砒霜。巴豆、灯心、发烛，随宜应副。①

所有机缘公案，说到底也和一切传统佛教经典、语言文字一样，属于方便施设，是为证悟服务的。对于没有悟道的参学者，任何公案都具有消除迷惑、开发智能的功能，所以，学习、研究、理解和掌握公案是有益而无害的。但是，掌握公案是修行手段而不是修行目的，真正悟道的禅者，就不能为公案所累，如同疾病痊愈的人，即便良药也不能再服用了。显而易见，慧开对公案的见解并没有超出北宋禅师的认识。

①《无门慧开禅师语录》卷下。

慧开讲解公案的内容散见于语录之中，如《再住黄龙禅寺语录》中的《清税孤贫》、《建康府保宁禅寺语录》中的《千峰一路》等。不过，与其《语录》中讲解公案的内容相比较，《无门关》诠释公案更为系统和精致，是慧开阐发禅思想的代表作。

《无门关》篇幅不长，个性鲜明，在当时颇有影响。它通过解说评论公案、揭示公案意旨，以求达到弘扬禅宗教理、启悟参禅者的目的。北宋以来各类阐释公案的著作，大多是禅师应学徒之请撰写的，《无门关》的成书也是如此。根据《无门关序》，绍定戊子（1228）夏安居时，慧开在龙翔寺为学禅者讲授公案，抄录成集，共有48则公案，题名为《禅宗无门关》，并于当年十二月刊行。

慧开宣讲的48则公案，是《无门关》的正文，虽然今本《无门关》的后面还添加了《安晚增补》一则作为附录，但是并不影响正文的内容。《无门关》讲解每则公案的形式完全相同。每则公案都是独立的单元，分为三个部分：第一部分是公案本文；第二部分是以“无门曰”开头讲解和评论公案，除了第一则公案之外，其余47则公案中的这部分讲解都比较简洁，没有过多的引证或烦琐的考证；第三部分是以“颂曰”开头列慧开就本则公案所作的诗偈。很明显，这种颂古之作在形式上与此前的著作没有什么大的区别。而从内容上讲，最大的不同是把解释公案与教授看话禅结合了起来。列于48则公案之首的，是“赵州狗子”。在解释这则公案中，慧开主要是讲解大慧宗杲的看话禅，其思路、内容甚至文字，都是来自宗杲。

慧开曾说：“参这一个‘无’字，成佛底如雨点。”他把参究话头，特别是宗杲突出强调的“无”字话头，看成是成佛的必由之路，并且认为自己就是因为参究此话头而证悟的。对于不相信看话禅的人，他提出尖锐批评，“信不及者，虚度时光”①，修行是没有结果的。至于看话禅的具体内容，无论是他在语录中的论述还是《无门关》中的讲解，都没有超出宗杲的议论阐述范围。这正反映了南宋中后期禅学的特点：以因袭两宋之际的禅学为主，缺乏创新。但是，慧开运用讲解公案的旧形式，倡导参究话头的重践行的修禅主张，一定程度上反映了禅学的新变化。

---

①《无门慧开禅师语录》卷下。

第二节　云门宗的多头开拓

宋徽宗以前，云门和临济并驾齐驱，是禅宗中最活跃的两派。云门宗逐渐由岭南向北推移，出现了许多有影响的禅师，大都是文偃的第三和第四代弟子。其中，圆通居讷和佛印了元在江西和江苏建有比较稳固的传法基地；雪窦重显以明州（浙江宁波）雪窦山为中心，影响更大，被称为“中兴云门”；大觉怀琏、宗本和善本师徒、法云法秀等人住持汴京国立大寺院，使南方禅宗在北方得到发展；明教契嵩虽然在扩大禅宗队伍方面没有什么建树，但他所倡导的儒释融合理论，特别为持排佛立场的士人所接受，对以禅宗为主流的佛教发展，起到了清障“护法”的作用。

一、云门诸系及其发展概况

在北宋云门系禅师中，圆通居讷[①]（1010—1071）联系广泛，是应该引起重视的。居讷，字敏中，樟州中江（四川中江）人，俗姓蹇。11 岁出家，于汉州什邡（成都附近）竹林寺侍奉元昉，17 岁试经得度。后东行至庐山，成为延庆子荣的弟子。先后住持归宗寺和圆通寺，在江州（江西九江）一带有不小影响。特别是他重视儒学，致力于沟通儒释关系，深得士大夫的好评。庆历四年（1044），激烈反佛的欧阳修遭贬时见到居讷，交谈中，居讷“出入百家而折衷于佛法”，使欧阳修“肃然心服”。皇祐（1049—1054）初年，有诏请他住持京城净因寺，他荐怀琏以代。另外，他还荐举临济僧人守端住持江州承天寺。

佛印了元[②]（1032—1098）的经历和活动，可以作为北宋上层禅师与士大夫交往的一个缩影。了元，字觉老，饶州（江西波阳）人，俗姓林。15 岁出家，19 岁去庐山参见开先善暹。当他见到圆通居讷时，居讷称赞他：“骨格已似雪窦。后来之俊也。”[③] 居讷把他与雪窦重显相比，可见他年轻时代便精通儒学，擅长诗文。了元曾住持庐山归宗寺、镇江的金山、江西的大仰和云居等，“凡四十年间，德化

①圆通居讷是文偃的第五代弟子，其传承是：文偃——香林澄远——智门光祚——延庆子荣——圆通居讷。

②佛印了元的传承是：文偃——双泉仁郁——开先善暹——佛印了元。

③《佛祖历代通载》卷十九。

缁素，缙绅之贤者多与之游”。[1]

了元与苏轼兄弟的交往堪入文坛史话，“佛印禅师与东坡昆仲过从，必以诗颂为禅悦之乐”。某次，苏辙要见了元，先寄诗一首：“粗砂施佛佛欣受，怪石供僧僧不嫌。空手远来还要否？更无一物可增添。”了元回赠一首：“空手持来放下难，三贤十圣聚头看。此般供养能歆享，木马泥牛亦喜欢。”[2] 宋代士大夫好与禅僧结方外之交，往往通过机语问答、诗颂酬对，表达各自的禅学见解，交流彼此的感情。了元在这方面的表现是比较突出的。

佛印了元与理学家的关系也很密切。周敦颐与了元结“青松社”，推了元为青松社主，他们“相与讲道，为方外友”，有“青松已约为禅社”之语。名僧晓莹指出：“公（指周敦颐）虽为穷理之学，而推佛印为社主，苟道不同，岂能相与为谋耶？”[3] 儒释兼通的禅师与理学家的交往，促进了宋代思想界的活跃和理学的形成。尽管了元本人擅长诗文，并以此作为与士大夫联系的纽带，但依然坚持禅家固有的“不立文字”的主张，反对学者“渔猎文字语言”。他曾指出：

> 今室中对机缘，皆香林（澄远）、明教（契嵩）以纸为衣，随所闻即书之，后世学者渔猎文字语言，正如吹网欲满，非愚即狂。时江浙丛林尚以文字为禅之谓请益，故元以是风之。[4]

首先应诏住持京城寺院的云门僧人是大觉怀琏（1009—1070），系文偃的第四代法孙。[5] 他是漳州龙溪（福建龙溪）人，幼年出家，曾随泐潭怀澄 10 年，后来到庐山，掌居讷的记室。皇祐初年（1049），居讷推荐他住持汴京左街十方净因禅寺，使禅宗始行于北宋京城，改变了只有唯识、律宗诸派的局面。

另外几个住持汴京名刹的云门僧人，出自雪窦重显一系的天衣义怀门下。义怀（989—1060），曾住持安徽无为县的铁佛寺等，后来常住越州（浙江绍兴）天衣寺，组建了庞大的僧团，嗣法弟子 83 人。其中有慧林宗本（1020—1099），常州无锡人，俗姓管，19 岁出家，29 岁受具足戒，前后住持过姑苏瑞光寺、杭州净慈寺。

---

①《佛祖历代通载》卷十九。

②《云卧纪谭》卷上。

③《云卧纪谭》卷上。

④《佛祖历代通载》卷二十。

⑤怀琏的传承：文偃——双泉师宽——五祖师戒——泐潭怀澄——大觉怀琏。

元丰五年（1082），宗本应诏住持汴京慧林禅院，曾受宋神宗召见，晚年返归南方。高丽僧人义天来华，“请以弟子礼见”宗本。有《慧林宗本禅师别录》1 卷，记其言论。宗本的门人中有长芦崇信。崇信的弟子怀深，于宣和三年（1121）住持慧林寺。宗本的另一弟子法云善本（1035—1109）比较著名。善本是颍州（安徽颍州）人，出家后到姑苏光瑞寺，随宗本 5 年，住持过婺州双林寺和杭州净慈寺。在继宗本住持净慈寺时，“食堂千余口”，可见规模之大。当时人们把他及其师长宗本并称“大小本”。哲宗时诏善本住持东京法云寺，赐“大通禅师”号。他住持法云寺 8 年，晚年归隐于西湖之畔。

义怀的另一位弟子法云法秀（1027—1090），秦州陇城（甘肃秦安县）人，俗姓亭。19 岁试经得度，重视钻研佛典，后到安徽无为铁佛寺参见义怀，曾在江苏、江西一带住持多处寺院。京城法云寺落成，他应诏为第一代住持。法秀的弟子佛国惟白撰《建中靖国续灯录》30 卷，并继任法云寺住持，晚年移住明州天童寺。

由于云门宗僧人奉诏住持京城寺院的人数众多，挟皇权之势，影响及于全国，但他们的大本营仍在江浙一带。在这个时期，对于禅风和禅理的发展产生影响的，乃是雪窦重显和明教契嵩。

二、雪窦重显及其诗文颂古

重显（981—1053），字隐之，俗姓李，遂川（四川遂宁县）人。22 岁时在成都普安院出家，后离川东行，长期游学于湖北、江苏、安徽、浙江等地。他嗣法于智门光祚，是文偃的第三代弟子。① 重显后来居明州雪窦山资圣寺长达 31 年。《佛祖历代通载》谓其“迁明之雪窦，宗风大振，天下龙蟠凤逸，衲子争集，号云门中兴”。他的传法弟子有 83 人。现存有他的《明觉禅师语录》6 卷。

重显受汾阳善昭的影响，作《颂古百则》，把宋初的颂古之风推向高潮，风靡整个禅林，几乎所有能提笔的禅僧都有颂古之作，所有参禅者都要钻研颂古，所有名禅师都发表对颂古的评说。在这种情况下，颂古著作剧增，构成了禅宗典籍的重要组成部分。到南宋中期，一些禅僧把它们从众多的单行语录本中抽出来，加上零散的颂古之作，分门别类，汇集成册，以利参学。池州（安徽贵池）报恩光孝禅寺僧人法应，花了 30 年时间，收集颂古，于淳熙二年（1175）编成《禅宗颂古联珠

①重显的传承：文偃——香林澄远——智门光祚——重显。

集》，“采摭机缘（即公案）三百二十五则，颂（即颂古）二千一百首，宗师（即作颂古的禅僧）一百二十二人”。元初，钱塘沙门普会，接续法应的工作，从元代元贞乙未年（1295）开始，用了23年，编成《联珠通集》，“机缘先有者，颂则续之，未有者增加之”，依此，“加机缘又四百九十又三则，宗师四百二十六人，颂三千另五十首”①。从这些远不能囊括宋代全部颂古之作的集子中，大体可见它席卷禅林的规模。

大禅师的颂古各有特点，所以在善昭之后，颂古也经历了一个演变过程。影响最大的作者有4个，即云门宗的雪窦重显和曹洞宗的投子义青、丹霞子淳以及宏智正觉。其中，以重显的《颂古百则》尤具创新意义。如果说善昭制作了颂古的雏形，重显就是使之成熟，他们代表了宋代颂古的两种基本类型。

如《俱胝一指》，前有善昭的颂文，重显也有关于此则公案的颂文，谓：

对物深爱老俱胝，宇宙空来更有谁？曾向沧溟下浮木，夜涛相共接盲龟。

从中可以看出，重显讲解公案带有情感色彩。前两句的大意是：从真谛看，宇宙本空，无物我之别；然面对世间种种苦难，俱胝和尚以一指度人的苦心，令人赞叹。后两句引用《法华经》关于“如一眼之龟值浮木孔，无没溺之患”的寓言，说明俱胝和尚以“一指”示人，如同在夜幕笼罩下波涛汹涌的大海投下一浮木，拯救沦于生死苦难中的芸芸众生。由此，引经据典构成了颂古的又一特点。“雪窦《颂古百则》，丛林学道诠要也，其间取譬经论或儒家文史，以发明此事。”② 重显好用儒释经典，又善于融入情感，使他的颂古之作显得宏赡华丽，文词可读，这与善昭颂文之“殊不以攒华迭锦为贵”，是很不相同的。重显有很好的文学素养，其上堂小参、举古勘辩，都很注意辞藻修饰。元代名僧行秀评论说：“吾宗有雪窦、天童，犹孔门之有游、夏；二师之颂古，犹诗坛之李、杜。”③ 这个评价不一定恰当，但确实反映了这种追求。后来的禅僧纷纷仿效，推动禅宗走上舞文弄墨，着意于文字华丽一途，以至本来注重的“玄言”，演变成辞藻之学。对此，一些崇尚朴实的禅僧颇为不满。心闻昙贲曾说：“天禧间，雪窦以辨博之才，美意变弄，求新弄巧，

①《禅宗颂古联珠通集序》，见《续藏经》第一辑二编第20套。

②《碧岩录·关友无党序》。

③《评唱天童从容庵录寄湛然居士书》。

继汾阳为颂古，笼络当世学者，宗风由此一变矣。”①

尽管如此，重显的颂文并没有完全脱离公案。由于他着力在艺术的表现，语意愈加模糊，有利于人们的联想，所以特别能为文学之士喜爱。但他的后学们却因此而抛开公案，使人对颂文无法理解是什么意思了。圆悟在《枯崖漫录》中记：

> 临安府净慈肯堂育禅师，余杭人，嗣颜万庵，风规肃整，望尊一时。颂“即心即佛”云：美如西子离金阙，娇似杨妃下玉楼。终日与君花下醉，更嫌何处不风流。②

作这样颂古的禅师，竟然是“风规肃整，望尊一时”者，可见当时禅林风气之一斑。晓莹直评之为“以疏带俳优而为得体，以字相比丽而为见工”③。此类颂古，多是助人悠悠消闲，已经没有多少禅韵了。

颂古密切了禅僧与文人的关系，也为释氏哲学向文人中渗透架起了一座文艺的桥梁。绍兴年间（1131—1162），一位士人到焦山风月亭，题诗一首：“风来松顶清难立，月到波心淡欲沉。会得松风元物外，始知江月似吾心。”这是一首具有超然物外情调的诗，显然受般若空观的思想影响。月庵果禅师行脚到此，读后说：“诗好则好，只是无眼目。”他把后两句改为：“会得松风非物外，始得江月即吾心。”如此改动，以使之符合“唯识无境”的教义:“松风”不是“物外”，与“江月”一样，乃是“吾心”。诗词宜于表情抒意，不便于说理讲道，从这个意义上说，唯识说比般若论更适合于诗的创作，所以月庵的修改，寓意于境，更有品头。据此，晓莹说：

> 做功夫眼开底人，见处自是别，况月庵平昔不曾习诗，而能点化如此，岂非龙王得一滴水能兴起云雾耶！兄弟家行脚，当辨衣单下本分事，不在攻外学。久久眼开，自然点出佛眼睛，况世间文字乎?④

禅与诗相通，诗眼需要佛眼点化，始能提高意境。这就成为禅家标准的诗论了。

当然，与追逐文词工巧的同时，发明公案古圣意旨的颂古，亦不断如缕，而倡

---

①《禅林宝训》卷四。
②《枯崖漫录》。
③《罗湖野录》。
④《云卧纪谭》卷下。

导所谓发扬善昭这方面传统的主要代表是宗杲。他与其他禅师作颂，以“斟酌古人之深浅”，亦以颂古启发后学。绍兴三年（1133），宗杲与东林珪禅师在泉州云门庵度夏，效法白云守端和保宁仁勇，取古公案110则，各作颂古110首，“更互酬酢，发明蕴奥，斟酌古人之深浅，讥诃近世之谬妄；不开智见户牖，不涉语言蹊径，各随机缘，直指要津。庶有志参玄之士，可以洗心易虑于兹矣”①。

这种斟酌古人、讥诃近世的做法，是典型的古为今用、讽古喻今。宗杲特别推崇颂古，意在厚今薄古、抬高时论的价值。他在给林判院（少瞻）的信中说，与其喜读《圆觉经》，不如读他写的一首颂，“但将此颂放在上面，却将经文移来下面，颂却是经，经却是颂。试如此做工夫看”②。他认为，有些颂文表达的情境，可超过公案昭示的古德言行，像白云守端的颂文就有“提尽古人未到处”。重颂文超过了重公案，成为许多禅师的共识。

三、契嵩及其三教融合新论

在倡导儒释融合的历史上，契嵩代表了一个全新的阶段。在他以前的僧人，大都主张释不违儒，而能容儒，强调释是融合的主体。延寿始将儒教伦理纳入佛教的行为规范，在理论上还讲“万善同归”。在新的历史条件下，契嵩进了一大步，他要求把儒家伦理置于佛教戒律之上，承认儒家在国家社会生活中的至高地位，并作了理论阐发，从而成为最适用君主专制社会的原则，几乎被所有正统佛徒所遵循。

1. 以“三教”融合护法

契嵩（1007—1072），字钟灵，自号潜子，藤州镡津（今广西藤县）人，俗姓李。7岁出家，13岁剃度，14岁受具足戒，19岁开始游方参学，10余年间来往于南方各地，在瑞州（江西高安）谒云门宗洞山晓聪，得法。明道年间（1032—1033），他以佛教五戒十善会通儒家五常，作《原教》一文。庆历年间（1041—1049），来到杭州灵隐寺，独居一室，潜心著述。由此，“以文鸣道于天下”。

嘉祐六年（1061），契嵩带着他的著作《辅教编》③、《传法正宗论》、《传法正宗记》和《传法正宗定祖图》北上京城，通过开封府尹王素上达仁宗，请求将它

①《大慧普觉禅师年谱》。

②《大慧普觉禅师语录》卷二十九。

③《辅教编》分上、中、下三卷，包括《原教》、《劝书》、《广原教》、《孝论》、《坛经赞》和《真谛无圣论》。《真谛无圣论》是怀悟在重编时加入的。

们编入大藏经。次年，“诏付传法院编次，以示褒宠”，并赐“明教”师号。不久，辞归杭州，先住佛日山数年，后回灵隐寺，直至终老。

契嵩一生著述甚丰。据称，“所著书自《定祖图》而下，谓之《嘉祐集》，又有《治平集》凡百余卷，总六十余万言”。但是，这些著作没有完整地保留下来，到两宋之际，已散失很多。怀悟从大观（1107—1110）初开始搜集契嵩的著作，至绍兴四年（1134），编成《镡津文集》，只相当他的全部著作之半。《大正藏》第五十二卷所收为 19 卷，其次序与怀悟所记大体相同，卷目有差别。此外，《传法正宗记》、《传法正宗论》和《传法正宗定祖图》也保存在大藏经中。其中，《辅教编》等书，倡三教融合，特别强调儒释两教的一致性；《传法正宗记》等书，厘定禅宗传法世系，都带有时代的特征。

契嵩倡三教融合之时，正值宋仁宗开始减度僧尼，朝野上下抑佛排佛的呼声高涨。早在北宋初即有儒士从传统的伦理观点出发，著书批评佛教，如孙复的《儒辱》、石介的《怪论》等，就是其中的代表。“当是时，天下之士学为古文，慕韩退之排佛而尊孔子，东南有章表民、黄聱隅、李泰伯，尤为雄杰，学者宗之。”[①]

至仁宗初，佛教发展失控，国家掌握的僧尼人数猛增，这是引起排佛声浪高涨的直接原因。仁宗即位以后，大臣不断提出裁汰僧尼之议，最后听从张洞之言，减度僧三分之一，毁天下无名额寺院，使僧尼人数从 40 余万减至 20 余万。朝中执掌权柄的重臣中主张抑佛的人很多，如范仲淹、富弼、文彦博、韩琦、欧阳修等。他们之所以持此主张，与当时国家处境窘迫有关。庆历四年（1044），宋政府以每年付西夏银 72 000 千两、绢 153 000 匹、茶叶 3 万斤的代价换来宋夏间的停战；辽则胁迫宋廷向其增纳“岁币”银绢各 10 万。这些不断加码的负担，最后全部都要转嫁到人民的头上。因此，在庆历年间，农民和士兵起义也有发展，不但“一年多如一年，一伙多如一伙”[②]，而且从边远地区发展到腹心周围。宋王朝处在严重的内忧外患的压力下，不少士人提出了变法图强的主张。范仲淹在庆历三年（1043）九月提出：“官壅于下，民困于外，夷狄骄盛，寇盗横炽，不可不更张以救之。”[③] 他制定了整顿吏治、培养人才、发展生产、加强武备等措施，被称为“庆历新政”。

---

①陈舜俞:《镡津明教大师行业记》。

②欧阳修:《欧阳文忠公文集》卷一。

③《范文正文集·政府奏议上》。

变法仅 1 年左右即告失败，但改革的趋势不可遏制。1068 年，又发生了王安石的“熙宁变法”，抑佛排佛是其中的内容之一。李觏的观点有一定的代表性，他支持新政，主张变法，并尽可能地取缔佛道二教。他在《富国策第五》中提出：“缁黄存则其害有十，缁黄去则其利有十。”他认为，“去十害而取十利，民人乐业，国家富强。万世之策也”。

在这一从上到下的排佛浪潮中，契嵩顽强地坚持了三教融合，调和儒佛两家关系的主张。他以护教的宗教热情，与排佛者争论。“遇士大夫之恶佛者，仲灵无不恳恳为言之。由是排者浸止，而后有好之甚者，仲灵唱之也。”① 他上书仁宗，不仅讲明自己“谋道不谋身，为法不为名”，而且申明自己是“不避死亡之诛”。② 这种精神也受到不少缙绅先生的称誉。

契嵩在京城上书逗留期间，与其书信往来的有韩琦、富弼、田况、曾公亮和欧阳修等人。“朝中自韩丞相而下，莫不延见而尊重之。”③ 以后士大夫中主张调和儒佛关系者，如张商英、李纲等人，都受过契嵩的影响。

作为一名禅僧，契嵩为确定禅宗在佛教中的正宗地位，进行了煞费苦心的论证。到契嵩时代，禅宗已流行了两三个世纪，关于菩提达摩到慧能的禅宗东土六祖说已成公论。但是，关于禅宗在西土传承的神话仍有异议。天台宗僧人“颇执《付法藏传》以相发难，谓所传列二十四祖，至师子祖而已矣，以达摩所承者，非出于师子尊者。”④ 针对“虽一圆颅方服之属，而纷然相是非”的局面，契嵩决心“推一其宗祖，为天下学佛辈息诤释疑，使百世而知其学有所统”。于是他“力探大藏，或经或论，校验其所谓禅宗者，推正其所谓佛祖者”⑤。依据《宝林传》等，他确定了禅宗“西天二十八祖”的传法系谱，而后成为禅门定论。

契嵩重视《坛经》，著有《坛经赞》一文，也有影响。当时吏部侍郎郎简颇喜《坛经》，但流行本“为俗所增损，而文字鄙俚繁杂，殆不可考”，便请契嵩校订。契嵩用了近两年时间，于至和三年（1056）完成。据说，“果得曹溪古本，校之勒

---

①《镡津明教大师行业记》。

②《镡津明教大师行业记》。

③《镡津明教大师行业记》。

④契嵩：《传法正宗论》卷上。

⑤《再书上仁宗皇帝》，见《镡津文集》卷九。

成三卷，粲然皆六祖之言，不复谬妄”①。这个编校本今已不存，但后世流传的所谓曹溪原本及元代德异本、宗宝本，都是以此为底本，略作增减而成。

契嵩坚持禅宗“教外别传”之旨，他认为：“以佛后摩诃迦叶独得大法眼藏为初祖，推而下之，至于达摩为二十八祖，皆密相付嘱，不立文字，谓之教外别传者。”而别传的核心，是“传佛心印”。他之所以重视《坛经》，就在于“《坛经》者，至人之所以宣其心也。何心耶？佛所传之妙心也”②。此“妙心”，正是他融合三教的哲学基础。

契嵩尽管强调教外别传，不立文字，但并不把禅与教割裂开来。他认为：“能仁氏之垂教，必以禅为其宗，而佛为其祖。祖者乃其教之大范，宗者乃其教之大统。”禅、教的对立，乃至大小乘的相争，仅在于祖不正、宗不明，只要承认禅宗的正统地位，就可以息诤释疑。他指出：“后世之学佛者，不能尽考经论而校正之。乃有言教者，不信佛之微旨在乎言外；语禅者，不谅佛之能诠遗乎教内。”教是手段，禅是宗旨，这就是契嵩的禅教统一观的特点。

契嵩融合儒佛最有名的两篇文章是《原教》和《广原教》，这是他从理论上阐发儒释关系的代表作。在谈到两文体例时，他说：

> 始余为《原教》，师《华严经》先列乎菩萨乘，盖取其所谓依本起末门者也。师《智度论》而离合乎五戒十善者也。然立言自有体裁，其人不知，颇相诮讶，当时或为其改之。……今书（指《广原教》）乃先列乎人天乘，亦从《华严》之所谓摄末归本门者也。③

按照契嵩的解释，《原教》先述高级修行阶位，即“菩萨乘”，然后从高级修行阶位叙述到低级修行阶位，即“人天乘”，这是依据《华严经》“依本起末”的体例。《广原教》则相反，先述低级修行阶位，然后进到高级修行阶位，这是仿效《华严经》“摄末归本”的体例。然而，无论是“依本起末”还是“摄末归本”，都是《华严经》所没有的。这些体例是唐代华严学僧在诠解《华严经》过程中创造性地提出来的，普遍运用于说明经文的组织形式和教义内容的安排。“本”与“末”的关系，也同于“体用”、“因果”等。法藏在解释“摄末归本”时说：“今

①上引均见《镡津文集》卷十一。

②《辅教编·坛经赞》。

③《辅教编·广原教序》。

案前题目（指《华严经》的题目），然则大之一字，是一部通名，所检果海……又摄用归体唯理也，摄因归果唯佛也。”① 作为“本”的“果海”（佛境界）不可言说，所以用“末”（经典文字）来说明。如“大”字（《华严经》题目上的第一个字）代表的整部经典只是“末”，所要说明的是“果海”（本）。在华严学僧诠解《华严经》的注疏中，“依本起末”和“摄末归本”被广泛用于分析经文组织和说明教义的各方面。

契嵩所说的依《华严经》，实际上是依华严宗的学说。在宋代禅宗运用华严学的过程中，常有这样的现象，就是打着讲《华严经》的旗号，实际讲华严宗的理论。他们所读的是《华严经》的文字，所悟的却是华严宗的义理。认为华严宗学即是华严经学，并不只是佛教界的普遍现象，而且是士大夫群中的普遍现象。不论是“依本起末”，还是“摄末归本”，都是在心性论的基础上，采取华严宗理事圆融的方法将儒释统一起来的。这一方向自宗密开端，为契嵩以后的禅宗僧人所仿效。

2．以“心”为三教统一之本

（1）“自信其心”

契嵩的第一篇知名文章《原教》，用佛教的五戒十善比附儒家的五常，认为二者是“异号而一体”。这种从伦理观方面寻找佛儒两教契合点的方法，早在《牟子理惑论》和《颜氏家训》等书中已经讲得很透彻了。契嵩的新意主要表现在《广原教》中。

《广原教》作于1056年，开宗明义即曰：“唯心之谓道，阐道之谓教。”比较《中庸》所谓“天命之谓性，率性之谓道，修道之谓教”，韩愈《原道》所讲“博爱之为仁，行而宜之谓义，由是而之焉之谓道”，那差别是明显的。契嵩讲的“道”，与天命无关，与仁义等道德无关，只是一“心”。“道”为“圣人所履”，所以圣人所行的只是“心”；“教”指“圣人之垂迹”，圣人教诲和示范于世人的也是“心”。因此，以“心”规定道的内涵，而非天命和儒家的道德规范，就成了他的主要思想特点。

关于这“心”的含义，他糅进了《老》、《庄》、《周易》关于“道”的规定：

> 心乎，大哉至也矣！幽过乎鬼神，明过乎日月，博大包乎天地，精微贯乎邻

①《华严经关脉义记》。

虚。幽而不幽故至幽，明而不明故至明，大而不大故绝大，微而不微故至微，精日精月，灵鬼灵神，而妙乎天地三才。若有乎，若无乎？若不有不无？若不不有？若不不无？是可以言语状及乎？不可以绝待玄解谕。得之，在乎瞬息；差之，在乎毫厘者。是可以与至者知，不可与学者语。[①]

契嵩作《坛经赞》，其中对"心"的描述与此大同。"心"具有哲学本体论和佛教伦理学双重意义，它既是最高的精神存在，世界的本原，又有"本觉"[②] 的功能，与"佛性"同义。这样的"心"是绝对的，遍于一切的整体，无任何对立和差别，所谓"一物犹万物也，万物犹一物也"。正因为如此，"心"具有离言绝相的性质，既不是有，也不是无，不可以言传，不可以相示，只能为悟者所知，所谓"是可以与至者知，不可与学者语"。

契嵩关于三教融合的新主张，就是把它牢固地安置在禅宗的这一心学基础上：释迦牟尼所传的心，既是佛教圣人之心，也是三教乃至百家圣人之心；既是天地之心，也是众生之心。这样，契嵩找到了众圣与众生相同处。所以不论信奉什么教，都是信奉自己的本性，信奉自心：

是故圣人以信其心为大也。夫圣人博说之，约说之；直示之，巧示之，皆所以正人心而与人信也。人而不信圣人之言，乃不信其心耳。[③]

相信圣人与相信自心，是一而二，二而一的。

如果说，此前的禅宗仅是把对佛的信仰转变为对自心的信仰，那么契嵩就是把对三教百家的信仰统归之于对自心的信仰，把禅宗传统的"自信其心"之说贯彻到了最彻底的程度。他作《劝书》三篇，目的即在于此。"潜子为《劝书》，或曰：何以劝乎？曰：劝夫君子者自信其心，然后事其名为然。"[④] 所谓"事其名"，便是信奉"迹异"的儒教和佛教。信佛即是自信，排佛即是自弃。用"心"统一三教，落脚点是为佛教张目，使佛教在三教中获得一个平等的地位。

（2）"正心"与"正情性"

---

①《辅教编·广原教》。

②《坛经赞》指出："方《坛经》之所谓心者，亦义之觉义，心之实心。"

③《辅教编·广原教》。

④《辅教编·劝书第一》。

契嵩从禅宗心学出发，着重解释了新儒学所热衷讨论的“性情”说，拓宽了儒释融合的理论视野。他对“性”有两个相似的规定：“夫性也，为真，为如，为至，为无邪，为清，为静。近之，则为贤，为正人；远之，则为圣神，为大圣人。圣人以性为教教人。”“性也者，无之至也，至无，则未始无。出乎生，入乎死，而非死非生。圣人之道，所以寂焉，明然，唯感所适。”

“性”是唯一的真实（真），诸法的实相（如），它非有非无，非死非生，清静无邪。从近言之，循“性”可以造就世间的正人君子；从远言之，见“性”可为圣神，为大圣人。圣人以“性”成道，也以“性”教人。

对于“情”，契嵩也有明确的解说：“情也者，有之初也。有情，则有爱；有爱，则有嗜欲；有嗜欲，则有男女万物生死焉”；“夫情也，为伪，为识。得之，则为爱，为惠，为亲亲，为疏疏，为或善，为或恶；失之，则为欺，为狡，为凶，为不逊，为贪，为溺嗜欲，为丧心，为灭性。”这里把“情”当做“有”之始，与传统佛教把“无明”当做人之本，把“动”或“名”作为世之初的观点，是很有些不同的。自道安、慧远以来，中国佛教义学多在情欲性爱的意义上使用“情”字，契嵩则泛指一切“情识”，即扩展而为一切思想情感。按照佛教教义，这样的“情”必然具有“伪”、“识”、“变”等属性。“伪”指其“假有”，性空而不实；“识”指其不智，受世俗认识左右；“变”指其非静，受生灭无常的铁律支配。据此，这“情”就成了佛教对世俗世界诸特征的概括，相当于“有情世界”的“情”。因此，人的任何活动，都必然具有这些特征：所谓爱惠、亲疏、善恶等，它的本质应是“无记”（非善非恶）。这里值得注意的是，得“情”者，“性”属“无记”，是善是恶全在得者的个人作为；而失“情”者，则肯定为全恶无善，欺狡凶戾，沉溺贪欲，以致“丧心”、“灭性”。

人之不能无“情”如此，不仅在佛教中独树一帜，在某种程度上反映了宋禅特别钟情的一大特色，而且在宋明理学有关“性情”之辩中也是极有个性的主张。把失情当作“丧心灭性”的表现，使这一个性特殊而鲜明起来。支持这一个性的理论基础，则是“性情统一说”：“情出乎性，性隐于情。”具体说：

> 心必至，至必变。变者，识也；至者，如也；如者，妙万物者也；识者，纷万物，异万物者也；变也者，动之几也；至也者，妙之本也。……万物之变见乎情，天下之至存乎性。以情可以辨万物之变化，以性可以观天下之大妙。善夫情

性，可以语圣人之教道也。①

契嵩用的“至”，相当于玄学喜用的“极”、“宗极”，指最高本体；“如”，即佛教通用的“真如”。“心”必然是最高本体，这一本体称之为“如”，此“如”必然变动而成为人的通常情“识”。在契嵩看来，这是无须论证的，因为这一宇宙发生论，同《起信论》构造的“一心二门”图式完全一致，至少在禅家中是得到公认的。契嵩的创新在于用“性”表示“如”、用“情”表示“变”，从而使他的议论同他的整个时代密切起来，有了强烈的社会意义。“情”与“性”一样，都是不可偏离的圣人之“教道”。

契嵩反对儒家把“性”看成是外在的“天命”，强加于人。“郑氏其解天命之谓性。云天命谓天所命生人者也，是谓性命。……考夫郑氏之义疑。若天命生人，其性则从所感而有之也。”契嵩回答说：“然郑氏者，岂能究乎性命之说耶？夫所谓天命之谓性者，天命则天地之数也，性则性灵也。盖谓人以天地之数而生，合之性灵者也。性乃素有之理也，情感而有之也。”②

在五代以前，佛教普遍认为人需感“气”而成，同道家的学说调和。这里提出，人需假“天命”而生，反映出契嵩在细微处也向儒家倾斜，但佛教的根本理论未变，只有与“性灵”相合的“天命”才能成人。“天命”属“数”的有限变化领域，“性”才是绝对的不变之理。

但是，契嵩在《论原·性德》中还说：“性，生人者之自得也；命，生人者之得于天者也。”“性内也，命外也。圣人正其性而任其命。故其穷之不忧，而通之不疑也。”这一说法，反映了契嵩对儒家的原则让步。中国佛教历来认为，“天”属于世间轮回范围，“业”是世界人生的决定因素，天地万有无非一心，所谓“唯识无境”。因此，不论从宗教观念，还是从哲学体系上看，佛教都不承认“天”有决定生人之“命”的作用，更不会承认“天”存在于“性”外，是与“性”并行的独立力量。契嵩这样做，完成了佛教最后臣服于君主专制的理论步骤。因为“天”之在中国，乃是君主的象征，君主代表了天命之所归。此外，说“正其性”等，同他用“正心”、“治心”等词一样，特别与禅宗之主张“任性逍遥”者有别，而是来自儒家“正心”、“诚意”。因此，他对正宗儒学的批评，不过是为佛教在新儒学

①上引均见《辅教编·广原教》。

②《中庸解第三》，见《镡津文集》卷四。

中找到一个恰当的位置，即分工于治心顺天。

然而契嵩关于“性”的规定，却始终坚持佛教的正宗观点，并以此批评孔孟的人性论：

> 或问：吾尝闻人之性有上下，犹手足焉，不可移也。故孔子曰：唯上智与下愚不移。韩子曰：上焉者，善焉而已矣；下焉者，恶焉而已矣。孟子曰：然则，犬之性犹牛之性，牛之性犹人之性。而与子之谓性者疑，若无贤不肖也，无人之与畜也，混然为一，不辨其上下焉。……子何以异于圣贤之说耶？

上智下愚，上善下恶，人与畜，如此等等差异，是“分”的不同，属于“情”而不是“性”：

> 吾之所言者，性也；彼二子（孟子与韩愈）之所言者，情也。情则孰不异乎？性则孰不同乎？①

他以“性相近也，习相远也”证明孔子也是主张“性”无上下的。契嵩的这种观点为禅宗僧人所共同承认。金山达观昙颖禅师作《性辩》一文，认为：“今古圣贤言性者，只得情也，脱能穷理，不能尽性。”②

契嵩根据自己的“情性”论，最后提出了他的儒释分工互补说。圣人之“心”相同，垂迹“制情”之“教”有别，因而各得其所而不相扰：“圣人各为其教，故其教人为善之方，有浅有奥，有近有远，及乎绝恶，而人不相扰，则其德同焉。”就佛教言，用以制情的是“五乘”之教，因为众生“其所成情习，有薄者焉，有笃者焉，机器有大者焉，有小者焉，圣人宜之，故陈其法为五乘者”，“前之二乘云者，以世情胶甚，而其欲不可辄去，就其情而制之”，“后之三乘云者，盖导其徒超然之出世者也，使其大洁情污，直趋乎真际，神而通之，世不得而窥之”。③ 至于儒家则以“礼”制情，他说：

> 礼者，因人情而制中……人情莫不厚生，而礼乐之养；人情莫不弃死，而礼正之丧；人情莫不有男女，而利宜之正；人情莫不有亲疏，而礼适之义；人情莫

①上引均见《中庸解第四》，见《镡津文集》卷四。

②《云卧纪谭》卷下。

③《辅教编·原教》。

不用喜怒，而礼理之当；人情莫不怀货利，而礼以之节。[1]

据此，契嵩强调，佛儒百家都有其存在的合理性："方天下不可无儒，无百家者，不可无佛！亏一教，则损天下一善道；损一善道，则天下之恶加多矣。"具体说，"儒者，圣人之治世者也；佛者，圣人之治出世者也。"[2] 治世与治出世不同，但其起"治"的作用则一，所以说"儒佛者，圣人之教也，其所出虽不同，而同归于治"[3]。他在《再书上仁宗皇帝书》中说，他之所以作《辅教编》，主旨就在于"推会二教圣人之道，同乎善世利人矣"[4]。

总之，契嵩融合儒佛两教，在实践上求佛教的生存条件，在理论上则纳儒入佛，同当时新儒学之援佛入儒是同一种思潮，都有着明确的为君主专制服务的政治目的。就契嵩解决当时的热点问题而言，他坚持性情统一，肯定"厚生"、"男女"，没有走禁欲主义的道路。它的意义比某些道学家还要积极。

（3）孝在戒先

契嵩曾说："吾之喜儒也，盖取其于吾道有所合而为之耳。"[5] 他很重视《中庸》，作《中庸解》5 篇，并称是"以中庸几于吾道，故窃而言之"。这种"于吾道有所合"、"几于吾道"之说，实是基于妥协性的求同，是在用佛教的五戒十善会通儒家五常的基础上，用五常解释佛教的全部说教："儒所谓仁义礼智信者，与吾佛曰慈悲，曰布施，曰恭敬，曰无我慢，曰智能，曰不妄言绮语，其为目虽不同，而其所以立诚修行，善世救人，岂异乎哉。""今儒之仁义礼智信者，岂非吾佛所施之万行乎！"[6] 把五常等同于佛教的"万行"，等于是把佛教僧侣的一切言行统统纳入儒家的伦理范围，绝对地接受儒家的规范。

在儒家的伦理规范中，契嵩特别尊崇"孝"道。他撰《孝论》，第一句话就是："夫孝，诸教皆尊之，而佛教殊尊也。"全论多处引用《孝经》、《书经》、《礼记》等儒家经典，以致把孝说成："天之经也，地之义也，民之行也。至哉大矣！"其大足以感天地、动鬼神，"天地鬼神，不可以不孝求，不可以诈孝欺"。推"孝"

---

①《论原·礼乐》，见《镡津文集》卷五。

②《辅教编·原教》。

③《寂子解》，见《镡津文集》卷八。

④见《镡津文集》卷九。

⑤《寂子解》，见《镡津文集》卷八。

⑥《中庸解》，见《镡津文集》卷四。

至于社会，就会“与世和平，而忘忿争也”。维护了社会安定，当然是大大有利于王朝的事。因此，契嵩特别要求发挥佛教在维护儒家孝道中的作用，其中做佛教功德，就是尽孝道的重要内容。

佛教一传入中国，即有所谓“福业”一途，至南北朝而大盛。“福业”涉及的范围很广，其中之一，是为父母亡灵追福。按兴福的方式讲，北方多为造像、建寺；南方则侧重创制各种“法事”，诸如作道场法会，办盂兰盆会等。至于写经、读经、供养、布施等，在全国都很流行。但这类活动，最后形成为民间习俗，则经过了隋唐数百年的酝酿，到宋代才定型。

契嵩说：“孝也极焉，以儒守之，以佛广之，以儒人之，以佛神之，孝其至且大矣。”佛教成了推广和神化孝道的手段，也成了“慎终追远”的儒家孝制中不可缺少的组成部分，佛教再也不能任人随意从社会生活中排斥出去了。

正因为“孝”具有如此重大的意义，契嵩要求一切佛徒必须无例外地强制执行，这就是所谓“孝为戒之端”。契嵩说：

> 子亦闻吾先圣人。其始振也，为大戒，即曰孝名为戒。盖以孝而为戒之端也。子欲戒而欲亡孝，非戒也。夫孝也者，大戒之所先也。戒也者，众善之所以生也。为善微戒，善何生耶？为戒微孝，戒何自耶？故经曰：“使我疾成于无上正真之道者，由孝德也。”①

他的逻辑是：正觉由万善成，众善由戒生，戒由孝发端。于是“孝”由儒家的“万善之首”，变成了佛家的“正觉之端”，尽孝即可成佛。

契嵩的这一主张，不仅背离了传统佛教，也与禅宗的根本精神相违。他遇到的最现实的问题是，《孝经》云：“不孝有三，无后为大。”而僧尼必须出家独身，不能结婚生子。如何调和这一不可调和的矛盾，历代高僧除了有一些无甚说服力的辩词，大都回避。事实上，在禅宗中即有全家尽入丛林的事，但是否仍保持家庭形式，不得而知。据说宋代僧人有家室的很多，特别在岭南地区。鲁迅在《我的第一个师》中记的和尚，也是娶妻生子的，而且儿子继续做和尚，似乎可以世袭，而这在当地无疑是得到普遍默许的。但是，在契嵩的一系列议论中，还没有发现鼓动僧尼结婚的言论。

---

①上引均见《孝论》。

第三节　曹洞宗复起及其禅学特色

一、宋代曹洞宗概况

五代至宋初，曹洞系统中没有出现知名禅师，宗派影响微弱。尤其到仁宗时期，在临济、云门两宗名家辈出，新禅学激荡佛教界，其社会影响不断扩大的形势下，曹洞宗依然没有起色。在这百余年间，源自云居道膺（835—902）的曹洞宗传法禅师依次是同安道丕、同安观志、梁山缘观、大阳警玄（948—1027）。警玄晚年从自己的弟子中找不到合适的继承人，请求与他关系密切的临济僧人浮山法远（？—1067）日后为他物色人选，并且写了一首偈，连同一双皮履和一件布直裰留下，作为接续曹洞法统的信物。警玄死后20余年，法远嘱咐投子义青（1032—1083）嗣法警玄。

义青俗姓李，青社（安徽舒州）人。据《投子义青和尚语录》卷下所载《行状》，他7岁投本州妙相寺出家，15岁试《法华经》得度，16岁受具足戒，习《大乘百法明门论》。后入洛中，专习《华严经》，“深达法界性海、刹尘念劫、重重无尽之义”。在开讲《华严玄谈》时，“妙辩如流，闻者悦服”。但是，当他讲到诸林菩萨即心自悟偈文时，忽然醒悟：“法离文字，岂可讲哉？”他是在讲《华严经》的过程中领悟到修行佛法不能以讲解为目的，于是离开讲席，南下游方，参学禅宗。他从临济僧人浮山法远学习6年，遵其所嘱，传承当时已经断绝了的曹洞宗法系。熙宁六年（1073），义青始住舒州白云山，8年后移住投子山，“道望日远，禅者日增”，曹洞宗法系从此流传下来。

义青从教入禅的修学经历，使他在弘传禅学的同时也注意宣传佛教义学，特别是对他所熟悉的华严学的传播和创用，在北宋曹洞宗僧人中颇有特点。

在义青的语录中，有不少出自华严典籍的内容，基本被作为传禅的材料使用。“莲华世界，毗卢现七佛家风；流水莺啼，观音示千门法海。尘尘影现，刹刹光明，转大法轮，普成佛道。到这里，若信得去，只悟得佛边事，须知七佛外消息始得。

诸仁者，作么生是七佛外消息？半夜白猿啼落月，天明金凤过西峰。”① 义青早年习《华严经》时所重视的内容，也保留在他晚年的禅语中。此中“尘尘影现，刹刹光明”，与当年他所“深达”的“法界性海、刹尘念劫、重重无尽之义”的含义大体相同，是更简略的说法。这是说，作为一真法界体现的世界万有，处于大（刹）小（尘）无碍，长时（劫）短时（念）互摄的圆融无尽状态。这里他坚持了早年离教从禅时的认识，强调懂得华严教义，不过是“悟得佛边事”，还须知有“七佛外消息”。在禅宗语录中，“七佛外消息”是停止追求外在的佛，反观自心，求得自证自悟教义的另一种表达方式。因此，义青对华严教义的不满足，最终通过信奉自证自悟的禅宗法门来弥补。

然而，华严教义只是“悟得佛边事”之说，并不意味着义青完全否定华严教义，“尘尘影现，刹刹光明”也可以运用于另外的方面：“毗卢楼阁，善财见七佛家风；华藏海心，普贤指一生妙果。尘尘影现，刹刹光明，主伴交参，互兴佛事，致使尧云弥布，舜雨膏萌，星辰交换于九宫，和气淳风于万国。”② 禅宗吸收华严宗无碍圆融的教义是普遍现象，但在不同的时代又有不同的表现。义青生活在北宋前中期，宋王朝还保持着发展势头，有一定的活力，反映在“中兴”曹洞宗的义青禅语中，使圆融无碍说又增加了一层歌颂升平盛世的色彩。而“主伴交参，互兴佛事”，又有一种号召上下齐心协力振兴佛教的少见气派。

在义青的弟子中，有个性且著名者是芙蓉道楷（1042—1117）。他是沂州（山东临沂）人，少时信奉道教，后从投子义青习禅，先后住持过安徽马鞍山、江西洞山、湖北大阳等地寺院。徽宗崇宁二年（1103）住持京城净因禅院，大观二年（1108）移住天宁寺。徽宗曾赐紫衣和师号，道楷拒不接受，遂被遣放缁州（山东缁州）。次年，徽宗许其在芙蓉湖畔结庵传禅。和临济、云门的许多传法宗师不甚相同，道楷与统治者和官僚士人的关系相对疏远。他很注重个人修行，坚持每日一食。追随他的僧众虽然不多，但影响不小，曹洞宗从此有了起色。

道楷的著名弟子有鹿门自觉和丹霞子淳。自觉一系初无著名禅师，到金元时盛行于北方。子淳（？—1119）门下出现了长芦清了和宏智正觉，使曹洞宗在两宋之间兴盛起来。

---

①《投子义青和尚语录》卷上。

②《投子义青和尚语录》卷上。

清了（1091—1152），号真歇，左绵安昌人，俗姓雍。据《真歇清了禅师语录》卷上《劫外录》，他18岁试《法华经》得度，具戒后往成都大慈寺，学习《圆觉经》、《金刚经》、《起信论》等。他曾先登峨眉礼普贤大士，后入五台礼文殊菩萨，对华严系统的菩萨信仰十分重视。清了先师从邓州（河南南阳）丹霞子淳习禅，后又到东京参访禅讲名席，对当时南北各地的佛教情况比较了解。从宣和四年（1122）开始，清了历住真州长芦山、四明补陀、福州雪峰、杭州径山等多处寺院。他所提倡的禅法，主要是禅、净、教各宗合一。曾作《净土集》，倡导念佛法门。又作《华严无尽灯记》，以华严宗"十法界"说论证禅学，很有特色。关于他的言行，有《真歇清了禅师语录》2卷。

在《华严无尽灯》中，清了以镜灯的比喻来讲华严教理，与法藏的做法类似。"譬东南西北上下四维中点一灯，外安十镜，以十镜喻十法界，将一灯况一真心。一真心则理不可分，十法界则事有万状。然则理外无事，镜外无灯，虽镜镜中有无尽灯，唯一灯也；事事中有无尽理，唯一理也。以一理能成差别事故，则事事无碍；由一灯全照差别镜故，则镜镜交参。一镜不动，而能变、能容、能摄、能入；一事不坏，而即彼、即此、即一、即多。主伴融通，事事无尽。"从其内容来看，这是照本宣科讲述华严宗的教义，没有什么创新。但是，这里的讲解始终坚持在理事关系上立论，既不违背华严宗的教理，又继承了自希迁以来的传统。从理事关系上立论，是曹洞宗自创宗以来的主要特点之一，清了予以继承。然而，即便这些从形式到内容都是照搬华严宗的议论，最终还是要归结到禅宗倡导的启发悟解言外之旨的思想上。清了的最后一首偈，"镜灯灯镜本无差，大地山河眼里花，黄叶飘飘满庭际，一声砧杵落谁家"①，就很好地说明了这一点。

南宋中期的南方曹洞宗僧人，大都出自清了一系。而在北宋末到南宋初，影响最大的是宏智正觉。正觉之后没有出现有影响的禅师，其法系数传之后不明。长芦清了经天童宗珏、雪窦智鉴，传至天童如净（1162—1228），曹洞宗又有了起色。如净是明州苇江人，出家后，多年游方参学，于嘉定三年（1210）住持建康清凉寺，继之住持台州瑞岩净土禅寺、杭州净慈禅寺、明州定海县瑞岩寺等。宝庆元年（1225），住天童山。他虽然有多年游方经历，却注重坐禅修行，认为参禅是身心脱落，坐禅才是明心见性的唯一途径，实际上，他是正觉默照禅的延续。现存《如净

①上引均见《华严无尽灯记》。

和尚语录》2 卷、《天童山景德寺如净禅师续语录》1 卷。日本京都人道元（1200—1253），入宋师事如净 3 年，如净以芙蓉道楷的法衣和洞山良价所著《宝镜三昧》、《五位显诀》及自赞顶相相赠。道元回国后，创立日本曹洞宗。

二、宏智正觉的“默照禅”

正觉（1091—1157），隰州（山西隰县）人，俗姓李，“七岁诵书，日诵数千言，少时遂通五经”。[①] 正觉的祖、父两代对禅宗都有浓厚的兴趣，或参询禅师，或诵习《般若》。在家庭的陶染下，正觉 11 岁出家，14 岁受具足戒，18 岁开始游方参学。

在游方行脚的最初几年，正觉主要活动在今天山西、河南两省。他接触的第一位名禅师，是汝州（今河南临汝）香山寺的枯木法成。法成是曹洞僧人，是芙蓉道楷的弟子，曾受诏住持汴京净因寺，名重一时。23 岁时，正觉在邓州（河南邓县）见到丹霞子淳，并随子淳到唐州（河南泚源县）大乘山和随州（湖北随州）大洪山，先掌记室，后升首座。子淳逝世后，正觉与清了保持密切关系。宣和四年（1122），清了住长芦山时，请正觉为首座。

从宣和六年到建炎二年（1128），正觉先后住持过泗州大圣普照禅寺、舒州太平寺、江州庐山圆通寺等。建炎三年（1129），开始住持明州天童寺，并倡导“默照禅”，前后近 30 年。卒后，高宗诏谥“宏智禅师”。其生平言行，主要收录在《宏智正觉禅师广录》中。

默照禅是正觉的主要创作，在南宋初年有特殊的吸引力，追随正觉修习的僧俗数以千计，天童“寺屋几千间，无不新者”，形成了一个庞大的修禅中心。知名弟子只有 14 人，其余绝大多数是“分化幽远，晦迹林泉”。宗杲评正觉是“起曹洞于已坠之际，针膏肓于必死之时”。曹洞宗之所以振兴，主要赖正觉之力。

默照禅的主要特点，是把静坐守寂作为证悟的唯一方式。正觉本人“昼夜不眠，与众危坐，三轮俱寂，六用不痕”[②]。冯温舒在《天童和尚小参语录序》中记，正觉“结屋安禅，会学去来，常以千数。师方导众以寂，兀如枯株”。一进入正觉

①周葵：《正觉宏智禅师塔铭》。

②《正觉宏智禅师塔铭》。

住持的天童寺，便会见到“禅毳万指，默座禅床，无謦咳者”[①]。

禅宗自南北分流，奉慧能为正宗的一系，大都遵循永嘉玄觉提出的“行亦禅，坐亦禅，语默动静体安然”的主张，力图打破以坐为禅的传统模式，其激进的支派，甚至完全否定坐的形式。但就禅宗的多数派言，坐禅依然占重要地位，唐代石霜庆诸更以长坐不卧的“枯木禅”著称于世，其影响力也是很大的。在一定意义上，正觉的默照禅正是发展了庆诸的坐禅法统。

正觉持戒严谨，终生信守过午不食的戒律。他“自幼得戒，坐必跏趺”，“师初以宴坐入道”。[②] 他初识的曹洞僧人法成，即以喜“枯木禅”闻名，世称“枯木法成”。对他的禅学思想影响最大的丹霞子淳，也极注重坐禅，政和五年（1115）在唐州大乘山教导僧众“休歇去”，“把今时事放尽去，向枯木堂中冷坐去”[③]，这当是正觉得到的直接启示。

正觉的默照禅异于先前的坐禅，主要在于它的观法，包括观想的对象和由此形成的基本观念。据说正觉是在子淳所讲的“空劫自己”一句之下证悟的，因此，他以后教人，就专讲“明空劫前事”。“盖师初以宴坐入道，淳以空劫自己示之，廓然大悟。其后诲人，专明空劫前事。”[④] 这个“空劫前事”，就是默照禅的观想对象。正觉本人把曹洞宗的理论特征就归结为“劫外”，所谓“劫外家风兹日辨，他依真与我依俦”[⑤]。“劫外”就是“空劫前”。

“劫”，梵文音译“劫波”之略，用以表示时间极长的单位。《大智度论》卷三十八说：“大时名劫。”“劫”有很多种，正觉这里所使用的，属于佛教的宇宙论范畴，相当于“大劫”。按这种宇宙论的说法，世界是从无到有，又从有到无的循环过程，每循环一次，名为一“大劫”；每一大劫又分作成、住、坏、空四个阶段，亦称“四劫”。“成劫”指世界的形成期；“住劫”指相对稳定期；“坏劫”指普遍灾害、世界毁坏期；“空劫”则指“唯有虚空”。这样的“虚空”作为一劫存在，是受时间的限定，仍属“世间法”。正觉专明“空劫前事”，是要参究“唯有虚空”以前的面貌，即世间连“空”也不存在的原始状态。因此，观想“空劫前事”，实

①《宏智正觉禅师广录》卷九。

②《正觉宏智禅师塔铭》。

③《丹霞子淳禅师语录》。

④《正觉宏智禅师塔铭》。

⑤《宏智正觉禅师广录》卷四。

质上还是探究世间本源问题。

正觉沿袭唯识性空的思想，对这个问题的回答并无新意，所谓“一切诸法，皆是心地上妄想缘影”，“影含宗鉴，心生则种种法生；步入道场，心灭则种种法灭”。[①] 这样，世间的成、住、坏、空也全是心的产物，那么“空劫前事”，也就是“本心”或心的本来面目。这些说法，依旧是陈词滥调。由此推论：“十方法界，起自一心；一心寂时，诸相皆尽”也是唯心论的应有之义。正觉的特点不在这里，而在于把对本体论的这种认识，放置到默照禅中去实现，通过静坐冥想“空劫”之外的本源加以内证，从而让唯识空观彻入骨髓，变成参究者的个人经验和本能见解。

所谓“心寂”，是默照禅追求的直接效果。正觉说：“你但只管放，教心地一切皆空，一切皆尽，个是本来时节。”[②] 这里的“本来时节”与“本来面目”同，均指心处于“空劫前”的本然状态。但是，要在扰动不安的现实条件下，令心趣向空无所有的地步，是一个很艰难的过程，正觉称之为“净治揩磨”、“休歇”诸缘。他说：

> 田地虚旷，是从来本所有者。当在净治揩磨，去诸妄缘幻习，自到清白圆明之处，空空无像，卓卓不倚，唯廓照本真，遗外境界。

这个“净治揩磨”的功夫，是在静坐默究中完成的，包括两个主要内容：其一，是歇诸内缘，即休歇向外攀缘之思；其二，是歇诸外缘，即不为外在因缘流传：

> 真实做处，唯静坐默究，深有所诣，外不被因缘流传，其心虚则容，其照妙则准。内无攀缘之思，廓然独存而不昏，灵然绝待而自得，得处不属情，须豁荡了无所依，卓卓自神，始得不随垢相。个处歇得，净净而明，明而通，便能顺应，还来对事，事事无碍。

就是说，只要内无思维活动，外不被事物左右；内不随情感而动，外不为声色所诱，那就是“空空无像”，照见“本真”，即“本来时节”的时刻。届时，“灵”、“神”独存自得，明通无碍，达到佛祖的境界。所以说：“诸佛诸祖无异证，俱到

---

①《宏智正觉禅师广录》卷五。

②《宏智正觉禅师广录》卷五。

个歇处。”①

“歇处”所得的体验，属于“心虚”，或曰“念尽”。照得的“本真”，是“空劫前事”，或称“法界虚空”。按《大乘起信论》的说法，前者属“始觉”和“毕竟觉”，后者则是“本觉”；前者由修习揩磨得，后者是本然的存在。揩磨所得者，也就是那个本然的存在。正觉说：“直须歇得空空无相，湛湛绝缘，普与法界虚空合，个是你本身。”“你本身”就是由念尽而达到的对于本然“空心”的自觉。所以正觉一再强调：“此是选佛场，心空及第归。若心地下空寂，便是及第底时节。”又说：“若人欲入佛境界，当净其意如虚空。”

“空”是心的特质，由心派生的世间一切，也以“空”为共性。但是这作为法界虚空的心却空不得：“一切法到底其性加虚空，正恁么时却空它不得。虽空而妙，虽虚而灵，虽静而神，虽默而照。”② 此“心”作为诸法“法性”，说它的本质是空、虚、静、默；此“心”具有特殊的功能，说它是妙、灵、神、照。前者是心之“体”，后者是心之“用”。默照禅的最高目标，就是契合心的空虚静默本性，运用它的妙灵神照功能。这种体用关系，正觉是用默与照这对范畴来加以概括的：“默照之道，离微之根；彻见离微，金梭玉机。”③ 意思是说，“离微”是遵循默照之道的，是默照的表现；只要彻见“离微”的本质，那就会机用自在。此中“离微”这一概念，本自伪托姚秦僧肇撰的《宝藏论》，原文是这样说的：

> 无眼无耳谓之离，有见有闻谓之微。无我无造谓之离，有智有用谓之微。无心无意谓之离，有通有达谓之微。又离者涅槃，微者般若。般若故兴大用，涅槃故寂灭无余。无余故烦恼永尽，大用故圣化无穷。

正觉特别使用“离微”来阐释“默照”，说明“默照”的含义及“默照”间的关系。尽管如此，正觉仍有新的发挥，强调由“歇缘”达到的“默”与“照”的统一性，就是其中之一。他说：“默照明明似面墙。”④ “面墙”指达摩禅，达摩传的就是“默照”。又说：“默默忘言，昭昭现前……妙存默处，功忘照中……默唯至

①上引均见《宏智正觉禅师广录》卷六。

②上引均见《宏智正觉禅师广录》卷五。

③《宏智正觉禅师广录》卷八。

④《宏智正觉禅师广录》卷八。

言，照唯普应。"[①] 在这里，"默"即是"照"，默处即有照功，中间没有任何隔阂，不需任何意识作功夫。所以说："默默工夫，心田自锄。"又说："缄默之妙，本光自照。"[②] 这样，"默"成了"照"之体，"照"即"默"之用，体用完全融合为一了。前引的《默照铭》说："照中失默，便见侵凌……默中失照，浑成剩法。默照理圆，莲开梦觉。"

"默照"的"照"，本是般若智能的运用，不论大乘佛教，还是《宝藏论》，都主要指空观之贯彻于世间事物，而不排斥日常的认识活动。正觉则有所不同。他说："隐几虚心还自照，炷香孤坐绝它思。"[③]他的孤坐"默照"，在于"自照"，既不与世间交往，也没有特定的观照对象，亦所谓"灵然独照，照中还妙"。他在《坐禅箴》中说："佛佛要机，祖祖机要，不触事而知，不对缘而照。不触事而知，其知自微；不对缘而照，其照自妙。"[④] "不触事"、"不对缘"也就是"默"；即"默"而"照"，"空其所存"，是默照禅的重要步骤，其直接的结果，是达到"照体独立，物我俱亡"。据正觉看，"物我俱亡"只是忘却物我在相待和对立中的存在，对于绝对的我，即"本来面目"，则是一种自觉，是真正的获得。"照与照者二俱寂灭，于寂灭中能证寂灭者是你自己。若恁么桶底子脱去，地水火风，五蕴十八界，扫尽无余。作么生是尽不得底？"[⑤] 正因为如此，正觉不强调修禅者入世，也反对其他解脱之道。他认为"作道理，咬言句，胡棒乱喝，尽是业识流转"，把静坐歇缘看成是唯一可以得悟的途径。

从表面上看，默照禅重视坐禅，又提倡"净磨心鉴绝游尘"，与"时时勤拂拭"的北宗相似，但二者差别很大。正觉的"净磨心鉴"指休歇诸缘，并没有可以揩磨的尘埃，也不引导去观看什么"心"。他批评过"身是菩提树，心如明镜台"，认为"菩提无树镜非台，虚净光明不受埃。照处易分雪里粉，转时难免墨中煤"[⑥]。既然本来虚净光明，再去拂拭，全是自寻烦恼。总之，默照禅既有别于动静语默皆是禅的南宗潮流，也不同于向北宗坐禅的回归，在很大程度上是吸取《庄

①《默照铭》，载《宏智正觉禅师广录》卷八。

②《宏智正觉禅师广录》卷九。

③《宏智正觉禅师广录》卷七。

④上引均见《宏智正觉禅师广录》卷八。

⑤上引均见《宏智正觉禅师广录》卷五。

⑥《宏智正觉禅师广录》卷四。

子》入禅的结果。

正觉说："坐忘是非，默见离微，佛祖之陶冶，天地之范围。……麒麟步药峤，金毛师手威，相逢捉手，大道同归。""形仪淡如，胸腹空虚；懒不学佛，钝不知书。静应诸缘而无外，默容万象而有余。齐物而梦蝶，乐性而观鱼，渠正是我兮我不是渠。""梦蝶境中闲有趣，露蝉胸次净无尘。槁木之形，谷神之灵。"①"坐忘"、"齐物"、"梦蝶"、"观鱼"、"槁木"、"谷神"等，都是老庄的术语或寓言。正觉用来说明默照禅的特性，集中表现在"静应诸缘"和"默容万象"上。不论世界天翻地覆，不管时事是非曲直，我皆以"静"应，以"默"容，令渠我相忘于静默中，感受到梦幻般的逍遥和解脱。他在《圆禅者求颂》中说：

> 枯歇身心百不思，湛圆自照劫空时；妙明智鉴那留垢，虚廓灵机未度丝。②

这首颂可算是他对默照禅的一个全面总结和意趣深沉的概括。

三、宗杲对默照禅的批判

正觉的默照禅在南宋初年一度盛行，既吸引了众多僧人，也吸引了许多士大夫。同时，它在流行过程中也受到非议，其中，对默照禅评论最多，批判态度最严厉，产生影响也最深远的，首推临济禅师宗杲。他说：

> 今时有一种剃头外道，自眼不明，只管教人死獦狙地休去歇去，若如此休歇，到千佛出世也休歇不得，转使心头迷闷耳。又教人随缘管带，忘情默照，照来照去，带来带去，转加迷闷，无有了期。③

在宗杲看来，行"休歇"、求"默照"，只能令人迷闷，不能导向觉悟，表明提倡者"自眼不明"。这种评语是相当激烈的。宗杲曾致书刘彦修说：

> 彦冲云，夜梦昼思十年之间，未能全克，或端坐静默，一空其心，使虑无所缘，事无所托，颇觉轻安。读至此不觉失笑。何故？既虑无所缘，岂非达磨所谓内心无喘乎？事无所托，岂非达磨所谓外息诸缘乎？④

---

①《宏智正觉禅师广录》卷九。
②《宏智正觉禅师广录》卷八。
③《大慧普觉禅师语录》卷二十五。
④《大慧普觉禅师语录》卷二十七。

所谓“内心无喘”、“外息诸缘”，是宗密对于达磨禅的概括。宗杲把默照禅与达摩禅挂钩，符合正觉的本意。宗杲借此，对于达磨的壁观，也给划定了一个有限的范围，就是说：“外息诸缘，内心无喘，可以入道，是方便门；借方便门入道则可，守方便而不舍则为病。”① 达磨禅只能是入道的手段，不能成为究竟的目的；而默照禅恰恰把手段当成了目的，所以称之为“病”。

有一个喜好默照禅的士大夫郑昂（尚明），听说宗杲力排默照禅，就责问说：“只如默然无言，是法门中第一等休歇处。和尚肆意诋诃，昂心疑和尚不到这田地，所以信不及。”宗杲就专用郑昂最熟悉的《庄子·则阳》中的话予以反驳：“庄子云：‘言而足，（则）终日言而尽道。言而不足，（则）终日言而尽物。道物之极，言默不足以载，非言非默，义（议）有所极。’我也不曾看郭象解并诸家注解，只据我杜撰说，破你这默然。”因为据宗杲看，“道与物至极处，不在言语上，不在默然处；言也载不得，默也载不得。公之所说，尚不契庄子意，何况要契释迦老子、达磨大师意耶?”②

宗杲虽然反对默照禅，但不一般地反对坐禅。他说：

> 今时学道之士，只求速效，不知错了也。却谓无事省缘，静坐体究，为空过时光。不如看几卷经，念几声佛，佛前多礼拜，忏悔平生所作底罪过，要免阎老子手中铁棒。此是愚人所为。③

他还告诉他的门徒：

> 虽然不许默照，却须人人面壁。既不许默照，为什么却须面壁？不见白云师翁（白云守端）云：多处添些子，少处减些子。④

因为“面壁”即坐禅，作为入道手段是不可缺少的，但把它作为唯一目的则不能容许。

宗杲坚持《维摩经》所说“不二法门”的观点，认为静与闹、世间与实相是统一的，不应割裂，像“杜撰长老辈，教左右静坐等作佛，岂非虚妄之本乎？又言

---

①《大慧普觉禅师语录》卷二十五。

②上引均见《大慧普觉禅师语录》卷十七。

③《大慧普觉禅师语录》卷二十五。

④《大慧普觉禅师语录》卷四。

静处无失，闹处有失，非坏世间相而求实相乎?”“平昔作静胜工夫，只为要支遣个闹底，正闹时却被闹底聒扰自家方寸，却似平昔不曾做静胜工夫一般耳。”① 因此，单纯求静，只是逃避“闹”，而不是真正克服“闹”。他提出：

> 禅不在静处，不在闹处，不在思量分别处，不在日用应缘处，然虽如是，第一不得舍却静处、闹处、日用应缘处、思量分别处。②

简言之，只有在日常动静作为、思量分别中贯彻空寂之心，那才是禅。

宗杲对于默照禅的抨击，有其特定的历史背景。自徽钦二帝被俘，高宗即位(1127)，全国处在全面的动乱中。一贯为禅宗聚集盘踞的地区，自江淮以南，以至湘、赣、浙、闽，也是遍地战火，经历着史无前例的灾难。建炎三年（1129）末，金兵连续陷落庐州、洪州、建康、临安府（杭州）、越州，并围困明州。翌年初，明州失守。就在建炎三年，正觉住持了明州天童寺，开创和发展了他的默照禅。建炎四年（1130），东南沿海全面禁严。与此同时，官军叛变、农民暴动，此起彼伏，不可胜计。绍兴初（1131），范汝为攻据建州，整个福建为之震动，次年为韩世忠所平。宗杲于绍兴四年（1134）进入福建，看到那里的默照禅竟然如此炽盛，似乎与时代完全断绝，从“爱君忧时”之心引起不满，是可想而知的。宗杲对于默照禅之向士大夫流动，尤为痛心，正面批评也多。

他说：“往往士大夫为聪明利根所使者，多是厌闹处，乍被邪师指令静坐，却又省力，便以为是。”③ 这种“闹处”，有战场，也有官场。厌战场，是逃避；厌官场，是弥补失落感。宗杲很敏锐地感觉到了士大夫进入禅门的特殊心理：“今时士大夫学道，多是半进退。于世事上不如意，则火急要参禅；忽然世事遂通，则便要罢参。”④ 像正觉一类的禅师，正是抓住了士大夫多在世事沉浮中过生活的特点，把他们向默照等邪禅中引导。“往往士大夫多是掉举，而今诸方有一般默照邪禅，见士大夫为尘劳所障，方寸不宁怗，使教他寒灰枯木去，一条白练去，古庙香炉去，冷湫湫地去。”⑤ 宗杲曾直言不讳地指责一位士大夫：“尔尚滞在默照处，定是

①《大慧普觉禅师语录》卷二十七。

②《大慧普觉禅师语录》卷十九。

③《大慧普觉禅师语录》卷二十六。

④《大慧普觉禅师语录》卷十九。

⑤《大慧普觉禅师语录》卷十七。

遭邪师引入鬼窟里无疑。今又得书，复执静坐为佳。其滞泥如此，如何参得径山禅！”①

然而，客观地说，正觉的默照禅也有积极的一面。在当时，东南是支持前线最主要的经济基地。稳定社会、维持和发展农业生产，是关系南宋命运的大事。宋高宗逃奔的方向是明州、台州以至温州，可见这个王朝对这一地区寄予何等希望。即使在军费异常困难的条件下，仍然诏令减免受害州县的田税，同时大力鼓励垦地拓荒。在这种条件下，默照禅有限制流民入盗、安定民心、辅助生产恢复和发展的作用。宗杲流放回来以后，也走上了以农禅为务的道路，而且规模很大，对于默照禅的看法，可能也有变化。

正觉临终时，曾派人致书宗杲，请他主持自己的后事。宗杲为正觉的遗像作赞，把正觉引为“知音”，并评之曰：“烹佛烹祖大炉鞴，锻佛锻圣恶钳锤。起曹洞于已坠之际，针膏肓于必死之时。善说法要，罔涉离微。……个是天童老古锥，妙喜知音更有谁。”② 这个时候的宗杲，在几经言祸之后，大约也深知沉默的必要和重要了。

---

①《大慧普觉禅师语录》卷二十六。

②《大慧普觉禅师语录》卷十二。

第三章

宋代佛教宗派（下）

宋代以振兴本宗为己任的义学各派，把主要精力放在收集、整理散失的唐代典籍，争取多继承前代遗产，力求较全面普及本派佛学基础知识等方面。就华严、天台和净土等宗派而言，通过诠释各类译籍而提出新说，突出本派理论个性的时代已经结束。在这种通过整理、弘扬前代学说来适应社会需要的活动中，兼容并蓄各派思想成为义学诸家的共同特点。这也是他们对思想界三教融合潮流的回应，其作用和影响是多方面的。

第一节　华严宗与华严学的演变

华严宗在宋代还有不小的影响，甚至在北宋中叶还出现了所谓的“华严宗中兴”。我们能够在宋代华严学中找到一些理论方面的创造，这些创造是在佛教各派思想融合潮流中生发出来的，且大多是由非华严系统的僧人提出来的。在宋代僧俗禅悦之乐传为佳话、僧俗结社蔚成风气的大环境中，华严典籍和华严宗学说也引起士大夫的关注，一定程度上决定了华严学被运用的形式，决定了它要被赋予什么样的新内容。

一、慧因寺系与华严宗中兴

北宋时期，兼习《华严经》或专攻《华严经》的学僧遍布南北各地。其中，杭州慧因寺集中的学僧最多，影响也最大，被视为中兴华严宗的基地。实际上，自宗密后，华严与禅宗融合，并没有一个师徒相承的华严宗法系。但是，后出史书把北宋僧人子璿（一作浚）归于宗密下的法灯系，再传净源，使宋代华严宗传承一直未断绝。尽管这种传法世系并不像禅宗的师承那么重要，而且子璿的华严师承也不明确，但慧因寺系的确是两宋华严学中最重要的一支。

1. 子璿的《楞严经疏》

子璿（965—1038），嘉禾人，幼年出家，先从天台宗僧人法敏习《楞严经》，又从临济宗汾阳善昭系下的琅琊慧觉习禅。慧觉告诉他："汝宗（指华严宗）不振久矣，宜励志扶持，以报佛恩。"① 这表明，子璿是以华严宗僧人身份习禅的。但是，早期传记中并没有介绍他的华严宗师承，他本人日后也没有华严方面的著作。子璿离开慧觉后，住长水寺，以研究、宣讲《楞严经》和《大乘起信论》为主，听其讲经者近千人。

子璿主张禅教融合，这既与他的求学经历有关，也与当时佛教界的潮流一致。他常对学僧讲："道非言象得，禅非拟议知；会意通宗，曾无别致。"他对教与禅的这种态度，同时得到两方面的欢迎。

子璿的代表作是《楞严经疏》10 卷（今本《首楞严经义疏》为 20 卷），因"御史中丞王随序而行之，纸为之贵，赐号楞严大师"。② 《佛祖统纪》卷二十九谓此书是"以贤首宗旨"解释《楞严经》。最早认为子璿以注解《楞严经》宣扬华严教义的是其弟子净源。净源在《教义分齐章重校序》中说："若清凉（澄观）之释大经，圭峰（宗密）之解《圆觉》，长水（子璿）之注《楞严》，皆所以抗志一乘，潜神五教。"净源是在重校法藏的《五教章》时讲这番话的，实际上是把子璿与法藏、澄观、宗密并列。子璿被纳入华严宗系谱，与毕生以中兴华严宗为己任的净源不无关系。

---

①《佛祖统纪》卷二十九。

②上引均见《补续高僧传》卷二。

从《楞严经疏》看，子璿的确有改造此经观点，使其符合华严宗教义的倾向。《首楞严经·大势至获念佛圆通章》中有一段：

若众生心忆佛念佛，现前当来，必定见佛。去佛不远，不假方便，自得心开。如染香人，身有香气，此则名曰香光庄严。我本因地，以念佛心，入无生忍。

这一段经文是说，人们在心中思考无量寿佛的形象，口中念其名字，就会见到佛，通过见佛而获得成佛解脱（入无生忍）。这是强调所见到的佛是真实存在的，并不是虚幻的假象。子璿对这一段经文的解释则是：

念佛心者，初即以生灭心缘佛相好，专注一境，心无间。然见佛相好，如镜现像。复观所念之佛，俱为虚妄，本无自性，从念想现。故能念之心已起，未起自何而有？不见一法，毕竟空寂，本来离念。离念相者，等虚空界，无所不遍，法界一相，即是如来平等法身，故曰无生忍。

由于念佛者执著于忆念佛的庄严相貌，见到佛的幻影，这并不是真佛。子璿此说否定了《楞严经》所宣扬的念佛法门，只把它视为一种修行方便，不把它作为真正的解脱之路，认为见到的佛“俱为虚妄，本无自性”，是人心产物的观点，与华严宗强调的“心造诸如来”相一致。子璿把“入无生忍”定义为观想“法界一相”、“如来平等法身”，虽与华严宗的“法界观”有相当距离，但与华严宗对“法身”的认识基本一致。因此，《楞严经疏》达不到净源所说的“抗志一乘，潜神五教”的程度，但它接受华严思潮的影响是明显的，而且与当时的禅学不矛盾，有更广泛的适应性。

子璿重视《楞严经》，得到净源的肯定和推崇，影响了其后关注华严教义者兼重此经。令观（998—1088），莆田人，俗姓黄，13 岁出家广化寺，18 岁受具足戒。他先热衷于《周易》、《老子》、《庄子》、《孟子》诸书，后专研大乘佛教经论。当他读《楞严经》时，“骇然大悟”，宣称：“世徒传当年《圆觉》之圭峰，何知不有今日《楞严》之我耶？”[①] 这种轻《圆觉经》，重《楞严经》的倾向，以后影响了南宋时期慧因寺系的诸多僧人，并引起激烈论辩。另有无演天彭（？—1100），曾从晓颜法师习《华严法界观》，但后来他“于《楞严》了义，指掌极谈”[②]。专就

①《补续高僧传》卷二。

②《补续高僧传》卷二。

《楞严经》和《圆觉经》而论，在主导思想上都既与华严教义有相通处，也有不同处。此后华严学僧中出现重此轻彼的现象，主要原因不在经典本身，而在如何维护《华严经》地位，如何继承唐代华严学说方面。

子璿的另一部重要著作是《大乘起信论疏笔削记》20卷。唐代完成的华严学说中，渗透了《起信论》的多种思想因素，所以此论更便于和华严学相联系。在宋代，关注华严教义的学僧中兼重此论者不乏其人。稍早于子璿的东京开宝寺守真（894—971），一生“讲《起信》及《法界观》共七十余遍”[①]。从子璿习《起信》的净源此后接受了这个传统，依据《起信论》提出了排定华严宗诸祖的法系传承说。总之，子璿并不是研究和弘扬《华严经》的学僧，他被纳入华严系谱，与其弟子净源以后在慧因寺中兴华严宗有直接联系。

2. 净源中兴华严宗事迹

在佛教史上，净源（1011—1088）被称为宋代华严宗的“中兴教主”。他振兴华严宗的工作包括四个方面：其一，建立了永久弘扬华严宗的基地慧因寺；其二，终生致力于华严典籍的收集和整理；其三，提出华严宗新的传法系谱；其四，以华严教义解释其他较流行的佛教典籍，促动华严学在整个佛学中的运行。

据《佛祖统纪》卷二十九、《武林西湖高僧事略》载，净源俗姓杨，字伯长，泉州晋水（今福建晋江）人。初依东京报慈寺海达法师出家，后游学南北各地。受具足戒之初，即随横海明覃习《华严经》，又习李通玄的《新华严经论》，曾到五台山求学于华严名僧承迁，最后南返从学于长水子璿，习《楞严经》、《圆觉经》和《起信论》。净源离开子璿后，主要活动于江浙一带，住持过多处寺院，有泉州清凉寺、苏州报恩寺、杭州祥符寺、秀水（今浙江嘉兴）青镇的密印宝阁、华亭（今江苏松江）普照的善住宝阁。其后，经在杭州的左丞蒲宗孟上奏朝廷，将杭州慧因禅寺改为教寺，命净源住持，使该寺成为永久弘扬华严宗的道场。宋代华严学的研究和传播中心地由此建立并长久不衰。

宋哲宗元祐元年（1086），高丽僧统义天航海来宋，上表4次，请传授华严教义，以便归国弘传。朝廷命有关部门推荐可以传授华严学的法师，首选的是东京觉严寺的诚法师，因为他“讲《华严经》历席既久”[②]。但诚法师上表推荐净源，于

①《宋高僧传》卷二十五。
②《补续高僧传》卷二。

是朝廷采纳了他的建议，命与诚法师关系较密切的杨杰送义天到杭州慧因寺。义天在请教净源的同时，也带来了许多国内已佚失的唐代华严注疏，丰富了慧因寺的藏书。义天回国后，于第二年遣使送来金书《华严经》的3种译本180卷，即“六十华严”、“八十华严” 和 “四十华严”，净源建华严阁安置。

经历唐末五代的动乱和灭佛运动，至北宋时，唐代华严类著述大多散失，净源常年致力于华严典籍的收集和整理。由于他游学南北，熟悉各地的佛教情况，所以他在校订和注解每一种重要著作时，务必收集历代的注疏本，加以整理，刊出统一的注本。他所整理和注解的，包括了法顺、法藏、澄观、宗密等人的著作。在北宋时期，他是接触唐代遗留下来的华严典籍最多的人之一。他本人的著作，也以整理文献为特点。从他的记述中，可以了解唐末五代至北宋华严典籍的流传情况，以及华严学的发展情况。

第一，关于法顺的著作。从澄观开始，《华严法界观》即被认定为法顺所作，此书在宋代为华严学僧所重视。据净源《法界观助修记序》介绍，为此书作注解者“殆盈四家：西蜀仁周法师、开宝守真大师、浙水从朗法师、景德有明大师”，可见《法界观》流行之广。净源认为，所有这些注疏本“虽皆连疏累偈托文为证，而于所解之义，有多互违者”。所以他“删众说之繁文，补诸祖之要义，勒成两卷”①，以便传于后世，有助于学僧修习。他改订重编的注疏本，即《法界观门助修记》2卷。

第二，关于法藏的著作。净源整理、校释的法藏著作主要有4部，第一部是《五教章》。当他随横海明覃习《华严经》时，即认为《五教章》“开一乘之渊旨，发五教之微言，故其立言判义，独耀古今。兹实先圣之遗烈，作后世之龟鉴者也”。但是，当时流传的《五教章》各本“其间标题有乖谬（书名不统一），列门有参差（段落错乱，如第九门与第十门颠倒），传写有讹误（错字别字很多）”。鉴于有此“三失”，净源收集南北各地流传的多种本子，“与二三子详校其辞，以垂当世”②。

第二部是《华严经义海百门》。据此书“详校题辞”，净源曾花费数年时间，“遍搜古本，历考十门，以前之九门，具彰序意（指《义海百门》所述十门之前的序言），列义通结，唯后之一门，亡其通结（指十门之后没有与前面序言相对应的

①《圆宗文类》卷二十二。

②《教义分齐章重校序》，见《圆宗文类》卷二十二。

结语部分)，或诸本传写缺文耶，或祖师立言互略耶”。这是对此书结构逻辑关系的考证，对此书是否有缺文，还不能肯定。另外，原第六门为“圆明解缚”，属误题，改为“差别显现”。

第三部是《妄尽还源观》。北宋天台宗人认为此书是法顺作，孤山智圆即持此说。净源在阅读唐裴休的《妙觉塔记》时，发现裴休认为此书是法藏作，于是根据法藏的其他著作证实此说。熙宁元年（1068），净源带上所收集的“诸郡《观》本”，请教钱塘通义子宁，又找出《妄尽还源观》中与《华严经义海百门》、《般若心经疏序》等中相同的句子。从此，《妄尽还源观》被公认是法藏的著作。在考证《妄尽还源观》的基础上，净源于元丰二年（1079）作《华严妄尽还源观疏钞补解》1卷。早在景祐年间（1034—1038），净源在昆山慧聚法师处习《妄尽还源观》，所用疏文及科文便均为法灯所作。而净源认为，法灯大师“所释序文及诸观义，虽尽乎善，而未尽乎美”，所以，他“探清凉之疏旨，索《演义》之钞辞，补其遍善之功，成其具美之绩”。这是说，他要用澄观的《华严经疏》和《演义钞》来补法灯疏文之不足。实际上，他的疏文除引用澄观著作外，还引用了法藏的其他著作，以及僧肇的《肇论》、《宝藏论》（传为僧肇所作）等。特别引人注目的是，他还引用了子璿的《大乘起信论疏笔削记》。他受子璿重《起信论》的影响，并结合对法顺《法界观》和法藏《妄尽还源观》的理解，提出了马鸣为华严宗初祖说：

> 帝心（杜顺）冥挟《起信论》，集三重法界（指《华严法界观》中所述）于前；贤首显用论文，述六门还源（指《妄尽还源观》，此书分为六门）于后。推是言之，以马鸣大士为吾宗初祖，其谁谓之不然。①

《起信论》传为印度马鸣所著，因认为此论弘扬华严宗旨，所以立马鸣为华严宗初祖。另外，净源还认为传说是龙树所撰的《十住毗婆沙论》与《起信论》性质相同，所以立龙树为二祖，加上从法顺到宗密的唐代五位祖师，即成“华严宗七祖”说。建立华严宗的新法系，也是净源中兴华严宗的一个重要内容。

第四部是《华严金师子章》。由于此书是简要介绍华严宗教义，文简义丰，易于理解，在宋代佛教界流传很广，所谓“禅丛讲席，莫不崇尚”。就其注疏本言，净源见过四家，“清源止观禅师注之于前，昭信法灯大士解之于后。近世有同号华

①《华严还原观疏钞补解序》。

藏者，四衢昭昱法师，五台承迁尊者，皆有述焉”。净源认为这四家注解“或文繁而义缺，或句长而教非”，于是“探讨晋经二玄，推穷唐经两疏”，选取其中“与祖师章旨炳然相符者，各从义类以解之”。[①] 他是参考智俨、法藏（晋经二玄）和李通玄、澄观（唐经两疏）的著作来注解《金师子章》，实际上释文中还引用了宗密等人的著作。净源注《金师子章》的著作名为《金师子章云间类解》，1 卷，其序文作于元丰三年（1080）。

第三，关于澄观的著作。净源曾抄澄观的《华严经疏》，注于《华严经》经文之下，以便于观览，今存五十八卷。

第四，关于宗密的著作。治平二年（1065），慧因寺的可中作《原人论》科文及赞，送净源审阅。熙宁七年（1074），净源著《原人论发微录》3 卷。此书引用典籍较多，尤其多引儒家和道家的典籍。但净源认为，此书是“录广钞之要辞，发斯论之微旨”，“然既录论主钞辞以发微旨，故号之曰《发微录》焉”。他用宗密的《圆觉经大疏钞》来解释《原人论》，其目的在于让人们全面理解宗密的著作。

以上是净源在整理和注释唐代《华严》注疏方面的主要著作，此外他还有《注仁王护国般若经》4 卷、《佛遗教经论疏节要》1 卷、《华严普贤行愿修证仪》1 卷、《圆觉经道场略本修证仪》1 卷、《首楞严坛场修证仪》1 卷、《肇论中吴集解》3 卷和《肇论集解令模钞》等。

就净源有关华严方面的著作而言，具有传播华严学知识的特点。他的教学目的之一，是让学僧系统学习唐代《华严》注疏之作，融合各种不同见解，兼容并蓄。他在《策门三道》中提出三个令学僧思考的问题，前两个是《贤首判教》和《判教有差》，都是讲法藏与宗密在判教上有不同点，让人思考其不同的原因。第三个是《儒释言性》，列举儒家各种心性说，让人思考有哪些与佛教的心性论相同。这是把融合的范围扩大到儒释两教。总的说来，净源在华严学说方面的议论，没有超出唐代华严学。所谓华严宗的中兴，并不表现在提出新理论方面。

3. 以华严释《肇论》的途径

除华严类典籍外，净源还研究过《肇论》，著有《肇论中吴集解》和《肇论集解令模钞》。前一部书是净源整理中吴秘思法师的遗稿著成，后一部书是对前者的再解释，并不是直接注解《肇论》本文。中吴秘思法师生前“久传《四绝》（指

①《金师子章云间类解序》。

《肇论》），名冠环中”①，所以，这两部书的学说特点，不仅反映净源本人的思想，而且反映北宋佛教界在理解《肇论》方面带普遍性的倾向。

《肇论中吴集解》在《宗本义》前题：

> 宗本之要，其妙明真心乎！然则心之为义，有性焉，有相焉。推之于相，万物不迁也；本之于性，万有不真也。统而括之，唯真俗二谛而已。夫观二谛之交彻，非般若无以穷其源。穷源极虑，故能内鉴照其真，外应涉乎俗。涉俗亡染，大悲所以不住；照真亡缘，圣智所以无知。以圣智无知之因，冥涅槃无名之果。

这段论述是讲《肇论》四篇论文的逻辑结构，也是对《肇论》学说的概括。按照这种解释，《肇论》学说建立在“真心”（即一真法界）论的基础上。由于“心”有性和相两方面，所以《物不迁论》是讲“心”的“相”，即由心产生的一切事物；《不真空论》讲“心”之“性”，即心的实体。把两者结合起来，不过真俗二谛，而《般若无知论》和《涅槃无名论》正是分别讲这两者。很明显，这番议论实际上是用有宗改造空宗，用华严教义解释《肇论》。

以华严宗教义释《肇论》，是两部书的共同特点，以两书对“不真空”的解释为例可见。《肇论中吴集解》在释《宗本义》文中指出：“幻有即是不有有，真空即是不空空；不空空故名不真空，不有有故名非实有，非空非有是中道义。”《肇论集解令模钞》在释前者的《不真空论》解题文时指出：“直以非有非真有，非无非真无。非，不也。《演义》云：以不不之，故云不真空。”僧肇所讲的“不真空”，意为“不真”即是“空”，一切事物是虚假存在（不真），此即为“空”的体现，并不承认有一个实在的心生起一切事物。唐代元康的《肇论疏》也以“不真即空”释“不真空”。净源则认为“不真空”是“不空空”，即不把“空”空掉。这样，“不真空”就是“不是真正的空”之义。这是强调“真心”的实存。

把《肇论》般若学进行改造，是净源的自觉行动，他曾因此指出僧肇的理论不足。《集解题辞》谓：“夫总万有之本，莫大乎一心，宗一心之源，莫深乎《四论》。昔者论主，生于姚秦，遮诠虽详，表诠未备。”“遮诠”是否定表述，“表诠”是肯定论述。般若学对一切都不作肯定回答，僧肇也继承了这种论证方式，所以他并没有肯定过“一心”的实存。《肇论集解令模钞》则进一步指出批评僧肇“遮诠

---

①净源：《肇论中吴集解题辞》。

虽详，表诠未备”的原因是：“言遮诠虽详者，详，广也，以八部《般若》洎破相诸论，当姚秦时已传东夏，故云虽详。表诠未备者，如《华严》梵文虽赍此土，而未翻宣。《楞严》、《圆觉》诸经，《起信》、《十地》诸论，犹在西竺。唯《法华》、《净品》等经流通于此，放云未备也。”此处所讲的僧肇未看到的几部经和论，是宋代佛教界比较流行的典籍，不仅仅为华严学僧所重。般若学的方法论已为佛教各派所吸收，而突出“真心缘起”，则是改造《肇论》的一个重要方面。

二、围绕《五教章》的争论

在唐代华严宗人典籍中，法藏的《五教章》引起浙江一带众多学僧的特殊重视。他们纷纷注解此书，并围绕其中涉及的某些概念展开论战。在两宋的《五教章》注释者中，道亭、师会、观复和希迪被后世称为“宋代华严四大家”。对《五教章》的研究，在南宋一度成为华严研究的代名词。他们对《五教章》的不同理解和所争论的主要问题，直接反映了当时华严义学的发展状况及特点。

1. 道亭的《义苑疏》

道亭在北宋神宗时住霅溪（今浙江吴兴）普静寺，其他事迹不详。他撰有《华严一乘教义分齐章义苑疏》（简称《义苑疏》）10 卷，杨杰为该书撰写前序和后序，后序写于元祐五年（1090）。对于《五教章》，谓道亭“考其笺释，古今未闻”，说明他是为该书作注最好的。

道亭“题称《义苑疏》者，分披众义，若华圃之敷荣；布置群言，摄题纲要之谓也”。其所以如此，是要通过条分缕析《五教章》的众多义理和引经据典注解，达到把握其中心思想的目的。从形式上看，《义苑疏》与一般注疏之作没有差别。

道亭在释《五教章》题目时指出：

> 性海冲深，智行融会；义门广辟，势变多端。论其体性，不出海印三昧。所以尔者，良由此心具足实德，不动一处，能现万境。然而所现境不异心，能现心不异境。境智不分，譬如大海虽入众流，同一盐味。虽能现影，亦不变异，此明其总也。

按照一般的注疏体例，总是在解释所注书的题目时引申发挥，阐述其中心思想。道亭也是这样，通过对《五教章》题目的注释，对华严宗教义予以总概括。他以“海印三昧”概括华严教义，完全继承了法藏的思想。他侧重从“心”、“性”方面讲融会，认为万物是“心”的变现，同时又以心为本质规定，不能说有违于法藏的原意。但这种强调表明他与宗密的华严学更贴近，是接受了为禅学重塑过的华严学。他对华严教义的这种归纳，也广为宋代士大夫所接受。杨杰在此书后序中说：“佛智潜入众生心，众生心中具正觉。道场不动，遍九会于同时；海水湛然，含万形而齐印。大中小法，岂有殊途？过现未来，全归一念。”把一切现象的融通全归于“一心”，而这“一心”又是“佛智”，这与华严宗的教义无违，并且是为宗密所强调的内容。因此，道亭虽然引用多种经典注解法藏著作，但他所着力发挥的，是完成于宗密的学说。

道亭不仅要讲清华严宗的“纲要”，而且要辨明华严宗与天台宗、禅宗的区别，这是《义苑疏》的另一个重要内容。《五教章》在讲“顿教”时说：“顿者，言说顿绝理性，顿显解行，顿成一念不生，即是佛等。”① 道亭对这一句的释文是：“言说顿绝等者，谓不同天台四教，绝言并令亡筌会旨。今欲顿诠言绝之理，则别为一类。离念之机，不有此门；追机不足，则顺禅宗。故达摩以心传心，正是斯说。既云言绝，何言顿教？若不指（立）一言，以直说即心是佛，心要何由传？故寄无言之言，直诠言绝之理，教亦明矣。”②

从慧苑开始，即认为法藏的“五教”说吸收了天台宗“四教”的内容。道亭首先指出，“顿教”中讲的“顿诠言绝之理”，是天台宗“四教”所不能包括的，是与它的不同之处。因为，天台宗讲“绝言”，是讲忘言得意之类的“亡筌会旨”，而华严宗的“顿诠言绝之理”则不是这个意思。在这一方面，华严宗也与禅宗不同。禅宗所讲的“以心传心”，是不立一言（不指一言），即主张“绝言”。如果无言（绝言），那“心”又凭借什么来传？禅宗从“离言之机”、“追机不足”方面看待“言”，即为了启发素质低下者（机不足）去悟“理”才立“言”。所以，禅宗讲的“言”不是为了解释“理”。在道亭看来，如果无言（绝言），又哪里来的“顿教”？因为“教”指经典文字，是有“言”。华严宗的“顿诠言绝之理”，是用“无言之言”解释（诠）“言绝之理”。这样，华严宗的“言绝”是指“理”的特性，不是指“绝言”会旨。这番议论，实际上是肯定佛教经典的重要性，反对禅宗

①《五教章》卷一。

②《义苑疏》卷二。

“教外别传”、“不立文字”之说。道亭的这些见解，实际上也为宋代大多数禅宗僧人所接受。道亭努力辨明华严宗与天台宗、禅宗的区别，目的是树立华严教义的权威，说明华严宗优于其他宗派。到了南宋，关于华严宗与其他宗派的异同，成为华严学僧论辩的中心问题。但其所有论证，未超出澄观的议论范围。

道亭《义苑疏》对以后的《五教章》研究影响较大。南宋师会认为，《义苑疏》的释文大多依据澄观、宗密的著作，没有依据智俨和法藏本人的其他著作，所以很难把握法藏《五教章》的原意。这样一来，依据什么人的著作解释《五教章》，也成为一个有争论的问题。

2. 师会及其弟子

师会（1102—1166），字可堂，早年师事佛智观，是净源的三传弟子，绍兴年间住持杭州慧因寺。现存标名师会的著作有3种：

其一，《华严一乘教义分齐章复古记》（简称《复古记》）6卷，原为3卷。据其弟子善熹在此书序文中介绍，师会早年重视研究《五教章》，菩提寺钦法师勉其注解此书。但师会颇知其难，直到六十五岁时才动笔，至“断惑分齐章”病逝。师会临终时嘱善熹完成此书。善熹在绍熙三年（1192）作《复古记序》，此书刻版流通在庆元三年（1197），可见历时之长。善熹在《序》中说：“先师专用古文训释，因以复古命焉。”在书后的跋中，他又具体说明“复古”的含义：“今云复古者，以先师专用《搜》、《探》二玄、《孔目》、《问答》等解释前代诸师作记。”因此，《复古记》是以智俨和法藏的学说为标准，与此前道亭的《义苑疏》不同。由于此书是师会和善熹合著，从而成为师会系的代表作。

其二，《华严一乘教义章焚薪》（简称《焚薪》）2卷，是师会为批判其弟子笑庵观复而作。观复曾作《华严一乘教义章析薪》（简称《析薪》），师会于绍兴十一年（1141）见到此书，逐条批驳，成《焚薪》，并于绍兴十七年（1147）作《送焚薪书》，送达观复。此书的形式，是先以“析薪曰”列观复著作原文，后以“议曰”为题批驳。

其三，《同教策》1卷，又称《华严同教一乘策》、《同教问答》等。此书虽标为师会所著，实际上是一份答卷。师会不仅个人注重研究《五教章》，而且专以此书授徒。他重视对《五教章》中所说的“同教”和“别教”的理解，专门出“同教”这一试题，让弟子们作答，然后由他下评语。他的问题是：

问云：华严大宗，唯同、别二教，别义讲解多同，但《易简》特异，而多不从。若同教一义，或曰三种，或曰四门，或曰立言小异，大义不差，而学者二三，不知孰是，请诸少俊，博采祖文，示其所归，当公论是非，不可私其所党。

师会以华严宗传法宗师自居，出此问卷，讨论当时华严学方面的热门问题。他把批判的矛头指向宗豫《易简记》，力图通过对这个问题的回答，统一学僧的认识。《同教策》先列师会的这一问话，接着分列学僧的答语，其后是师会的评论。在回答问题的人中，与师会观点完全对立的是观复。观复号笑庵，曾先后从学于宗豫、师会。其著作有《圆觉经钞辨疑误》、《华严疏钞会解记》、《金刚别记》、《遗教经论记》、《同教一义》等，引起反响较大的是《五教章析薪记》5卷。观复始终站在师会的对立面。

继承和发挥师会学说的主要人物是其弟子善熹。他除续完《复古记》外，又有《注同教问答》1卷，作于乾道四年（1168），专门批驳观复，指称“笑庵法师遂据所闻，以辨差当，犹不体其本，而未免乎失焉”。还有《斥谬》1卷，批评把《圆觉经》与《华严经》相等同的观点。当时有人依据唐宗密重视《圆觉经》，抬高此经地位，认为它与《华严经》同属“别教一乘”。善熹引宗密、澄观和师会等人的观点驳斥。他着重指出：关于“一一圆融”、“主伴无尽”、“性起”等学说，只是《华严经》所讲，非《圆觉经》所谈。说《圆觉经》也讲“三圣圆融”是“极谬”之言，因为《华严经》所讲的佛是十身卢舍那，《圆觉经》讲的佛是三身佛中的报身佛；《华严经》以普贤为长子，《圆觉经》则“先举文殊”。善熹认为，宗密本人也没有把《圆觉经》视为“别教一乘”。他在力主维护《华严经》至高独尊地位的同时，还主张恢复华严的“五祖之道”。再有《辨非集》1卷，作于淳熙五年（1178），批判解空法师的《金刚通论》和《金刚事苑》，认为这些书于“禅教无用，士庶莫取”。《评金刚錍》1卷，批判天台宗僧人湛然倡导的“无情有性”论，认为“唯众生得有佛性，有智慧故；墙壁瓦砾无有智慧，故无佛性”。原因在于，“在有情数中，名为佛性，在非情数中，名为法性”。很显然，这些议论都是重复澄观的老调。另有《融会一乘义章明宗记》1卷，又名《释云华尊者融会一乘义章明宗记》，因今本书前有缺，亦有人认为是师会作。此书是注解智俨《孔目章》第四卷中的《融会三乘决显明一乘妙趣》，而论述的重点依然在“同教”与“别教”的关系方面。

综观善熹的著作，基本是为论战或发挥师会学说而作，对外是批判天台宗的

“无情有性”论，对内是通过“同教”与“别教”之辩，维护《华严经》的至尊地位。善熹直接继承师会法系，但后来并未被列入所谓“宋代华严四大家”。

师会的另一著名弟子希迪，又号“武林沙门”，于嘉定十一年（1218）著《五教章集成记》6卷（今存1卷），具有总结研究《五教章》成果的性质。嘉泰元年（1201），他作《注一乘同教策》，注解师会的《同教策》。此外还有《评复古记》（又名《扶焚薪》）1卷，是批判观复的。希迪的著作也是以《五教章》研究为中心，主要讨论“同教”与“别教”的问题。

师会身为华严传法宗师，在浙江一带有较大影响，除上述弟子外，从其学习的僧人知名者不少。据《补续高僧传》卷三，宁道慧定（1114—1181），俗姓王，绍兴山阴（今浙江绍兴）人。幼年出家，曾从学于道隆、师会、景从，以习《华严经》为主。据说他“超然自得，出入古今，不妄随，不苟异，三师概莫能屈也”。他曾在江浙一带住持过多所小寺院，著有《金刚经解》、《法界观图》、《会三归一章》、《庄岳论》等，“皆盛行于世”。

另有子猷（1121—1189），字修仲，晚年号笑云老人。俗姓陈，绍兴山阴人。受具足戒后，先习《华严经论》于广福院，后游钱塘，到慧因寺从学于师会。他后来住山阴城东妙相院20年，从其学者“常百余人”。子猷治学有兼容并蓄的特点：“虽华严其宗，而南之天台，北之慈恩，少林之心法，南山之律部，莫不穷探。历讨取其妙，以佐吾说。至于百家之书，无所不读。闻名儒贤士，虽在千里之远，必往交焉。”① 子猷虽兼习各宗教义，目的仍在于弘扬华严宗。他在绍兴一带传教，形成了一定影响。

自北宋净源以来，华严学一直盛行于杭州一带。从总体看，慧因寺始终是南宋研究和弘传华严的中心，师会系所注重的典籍和所讨论的问题，也是当时大多数华严学僧所专习的经典和所关注的问题。

3. “同教”、“别教”之辩

法藏在《五教章》卷一开头说：“初明建立一乘者，然此一乘教义分齐，开为二门，一别教，二同教。”所谓“一乘”分为两部分，即“别教一乘”和“同教一乘”。“别教一乘”指有别于三乘教义的华严宗独特理论，“同教一乘”指与三乘教义有相同处的一乘教义，天台宗的教义即属此。

---

①《补续高僧传》卷三。

这里的“三乘”与“一乘”之说，源自《法华经》。该经《序品》云：“佛世尊演说正法，初善、中善、后善。”由于佛说法有初、中、后的三个阶段，相应的“教”也就有三种，即“声闻乘”、“辟支佛乘”和“菩萨乘”，此谓“三乘”。由于“三乘教”均为佛所说，所以它们均统一于“一佛乘”，所谓：“如来但以一佛乘故为众生说法，无有余乘，若二、若三。”[①] 该经在《譬喻品》中，还以羊车、鹿车、牛车和大白牛车的比喻来说明“三乘”与“一乘”的关系。《法华经》讲这些内容，目的在于论证“会三归一”，消除佛教各派的对立，协调各种不同学说的关系，把全部佛教统一到后出的大乘佛教理论上来。法藏在判教中吸收了《法华经》关于“三乘”与“一乘”的说法，同时加以创造，把“一佛乘”又分为“别教”与“同教”。师会系所争论的主要问题，即围绕如何理解“同教”与“别教”而展开。自师会出《同教策》，围绕这个问题的争论竟然延续了几十年，当时著名的华严学僧大多都参加了讨论。论辩的双方，一方是师会及其弟子善熹、希迪，另一方的主要人物是维护《易简记》观点的观复。

关于“同教”，善熹在《明宗记》中有一个总结性的说明：

> 言同教者，以同字一言立教。总名通目，一代诸眷属经，皆名同教也。于中虽有偏圆顿实、始权愚小等教之殊，而各教下所诠教义、理事、行位十法义门，皆从《华严》圆别根本法轮所流所自故，派本垂末故，即末同本故，故名圆教也。

“同教”是一个总名，包括了《华严经》以外的所有经典（诸眷属经），并不是单指《法华经》。这个说明，完全贬低了《法华经》的地位，把它从“一乘教”中剔除出去。在善熹看来，“同教”中虽然也可划分出八种名目（偏、圆、顿、实、始、权、愚、小），但它们所讲的某些与《华严经》相同的义理（十法义门），都是从作为“圆教”和“别教”的《华严经》中流出的。《华严经》是“本”，包括《法华经》在内的一切经典都是“末”。由于“本”可以包括“末”，所以《华严》称“圆教”。善熹的这番议论，是以贬低天台宗，树立华严宗的至尊地位为目的。

善熹对“同教”的认识，与他对“别教”的界定相联系。《明宗记》在解释“别教者，别于三乘”时指出：“别者，迥异了义，名《华严经》宗本一乘，是诸佛众生平等，本有广大智慧，具足教义、理事、境智、行位、因果……迥异一代诸

---

①《妙法莲华经·方便品》。

卷属经中小乘、三乘末教所诠。”因此，“别教”在经典上专指《华严经》，在教义上（以“十对”为代表讲，即上文的“十法义门”）专指华严宗理论。

继承和发挥《易简记》的观复对“同教”和“别教”是另外的理解。“今此一乘，具同、别二教，教义之分齐也。以下列十门释此教义（指华严宗的教义），不出三乘。一乘若别教一乘，则三乘等，本来不异；若同教一乘，则三一合明。今虽标一乘，摄三乘等俱尽，所以统收不异，故曰一运载，合融故曰乘。”① 观复还指出：“会三归一，即是同教；若知彼三乘等法本是一乘，即是别教。……故云：一切三乘等，本来悉是一乘也。”② 很明显，观复首先严格按照《五教章》的论述来理解，认为“一乘”中包括“同教”和“别教”。但是，他接着援引《法华经》关于“三乘”与“一乘”的关系论述同教与别教的关系，把“三乘”与“一乘”的统一关系套用在“同教”与“别教”关系上，这就既抬高了《法华经》的地位，又取消了《华严经》的独尊地位。

师会在《焚薪》卷上驳斥这种观点：“今说一乘，不知一乘乃缘起圆融无尽普法，而云不出三乘，一乘岂不妄乎？……夫别教一乘，圆融具德，卓绝独立，余如虚空。纵收诸教，一一同圆，故曰：唯有一乘，更无余也。”师会认为，“一乘”专指华严宗教义，这种教义是“三乘”所不能概括和包含的。如果说“一乘”“不出三乘”，那么“一乘”岂不是成了“妄言”。因此，“别教”、“一乘”、“圆教”均特指华严教义，除此之外，统属“同教”。此后的善熹和希迪，都以此为立论的基点。

“同教”与“别教”之辩，基本在《五教章》的学说范围内进行，涉及如何看待华严教义与别派教义的关系，属于判教问题。师会等人始终站在抬高《华严经》的地位、强调华严教义优于别派教义的立场上。从这些争辩中，看不到华严学本身有什么发展，华严学僧甚至对本派理论的具体内容是什么都含糊了。这既是诸派融合过程中出现的必然现象，也反映了宋代华严义学的低落状态。华严学僧已无力全面继承唐代华严学的成果，更谈不上有什么理论创新了，这种争辩也在一定程度上反映了宋代佛教的状况。当时在所谓“教门”中，天台和华严两宗均有“中兴”气象，华严学僧把批判的矛头指向天台教义和《法华经》，具有为本派争夺生存权

①《焚薪》卷上引《析薪》文。

②《焚薪》卷下引《析薪》文。

的意义。当然，华严学僧内部的这种争辩能够兴起并持续下去，表明华严宗还有一定的活力，表明华严学还有一定的群众基础，受到来自僧俗各界的关注。到宋代以后，这样的争辩就没有了。

4.《析薪》与《焚薪》

“同教”、“别教”之辩的兴起，有如何理解唐代华严典籍的学术根源，并且受宋代佛教发展状态的制约。除此之外，这种论辩也与双方的治学方法不同有关，并且与个人恩怨的特殊因素纠缠在一起。从师会《焚薪》对观复《析薪》的批判中，可以了解论辩的全貌。

师会批驳观复的书之所以叫《焚薪》，是因为师会认为观复的《析薪》“伪经乱辙”，应“聚而焚之”，故名。《焚薪》又名《析薪膏肓》，则是指《析薪》一书错误极为严重，如同人已病入膏肓，不可救治。师会在其书后所附的《可堂送焚薪书》中说，《析薪》一书中有“二百有六病”，即有 206 个错误，他要逐一驳斥。《焚薪》的写作形式，是先列《析薪》一段原文，后以“议曰”为题批判。所有的批判并没有涉及多少理论问题，仅举一例即可见其特点。

观复在释《华严一乘教义分齐章》题目中的“华严”一词时说：

> 初，题目，云华严者，《探玄》云：华严之称，梵语健拏骠河，健拏名杂华，骠河名严饰。日照三藏（指与法藏同时代的唐译经僧地婆诃罗）说云：西域别有一供养具，名骠河，其状六重，下阔上狭，饰以华宝。一一重内，皆安佛像。良以此经（指《华严经》）六位（指修行阶位）重叠，位位成佛，正类彼事，故立此名。据此，今唯标华严者，乃约事为名也，岂非略名也。

师会认为观复的此段释文“有乎三病二可笑”。第一病是：“且兹经者，疏钞如云，流通日久，孰不知其华梵，况此止释一章门乎，等闲会于梵语?”师会的这个批评涉及佛教注疏的形式问题。佛教学僧接受儒家学者释经的传统，对释题很重视，往往是一字释千百言，借题发挥，通过附会题目中的几个字，讲明全书的中心思想和主要内容。观复用“华严”一词的梵汉对照来解释《五教章》题目中的关键词，自然不能与唐代的同类注疏之作相提并论，自然也不足以释《五教章》的“一章门”。师会是用法藏、澄观等人的注疏标准要求观复，殊不知佛教义学的黄金时代已经过去，宋代华严学僧的学术修养根本达不到他们前辈的水平，也没有那样的创造意识。他们即便是照抄前代学僧的注疏，也只能抄那些具有基础知识性质的内容，这是宋代佛教发展的需要。像观复这样以讲说华严基础知识为主的注释，正是宋代佛教注疏之作的特点。“搜”、“探”玄理，畅述微言大义，已不是宋代学僧的任务。师会所谓“疏抄如云，流通日久”，似乎广大学僧都对唐代华严典籍很熟悉、很精通，完全是夸大之辞。

第二病：“《探玄》、《周疏》（指澄观的《华严经疏》）具释斯题，玄言妙语，溢目盈空，置而勿用，陆沉正义。”对于《华严经》或华严宗的“正义”是什么，宋代学僧见仁见智。观复的释文的确没有体现法藏、澄观释文的核心内容，如同师会把“同教”排斥在“一乘”之外，有违法藏原意一样。但是，这些都不是本人的误解或学术浅薄所造成的，而是为了适应时代的需要。观复要让未接触过多少佛教典籍的僧众听懂他的演讲，不能照搬法藏、澄观的所有“玄言妙语”，如同师会要振兴本宗，最好把“别教”与“同教”泾渭分明地区别开来一样。

第三病：“吾祖广演多门，具收余义，故有事名。清凉见其旁来，是以疏抄不录。今独取此，以旁为正。”地婆诃罗生活在清凉澄观之前，他对“华严”的那种解释不被澄观疏文所收，即证明其说是“旁”非“正”。观复取地婆诃罗之说，是“以旁为正”。这实际上是说，注疏之作只能照抄前代“吾祖”的话，连无关大局的内容也不能增加。

所谓“二可笑”，是“不知人之不用而谓人之不知，一可笑也”；“欲以初卷《探玄》张己博览，二可笑也”。“华严”一词的梵汉对照意思是人所共知的，而且这个释文就在《探玄记》的第一卷。这两条只是对观复的讥讽，没有在“三种病”的基础上增加新内容。实际上，这种泄愤之辞是充斥整部《焚薪》的。他还专门交代了与观复发生冲突的原委：

> 昔者复子（观复）注吾同教答卷，而遗书曰：某游学二十年，住持十余载，读一宗玄籍，非不多矣。至于深义，未尝不挹流讨源而详究之。故《析薪》、《会解》差当前后，注辨《同教一义》，五万余言，其文非不广也，获誉孺子。①

以华严宗传法宗师自居的师会，对观复的这种傲慢态度极为不满，谓：“复之自矜，靡不由此。”带着这种不满来看观复的所有著作，便是“义旨舛谬，略无可观”。对于观复引以为豪的两部代表作，师会的评价是“《同教一义》，复吐五万余

①《焚薪》卷下。

言，《析薪》五卷，十三万数千言，理皆妄谬”。

总之，《焚薪》对《析薪》的批判，是在宋代华严的两位“大家”之间展开的，一定程度上反映了宋代华严中心地的学说状况，反映了宋代华严学僧的治学范围及特点，也反映了他们所关注的主要问题，以及他们继承唐代华严学的具体内容等。其中的个人泄愤之辞多少掩盖了一些真相，透露出无聊的气息。然而，就是这种气息，也与当时的义学状况密切联系，不会存在于像澄观批判慧苑学说那样的议论中。

三、士大夫与华严学

华严典籍和华严学也引起宋代士大夫的关注，一定程度上推动了华严学在社会上的流行。在接触佛教典籍方面，宋代士大夫更多地注重禅宗语录和灯录，所重视的佛教译籍种类不多，《华严经》可以说是其中比较重要的一种。

书写《华严经》以求福报，是推动华严学流行于士大夫群体，并且通过他们向社会各阶层传播佛教信仰的途径之一。这种活动往往由僧人发起，成为加强佛教团体与社会联系的重要方式。仁宗至和二年（1055），福建沙门文用为了密切佛教界与士大夫的关系，“使贵胜同风，益坚外护”，联络公卿朝士共同书写《华严经》一部。尚未书写到一半，文用逝世，钱塘沙门志广继续这项事业，又历8年始成。前后参加这项工作的有僧俗63人，所书经藏于东京兴国寺阁。

他们之所以选中《华严经》来书写，是注意到此经内容具有广泛的适用性。王钦臣谓：

> 此经所明，该万法则以门户为谕，用喜舍则以回向为先，悦归往则以严侈为容，亘杳莽则以广大为目，此大方广之本也。至若圣仙非一，神变迭兴，十地同归，趣成法界，大方广之道也。①

值得注意的是，从华严宗兴起后，如此评价《华严经》并不多见。他们对华藏世界海的富丽堂皇（严侈为容）和广大无边（亘杳莽）描述感兴趣，把它作为外在的崇拜对象（归往）而不是视为一种比喻；他们关注“圣仙非一，神变迭兴”的神通场面，不知道这是心本体的作用。他们的确是理解此经的原意，却离华严宗人的

---

①《大宋诸朝贤书大方广佛华严经序》，见《圆宗文类》卷二十二。

创造性义理十分遥远了。只有“十地同归，趣成法界”，才在重视菩萨修行方面带有华严宗的气息。这些士人认为书写《华严经》“益兴人，能广道”①，与一般民众的认识一致，但对促动思想界活跃的义理研究十分隔膜。

对于《华严经》的推崇，莫过于朱长文。这位“名动京师”，“六经皆能辨说”② 的名士，曾简略评价《华严经》在全部佛教典籍中的地位：“至于小乘之戒，以善制恶；三乘之教，谈空破有；《净名》之擎佛刹，《法华》之变龙女，咸所以应机接引，随根示化尔，非《华严》之比尔。”“夫《华严》者，廓诸佛之心境，莹万法之本际也。”他把《华严经》以外的经典均视为佛的方便之谈，只有《华严经》讲的是终极真理。此说显系受华严宗人判教的影响，但更走极端，连《法华经》的地位也被贬低了。法藏把《法华经》视为“同教一乘”，虽次于《华严经》，但高于众经；宋代考试度僧，也使用此典。朱长文则将其与《华严经》以外的经典并列。

在朱长文看来，《华严经》在佛教中的地位，如同《易经》在儒教中的地位：“予尝谓：释典之有《华严经》，犹六经之有大《易》。”“《华严经》之于佛教，犹如《易经》之于儒教。”他分别指出了两者的特点和共同作用。《易经》是“列卦以明时，立爻以通变，设众以尽意，而两仪之道，万物之情具矣”。《华严经》是“陈世以宅性，名佛以筌德，布位以表法，而一真之体、万行之果备矣”。两经都是以象征手法表明教义，或通过卦和爻，或通过“陈世”（托事举喻的世俗文字）和“名佛”（以佛的可视形象）。两者的不同在于，前者通过明时、通变，讲天地之道和万物之情；后者通过宅性（佛性）、筌德（佛果德），讲一真之体（一真法界）和万行之果（佛果）。《华严经》不讲明时、通变，它认为“无来往之异，无古今之辨”，瞬间即永恒，天地万物都是一真法界的作用或表现。尽管两经有这些区别，但它们又有共同的作用，所谓“学儒而不为《易》，学佛而不为《华严》，焉足以穷理尽性也!”朱长文所归纳的《华严经》的思想和特点，显然是唐代华严宗人在诠解此经过程中提出来的理论。因此，与其说他是把《易经》与《华严经》作比较，不如说他是把《易经》与华严宗的义理作比较。

朱长文还从《华严经》的主要内容方面讲述他推崇该经的原因：“以言其性，

---

①上引均见《大宋诸朝贤书大方广佛华严经序》，载《圆宗文类》卷二十二。

②《宋史》卷四四四《本传》。

穷法界之无尽；以言其相，视尘刹之交彻；以言其理，包色空以皆真；以言其事，摄一多而同现。”① 从性相、理事方面立论讲一真法界，注重大小圆融、一多无碍，这是华严宗人对《华严经》的认识。因此，朱长文名为赞《华严经》，实为赞华严宗学说。在接触《华严经》的宋代士大夫和禅僧中，往往存在这种现象：他们名义上是讲《华严经》，实际上是讲华严宗学说；他们读的是《华严经》经文，理解的是华严宗的义理。

在宋代士大夫中，专门研究华严宗人著作并依其修行者为数不多。他们接触华严学的途径不同，所依据的典籍有异，但他们所关注的华严宗主要理论却惊人的集中。大体说来，“圆融无碍”、“一心法界”、“一即一切”等，是他们吸收华严学的几个要点。

吕惠卿（1032—1111）曾注解传为法顺所作的《华严法界观》，这也是在宋代佛教界颇为流行的华严典籍之一。他在《新注法界观序》中自谓：“闻道十有余年矣，损之又损之，以求正念，而未之契也。”“及得是观，如其说而修之，乃真知天下之物，无非心者。”他从《法界观》中得到的真理性认识，就是懂得了一切皆由心造，一切都是心的作用或表现，因此，修心就成为解脱的关键。他总结说：“佛无心外法，则天下之物无非心也。心体廓然，是真法界，故周遍含容而无所殊，则物胡为而不然哉?”法顺的《法界观》最早由澄观确认并予以注解，再由宗密注释发挥而流传开来。吕惠卿从《法界观》中悟出唯心理论，以“心体廓然是真法界”，显系受了宗密的影响，禅味更浓。

张商英与禅教僧人接触广泛，从不同方面了解唐代华严学，内容较丰富。他在初读李通玄的《决疑论》后，对《华严经》的总体思想有一个说明，反映了他早期的华严思想。“夫《华严》之为教也，其佛与一乘菩萨之事乎！始终一念也，今昔一时也，因果一佛也，凡圣一性也，十万一刹也，三界一体也，正像末一法也，初中后一际也，当处现前，不涉情解。”② 把全部佛法、宇宙万有看作一个整体，以“一”统之，一切即一，这种在大一统的唐代形成的佛教理论，同样适用于大一统的宋代。张商英从《决疑论》悟出的这一点，自然不是李通玄的发明，智俨的“十玄门”已明确表述了其全部内容。

①上引均见《华严经赞序》，载《圆宗文类》卷二十二。
②《决疑论后记》。

四、禅宗对华严学的创用

华严学能够在宋代思想界和佛教界保持相当活力，不仅因为有一批专习《华严经》的教僧，而且因为禅宗僧人重视对它的创用。出自临济、云门两宗的某些僧人，在创造性运用华严学方面很有特色。

1. 临济宗对华严学的创用

自北宋开始，临济宗成为禅宗中最兴盛的一派，此后这种地位再也没有动摇过。在当时的佛教界，出自此派的名僧最多，他们的禅学思想代表着宋禅发展的主导方向。华严宗的基本教理，也通过他们中的一些人传播于禅林，普及于社会，上达帝王，下及士大夫。研究和弘扬华严的临济僧人为数众多，但他们在吸收华严学具体内容及运用方式等方面，往往相互重复，彼此雷同。诸如按华严典籍讲述某些学说，在注解某些禅籍时援引华严宗的教理，在机锋酬对中使用《华严经》或华严注疏中的只言片语等等。他们所要着重表述的思想，不出“圆融无碍”、“十玄六相”、“四法界”的范围。所有照搬的内容自然不足为论，但它们对禅僧了解华严基本知识是必不可少的。当时真正阅读唐代华严注疏，从第一手资料汲取华严理论的禅僧是极少数，绝大多数人是从禅籍中的华严资料方面了解华严教理。

临济僧人传播华严学注重灵活运用，注重为弘禅服务。但是，参禅酬对中引用的华严学说往往与机语纠缠在一起，介于可解与不可解之间，甚至有些问答则干脆让人不知所云。杨岐派僧人道宁①（1053—1113）与参禅僧人有一段关于“四法界”的问答：

> 上堂。僧问：如何是事法界？师曰：杖子拈将来，随时得受用。僧云：如何是理法界？师曰：妙体本无私，应缘非少剩。僧云：如何是理事无碍法界？师曰：通同归实际，语妙少知音。僧云：如何是事事无碍法界？师曰：肥典座，瘦维那。②

如果说，用“妙体本无私，应缘非少剩”回答什么是理法界的问题，包含了讲“理”为本体，摄事无余的意思，尚属可以理解的答语，那么，对“理事无碍法

①道宁是临济禅师五祖法演（1024—1104）的弟子，曾住湘潭开善寺。

②《开善道宁禅师语录》卷下。

界”问题的答语就的确“语妙少知音”了，实际上是介于可解与不可解之间的语句。至于对什么是“事法界”和“事事无碍法界”的答语，则完全无法从字面上来理解。

之所以会产生这种情况，与宋代禅僧普遍追求答语的新奇、玄妙有关。支持者谓此类答语是禅师苦心琢磨出来的启悟参禅者的“断流语”，反对者认为这是迷惑人的“隐语”。道宁关于“四法界”的答语并非特例，这种现象普遍存在于诸多禅师的语录中，因繁不举。毫无疑问，华严学说一旦被纳入禅门，并且与机语酬对结合在一起，就必然会出现此类难于从字面来理解的语句。至于当事人对它们如何理解，就只有当事人自己清楚了。

同为讲解“四法界”教义，在不同的场合就有不同的理解，圆悟克勤就提供了一个很好的例证。他在《碧岩集》第八十九则讲到“事事无碍”时说：“四，事事无碍法界，明一事遍入一切事，一事遍摄一切事，同时交参无碍故。”显然，这是比较准确地转述华严宗的教义。但是，当他联系禅学讲事事无碍时，就发生了变化。据《罗湖野录》卷上，张商英听了克勤把华严学与禅学进行比较的一番议论之后，大为赞赏：“夫圆悟融通宗教若此，故使达者心悦而诚服，非宗说俱通，安能尔耶？”克勤是在荆州见到张商英的，在谈论华严要旨时，克勤说：“华严现量境界，理事全真，所以即一而万，了万为一，一复一，万复万，浩然莫穷，心佛众生，三无差别，卷舒自在，无碍圆融，此虽极则，终是无风匝匝之波。”张商英对克勤归纳的华严宗旨很感兴趣，问：“到此与祖师西来意为同为别？”即华严宗的这个理论与禅宗的理论是同还是别。克勤认为“且得没交涉”，即完全不同。他解释：“要须知有向上全提时节，彼德山、临济岂非全提乎？”上述的华严宗理论，还没有包括在禅师的启发下自证自悟的禅宗教义，只有在德山棒、临济喝下领悟言外之旨，才是超越华严进入禅门。

第二天，克勤为张商英讲“四法界”，讲了事法界、理法界之后，又讲理事无碍法界。张商英问：“此可说禅乎？”即问理事无碍境界是否能和禅境界相比。克勤认为不可以，只有到事事无碍法界才能说禅。他解释：“若到事事无碍法界，法界量灭，始好说禅。如何是佛？干屎橛。如何是道？麻三斤。是故真净（克文）偈曰：事事无碍，如意自在。手把猪头，口诵净戒。趁出淫坊，未还酒债。十字街头，解开布袋。”根据克勤的解释，到事事无碍，就不仅仅是一种对禅境的体验，不仅仅是获得一种真理性认识，而是在现实生活中的实践（法界量灭）。这里的

"十字街头，解开布袋"，是指五代的布袋和尚契此的故事。契此被认为是弥勒佛的化身，他的种种疯癫举动、怪诞行为，都被视为彻悟的表现，是适应拯救世人的需要而为之。如果不联系禅宗的基本理论，仅仅从字面来理解克勤引用的真净克文的偈文，似乎是说，一切随心所欲的行事，包括各种违背戒律的丑态恶行，都是成佛的表现，都是拯救世人的行为。实际上，这是禅宗僧人习用的走极端的表述，其目的不过是启发禅众不崇拜偶像，解除精神枷锁，走自立自强之路。当然，把"事事无碍"解释成不执著于"佛"或"道"的"如意自在"，把它作为现实生活中的行为准则，虽说是在弘扬自我解脱的教义，但诸如此类的极端表述，的确有损害佛教形象的弊端，很容易被伪君子用来为其各种丑行辩护。

佛海慧远与孝宗关于华严的问答，也是比较有特点的。慧远（1103—1176），号瞎堂，西蜀眉山（四川眉州）全流镇人，俗姓彭。13岁出家，曾在四川、浙江等地游学多年。慧远是峨眉灵岩寺徽禅师的弟子，徽禅师是临济黄龙派的僧人。慧远曾从学于圆悟克勤，并且与大慧宗杲有较多来往。关于他的传教言行，主要记录在《佛海慧远禅师广录》中。慧远晚年为孝宗所重，经常入宫谈禅论道。《广录》卷二收有他与孝宗的《奏对录》，《续传灯录》卷二十八也有摘录。淳熙元年（1174）五月，他与孝宗谈论《华严经》的问题。孝宗告诉慧远，他近日阅读《圆觉经》，觉得经文甚好。慧远回答："《圆觉》谓之小本《华严》。"孝宗问："如何是大本?"慧远答："《华严》总有上中下三本，世尊七处九会说，今人间见传者，乃是下本。其余两本，尚镇龙宫，流通未到。"孝宗接着问："七处九会者如何?"慧远答："普光明殿说三会，后一会广作三处，其他共成七处九会。后李长者及诸宗师，广作十处十会。"孝宗又问："只有七处九会，如何是那一会?"慧远答："即今为陛下说底。"孝宗对此答语颇为满意，"首肯之"。

这种奏对问答，既有教僧讲经的特点，又有禅僧机语酬对的色彩。经过这样的问答，对孝宗来说，可以了解当时佛学界的情况，也适合消遣解闷；对慧远来说，在介绍佛教基本知识的同时，也要辅之机智以逢迎。这个奏对内容反映了当时佛教界两方面的情况。其一，《圆觉经》流传很广，禅师也把它与《华严经》等量齐观。这是宗密重视和弘扬此经的结果。不过，当时专业《华严经》的僧人是反对这种看法的。其二，李通玄的理论受到接触华严学的禅僧的重视和认可。这已经不是慧远个人的意见，而是具有共性的认识。临济僧人普庵印肃（1115—1169）阅读《华严合论》，至"达本情忘，知心体合处"一句时，"豁然大悟，遍体流汗"，宣称“我今亲契华严法界矣”。[①] 在这里，慧远又对李通玄的“十处十会”异说予以肯定。

2. 云门宗对华严学的创用

在云门宗僧人中，兼重禅教者为数不少。此类僧众都与宋王朝有较密切的关系，大多曾应诏住持过京城大寺院，与士大夫交往广泛。另外，他们本人一般具有良好的佛学和中国文化修养，主张禅教融合，禅教并弘。在他们的传禅机语中，少有呵佛骂祖、非经毁教的言论，而是更多接受诸派义学内容，或用以充实禅学，或作为传禅的手段，促进了禅与教的融合发展。其中，法秀、惟白、宗本和怀深在创造性运用华严学方面尤具代表性。

法秀（1027—1090）是云门宗天衣义怀（989—1060）系僧人，秦州陇城（今甘肃秦安）人，俗姓辛，19岁试经得度，于元丰七年（1084）奉诏住持京城法云寺，第二年受“圆通禅师”号。法秀出家伊始，专心于佛教典籍，涉猎甚广，励志讲经，曾习《因明》、《唯识》、《百法》、《金刚》、《华严》等经论。他开始是按照宗密的著作讲《华严经》，“声闻京洛”，但是他又“恨学圭峰宗密之禅，故唯敬北京之天钵重元”。重元以精通《华严经》著名，号“元华严”。法秀尊教排禅的态度很坚决，认为“世尊教外以法私大迦叶者，吾不信也”，对禅宗讲的“以心传心”的神话坚决否定。他发誓南游，到禅宗兴盛地，要“穷其窟穴，搜取其种类抹杀之，以报佛恩乃已耳”。

法秀南游至无为军铁佛寺，见到天衣义怀。义怀问：“座主讲何经？”法秀回答：“《华严》。”再问：“此经以何为宗？”答：“以心为宗。”又追问：“心以何为宗？”法秀不能应对。义怀对他说：“毫厘有差，天地悬隔。汝当自看，必有发明。”所谓“自看”，指对教理的直观体验，有别于讲说教理。义怀通过一直问到法秀无法作答才罢休的启悟方式，让法秀懂得只有在亲身体验之后才能真正理解教义，而讲经说教并不是个人修行的目的。经过这番问答之后，法秀从教入禅，成为义怀的嗣法弟子。此后他把华严学与禅学结合起来教人，强调直观体验，不满足于解说教理。

元丰年中，枢密蒋颖叔撰《华严经解》30篇，颇为自负，到长芦山造访法秀时，题方丈壁曰：“余三日遂成《华严经解》，我于佛法有大因缘，异日当以此地

①《普庵印肃禅师语录》卷上。

比觉城东际（指《华严经》所记善财童子悟入法界故事），唯具佛眼者当知之。”法秀以自己的华严学修养和禅僧特有的机智，对蒋颖叔的题言逐句反驳。

蒋颖叔以为，三天著成《华严经解》，即表明他具备了获得解脱的条件（善财在觉城东面，象征修行解脱），而且他的解脱过程只有真正悟道的人才知道（唯具佛眼者当知之）。对此，法秀指出：“公何言之易耶？夫《华严》者，圆顿上乘，乃现量所证，今言比觉城东际，则是比量，非圆顿宗。”法秀曾专习《因明》，此处的“现量”、“比量”即因明学用语。“现量”指不能用语言文字表述，不能以概念思维把握的感觉和体验，“比量”指对“现量”获得的感觉和体验进行推理，是由已知推论未知的思维活动和表述方式。从认识真理的角度讲，“现量”是“比量”的基础；从修行解脱的角度讲，“现量”是起决定作用的条件。因为悟道成佛不仅仅是解决认识问题，更重要的是解决实践（体验）问题。三天完成的《华严经解》属“比量”，因为这是形成文字的东西；把自己比作在觉城东际的善财也属“比量”，因为这是从已知推论未知。在法秀看来，真正懂得《华严经》，应同《华严经》所说的教理一样，用“现量所证”。

由于“现量”不可言说，那么，属于“比量”的文字论证在表述体验境界方面必然破绽百出，法秀即由此驳斥蒋颖叔的题言。针对题言中的“异日”，法秀说：“一真法界，无有古今，故云：十世古今，始终不移于当念。若言‘异日’，今日岂可非是乎？”他认为“具佛眼者当知”之说也不妥：“然《经》曰：平等真法界，无佛无众生，凡圣情尽，彼我皆忘，岂有愚智之异？若待佛眼，则天眼、人眼岂可不知哉？”法秀诸如此类的说法，是禅僧逢场作戏的机辩之辞，从华严典籍中可以找出更多的话予以反驳。但是，他发此类议论的用意很明确：真正理解华严教理，要在亲身体验之后，即强调“现量”的重要性。这与义怀指示他“汝当自看，必有发明”的思路是一样的。

教与禅在修行方式、修行理论方面的不同点很多，教禅融合需要多方面因素的促动。但是，作为中国佛教内部的不同派别，它们有着本质上的相通处。华严宗的佛境界离言绝相，禅宗的教外别传，不立文字，都有强调直观体验的意义，尽管两者要求体验的具体内容有不同。这种本质上的相通点，为教禅在适宜的社会环境中融合奠定了学说基础。

惟白是法秀59位知名弟子之一，靖江府（江苏靖江县）人，俗姓冉，初住泗州龟山寺，后继法秀住持东京法云寺，活跃于哲宗朝（1086—1100），曾“屡入中禁，三登高座，宣扬妙旨”①，晚年住明州（今宁波）天童寺。他的《建中靖国续灯录》在禅宗文献史上占有重要地位。他的《佛国禅师文殊指南图赞》（简称《指南图赞》）一卷，是以禅解《华严经》，并纳华严思想入禅的代表作。

《指南图赞》根据《华严经·入法界品》中善财童子参访善知识的故事，分别绘图，配诗赞颂。这部图文并茂的小书分为54节，前53节每节包括三部分，第一部分是据《华严经》介绍善财参访某位善知识的情况，第二部分是附图，最后一部分是8句56字的七言诗，阐述个人见解。这就是所谓善财的“五十三参”。第54节是总结。

借《华严经》而弘禅，是《指南图赞》的主要特点。该书第十四节，依《入法界品》讲善财到达海住城，参访具足优婆夷。此人能“安一小器，涌无量宝，万方来者，悉得满足。得无尽福德藏法门，证无违逆行”。惟白所作的赞辞是：“海住城高瑞气浓，更观奇特事无穷。须知隐约千般外，尽出希微一器中。四圣授时成圣果，六凡食后脱凡笼。少林别有真滋味，花果馨香满木红。”《入法界品》是讲具足优婆夷有神通力，能使一个小器皿中涌出无限珍宝，满足一切人的求财需要。惟白的赞辞，则说这小器皿象征少林禅宗的教义，能使一切人“成圣果”、“脱凡笼”。那么，与其说善财参访具足优婆夷，不如说是参访禅宗祖师。惟白借用《华严经》讲菩萨无尽行的故事，鼓励禅僧行脚参禅。

然而，《华严经》讲的菩萨行是无穷无尽的，是永无止境的修行过程，禅宗讲的行脚参禅却不是让人一辈子东奔西跑。换言之，行脚遍参只是手段而不是目的。于是，惟白在第五十四节总结：“时光已觉成蹉跎，嗟尔平生跋涉多。五十余人皆问讯，百重城郭尽经过。而今到此休分别，直下承当得也么？忽若更云南北去，分明鹞子过新罗。”通过行脚遍参，最终的收获要体现在能言下便悟（直下承当），懂得要开发自我的能力，实现自我完善的道理，并依此实践。个人的解脱完全不能依赖他人，或希求他人代劳。

禅宗的行脚参禅起自中唐以后，有其社会根源，并引起修行方式、传教方式等方面的变化。直到宋代，在遍访名师过程中丰富知识、扩大见闻、积累经验、建立关系，仍为禅僧所重视。《华严经·入法界品》提供了一个稍加改造就可以利用的权威教材，不但受到禅宗界的重视，也受到士大夫的重视。杨杰曾作《大方广佛华

①《建中靖国续灯录御制序》。

严经入法界品赞》，其赞文共55首，第一首题为“毗卢遮那如来”，第五十五首为“再见文殊师利”，与《指南图赞》所述的“五十三参”不完全一致。张商英对《指南图赞》评价甚高：“李长者《合论》四十轴，观国师（澄观）《疏钞》一百卷，龙树尊者二十万偈，佛国禅师五十四赞，四家之说，学者所宗。”① 把《指南图赞》与李通玄、澄观、龙树的著作并列，自然是夸张说法，但此书特别流行则是事实。张商英认为此书“乃撮大经之要枢，举法界之纲目，标知识之仪相，述善财之悟门，人境交参，事理俱显，则意详文简，其《图赞》乎!”② “文简”的确是《指南图赞》的特点，便于学习，易于流通，但它并不是“撮大经之要枢”，即概括《华严经》的主要内容，而是借用《华严经》中的材料，予以改造，阐发禅宗的教义。所谓“法界之纲目”，与《指南图赞》的内容和旨趣相去甚远。

宗本（1020—1099）是天衣义怀弟子，俗姓管，常州无锡（今江苏无锡）人，年19投苏州承天永安禅院道升，从事劳作甚苦，10年后剃发受具，又三年乃辞别道升，游方参学。初至池州景德寺，师事义怀，先后随义怀迁住越州天衣山、常州荐福寺。英宗治平元年（1064），受义怀之荐，住持苏州瑞光寺，门众达500人。后又应杭州太守陈襄之请，住持承天、兴教二刹。神宗元丰五年（1082），应诏住东京大相国寺的慧林禅院。此后，多次受神宗和哲宗之诏入宫谈禅论道。哲宗赐“圆照禅师”号。

元丰八年（1085）七月二十八日，高丽僧统义天在苏轼等人的陪同下到慧林寺见宗本，两人有一段关于如何悟入华严妙理的问答，仅录前面一部分：

> 师（指宗本）问义天：承闻久熟经论，是否？
>
> 天曰：粗于华严大教留心。
>
> 师曰：好！《华严经》尽是诸圣发明，称性极谈，若非亲证悟解，难明法界妙理，莫曾有悟入处否？
>
> 天曰：昭昭于心目之间，而相不可睹。
>
> 师曰：作么生是昭昭于心目之间？
>
> 天曰：森罗及万象，一法之所印。
>
> 师曰：犹是文字语言，如何是一法？

①张商英：《佛果禅师文殊指南图赞序》。

②张商英：《佛果禅师文殊指南图赞序》。

天曰：无下口处。

师曰：汝未曾悟在，诸佛音旨，密密堂堂，若非悟人，实难措口。祖师西来，直指人心，见性成佛。见即便见，不在思量，不历文字，不涉阶梯。若以世智辩聪解会，无有是处。①

要真正理解《华严经》的法界妙理，需要“亲证悟解”，包括体验（亲证）和以逻辑思维把握（解）两个方面。在宗本看来，义天的答语全是引用的《华严法界观序》（何人所作未明言）的原文，这是以“世智辩聪解会”，是不曾悟入的表现。按照宗本的论述，所谓“悟入处”，不在寻章摘句的注释，而在“悟解”禅宗“直指人心，见性成佛”的教义。由于华严教理难明，所以达摩西来，送来了解决这个问题的办法。换言之，悟解禅宗教理，是悟解华严法界妙理的前提。那么，华严的“悟入处”，也就是禅宗的“不在思量，不历文字，不涉阶梯”，即禅宗教理的“悟入处”。而作为这种“悟入”的表现，自然只能是禅僧在参禅酬对过程中的行机锋、施棒喝之类的做法。

当经过一连串的追问之后，义天终于明白了宗本的意思，声明“义天未曾参禅”，此时宗本告诉他：“不可到宝山空手而回。”让精通华严教理的义天也学些禅法，把禅法带回国去。从宗本所谓华严妙理“悟入处”之说可以看到，义学僧人与禅僧讨论华严学问题时，这种讨论往往流为机语酬对。这不仅仅是发生在宗本与外来义学僧人之间的个别现象，而且是当时禅宗界的普遍现象。

怀深（1077—1132）是宗本再传弟子，师从长芦崇信，寿春府六安（安徽六安）人，俗姓夏。关于他的生平事迹，《嘉泰普灯录》卷九所记与《慈受怀深禅师广录》卷一略有不同。据后者记，怀深于徽宗崇宁元年（1102）往嘉乐（今福建建阳）资圣寺，师从崇信。政和三年（1113），住仪真城南资福禅寺。政和七年（1117），宋朝廷诏改资福禅寺为神霄宫，怀深离去，投临济僧人佛鉴慧懃（1059—1117），不久奉诏住焦山禅寺。宣和三年（1121），奉诏住持东京慧林禅院。钦宗靖康元年（1126），两次乞辞住持，经宋廷批准，南返天台山，活动于江浙一带。晚年曾应请住思溪圆觉寺，为第一祖。

怀深活动于北宋末南宋初，当时宋王朝无力抵御外侵，处于风雨飘摇之中。战

①《慧林宗本禅师别录》。

事频仍，社会动荡，不仅使许多人涌入禅门，而且社会上信佛教的人数也增加。在这种情况下，怀深比较重视向居士群传教，为他们树立了一位华严居士的形象。

据《慈受怀深禅师广录》卷三，有位居士倾心于《华严经》，“宿于华严性海、七处九会有大因缘。每岁之中，常兴此会”。除了每年举行僧俗均参加的华严斋会，他还“供养华严五十三善知识”。针对这位信奉《华严经》的居士，怀深首先宣讲的华严教义是：“毗卢界内，真如俗谛交参；华藏海中，诸佛众生一体。古今三世，非后非先，凡圣一心，无迷无悟。”由于凡俗众生不懂这些道理，所以如来“说《华严经》，令一切众生于自身中得见如来智慧德相”。给教外信众劈头就讲“真如俗谛交参”，宗教真理与世俗真理相互沟通，不过是要强调僧俗平等交融，可以浑为“一体”。其余的议论，大体是借《华严经》讲禅宗强调的人心具足一切，即心即佛之类，是禅僧语录中俯拾皆是的老生常谈。

值得重视的是怀深向教外信众介绍《华严经》所记的善财所参访的居士。怀深谓：“善财童子至大兴城，参见明智居士。当善财问明智居士云何学菩萨道，修菩萨行时，居士告诉他：‘我得出生随意福德藏解脱门，且待须臾，汝当自见。’言犹在耳，见一切人来居士所，而求种种资生之物，或求饮食者，或求汤药者，或求钱财宝物者，或求衣服者。”经过怀深改编的这则《华严经》故事表明，作为佛教居士，他所修的菩萨行，所得的菩萨道，所证的解脱法门，统统体现在能为一切人提供“资生之物”方面。这里的“一切人”，自然也包括佛教僧侣。在北宋末南宋初，一方面是大量北方僧人因躲避战乱而纷纷南下；另一方面是各地更多丧失家园者出家为僧，致使佛教僧侣人数迅速增加，解决衣食问题就十分紧迫。在这种情况下，树立明智居士的形象，显得特别重要。总之，怀深华严居士观的内容就是在僧俗无别、僧俗平等的前提下，居士能够为一切人提供生活必需品，此即是居士解脱的表现。

第二节　天台宗及其学说发展趋向

一、中兴基础与清竦门下两支

中唐以后，南方江浙地区的天台宗也和北方长安地区的佛教义学诸派一样，逐渐沉寂下去。特别到了唐末，天台宗寺院废弃和经典散失等情况也很严重。本宗之所以能在北宋前中期出现所谓“中兴”局面，并且在一段时间成为义学诸派中比较活跃的一派，总的说来，有四个方面的原因。其一，五代时期吴越国相对稳定的政治形势和佛教政策，为佛教各派的发展提供了有利的社会环境；其二，从高丽、日本收集到国内散失的天台典籍，激发了学僧的研究兴趣和弘法热情，为本宗的中兴提供了资料基础；其三，天台宗普遍重视各类佛事、重视净土信仰，特别是其代表人物，那种必欲献身于忏的专注，那种把忏法的社会政治作用发挥到无以复加程度的实践，震动朝野，大大提高了本宗在社会各阶层的影响；其四，天台宗倡导的止观双修、教行并重，比佛教义学各派的专务名相更能为宋代士人所接受。这一点已经为天台宗的后继者所看到。志磐曾指出：“皇祐元年，自周朝毁寺，建隆兴复，京师两街，唯南山律部，贤首、慈恩义学而已。士夫聪明超轶者，皆厌闻名相之谈。而天台止观，达摩禅宗未之能行。淳化以来，四明（知礼）天竺（遵式）行道，东南观心宗眼，映照天下。杨亿、晁迥有以发之，真宗奖锡以法智（知礼）慈云（遵式）之号。”① 以止观为号召，强调观心法门，引起士大夫阶层的注意和喜好，从而扩大了天台宗的社会影响。

但是，天台宗的“中兴”也和华严宗的“中兴”一样，并不是表现在创新理论方面。教理的繁荣，著作的增加，主要表现在对本宗原有教义的不同理解方面，表现在就某些理论的争论方面。

从后梁太祖开平元年（907）钱镠受封吴越王，直到北宋太平兴国三年（978）钱俶举国归宋，领有两浙十三州的吴越国没有发生较大规模的战乱，基本保持着国家的社会稳定。从钱镠开始，吴越国就采取保护佛教的政策，致力于建筑寺塔、设斋讲经、延请高僧等活动。后周世宗于显德二年（955）清理和整顿佛教之时，吴越王钱俶依然没有受其影响。在这种适合佛教稳定发展的情况下，躲避北方战乱的僧人纷纷南下，进入吴越，促进了这一地区佛教各派的综合发展。吴越国以和平方式并入北宋之后，该地区更出现各宗竞起的局面。到了南宋，这里自然成为全国的佛教中心。天台宗正是在这样的社会环境中出现复兴气象的，并且延续了相当长的时间。

唐代湛然之下递传五世，至高论清竦。清竦被奉为天台宗的第十四代祖师，入

①《佛祖统纪》卷四十五。

宋以后出现的天台宗著名人物，均出自他的门下。整个宋代天台宗著名僧人的活跃地区，以天台、四明和杭州为中心。清竦是浙江天台县人，生卒时间不详，活动于五代末年。他出家后随元琇学习天台止观，日夜不懈，后住持国清寺。鉴于当时吴越国的佛教生存环境远比其他地区优越，清竦在讲经说法之余，总是告诫僧众："王臣勤务外护，得免扰攘之忧。我辈岂可袖手坐食？应当精进道业，以答国恩。"[①] 他这种把修行与报答国恩联系起来的思想，深刻影响了后继者们，此后的天台宗代表人物都与吴越王或宋朝廷保持着密切关系，为天台宗的兴盛赢得了政治支持。

清竦的两个重要弟子是义寂和志因，他们都有传承弟子。在义寂再传弟子知礼时期，发生了有关教理方面的论辩，并且发展为派系争斗。以知礼为代表的义寂一支最后宣布本派获胜，自称为"山家"，是天台宗的正统，把志因弟子一系贬为"山外"，是天台宗的异端。从此，天台宗分为山家、山外两派。山外派不久便衰落了，而知礼一系一直流传于南宋及其以后。

义寂（919—987），温州永嘉人，俗姓胡，字常照，12 岁入温州开元寺从子安法师出家，19 岁受具足戒，跟从会稽清律师学习《南山律钞》。22 岁之后，入天台山国清寺，投清竦门下，专习天台教观 10 余年。显德年间（954—959）应张彦安之请，住持其创建的螺溪传教院。据说，吴越王钱俶在读《永嘉集》时，不理解"同除四住，此处为齐，若伏无明，三藏即劣"一句，便请问德韶，德韶推举义寂。义寂应请入宫回答问题时，讲到当时天台宗典籍，"因前遭安山、史明兵乱毁灭，近则会昌焚毁，教藏残缺殆尽。今高丽阐教方盛，全书在彼"[②]。吴越王便派遣使者到高丽，求请天台典籍。北宋建隆二年（961）十月，高丽王派沙门谛观送来若干天台宗的论疏和著述。获得许多失传的唐代天台宗典籍，激发起学僧研究和弘扬天台教义的兴趣，奠定了本宗中兴的资料基础。[③] 义寂因请吴越王遣使求经而备受尊重，这也是他对当时佛教发展的一个突出贡献。太平兴国八年（983），钱俶请义寂传授菩萨戒，执弟子礼，赐"净光大师"号。义寂一生讲天台"三大部"各 20

①《佛祖统纪》卷八。

②《佛祖统纪》卷八。

③吴越王派遣使者求取天台典籍是到日本还是到高丽，史书的记载有出入。即便在《佛祖统纪》中，《义寂传》和《谛观传》所述也有不同。学者也有多种考证。从义寂门下多高丽弟子来看，天台典籍当时主要来自高丽之说根据较充分。

遍，还讲《维摩》、《光明》、《梵网》、《金刚錍》、《法界观》、《永嘉集》等。

义寂的弟子有宝云义通、谛观等。谛观是高丽人，于建隆二年（961）奉高丽王之命，赠送典籍至天台山，拜师义寂，随侍10年，潜心研究天台教义，著有《天台四教仪》。后世义寂的法系是从其弟子义通传承下来的。义通（927—988），高丽人，字惟通，俗姓尹，在高丽以研究《华严经》、《起信》而知名。后汉乾祐年间（948—950），游学汉地，到螺溪传教院见义寂，执弟子礼，学习天台教观。北宋太平兴国七年（982），宋太祖敕封他为"宝云尊者"。他重视净土信仰，经常称呼施主为"乡人"，人问其故，他说："吾以净土为故乡，诸人皆当往生，皆吾乡中人也。"义通后被奉为天台宗第十六代祖师，著有《观经疏记》、《光明文赞释》、《光明句备急钞》等。[1] 义通最有影响的两位弟子是遵式和知礼。

遵式（964—1032），字知白，俗姓叶，台州宁海人。幼年出家，20岁受具足戒，次年随守初律师学律，不久到天台山国清寺，发誓弘传天台教义。雍熙元年（984），到四明宝云寺就学于义通，专门研究天台教义。端拱元年（988），义通去世之后，又到天台山，因苦学得了疾病，以致吐血。淳化元年（990），遵式受请在宝云寺继其师义通的讲席，一直讲《法华经》、《维摩》、《金光明》等经典。至道二年（996），与僧俗信众修习净业，行念佛三昧。著有《誓生西方记》。咸平三年（1000），与知礼一起同修"光明忏"为郡祈雨。居宝云寺12年，很少与外界来往。咸平五年（1002），回天台。在住持东掖寺时，带领众人修念佛三昧。大中祥符七年（1014），到杭州昭庆寺讲说，次年到苏州开元寺弘法，听众成千上万，甚至惊动官府。大中祥符九年（1016），天台僧正慧思到京城，奏其事迹，真宗敕赐紫服。天禧四年（1020），由于王钦若的举荐，他受真宗所赐"慈云"之号。在王钦若的帮助下，天台教文入藏流通，又恢复天竺寺旧名。在扩大天台宗在北方，特别是在京城的影响方面，遵式起了重要作用。遵式的弟子有祖韶等多人。著述多种，其弟子把他的著作整理，为《金园集》和《天竺别集》各3卷。

知礼（960—1028）被称为天台"中兴教主"，是当时整个天台系中最有影响的人物。知礼，字约言，俗姓金，浙江四明（今宁波）人。幼年出家，15岁受具足戒后，专业律学。太平兴国四年（979），随义通学习天台教义，3年后可以代替义通讲解诸部经论。至道元年（995），住保恩院，后来将该院改为常讲天台教观的

①上引见《佛祖统纪》卷十。

十方丛林。大中祥符三年（1010）十月，敕赐保恩院为延庆寺。概括知礼的一生活动，主要有四个方面的工作，即讲经授徒、著书立说、修忏祈福、论战扶宗。

知礼自23岁接替义通讲解经论开始，几十年间勤于讲经弘法。他一生曾讲过《法华玄义》7遍，《法华文句》和《摩诃止观》各8遍，《金光明玄疏》10遍，《涅槃疏》1遍，《净名疏》2遍，《观音玄义》和《观无量寿经》各7遍，至于《十不二门》、《金錍论》、《止观大意》、《止观义例》、《始终心要》不计其遍。从他所讲的经典来看，包括了唐代重要的天台宗著作，还有净土信仰方面的典籍。他讲述的内容，大致涵盖了宋代天台宗学僧的基本研习范围。

知礼的著作很多，主要是研究唐代湛然的著作，注释湛然未研究的天台典籍。其主要著作有《观音玄义记》4卷，《观音经义疏记》（又称《别行义疏记》、《观音别行疏记》）4卷，《金光明文句记》12卷，《金光明玄义拾遗记》6卷，《金光明经释难扶宗记》1卷，《十不二门指要钞》2卷，《四明十义书》2卷，《法智遗编观心二百问》1卷，《观无量寿佛经疏妙宗钞》6卷，《观无量寿佛经融心解》1卷，《千手千眼大悲心咒行法》1卷，《金光明最胜忏仪》1卷，《四名尊者教行录》7卷。其中有些是其弟子或后继者集成。

知礼很重视忏法，特别是"法华忏"和"金光明忏"，他在这方面的著述和实践，在为寺院佛事的商业化经营，让佛事充分发挥社会政治功能，以及为天台各类忏法的定型等方面，发挥了不可替代的作用。咸平三年（1000），他与遵式等人修"光明忏"祈雨。真宗时，知礼和遵式先后多次"修法华忏，为国祈福"。[①] 天台僧人由此与宋朝廷建立了较密切的关系，天台宗的典籍也被获准编入大藏经。大中祥符六年（1013），他创设念佛施戒会，参加的僧俗男女信众有一万人，同修念佛，发菩提心，求生净土。他晚年曾结伴十僧共修"法华忏"，3年后拟集体自焚，经杨亿、李遵勖、遵式等人劝阻而未实行，其名声更大，真宗特赐"法智大师"号。知礼的弟子很多，据说入室者超过千人，北宋中期以后的天台法系，均出自其门下的广智尚贤、神照本如、南屏梵臻三支。

根据《宋高僧传》卷七的记载，晤恩（912—986），字修已，俗姓路，江苏常熟人，年13出家，初学南山律，后到杭州投慈光院志因门下学习天台教义，通达《法华经》、《金光明经》和《止观论》。他注解天台智顗的《金光明经玄义》，名为

①《佛祖统纪》卷四十四。

《金光明经玄义发挥记》，是在北宋前中期引发论战的著作。

晤恩的弟子有文备、洪敏、源清（？—997）等人，该派的传承出自源清。源清的生平事迹不详，著有《法华十妙不二门示珠指》2 卷。源清弟子中，有影响的人物是孤山志圆（976—1022）和梵天庆昭（963—1017）。志圆，字无外，自号中庸子，亦名潜夫，俗姓徐，钱塘人，幼年出家，8 岁受具足戒，21 岁从源清学习 3 年。源清去世后，隐居于西湖的孤山，专心于研究经论和撰写著述，从学甚众。志圆兼通儒释，治学广泛，有各种经疏记钞凡 30 种，71 卷，诗文集《闲居编》51 卷。志圆在扩大本派组织规模方面并没有什么建树，但通过著书立说，在倡导三教融合方面有一定的影响。

就北宋天台宗的范围来讲，志圆所倡导的三教融合理论是最具代表性和影响力的。他认为，“夫儒释者，言异而理贯也，莫不化民，俾迁善远恶也。儒者，饰身之教，故谓之外典也；释者，修心之教，故谓之内典也……儒乎，释乎，其共为表里乎！”[①] 他的思想就是儒释本同，互为表里，有助于教化民众，而且两教有分工，应该以儒修身，以释治心。这些议论，实际上也是北宋大多数僧人的共识。但是，就当时整个佛教界的范围而言，他的著作所产生的影响，还不能与明教契嵩相提并论。

在此系之中，梵天庆昭则是以扩大本派的规模，充分探讨本派的理论著称的。庆昭，字子文，俗姓胡，钱塘人，幼年出家，13 岁受具足戒。年 21 从学于源清，并继其法席，从学者甚多。景德元年（1004），徙梵天寺，平生讲说《法华经》、《止观》诸部经论 100 余遍，其著作已经不存。据说他的传法弟子多达 97 人，著名者有咸润、继齐等。

二、义理论辩与派系争斗

两派纷争的直接诱因是晤恩的著作，具体的争论过程是从鉴定智颢著作的真伪开始，发展到对天台宗基本教理的理解，最后演变为两个派系之间的门户之争。参加辩论人数之多，论战延续时间之长，影响之大，远远超过当时华严宗系统的争论，成为显示天台宗存在和义理发展的一个重要表现。

宋景德年之前，智颢的《金光明经玄义》有广略两种本子同时流传。广本有

①志圆：《中庸子传》卷上。

上、下两卷，上卷是释义，下卷论观心，而略本没有下卷，缺少观心的内容。晤恩作《金光明经玄义发挥记》（以下简称《发挥记》），只解释略本，并且认为广本有理乖、义疏、词鄙、事误等四失，是后人的伪作。晤恩认为“大师（智顗）顺经文法性之圆谈，乃明十种三法，始自性德三道，终至果人三德，一一三法，无非妙性；一一妙性，尽是真源；若法若心，即金光明不思议法性。岂有如此纯谈法性之外，别更‘观心’者?”① 在晤恩看来，智顗在《玄义》“教义释”中以“十种三法”（三德、三宝、三涅槃、三身、三大乘、三菩提、三般若、三佛性、三识、三道）解释“金光明”三字之义，概括了经文宗旨和佛法要领，已经是法性之圆谈，所以没有必要再撰写“观心释”以解释观心。换言之，“十种三法”既然已经讲了从凡入圣、修行解脱的全过程，特别讲了解脱境界，那么也就没有必要再谈修行上的“观心”问题了，那么“观心释”就自然是多余的篇章了。在这里，晤恩并不是要废除观心的修行，也看不出他是要废除“妄心观”而另立什么“真心”作为观察对象的意思。

晤恩的见解，不但为其后代弟子们所继承，并且以此为基础不断有所发挥，把论争的范围进一步扩大。晤恩的弟子源清、洪敏一起作《难词》，提出针对广本真伪的问难、质疑，以赞成其师的观点。当时钱塘宝山善信将此事告知礼，请其评论，两派的论战由此开始。

知礼首先作《释难扶宗记》，批驳晤恩师徒的观点，坚持《金光明经玄义》的广本是真实的。知礼的反驳著作一出，立即得到晤恩系的回应，源清的弟子庆昭和志圆撰写《辩讹》，维护晤恩《发挥记》的观点，并且反驳知礼的观点。此后辩论主要在知礼和庆昭之间进行。知礼作《问疑书》，庆昭回以《答疑书》；知礼再作《诘难书》，庆昭回以《五义书》；知礼再作《问难书》，当时庆昭一年未回答，所以知礼又作《复问书》，催促庆昭迅速作答，于是庆昭作《释难书》。于是“往返各五，绵历七载”。最后，知礼于景德四年（1007）综合 7 年间的前后论难文义，撰成《十义书》。到此时为止，两派超出义理探讨范围的门户之争就明确下来了。志磐后来指出：“法智（知礼）乃复备引前后之文，详而论之，号《十义书》，而四明之学者始指恩、清、昭、圆之学称为‘山外’，盖贬之辞云。”②

---

①《释难扶宗记》。见《四明仁岳异说丛书》，《续藏》95 册。

②《佛祖统纪》卷十《庆昭传》。

庆昭于同年五月作《答十义书》。知礼于当年六月再作《观心二百问》，就观心问题提出200条问题，但是庆昭并没有作答，双方的第一次论战就告一段落。此后论战还在延续，参加者有知礼和庆昭的弟子。以后的论战就不仅仅是书信的往返，而且有当面的指责，甚至不得不请出地方官吏出面调停。天禧二年（1018），志圆著《金光明经玄义表征记》，依然主张广本是伪作。知礼则于天圣元年（1023）再作《金光明经玄义拾遗记》，反驳此说。因此，就两派所争论的问题来看，谁也没有说服谁，两派都坚持自己的主张。另外，在论战中热情最饱满、主动进攻意识最强、积极性最高的是知礼，他不仅激烈批判晤恩系，而且也容不得弟子有不同意见。由于弟子仁岳有不同观点，知礼又与其进行了不调和的论战，并一直持续到知礼逝世，此后仁岳也被贬出山家派。总的说来，所谓山家与山外的争论，主要是以知礼为首的一派与庆昭、志圆的辩论，而知礼始终是主导论战进程的核心人物。

知礼对晤恩系的批判和他自己对“观心”的看法，涉及许多方面的问题，就其思想核心而言，主要有两个方面：其一，在知礼看来，不能因为谈了“法性”，就不要再谈“观心”了。这也是他展开与晤恩系论战的第一个重要理由。他认为：“观心者，正论观法，的示行门，须对境明观，俾惑灭果成，岂此圆谈法性，便不立观心耶?”① 知礼认为：“应知十种三法，唯谈果佛所证法相，只是约教开解。况文初自云，约信解分别，故于此后须有观心一科，显于圆行，方合一家教观傍证之义也。”② 如果只谈佛果境界，不谈观心法门，那就是“有教无观”了，而这正是天台宗批判华严宗的一贯言论。实际上，知礼“岂此圆谈法性，便不立观心耶”的批评是无的放矢。因为，晤恩只是认为“观心释”是多余的，并没有主张废除“观心”修行。

其二，知礼认为，“观心”主要观“三魔四障”。这不仅与智𫖮的思想有差距，也是与晤恩系分歧的焦点。

对于在修行止观时以什么作为观想的对象，所观想的“心”具有什么样的性质，天台宗智𫖮已经有明确说明：“众生法太广，佛法太高，于初学为难。然心佛

①《十义书》卷上。

②《十义书·一不解能观之法》，《大正藏》卷四十六。

及众生，是三无差别，但自观己心则为易。”[①] 佛心高远难测，修行者不好把握，所以不主张把解脱世界的佛心作为认识和体认的对象；众生无量无尽，数不过来，到底把哪个众生的心作为观想对象不好解决，所以也不主张把众生心作为观想对象。那么，可以把修行者个人的“己心”作为观想对象。所谓“己心”，就是修行者的起心动念，具体的心理活动过程。“己心”当然是有污染的、变动不居的、属于现实世界的“妄心”。轮回世界的“妄心”虽然不同于解脱世界的“真心”，却也不是纯恶无善。对于“己心”的性质，天台宗内部历来有着不同见解。晤恩一系就很强调一念心所蕴涵的真如性质，例如，晤恩弟子源清认为：“今指一念知性，本来清净，不生不灭，是真无性。以此性令即十界色心之法，故云三千宛然，是知一念三千世间相当也。”[②] 这种论述表明，晤恩系并不是要以“真心”为观想对象，而是强调“一念”、“妄心”的本体是清净真如。然而，知礼所要“观”（想）的对象（“境”），却不是一般意义上的“妄心”，他认为：

> 故一家之教，依此意故，乃立阴心为所观境。所以《止观》及以诸文，皆令观心，以取近要之心，为观所托。若无所托阴界入境，观依何修？理依何显？故离三障四魔，则无所观境界也。[③]

知礼讲的所观之境，核心是“三魔四障”，不但是与真如、佛果直接对立的东西，也是“众生心”、“己心”中纯恶无善的部分。如果这些就是“己心”的话，那么在他的眼里，一切就都是黑暗可怕的、恐怖的。他的焚身追求，就是这种极端思想指导下的极端追求。知礼提出的“妄心观”，是一种严酷的宗教实践，这种实践让人们在观想过程中，只把日常中的所有恶来观想，通过认识一切“恶”，达到转恶为善、转妄成真、转凡成圣的目的。这种重点让人们认识和体认“妄”、“恶”的纯负面精神活动的止观实践，可能会具有实现自我忏悔罪恶、加强自我道德修养的作用，但是，它同时也会让人不能全面看待世界、人生和自我，把人带到与“存天理，灭人欲”相同的道路上去。

山家一派的后来者，曾经指出山家与山外产生理论分歧的原因：

---

①《法华玄义》卷二。

②源清：《十不二门示珠指》，《续藏》100 册。

③《十义书》卷下。

> 唐之末造，天下丧乱，台宗典籍流散海东。当是时，为其学者，至有兼讲《华严》，以资饰说，暨我宋隆兴，此道尚晦。螺溪、宝云之际，遗文复还，虽讲演稍闻，而曲见之士习气未移，故恩、清兼业于前，昭、圆异议于后，（继）齐、（咸）润以他党而外务，净觉以吾子而内畔，皆以溷乱法门，壅塞祖道。四明法智，以上圣之才，当中兴之运，东征西伐，再清教海，功业之盛，可得而思……自荆溪而来……备众体而集大乘，辟异端而隆正统者，唯法智一师耳！①

这样的总结带有浓厚宗派意识，但其中也包含了一些事实：山外派的确受到华严教理的影响。然而，这是与宋代各宗派理论的相互融合大潮相适应的。此后，佛教内部各派思想的融合就更加明显了。

三、知礼门下三系诸师及其佛学

北宋中期之后，从法系传承方面考察，天台著名僧人大都出自知礼的弟子广智尚贤、神照本如和南屏梵臻三支；从学说发展方面看，知礼的后继者中很少有人坚持他的天台学，而是走上了与禅、净土和忏进一步融合的道路，这是与当时的政治形势和佛教内部的变化密切相关的。随着北宋末年内忧外患的加剧，社会急剧动荡，天台的义学探讨已经没有继续维持的外部环境。大量流民拥入佛门，带来了禅学的兴盛。在这种情况下，出自天台法系的僧人也清楚地看到了义学不适应动荡社会的弊端，或转向禅学，或专门弘扬净土，或继承知礼、遵式以来重忏法的传统。特别是对知礼带有极端色彩的“妄心观”，反对的人就更多了。用志磐的话说，就是“背宗破祖”的人很多。

尚贤（生卒年代不详），四明人，获赐号“广智”。天圣六年（1028），他曾继知礼住延庆寺，名重一时。日本僧人绍良入宋求法，曾随其学习3年。尚贤的弟子众多，著名者有继忠、惟湛、鉴文等。

鉴文递传中立（1046—1114）、觉先（？—1146）等人，他们一般都是把行忏法、倡导净土信仰放在首要位置。例如，中立长于讲止观，精通儒道经典，但尤以修持净土闻名，就被誉为“玉池莲中之人”。觉先精通通天台教义，并且善于讲经，同时持净土佛号48年，从不间断。他们在社会上的影响主要是在做佛事方面而不是在宣扬

①《佛祖统纪》卷八《知礼纪赞》。

天台的纯教义方面。这个特点在北宋初期就表现出来，而在知礼的后继者中，就表现得更充分了。天台的止观修行虽然是僧人修行中不能废除的，但是，在社会实践上，净土信仰占据了越来越重要的位置。

惟湛（1009—1073）在讲经之余，也是注重各类佛事，重视净土信仰。“天台祖教，净土法门，盛行三吴，由师始也。”①

继忠（1012—1062），永嘉人，《释门正统》卷六和《佛祖统纪》卷十三中有其传。他曾住西湖法明寺讲经论，学者甚众。同时，他也接受天台宗的传统，注重各种忏法，常行法华、光明、弥陀、观音三昧等。著有《扶宗集》，并集有《四明仁岳异说丛书》等。继忠递传草堂处元（1030—1119）、息庵道渊、圆辩道琛（1086—1153）。当时人们把道琛作为天台义学的正统，所谓“山家言教观者，皆禀师为正”。然而，他虽有精通义学之名，并没有留下什么著作。他专注于修持念佛三昧和弘扬净土，曾指出：“唯心、净土，一而已矣，良由弥陀悟我心之宝刹，我心具弥陀之乐邦。虽远而近，不离一念；虽近而远，过十万亿刹。”② 对唯心净土与西方净土的这种沟通和理解，不仅是当时佛教界的老生常谈，而且与主张禅净融合的禅师的言论没有多少区别。

神照本如（982—1051），四明人，先后从学于知礼和遵式，曾住持东山能仁寺，讲经 30 年，从学弟子经常有五六百人。讲《法华》、《涅槃》、《观无量寿》、《金光明》、《摩诃止观》、《观心论》等六七遍。注重修忏，曾集百僧修法华长忏 1 年。又效法庐山慧远故事，结白莲社，专修净土。几年后，寺院规模扩大，影响很广，宋仁宗题额“白莲庵院”。他的弟子有处谦、有严等。

处谦（1011—1075），先问学于遵式，后依本如，为其首座。曾燃三指供佛，发誓弘扬天台教。他一生住持过 10 所寺院，持戒严谨，从学者甚多。处谦的弟子有净梵（？—1128）、择英（1045—1099）、思照（？—1119）等。他们的一个共同特点，就是重视西方净土信仰，把修持净业作为最主要的修行活动。择英的弟子思净，更是专志念佛，每日诵读《观经》，时人称其为“喻弥陀”。

有严（1021—1101），幼年出家，后依本如。他对止观的不思议境的理解是：“万法唯一心，心外无一法，心法不可得，故名妙三千。”这种理解显然受了禅学的

①《释门正统》卷六、《佛祖统纪》卷十三。

②《释门正统》卷七《道渊传》。

影响。他持戒严谨，注重净土，《佛祖统纪》谓其：“蓄一钵，无长物，躬拾薪汲水，食唯三白（乳酪米饭三种白净之物）。毗尼条章轻重等，护二十年，专事净业以安养，为故乡作《怀净土诗》八章，辞情凄切，人多乐颂。常时所修三昧，多获瑞应。”① 有严的言行可以说是反映本派僧人整体面貌的一个缩影。他们在传承天台法系的同时，把观心法门与禅学、念佛求生净土和忏法等密切融合在了一起。另外，他们在个人生活方面一般都持戒近乎苛刻，在做佛事方面都很虔诚，并且有吸引信众的神异瑞应。

梵臻一支是天台宗法系传承最长久者，宋代以后的天台宗人大多出自此系。梵臻生卒年不详，钱塘人，初名有臻，因常居南屏山，故号南屏。早年从学于知礼，皇祐三年（1051）住上天竺寺，熙宁五年（1072）移居南屏山兴教寺。他以知识渊博、擅长讲演、博闻强识著名。与其交往密切的苏轼曾说：“吾尝与语，凡经史群籍有遗忘，即应声诵之。”② 至于他的思想，并没有继承知礼，所以志磐说：“南屏晚见法智，其所立义，有时而违。”③ 梵臻的弟子慈辩从谏（1034—1109），先从学于上天竺寺的辩才元净（1011—1091）3 年，后按照辩才的指示，投到梵臻门下。从谏一生历住明庆、净住、处州（今丽水）寿圣、南屏、上天竺等寺院，晚年退居寿圣。高丽僧统义天来华，师事于从谏，归国后奉他为高丽天台宗初祖。

从谏之下分为两支，其一是弟子慧觉齐玉一支，其二是车溪择卿一支。齐玉（1071—1129）在杭、嘉、湖等地住持过多处寺院，每到一地，都要结净土社，率领僧俗信众念佛。他经常告诉信徒：“我等未念佛之时，其心在常处诸根，随逐诸尘，作诸不善。”因此，“若不系念弥陀，苦难难拔。称佛名故，于念念中除八十亿劫生死之罪。”④ 齐玉倡导净土，不仅仅是为了来生，他把今生所做的一切不善的事情，都归结于不念佛。念佛不仅是解决往生的问题，也是解决今生苦难的手段。在他看来，只要念佛，就能避免做不善的事，这也就是不作苦业，也就消除了人生苦难的根源。齐玉自觉地把修净土作为主业，把它放置在“观心”法门之上。

齐玉的弟子法久，反对“胶于章句，鼓于颊舌”的义理之学，倾心于禅学。他与大慧宗杲关系密切，经常到径山求教。宗杲劝他，“教苑人稀，宜勉力弘传，以

---

①《佛祖统纪》卷十二。

②《佛祖统纪》卷十二《梵臻》。

③《佛祖统纪》卷十三《会贤传·述》。

④《佛祖统纪》卷十四《齐玉传》。

光祖道”。绍兴十三年（1143），他住持余姚清修寺，按照禅宗寺院规制安排寺院。而他的弘教风格被认为是有宗杲之风，时人称他“谈禅于教苑”。[①]

择卿（1055—1108）对于知礼的学说有一个明确表态：“四明所弘奥义深旨，吾悉得之，唯起教观，信之不足，但不敢不信耳。”[②]“教观”乃是四明之学的核心内容，作为本系的后代嗣法宗师尚且不能真正相信，那么，天台本宗有特点的学说，自然也就不可能在佛教思想界处于主流地位了。正是基于这种认识，择卿在30岁之后就“废书卷而坐禅”了。择卿弟子有竹庵可观（1092—1182），也曾从学于齐玉，是两宋之际著述较多的天台僧人，著有《楞严经题集解补注》、《兰盆补注》、《金刚通论》、《竹庵录》、《山家义苑》等。可观传北峰宗印（1148—1213），元代知名的天台僧人都出自这一系。

第三节　净土信仰与实践

一、净土信仰发展的特点

在宋代禅宗组织规模和禅学思想不断发展的同时，净土信仰也以前所未有的势头兴盛起来，形成与禅学相互促动的另一股信仰思潮。

就禅宗的基本思想而言，它主张自证自悟，否定外部力量的拯救。禅宗否定传统的偶像崇拜、不重戒律等，在一定程度上损害了佛教的道德形象，也削弱了其宗教信仰功能。禅学不能满足人们寻求神灵拯救的需要，也不能满足人们对后世或来世的寄托。就所依赖的社会阶层而言，在不同的社会历史环境中，禅宗分别适应两个社会阶层。在宋代社会平稳发展的时期，促动它发展的主要社会力量是有较高文化修养的士大夫阶层，这是导致禅宗出现新变化的重要社会原因。在社会动荡时期，禅宗满足了聚集一地的流民的生活需要，这是山林禅宗勃兴的社会基础。禅宗自耕自食、自我拯救的教义，是小农经济生产方式的宗教反映。对于在和平年代的更大数量的一般民众，也就是被某些禅宗僧人斥为“愚夫愚妇”者，禅显然就不能

①《佛祖统纪》卷十五《法久传》。《释门正统》卷七《法久传》。
②《佛祖统纪》卷十四《择卿传》。《释门正统》卷六《择卿传》。

满足他们的精神需要。正是禅宗理论内在的顽强理性精神，为净土信仰的广泛流行铺平了道路。

从纯宗教目的来说，人们对于净土信仰的追求，实际上是对救世主的呼唤，是对消除现实苦难的企盼，是对百年之后获得圆满美妙归宿的憧憬。这些精神追求，都是禅学所不能满足的。法忠在《南岳山弥陀塔记》中讲了一位信奉西方净土者的例子："信士郑子隆者，夙怀善种，悲念特发，观斯罹乱之苦，知怨业之有对也。……唯佛力可以拯济也。乃运精诚，结同志者万人，共念西方极乐世界阿弥陀佛尊号。"① 这正说明了人们信仰净土的一个重要原因。

宋代净土信仰的兴盛表现在许多方面。第一，倡导和实践净土信仰开始成为各个宗派僧众的共识。就佛教内部而言，无论是禅宗、华严宗、天台宗以及律宗的有影响人物，还是一般僧众，大多有净土信仰，或接受某种学说，或奉行某种行仪。志磐的《佛祖统纪》将宋代僧人 75 位列入《往生高僧传》，表明当时可作为信奉净土信仰表率人物的数量之多。著书宣扬历代净土信仰榜样的人，既有出家僧人，也有在家居士。有影响的著作如遵式的《往生西方略传》、戒珠的《净土往生传》、王古的《新修往生传》、陆世寿的《净土宝珠集》等，都是为信仰、宣扬和实践净土的代表人物树碑立传。

第二，净土学说多渠道、多层面展开，其社会功能进一步扩大。

在从古印度传入的佛教经典中，宣扬净土信仰的典籍不少，而在唐代中国僧人的注疏著作中提出的净土种类就更繁多了。就其影响和普及程度而言，以崇奉阿弥陀佛的西方净土说最为流行，这种情况到了宋代依然没有变化。自北宋初年开始，在佛教界这种西方净土学说与各派学说广泛融合的潮流中，一些原本与净土信仰相互矛盾、对立和抵牾的学说，也开始发生明显改变。属于西方净土信仰系统的各种净土说教不仅普遍流行于各派僧人中，而且通过他们广泛传播于社会各阶层。宋代倡导净土信仰的代表人物，自觉把整理净土学说与适应士大夫和一般信众的生活需要，与有利于社会的稳定、有利于建立社会秩序结合起来。宋代出现的创新性质的净土学说，成为重新整合佛教各派理论的手段和工具，从而又加快了佛教各派相互融合的步伐。

在佛教各派学说融合发展的基础上，出现了多种自成体系的净土学说，分别属

①《乐邦文类》卷三。

于禅宗系统、华严系统、天台系统和律宗系统。这些净土信仰一般并不是孤立地以某一类经典为依据组织起来，而是具有吸纳融合多种因素的特点，不但远远超出了佛教译籍的学说范围，也超出了唐代注疏的论证范围。它们之间既有冲突，又有融合。

在净土学说和实践的多样化发展过程中，有一个突出的共性，就是无论出自哪一个宗派的净土信仰，无论以哪一派的教理为依据的净土思想，都在理论和实践上与本于弥陀经典的西方净土内容有着千丝万缕的联系。这是西方净土思潮广泛流行于社会各阶层的直接反映。各派净土学说所依据的基本理论、所崇拜的信仰对象、所确定的修行内容、所树立的修行目的，都与传统的净土经典存在差别，具有适应社会需要的创新性质。

第三，以净土信仰为纽带的僧俗结社运动风起云涌，贯穿于整个宋代。

当时僧俗结社现象很普遍，名目繁多，种类不少，但不全是净土结社。其中，有以禅学为纽带的结社活动。佛印了元（1032—1098）与理学家关系密切，曾与周敦颐结“青松社”，被推为社主。他们“相与讲道，为方外友”，有“青松已约为禅社”的美谈。名僧晓莹指出：“公（指周敦颐）虽为穷理之学，而推佛印为社主，苟道不同，岂能相与为谋耶?”[①] 这种结社规模比较小，是以谈禅论道为主要活动。另外，根据《大慧年谱》记载，绍兴二十七年（1157）“师率八万四千人，结般若胜会。人出缗钱，余竭衣盂，以成岁入，用赡斋厨”。这种般若胜会也属于佛教结社，而且规模很大。结社还有以念诵某些经典为主的。例如，陆伟“中年厌世念佛，率众结法华、华严二社，各百许人。其法，各人在家诵经一卷，月终就寺读诵，终日而散。如是二十年，遂成大会”[②]。

宋代流行最广、影响最大的佛教结社，是以净土信仰为纽带的僧俗结社。宋代净土结社运动从以杭州为中心的江浙一带兴起，影响到北方的京畿地区。以净土信仰为纽带的结社名目繁多，其规模之大，延续时间之长，传播速度之快，也是历史上所罕见的。有些结社组织始终是地方性质的，影响仅限于一地；有些结社组织则成员遍布朝野，影响遍及全国。创建和参与各类结社的人员，在僧团之外有朝廷的达官显宦，有各级地方官吏，有一般士人，更有广大下层民众；在佛教内部有各宗

①《云卧记谭》卷上。

②《佛祖统纪》卷二十八。

派的领袖人物，地方名寺的住持，也有一般的僧众。由名僧和达官显贵组织的结社很多，例如省常在西湖昭庆寺创建的“净行社”，遵式在四明宝云寺设立的“念佛会”，知礼在明州延庆寺建立的“念佛施戒会”，本如在东掖山能仁精舍创建的“白莲社”，等等。

由于净土结社活动相当普及，一些小寺院的住持或一般僧众，甚至有佛教信仰的平民，也在地方上发起或参加净土结社。例如，延庆寺住持惠询慕庐山慧远念佛结社故事，结 18 人“为念佛三昧西归莲社”[①]；华亭超果寺灵照“每岁开净土会七日，道俗二万人”与会[②]；若愚“建无量寿阁，劝道俗四季开会念佛，凡三十年”；中立“常以净业诱人，其徒介然创十六观堂，为东州之冠，实师勉之也”；思照“于月二十三日率道俗系念三圣，常及千圣”，道言“大集道俗念佛”[③]。这些念佛结社有些发展的规模很大，延续的时间也很长。

另外，也有达官显宦发起或资助念佛结社。钱象祖“问道于保宁全无用，尤以净土真修为念，尝于乡州建接待十处，皆以净土、极乐等名之，创止庵、高僧寮，为延僧谈道之所”；昝定国“常念佛，读净土诸经，结西归社以劝人。……三、八集僧俗，就净土院讽《观经》、念佛以为常”[④]；文彦博兼译经润文使时，“在京与净严禅师结僧俗十万人念佛，为往生净土之愿”[⑤]。一些地方富裕地主，发起的结社规模之大，持续时间之长，也是很可观的。姚约“觉海友师劝里人结净业社，约实主其事”，与社中友人日日念佛，以期往生。[⑥]

各种净土结社中，大部分社团在发展过程中始终得到国家的默许、羁縻甚至支持，也得到佛教内部非社团僧众的认可。个别社团在发展过程中背离了佛教的基本教条，引起地方治安问题，既被正统佛教宗派斥为“魔道”，又受到朝廷的镇压。

净土信仰的纯宗教行仪内容，是以口念阿弥陀佛名号，对佛忏悔、发愿往生西方净土世界为主要内容。但是，作为结社活动，其目的就不仅仅如此。赞宁在《僧事略》卷下说：“历代以来，成就僧寺为法会，社也。社之法，以众轻成一重，济

---

①《乐邦文类》卷二。
②《佛祖统纪》卷二十八。
③上引均见《佛祖统纪》卷二十七。
④上引均见《佛祖统纪》卷二十八。
⑤《佛祖统纪》卷四十五。
⑥《佛祖统纪》卷二十八。

事成功，莫近于社。今之结社，共作福田；条约严明，逾于公法。行人互相激励，勤于修证，则社有生善之大功矣。"[①] 结社有着佛教修行的目的，希望通过集体的力量来增强修行的功效，又有壮大僧团经济实力的重要作用。另外，还对稳定社会秩序有利。赞宁对结社作用的归纳，反映了当时人们对僧俗结社的一般看法。但是，随着净土结社运动的发展，出现了新的情况，净土结社的作用就复杂多了。

第四，净土结社在发展过程中还产生了民间的秘密教团，在宋代最有影响的是白莲教、白云宗等。其中，白莲教的兴起与净土结社活动有更直接的关系。

南宋初年，江苏吴郡延祥院僧人茅子元先学习天台宗教义，修习止观禅法，后仿效庐山慧远结莲社的做法，"劝人皈依三宝，受持五戒"，"又念阿弥陀佛五声，以证五戒，普结净缘，欲令世人净五根，得五力，出五浊"。[②] 他摘录《大藏经》中的有关内容，编成《莲宗晨朝忏仪》，教人礼佛忏悔，专念弥陀，同生净土。后住淀山湖，建立"莲宗忏堂"，与大众同修净业，并著《西行集》，自称"白莲导师"。由于白莲宗倡导不杀生、不饮酒、断肉食菜，所以又名"白莲菜"。

按照茅子元的说法，"此土但有信愿念佛，不断烦恼，不舍家缘，不修禅定，临命终时，弥陀接引，皆得往生净土。"[③] 茅子元以未来的佛国世界为号召，并且认为不需要修什么禅定，也用不着舍弃家庭生活，僧徒可以娶妻生子，并不妨碍修行，就可以得到一切。这对一般乡镇民众是很有吸引力的。然而，到此为止，白莲宗的活动还没有超出一般净土结社的范围。绍兴初年，当局曾因白莲宗"宗风大振"，"愚夫愚妇转相诳诱，聚落田里皆乐其妄"[④]，以"食菜事魔"的罪名流配茅子元于江州。所谓"食菜"不但不是什么罪过，还是信守佛教戒律的表现，但是，"事魔"的确是不能被宽恕的罪过。所谓"事魔"，主要指白莲宗"劝诸男女同修净业"[⑤]，甚至搞男女淫乱活动。这不仅为正统佛教徒所不齿，也是官方所不容的。进入元代以后，白莲宗的部分徒众转向反抗少数民族统治的斗争，有了政治色彩，也一再被元王朝下令禁止。

第五，随着宋代净土信仰在社会各阶层的普及，净土的宗派传承法系开始编

---

①《大宋僧事略》卷下。《结社法集》。

②《庐山莲宗宝鉴》卷四。

③《庐山莲宗宝鉴》卷二。

④《佛祖统纪》卷四十八。

⑤《释门正统》卷四。

排，成为净土创宗建派过程中的一项重要内容。

净土宗的立宗之说是在南宋后期出现的，由天台宗人提出来。四明宗晓（1151—1214）以庐山慧远为莲社始祖，这几乎是宋代主张净土信仰的僧俗人士的共识，所以对此不仅当时在佛教界没有异议，在后代也没有反对意见。其次是善导、法照、少康、省常、宗赜五位法师，这是净土宗的六祖说。[①] 稍后，四明知磐又立七代祖师：慧远、善导、承远、法照、少康、延寿、省常，这是净土宗的七祖说。[②] 确定的祖师虽然有差别，但把净土作为与隋唐时期产生的其他佛教宗派并列的一个宗派，是得到当时佛教界和社会信众广泛认同的。

无论是宗晓还是志磐，选择祖师的原则都是一样的，是选取对弘扬净土法门有贡献的人，并不在乎其所属宗派，也不问师承关系。这与其他宗派的形成完全不同，反映了本宗信仰的多样性特征。宋代之后佛教界又在此基础上添加祖师，选取原则也是这样。明清之际，立祩宏为净土八祖。清道光年间，悟开更立智旭为九祖、实贤为十祖，际醒为十一祖。[③]

二、西方净土与唯心净土的对立与融合

宋代以前，无论在佛教界还是在社会一般民众中，西方净土信仰是各种净土学说中影响最大、流行最广的一种。西方净土信仰的内容，源自隋代以前相继翻译出的四部经典（后代习称“三经一论”），即曹魏康僧铠所译的《无量寿经》（又称《大无量寿经》）2 卷，刘宋畺良耶舍所译的《观无量寿经》1 卷，姚秦鸠摩罗什所译的《阿弥陀经》（又称《小无量寿经》）1 卷，元魏菩提流支所译的《往生论》（全名为《无量寿经优婆提舍愿生偈》）1 卷。

这些经论的主要内容，是通过神话传说，描述佛国世界的无限美妙，介绍现实世界众生到达那里的方法。据说，西方有一个名为“极乐”的国度，那是相距遥远的一方“净土”（佛国），那里的众生只有享乐没有痛苦。人们如果真心按照佛教的要求修善持戒，或思念那里的教主阿弥陀佛，甚至只是念诵“南无阿弥陀佛”，就可以获得灭罪消灾的功效，死后往生到那里，享受人间难以想象的极乐生活。从

①《乐邦文类》卷三。
②《佛祖统纪》卷二十六《净土立教志》。
③《莲宗正传》。

南北朝到隋唐，注疏宣传这些经典的学僧有多家，促进了净土信仰的流行和普及，其中影响较大者有善导（613—681）。他初步完成了净土信仰的教理和行仪。

净土信仰在理论上的特点，是强调修行者依凭佛力的拯救，追求来世的幸福和解脱。按照这种说教，信奉者以称名念佛为主要内容的修行活动构成“内因”，阿弥陀佛拯救众生的愿力构成“外缘”，内外相应，修行者就可以往生净土。就其修行规定而言，简单易行，远胜于其他宗派的修行规定。西方净土真实存在、佛有拯救众生的能力、来世可以解脱，是净土学说成立的前提条件。在解脱论上，净土信仰与佛教其他派别存在分歧，尤其与禅宗的理论直接对立。

在各种净土学说中，除了西方净土之外，最有影响的就是禅宗的唯心净土理论。禅宗认为，自我具足一切，佛教中所有美好的东西都存在于自己的心中，因此，觉悟和解脱只能依靠自己的努力来完成，不能凭借任何外部力量达到，所谓“识心见性，自成佛道”。《六祖坛经》对西方净土的态度十分鲜明，可以说是禅宗对西方净土信仰的最早、最有系统并且是最有影响的理论，确定了此后禅宗净土学说演变的基调。根据一般认为成书不迟于宋初，并且保持古本原貌的敦煌本《坛经》记述，当有人问对于“僧俗常念阿弥陀佛，愿往生西方”这个现象应该怎样理解时，慧能回答：

> 世尊在舍卫城说西方引化，经文分明，去此不远。只为下根说远，说近只缘上智。人有两种，法无两般。迷悟有殊，见有迟速。迷人念佛生彼，悟者自净其心。所以佛言：随其心净则佛土净。使君，东方人但净心即无罪，西方人心不净亦有愆，迷人愿生东方。①

古本全书错漏较多，所幸此段文字除了最后一句外，其余部分文字可以读通，意思也大体清楚。对照更晚出的《坛经》本子，意思就更清楚了。成书于元代至元二十八年（1291）的宗宝本《坛经》，对于慧能答语相关部分的记述是：

> 世尊在舍卫城中说西方引化，经文分明，去此不远。若论相说里数，有十万八千，即身中十恶八邪，便是说远。说远为其下根，说近为其上智。人有两种，法无两般。迷悟有殊，见有迟疾。迷人念佛，求生于彼，悟人自净其心。所以佛言：随其心净，即佛土净。使君，东方人但心净即无罪。虽西方人，心不净亦有

①敦煌本引文见杨曾文：《六祖坛经》，宗教文化出版社，2001 年 5 月版，第 43～44 页。

愆。东方人造罪，念佛求生西方，西方人造罪，念佛求生何国？凡愚不了自性，不识身中净土，愿东愿西，悟人在处一般。

成书于宋初的敦煌本《坛经》与成书于元代的宗宝本《坛经》相比较，可以看到，尽管字句有差异，但是基本思想没有变，即否定净土世界的实存，倡导自力解脱。禅宗并不直接否定净土类典籍，但是经过它的解释，实际上是否定了在人身之外有一个实存的净土世界，取消了人们所希望的死后归宿。在禅宗看来，关于西方净土的说法不过是一种比喻，是为素质低下的人讲的。距离西方净土的“十万八千”，只不过是指“十恶八邪”，并不是真正的空间概念。禅宗所讲的唯心净土，全盘否定了西方净土信仰的主要学说要素。

宋代倡导净土信仰的著名禅师，大多在理论上坚持本宗的唯心净土说。在这些禅师中，延寿倡导净土信仰影响较大，并被禅宗以外的僧人奉为净土宗祖师。他的特点是在坚持唯心净土的前提下主张禅净双修，对净土信仰的态度是比较温和的。

根据慧洪《禅林僧宝传》记载，延寿（904—975），俗姓王，余杭人。28岁时为华亭（今江苏松江）镇将。34岁出家，曾于天台山净修禅定，参谒天台德韶，从其受法，成为法眼宗弟子。后到明州雪窦山，住持资圣寺。宋太祖建隆元年（960），吴越王钱俶请其住持杭州灵隐山新寺。第二年，又请其住持永明寺（今杭州西湖净慈寺），“众至二千人，时号慈氏下生”。高丽国王远慕其名，遣使奉书，叙弟子礼，前来从学于延寿的高丽僧人有36位。延寿的主要著作有《宗镜录》100卷、《万善同归集》3卷、《唯心诀》1卷，另有一些诗文。

宋代法眼宗并不是在开拓禅学新形式、提出禅学新思想方面有创造，而是以延寿为代表，在倡导佛教内部各宗融合、主张禅宗僧人兼修净土两个方面有所建树，并且影响着宋代禅学的发展趋向。延寿在理论和实践上兼容并蓄，有着使禅学失去独立性的特征，所以宋代的禅史学家们已经对他有不同的看法。例如，慧洪把他视为法眼宗祖师，[①] 赞宁把他列入《兴福篇》，志磐则把他奉为净土宗祖师。

禅师倡导禅教的融合，从唐代就已经开始，被奉为禅宗祖师和华严宗祖师的宗密就是著名代表。这种主张禅教融合的思想在唐代也得到士大夫的积极回应。延寿针对五代时期禅宗界出现的新情况，对禅教融合思想有了进一步发挥。《宗镜录》

①《禅林僧宝传》卷九《永明知觉禅师》。

是延寿论证禅教融合、禅教一致的代表作，在历代众多以论证禅宗诸宗派融合为主旨的著作中，引证资料之丰富，篇幅之巨，影响之久远，还没有超出本书的。根据慧洪《林间录》的记载，本书是集中精于义学的贤首、慈恩和天台三家学者参与讨论，由延寿以“心宗”为准绳审定编辑而成。本书征引大乘佛教经典120种、祖师语录120种、圣贤集60种，旨在通过这种广征博引、多番问答，达到“举一心为宗，照万法如镜”，即用禅宗理论统摄全部佛教的目的。延寿融合禅教的特点就是在坚持禅宗基本理论的基础上，用法相宗证成万法唯识，用华严宗明万行的必要，用天台宗检约身心、去恶从善，从而使一切经教全部纳入禅宗领域。延寿的理论，实际上是宣布纯然一色的禅宗时代的结束，宣布综合性禅学时代的来临，而这正是宋代及其以后禅宗的演变方向，所以影响深远。清代雍正在整顿当时的禅宗时就特别称赞延寿，认为他“超出历代诸古德之上”，并且说“六祖以后永明为古今第一大善知识”。

延寿影响后世的第二个重要思想是倡导禅宗僧人兼修净土法门。正如延寿在倡导禅教融合时坚持禅宗基本理论一样，他在倡导兼修净土时也坚持禅宗的唯心净土。他在回答有关唯心净土和西方净土的关系时讲得很明白：

> 问：唯心净土，周遍十方，何得托质莲台，寄形安养？而兴取舍之念，岂达无生之门；欣厌情生，何成平等？
>
> 答：唯心佛土者，了心方生。……故知，识心，方生唯心净土；著境，只堕所缘境中。既明因果无差，乃知心外无法。
>
> 问：心外无法，佛不去来，何有见佛，及来迎之事？
>
> 答：唯心念佛，以唯心观，遍该万法。既了境唯心，了心即佛，故随所念，无非佛矣。如是念佛，此喻唯心所作，即有而空，故无来去。又如幻非实，则心佛两亡；而不无幻相，则不坏心佛，空有无隔，即无去来。①

延寿调和这两种完全不同的说法，认为唯心净土是“识心方生”时的提法，是从“唯识无境”得知“诸佛及一切法皆唯心量”中产生的结论，一旦“净土”这个境界由心产生，以此为所缘，就要堕于所缘境中，这就是西方净土。佛说二谛，无俗不真，西方净土属于俗谛，处在因果之中，若不信其实有，就是“断见”。因此，

①《万善同归集》卷上。

他调和两种“净土”的结果，是要肯定西方净土的实在性，让净土名正言顺地进入禅宗领域。

宋代批评唯心净土，倡导西方净土的僧俗人士不少，王日休是其中的一位著名代表。王日休（？—1173），字虚中，号龙舒居士，庐州龙舒（今安徽舒城）人。高宗朝成为国学进士，著有《龙舒净土文》12 卷（原著 10 卷，后人增为 12 卷）。他不仅身体力行修习念佛法门，而且积极劝诱各阶层人士信仰西方净土的学说和实践。“上自王公、士大夫，下至屠丐、僮奴、皂隶、优妓之属，咸以净土法门劝引归依。其文浅说曲喻，至详至恳，若父兄之教子弟然。”[①] 他批评禅宗唯心净土的言论是比较激烈的：

> 世有专于参禅者云：唯心净土，岂复更有净土；自性阿弥，不必更见阿弥。此言似是而非也。何则？西方净土，有理有迹。论其理，则能净其心，故一切皆净，诚为唯心净土矣。论其迹，则实有极乐世界，佛叮咛详复言之，岂妄语哉！
>
> 吾心可以为净土，而猝未能为净土；吾性可以为阿弥，而猝未能为阿弥。乌得忽净土而不修，舍阿弥而不欲见乎？故修西方而得道则甚易，若止在此世界，欲参禅悟性，超佛越祖，为甚难。况修净土者，不碍于参禅，何参禅者必薄净土而不修也？
>
> 唯心净土、自性弥陀者，大而不要，高而不切，修未到者，误人多矣。不若脚踏实地，持诵修行，则人人必生净土，径脱轮回，与虚言无实者天地相远矣。[②]

王日休对唯心净土与西方净土关系的说明，对唯心净土的驳难，有三点值得注意。

其一，树立西方净土法门的权威。唯心净土从道理上讲有合理性的一面，即自净其心可以达到一切皆净的功效。因此，他并不否认转变观念，净化心灵的重要性。但是，净心并不能否认西方净土世界的实际存在，它并不是存在于心中。同时，西方净土世界的实际存在，也并不妨碍禅净双修，应该承认禅是和净土同样的佛教法门。

其二，树立往生净土者的权威。西方净土的实际存在，虽然是就“迹”而言，

---

①《居士传》卷三十三。

②《龙舒净土文》卷一。

但是进入西方净土世界，并不是堕入所缘境中，而是超脱生死轮回，达到终极的解脱。因此，不能说西方净土是俗谛，是处于因果轮回之中，所谓“人人必生净土，径脱轮回”。在他看来，“生净土”就是“脱轮回”。这是他的一贯思想。他指出：“唯有西方净土，最能为超脱轮回之捷径。”① “生净土者非徒长生不老，又生死自如”，“欲生天上亦可，欲生人间亦可，欲生大富贵中亦可，欲长生不灭亦可，欲灭而复生亦可”②。往生净土者可以不受生死因果的支配，可以随心所欲地改变一切，实际上，“生净土”就成了“成佛”的同义语。这种说法虽然在净土类经典中没有直接依据，但是宋代倡导净土信仰的代表人物大多有这种认识。因此，无论参禅还是修净土，都可以成佛。

其三，树立佛的权威，贬低禅者的自大狂妄意识。大而无当，容易使人走入歧途，修行者个人努力的作用是很重要，但是又决不能凌驾于佛的力量之上。

宋代以前，包括禅宗在内的各派学僧都提出了本派的净土说，有反对西方净土的，也有支持的，也有把西方净土作为多种净土之一承认它的存在的。但是，从理论和实践上全面协调净土与其他佛教派别教理的关系，还没有形成潮流。

三、《华严经》与净土结社

净土信仰在宋代士人中很流行。宋初，省常依据《华严经·净行品》弘扬净土，创造了华严信仰与净土信仰融合的一种形态，在佛教界和社会各阶层影响深远，并得到士大夫的广泛响应。

省常（959—1020），俗姓颜，字造微，钱塘人。7岁离家入寺，15岁落发，师从吴越副僧统圆明志兴为师，17岁受具足戒，20岁学通性宗，21岁讲《起信论》。雍熙（984—987）中，在僧众中传播文殊菩萨信仰。淳化（990—994）中，省常住杭州南昭庆寺，仿效东晋慧远庐山莲社故事，在西湖边刻无量寿佛像，联络僧俗结莲社。不久，他看到《华严经·净行品》为“成圣之宗要”，即将莲社改名为“净行社”。③ 参加净行社的僧人千余名，士大夫123人，以王旦（957—1017）为社首。此后净行社规模扩大，影响南北各地。仅《圆宗文类》卷二十二便收朝廷达

①《龙舒增广净土文》卷三。
②《龙舒增广净土文》卷二。
③《佛祖统纪》卷二十七。

官所作序、碑四篇。

淳化二年（991），苏易简（958—997）撰《施华严经·净行品序》。此时是净行社的初创时期。省常先联络80位僧人（结八十僧社），印《净行品》1000份，让僧俗人士四处散发。在东京的苏易简也于当年收到1份，可见传播速度之快、范围之广。

景德三年（1006），丁谓（966—1037）作《西湖结社诗序》，此时是净行社得到京城士大夫纷纷响应的兴盛时期。省常邀请京城的士人赠诗入社，"自是贵有位者，闻师之请愿入者十八九。故三公四辅、枢密禁林、西垣之辞人、东观之史官、洎台省素有称望之士，咸寄诗以为结社之盟文"。

大中祥符二年（1009），钱易撰《西湖昭庆寺结净行社集总序》，总结了前一阶段"上自丞相宥密，下及省阁名公"以及数以百计的士人"争投文以求为社中人"的盛况。

宋代士人经世多作两手准备。宦海浮沉，变幻莫测，他们往往到佛教中寻找精神寄托。这是宋代士人接受净土信仰的主要原因，也是他们接受禅学和华严学的主要原因。入净行社的士人活动于太宗、真宗和仁宗三朝，处于北宋前期，社会比较稳定。在此之后，随着民族矛盾的加剧，统治集团内部斗争的激烈，忧患意识与颓废情绪在士大夫中同步增强，"林泉其心"的特点就更突出了。

宋白（936—1012）在《大宋杭州西湖昭庆寺结社碑铭并序》（简称《结社碑铭》）中，对省常倡导的净土信仰的具体内容有详细记述。省常先"刺血和墨，书写真经（即《大方广佛华严经·净行品》）"，然后把书写成的《净行品》印1000册，分发僧俗。"又以旃檀香造毗卢像，结八十僧同为一社"。等到"经像成"，即对经和像发愿："我与八十比丘，一千大众，始从今日，发菩提心，穷未来际，行菩萨行愿，尽此报已，生安养国，顿入法界，圆悟无生。修习十种波罗密多，亲近无数真善知识，身光遍照，令诸有情，得念佛三昧，如大势至；闻声救苦，令诸有情，获十四无畏，如观世音；修广大无边行愿海，犹如普贤；开微妙甚深智慧门，犹如妙德；边际智满，渐次补佛处，犹如弥勒；至成佛时，若身若土，如阿弥陀。"

《净行品》篇幅不长，主要讲菩萨在家和出家修行的各个方面，可以同时为僧俗信徒所使用。要特别指出的是，此品译文有"孝事父母"等儒家伦理的内容，具有向社会各阶层推广的优势。从宋白的记载来看，省常倡导的净土修行内容要更广泛，不限于此品所述，其主要特点有三：

第一，崇拜对象的融合。在佛教几类主要典籍中、几个较大派别的学说中，都有特定的佛菩萨信仰体系与各自的学说理论密切联系，而省常是把净土经典和华严经典中讲的佛菩萨混合起来，共同作为崇拜对象。这里有华严宗从《华严经》中概括出来的“华严三圣”：毗卢遮那佛、普贤和文殊（即文中的“妙德”），有净土宗从净土经典中概括出来的“西方三圣”：阿弥陀佛、大势至和观世音，还加入了弥勒经典中讲的未来佛弥勒。省常所崇拜的主佛是毗卢遮那，并雕造成像。为了“令诸有情”达到解脱，使用诸位佛菩萨原本具有的诸种功能，正是进行这种崇拜对象融合的目的。

第二，修行内容的融合。省常要求入社者所修的“十种波罗密多”、“亲近无数真善知识”等，是《华严经》的修行内容，至于“闻声救苦”之类，则是净土类经典讲的内容。在修行内容方面，省常也是把华严典籍和净土典籍混合在一起，共同作为成佛的条件。

第三，修行目的的融合。从修行归宿上讲，省常希望“生安养国，顿入法界”。所谓“生安养国”，指死后进入西方极乐世界，这是净土宗人的修行目的。所谓“顿入法界”，是进入佛的境界，并无东西方位之分，也没有生前死后之别，这是华严宗人的修行目的。省常不问两者的区别，把两者共同作为“成佛”的同义语使用。其实，省常倡导的这种多元复合性质的净土信仰，虽然依据了《华严经》的经文，虽然吸收了华严宗的佛菩萨信仰对象，却并不是建立在华严核心理论基础上的系统学说。同样，它也不是照搬净土经典的内容。这种净土信仰与已有的佛教经论相抵牾处很多，且十分明显，但这些不但无人指责，反而具有惊人的号召力和感染力。

据宋白说，省常的说教“士人闻之，则务贞廉，息贪暴，填刑网，矜人民；释子闻之，则勤课诵，谨斋戒，习禅谛，悟苦空；职司闻之，则慕宽仁，畏罪业，尊长吏，庇家属；众庶闻之，则耳苦辛，乐贫贱，精伎业，惧宪章；善者闻之而迁善，恶者闻之而舍恶”。[①] 是否有这样的作用自然值得怀疑，但省常的净土信仰广泛流行于社会各阶层则不容置疑。这种净土说“能感人心”，适应当时社会的需要，具有生命力，至于是否严密、深刻、系统，是否与佛教传统经论有违，都是无人过问的次要问题。从这种信仰的盛行，可以看到宋代佛教融合的一个侧面，可以了解

---

①上引均见《圆宗文类》卷二十二。

华严典籍与净土信仰混合的一种形态。

四、义和的华严净土说

北宋省常依《华严经》弘扬净土信仰，并没有吸收《华严经》中提到的净土信佛法门，其学说也不是建立在华严宗理论基础上。南宋初，义和撰《华严念佛三昧无尽灯》，倡华严净土信仰，是华严学僧对社会上普遍流行的净土信仰的回应。

义和，号圆澄，又被称为“圆证大师”，曾住平江（今江苏吴县）能仁寺和杭州慧因寺。义和注重华严典籍的收集、整理和流通。绍兴十五年（1145），他请准将华严宗典籍编入大藏经。绍兴十九年（1149），刊刻《法藏和尚传》。他把从高丽搜集的智俨、法藏的著作重新雕版，以广流传。他本人有影响的著作是《华严念佛三昧无尽灯》（简称《无尽灯记》）1卷，据说宋孝宗读后“大悦”。该书已佚，序文存于《乐邦文类》卷四，据此可以了解义和华严净土说的概要。

该序写于乾道元年（1165）。义和指出作《华严念佛无尽灯》的原因：“某晚年退席平江能仁，遍搜净土传录与诸论赞，未尝有华严圆融念佛法门，盖巴歌和众，雪曲应稀，无足道者。呜呼！不思议法门，散乎大经与疏记之中，无闻于世，离此别求，何异北辙而之楚耶？于是备录法门，著为一编。”按照义和的说法，《华严经》和华严诸祖的注疏中不是没有念佛法门，而是写传录和作论赞的人没有注意到或不懂而没有收集。他作《无尽灯记》，是要把散于经疏中的念佛法门汇集起来。义和自述的撰书原因和目的，与《佛祖统纪》所述完全不同。志磐说，义和因“阅净土传录，以《华严》部中未有显扬念佛法门者，乃著《无尽灯》，以此经宗旨遍赞西方，为念佛往生之法”①。

从现存的序言来看，志磐的记载并不符合实际情况。首先，义和并不认为《华严经》中没有念佛法门，《无尽灯》正是要汇集其中的念佛法门。其次，义和并不是要以《华严经》宗旨说明西方净土信仰，而是要阐述与西方净土说不相同的“华严圆融念佛法门”，是华严系统的念佛法门。

义和分别从《华严经》和华严诸祖著作中寻找念佛法门，表明他明确把《华严经》的学说与华严宗的学说区分开来，这不仅在宋代华严研究中少见，在整个佛教学说研究史上也不多见。他指出：

---

①《佛祖统纪》卷二十九。

至于善财证入法界，参诸知识，最初吉祥云比丘，教以无碍智慧念佛门；又解脱长者，教以唯心念佛门；又普遍吉净光夜神，教以观德相念佛门。其后华严诸祖虑念佛者莫得其要，于善知识解脱门中复说诸门，意使诸佛与众生交彻，净土与秽土融通，法法彼此该收，尘尘悉包遍法界，相即相入，无碍圆融。倘等（得）其门，则等诸佛于一朝；不得其门，则徒修因于旷劫。①

义和从《入法界品》中找到三种念佛法门，他如何具体解释它们不得而知，但很明显他也意识到这三种念佛法门既与西方净土不相配，也与华严教义挂不上钩。所以他又转述华严诸祖的言论引申发挥，实际上是把华严宗倡导的圆融无碍、相即相入境界作为净土境界，这与净土类经典讲的西方极乐世界的场面自然不是一回事。但是，义和又从多方面与净土信仰的理论和实践联系。净土修行历来被称为“易行道”，以简便易修著称，而义和则认为：“唯华严观行，得圆至功于顷刻，见佛境于尘毛。诸佛心内众生，新新作佛；众生心中诸佛，念念证真，至简至易。”②修华严念佛法门，可以在瞬间成佛，不用等到死后，比西方念佛法门更简便易行。义和认为，他作此书的目的，是要“使见闻者不动步而归净土，安俟阶梯！非思量而证弥陀，岂存言念”！这样一来，义和的念佛法门不仅否定净土存在于西方，在理论上与西方净土信仰相矛盾，而且在修行实践上也不与其调和。因为，修西方净土法门，要求修行者口中念佛的名号，心里想佛的形象，而义和讲“非思量”和“岂存言念”，就完全否定了口念心想的实践过程。

净土信仰不但在佛教译籍中有不少论述，中国佛教主要宗派也对其各有独特说明。就唐代华严注疏言，李通玄《新华严经合论》卷六即列有10种“净土法门”，分别论述、评判其高下优劣。大体说来，所有的净土学说可以分为两类：其一，“有相”净土，认为净土解脱世界实存，不以人的意志为转移，人们可以通过特定的修行，在特定的时间到达这个彼岸世界。唐宋时期及其后最流行的西方阿弥陀佛净土信仰即属此类。其二，“无相”净土，净土不是独立实存的某个地方，而是一种获得解脱的精神境界，如果说它存在，它就存在于人们的心中。禅宗的唯心净土是其重要代表。在佛教史上，各派对净土在理论上认识不一致，在修行实践上大多主张调和。无论认为净土在“心外”，还是在“心内”，对口念佛名、心想佛形

①义和：《华严念佛三昧无尽灯序》，见《乐邦文类》卷四。

②《华严念佛三昧无尽灯序》。

（或相关的抽象义理）并不反对。“不动步而归净土”自然是否定西方净土的，这也不是义和的创造。义和的特点是在修行方式上也不与西方净土信仰调和，这自然特别引起人们的注意。范成大（1126—1193）在乾道三年（1167）写的《无尽灯后跋》中专门强调这一点：“念佛三昧，深广微密，世但以音声为佛事，此书既出，当有知津者。”①

然而，面对僧俗各界普遍接受西方净土信仰的形势，义和在倡导华严净土时不得不妥协让步。“虽然诸佛拔苦救乐之心一也，不思议力一也，唯西方弥陀世尊接引娑婆众生，愿力偏重，即本师故。是以流通经中，普贤行愿，独指弥陀，极为至切。”② 华严宗以毗卢遮那为至尊佛，西方净土信仰以阿弥陀佛为教主，义和的净土说虽然建立在华严宗学说的基础上，但在树立最高崇拜对象方面，他比不依据华严宗教理倡导净土说的省常离华严宗更远。

---

①范成大：《无尽灯后跋》，见《乐邦文类》卷四。

②《华严念佛无尽灯序》，见《乐邦文类》卷四。

第四章

辽 金 佛 教

第一节　辽代佛教

一、佛教政策与寺院经济

耶律阿保机领导居住于辽河流域的契丹人，于907年建立了统一的大契丹国。947年，改国号为大辽，建都于今内蒙古巴林左旗南，称为“皇都”，后改为“上京”。983年，恢复旧国号。1066年，再称“大辽国”。其版图曾东起黑龙江口，西至阿尔泰山，北达克鲁伦河，南到雁门关。1125年，辽为金所灭，前后经历九帝210年。

辽朝建国之前，契丹人没有佛教信仰。随着对外征服战争的扩大，契丹人接触到汉族和女真族的佛教。为了使被掳掠的汉民能够在迁徙地稳定生活，契丹统治者开始容许佛教的存在和发展。这种适应开拓疆域需要而采取的宗教政策，是从辽太祖（907—926）开始的。

据说早在唐天复二年（902），阿保机占领河北、河东九郡，将占领地的汉民全部迁徙于潢河（今西拉木伦河）之南的龙化州（今内蒙古翁牛特旗西部），为了安抚和稳定被迁徙的汉民，在建造城池、设置州县的同时，也建立了佛教寺院——开教寺，这被认为是辽地第一座寺院。当时，寺院由被俘虏的汉族僧人住持，信奉者也是汉族信众。采用这样的措施，既可以防止僧人因为没有寺院居住而逃跑，又能保留被迁徙汉人的原有宗教信仰，有利于社会的稳定。在为安置被迁徙的汉人所建的“汉城”中，往往要建立孔庙、祠堂、佛寺等，是全盘汉化的模式，是把汉文化复制到了辽地。当时佛教传播速度很快，唐天祐（905—907）末年，在都城西楼南边的汉城中，“有佛寺三，僧尼千人。国人号阿保机为天皇王”。[1] 天显二年（927），契丹统治者将俘获的僧人崇文等50人迁徙到都城西楼，安置于专门建造的天雄寺。

随着受汉族文化影响的日益加深，佛教信仰也逐渐在契丹贵族阶层中间流行。从耶律阿保机开始，辽廷已经不再把信奉佛教看成是汉人的事情，而是开始自觉地效法唐代帝王的奉佛故事，利用佛教为其政治服务。阿保机即位的第三年（909）夏四月，诏命左仆射韩知古在龙化州大广寺建碑，以纪功德。神册三年（918）五月，又下诏建立佛寺。

阿保机对儒、释的看法，实际上与唐代帝王基本相同。神册元年（916），阿保机问群臣：“受命之君，当事天敬神。有大功德者，朕欲祀之，何先?”群臣认为应当以佛为先。阿保机说：“佛非中国教。”太子倍回答：“孔子大圣，万世所尊，宜先。”阿保机予以肯定。[2] 儒教为第一，但并不排斥佛教，可见佛教在当时契丹贵族中的地位。可以说，在阿保机时期，已经奠定了契丹人信仰佛教的基础。

辽太宗（927—947）会同元年（938），契丹贵族取得燕云十六州。当这些佛教兴盛地区被纳入辽朝版图之后，就有了真正意义上的辽朝佛教。也正是在这个时期，佛教信仰开始渗透到契丹人的宗教生活和政治生活中，与契丹人的原有宗教信仰相互融合。根据《辽史》卷四十九《礼志》记载：“太宗幸幽州大悲阁，迁白衣观音像，建庙木叶山，尊为家神，于拜山仪过树之后，增诣菩萨堂仪一节，然后拜神，非胡剌可汗之故也。”改变契丹的祖宗家法，改变旧的风俗，把“白衣观音”奉为“家神”，使契丹王族的拜山仪有了新的祭祀程序和方式。把佛教崇拜对象纳入辽王朝的崇拜体系之中，反映了契丹王族信奉佛教程度的逐步加深。

世宗、穆宗和景宗（947—982）三朝，辽代佛教逐步发展起来，而圣宗、兴宗和道宗（982—1101）三朝，则是辽代佛教的百年兴盛时期。就历代帝王对佛教的

①薛居正：《旧五代史》卷七十二。
②《辽史》卷七十二《义宗记》。

态度而言，基本上走了一条从信佛到佞佛的发展路线。特别是道宗耶律洪基（1055—1101），对佛教的尊崇、沉醉和痴迷尤为突出。道宗本人在即位之前就学习过梵文，并且很有研究，所谓“有若生知，殊非性习”。他不但广泛阅读儒、释经典，撰写佛教方面的著作，而且有观行的实践，所谓“阅儒籍则畅礼乐诗书之旨，研释典则该性相权实之宗。至教之三十二乘，早赜妙义；杂华之一百千颂，亲制雄词。修观行以精融，入顿乘而邃悟”。他研究儒、释的目的，则是“欲使玄风，兼扶盛世”[①]。他积极主张用儒教和佛教的道德规范教化人民，“十善治民，五常训物”。道宗对佛教经典的重视程度，可以和梁武帝相比。他对《华严经》的痴迷，就是一个例证。根据《辽史·道宗本纪》中的资料，咸雍四年（1068）二月，他颁行自己撰写的《华严经赞》；咸雍八年（1072）七月，颁行自己书写的“华严五颂”。他还著有《华严经随品赞》等。太康元年（1075），他曾命皇太子写佛书。

从时间上讲，辽代佛教与北宋佛教大体相当；从来源上讲，都是接续唐五代的佛教，受域外佛教传入因素的影响不大。然而，在不同的社会背景下、在不同的文化环境中，辽代佛教在许多方面呈现出与北宋佛教完全不同的特点，寺院经济的发展就是一个重要方面。

辽地的第一座寺院，就是在王朝的直接支持下建立起来的。有辽一代的寺院经济，始终是在王室、贵族大量施舍的示范效应下，通过社会各阶层广泛参与捐资而发达起来的。支撑辽代寺院经济基础有三大因素：其一，从朝廷到达官显宦和一般富豪的大量施舍捐献；其二，寺院二税户制度；其三，社会民众以结社形式参与寺院佛事。

辽代寺院大多有相当规模的地产，其主要来源是社会的捐献，特别是辽朝帝室、贵族的大量施舍。例如，圣宗次女秦越长公主舍南京（今北京）私宅，建大昊天寺，同时施舍田地百顷、民户百家，其女懿德皇后又施舍钱 13 万贯。兰陵郡夫人萧氏施中京（今内蒙大名城）静安寺土地 3 000 顷、谷 1 万石、钱 2 000 贯、民户 50 家、牛 50 头、马 40 匹。权贵、功臣、地方富豪给寺院施舍庄田、农户、牲畜和钱粮，使寺院经济快速发展。还有些寺院，并没有直接获得朝廷或富豪的土地捐赐，而是通过社会捐献的钱财购买土地、置办庄园。

辽代寺院一般都比较富裕，僧尼生活优裕。特别是一些大寺院，的确可以说是

①赵孝严：《神变加持经义释演密钞引文》，《辽文汇》卷七。

富可敌国。在道宗（1055—1101）末年，政府财政困难，出现了寺院向国家捐献的现象。“至其末年，经费浩穰，鼓铸仍旧，国用不给，虽以海云佛寺千万之助，受而不拒。”①

皇帝赐予寺院寺额，是对寺院合法性的肯定。在兴宗（1031—1055）之前，皇帝并不给寺院随便颁赐寺额。例如，圣宗（982—1031）曾许诺为晋国公主的新建佛寺赐额，因为受到大臣谏阻而作罢。从兴宗开始，就不遵守这个规定了。“兴宗皇帝偶因巡幸，亦稽先太平间，赐号曰缙阳。”② 到道宗时期，给寺院赐额就很普遍了，甚至出现了一处寺院，两度由皇帝改名赐额的现象。例如，清宁四年（1058），特赐兴中府安德州的一处寺院为“净觉”；咸雍六年（1070），又赐名“灵岩”。咸雍六年（1070），给知涿州军州事耶律昌允之妻兰陵郡夫人萧氏自建的一佛寺赐名静安寺。

把民户施于寺院，对寺院经济发展的影响尤其深远。原来属于领主的民户，都要把向国家交税数额的一半交于领主，他们被施舍给寺院以后，就将这半数税金上交寺院，他们也因此被称为寺院的“二税户”。据《金史》卷九十六《李宴传》，当时任御史中丞的李宴说：“辽主拨赐户民、俾输税于寺，岁久皆以为奴。”这是“二税户”的来源。他们原来是辽朝皇室或贵族的民户，被赏赐给寺院以后，逐渐沦为寺院的奴仆，社会地位十分低下。金代人往往把“二税户”产生的原因，与契丹贵族的佞佛联系起来考虑：

> 初，辽人佞佛尤甚，以良民赐诸寺，分其税一半输官，一半输寺，故谓二税户。辽亡僧多匿其实，抑为贱，有援左证以告者，有司各执以闻。上素知其事，故特免之。③

北魏时期，以官奴为“佛图户”，供寺院用于洒扫的日常劳动，并且向寺院纳粮。到唐代有了“两税户”的名称。如《唐会要》卷四十七载唐武宗会昌五年（845）灭佛时：“天下拆寺四千六百余所，还俗僧尼二十六万人，收充两税户。拆招提兰若四万余所，收膏腴上田数千万顷，收奴婢为两税户十五万人。”辽代是把良民赐予寺院为二税户，与上述不同。二税户受着双重压迫。到金世宗大定二十九

---

①《辽史》卷六十《食货志》。

②《辽史》卷七十九《室昉传》。

③《金史》卷四十六《食货志》。

年（1189）才废除二税户制度，这已经是辽朝灭亡60余年的事情，可见二税户制度在辽的影响。

民间对参与寺院兴办佛事积极性很高，时常组织起来，以结社的形式来参与，由此出现了所谓“千人邑社”的组织。“千人邑”这种结社组织在辽代以前的佛教史上没有出现过，在官方编撰的《辽史》中也没有提到，但是在辽代各地方寺院的碑铭中有大量的记载。这是一种以某个寺院为中心，以举办某些特定兴建工程和法事活动为内容，由民间信徒自发组织起来的社团。千人邑名义上是组织1000户人构成，但实际上“一千”并不是一个确数，并不是每一个邑社都有这样的规模。但有一点可以肯定，就是组织“千人邑”在辽代是相当普遍的现象。

千人邑的首领被称为“邑长”、“邑主”、“邑头”等，大多是寺院的住持，也有俗人信徒充当的现象。无论首领是僧人还是世俗信众，这种团体一般都隶属于寺院。有些邑社规模较大，具有一定的组织系统，在邑长之下，还设都维那、维那以及邑证、邑录等职，社员就是当地的居民。所有参与邑社的成员都是自愿的，并没有任何强制性的措施。

各种邑社由于建立的目的不同、规模不同，存在的时间长短也不同，但其内部的经济运作规定大同小异。以云居寺住持谦讽所组织的千人邑为例：

> 今之所纪，但以谦讽等同德经营，协力唱和，结一千人之社，一千人之心。春不妨耕，秋不妨获。立其信，导其教，无贫富后先，无贵贱老少，施有定例，纳有期，常贮于库司，补兹寺缺。①

由此记载可见，结社活动是以不妨碍农业生产为前提，以佛教信仰为纽带的；参加邑社的成员是自愿的；在邑社内部，所有成员一律平等；成员的义务是按照规定向寺院施舍，所有的捐献财物储备于寺库，以供寺用。

兴办的佛事不同，社邑的名称也不一样。如“念佛邑”，以定期聚会念诵阿弥陀佛名号，祈求往生西方极乐世界为主要内容；“舍利邑”，以举办安置佛舍利的法事、兴建某些建筑为主要活动；“经寺邑”，为了镌刻石经和修整寺院而组织的；“兜率邑”，信仰往生兜率天的信徒为共同修行而组织的；“太子诞邑”，为举办每年一度纪念佛诞辰活动而组织的；“供灯塔邑”，为供养寺院佛塔等建筑而组织的，

①王正：《重修范阳白带山云居寺碑》，见缪荃孙《辽文存》卷五。

等等。另外，寺院印刷和保存大藏经，由于规模较大，有时也组织邑社来操办。

邑社在辽代各地的广泛流行，反映了佛教信仰在民间的深入和普及，同时，也有力地促进了寺院经济的发展、佛事的盛行。由于寺院经济的强大、各社会阶层的广泛参与，寺院举办的佛事的规模也就越来越大、种类也就越来越多。随着佛教影响日益深入到各阶层的日常生活中，许多契丹习俗也就在这种情况下发生了变化。

从辽太宗开始，就把观音作为王族的保护神。此后的帝王对佛教的崇信程度不断加深，进一步刺激了佛教信仰在民间的流传。例如，妇女喜欢用黄粉涂面，称为“佛装”。契丹人无论男女贵贱，流行着使用佛教名词起小名的习俗，从宫廷到民间，这种做法都很盛行。其名或直接用佛、菩萨名，或直接用佛教的一些名词，更为常见的是在佛、菩萨名后加“女”、“奴”等字样。在辽王室中，有佛教小名的包括太子、公主、皇后，甚至连帝王也不例外。辽世宗的二女小名为“观音”；辽景宗（969—982）的二子小名为“普贤奴”，四子小名为“药师奴”，长女小名为“观音女”，二女小名为“长寿女”，三女小名为“延寿女”；圣宗（982—1031）的小名是“文殊奴”，他的仁德皇后萧氏小名为“菩萨”。佛诞日是佛教的节日，在佛教信仰广泛普及社会各阶层的情况下，也成为辽朝从京城到地方的全国性节日。《辽史》卷五十三《礼志》记载：“二月八日①为悉达太子生辰，京府及诸州雕木为像，仪仗百戏导从，循城为乐。”

二、僧侣地位与文化事业

辽代佛教僧人的社会地位和政治地位空前提高，他们所享有的某些特权，只有以后元代的喇嘛教僧人可以相比。

辽王朝并没有设置专门管理宗教的机构和官吏，而任命僧官往往与帝王个人喜好有关。辽朝对僧人的封官赐爵始于景宗（969—983），盛于兴宗、道宗。保宁六年（974）十二月，诏命昭敏为三京诸道僧尼都总管加兼侍中，这是辽代封僧人官职的开始。正因为如此，景宗被认为是辽代诸帝中第一位佞佛者。如果说“三京诸道僧尼都总管”还是属于僧官，那么兼任的“侍中”就不属于僧官了。后世对此

---

①佛诞日《辽史》记为二月八日，其他记为四月八日，《元史》二〇二《释老传》记为三月八日。关于佛诞日的最详细和权威的考证，见于魏源的《海国图志》卷七十二《历法异同表》。

予以斥责："沙门昭敏，以左道乱德，宠以侍中，不亦惑乎？"①

兴宗耶律宗真是一位"好名，喜变更，又溺于浮屠法"② 的皇帝。他本人也于重熙七年（1038）受戒。兴宗大量兴建寺塔，铸造金银佛像，组织整理编刻大藏经，举办佛事供僧。尤其重要的是，兴宗给僧侣封以高官显爵，如重熙十九年（1050）春正月，为僧慧鉴加"检校太尉"。"僧有正拜三公、三师兼政事令者，凡二十人，贵戚望族化之，多舍男女为僧尼。如王纲、姚景熙、冯立辈皆道流中人，曾遇帝于微行，后皆任显官。"③ 辽代的官职承袭唐代，以太尉、司徒、司空为三公，以太师、太傅、太保为三师，政事令相当于唐代的中书令。道宗任命的僧官也较多。根据《辽史·道宗本纪》，清宁年间（1055—1064），有僧守臻、精修、智清等加司徒、司空。咸雍年间（1065—1074），有守志、志福为司徒，圆释、法钧为司空。

辽代帝王的这些做法，助长了全社会的崇佛风气，影响到朝野上下各个阶层，故而民间愿意出家为僧尼的人很多。咸雍八年（1072）三月，"长春、泰、宁江等三州，三千余人愿为僧尼，受具足戒。诏许之"④。

辽代几乎每一个帝王都把"饭僧"作为一项功德善事。饭僧也称"斋僧"，即为僧人提供饮食。辽代饭僧规模之大、次数之频繁，为唐宋王朝所不及。从景宗开始，就相信饭僧这种功德事的作用。圣宗统和四年（986），诏上京举办佛教法事一月，饭僧万人。特别是在道宗时，辽廷与各地方饭僧形成风气。据《辽史》卷二十三《道宗本纪》，太康四年"诸路奏饭僧尼三十六万"。辽王朝把饭僧作为一种功德善事，其主要目的是为帝后祈福、庆贺战功、超度阵亡将士、赈灾济贫等。这种大规模的饭僧不仅为前代所未见，也为后代所批评，批评其"一岁而饭僧三十六万，一日而祝发三千，徒勤小惠，蔑计大本，尚足与论治哉"⑤！道宗对佛教的态度和政策，被后世看作亡国的原因之一。

辽代帝王也利用佛教沟通与别国的关系，增进彼此往来。由于圣宗崇佛，属国也投其所好，如有载统和十九年（1001）春正月，回鹘进献梵僧。根据《辽史·道

①《辽史》卷九《景宗本纪赞》。

②《辽史》卷六十二《刑法志下》。

③《契丹国志》卷八。

④《辽史》卷二十三《道宗本纪》。

⑤《辽史》卷二十六《道宗本纪·赞》。

宗本纪》的记载，在对外关系方面，道宗也利用佛教沟通往来。咸雍三年（1067），西国遣使送达回鹘僧人、金佛像和梵文经典。咸雍八年（1072）十二月，赐高丽一套大藏经，影响了高丽大藏的再雕刻。太康九年（1083）十一月，诏僧善知校订高丽所进的佛经，并命颁行。寿昌元年（1095）十一月，西夏进贡多叶佛经。

由于寺院经济的膨胀、僧尼人数的激增，即使在圣宗之后帝王佞佛的背景下，辽廷也陆续颁布一些整顿佛教的禁令。从《辽史》卷十三、十五、十六的记载来看，统和九年（991）诏许私度僧尼。但是此禁一开，引起许多弊端，出现滥度之风，于是又在统和十五年（997）十月，诏诸山寺院毋滥度僧尼。从辽朝的绝大部分时间看，都是禁止私度、滥度僧尼。开泰四年（1015）十一月，汰东京僧。另外，还有禁止僧尼妄述祸福收取财物、禁僧燃身炼指、禁僧尼破戒等诏令颁布。道宗也提倡用佛教的戒律约束、整顿僧团。他允许在宫廷设坛传戒，形成讲习律学之风。太康五年（1079）九月，道宗诏令诸路不要禁止僧徒开坛。虽然辽朝廷先后颁布某些整顿佛教的措施，但总的说来对佛教是疏于控制的。

在辽代帝王大力支持和民间信众的广泛参与下，佛教文化事业也有了发展。其中有两个最显著的成就，即雕印的《辽藏》和续刻的“房山石经”。《辽藏》又称《契丹藏》、《丹藏》，是继我国第一部木刻本大藏经《开宝藏》之后的第二种大藏经。圣宗太平元年（1021），辽朝得到《开宝藏》的印本，激发起朝廷组织重新刻印藏经的愿望。《辽藏》于圣宗时代（982—1031）始刻，至道宗清宁八年（1062）完成。全藏以燕京为中心刻印，收经总数是1 414部，计6 054卷，579帙，在内容上尽量补充了《开宝藏》所缺少的写经。《辽藏》至少有两种不同的版本，一种版本是在山西应县木塔发现的印本所属的版本，是卷子装，每卷首尾均有经名卷次及千字文帙号，每版纸长50～55厘米，宽30厘米左右。经文四周有单线边框，框高22～24厘米。每版经文27～28行，每行17字。《辽藏》的另一种版本是在丰润县天宫寺塔发现的小字册装本，每册所含卷数不等，每页版心刻经名、卷次。每半页有版框，刻经文12行左右，每行30字左右。《辽藏》曾经送到高丽，对高丽大藏经再雕本的校补和订正有很大影响。同时，《辽藏》在整个中国刻藏史上也影响深远。它“继承了比较规范的统一的官写本大藏经的传统，而这种传统又为宋元以来各版大藏经所继承”①。

---

①上述内容参见李富华、何梅的《汉文佛教大藏经研究》相关部分。

涿州房山云居寺的石经雕刻开始于隋代，到了唐末一度中断。辽代的续刻工作分为两个阶段。第一个阶段是从圣宗太平七年（1027）到道宗清宁三年（1057），前后31年。这是由辽廷直接支持的阶段。太平七年，州官韩绍芳奏请续刻云居寺石经，获得圣宗批准，由政府拨款提供费用，并委派沙门可玄主持其事。到兴宗时，又增加拨款，扩大续刻规模。在这一时期，辽朝与北宋订立了澶渊之盟，战事日少，在相对和平的社会环境中，辽朝的经济实力不断增长，所以对佛教的财政支持力度也随之加大。这个阶段主要是把《般若》、《涅槃》、《华严》、《宝积》这四大部续刻完毕。总共刻经200卷，石碑600条。

第二阶段是在大安九年至十年（1093—1094）间，在没有官方支持的情况下，由民间自发进行的，只维持了2年。当时有僧人通理和他的弟子善定等，在云居寺发起授戒大法会，募集民间资金，续刻经44帙，4 850片石碑。辽代续刻房山石经，并不是为了预防天灾人祸，纯粹是为了接续静琬的事业，作为一件佛教功德事来做。

另外，行均所著《龙龛手鉴》比较有影响。本书4卷，成书于统和十五年（997），集佛教典籍中的字，作切韵训诂，计收26 430余字，注163 100余字。沈括《梦溪笔谈》卷十三记："幽州僧行均，集佛书中字为切韵训诂，凡十六万字，分四卷，号《龙龛手鉴》。燕僧智光为之序，甚有词辨。契丹重熙二年集。契丹书禁甚严，传入中国者法皆死。熙宁中，有自虏中得之，入傅钦之家。蒲传正帅浙西，取以镂版。其序文末旧题重熙二年五月序，蒲公削去之。观其字音韵次序皆有理法，后世殆不以其为燕人也。"从宋至清，提及此书者很多，褒贬不一。此书对研究辽代燕京地区的民俗语言很有价值。崇仁寺的希麟撰《续一切经音义》10卷，也是有价值的著作。

三、义学发展与显密圆通

从圣宗到道宗的一百余年间，是辽代佛教的义学兴盛期，各派义学的代表人物基本活跃在这个时期。辽王朝比较重视义学，各州府都选拔有学问的高僧为纲首，指导僧众学习，目的是要从讲（讲解佛经）、业（修持）、诵（读经）三方面提高僧人的佛学修养。这些措施，也在一定程度上促进了辽代佛教义学的发展。在辽代历史上，有侧重研究或弘扬净土、唯识和律的学僧，但数量不多。辽代佛学的主流，是密教和华严。

活动于兴宗、道宗两朝的纯慧非浊（？—1063）曾任上京管内都僧录，在宣传净土信仰方面有影响，撰有《随愿往生集》20 卷（已佚）、《三宝感应要略录》等。诠晓撰有《上生经疏会古通今新钞》、《随新钞科文》（现存残卷），他通唯识学，又撰《成唯识论详镜幽微新钞》17 卷（均不存）。以弘律或研究律学著名的僧人有多位，其中，守道曾应道宗之诏于内廷设置戒坛。此外，志远也曾主持内廷戒坛。非觉（1006—1077）住蓟州盘山普济寺，以律行闻名，任右街僧录判官。其弟子等伟（1051—1107）于寿昌二年（1096）在慧济寺讲律，为三学殿主，名重一时。法均于清宁年间（1055—1064）校定诸家章钞。燕京奉福寺国师圆融澄渊，撰《四分律删繁补阙行事钞详集记》14 卷。思孝撰《近住五戒仪》、《近住八戒仪》、《自誓受戒仪》各 1 卷，《发菩提心戒本》3 卷，《大乘忏悔仪》4 卷，都已经不存。思孝博通诸经，根据高丽《义天录》记载，他有《华严》、《法华》、《宝积》等许多经典的注疏之作。另外，沙门行琳辑《释教最上乘秘密陀罗陀尼集》30 卷；中京报恩传教寺诠圆通法大师法悟撰《释摩诃衍论赞玄疏》5 卷，《科》3 卷，《大科》1 卷；燕京归义寺纯慧守臻撰《通赞疏》10 卷，《科》3 卷，《大科》1 卷（已佚）；间山慈行志福撰《通玄钞》4 卷，《科》3 卷，《大科》1 卷。这些研究都是与华严、密教兴盛有关的。

山西五台山原来是华严学的研究基地，对辽境各地的佛学有较大影响。上京开龙寺圆通悟理大师鲜演，即以专门研究华严著名。撰写《华严悬谈抉择》6 卷，以阐扬澄观之说。道宗对华严学也有偏好，曾撰《华严经随品赞》10 卷。辽代华严学兴盛，不是表现在对唐代原有教义的创新方面，也不是表现在独立传播的范围扩大方面，而是表现在与密教的融合方面。辽代最著名的密教学问僧是精通华严的，而倡导显教和密教融合的学僧也是研究华严的学者。辽代华严学是在密教刺激下发达的。显教和密教的关系，在辽代实际上表现为华严和密教的关系。

辽代密教信仰广泛流行于社会各阶层。从皇室贵戚到士庶百姓，往往通过雕塑佛菩萨像、建塔造幢以及讽诵行持等活动，表达虔诚的信仰。密教的兴盛，显密之间的对立、冲突和融合，也正是在这种社会大背景下形成的。

辽代传译密教经典的代表，是来自中印度摩揭陀国的慈贤，他大约活动在圣宗到道宗时期。根据房山石经目录和《至元录》记载，慈贤共翻译了 9 部 13 卷密教经典，其中，陀罗尼经有五部五卷，即《大摧碎陀罗尼经》1 卷、《大佛顶陀罗尼经》1 卷、《大随求陀罗尼经》1 卷、《大悲心陀罗尼经》1 卷、《尊胜佛顶陀罗尼经》1 卷，新译瑜伽密典 4 部 8 卷，即《妙吉祥平等观门大教王经》5 卷、《妙吉祥平等观门大教王经略出护摩仪》1 卷、《妙吉祥平等瑜伽秘密观身成佛仪轨》1 卷、《如意轮莲华心观门仪》1 卷，其中后 4 部经典是重译本。当时，民间盛行的密法还有《准提咒》、《六字大明咒》、《八大菩萨曼陀罗经》等。

在辽朝各地传播密教的僧人很多，朝廷不但不加以禁止，而且对于传教有影响的还予以鼓励。据咸雍八年（1072）范阳王鼎所撰的《大辽蓟州神山云泉寺记》记载，志秘师徒在蓟州一带传播密教，远近皆信，很有影响。重熙九年（1040），本郡张从轸等百余人请志秘到家乡传教。志秘与弟子定远到神山，住云泉寺。他所行甚密，徒众很多。原来的一座荒废破落的云泉寺，由于志秘师徒的到来，香火旺盛。他重修寺院，建立道场，在正殿之内，设立八大菩萨曼陀罗坛场，以备归依。朝廷赐以云泉寺额，表示了对这种密教传播的支持。

在辽朝各地传播密教的僧人很多，既有外来僧人，也有本地僧人。在圣宗时，有西印度僧摩尼传无上瑜伽密教，著名弟子有觉苑。弘演及其弟子道广，在南京道武清、香河一带，以广济寺为基地传教，影响比较大。有学者根据《全辽文》统计，道宗时见于记载的密教僧人有涿州广因寺的奉振、守恩、智觉，房山云居寺的可成、季令，西京道缙阳寺的奉润，涿州石经寺的善慈、志莹等。[①] 辽代统治者对密教的重视和喜好，推动了密教在朝野的流行。当时的密教传播，也被认为有劝人弃恶从善的作用。宋璋在《广济寺佛殿记》中说，"或农商侣至，睹之者，生善而归；或渔猎人来，瞻之者，断恶而去"。

正是由于密教流传范围广、影响大，并且得到朝廷的支持，才引起了显教与密教之间的争论和冲突：

> 习显教者，且以空、有、禅、律而自违，不尽究竟之圆理；学密部者，但以坛、印、字、声而为法，未知秘奥之神宗。遂使显教密教矛盾而相攻，性宗相宗凿枘而难入。互成非毁，谤议之心生焉。[②]

显教指在汉地占主导潮流的所有教门和宗门诸派，包括华严、唯识、天台、净土、律宗和禅宗。密教则是指唐代建立的密宗，曾作为一个宗派兴盛一时，虽然很

①吕建福：《中国密教史》，中国社会科学出版社 1995 年版，第 472 页。
②陈觉：《显密圆通成佛心要集序》。

快衰落，但是它的许多影响还存在。它们之间的差别是明显的，所以相互攻击不可避免。显密冲突的结果，是两者的沟通和融合，融合的目的在于说明：“显密之两途，皆证圣之要津，入真之妙道”。在辽代佛教界，觉苑和道硕是倡导显密融合的两个代表。

觉苑活动在兴宗和道宗时期，幼年就学习密教，主要居住在燕京圆福寺，有燕京右街检校太保大卿、崇禄大夫、行崇禄卿等封职。兴宗组织雕刻大藏经，觉苑奉旨参加校勘工作，并发现了唐代一行的14卷《大日经义释》。此书湮没达300年之久，所以当时京城大臣和僧官100多人请求抄解。道宗降旨刊刻入藏，并且命朝廷大臣赵孝严亲自作序。觉苑先开讲本经，并作《大日经义释》的《科文》两种（已经失传）、《演密抄》10卷。

觉苑的《演密抄》分为两个部分：第一部分是“文前聊简”，相当于玄谈性质，也就是对全经的概括性论述。“文前聊简”分为六个小部分：一起教因缘，二藏教收摄，三说经会处，四禅教浅深，五明经宗趣，六翻译传通；第二部分是“依文正释”，是随文释义的性质，逐句或逐段解释所依据的文本。

觉苑是在继承一行学说的同时，重点吸收和融合华严思想。在判教问题上，他提出了显密五教说，实际上是在法藏以来华严宗的判教基础上，加上抬高密教地位的议论而形成的。“五教”是指：一小乘教，二始教（也名分教），三终教（亦名实教），四顿教，五圆教。他认为，圆教是宣传本来成佛思想的，可以分为两种，即显圆和密圆。《华严经》所讲的法界缘起境界，帝网重重，主伴具足，相即相入，一位即一切位，一切位即一位，等等都属于圆教。《大日经》也是讲这些内容的，所以与《华严经》同属圆教。觉苑多方面论证密教与华严学的一致性，其中，从观行方面看，《大日经》的字轮旋陀罗尼，以一字摄一切字，一切字全是一字，初后相摄，举一全收，横竖相该，一切法门，不离一字，全同于《华严经》的42字。从《金刚顶经》讲的观佛来看，“五部中的每一部都具有三十七尊，每一尊都成三十七尊，一尊与三十七尊的关系，也是一即一切，一切即一的关系”。

从觉苑沟通密教与华严的关系来看，其中的判教之说只是形式上的比附，只有华严法界缘起的核心内容，即“一即一切，无过不离，无法不同”的思想，才是沟通的实质性内容。这是自智俨《十玄门》开始就强调的核心内容，所以，密教与华严的融合，不是与《华严经》的融合，而是与华严宗思想的融合。从一定程度上说，觉苑所弘扬的密教，是用华严宗思想改造之后的密教。

道硕是五台山金河寺僧人[1]，大约活动在辽道宗时期。他通内外学，兼究禅律，后专弘密教，主要著作是《显密圆通心要集》（以下简称《心要集》）。《心要集》原作1卷，今本分为上下两卷。上卷主要内容有两个部分，分别讲显教心要和密教心要；下卷先是关于显密双辩，讲显密双修和密咒的十大功德，然后是庆遇述怀。

道硕讲的显教心要，包括五教判教和五法界观，以五法界观为心要。他讲的"五教"，实际上是承袭觉苑的观点，也是以华严五教判释方法来组织分类所有经典，把华严称为显圆，把诸部陀罗尼称为密圆。这两者没有高下优劣之分。但是，对于显密内部存在的诸宗诸教和不同经典，他并不认为是完全平等的。实际上，他所认为的平等，只存在于显教中的华严和密教中的准提咒上。前者是显教的心要、精髓，后者是密教的心要、精髓。

他所讲的法界观是：1. 诸法如梦幻观，2. 真如绝相观，3. 事理无碍观，4. 帝网无尽观，5. 无障碍法界观。很明显，前四观是仿自宗密开始定型的"四法界"。而第五观是加上去的，作为一个总纲来统摄。这个五重观法，不仅没有增加什么新内容，而且也不符合从理事关系展开的四法界成立逻辑，不过是为了迎合密教五部之数而加上的。

他所讲的密教心要，主要是印咒观法及其功能作用，以其中的准提经咒为心要。为什么要以准提经咒来统摄密教诸部，作为密教心法？有学者认为，原因有三：一是他自修密部，并没有师承，所以不可能摄取密不外泄的瑜伽密教诸法。二是他受善无畏译本的影响，认为准提真言总摄二十五部真言，在密藏之中为第一，是真言之母。三是他受法贤译本的影响，认为此经是龙树菩萨亲传，最有权威。[2]

从觉苑和道硕的思想来看，他们都是兼通密教和华严。他们的区别在于，觉苑是站在密教的立场上，吸收华严学的内容，在此基础上沟通两者的关系；道硕则是从华严的立场上讲显密的平等无差别。尽管他们有着这样的区别，但他们所重视的华严教义内容，却惊人地相同。他们所要吸收或突出的华严内容，不是来自《华严经》，而是来自华严宗的教理。其核心内容，就是从智俨在《华严一乘十玄门》开头就强调的内容，即"法界缘起"的内容："一即一切，无过不离，无法不同。"尽管他们引用的《华严经》语句不同，并且以引用澄观的著作内容为多，但是其核

①关于道硕所处的时代，各种史书中有不同记载；金河寺是否在山西五台山，学者中也有不同见解。

②参见吕建福：《中国密教史》，中国社会科学出版社1995年版，第488～489页。

心思想没有超出这个范围。他们虽然祖述善无畏、一行所传的胎藏系统，但是，由于吸收了华严宗的核心理论，已经成为带有时代特点的中国化的密教思想。这是在显密融合大背景下的产物。

第二节　金代佛教

一、金代诸帝与佛教

宋徽宗政和五年（1115），完颜阿骨打率领女真完颜部击败辽军，于会宁府（今黑龙江阿城县南）建立大金国。金天会五年（1125），金与宋军联合灭辽。第二年，金军攻占汴京，俘虏徽宗和钦宗，北宋灭亡。宋理宗端平二年（1235），金国在蒙古和南宋的联合进攻下灭亡。前后九帝，历120年。

女真族在建国之前就从高丽、渤海等周边地区接受了佛教信仰。建国之后，又接受了辽国的佛教，这是金朝初期佛教的主要成分。南下占领北宋都城汴京，进而把黄河流域以至淮水以北地区纳入版图之后，宋地的佛教就成为金代佛教的主体。至于佛教影响金代统治者，大约从金太宗完颜晟时期（1123—1135）开始。他将佛教进一步引入皇室宫廷，天会元年（1123），“帝于禁庭亲睹瑞光，光中现佛。即敕模像，殿庭供养。帝亲扫洒，每食跪献，累年无怠。每岁设会，斋僧万余”。[①] 这个记载的叙述未免有些夸张，但他供奉佛像于内廷是可信的。天会五年（1127），又迎旃檀像安置于燕京悯忠寺（今北京法源寺），并“建水陆法会七昼夜”[②]。天会年间（1123—1137），完颜晟还诏令善祥于山西应州建净土寺。皇后则为海慧法师于燕京建大延圣寺，以后改名为大圣安寺，始终是燕京的著名寺院。与加强对黄河以北地区控制的政策相配合，金王朝以后陆续在河北、山西一带大量建寺造塔，促进了佛教在金统治区的发展。

熙宗完颜亶（1135—1149）时期，南部边境已经拓展到淮水以北，典章制度迅速汉化。在积极提倡尊孔读经的同时，金统治者也加大了扶植佛教的力度。熙宗优

---

①《佛祖历代通载》卷十九。
②《佛祖历代通载》卷二十。

礼名僧海慧（？—1145）、清慧、悟铢（？—1154）等。太子生日，“诏海慧大师于上京（今会宁市）宫侧，创造大储庆寺，普度僧尼”，并由海慧任大储庆寺住持。他还“诏海慧、清慧二禅师住储庆寺，迎瑞像于本寺积庆阁中供养”。皇统五年（1145），海慧卒于上京，“帝偕后亲奉舍利，五处立塔，特谥佛觉佑国大禅师”①。悟铢则于皇统年间（1141—1149）被任命为中都右街僧录。

金天德五年（1153），海陵王完颜亮迁都燕京，志在灭宋，既轻视儒学，也限制佛教，佛教曾一度遭受打击。世宗完颜雍（1161）即位后，金代进入全盛期，重新开始尊孔崇儒，保护佛教。从1162年到1184年，世宗先后诏令在燕京建大庆寿寺，赐钱两万缗，良田20顷；在东京辽阳府建清安禅寺，度僧500；于仰山建栖隐寺，赐田若干，度僧万人。

世宗即位之初，曾因军费缺乏，采取北宋王朝的一些做法，出售度牒、紫衣、师号、寺额等，刺激了佛教队伍的迅速扩大。但是世宗更重视儒家伦理，对于佛教则很注意整顿管理，相继采取严禁民间私自建立寺院、防止僧侣逃避课役等措施。章宗完颜璟基本上继承了世宗的佛教政策，明昌四年（1193）诏请万松行秀入内廷说法，并亲自礼迎，内宫贵戚均罗拜拱跪，大量施舍珍宝，并建普度会。从承安二年（1197）以后，由于国家财政困难，恢复了出售度牒等，以便筹措经费。承安四年（1199），出于为太后追荐冥福的目的，敕令和龙府建大明寺，造九级浮图，度僧3万，施以度牒。根据《金史》卷九《章宗本纪》的记载，他于明昌年间（1190—1196）多次诏令整顿寺院僧尼，严禁民间私度僧尼，对在籍僧尼三年一考试，禁止僧尼出入王室贵族之家，规定僧尼必须参拜父母、行丧礼。金代统治者接受儒家文化影响的程度，要比辽代帝王更深。章宗之后，因蒙古人军事压力的增强，金王朝军费开支剧增，所以度牒、紫衣、师号、寺额的出售也更加广泛。

金代的有些寺院也和辽代一样，占有大量的土地，拥有巨额资产，其来源主要还是帝室、显贵的布施。有一部分辽代的旧寺院，在金代初期还保留着二税户制度。这种制度受到金代朝野上下的反对，经过世宗、章宗两度下诏免二税户为民，才最终消灭了这种制度。金代民间佛教结社，也有类似辽代的千人邑会。兴中府的三学寺是千人邑会，规定参加者每年十月须纳钱200、米半斗。这些捐献和施舍，成为维持寺院僧众的生活费用和举办各种法事的主要经济来源，是寺院经常性的稳

①《佛祖历代通载》卷二十。

定收入。由于寺院经济收入可观，故多举办社会福利事业，主要是施药和救济饥民等活动，并且得到官方的支持。在寺内设置药局，负责给贫民布施药物，首创于青州一辨，后来各地寺院纷纷效仿。一些经济实力雄厚的寺院，还参与典当行业牟利。

金代的佛教政策受宋王朝的影响较深，佛教思想也更多地与汉地相联系。"浮图之教，虽贵戚望族多舍男女为僧尼，唯禅多而律少。在京曰国师，帅府曰僧录、僧正，列郡曰都纲，县曰维那。披剃威仪，与南宋等。"① 总的说来，金代的政策使金地佛教逐渐消除辽代的残余影响，并逐步向宋地佛教靠拢。

金代民间佛教信仰的盛行，可以从大藏经的雕刻和印刷中反映出来。关于《金藏》的雕刻过程原来不清楚，但近年，在北京图书馆收藏的宋本《碛砂藏》印本"火"帙《大宝积经》卷二十九末，发现一则明永乐九年（1411）释善恢撰写的《最初敕赐弘教大师雕藏经版院记》，比较详细地记述了雕刻这部大藏经的过程。②

《金藏》是由私人募资雕刻的私版大藏经，始雕于金熙宗天眷年间（1138—1140），大约在大定十三年（1173）之后完成，所依据的底本是《开宝藏》，首倡者是潞州长子县（今山西长治）的崔法珍。她 13 岁断臂出家，立誓雕刻藏经，30 年间"同心协力"雕经者有杨惠温等 72 人，助缘雕经者还有刘法善等 50 余人。经版总数为 168113 片，收录经籍 6980 卷。《金藏》雕刻完成后，崔法珍等人印经一藏，于金大定十八年（1178）进献于朝廷，奉敕安置于大圣安寺。经版也于大定二十一年（1181）运到京城，安放在大昊天寺。朝廷还命有司遴选精通经典的沙门导遵等 5 人，校正这部藏经。金朝廷为了表彰崔法珍，准其在圣安寺落发为尼，并赐紫衣，号"弘法大师"。协助雕经的杨惠温等 72 人，也给度牒，并礼弘法大师为师。自从经版运到燕京之后，有明确记载的印经活动至少有两次，一次是在金大定二十九年（1189），一次是在金大安元年（1209）。在赵城发现的《金藏》，现存有 5000余卷，是我国宋元时代所刻各种大藏经中保存实物最多的一种，被作为当代重编的《中华大藏经》的底本使用。

民间佛教信仰的盛行，也促进了佛教建筑、雕刻、壁画等艺术形式的发展。现存的金代佛教建筑，尤以今天山西省境内为多。

①《大金国志》卷三十六。

②参见《汉文佛教大藏经研究》，第 98 ~ 100 页。

二、佛教概况与特点

金王朝的统辖地区包括了此前的辽地，佛教也有继承辽代佛教的因素。但同时受到宋朝的影响，佛教的派系结构和佛学思想发生了重要变化。密教与华严学不再成为显学，继承北宋传统的禅学成为佛学的主体。不但在佛教界，而且在有佛教信仰的士大夫中，三教融合也成为共识。金代居士李屏山（1185—1231）撰《鸣道集说》，集中批判宋儒的排佛言论，主张三教融合，在当时引起较大反响。李屏山曾经师从万松行秀，其思想也受到行秀的影响。从李屏山的著作来看，在论述三教关系，特别是儒释关系中所涉及的问题、所提出的观点等，都没有超出两宋学僧和士大夫考虑的范围。

受辽代佛教余波的影响，密教在民间还有流行，但是已经趋向衰微。金朝弘扬密教的知名人物很少，主要活动地区依然是山西五台山。根据《补续高僧传》卷十九记载，在五台山地区弘扬密教者法冲，大定（1161—1189）年中，曾到京城，与道士萧守真斗法，并获胜。闵宗大加赞赏，赐仪仗送归五台山，敕建万岁寺居之。又有名知玲者，曾从嵩山少林寺英公受总持法，后于皇统（1141—1149）中住河北盘山感化寺弘传密法。另外，来自北印度的密教僧人呼哈啰悉利等一行7人，曾到五台山、灵岩等地巡礼，并建有寺院。

金代以专业华严知名的学僧有几位，但都没有著作传世，其华严思想的具体内容不很清楚。其中，宝严于天德三年（1151）住上京兴正寺，两度开讲《华严》，据说听众达到500余人。义柔精通《华严》，当时被称为“华严法师”。另有惠寂法师，曾从汾州天宁寺的宝和尚学习《华严法界观》，后来到鄂城等地讲说。印度那烂陀寺的高僧苏陀室利，在85岁高龄时率领弟子7人航海来华。他虽然以精通《华严经》闻名，但来华后并没有宣讲，后逝于五台山。

燕京地区始终是金代佛教的中心，云集来自各地的有影响力的僧人。在燕京及其周边地区，活跃着一些弘扬净土信仰的僧人。其中，祖朗（1148—1222）是蓟州人，俗姓李，少年出家。大定年间，先后住持燕京的崇寿、香林等寺院。贞祐（1213—1217）年间，获赐“圆通大师”号。他每日诵阿弥陀佛名号数万声，受其感化的信众很多。广思在河北临城山建立净土道场，效法庐山慧远的故事，结白莲华会，带领僧俗信众修习念佛法门。除了这些专门弘扬净土的僧人之外，当时的禅师中，也多净土信仰者。

金代以戒行严谨著名的律师首先是悟铢（？—1154），他兼通经论，在燕京有很高的声誉。法律（1099—1166），于天眷三年（1140）住燕京净垢寺，皇统二年（1142）奉命普度僧尼10万人，后为平州三学律主。广恩（1195—1243），在邢州（今河北邢台）开元寺度僧千余人，著有《密莲集》。

金代的知名禅宗僧人较辽代为多，其禅学多受北宋佛教的影响。济南灵岩寺是北方禅宗的一个重要基地，黄龙系的净如（？—1141）在此传教。其弟子道询（1086—1142）也主要在灵岩寺活动，著有《示众广语》、《游方勘辨》、《颂古唱赞》等。另一个禅宗僧人聚集地是燕京。圆性（1104—1175）曾从学于汴梁的佛日禅师，于大定年间受请住持燕京潭柘寺，以复兴禅学为己任，有《语录》传世，弟子中有普照、了奇、圆悟、广温、觉本5人。广温（？—1162）也曾从学于燕京竹林寺的广慧，后来住河北蓟县盘山双峰寺。此后住持潭柘寺的禅师还有政言，著有《颂古》、《拈古》各百篇，《金刚经证道歌》、《金台录》、《真心说》、《修行十法门》等；相了（1134—1203），曾从懿州崇福寺的超公学习。另外，比较著名的禅师还有教亨（1150—1219），号虚明，济州任城（山东济宁）人，长期活动在嵩山一带，曾"五做道场"，后应金左丞相夹谷清臣的邀请，住持潭柘寺，晚年归少林，其弟子有宏相等人。郑州普照寺有道悟（1151—1205），等等。而在金代末年最有影响的禅派，则是曹洞宗的一支。

金代曹洞宗的传承源自鹿门自觉一系。自觉递传华严慧兰、常州一辨、大明僧宝、王山僧体、雪岩如满。在如满时期，此系还没有产生什么影响，到其弟子万松行秀时期，此支成为曹洞宗的代表，昌盛于金代末年及其以后。此支的佛教思想继承北宋禅宗，并且先后与金、元朝廷保持着密切关系。

行秀（1166—1246），河内之解（河南洛阳一带）人，俗姓蔡。15岁在邢州（河北邢台）净土寺出家，曾到磁州（河北磁县）大明寺参见曹洞宗僧人雪岩如满，成为其嗣法弟子。返回邢州净土寺后，他在寺旁建"万松轩"，由此有万松之号。不久，他应请住持中都（北京）万寿寺。

金章宗明昌四年（1193），行秀应诏赴内廷说法，受到章宗躬亲迎礼，后妃贵戚罗拜于前，各施珍财的隆重礼遇。承安二年（1197），应诏住持西山的仰山栖隐寺，后迁报恩寺，晚年退居报恩寺从容庵。

行秀在金元之交，以“儒释兼备，宗说精通，辩才无碍”[1] 著称，吸引了金、元众多的官僚和士大夫，尤其对契丹贵族后裔、儒学素养很高的耶律楚材（1190—1244）影响最大。在蒙古兵围燕京期间（1214—1215），作为金朝留守官员的耶律楚材，拜行秀为师；归元后，楚材为元朝的中书令，终其一生，都对行秀尊敬有加，称得上是佛教的内外护。

行秀的著作很多，除著名的《从容庵录》外，还有《请益录》6 卷、《祖灯录》62 卷，以及《释氏新闻》、《鸣道集》、《辨宗说》、《心经凤鸣》、《禅悦法喜集》等。行秀的门徒众多，得法者 120 人。他们中的许多人住持名刹，与元王朝有直接的联系，其中影响最大的有林泉从伦、华严至温和雪庭福裕。

林泉从伦（1223—1281），曾住持万寿寺和报恩寺。至元九年（1272），元世祖诏他入内廷说法，他“从容问辨，抵暮而退，帝大悦”。他引用《华严》、《楞伽》、《涅槃》等经典，说明禅就是“佛性”、“如来藏”。“达摩以来递代相传者，是如来清净禅也。”[2] 以此论证禅宗是佛教的正宗，禅与教经一致。至元十八年（1281），从伦奉旨在燕京悯忠寺主持焚烧道教经典，成为元初佛道斗争中佛教一派的代表。他著有《空谷集》和《虚堂集》，进一步推动了曹洞宗僧人诠释公案和颂古的风气。

华严至温（1217—1267），字其玉，号全一，邢州人，俗姓郝。幼年入寺，15 岁开始随行秀习禅，常年不离左右。后住京城华严寺，与继住报恩寺的从伦齐名。至温与刘秉忠幼年相交，经其推荐，“留王庭多有赞益”，“居三载遣还，出赐金资，日用不计其费”。忽必烈赐其号“佛国普安大禅师”，命他“总摄关西五路，河南、南京等路，太原府路，邢洺磁怀益等州僧尼之事”，他在保护和振兴这些地区的佛教方面起了重要作用。“凡僧之田庐见侵于豪富及他教者，皆力归之。”[3] 后代僧人评论这一时期曹洞宗时说：“今人独味万松评唱语，而不闻公（指至温）有回天之力。”[4]

雪庭福裕（1203—1270），太原文水（山西文水）人，俗姓张。22 岁出家，从学于行秀 10 年。金元交兵，嵩山少林寺遭到毁坏，福裕在行秀和印简的支持下，

---

①耶律楚材：《万松老人评唱天童觉和尚从容庵录序》。

②《五灯会元续略》卷一。

③《敕赐佛国普安温禅师塔铭》，见《佛祖历代通载》卷二十二。

④《南宋元明禅林僧宝传》卷七。

兴复禅宗祖庭。1248 年，奉诏住持和林兴国寺。后受宪宗召见，奉命“总领释教”，重建各地废毁寺院 236 处。他也是参加元初佛道论战的主要人物，受赐“光宗正辩”法号，并住持万寿寺。晚年退居嵩山。以后行秀一系曹洞宗的传承均出自福裕，并长期以河南嵩山少林寺为主要传法基地。

三、《从容庵录》与评唱之风

当圆悟克勤的《碧岩集》受到南方禅师普遍冷落的时候，金末元初的北方曹洞宗僧人则对它推崇备至，并极力仿效。行秀撰《从容庵录》于前，从伦作《空谷集》和《虚堂集》于后，纳评唱之风为曹洞宗风，从而影响了元代南北禅学的不同走向。

从伦的《空谷集》，全名《林泉老人评唱投子青和尚颂古空谷集》，6 卷，诠释投子义青的《颂古百则》。《虚堂集》，全名《林泉老人评唱丹霞淳禅师颂古虚堂集》，也是6 卷，诠释丹霞子淳的《颂古百则》。从伦在谈及他撰写这两部书的目的时说：“非敢与佛果、万松联鏣并驾于世，且傍邻舍试效颦者欤。”① 说其是“效颦”之作，当非自谦之词，它们的影响，也远不如《从容庵录》那样大。《从容庵录》一书，足够反映此宗评唱的特点。

《从容庵录》，全称《万松老人评唱天童觉和尚颂古从容庵录》，诠释天童正觉的《颂古百则》，有 6 卷和 3 卷两个版本。其中，每则公案和颂古组成一个部分，每部分包括五项内容，即示众、列举公案、列举颂古、公案和颂古中的夹注，以及它们之后的评唱，完全是效仿《碧岩集》的形式。每部分之前有四字的标题，比《碧岩集》的题目整齐，用语也生动。

关于《从容庵录》的成书过程，行秀曾说：“万松昔尝评唱，兵革以来，废其祖藁，迩来退居燕京报恩，旋筑蜗舍，榜曰‘从容庵’，图成书绪，适值湛然居士（耶律楚材）劝请成之。”② 行秀在蒙古太祖十七年（1222）接到耶律楚材的信，次年成书，第三年耶律楚材为此书作序。《从容庵录》是行秀整理多年讲解公案和颂古的旧稿而成，代表了他长期弘扬的曹洞禅风，也反映了金元北方统治集团对这种禅风的认可和赞赏。

①陆应阳：《林泉老人评唱投子、丹霞颂古总序》。

②《评唱天童从容庵录寄湛然居士书》。

行秀把《从容庵录》与同类著作进行比较指出："窃比佛果《碧岩集》，则篇篇皆有示众为备；窃比圆通《觉海录》，则句句未尝支离为完。"[1]《碧岩集》少部分没有示众一项，而《从容庵录》不缺，讲清每则的中心思想。《觉海录》对公案和颂古的讲解，有时支离不全，《从容庵录》则句句有解。行秀指出的这两个方面都是形式上的问题，而不是内容上的问题，表明他注重的是形式的完备，而不是内容的创新。

行秀曾指出他撰《从容庵录》的动机是："一则旌天童学海波澜，附会巧便；二则省学人检讨之功；三则露万松述而不作，非臆断也。"[2] 用"述而不作"和"省学人检讨之功"，以展示天童正觉的学识渊博，充分显示行秀以文字考证和诠释见长的特性。在这方面，《从容庵录》比之《碧岩集》是有过之而无不及。下面仅举一例说明。

《从容庵录》第八则是《百丈野狐》，说的是百丈怀海说法时总有一个老人前来听讲。一天，说法结束，众人散去，唯老人不走。怀海问他是什么人？老人说，他远在迦叶佛时期就居于此山，那时有人问他"大修行底人还落因果也无?"他回答"不落因果"。就因这句话，使他"堕野狐身五百生"。所以老人请怀海"代一转语"，以便脱去"野狐身"。怀海说了一句"不昧因果"，老人"言下大悟"。正觉据此"公案"作颂文曰：

> 一尺水，一丈波，五百生前不奈何。不落不昧商量也，依前撞入葛藤窠。阿呵呵，会也么？若是尔洒洒落落，不妨我哆哆和和。神歌社舞自成曲，拍手其间唱哩啰。

行秀即对上述公案和颂文的每一句都进行细致的考证和解释，这里仅举一例以见一斑。《从容庵录》解释"哆哆和和"说：

> 哆哆和和，婴儿言语，不真貌。又《法华释笺》云：多跺学行之相。婆和学语之声。《涅槃经》有病行婴儿行。有本云：婆婆和和。石室善道禅师云：涅槃十六行中，婴儿行为最。哆哆和和，时喻学道人离分别取舍心，与下神歌社舞皆一意也。

---

①《评唱天童从容庵录寄湛然居士书》。

②《评唱天童从容庵录寄湛然居士书》。

为了解释这一词，行秀考证了它的词源字义，又考察了它在佛教典籍中的用法，最后诠释正觉用在这段颂文中的含义，简直是禅宗用语的绝好词典。行秀就通过这种词典式的注解，达到令学道人“离分别取舍心”的禅学目的。

在将禅学引向考据学和诠释学方面，《从容庵录》与《碧岩集》相同，但行秀更增添了一项内容，那就是围绕公案，附会蔓衍，大篇幅地讲解儒道经典和有关神话。例如《从容庵录》第九则《南泉斩猫》，公案讲南泉普愿提起一只猫，对弟子说：“道得即不斩”，众皆不知所云，南泉就把猫斩却了。后来南泉将此事讲给赵州从谂，赵州听罢，脱下草鞋，顶在头上走出去。行秀联系正觉对此公案的颂文，评唱道：

> 赵州脱草鞋，头上戴出，果然此道未丧，知音可嘉。孔子云：天将未丧斯文也。看他师资道合，唱拍相随，无以为喻。谥法泉源流通曰禹，又受禅成功曰禹。《尚书·禹贡》：导河积石至于龙门。《淮南子》：共工氏兵强凶暴，而与尧帝争功，力穷触不周山而死，天柱为之折，女娲炼五色石补天。《列子》：阴阳失度名缺，炼五常之精名补。……南泉如大禹凿山透海，显出神通；赵州如女娲炼石补天，圆却话头。

从这里可以看到行秀所谓“附会巧便”，在很大程度上是借题发挥，传播儒道等传统文化，尤其是用大禹治水受禅和女娲炼石补天这类传说、神话譬喻禅师，是特别容易发古人之幽思的。

《从容庵录》的评唱，在文字考证、引用典籍、背离公案等方面，都比《碧岩集》走得更远，但却容易为不倾心于禅学，而又希望获得佛教知识的民众和官僚士大夫所接受。精通天文地理律历术数及释老医卜之说的耶律楚材，特别喜好此类评唱，就颇能说明问题。耶律楚材是元初儒学的积极倡导者，而志不得伸，心情的压抑，时时露于文字。当然，促发评唱之风盛行的主要原因，还是当时政治上需要将禅僧禁锢于书斋之中，以限制禅宗的活动范围和人数的发展。

第五章

元 代 佛 教

第一节　元代社会中佛教的地位

成吉思汗于 1206 年在漠北建国，经过半个多世纪，蒙古贵族完成全国统一。1271 年忽必烈定国号曰元。1279 年，南宋亡，元建都大都（北京）。

元朝结束了南宋、金、西夏、西辽、大理、吐蕃等政权长期分立的局面，建立起一个幅员辽阔的多民族国家，开拓出了中华民族生息繁衍的疆域。统一帝国的建立，加强了各民族的多方面联系，为各民族地区的政治、经济趋于平衡发展，为多民族文化的相互融合，提供了必要的社会条件。

蒙古贵族统治汉族及其他少数民族地区后，自身经历了对新的生产力方式的适应和调节过程；同时，奴隶制因素注入汉地封建制度中，也使得宋代发展起来的封建经济遭受挫折，走上迂回曲折的发展道路。蒙古少数民族上升为统治民族，采取了有别于唐、宋旧制的民族政策，形成了波及面深广的民族新格局。无论在政治结构、经济结构还是意识形态方面，元朝都呈现出新的特点。相对于辽、金两个少数民族建立的王朝，元朝统治对中国社会各方面发展变化的影响要深刻和久远得多。

元王朝按照族别的不同和地区被征服的先后，把全国人民划分为蒙古、色目、汉人和南人四个等级，在任用官吏、法律地位以及其他权利和义务等方面，对四等人有种种不平等的规定，在各族人民间的友好往来和文化融会中人为地制造障碍，直接波及民族心理和文化的分布。在这种民族等级制度下，流行于不同地区的宗教首次被官方放置在有民族等级优劣划分的前提下来考察。与此相应，儒释道三教在蒙元统治集团的直接干预下，经历了重新定位和排列，形成元代独特的意识形态结构。

民族因素，在元代突出地成为制约中国佛教发展演变的一个重要因素。由于信奉佛教的汉族等级低下，相应的汉地佛教在元代整个佛教体系中的地位受到前所未有的冲击。特别是由于南人处于最低等级，主要在南方流传的禅宗则更要受到影响。元王朝对民间宗教的政策，既不同于此前的唐宋，也不同于此后的明清，对正统佛教也有刺激作用。在新的社会环境中，佛教在寺院组织、派系结构、教理信仰和修行实践等许多方面发生了巨大变化，直接影响着中国佛教以后的发展方向。

一、喇嘛教的特权及其表现

从成吉思汗开始，蒙古贵族就制定了平等对待各民族宗教信仰，允许多种宗教并存的政策。蒙元贵族进入汉地之初，基本遵循着这样的既定方针。当时除佛教、道教、儒教、伊斯兰教以外，也里可温（天主教）、术忽（犹太教）也占有一席之地。宪宗蒙哥（1251—1259）在保护各种宗教的基础上，开始侧重扶植佛教。他说："今先生言道门最高，秀才人言儒门第一，迭屑人奉弥失诃言得升天，达失蛮叫空谢天赐与，细思根本，皆难与佛齐。"[①] 至忽必烈时期（1260—1294），根据国内的政治形势和藏传佛教的具体情况，元廷确定了依靠萨迦派、崇奉喇嘛教（藏传佛教）的宗教政策，直到元末没有根本改变。这个政策的形成，是有历史原因的。

1206 年，成吉思汗出兵西夏，由于西夏王室与萨迦派有联系，使他注意到卫藏地区。据说他曾致书萨迦寺的大喇嘛，表示尊重喇嘛教。[②] 窝阔台时期（1229—1241），经营西夏故地和藏族地区的阔端，也和成吉思汗一样，希望找到能够协助治理卫藏地区的宗教代理人。当他得知萨迦派是吐蕃佛教中有影响的教派时，便采取部下的建议，主动与该派首领联系。1244 年，阔端致函萨班，召其到凉州商谈卫藏地区归顺蒙古问题。萨班带领他的两个侄子八思巴（帕思巴）和恰那来到凉州，于 1247 年和阔端进行谈判，共同拟订了西藏归顺蒙古的协议。藏区的各派僧俗集

①《辨伪录》卷三。

②王森：《西藏佛教发展史略》，第 209 ~ 210 页。

团都很快同意了这些条件，正式归顺蒙古。经过萨班的努力，萨迦派取得了在藏区行政和宗教事务方面的领导地位。创立于11世纪的萨迦派，从此成为藏传佛教中最有政治势力和社会影响的一派。这种情况直到元朝灭亡才发生变化。

宪宗蒙哥即位后，授权忽必烈管理漠南蒙古和汉藏地区事务。忽必烈继续执行成吉思汗以来的政策，于1252年派人到凉州召见八思巴。1253年，八思巴到六盘山谒见忽必烈，遂留在忽必烈身边。这个事件为元朝建立后重用八思巴、进而崇奉喇嘛教奠定了基础。

元廷确立喇嘛教特权地位的重要标志之一是帝师制度的建立。中统元年（1260），忽必烈即位后封八思巴为国师；至元七年（1270），进封其为帝师。从此以后，历代皇帝奉藏传佛教萨迦派僧人为师成为元朝的一项制度。此即为帝师制度，是宋辽金三代所没有的。

帝师制度的建立和延续，与八思巴是分不开的。八思巴（1235—1280）是吐蕃萨斯嘉（西藏日喀则地区萨嘉县）人，童年时代接受了良好的佛学教育，“国人号之圣童”。元宪宗三年（1253），“年十有五，谒世祖于潜邸，与语，大悦，日见亲礼。中统元年（1260），世祖即位，尊为国师，授以金印。”① 不久，受命为蒙古族制造文字，至元六年（1269）颁行天下。这是八思巴对蒙古文化的一大贡献，他因此被“升号帝师、大宝法王，更赐玉印，统领诸国释教”②。至元十一年（1274），八思巴请求返回藏地，由其弟亦怜真接替其位。八思巴死后的赐号是“皇天之下一人之上宣文辅诏大圣至德普觉真智佑国如意大宝法王西天佛子大元帝师”，共36个字。八思巴有著述30余种，其中为世祖的太子真金讲的《彰所知论》最为流行。八思巴曾述《根本说一切有部出家授近圆羯磨仪轨》1卷。其著名弟子有胆巴、阿鲁浑萨里、沙罗巴、达益巴、迦鲁纳达思等。

在元代的历史上，八思巴始终得到元朝统治者的尊崇。英宗至治元年（1321）三月间，“建帝师八思巴寺于京师”，并且派遣使者赏赐八思巴家乡的僧人“金二百五十两，银二千二百两，袈裟二万（件），币、帛、幡、茶各有差”。③ 英宗还“敕建帝师殿碑”，按照碑文的说法，元世祖能够“德加于四海，泽洽于子孙……

①《元史》卷二〇二《释老传》。

②《佛祖历代通载》卷二十一《帝师行状》。

③《元史·英宗纪一》。

启沃天衷，克弘王度，实赖帝师之助焉”。这样的评价显然言过其实，但它反映了八思巴始终受到元王朝的尊崇，从而也从一个侧面反映了喇嘛教的持续兴盛。泰定元年（1324），元廷命令绘制八思巴画像颁发各行省，“为之塑像”①。

亦怜真任帝师六年，继任者是答儿麻八剌乞列。在此之后，“每帝师一人死，必自西域取一人为嗣，终元世无改焉”②。综合《元史》各处的零散记载，其后的帝师依次是亦摄思连真、乞剌斯八斡节儿、辇真监藏、相家班、相儿加思、公哥罗古罗思监藏班藏卜、旺出儿监藏、公哥列思八冲纳思监藏班藏卜、辇真吃剌失思。③这些历任帝师都出自萨迦派。

从八思巴开始，帝师直接领导和管理全国佛教和藏区军政事务的中央最高机构宣政院，拥有推荐任免高级世俗官吏和上层僧官的权力，其命令与皇帝的诏书具有同等权威，可以并行于藏区。终元一代，在八思巴的弟子、兄弟、侄子、侄孙辈中，不少人在中央和地方身居要职，有的继任为帝师，有的尚公主或长公主。萨迦派帝师的徒众、亲属纷纷随之飞黄腾达，地位显赫，受封为司空、司徒、国公等，受赐金印、玉印者历代不绝。泰定年间（1324—1328），帝师“弟子之号司空、司徒、国公，佩金玉印章者，前后相望”④，而藏区各地方领主通过他们到京城谋求职位、封爵和赏赐的人，就更多不胜计了。

帝师主持宣政院，其他高级藏僧往往在地方任职。出身于唐兀族的杨琏真加，曾总摄江南诸路释教。幼年从八思巴出家的西域僧人沙罗巴观照，历任江浙、福建等地释教总统。担任云南诸路释教都总统的节思朵、积律速南巴等人，也都来自西藏。建藩于云南等地的诸王仿效中央的做法，也常到西藏延请高僧，封为“王师”。这些僧官，制约着汉地佛教的演化，影响着各宗派的消长，其作用不可忽视。一些上层藏僧，在内地占据不少规模较大的寺院，作为其传法的基地，赢得不少信奉者。喇嘛教由此大踏步地进入汉族聚居地区，并深刻地影响着蒙古民族。

帝师不仅控制了藏区的军政大权，而且使内地上至朝廷，下到地方的各级官吏

---

①帝师殿碑的碑文见《佛祖历代通载》卷二十。

②《元史纪事本末》卷三。

③日本学者野上俊静、稻叶正就所著《元代帝师考》，对帝师的在位时间、生卒年月等有考证，见《东洋论丛》1958 年，大阪关西大学编印。另外，王森《西藏佛教发展史略》根据藏文资料对元朝的历代帝师进行了考证，见该书第五篇。

④《续资治通鉴》卷二〇三。

都程度不同地受到制约。在元代历史上，达官显宦，甚至皇亲国戚，奔走于帝师及其徒属门下是很平常的事情。帝师在举办各类名目繁多的法会时、在出行或办理丧葬时，往往要惊动朝廷百官。每逢帝师从藏区来内地，“其未至而迎之，则中书大臣驰驿累百骑以往，所过供亿迎送。比至京师，则敕大府假法驾半仗以为前导。……用每岁二月八日迎佛威仪往迓，且命礼部尚书、郎中专督迎接。及其卒而归藏，又命百官出郭祭饯”。帝师还可以通过求“福利”、作“布施”等名义，包庇违法官员，使各类罪犯逍遥法外，严重影响了执法的公正，直接导致了行政的腐败。“又每岁必因好事奏释轻重囚徒，以为福利，虽大臣如阿里阃帅如别沙儿等，莫不假是以逭其诛。宣政院参议李良弼，受赇鬻官，直以帝师之言纵之。其余杀人之盗，作奸之徒，夤缘幸免者多。至或取空名宣敕以为布施，而任其人，可谓滥矣。”① 武宗至大元年十二月，中书省臣对作佛事释放罪犯提出意见：“自元贞（成宗在位时）以来，以作佛事之故，放释有罪，失于太宽，故有司无所遵守。今请凡内外犯法之人，悉归有司，依法裁决。”②

由于元代帝王的纵容，帝师徒属及其一些上层藏僧违法乱纪、扰乱治安、侵官害民，引起了朝野上下的普遍怨恨和仇视。元世祖时，出任江南释教总统的杨琏真加，“发掘故宋赵氏诸陵之在钱塘、绍兴者（有宁宗、理宗、度宗等帝王陵墓）及其大臣冢墓凡一百一所”③。他还“截理宗顶（骨）以为饮器，充骨草莽间。……复发徽、高、孝、光四陵及诸后陵”④。泰定二年（1325），西台御史李昌奏称：“尝经平凉府静、会、定西等州，见西番僧佩金字圆符，络绎道途，驰骑累百，传舍至不能容，则假宿民舍，因追逐男子，奸污女妇。奉元一路，自正月至七月，往返者百八十五次，用马至八百四十余匹，较之诸王、行省之使，十多六七。驿户无所控诉，台察莫得谁何！且国家之制圆符，本为边防警报之虞，僧人何事而辄佩之！”⑤

藏僧不仅作恶于地方，为害于民间，在京城也是劣迹昭彰。开元寺的藏僧就曾殴打、劫持京城官员。“（武宗）至大元年（1308），上都开元寺西僧强市民薪，民

①上引均见《元史》卷二〇二《释老传》。
②《元史·武宗一》。
③《元史》卷二〇二《释老传》。
④《续资治通鉴》卷一八四。
⑤《元史》二〇二卷《释老传》。

诉诸留守李璧，璧方询问其由，僧已率其党持白梃突入公府，隔案引璧发，捽诸地，捶扑交下，拽之以归，闭诸空室，久乃得脱。奔诉于朝，遇赦以免。”对于元王朝的王妃，藏僧也敢于抗争、殴打。至大二年（1309），“复有僧龚柯等十八人，与诸王合儿八剌妃……争道，拉妃堕车殴之，且有犯上等语。事闻，诏释不问”。这些发生在元王朝的事情，可谓空前绝后，足见喇嘛教特权地位引发的弊端之深重。

到了元代末期，包括最高统治者在内的蒙古上层官僚腐败堕落，他们接纳上层藏僧完全不是出于什么政治目的，而是利用喇嘛教某些性修炼的内容充实其糜烂生活。

至正十三年（1353）十二月间，身为丞相的哈麻和其担任集贤殿学士的妹婿秃鲁帖木儿等人，偷偷把喇嘛僧送给元顺帝，教他“行房中运气之术，号‘演揲儿法’（‘大喜乐’之意）”。秃鲁帖木儿（图鲁特穆尔）还把精通秘密法的喇嘛策琳沁（伽璘真）推荐给元顺帝，并且说：“陛下虽尊居万乘，富有四海，不过保有一世而已。人生几何？当受此秘密大喜乐禅定。”元顺帝接受了这种淫秽之法，并且“诏以西天僧（来自古印度的密教僧人）为司徒，西番僧（来自藏地的喇嘛）为大元国师”。秘密法引入宫廷，使元顺帝更荒淫，使一些朝廷大臣更无耻，使某些精通秘密法的喇嘛僧更骄横跋扈，使更多的百姓乃至官员的家庭遭殃蒙辱。当时，元顺帝不但自己“日从事其法”，而且命人“取良家女”奉献给该僧，“谓之供养”。元顺帝和他的亲信嬖幸们“相与亵狎，甚至男女裸处。号所居室曰‘色济克乌格依’，译言事事无碍也。君臣宣淫，而群僧出入禁中，无所防闲，丑声秽行，著闻于外。虽市井之人，亦恶闻之”①。“事事无碍”本是汉地华严宗的最高精神境界，也为包括禅宗在内的各派僧人所接受和创用。这里的“事事无碍”，是对佛教教义最无耻的运用。喇嘛僧的所作所为，加速了元王室的腐败，也加速了萨迦派的衰落。

无论是古代藏文典籍还是汉文史书，记载萨迦派在元代这段历史时，都痛斥其许多上层僧人追求世俗利禄、贪图享受、不守戒律，在内地和藏区横行不法、跋扈恣睢、乱政害民，可谓劣迹斑斑、罪状多端。然而，萨迦派活跃于元代政治舞台上，也发挥了多方面的积极历史作用。萨迦派帮助元廷在西藏地区建立了有效的行

①《元史》卷二〇五《哈麻》。大体相同的记载见《元史·顺帝六》、《续资治通鉴》卷二一一等。

政体制，结束了大约 400 年的分裂割据局面，实现了政治的统一。帝师制度的建立，使中央与西藏的政治和宗教联结为一体。藏族地区作为一个整体密切了与中央的关系，也加强了和内地各省的关系。这对藏区和内地的经济发展、技术交流和文化融合，起到了巨大的推动作用。内地的印刷器材和印刷术、大渡船和造船技术、建筑技术，等等，就是在这一时期先后传入西藏的；藏族形式的塑像、造塔、用具工艺等技术，也是在这一时期自西藏传入内地的。① 在元代，蒙、藏、汉等族的相互交流、相互融合，达到了前所未有的程度。从长远讲，这有利于中华民族的共同文化、共同心理的形成，其意义不仅仅限于元代，也远远超出宗教范围。

喇嘛教地位至高无上，是法定的，不容争辩。它获得皇室信仰，得到社会各阶层的尊崇，成了占统治地位的宗教，其修行方式盛行于宫廷，其信仰流传于中原和江南。可以说，正是经过元代与汉族文化的冲突和融合，以喇嘛教为载体的藏族文化才真正成为中华民族文化的有机组成部分。

喇嘛教在整个意识形态中占据的特殊地位，使元代形成了有别于历代封建社会文化形态的特殊结构，那就是不但在口头上，而且主要是在实际上，将儒学放置在佛道之下，一般儒士长期受到冷落，所谓"释氏掀天官府，道家随世功名，俗子执鞭亦贵，书生无用分明"②。这话也许有些偏激，但就主要方面说，是符合事实的。至仁宗（1312—1320），开始认识到"明心见性，佛教为深，修身治国，儒道为切"③。皇庆二年（1313），元廷决定恢复久废的科举制度。儒学受到重视，反映了大部分蒙古上层的意向，影响是深远的。但是，无论是科举取士的数量，还是入仕者在统治集团中的作用，都不能与唐、宋两代相提并论，它始终没有造就一大批从科举入仕的官僚士大夫阶层。这样，元代佛教就失去了一个推动它发展的社会因素。

在藏传佛教居统治地位的情况下，汉地佛教受到巨大的冲击，特别是那些不堪忍受蒙古贵族压迫的汉族僧人，从修行思想到实践，都发生了变化。他们往往主张退隐山林，不与统治者来往。元代著名诗僧善住就是一位比较突出的代表，《四库提要》认为他在当时的诗僧中"首屈一指"。善住，字无住，别号云屋，曾住吴郡

①王森：《西藏佛教发展史略》，中央民族大学出版社 1997 年版，第 76 页。

②汪元量：《湖山类稿》卷二。

③《元史》卷二十六。

城的报恩寺，著有诗集《谷响集》3卷。他在《山庵》一诗中写道：“平生爱幽致，况得共踟趺。片月挂木末，一峰当坐隅。断猿寒欲下，惊鸟夜相呼。世上耽名者，还能到此无?”这首诗是他一生的写照。他不去现实社会争名逐利，而是甘愿在林泉之下离世隐修。这不仅仅是遵守佛教的一般教义，不是在宗教观念驱动下的人生选择，而是有着深厚的社会原因的。他的《赠隐者》诗名义上是叹别人，实际上是个人抒怀：“……对食惭周粟，纫衣尚楚兰。……穷达皆有命，初非行路难。”他在《悼隐者》诗中说：“安知新宇宙，犹有故衣冠。”① 他的离世隐修，是为宋遗民情结所驱使，为刻骨铭心的亡国之恨所驱使。他采取隐修的方式，是与蒙古统治者不合作的政治行为，也是一种反抗民族压迫的斗争方式。至于“穷达皆有命”的感叹，也多少反映了他作为出家人的无奈。但是，联系善住一生过着隐修的生活，可见他的抗元信念始终没有改变。与善住相同的这种抗元情绪，在元代初中期的南方禅宗中特别浓重。这也是促动佛学转向，促动元代禅学与宋代禅学拉开距离的重要原因之一。到了元代后期，许多汉族僧人也受到元廷的重视，这与上层喇嘛的沟通有关。

随着喇嘛教的兴盛，在内地沉寂很久的密教也兴盛起来。据元代念常追述：“唐宋间始闻有秘密之法，典籍虽存，犹未显行于世。”由于藏僧的到来，“秘密之法，日丽乎中天，波渐于四海。精其法者，皆致重于天朝，敬慕于殊俗。故佛氏之旧，一变于齐鲁”②。当时的士人也承认：“我国朝秘密之兴，义学之广，亦前代之所未有。”③ 正由于密教传播的范围渐广，引起了显教与密教间的争论：“习显教者，且以空、有、禅、律而自违，不尽究竟之圆理；学密部者，但以坛、印、字、声而为法，未知秘奥之神宗。遂使显教密教矛盾而相攻，性宗相宗凿枘而难入。互成非毁，谤议之心生焉。”④ 在陈觉看来，显密各执一端相互攻击，是尚未圆融的表现，因此，只有两者调和才是全面的。元代有许多僧人致力于沟通显密关系，作为汉地佛教的主流派别禅宗，其内部本来就有密教秘密流传，至此，受到藏传佛教的影响，不少人也大张旗鼓地致力于融合禅密关系，使禅宗的内容进一步多样化起来。

---

①上引均见《谷响集》卷一。

②《佛祖历代通载》卷二十二。

③《佛祖历代通载序》。

④陈觉:《显密圆通心要集序》。

二、佛教与道教的斗争

随着蒙元统治集团各项宗教政策的实施，传统的儒释道关系经历了新的变化。儒学的地位明显下降，道教在蒙元贵族的扶植下，政治、经济势力在北方部分地区急剧膨胀，终于在元朝初期爆发了以全真教与曹洞宗为主角的道教和佛教的冲突。这场斗争的起源，可以追溯到成吉思汗时期。

12 世纪中叶，金代道士王重阳（号重阳子，1113—1169）创全真教。据元代祥迈追述，全真教创立的目的之一就是为了对抗禅宗，因为王重阳尝谓："禅僧达性而不明命，儒人谈命而不言性，余亦兼而修之，故号全真。"[①] 事实上，道禅之争在王重阳时代并没有真正展开。全真教具备与佛教抗争的实力，是在丘处机（1148—1227）时代，并且与蒙元统治者的积极扶植有关。

成吉思汗为了寻求长生不老之术，主动接触汉地的道教。1219 年，在西征途中，成吉思汗命令汉人官吏刘仲禄去山东莱州，邀请全真教的长春真人丘处机来讲授长生之术。由此可以看出，当时全真教在北方地区的影响还是比较大的，已经为蒙古上层知晓。1222 年三月，成吉思汗在阿姆河营帐第一次会见丘处机。当年十月，再次会见并论道三日，由契丹人耶律阿海担任翻译。在与成吉思汗的密谈中，丘处机坦言没有什么长生不老之药，他对成吉思汗所讲道法的核心内容有二：其一，作为个人所应遵守的长生之道，不过是要清心寡欲。这是对成吉思汗长生不老幻想的否定；其二，作为统治者所要采取的治国方略，无外乎敬天爱民。这是对蒙古军队残酷杀戮和野蛮掠夺的规劝。很难得的是，成吉思汗特别重视丘处机的讲话，命令耶律阿海把几天的密谈记录下来，并且要传给他的子孙。成吉思汗还赐给丘处机一张诏书，免除道士的赋税和差发。

全真教得到蒙古统治者的积极扶植后急剧发展，据说河溯之人十分之二成了全真教徒。[②] 也就在此期间，全真教与北方佛教的冲突开始激化。根据佛教的记载，丘处机在燕京时就"持力侵占"佛教寺田，他的弟子们在各州县更是肆意侵夺寺产，甚至捣毁佛像，改佛寺为道观。

丘处机死后，其弟子李志常（1193—1256）依然得到元统治者的支持，并于

①祥迈：《辨伪录》卷三。

②元好问：《紫微观记》，见《遗山集》。

1227年被任命为都道录兼领长春宫事，1233年受诏教授蒙古贵族弟子，1238年嗣住道教事，1251年受金符玉诰。在侵占佛寺、打击佛教势力方面，到李志常达到顶点。祥迈说他“虚冒全真之名，不行道德之实；枭鸣正道，虎视释家；挟邪作威，侵占佛寺；袭丘公之伪迹，扇残贼之余风。”此外，李志常还刊行《太上混元上德皇帝明威化胡成佛经》和《老子八十一化图》，力图用伪造经典的方法，证明佛陀是老子的门徒，置道教于佛教之上。

元初的北方佛教是承亡金的余绪，以禅宗的势力最大。首先起来对抗道教侵吞和攻击的是曹洞宗禅僧。1255年，曹洞宗禅师福裕上书，控告道教徒。蒙哥命福裕等僧与李志常廷前辩论，结果佛教稍占上风。蒙哥诏令中原断事官布智尔和克什米尔僧那摩，检查道藏伪经，并“教那先生依前旧塑释迦、观音之像。……那坏佛的先生依理要罪过者。”同样，“若是和尚每坏了老子塑著佛像，亦依前例要罪过者。”这次曹洞宗僧人为佛教争得了一个与道教平等的地位。1256年，福裕等人再次到和林控告道教徒，佛教大胜。蒙哥指示：“譬如五指皆从掌出，佛门如掌，余皆如指”①，令佛教的地位高于道教和其他宗教。

1257年秋，福裕等人再次上书蒙哥，控告道教徒没有退还佛寺和焚烧《化胡经》。次年，由忽必烈召集僧道和九流名士，在开平城举行第二次论战。佛教以福裕为首，另有那摩、刘秉忠等300余人参加。道教以全真教主张志敬为首，参加者200余人。此外，参与断事和作证的官员、儒士等有200余人。据《佛祖历代通载》所记，八思巴被任命为仲裁人，“戊午（1258），师（八思巴）二十岁。释道订正《化胡经》，宪宗皇帝诏师剖析是非，道不能答，自弃其学”。八思巴是喇嘛教萨迦派大师，由他裁定佛道两家的“是非”，道教惨败是不言而喻的。结果，参与辩论的道士17人削发为僧，道藏经典45部被焚，200多处道观改为佛寺。

至元十八年（1281），以喇嘛教为首，对道教进行了更彻底的清算。是年，胆巴（？—1303）“得道藏《化胡经》并《八十一化图》，幻惑妄诞。师乃叹曰：‘以邪惑正如此者！’遂奏闻。召教禅大德及翰林承制等，诣长春宫辩证”②。忽必烈诏谕天下，除《道德经》外，其他一切道教经典全部烧焚，并命福裕的同门林泉从伦主持下火仪式。至此，以全真教徒为首的道教和以曹洞宗僧人为首的佛教之间的斗

①上引均见《辨伪录》卷三。

②上引均见《佛祖历代通载》卷二十二。

争至此告一段落。

在这场延续数十年的释道斗争中，曹洞宗禅师起了重要作用。他们得到喇嘛教和蒙古贵族的支持，从而密切了北方禅宗和元朝统治者的联系，为禅宗在北方的发展创造了有利的政治条件。

佛道的这次斗争，有一定的政治背景。丘处机西行，以老子“化胡”自况，自称是为了“罢干戈，致太平”。但在当时宋金交兵的严峻时刻，远结蒙古，说他是曲线救国不无道理，而蒙元支持全真教的政治目的也是清楚的。① 至于李志常重造《老子化胡经》的舆论，即使元廷不以佛教辅政，也是注定要失败的。“老子化胡”之说的本质，是以鄙薄胡人的手法贬低佛教，也是“用夏变夷”的一种思想反映。北方禅宗僧人已惯于在女真等“胡人”统治下生活，对民族问题比全真派道教要敏锐。

三、教禅廷辩与尊教抑禅

蒙元王朝初期，统治者出于入主汉地的政治需要，重视利用禅宗僧人。临济宗的海云印简，曹洞宗的万松行秀、林泉从伦和华严至温等，在管理佛教事务，沟通蒙汉民族关系，把禅宗纳入为元王朝服务的轨道方面用力甚多。到忽必烈时，元王朝扶植的重点从禅宗转向教门。至元二十五年（1288）召开教禅廷辩，其结果使“教冠于禅之上”②。尊教抑禅在政治上反映了蒙古统治者对南人的歧视，在经济上反映了他们尚不了解自然经济条件下的农业特征，在思想上反映了他们不能容忍禅僧的任性放狂。

如果从宗教信仰方面考察，尊教抑禅与崇奉喇嘛教是相互联系的，这与蒙元贵族所要利用佛教的具体内容有关。凭借武力征服汉地的蒙古贵族虽然“崇尚释氏”，所关注的不过是布钱施物、建寺造塔、写经斋僧、礼佛拜忏之类的功德善事，对于义理研究之类则并无兴趣。他们推崇喇嘛教，除了适应控制西藏地区的政治需要外，还在于喜好那些为达到解脱成佛而进行的性修炼活动，以便吸收过来充实其糜烂的生活。禅宗不重经典、不拜偶像，倡导自主独立、自我解脱的修行理论和实践，自然与蒙元贵族可接受的佛教信仰格格不入。相对说来，汉地教门诸派所重经

---

①丘处机于1219年西行，南宋已与夏联兵攻金；1232年，宋元亦联兵攻金汴梁。

②《佛祖统纪》卷四十八《附元》。

典和所倡教义与喇嘛教有更多相通处，更容易为蒙元贵族接受。

教禅两派到京城进行廷辩，其具体酝酿过程各书记载不一，已不是很清楚。据《佛祖历代通载》记："戊子（1288）春，魔事忽作，教徒谮毁禅宗……有旨大集教禅廷辩。"① 主持召集这场廷辩的是藏僧杨琏真加。尽管参加会议的有教、禅、律三派僧人，中心议题则是教、禅关系。禅宗的代表是妙高，义学的代表为仙林。

关于仙林的生平不详。妙高（1219—1293）在南宋曾奉诏住持金陵蒋山寺院13年，徒众多达500余人，在江南颇有影响。德祐乙亥年（1275），因抗拒乱兵抢劫，得到蒙古丞相伯颜的保护。这次他以古稀之年赴京，可能是出于对南方禅的辩护。

在廷辩中，仙林说："南方众生多是说谎，所以达磨西来，不立文字，正恐伶俐的说谎，贪著语言文字，故有直指之语。"用"南人"善于说谎，说明达磨特别要化之以禅的原因，前提是"南人"低下。以南人为低下，已不再像过去那样只限于南北相嘲，而是元朝统治集团正在推行的等级制度。以此驳难禅宗，禅僧的任何辩解都是多余的。

妙高说："夫禅之与教本一体也。禅乃佛之心，教乃佛之语，因佛语而见佛心，譬之百川导流同归于海，到海则无异味。"这种禅教一致的老调，当然不会引起忽必烈的兴趣，他倒提出一个令禅僧十分难堪的问题："俺也知尔是上乘法，但得法底人，入水不溺，入火不烧，于热油锅中教坐，汝还敢么？"答云："不敢。"奉圣旨："为甚不敢？"奏云："此是神通三昧，我此法中无如是事。"② 此外，妙高曾举云门公案一事，欲为佛祖雪屈，忽必烈很不高兴。

廷辩的最终结果，"使教冠于禅之上"。事实上，结论在辩论之前早已定下了。"尊教抑禅"反映了蒙古统治者对南人的政治歧视，表现了他们对自然经济条件下的农业特征的尚不了解。当然，禅僧的任性放狂，不像必须依赖国家寺院为生的义学僧人那样驯服，也是促成政府采取压制措施的一个原因。元王朝重视义学，从义学沙门中选拔地方僧官，早有规定。至元二年（1265）二月，诏谕总统所："僧人通五大部经者为中选，以有德业者为州郡僧录、判正、副都纲等官。"③ 这就促使

①《佛祖历代通载》卷二十二《妙高》。
②上引均见《佛祖历代通载》卷二十二。
③《元史·世祖纪三》。

汉地僧人重视佛教经典，诱导禅僧走上禅教融合的道路。

向江南禅宗兴盛地派遣讲经僧人，改变禅僧不重经教的学风，树立传统佛教典籍的权威，是元王朝实施尊教抑禅政策的重要内容。《佛祖历代通载》卷二十二《世祖弘教玉音百段》记："帝平宋已，彼境教不流通，天下拣选教僧三十员，往彼说法利生，由是直南教道大兴。"所选僧人无论出自佛教哪一派，都必须精通佛教典籍，严格按佛教规定修行。至元二十五年（1288），"诏江淮路立御讲三十六所，务求宗正行修者分主之"①。对于讲什么经典并无具体规定，依《智德传》记，有《法华》、《华严》、《金刚》、《唯识》等经疏。

元王朝还支持把禅寺改为"讲寺"。如天台家僧人性澄，请将国清寺由禅院改为"讲寺"，忽必烈"赐玺书复之"② 表示支持就是突出的一例。中唐以来，佛教义学衰微，僧侣"从教入禅"成为一种时髦。入元以后，也出现了"从禅入教"的潮流。如四明延庆寺僧本无，原依寂照禅师在中天竺习禅，"亦有省处"，但后来又投到性澄门下，去"精研教部"。寂照为此给本无寄去一偈："从教入禅今古有，从禅入教古今无。一心三观门虽别，水满千江月自孤。"③ 言语之间不无遗憾。

在元统治者的倡导下，汉地佛教界出现了"禅学浸微，教乘益盛，性相二宗，皆以大乘并驱海内"④ 的局面。在这种教禅新格局中，教门诸派的传播和流通也受到了一定程度的刺激，其传播途径也有了新的时代特点。

事实上，受到尊教抑禅打击最重的是北方禅宗，此后基本上销声匿迹了。南方禅宗则采取消极对抗态度，但其作为佛教在南方的主体地位并没有因为政府的政策而有剧烈的变化，所以在相当长的时间里，南方的多数禅师与朝廷保持距离。忽必烈死后，元统治集团对南方禅宗逐步减弱了压力，加强了怀柔的成分，虽有助于缓解对抗，但收效并不显著。例如，临济宗禅师中峰明本在江南僧俗各界享有盛誉，元朝廷曾多次征召，却多次被他拒绝。延祐六年（1319），"帝闻天目中峰明本之道，聘之不至，制金纹袈裟赐之，号为'佛慈圆照广慧禅师'。赐师于院（明本曾住持的寺院）额曰：正宗禅寺"。至治三年（1323），即明本临终那年，"遣使即其居修敬"。天历二年（1329），"赐谥智觉，塔曰法云，召奎章阁学士虞集，命撰

①《大明高僧传》卷二《智德》。

②《大明高僧传》卷一。

③《大明高僧传》卷二。

④《佛祖历代通载》卷二十二《妙文》。

《中峰塔铭》"。元统二年（1334），"大普庆寺住持善达密的表奏，以先师《明本广录》入藏，帝可其奏，加'普应国师'"[①]。元朝中期诸帝对明本的推崇，是对南方禅宗既有形势的一种肯定。到了元代末期，南方有更多的禅师与元廷加强了联系。

四、管理机构与寺院经济

与宋代相比，元代的佛教管理机构有了很大变化。这种变动既与喇嘛教的统治地位有联系，也和元世祖之前蒙古贵族的传统宗教政策密切相关。机构繁多杂乱、设立和罢撤随意、管辖范围交叉重叠、僧官位高权重，是元代佛教管理体系的重要特点。

元朝建立之初，管理佛教的中央机构是释教总制院，由当时的国师八思巴领导。后来，一度设立功德使司，但存在时间不长。唐朝时，吐蕃使臣来京城于宣政殿朝见，总制院因此于至元二十五年（1288）改名为宣政院。它是"秩从一品"的机构，与专门执掌"天下兵甲机密之务"的枢密院是相同级别，其行政长官是晋升帝师的八思巴。宣政院的职责比以前的释教总制院有所扩大，既管理全国的佛教事务，又直辖西藏地区的民政、军政和司法事务。任用宣政院官员的原则，是"军民通摄，僧俗并用"[②]。宣政院代表中央对西藏行使全面管辖大权，如果形势需要，可以在当地设立分院治理。这是元朝设立的一个特殊机构，与中书省、枢密院、御史台并列为国家的四大军政机构。

宣政院是中央管理佛教的最高机构，在地方上，各路设置行宣政院，代替功德使司管理事务。至顺二年（1331），曾一度撤销行宣政院，在全国设立16个广教总管府，管理各地的佛教事务。元统二年（1334），又撤销了广教总管府，恢复行宣政院。宣政院管理的僧官有僧录、僧正、僧纲等。

元代的僧官衙门并不是完全与行政建制配套，元廷往往针对不同地区和不同教派的具体情况，设置特殊的管理机构，有些机构是针对不同地区的情况临时设置或裁撤。例如，蒙元军队攻占南宋都城临安不久，就设立江南释教总统所，管理江南的佛教，在江南各路的僧官也由释教总统所来管辖，它直接隶属于京城的宣政院。

---

①《元故天目山佛慈圆照广慧禅师中峰和尚行状》。

②《元史》卷八十七《百官三》中载，宣政院"秩从一品，掌释教僧徒及吐蕃之境而隶治之。遇吐蕃有事，则为分院往镇，亦别有印。如大征伐，则会枢府议。其用人则自为选，其选则军民通摄，僧俗并用。"

至元十四年（1277），命元吉祥和怜真加加瓦掌管汉人佛教事务。江南释教总统所于大德三年（1299）罢；江南行宣政院曾于武宗至大四年（1311）撤销。元代僧官衙门的品级都很高，如宣政院是从一品，而元代以后再也没有出现过这样品级的僧官衙门。

元王朝宗教政策不稳定，机构设置随意，也反映在对白云宗的管理方面。白云宗是从佛教中分化出来的一个民间教派，由洛阳宝应寺沙门孔清觉（1043—1121）于北宋徽宗大观年间（1107—1110）在杭州创立。南宋时期，白云宗受到朝廷的多次明令取缔。进入元代，白云宗被视为有别于佛教其他宗派的合法教派，并且专门设立机构管理。这在元代以前是没有先例的。元代初年所设立的白云宗摄所，属于官方机构，另外别置白云宗僧录司，任命南山普宁寺道安为僧录。此后元廷白云宗管理机构又屡罢屡设，直至彻底取缔。成宗大德十年（1306）“罢江南白云宗都僧录司，汰其民归州县，僧归各寺，田悉输租”。[①] 武宗至大元年（1308）又“复立白云宗摄所，秩从二品，设官三员”[②]。武宗至大四年（1311）二月，在“罢江南行通政院、行宣政院”的同时，“御史台臣言：白云宗总摄所统江南为僧之有发者，不养父母，避役损民。乞追收所受玺书银印，勒还民籍。从之”。[③] 仁宗延祐六年（1319）十月，“中书省臣言：白云宗总摄沈明仁，强夺民田二万顷，诳诱愚俗十万人私赂近侍，妄受名爵，已奉旨追夺，请汰其徒，还所夺民田。其诸不法事，宜令复核问。有旨：朕知沈明仁奸恶，其严鞫之”[④]。仁宗延祐七年（1320）正月，“江浙行省丞相黑驴言：白云僧沈明仁，擅度僧四千八百余人，获钞四万余锭，既已辞伏，今遣其徒沈崇胜潜赴京师行贿求援，请逮赴江浙并治其罪。从之”[⑤]。同年二月，元廷因为“白云宗总摄沈明仁为不法坐罪，诏籍江南冒为白云僧者为民”[⑥]。至此，白云宗被元王朝最终取缔。

从元代开始，出现了一个新现象，就是由官方把政府管理的寺院进行分类，并且要求他们保持各自的专业。根据《元史·释老传》记载：“若夫天下寺院之领于内外宣政院，曰禅、曰教、曰律，则固各守其业。”官方承认并将隶属于宣政院的

---

①《元史·成宗四》。
②《元史·武宗一》。
③《元史·武宗一》。
④《元史·仁宗三》。
⑤《元史·仁宗三》。
⑥《元史·仁宗一》。

寺院分为禅、教、律三类，这在宋代没有正式规定。但是，在南宋朝廷颁赐寺额过程中，已经逐渐形成了寺院分类的现象。元王朝在寺院分类方面的做法，为明代寺院分类管理的系统化和完善化奠定了基础。

元代初年，由政府掌握的寺院以及僧尼数量大体与南宋时期相当。至元二十八年（1291）十二月时，“宣政院领天下寺宇四万二千三百一十八区，僧尼二十一万三千一百四十八人”①。僧尼人数显然是太少了，未经注籍的要远远超出这个数字。一般说，禅僧逃避统计或不在统计之列。

寺院占有大量土地，寺院经济恶性膨胀，是元代寺院的重要特点。大寺院所占的巨额田产，首先是来自皇室的赏赐，是与蒙元贵族的大土地占有相联系的。元统一全国后，朝廷把土地作为“官田”，以赏赐的形式分配给贵族、官僚，其数额之巨之滥，为历史上所罕见。与此同时，佛教寺院和以喇嘛教僧人为主的佛教界头面人物，也获得大量土地。由国家主管的大寺院，特别是一些皇室捐建的国立寺院，动辄占田成千上万亩。忽必烈敕建的大护国仁王寺，在大都等处直接占有的水陆地和分布在河间、襄阳、江淮等处的田产，共达 10 万顷以上，此外，还有大量的山林、河泊、池塘等。至大四年（1311），仁宗一次赐给大普庆寺田 8 万亩。元文宗曾一次赐给大承天护圣寺田地 16 万顷，元顺帝时又赐田 16 万顷。这些是比较突出的例子。

对于帝王大建寺院和大量赏赐寺院土地，元代后期的重臣也提出异议，指出其危害。泰定三年（1326），“中书省臣言：养给军民，必籍地利。世祖建宣文弘教寺，赐永业，当时已号虚费。而成宗复构天寿万宁寺，较之世祖，用增倍半。若武宗之崇恩福元，仁宗之承华普庆，税榷所入，益又甚焉。英宗凿山开寺，损民伤农，而卒无益。”② 但是，尽管有这些议论，此后元王朝仍然没有停止大建寺院和大量赏赐寺院土地。

对于寺院的租税和僧人的差役，蒙元统治者一开始是免除的。世祖曾对群臣说：“朕以本觉无二真心治天下……故自有天下，寺院田产，二税尽蠲免之，并令缁侣安心办道。”③ 但是，后来情况有了变化。仁宗延祐五年（1318）十月，“僧人

①《元史 · 世祖纪十三》。

②《佛祖统纪》卷四十八《附元》。

③《佛祖统纪》卷四十八《附元》。

除宋旧有及朝廷拨赐土田免租税，余田与民一体科征”[1]。对于僧人的差役，也是时免时征。成宗大德七年（1303）闰五月，“诏僧人与民均当差役”[2]。但是到英宗延祐七年（1320）六月，又“诏免僧人杂役”[3]。所以，在元代历史上，短时间内实行的征收寺院租税和僧人当差役的措施，并没有起到限制寺院经济恶性膨胀和僧人特权的作用。

另外，上层僧人利用权势，搜刮民脂民膏，巧取豪夺，是造成寺院经济的恶性膨胀的重要原因。元王朝曾经下令禁止寺僧扩占民田，武宗至大四年（1311）十月，“禁诸僧寺毋得冒侵民田”[4]。但是，事实表明，这些禁令收效甚微。

由于寺院曾长时间享有免税免役等特权，许多民户自愿成为寺院的佃户。但是在更多的情况下，上层藏僧是利用特权强行把在籍农民编入寺籍。在江南各地的寺院中，占有土地和佃户的情况是比较严重的。成宗大德三年（1299）七月间，“中书省臣言：江南诸寺佃户五十余万”[5]。

为逃避赋税和差役，也使大量土地通过不合法的渠道流入寺院。因为元代寺院长时期不交赋税，没有差发，所以有些汉人地主将私产托名寺院，以规避差税。有的富户使子弟一人出家，然后把全家田产托名这个出家僧人所有，使全家不再纳税。有的地主将土地施舍给寺院，然后再向寺院承佃，这样就不必向官府纳税和承担差役。凡此种种做法，实际上是侵害了国家的利益，导致寺院经济的恶性膨胀。《至顺镇江志》载，镇江路平均每人占有土地约6亩，而僧尼则达50亩左右。这反映了当时寺院占有田地规模之大。史称泰定帝时（1324—1328），“江南民贫僧富”，以至有人说“天下之田，一入僧业，遂固不移。”[6]

元朝崇佛重在修功德、作佛事，从建寺造塔、赐田斋僧、写经印经、念经祈祷，到帝后受戒、受法，各种功德法事常年不断，几无虚日。为此耗费的人力、财力、物力是惊人的。大德七年（1303），郑介夫说“今国家财富，半入西蕃”，[7] 这

①《元史・仁宗二》。
②《元史・成宗四》。
③《元史・英宗一》。
④《元史・武宗一》。
⑤《元史・成宗纪三》。
⑥吴师道：《吴礼部文集》卷十二。
⑦《历代名臣奏议》卷六十七。

是特指西藏而言的；至大三年（1310），张养浩说“国家经费，三分为率，僧居二焉”①，这是指全国的情形。据延祐五年（1318）统计，各寺作佛事日用羊万头。清代赵翼指出：“此供养之费，虽官俸兵饷不及也”，佛事“土木之费，虽离宫别馆不过也”，寺院“财产之富，虽藩王国戚不及也”。②

寺院占有土地，同时也就控制了土地上的农户。寺院佃户人数很庞大，例如，江浙行省所管寺院佃户达到50多万户。寺院的田产名义上属于寺户，并不为私人所有，但实际上为主管的各级僧官所支配，他们是实际占有者和使用者。

寺院既占有田地，也占有山林，数量都是惊人的。许有壬《乾明寺记》说“海内名山，寺据者十八九”。此类说法自然有夸张的成分，但是寺院田地山林之多是不争的事实。

元代寺院经济不是与社会生产发展同步成长起来的，而是通过掠夺民田、接受赏赐、规避差税等等方式在短时间内突发式膨胀起来的，所以对社会经济造成的危害更大。同时，经济实力的极度膨胀又成为佛教内部孳生腐败堕落的温床。

第二节 教门三派实况

有元一代，凡领于宣政院的寺院，分禅、教、律三宗。其中律为各派僧人遵守，并不脱离禅教而完全独立，所以有独立的律寺并不意味着有独立的宗派。禅概指禅宗，并非专指禅定修习理论和实践。元代称教者，具体指天台、华严和慈恩三家，并非总是笼统指佛教的所有典籍。慈恩之所以特别为元代佛教所重，与喇嘛教以法相为理论基础，以因明为方法论有关。就禅宗与教门三家的力量对比而言，禅宗是元代佛教的主体；就它们主要分布区域而言，是所谓的“南禅北教”。这一格局，一直延续到明清两朝。

元代僧人对教门三派主要思想的来源及特点有简明归纳：

> 教自隋唐之后，传者各宗其说，遂派而为三：由止观之门，观假而悟空，观空而趣中，以入于实相者，为天台宗；会缘入实，即俗而明真者，为贤首宗；穷

①《归田类稿》卷二。

②《陔余丛考》卷十八。

万有之数，昭一性之玄，有空殊致而归乎中道者，为慈恩宗。①

天台宗兼重“止观”修行，通过认识“假”、“空”、“中”三者的统一关系，体认不依赖人的意识而存在的世界真实体相（“实相”），获得佛的智慧，达到解脱。这个归纳概括了天台宗止观双修、三谛圆融及中道实相等主要教义的基本思想。华严宗讲“俗”即是“真”，由体认“俗”（缘）而进入真“实”法界。这种归纳强调华严宗视世俗世界为解脱世界的观点，但没有涉及它的主要学说。至于唯识宗，则是通过分析一切现象（万有）的虚假不真实，体认真实的本源“一性”，所以“空”与“有”互异，均不可执著，应同归于“中道”。《成唯识论述记》讲：“唯遮境有，执有者丧其真；识简心空，滞空者乖其实。所以晦斯空有，长溺两边；悟彼有空，高履中道。”悟得空有关系，体认唯识无境，即为中道。很明显，这里的归纳突出强调唯识宗（慈恩宗）唯识无境的观点。

元代教僧是按照唐代各宗注疏讲经，使唐代诸派学说持续流传。一般说来，他们的宣讲只起到普及各宗基本知识的作用，殊少创新。讲经僧人大多兼通各宗教义，专弘某一派而贬抑其他派的现象并不多见。

总体说来，元代研究唯识的学僧很少。见于《大明高僧传》记载的有普觉英辩（1247—1314），从学于柏林潭，在秦州景福寺弘法，被称为“无佛之世的佛”。云岩志德（1235—1322），从真定龙兴寺法照学习唯识，至元二十五年（1288）被选为讲主，除了讲《唯识》等疏外，兼讲《法华》，号“佛光大师”。同为江淮御讲所讲主的吉祥普喜，也通达《唯识》和《因明》。云南僧人端无念，曾和普喜讨论《唯识》，受到赞赏。传播华严学和天台学的僧人要相对多一些，但无论其社会影响还是其对本宗教理的研究深度和广度，都不能与宋代相比；无论弘扬华严还是天台的学僧，几乎都没有争夺本宗正统或振兴本宗派的意识，能够为复兴本宗派的重要寺院而努力的僧人，比如天台学僧性澄，都已经是很少见的了。

一、华严教僧与华严学

元代传播华严学的主要力量不是禅僧，而是以宣讲《华严经》为主的教僧。弘扬《华严经》的教僧遍布全国各地，北方以五台山为中心，聚集了一批有影响的华

①《佛祖历代通载》卷二十二《秦州普觉》。

严学僧；元大都也有兼通或弘扬华严的僧人；南方的华严学僧则主要活动在江浙地区。

元京城兼通华严教理的有达益巴、妙文、德谦、万安拣坛主等。达益巴（1246—1318），出身不详，早年从学帝师八思巴（1239—1280）十三年，“凡大小乘律论及秘密部皆得乎理之所归”。后至甘肃临洮，师从绰思吉十九年，返京城后住庆寿寺。《通载》卷二十二并未记其兼通华严宗教理，《大明高僧传》卷二本传说他“兼通贤首之教，于是名誉四表，道重三朝”。武宗曾听其讲经，赐“弘法普济三藏”之号，并“敕王公大臣皆咨决心要”①。达益巴华严学的师承不详，但他应是藏传佛教僧人接受汉地佛教影响的一例。

妙文（1237—1319），蔚州人，俗姓孙，9 岁出家，18 岁受具足戒后游学云朔燕赵，21 岁至元大都，依明和尚习华严教理 11 年，32 岁开始讲经。忽必烈称其为“福德僧”，诏居宝集寺。鉴于当时“相学之流，困于名数，滞于殊途，蔽情执之见，惑圆顿之旨”的情况，妙文力主振兴“圆宗”（即华严宗），“使守株文字者有以荡涤情尘，融通寂照”②。妙文希望以华严教理清除义学之弊，而他以反对“株守文字”为主，又带有禅的特色。据《大明高僧传》本传，妙文晚年“专修念佛三昧”，这也是当时义学僧人的一个特点。

据《通载》卷二十二和《大明高僧传》卷二本传载，德谦（1267—1317），号福元，俗姓杨，宁州平定（治在今甘肃宁县）人。幼年出家，后游“秦洛汴汝，逾河北齐魏燕赵之郡，咨访先德”。他初学《般若》于邠州守，习瑞应于原州忠，受幽赞于好畤仙，学《圆觉》于乾陵一，习《唯识》、《俱舍》于陕州政，听《首楞严》、《四分律》于阳夏闻，所谓“六经四论一律皆辞宏旨奥，穷三藏之蕴”。在进入元大都之前，德谦即以博学多能著称。

德谦入京城后，慕名就学于万安拣坛主，专习华严教义。拣坛主侧重弘扬华严，并且重视五台山地区。忽必烈曾问：“何处为最上福田？”拣坛主回奏：“清凉。”忽必烈欣然首肯，谓是“真佛境界”，“乃建五大寺为世福田”。③ 德谦因受拣坛主器重，在京城有一定影响，先奉诏居万宁寺（元成宗时所建），后迁崇恩寺

①《大明高僧传》卷二本传。

②《佛祖历代通载》卷二十二。

③《佛祖历代通载》卷二十二《世祖弘教玉音百段》。

（武宗时所建），前后十年。卒后，谥“佛护宣觉宪慈匡道大师”。

五台山是元朝统治者做佛事功德的首选地点，经常建寺造塔、举办各种法会、诏僧人讲经等，这里聚集的兼通或专弘华严的僧人较多，且与外界有广泛联系。

善柔，俗姓董，德兴之永兴人，7 岁出家，随永安广行习《金刚》、《楞严》等经，20 岁始习华严教义。他承广严传戒，具有较大影响。宪宗蒙哥（1251—1259）赐号“弘教通理大师”，命其在五台山举办“清凉大会”，还在京城开《华严》讲席。由于他在各地传菩萨戒，“自是门人加进，法道半天下矣”。他对振兴佛教十分积极，“经之缺者，勒而补之；寺之废者，撤而新之”①。善柔在元王朝的支持下，通过举办法会和传戒扩大了华严的传播范围。

与善柔一样，定演（1237—1310）也沟通了五台山与元京城的佛教交流。定演是崇国隆安和尚弟子，专习华严教义，先住五台山上方寺，后继隆安住崇国寺，“日以《杂华》为讲课，训释孜孜”②，元世祖赐其号“佛性圆融崇教大师”。至元二十四年（1287），赐地元大都，定演与门人又建崇国寺，与其在五台山所住寺同名，成南北二寺。

五台山也聚集着依《华严经》修禅观的僧人，正顺是其中的代表。正顺，蔚州人，俗姓高，初依五台山寿宁用，受具足戒后，“结庐深树间，屏绝诸缘，唯读《华严经》，数满千部”。正顺依《华严》修禅定，“于岭头建大阁，阁下为海水，出大莲华，华上坐毗卢遮那佛满月像。每对佛入观，五七日方起，故人以‘华严菩萨’称之”。显然，正顺所设的观想（思考）对象来自《华严经》中的神话描述，但其通过这种观想所悟的境界，并不是《华严经》中所描述的神通境界。他入华严观后所证悟的是：“行住坐卧，了无一物为障碍，无一念而起灭，身心荡然，与法界合。”他还强调：“无尽刹海，不离当处，妄情未瞥，悟人无时。”在这种证悟之后，他“为人演说，言如涌泉，皆契法界深义”③。所谓“无一念而起灭”是“无念”，“无尽刹海，不离当处”则是把世俗世界视为解脱世界。此类证悟说辞，源于华严宗的教理，并与禅学有相通处，显然与所观的海水、莲花及佛像无关。

五台山地区知名度最高的华严一支是文才系。文才（1241—1302），俗姓杨，

①《补续高僧传》卷四。

②《补续高僧传》卷四。

③《补续高僧传》卷四。

号仲华，清水（在今陕西省）人。早年遍览经史，尤精理学，受具足戒后多方听讲经论，以习华严教义为主。他曾隐居成纪（治在今甘肃天水），于户外植松，人称“松堂和尚”。元世祖诏命住持白马寺，号“释源宗主”（因认为中国佛教始兴起于白马寺，故称“释源”）。元成宗于五台山建万圣佑国寺，经帝师迦罗斯巴推荐，诏为开山第一代住持，并铸金印，署为“真觉国师”。文才一生以“大弘清凉之道”为己任，是元代少数专弘华严的名僧之一。

文才经常教导弟子：“学贵宗通，言欲会意，以意逆志，为得之矣。语言文字糟粕之余也，岂有余味哉？……以记问自多，殊不知支离其知，穿凿其见，愈惑多歧，不能冥会于道。听其说适足以熟耳而已，岂能开人惠目乎？”他反对拘泥于经书文句，背诵经典，主张“会意”和“宗通”，把握精神实质，强调转变人的思想认识（开人惠目）。这些主张都是与禅思想相通的。

根据《佛祖历代通载》所记，文才著有《华严悬谈详略》5 卷、《肇论略疏》3 卷、《惠灯集》2 卷，“皆内据佛经，外援儒老，托譬取类，其辞质而不华，简而诣取其达而已”[①]。就其传播华严的著作而言，除了《华严悬谈详略》介绍唐代澄现以来的华严教义外，更有特色的是以华严学解释《肇论》，作《肇论新疏》3 卷和《肇论新疏游刃》3 卷。后者并非直接释《肇论》，而是对前者的进一步发挥。两者的关系，大同于宋净源的《中吴集解》和《中吴集解令模钞》的关系。

文才认为，云庵达禅师、光瑶禅师和净源法师的《肇论》注疏之作“醇疵纷错，似有未尽乎《论》旨之妙众矣”。于是“因暇日，谨摭先觉之说，别为训解，以授座下”[②]。《肇论新疏》即是他给僧众讲授的记录。纵观文才此书的诠释，最显著的一个特色是接受净源的影响，并予以发挥，用华严宗的心、理、事三范畴统摄整部《肇论》。

文才在解释《宗本义》时说：

> 四论所崇曰宗，本谓根本通法及义。法有通别。通者，即实相之一心。中吴净源法师云。然兹四论，宗其一心。然四论虽殊，亦各述此一心之义也。别者，即四论所宗各殊。所以尔者，非一心无以摄四法，非四法无以示一心，即一是四，即四是一。

---

①上引均见《佛祖历代通载》卷二十二。

②《肇论新疏序》。

文才虽然从“通”和“别”两方面讲四论的同一和差别关系，但主旨是把四论建立在心学基础上。这不是文才的独创，而是承自净源著作。

在用理事关系概括《肇论》内容方面，文才又比净源前进了一步。《宗本义》开头一句是：“本无、实相、法性、性空、缘会，一义耳。”文才对五个概念的释文是：

> 此五名诸经通有，义虽差殊，不越理事。今始终相摄，略而释之。初谓缘会之事，缘前元无，故云本无；无相之相，复云实相；即此实相，是诸法性，故云法性；此性真空，故复云性空；复由性空之理不离于事，以理从事，复名缘会，谓因缘合集，而有诸法，或名缘集、缘生等，皆意在法也。杜顺和尚云：离真理外，无片事可得。①

文才循环论证，目的是要以理事关系修正和改造僧肇的般若学。他坚持华严宗的理事关系说，认为理事不可分，并把理作为诸法的本源，但是他讲的“缘会之事，缘前元无”，又完全不同于华严宗的缘起说。华严宗最有特色的“性起缘起”讲“缘集不有，缘散不无”，是无起之起。因此，文才在以理事关系概括时，并不具有以华严理论全面改造《肇论》的能力。

文才以后，此系有影响的人物是大林了性和幻堂宝严。宝严（1272—1322），多年跟随文才，助其在各地传教。文才逝世后，宝严继住其席至大年间（1308—1311），宝严奉诏住五台山普宁寺，为第一代住持，直至逝世。了性（？—1321），俗姓武，早年曾从学于文才，不久周游“关陕河洛襄汉”，寻访名僧，先后从学于柏林潭、关辅怀和南阳慈。《通载》卷二十二谓此 3 人“皆以义学著称”，《大明高僧传》卷二《了性》谓此 3 人“皆以贤首之学著称一时”。了性此后又至清水投文才，认为“佛法司南，其在兹矣”，承认文才在佛学上的权威地位。他跟随文才到五台山，文才逝世后，他“北游燕蓟”，“优游江海之上”，过着“与世若相忘”的隐居生活。到元成宗诏居万宁寺，由此而“声价震荡内外”。

在五台山的华严学僧中，有坚持隐修不听元王朝调遣者，如正顺，“成宗闻其名，三召不起”②；有获得元王朝的支持，保持自身独立，不媚喇嘛教权贵者，了

①上引均见《肇论新疏》卷一。

②《补续高僧传》卷四。

性是其中著名的一位。当时汉地僧人见到喇嘛僧便抠衣接足，乞其摩顶，谓之“摄受”。了性则“独长揖而已”。有人谓其傲慢，他说：“吾何敢慢于人耶？吾闻君子爱人以礼，何可屈其节而巽于床，自取卑辱乎？且吾于道，于彼何求哉？彼以其势，自大而倨，吾苟为之屈焉，则谄则佞也。”① 不乞求喇嘛教僧摩顶，也反映了汉地佛教具有的特殊独立性的一面。

南方华严僧人主要集中于江浙一带，或宣讲华严教理，或依经修行，从事著述者极少。丽水盘谷是海盐（治在今浙江嘉兴）人，元至元年间（1264—1294）游历五台、峨眉、伏牛、少室等处，有“足迹半天下，诗名满世间”② 之誉。元世祖的驸马高丽王子王璋请其于杭州慧因寺讲《华严》大意，使僧俗听众信服。后至松江隐居，专修净土，日诵阿弥陀佛名号，有《游山诗集》3 卷。

浦尚（1290—1362），字希谷，檇李（今浙江嘉兴）人，曾随景岩福习华严观。文宗天历元年（1328）后，受宣政院命历住多处寺院，受“慈峰妙辩大师”号。浦尚晚年自号“杂华道人”，“宗华严，志不忘也”③。浦尚的弟子有数十人，著名者有学古海和滋泽翁。

元末倡天台与华严融合的代表人物是善学（1307—1370），号古庭，曾从宝觉简习澄观的《大疏钞》，以及《圆觉》、《楞严》、《起信》等。常住阳山大慈寺。他告诫徒众：“吾宗法界还源，非徒事于空言，能于禅定而获证入者，乃为有得耳。”可见其重视禅定践行。而他融合天台与华严，也是侧重于这方面论述。

由于禅定体验有相通处，所以善学反对“专守一门”。他曾指出：“吾早通《法华》，累入法华三昧。”他所说的“法华三昧”体验，与“法界还源”的禅体验是相通的。因此，他所倡的天台与华严的融合，特指天台禅定体验与华严禅定体验的融合，属于实践问题而不是理论问题。然而，这种融通也颇受士大夫的欣赏。宋濂称他“于诸宗之义颇尝习读，每病台衡、贤首二家不能相通，欲和会而融贯之，恨鲜有可言斯事者，不知世上乃复有师乎！④”善学没有华严方面的专著，但有《法华问答》、《法华随品赞》、《辨正教门关键录》等著述。

大同（1289—1370），字一云，号别峰，是元末明初知名度较高的华严学僧。

①《佛祖历代通载》卷二十二《本传》。

②《大明高僧传》卷一。

③《补续高僧传》卷四。

④上引均见《补续高僧传》卷五。

大同早年出家于会稽崇胜寺，先从春谷习华严教义，《补续高僧传》卷四谓其特重《五教仪》和《玄谈》。次访古怀肇习“四法界观”。返归宝林寺后，春谷告诉他：“子之学精且博矣，恐滞心于粗执。但益多闻，缚于知见，诚非见性之本。宜潜修而涤之，庶为吾宗之事。”所谓“潜修而涤之”，指禅定修习过程中的心理体验。于是他先后依钱塘晦机元熙和中峰明本习禅数年。明本告诉他“贤首一宗，日远而日微矣，子之器量，足以张之，毋久滞此”，并“书偈赞清凉像”付之。大同认为：“吾今始知万法本乎一心，不识孰为禅，又孰为教也。”① 因此，他日后所弘扬的华严学，在主导思想方面与禅学是不分彼此的。

大同离开明本返回宝林寺春谷处，受命分座讲《华严经》。元延祐年间（1314—1320），住持萧山净土寺，继迁景德寺、嘉禾东塔寺、绍兴宝林寺等，终生弘传华严宗。由于宝林寺被视为澄观肄业之处，大同也被视为华严正宗传人，从学者甚众。至正（1341—1368）年初，受赐“佛心慈济妙辩”之号。至明初，明太祖曾请其参加钟山无遮大会，大同又受到新朝统治者的重视。

大同与士大夫来往较多，《补续高僧传》本传记有永康胡长孺、吴兴赵孟頫、巴西邓文原、长沙欧阳玄、乌伤黄潜等，并谓其“独能撑支震耀，使孤宗植玄于十余传之后，凡五十年”。然而，大同并不因为振兴华严宗而排斥他宗，还多次因荐举禅宗和天台宗僧人主持名刹而受称赞，所谓“扶植他宗，毫无猜忌”②。他的著作有《天柱稿》，是汇集自己的诗文；《宝林类编》，是汇集古今人的诗作。他的嗣法弟子有皋亭善现、高丽若兰、景德仁静、姜山明善、延寿师顗、南塔国琛、福城大慧、景福性湛、妙相道儞、法云道悦、净土梵翱、宝林日益等。学徒虽众，但未出现以华严命家者。

云南地区弘传华严教义的代表人物是普瑞。普瑞，字雪庭，号妙观，榆城人，少年出家后喜读《华严经》，曾师事禅僧皎渊。南诏段氏统治大理时，住水月山；元统一后，住苍山再光寺，以讲《华严》为主。僧传谓其“虽印心南宗（指师从皎渊），恒阐《华严》为业”③，但他的华严学师承不详。普瑞著有《楞严纂要》10卷、《金刚方语》、《华严心镜》、《玄谈辅翼》以及《华严玄谈会玄记》（简称《会

①《大明高僧传》卷三。
②《补续高僧传》卷三。
③《新续高僧传》卷三。

玄记》）40 卷，另外还补注唐一行的《华严忏仪》42 卷。在这些著作中，《会玄记》是他弘扬华严教理的代表作。

据《会玄记》卷一介绍，普瑞作此书分四个步骤，该书每部分相应有四项内容，即“先科（分段）、次经（引《华严经》经文）、次疏（引澄观《华严经疏》）、后钞（引述澄观《随流演义钞》）”，查其全书，基本严格依此。《会玄记》并非随文释义式的逐句解释《华严经》本文，而是依照澄观《华严经疏》所概述的主要问题选配经文。书中间或也引宗密等人的著作，个别地方也有一些发挥，但本质上是借《华严经》传播澄观的华严思想，故而对于《华严经》本文的解释，均以澄观的《华严经疏》为准，辅之以《随流演义钞》。他在介绍澄观时说：“号澄者，定也；观者，慧也，表和尚定慧双修。”此说是普瑞的发挥。本书谓澄观“历九宗圣世，为七帝门师”①，不知依据什么材料。另外，所述澄观的生平事迹等也与《宋高僧传》多有不符。

二、天台教僧与天台学

元代天台宗的活动范围比较小，主要集中在杭州地区，以上、下天竺寺为中心。元代传播天台宗的著名僧人，从法系传承上来讲，主要是由南宋南屏系统发展而来，主要是北峰宗印一支。宗印（1148—1213），师承竹庵可观，俗姓陈，盐官（浙江海宁）人，15 岁受具足戒，曾被宋宁宗召对便殿问佛法大义，得赐“慧行大师”之号。宗印的弟子很多，活跃于元代的著名天台僧人基本都出自宗印的再传弟子门下，如出自佛光法照门下的东溟慧日（1291—1379），出自桐洲怀坦门下的玉冈蒙润（1275—1342）、大用必才（1292—1359），出自剡元觉先门下的湛堂性澄（1265—1342）等。

慧日是浙江天台人，为宋丞相贾似道之孙，出家于本县广岩寺。从至元四年（1338）开始，先后住持荐福寺、下天竺寺、上天竺寺。慧日曾得到帝师欣赏，受赐“普济大师”之号和法衣。元明更迭之际，明太祖曾问以“升济沉冥之道”，被尊为“白眉大师”。在他的努力下，重建了金陵瓦官寺。慧日对恢复和保护天台宗的传法基地做了很多工作，这是他的一个贡献。

蒙润，俗姓顾，浙江海盐人。根据《续佛祖统纪》卷一所记，他曾在海盐德藏

①《华严玄谈会玄记》卷一。

聚众讲《法华》，听众有上千人。曾先后住持过演福寺、下天竺寺等。著有《四教仪集注》。

蒙润弟子必才，俗姓屈，台州临海人。12 岁出家，曾足不出户苦读大藏 10 年。在蒙润的弟子中，他在“剖决宗旨，议定教章”方面是上首，所以蒙润在德藏讲经的时候，必才分座讲演。从至正二年（1342）开始，必才住持杭州兴福寺，后迁演福寺。他一生勤于讲经，但对净土信仰十分重视，临终还要告诫弟子不要抛弃往生净土的修行实践。他的主要著作有天台三大部的增治助文，以及《法华》、《涅槃》的讲义等。他的弟子也主要活动于杭州地区。

性澄，俗姓孙，别号越溪，至元十三年（1276）出家。初依石门殊律师习律，至元二十二年（1285）从佛鉴学习天台教观，后又从学于允泽。从大德元年（1297）开始，先后住持东天竺的兴源寺、南天竺的演福寺和上天竺寺，曾因说法祈禳有功而受朝廷的奖励。性澄振兴天台宗的宗派意识很强烈，并且孜孜不倦地追求。为了把已经改为禅寺的国清寺重新恢复，性澄不远数千里到京城，向宣政院说明情况，最后获得成功；他致书高丽，希望求取天台宗的典籍，直到对方回书说没有才作罢。性澄以杭州地区的寺院为传法中心，弟子有弘济、本无、允若、善继等。

弘济（？—1356），嘉兴余姚人，俗姓姚，字同丹，别号天岸。少年出家，20 岁受具，先学律，后到四明延庆寺从半山全学习天台教义。后受到性澄的重视，任演福寺的首座。泰定年间，开法于圆觉寺。他一生除讲天台教义之外，重视行各种忏法、净土修行，曾有多种神异事迹，受到僧俗各界的拥戴。主要著述有《四教仪记要》、《天岸外集》等。弟子有上竺道臻、超果允中、圆通有传等人。

本无（1286—1343），俗姓陈，台州黄岩人，字极元，又号我庵。13 岁出家，先后从学于蒙润、性澄。曾住持凤山崇寿、普福、延庆等寺院。著述有《楞严经集注》、《山意集》等。弟子有弘道、慧隐、大始等。

允若（1280—1359），浙江绍兴人，字季蘅，号浮休、若耶。少年出家，先从大山恢学天台教，后慕名到南天竺演福寺依从性澄。他对知礼的思想比较重视，精研其典籍，这在元代传承天台的僧人中是不多见的。至正年间，先后住持圆通寺、下天竺寺。允若活动在杭州地区，比较重视寺院建设。同时，他也注重与文人的交往。后亡于战乱。

善继（1286—1357），浙江诸暨人，俗姓娄，字绝宗。出家后先从学于大山恢，后到演福寺投到性澄门下。善继住持过良渚、天竺荐福、天台能仁3处寺院，以讲天台三大部为主。元末战乱时期，他以修净土念佛为主。弟子有演福如（王己）等，活跃于明初。

第三节 临济宗的北南两支

一、海云印简与北方临济宗

在有影响的汉地佛教僧人中，印简是与蒙古贵族建立密切关系的第一人。临济一宗在元代北方的兴盛，与他在政治上的活动是分不开的。

印简（1202—1257），字海云，俗姓宋，山西岚谷宁远（山西岚县）人。自幼出家，拜中观沼为师，11岁受具足戒。据《佛祖历代通载》记，印简13岁，蒙古军队攻陷岚谷，他于“稠人中亲面圣颜（大约是窝阔台）”。1219年，木华黎军再取岚谷，印简见到清乐元帅史天泽和义州元帅李七哥，颇受赏识。不久，印简师徒随木华黎北行，到赤城。成吉思汗传旨给木华黎：“尔使人说底老长老（指中观）、小长老（指印简），实是告天的人，好与衣粮养活者，教做头儿，多收拾那般人，在意告天。”由此，中观得赐号“慈云正觉大禅师”，印简得赐号“寂照英悟大师”。

不久，中观禅师逝世，印简来到燕京大庆寿寺，从学于中和璋禅师，并成为他的嗣法人。印简先后应请住持过兴州（河北滦平）仁智寺、涞阳兴国寺、兴安（河北承德）永庆寺和燕京庆寿寺。1235年，窝阔台差官选试天下僧道，印简被推为住持，进一步加深了与蒙古贵族的关系。1237年，成吉思汗的二皇后赐其号“光天镇国大士”。1242年，忽必烈请他到漠北讲法。1245年，奉太皇后旨，在五台山为国祈福。1247年，贵由皇帝命他统领僧众，赐白金万两；太子合赖察请他至和林，住太平兴国禅寺。1251年，蒙哥即位，命印简掌管全国佛教事务。1256年，奉旨在昊天寺建法会，再次为国祈福。印简死后，忽必烈命建塔于大庆寿寺之侧，谥“佛日圆明大师”。印简历事成吉思汗、窝阔台、贵由和蒙哥四朝，并与专管汉地事务的忽必烈保持密切关系，是汉人僧侣中权势最大的一个。他以禅师身份参与政治活动，又以政治需要改造禅宗面貌，对北方禅宗以至整个佛教都有不小影响。

他把政治条件列进选僧标准，把佛教引向直接为蒙元服务的轨道。

1235 年，印简参与选试僧道，蒙古主考官确定："识字者可为僧，不识字者皆令还俗。"印简反对，对主考官说，他自己就"不曾看经，一字不识"。厦里丞相问他："既不识字，如何做长老?"他反问："方今大官人还识字否?"他的话使在座的蒙古达官、外镇诸侯大惊失色。接着他说："应知世法即是佛法，道情岂异人情?古之人亦有负贩者，立大功名于世，载于史册，千载之下，凛然生气。况今圣明天子在上，如日月之照临，考试僧道……宜以兴修万善，敬奉三宝，以奉上天，永延国祚可也。我等沙门之用舍，何足道哉!"这话是十分清楚的：僧侣的资格不应由精通多少经论取得，而是看他们能否为"永延国祚"尽力决定。"奉上天"是主要的标准，沙门自身的规定不足挂齿。

这次考试僧道经业，是蒙古联宋灭金后的第一项文化措施，对佛教界震动颇大。许多名僧忧心忡忡，担心佛教受到沙汰。唯独印简胸有成竹，他说："主上必有深意。我观今日沙门少护戒律，学不尽礼，身远于道，故天龙亡卫而感朝廷，励其考试也。三宝加被，必不辜圣诏。"主上考试经业只是名义，通过考试令僧人循规蹈矩才是本质。结果，"虽考试，亦无退落者"。

印简积极投靠蒙元的行为，是否也带有类似丘处机那样的"化胡"目的，很难评说，但他在劝说蒙古贵族接受汉文化方面，确实是尽过力的。其中影响最大的，是劝他们以儒术治国。1236 年，孔子第五十一代孙孔元措托印简向上陈情，准于袭衍圣公，并免差役。印简劝告忽都护，接受了这一请求。在印简的努力下，颜、孟等儒家圣贤的后裔也被免除差役。1242 年忽必烈请印简到漠北讲法时，曾问："佛法中有安天下之法否?"印简劝他"宜求天下大贤硕儒，问以古今治乱兴亡之事，当有所闻也"，意思是说"安天下"的事情应请教儒家，不应垂问佛家。在告别时，印简又说："恒念百姓，不安善抚，绥明赏罚，执政无私，任贤纳谏"，而且所有这一切"皆佛法也"。换言之，在没有发现古贤硕儒之前，他的佛法就是治国的儒术。

1236 年，蒙元正括中原户口，曾想用"印识人臂"的非人道手段防止人们逃亡。印简向断事官忽都护说："人非马也，既皆归服国朝，天下之大，四海之广，纵复逃散，亦何所归?岂可同禽兽而印识哉?"[①] 经过印简的努力，阻止了这种野

①上引均见《佛祖历代通载》卷二十一。

蛮行为。

印简宣扬孔子之教，从三纲五常到治国平天下，其用心的程度，远比弘扬佛教教义为深。在他领导下的北方临济宗，已无别的禅理和禅行可言。

至大二年（1309），赵孟頫奉敕撰《临济正宗碑》，把印简一系奉为临济正宗，将他的传承法系追溯到北宋的五祖法演：演传天目齐，齐传懒牛和，和传竹林宝，宝传竹林安，安传容庵海，海传中和璋，璋传印简。很明显，这个系统能为世人所知，全赖印简的腾达。

印简有知名弟子二，一是可庵朗，一是赜庵儇。可庵朗有俗弟子刘秉忠，赜庵儇有弟子西云安，对印简一系的持续兴盛有重大作用。

刘秉忠（1216—1274），原是云中南堂寺僧人，名子聪。印简去蒙古见忽必烈时，途经云中，携其同行，秉忠因而得识忽必烈。《元史》本传说刘“久侍藩邸，积有岁年，参帷幄之密谋，定社稷之大计”。忽必烈即位后，诏复原姓，更名秉忠，以翰林侍读学士窦默之女妻之，拜光禄大夫、太保，参领中书省事。死后，忽必烈对群臣说：“秉忠三十余年，小心慎密，不避艰危，事有可否，言无隐情。又其阴阳术数之精，占事知来，若合符契，唯朕知之，他人莫得预闻也。”有这样一位职高权重的俗家弟子，对扩大印简一系的社会影响，无疑是有利的。

西云安也有很高的政治地位。元贞元年（1295），成宗诏请其住大都大庆寿寺。武宗时，赐以“临济正宗之印”，封其为荣禄大夫、大司空，并让他“领临济一宗事”①。这说明元代统治者是把印简一系作为临济正宗的代表的。

二、南方临济宗派系构成

在元王朝崇奉藏传佛教和尊教抑禅的历史背景下，北方禅宗在行秀及其门徒之后，实际上已逐渐衰落下去，南方禅宗则恢复了它的活力。“丛林以五山称雄”的格局虽无变化，但思想上的分化比较显著。

南方禅宗均属临济宗，分别出自宗杲和绍隆两系。宗杲弟子育王德光之后，出现了灵隐之善和北磵居简两支；绍隆的再传弟子密庵咸杰之后，出现了松源崇岳和破庵祖先两支。这四支构成了南方临济宗的主流，总体可归为功利禅和山林禅两种类型。

①《佛祖历代通载》卷二十一。

功利禅型，指以功利为目的，积极靠拢朝廷，凭借政治权势带动禅宗发展的派别，其代表主要有之善系和居简系，以及崇岳系的清茂、守忠等人。五山十刹，主要由这类禅师住持。山林禅型则与此相反，大多数人山居隐修，不为世人所知；部分人活动于民间，影响很大，但拒绝应征，与朝廷官府的关系疏远，最重要的代表是祖先系统。

1. 之善系与居简系

代表之善一系的禅师，主要是元叟行端（1255—1341）。行端是之善的再传弟子，俗姓何，台州临海（浙江临海）人，12 岁出家，18 岁受具足戒。曾随藏叟善珍学禅于有“众满万指”之称的径山，后又到袁州仰山随雪岩祖钦习禅 3 年，仍回径山。行端擅长诗文，在径山时作《拟寒山子诗》百篇，“皆真乘流注，四方衲子多传诵之”①。大德四年（1300），行端住持湖州资福寺，由此“学徒奔凑，名闻京国”；七年（1303），诏赐“慧文正辩禅师”号；九年（1305），应命住持中天竺万寿禅寺，在行宣政院的支持下，“树门榜而正邻刹之侵强，治殿宇而还丛林之旧观”。皇庆元年（1312），住持灵隐寺，并奉旨在金山水陆法会上说法，受“佛日普照”号。至治二年（1322），住持径山兴圣万寿禅寺。泰定元年（1324），获“大护持师”玺书。早在大德七年受赐号诏书时，他就曾说：“天恩浃肌骨，浅薄将何酬？愿君为尧舜，愿臣为伊周。”②

在元代禅师中，像他这样急剧地升为新贵的寥寥无几，这是元代禅宗的成功之笔。自此，南方禅师陆续与元结缘者不乏其人。笑隐大䜣说：“今我径山法叔（行端），再世妙喜（宗杲）也。”③ 可见他受人尊重和艳羡的程度。

行端一生，“以呵叱怒骂为门弟子慈切之诲，以不近人情行天下大公之道”。“呵叱怒骂”，其迹确系临济宗风，然其所行“天下大公之道”，那精神与其前辈不知相去几千里了。

由于行端四主名刹，“三被金襕袈裟之赐”，名声远播，招致众多门徒，“嗣其法而同时阐化于吴楚闽粤蜀汉间者若干人”，对蒙古人也有影响。他的其他弟子，如楚石梵琦、梦堂昙噩、古鼎祖铭、愚庵智及等都比较有名，居简系也成为活跃于

①黄溍：《行端塔铭》，凡引文未标注者，皆出此。

②《元叟端禅师语录》。

③《笑隐䜣禅师语录》卷二。

元末明初、势力最大的一个禅派。

居简系所出人才较多，其中笑隐大䜣（1284—1344）是居简的三传弟子，南昌人，俗姓陈。大䜣幼年出家，曾遍阅大藏经文，后到百丈山从晦机元熙学禅多年。至大四年（1311），住持湖州乌回寺。延祐七年（1320），住持杭州大报国寺。泰定二年（1325），江浙行省丞相脱欢命他住持中天竺，“僧徒相从者垂千辈”。天历二年（1329），奉诏住持金陵大龙翔集庆寺，得封“大中大夫”，受赐“广智全悟大禅师”号。至顺元年（1330），与昙芳守忠等南方著名禅师北上，“京师之为禅宗者出迎河上”，受文宗召见。至元二年（1336），受赐“释教宗主兼领五山寺”号。

大䜣重视丛林清规和禅众教育，指出：“百丈作清规而丛林大备，有书状、有藏主、有首座，将使禅者兼通经教外典，欲其他日柄大法，可以为全材而御外侮也。”① 要求禅僧兼通经教外典，是相当开放的主张，但目的是为他日“柄大法”、“为全才”作准备，则与百丈的“规式”精神全不相干。这反映了南方禅师在多教兼容的社会条件下，有意参与角逐的热切心肠。大䜣曾奉旨召集学问僧，审定德辉编集的《敕修百丈清规》，从这个《清规》中也多少可以看到大䜣的思想。

大䜣也擅长诗文，与赵孟頫、邓文原等士人有良好的关系。黄溍评论其文：

> 无山林枯寂之态，变化开合，奇彩灿然。而议论磊落，一出于正，未尝有所偏蔽。虞公（集）称其如洞庭之野众乐并作，铿锵轩昂；蛟龙起跃，物怪屏走，沉冥发兴。②

南方临济宗至于元代，一般因袭宗杲的传统，行看话禅。大䜣则起来反对：“每见近时宗师教人捉个话头……使其朝参暮参，疑来疑去，谓之大疑必有大悟。虽是一期善巧方便，其奈愈添障碍。”他斥责那些参究话头的禅僧说：

> 愚痴之辈，一丁不识，窃吾形服，经教不知，戒律不守，问著百无所能，但道：我请益善知识，举个话头，口里诵，心里想，如三家屯里学堂，教小儿子念上大人相似，眼醒记得，睡忘了；或用心太过，愈疑愈乱，遂至失心颠狂；或妄

---

①《笑隐䜣禅师语录》卷四。

②黄溍：《元大中大夫广智全悟大禅师住持大龙翔集庆寺释教宗主兼领五山寺䜣公塔铭》。

生卜度，胡言乱语，诳吓无知；或痴痴兀兀，黑山鬼窟里淹过一生。①

这种斥责，揭露了看话禅的流弊，有令迷入歧途者猛醒的意义。与此同时，大䜣也批评慧南的“黄龙三关”：

黄龙三关，如商君立法，法虽行而废先王之道，故当时出其门者甚多，得其传者益寡。使其恪守慈明家法，子孙未致断绝。②

把慧南设“三关语”视为黄龙派法系断绝的原因，自然没有什么可靠根据，但是在当时提出来是有所指的。元初，祖先系代表人物原妙即效法慧南，也设“三关”传禅，颇有影响。因此，大䜣的批评也是针对祖先系的，尽管他与祖先系的许多禅师关系不错。

大䜣肯定的禅风是“行棒行喝”，与行端相近；又重述“直指人心，见性成佛”，表明他没有忘记禅的宗旨。

居简系还有其他一些禅师，像觉岸和念常等，对佛教史学有所贡献。觉岸著《释氏稽古略》四卷，属编年体通史，从三皇五帝到南宋末，按干支帝纪年号记载历朝沿革和佛教史迹等，其资料大多取自南宋咸淳（1265—1274）年间本觉所撰的《释氏通鉴》。《释氏稽古略》的史学价值比不上念常的《佛祖历代通载》。

念常（1282—1341），俗姓黄，号梅屋，世居华亭（上海松江）。12 岁出家，曾从平江圆明院体志学律。元贞元年（1295），受具足戒。至大元年（1308），到杭州净慈寺随晦机元熙习禅 7 年。元熙迁住径山后，他留在净慈寺，又住持嘉兴祥符寺。至治三年（1323），赴燕京缮写黄金佛经，面见帝师，听讲密教教义。念常历时 20 年，撰成编年体通史《佛祖历代通载》22 卷，内容大部分取自《景德传灯录》和南宋祖琇的《隆兴佛教编年通论》，补述了南宋、金元的佛教史。虽然有些记述过于繁冗，史实方面亦有讹误，《佛祖历代通载》仍不失为研究宋元佛教的重要著作。

德辉也出自居简系，由他重编的《敕修百丈清规》，为后来禅宗各寺采纳，影响久远。据德辉自序，自百丈怀海制定《禅门规式》以来，历代都有重编“丛林清规”流行，详略不一。延祐年间（1314—1320），晦机元熙、一山了万、云屋善

---

①上引均见《笑隐䜣禅师语录》卷二。

②《笑隐䜣禅师语录》卷一。

住曾打算对各种版本“删修刊正，以立一代典章”①，但没有实现。德辉有志于完成他们的未竟之业，在住持百丈山大智寿圣禅寺期间，奔走京城，奏请重编统一的《百丈清规》，元统三年（1335）诏许。当时德辉没有发现所谓《古清规》，而认为有3个流行本可取，即宗赜的《崇宁清规》、惟勉的《咸淳清规》和弌咸的《至大清规》。根据这3个本子，删繁就简，正误补缺，经大䜣主持审定，分成九章十卷，题《敕修百丈清规》，于后至元年间（1335—1340）刊行。

2. 崇岳系

出自崇岳一系的禅师，主要有古林清茂和昙芳守忠。他们都是“道契王臣”者，在金陵地区颇为活跃。

清茂（1262—1329），号“金刚幢”，晚称休居叟，俗姓林，温州乐清人。11岁出家，13岁得度，曾居天台国清寺。年19，参横川如珙（1222—1289），深得器重。20岁回国清寺，作《拟寒山诗》300首。不久，如珙迁住育王山，应命前往随侍6年。清茂先后住持过平江府天平山白云禅寺、开元禅寺、饶州永福禅寺和金陵凤台山保宁禅寺等。仁宗赐号“扶宗普觉佛性禅师”，英宗也曾下诏问道。晚年住保宁禅寺八载，颇得居住于金陵的图帖睦尔（即位后称文宗）的尊敬，“时上居潜邸时，留神内典，时数枉驾，诣师问道”。图帖睦尔还刻印《般若心经》、《高王观世音经》，都请清茂作序，“章显佛心，冠乎群经首”②。即位第二年，遣使问候，时清茂已经去世了。

清茂平生所作诗文偈颂不少，流传也广，著《重拈雪窦举古一百则》以及其他颂古之作，比较受重视的是拈古和颂古。关于他的著述有《古林清茂禅师语录》5卷，《古林和尚拾遗偈颂》2卷。这些著作在国外也受欢迎，“日本扶桑之域，求师语录，刊以播其国”③；《偈颂》传到高丽，刻版印行。

守忠（1275—1348），南康都昌人，俗姓黄。11岁出家受具足戒，拜云居玉山珍为师，后游方至金陵蒋山。大德九年（1305）起，受请住持金陵崇因禅寺15年。至治元年（1321），脱欢请他住持蒋山，由此声望日隆。1325年，图帖睦尔在金陵时与守忠来往尤密，守忠预言他日后能做皇帝，并为之祈祷。天历元年（1328）

①《敕修百丈清规序》。

②梵仙：《古林和尚行实》。

③《古林和尚碑》。

秋，图帖睦尔刚即位，便遣使赐守忠“佛海普印大禅师”号，将其在金陵的潜邸改为大龙翔集庆寺，诏选守忠为开山祖师，守忠推荐大䜣以代。次年春，文宗又加赐守忠“大中大夫广慈圆悟大禅师”号，命住持蒋山和崇禧两处寺院。

至顺元年（1330），守忠与大䜣应诏赴京，受到文宗及皇后、太子和帝师的隆礼接见，赏赐极多。返回时，诏命所经官府沿途护送。守忠用所得钱财在金陵“大兴营构，穹楼佛殿，殆若天降”。不久，文宗又赐钞5000锭，割平江上田50顷，蠲两寺田赋。[①] 至正元年（1341），守忠告老，后仍被诏出，特别是诏令住持和修复称作“国朝江南建寺，唯此一寺为盛”的集庆寺，被视为殊荣。及其逝世，为之送葬者达数万人，“士庶率财作大会七日”，甚至有“燃顶臂香为供者”。

3. 祖先系

祖先系是元代禅宗中影响最大的一个支派，其中高峰元妙、中峰明本、天如惟则、千岩元长等，拟另作专题介绍，这里仅就三个代表人物以示一般。

无见先睹（1265—1334），天台人，俗姓叶。曾师事方山文宝，后到天台山华顶，一住四十年，以善兴禅寺为基地，倡导看话禅。人们把他与中峰明本视为南方最有影响的两位禅师：“入国朝以来，能使临济之法复大振于东南者，本公（明本）及禅师而已。”[②] 关于先睹的言行，有智度等编的《无见先睹禅师语录》2卷。

石屋清珙（1272—1352），常熟人，俗姓温。20岁出家，23岁受具足戒。曾从高峰原妙习禅3年，后投到及庵宗信门下，被誉为“法海中透网金鳞”[③]。他长期过着隐居生活，曾在霞雾山庵居，晚年住持嘉禾当湖福源禅寺七载。死后谥“佛慈慧照禅师”。记其言行的有至柔等编的《石屋清珙禅师语录》2卷。

万峰时蔚（1313—1381），温州乐清人，俗姓金。13岁出家，19岁后于两浙地区游方参学。后至天台华顶见先睹，并遵其所嘱，山居隐修多年。及至先睹去世，乃慕名谒千岩元长，被元长命为“堂中第一座”。不久，到兰溪州嵩山结庵。晚年住邓蔚山圣恩禅寺。

祖先系的禅师有许多共同特点，而以与元王朝的关系疏远最为显著。他们或山居不出达数十年，或草栖浪宿、结庵而居，与同行端辈结交权贵、住持大寺以至参

---

①欧阳玄：《佛海普印广慈圆悟大禅师大龙翔集庆寺长老忠公塔铭》。

②黄溍：《无见睹禅师语录序》。

③元旭：《福源石屋珙禅师塔铭》。

与官场形成鲜明的对照。先睹所居天台华顶，“其地高寒幽僻，人莫能久处，唯禅师一坐四十年，足未尝辄阅户限”①。高峰原妙也居山隐修数十年。明本及其弟子天如惟则和千岩元长，或隐居一山，或长期行脚，居无定处。石屋清珙“四十余年独隐居，不知尘世几荣枯。”② 这是此系的骄傲，世称“庵居知识”。

这些禅僧一般通过接受下层民众的布施或自耕自食来维持生计，不依赖朝廷的赏赐。如清珙，“凡樵蔬之役，皆躬自为之”，人称“有古德之风”③。尽管他们大都与中下官僚士人有来往，特别是在元代后期“士大夫逃禅”的风气下，关系更为密切，但目的不在向上巴结。时蔚说：

> 须向山间林下，镢头边接引一个半个，阐扬吾道，报佛恩德。不可攀高接贵，轻慢下流，逐利追名，迷真惑道。④

在“镢头边”弘禅授徒，形象地说明了这派禅僧的特点。他们中不少人受到朝廷的注意，或赐号褒奖，或命住持名山巨刹，但从未引起惊喜若狂的那种神态。明本曾屡辞朝廷的召见，为逃避住持名山之命而遁走各地。至正年间，朝廷“降香币以旌异，皇后赐金襕衣，人皆荣之，师淡如也”⑤。

祖先系的禅风也很有特点。他们反对北方曹洞宗僧人继承克勤的传统，反对致力于诠释公案和颂古的评唱；他们与南方其他禅师一样，大多长于诗文，有不少诗作流传，所以并不反对诠释公案的拈古与颂古，且有颂古之作，但他们偏重和强调的乃是宗杲的看话禅。在祖先系的推动下，看话禅拥有广大的禅众，成为元代南方禅学的主流。先睹把参究话头称为“真实功夫”，并指出：“今时士大夫没溺文字语言，不下真实功夫。”⑥ 这表明，作为禅的主流，并没有引起官僚士大夫的强烈兴趣。这个阶层与禅宗有了隔膜，而长期居山过生活的禅僧，也同这个阶层疏远起来。尽管如此，祖先系仍给看话禅以新的内容，有强烈的时代气息和浓重的地方色彩，通过各种渠道影响着整个元代禅宗的基调。

---

①昙噩：《无见睹和尚塔铭并序》。
②《石屋清珙禅师语录》卷下《山居诗》。
③元旭：《福源石屋珙禅师塔铭》。
④《万峰和尚语录》。
⑤《福源石屋珙禅师塔铭》。
⑥《无见先睹禅师语录》卷上。

祖先系的禅师虽山居但并不闭塞，他们与北方禅师没有断绝往来。在推动禅宗东渡方面，祖先系禅师的作用尤为彰著。

南宋末年，不少南方禅师东渡日本。元初曾一度用兵日本，中日禅僧的交往中断。大德三年（1299），元成宗派江浙释教总统一山一宁及其弟子赴日，受到日本朝野的欢迎。同时，来华的日本僧人也随之增多，其参学的重要对象就是祖先系的著名禅师。仅习禅于中峰明本的日本知名僧人就有：远溪祖雄、无隐云晦、可翁宗然、嵩山居中、大朴玄素、复庵宗己、孤峰觉明、别源圆旨、明叟齐哲、平田慈均、无碍妙谦、古先印元、业海本净、祖继大智，等等。不少人追随明本的时间很长，如远溪祖雄师事明本 7 年，复庵宗己师事明本 9 年。明本还指导过高丽僧人多名和驸马王璋习禅。

三、高峰原妙及其禅学思想

出自祖先系的原妙（1238—1295），号高峰，吴江（江苏苏州）人，俗姓徐，15 岁拜嘉禾密印寺法住为师，17 岁受具足戒。曾习天台教义两年，20 岁弃教入禅，至杭州净慈寺，就学于断桥妙伦，妙伦让他看“生从何来，死从何去”的话头。原妙勤奋参究，竟然“胁不至席，口体俱忘，或如厕唯中单而出，或发函忘扃鐍而去”①。但时近一年，仍然“只如个迷路人相似”，乃转而求教于雪岩祖钦。祖钦让他参究看话禅中的经典话头“赵州狗子”中的“无”字，依然无收获。又到径山参禅，经半月，忽于梦中想到妙伦说法时曾提到的“万法归一，一归何处”的话头，“自此疑情顿发，打成一片，直得东西不辨，寝食俱忘”②。发“疑情”是看话禅证悟的前提，“打成一片”，是指达到主客泯灭、物我双亡时的心理感受，是彻悟的体验。

此后，原妙游学于江浙一带，于 1265 年从法钦住天宁寺，“随侍服劳”。次年辞去，独自到临安龙须山，苦行隐修，一住 9 年，“冬夏一衲，不扇不炉，日捣松和糜，延息而已”。冬季大雪封山，旬月之间，不见烟火，人们以为他饥寒而死，“及霁而入，师正宴坐那伽（坐禅入定）”③。9 年后转入武康的双髻峰，身边聚集

①洪乔祖：《高峰原妙禅师行状》。

②《高峰原妙禅师禅要》。

③《高峰原妙禅师行状》。

了不少僧徒。又两年后战乱爆发，学徒星散，他独修如故。1279 年，转到杭州天目山西师子岩，营造小室以居，号为“死关”，足不出户 10 余年，直至逝世。

原妙居师子岩时，声誉日隆。法钦在当时的南方很有影响，派人送去竹篱、尘拂和法语，把他视为最得意的嗣法弟子。1291 年，鹤沙瞿提举为原妙在西峰下建“大觉禅寺”。这里成为他的重要传禅基地，来参学的有数万人，包括“他方异域”的僧人。他被誉为“高峰古佛”。

原妙以话头禅授徒，也设“三关语”启悟学者。据《高峰原妙禅师行状》记载，他的“三关语”是：“大彻底人，本脱生死，因甚命根不断？佛祖公案，只是一个道理，因甚有明与不明？大修行人，当遵佛行，因甚不守毗尼？”另据《高峰原妙禅师禅要》记载，其“室中三关”是：“杲日当空，无所不照，因甚被片云遮却？人人有个影子，寸步不离，因甚踏不著？尽大地是个火坑，得何三昧，不被烧却？”这两种“三关语”大约并行于世，中心是引导人们参透生死和解脱生死。

原妙也解释公案，通过解释表达自己的见解。“丹霞烧木佛”是桩流传较广的公案。一些禅师认为这也是启悟的方式，原妙则反对。他说：“丹霞烧木佛，为寒所逼，岂有他哉！若作佛法商量，管取地狱如箭。”① 因为寒冷烧木佛取暖，可以理解；若“作佛法商量”，那就是罪过。这种看法也表现了原妙持戒谨严，反对放浪不羁的作风。

关于原妙始终深居隐修、与世隔离的禅生活，人们有不同的评论，其中宋本说：“方是时，尊教抑禅，钦由江右召至钱塘授密戒，妙方遗世孑立，身巢岩扃。”② 原妙是在“尊教抑禅”的形势下，不得不“遗身孑立”的。当然，更多的人认为他是操守高洁，不与世同流。其弟子明本则说：“先师枯槁身心于岩穴之下，毕世不改其操。人或高之，必蹙额以告之曰：‘此吾定分，使拘此行。欲矫世逆俗，则罪何可逃。’”③这话是带有隐痛的。所谓“定分”，是无可奈何之词，而无可奈何决不是缘于“尊教抑禅”类的弹性措施。就其所处的特定历史条件看，只能从南宋的覆灭中得到解释。

1. “万法归一，一归何处”

①《高峰大师语录》。

②宋本：《有元普应国师道行碑》。

③《天目中峰和尚广录》卷二十四。

原妙的禅思想可以概括为三句话，也可以作为修习的三个阶段，那就是从看话头“万法归一，一归何处”出发，运用“疑以信为体，悟以疑为用”的观念和方法，实现“无心三昧”的精神境界。

原妙借以得悟的“万法归一，一归何处”是一个话头，这个话头和宗杲的“无”字话头一样，也源自赵州从谂的公案。有僧人问：“万法归一，一归何处?”从谂答：“我在青州作了一领布衫，重七斤。”按照宗杲选择话头的原则，这则公案应该参究的是从谂的答话，因为它和“无”字答语类似，不能从字义上理解，只是作为启悟学者的“活句”。但是，原妙没有遵循宗杲选择“活句”的原则，而是提倡直接参究问话，使他的看话头与宗杲有了不同。

原妙有参活句“无”的失败经历，后来他又作了理论的说明：

> 成片自决之后，鞠其病源，别无他故，只为不在疑情上做工夫。一味只是举，举时即有，不举便无。设要起疑，亦无下手处。设使下得手，疑得去，只顷刻间，又未免被昏散打作两橛。于是，空费许多光阴，空吃许多生受，略无些子进趋。

意思是说，他悟后总结教训才知道，看“活句”之所以失败，在于只举“无”字冥思，而没有在“疑情”上做工夫。原妙强调，起“疑”是证悟的前提，没有“疑情”发生，就不能证悟。因此，看话头首先要起疑，而参究“万法归一，一归何处”最易实现。他说：“一归何处却与无字不同，且是疑情易发，一举便有，不待反复思维，计较作意。才有疑情，稍成片，便无能为之心。”① 这样，看“万法归一，一归何处”就成了原妙禅法的主要特征。

原妙的再传弟子千岩元长指出：“‘万法归一，一归何处’，这八个字子是天目高峰老祖自证自悟之后，又将这几个字子教四海学者，各各令其自证自悟。”② 这几个字为其后辈保持了下来。

然而，可以产生疑情的问题很多，原妙为什么单选择“万法归一，一归何处”参究?“万法”，泛指世间与出世间一切事物，当然，首先是世界人生；“万法”所归之“一”，按当时禅宗的共识，乃是“一心”；一心生万法，万法归一心。现在要探求的是“一归何处”，也就是一心又归向何处?如果说“空劫前”尚能得出

---

①上引均见《高峰原妙禅师禅要》。

②《千岩和尚语录》。

"即心即空"的结论，那么，这里的提问本身，就是落寞到了茫然程度的表现。就禅宗的基本理论而言，"一心"是绝对，是永恒，是真如佛性。连"心"都要追问一个归向，对那个时代的禅宗来说，其无结论实在是必然的。

2. "疑以信为体，悟以疑为用"

既然疑情在禅修中占据如此关键地位，那么"疑"来自何处？原妙回答：来自"信"。他说：

> 山僧……将个省力易修，曾验底话头，两手分付：万法归一，一归何处？决能使恁么信去，便恁么疑去。须知：疑以信为体，悟以疑为用。信有十分，疑有十分；疑得十分，悟得十分。

就是说，看八字话头是个入门，由此引导你信什么就疑什么，信有多少，疑即多少，疑得彻底，悟即彻底，悟必须藉对信之疑才能实现。在禅宗历来崇奉的佛典中，《大乘起信论》影响最大，原妙反其道而行，创立"起疑论"：不是提起疑起信，而是据信起疑。

关于如何起疑，原妙有一段比较详细的说明：

> 先将六情六识，四大五蕴，山河大地，万象森罗，总熔作一个疑团，顿在目前……如是行也只是个疑团，坐也只是个疑团，著衣吃饭也只是个疑团，屙屎放尿也只是个疑团，以至见闻觉知总是个疑团。疑来疑去，疑省力处，便是得力处。

即不论是主观情识，还是客体世界；不论是衣食住行，还是见闻觉知，要一律疑之。疑成"疑团"，疑成"疑情"，疑到疑为本能，缠结不开，这样就很容易得悟了。据此看来，原妙倡导的"悟"，实质是对"疑"的悟，即悟解世界人生无一不可怀疑，无一可信，以此怀疑的眼光透视周围一切事相。从这个方面说，原妙的禅法是带有绝望情绪的怀疑论。

另一方面，原妙又强调"决疑"，疑必须得到解决。他说：

> 西天此土、古今知识，发扬此段光明，莫不只是一个决疑而已。千疑万疑，只是一疑；决此疑者，更无余疑。既无余疑，即与释迦、弥勒、净名、庞老不增不减，无二无别，同一眼见，同一耳闻，同一受用，同一出没天堂地狱，任意逍遥。

"千疑万疑，只是一疑"，这"一疑"就是"一归何处"。只要解决了这"一疑"，就是成佛成祖，绝对自由。至于如何解决，原妙没有明说，但他转而强调要“信”。

所谓“信”，就是对参究话头一定能证悟的信仰。原妙说：“大抵参样不分缁素，但只要一个决定‘信’字。若能直下信得及，把得定，作得主，不被五欲所撼，如个铁橛子相似，管取克日成功，不怕瓮中走龟。”他甚至说：“信是道元功德母，信是无上佛菩提，信能永断烦恼本，信能速证解脱门。”在这里，“信”不是要人信仰“道元功德母”、“无上佛菩提”，而是说，“信”即是“功德母”，即是“佛菩提”，他们是同位的，而“信”的内涵依然不清楚。他又说：“苟或不疑不信，饶你坐到弥勒下生，也只做得个依草附木之精灵，魂不散底死汉。”这里又把“疑”与“信”并作为解脱法门。

这种相互矛盾的说法，令人难以捉摸，不知原妙是在提倡“信”，还是在提倡“疑”。但有一点可以肯定，他说的“疑”是具体的、遍在的，有实在内容的；而“信”只是一个抽象，一个只能令人坚持怀疑到底，从而忘却一切的抽象。他说：“万法归一，一归何处？只贵惺惺著意疑，疑到情忘心绝处。”对此中的“疑”毋庸置疑，这也可以说就是“信”的实际含义。

3. “无心三昧”

关于“疑到情忘心绝处”，原妙讲过：“山僧昔年疑着万法归一，一归何处，自此疑情顿发，废寝忘餐，东西不辨，昼夜不分。……虽在稠人广众中，如无一人相似。从朝至暮，从暮至朝，澄澄湛湛，卓卓巍巍；纯清绝点，一念万年；境寂人忘，如痴如兀。”他教授学徒，也要如此“疑着”：“吃茶不知吃茶，吃饭不知吃饭，行不知行，坐不知坐。情识顿净，计较都忘，恰如个有气底死人相似，又如泥塑木雕底相似”。他称这种“如痴如兀”，形若“泥塑”、“木雕”的状态为“无心三昧”。在原妙看来，“无心三昧”即是禅宗祖师的境界，也是儒家圣人的境界：

> 凡工夫做到极则处，必然自然入于无心三昧……老胡云：心如墙壁。夫子三月忘味，颜回终日如愚，贾岛取舍推敲，此等即是无心之类也。①

把“无心”作为禅境追求，是唐以来禅宗中的一大潮流。“无心三昧”与此有所不同。照原妙的解释，所谓“无心”，只是注意力高度集中，抑制了其他思维情感活动的心理现象，在一般专注于某项工作过程中都可能发生。“无心三昧”的特

①上引均见《高峰原妙禅师禅要》。

别处，在于专注于“疑”，使疑情顿发，疑结满怀，由此导致物我两忘，情识俱尽；若能将此种心态贯彻于时时事事，持之以恒，那就是“无心三昧”，也就是看话禅的最后目标。

据此来看，原妙禅法是用集中思虑世界人生根源问题的方法，强制转移和忘却现实的世界人生。这是对自我实施的一种自觉的精神麻醉。他甚至希望能锻炼成“有气底死人”，全然没有灵魂的人。这实在是失望悲哀到了极端。

原妙的禅思想，在一定程度上反映了南宋亡国的世纪末情绪，在南宋遗民中会引起反响。至于原妙弟子明本以后，新朝已经稳定，南人也开始习惯，禅的这种悲观调子也有所改变。

四、看话禅的复兴与四宗调和

1. 明本生平及其著作

明本（1263—1323），号中峰，杭州钱塘人，俗姓孙。少年时便立志出家，除学习儒家经典外，还习佛典。24岁，因读《景德传灯录》遇疑难问题，往天目山求教原妙，次年落发，第三年受具足戒。明本一直跟随原妙10年，被原妙评为“竿上林新篁”，预见他“他日成才未易量也”①。

明本60岁时自称：“余初心出家，志在草衣垢面，刁头陀行……平昔唯慕退休，非矫世绝俗，使坐膺信施，乃岌岌不自安也。”② 此段话大体上反映了他一生的守志和禅风，这显然是从原妙那里继承下来的。

原妙晚年居官僚霍廷发的私寺大觉正等禅寺，曾命明本住持，明本谢绝，另荐第一座祖雍担任。1296年原妙死后，明本开始游方，先后经历皖山、庐山、金陵等地，并于庐州弁山和平江雁荡山结庵传禅，其间为赵孟頫讲“防情复性之旨”。大德八年（1304），回天目山为原妙守塔。次年，住持师子院。至大元年（1308），时为太子的仁宗赐号“法慧”。翌年，继续外游仪真、吴江，并渡江北上少林寺。在北方，明本虽“隐其名，僦城隅土屋以居”，但听到消息的僧俗还是“争相瞻礼，皆手额曰：江南古佛也”。皇庆元年（1312）以后，又继续游方结庵的生活。

延祐三年（1316），宣政院奉命整顿佛教，遣使请明本，明本避走镇江；五年

①《元故天目山佛慈圆照广慧禅师中峰和尚行录》（以下简称《中峰和尚行录》）。

②《天目中峰广录》卷十八下。

(1318)，仁宗赐号“佛慈圆照广慧禅师”，命将明本所居师子院改名“师子正宗禅寺”，赵孟頫奉命撰写碑文。至治二年（1322），行宣政院请他主持径山，不应命而结庵于中佳山。当年十月，英宗特旨降香，赐金襕僧伽梨。明本死后，文宗谥号“智觉”，塔名“法云”，命奎章阁学士虞集撰《中峰塔铭》。

明本常年草栖浪宿，奔波于江南各地。每到一处，就建起一个个传法庵室，由此徒众广布，影响面扩大。在他的信徒中，还有从学的非汉人，一个被尊为“三藏法师”的沙律爱护持必刺牙室利“亦尝从师参诘”，即是一例。他和汉族士大夫及蒙古、朝鲜族官吏都有交往，霍廷发、赵孟頫、敬严、答剌罕脱欢等人，都向他请教过禅学。但他在政治上始终与元王朝保持一定距离，不卑不亢，有其师的遗风。

明本在元代也是于边远地区和周边国家影响很大的禅师，据说“远至西域、北庭、东夷、南诏，接踵来见”① 的僧俗信徒很多，他还曾为来自日本和高丽的僧人授禅。云南沙门玄鉴慕名求教于明本，在归途病逝，其弟子普福等人乃画明本图像南归，于云南建立禅宗，奉明本为“南诏第一祖”。

明本也以擅长诗文闻名于世，有诗作不少。为阐述自己的禅学，撰写了《山房夜话》和《拟寒山诗》；为解答义学僧人的问难，写了《楞严征心辨见或问》；为纠正某些禅憎“不求心悟，唯尚言通”的倾向，写作了《信心铭辟义解》。他在各处建造的茅庵都名“幻住”，所以为徒众解说参禅方法和途径而写的文章即名《幻住家训》。以上 5 篇，明本自题《一华五叶》，是他的代表作。诗作除《拟寒山诗》百首外，还有《船居》、《山居》、《水居》、《廛居》各 10 首，都颇有名；另有《怀净土诗》108 首，及其他歌偈、送别酬对诗等，分别收录于《天目中峰和尚广录》和《天目明本禅师杂录》中。元统二年（1334），惠宗追谥明本为“普应国师”，并准《天目中峰和尚广录》入大藏经流通。

2. 对公案诠释之批判

明本的禅思想，突出地表现在他对宗杲看话禅的复兴和对其他禅法的批判。明本的批判精神，几乎可以与中唐的菏泽神会相媲美。

自从克勤的《碧岩集》作为诠释公案的典范受到宗杲的激烈抨击以来，金元之际的北方曹洞宗依然以公案诠释为主业，《容庵录》、《空谷集》等评唱著作流行，也影响了南方禅宗向公案的探究。据明本目睹当时的情况说：

①上引均见《中峰和尚行录》。

今之丛林商量，大不如此。乃以向佛问西来意之一问一答，如麻三升（斤）、干屎橛、须弥山、莫妄想之类，唤作单提浅近者；以勘婆、话堕、托钵、上树等为向上全提者；或以众机缘列归三玄，或以诸语言判入四句。中间曲谈巧辩，网罗千七百则公案，各立异名，互存高下，不识古人之意界尔否？①

南方禅师钻研公案，遍及《景德传灯录》所记的一千七百则，他们将其分类，评判优劣高下，如他们把“麻三斤”、“干屎橛”、“须弥山”、“莫妄想”等回答“如何是佛”、“如何是祖师西来意”的公案称为“单提浅近者”，认为这些公案易解，是古禅师用以启悟素质较差者的。至于“勘婆”、“话堕”、“托钵”、“上树”等公案被称作“向上全提者”，认为它们深奥难解，宜于启悟素质高的人。此外，还将公案中的酬对机语分类，标上“三玄”、“四句”等名目。这些表明公案诠释风在南方也相当行时。

明本对此自北而南的禅风，持完全否定的态度。他认为，这类公案的研究，“唯以聪明之资，向古今文字上，将相似语言较量卜度，会尽古今公案。殊不知，既不了生死，反不如个不会底最真”。修禅是为了解脱生死，公案诠释脱离了这个目标，即使所有的公案都理解了，不如一个都不懂的好。

推究公案诠释学，是起自雪窦的颂古，完成于圆悟的评唱，追本穷源，明本也加以鞭挞，他说：

无边众生各各脚下有一则现成公案，灵山四十九年诠注不出，达磨万里西来指点不破，至若德山、临济摸索不著，此又岂雪窦能颂而圆悟能判者哉？纵使《碧岩集》有百千万卷，于他现成公案上一何加损焉？昔妙喜不穷此理而碎其版，大似禁石女之勿生儿也。今复刊此版之士，将有意于撺掇石女之生儿乎？盖可笑也。②

这里所谓的“现成公案”，是指众生一切具足的本心。明心见性在于众生的自悟，释迦一生的说教，达磨西来的指点，宣鉴和义玄的棒喝交驰，都代替不了众生的自证自悟。至于《碧岩集》，什么作用都不会产生，宗杲焚版，是没有穷究此理；今天复刊，徒劳可笑。明本的态度是：给予轻蔑，不屑一顾。

---

①《天目中峰和尚广录》卷十一上。

②上引均见《天目中峰和尚广录》卷十一中。

明本反对从文字诠释和考据学的角度钻研公案，但并不抛弃公案。他要求僧人："但遇著古今因缘，都不要将心领会，只消举起一个，顿在面前，发起决要了生死之正志，壁立万仞，与之久远参去。"① 我们知道，这种方法就是宗杲的看话头。

3. 看话禅

明本毕生在捍卫和发展宗杲创始的看话禅，对古今其他禅思潮作了多方面的清理。他曾记当时的禅界状况：

> 彼此是非，立个名字，唤作如来禅、祖师禅、平实禅、杜撰禅、文字禅、海蠡禅、外道禅、声闻禅、凡夫禅、五味禅、棒喝禅、拍盲禅、道者禅、葛藤禅，更有脱略机境，不受差排者，唤作向上禅。古今已来，诸方三百五百众，浩浩商量，立出许多闲名杂字。由是而吹起知见风，鼓动杂毒海；掀翻情涛，飞腾识浪；递相汩没，聚成恶业；流入无间，卒未有休。②

这在相当程度上反映了南方禅师竞立宗派，各行其是，没有统帅，分散自在，兴隆繁盛的形势。据明本看，这些禅说的共性，是以"知见"为禅（"吹起知见风"），以"情"、"识"用事（"掀翻情涛，飞腾识浪"），以致累积恶业，堕入无间地狱，也不知休止。

与此同时，明本也贬抑古禅师的种种"门庭设施"，认为："达磨西来，谓之单传直指，初无委曲。后来法久成弊，生出异端，或五位君臣、四种料简、三关九带、十智同真，各立门庭，互相提唱。虽则一期建立，却不思赚他后代儿孙。"这类门庭，虽有一时建立的理由，但流弊及于后代参禅者，危害是很大的。他认为，"拯救此弊"，拔诸"恶业"的唯一方法就是看话头："将个无意味话头，放在伊八识田中"，这是古代有"真实悟底尊宿出兴于世"，从"第二门头别开"的一路。它是"无处发药，不得已"之作，但又别无他途。③

这个"真实悟底尊宿"就是话头禅的创始者宗杲。在此之前，没有这一禅门，有人因此责难看话禅没有传承根据："或谓《传灯录》一千七百单一人，皆是言外知归，迎刃而解，初不闻有做工夫看话头之说。在此自年朝至岁暮，其切切不绝

①《天目中峰和尚广录》卷十一上。

②《天目中峰和尚广录》卷四下。

③上引均见《天目中峰和尚广录》卷一上。

口，唯是说看话头做工夫，不但远背先宗，无乃以实头缀系于人乎?”明本回答说：“谓看话头做工夫，固是不契直指单传之旨，然亦不曾赚人落草，最是立脚稳当，悟处亲切。纵使此心不悟，但信心不退不转，一生两生，更无不获开悟者。如《传灯录》中许多言外知归之士。焉知其不自夙生脚踏实地做来?”①

这是一种颇为苍白的辩解，但说明明本为人是诚实的。他承认他推崇的看话禅不是禅宗一贯标榜的“直指单传”，只不过不会“赚人落草”，走入邪途而已。相比当时的诸多禅门言，看话禅正派踏实，所以说是唯一可行的法门。他用“一生两生”论证由此开悟的可能性，有鼓励参学者持之以恒的意思，但要以神灵不灭为前提，显然是靠不住的。与唐代的“顿悟”浪潮相比，这无疑缺乏对于今世此生的自信。

然而，明本对于看话禅则有不可动摇的自信。他说：“若人欲识佛境界，提起话头休捏怪，忽然两手俱托空，佛祖直教齐纳败。”② 他深信只要坚持到底，一旦“话头”参透，必然与佛祖无别。据他看，一切禅修目的都在“明心”、证悟心体。可是，“心之至体无可见，无可闻，无可知，无可觉，乃至无可取舍，既有可为，皆是虚妄颠倒”。因此，心体不可能被通常的见闻觉知把握，但若意想离弃见闻觉知，这离弃的意念就属于见闻觉知，所谓“只个欲离之念，早是增加其病耳”，唯一的可能是“远离一切见闻觉知，乃至能离所离一齐空寂，则灵知心体宛然显露于见闻觉知之间。”因此，心体既不能依赖见闻觉知悟解，又不能抛开见闻觉知显现，这是一个矛盾。明本认为，解决这一矛盾的最好方法是参究话头：“于是古人别资一种善巧方便，将个无义味话头，抛向学人面前，令其究竟。但知体究话头，则与见闻知觉等不期离而离矣。”③“与见闻知觉等不期离而离”，与原妙的“无心三昧”一样，其实是全部思想集中于那个“无义味话头”时的精神状态，这一状态被视为“灵体心知”的显露。

明本倡导的话头禅，特别强调同严守戒律的一致性。他说：

须知一个所参话终日横于方寸，不思善，不思恶，善恶二途自然忘念，而言修断，何其赘耶？且参此话时，不见有一众生而可度脱，乃非饶益而饶益也。此

---

①《天目中峰和尚广录》卷一下。

②《天目中峰和尚广录》卷四下。

③《天目中峰和尚广录》卷五下。

所参话虽不称三聚，而其存三聚无少间也。朝参之，夕究之，久远而守之，一旦开悟……不知戒之在我，我之在戒也。①

这里讲的“三聚”，指“三聚净戒”，包括“摄善法戒”，所谓“无善不修”；“摄律仪戒”，所谓“无恶不断”；“饶益有情戒”，所谓“无众生不度”。在明本看来，参究话头能使善恶两忘，自然不会造恶，也无须修善断恶；既无众生可度，也就是“饶益众生”②。因此，它的本性就是与戒铸为一体，“不知戒之在我，我之在戒也”。

当时有一类禅师认为：“尽十方世界，所有虚空色象大小纤洪，皆是个自己”，所以“信步行，不离祖翁田地；信口道，总是古佛真诠”，并据此而不守戒律，放荡不羁，以致提出什么“抱妻骂释迦，醉酒打弥勒，俱成一行三昧”等荒唐主张。明本对这种轻薄的言论十分痛恨。他在解释《信心铭》中“究竟穷极，不存轨则”一句时诅咒说：“阎罗大王要捉此等说底来吃铁棒。”③ 他本人接受原妙的衣钵，戒律是很严谨的。

如果说，在入定模式上明本主要是继承了原妙的经验且有所发展，那么在参究话头上，他主要是恢复了宗杲的传统而疏远了原妙的主张。他说：

昔僧问赵州：狗子还有佛性也无？州云：无。只者一个无字，如倚天长剑，涂毒鼓声，触之则尸横，婴之则魂丧，虽佛祖亦不敢正眼觑著。④

他把宗杲主张重点参究的“无”字喻为“倚天长剑”、“涂毒鼓声”，等于说它是消除一切世俗观念，使人超佛越祖的关键。“无”字话头的地位，无疑是空前地提高了。以后明本的弟子继续沿着这条思路前行，把“无”字话头等同于密教中的咒语，可见它成了至高无上，可以取代任何一种话头的话头。

有一个住京师万寿寺的麟上人，从前参“释迦弥勒是它奴，且道它是阿谁?”这个话头，今时人亦参，“多要堕落知解，妄认识情，颠倒分别，引起邪见，失佛知见”。明本写信劝告麟上人，以后不要再参其他话头了，“但只去参个赵州因甚道

①《天目中峰和尚广录》卷四下。

②“无众生”的思想，来自《金刚》等般若经类，其与“普度众生”的大乘观念相矛盾。《维摩经》等用“不二法门”说进行调和，可以作多种解释，此处从略。

③《天目中峰和尚广录》卷十二下。

④《天目中峰和尚广录》卷五下。

个‘无’字。十二时中猛提起，一切处只如参。久之，自然正悟，断不相赚”。

明本并没有正面反对把“万法归一，一归何处”作为参究话头，但他只提倡“无”字，甚至用“无”字取代其他话头，已经足够表明他对八字话头的态度。参“无”字话头，在哲学上要完成向空观的转变，在实践上要促成不问是非的宁静，这对佛教来说都是平常事，但其结果是摆脱了“一归何处”带来的悲观绝望趋向，转到了禅家修持的通常轨道。在这里，明本使用“无”字话头，重点就放置到了制止起念，他称之为制止“第二念”。他说：

> 但除却一个所参底话头外，更有心念，不问是佛念、法念乃至善恶诸缘，皆是第二念。此第二念久久不起，唯于所参话上一坐坐断，和个所参话同时超越，便见十方世界皆是解脱游戏之场也。①

所谓“第二念”，是指专念话头以外的所有思虑活动。意思是说，要尽力持久地运用“参话头”的专念，以抑制其他任何念想一律不起，及至其他思虑活动完全断灭，所参话头自然消失，所以说是“同时超越”，或“和个话头，一时忘却”②。超越了话头，就是解脱，就能够驾驭世界，游戏世界。这样，明本就把看话禅纳进了一种禅思维模式，即以一念制万念，灭万念，至无念。而“无念”，正是隋唐禅众追求的理想精神，正是《坛经》确定的最高宗旨。据此可见，明本的看话禅，吸取了古典禅法的许多因素，其中把制止“第二念”的生起作为修禅的中心环节，尤其能表现出古典禅法强制停息一切思量的特色。

明本提倡的看话头，要求贯彻在人生的一切活动中，须臾不离。他说：“不妨提起个古人没意智话头，顿在面前，默默体究……行时行体究，坐时坐体究，忙时忙体究，闲时闲体究，老时老体究，病时病体究，乃至死时死体究。”③ 但就看话禅的基础功夫言，坐还是根本。他在追随原妙的十年中，就是以“昼日劳作，夜而禅寂”著称。他与其师一样强调坐功，甚至认为，“非禅不坐，非坐不禅，唯禅唯坐，而坐而禅。禅即坐之异名，坐乃禅之别称”。当然，有时他对“坐”也别有解释，所谓“一念不动为坐，万法归源为禅。”④ 他在坚持“坐”的原则上，比乃师

①上引均见《天目明本禅师杂录》卷下。

②《天目中峰和尚广录》卷一上。

③《天目中峰和尚广录》卷四下。

④《天目中峰和尚广录》卷二十七上。

要灵活得多，这与他的后半生多在游动建庵中度过有关系。

4. 禅净合一与四宗一旨

禅与净土信仰的关系，仍旧是元代佛教讨论的一个重要问题，核心是围绕着延寿关于禅净作的“四料简”。明本说：“谓有禅有净土，无禅无净土，有禅无净土，无禅有净土。”有些禅师据此认为禅外别有净土宗旨，净外尚有禅的宗旨。明本有许多言论，专门澄清这类禅净分离的观念。他说：

> 学者不识建立之旨，反相矛盾，谓禅自禅，净土自净土。殊不知参禅要了生死，而念佛亦要了生死。原夫生死无根，由迷本性而生焉。若洞见本性，则生死不待荡而遣矣。生死既遣，则禅云乎哉，净土云乎哉？①

在了生死、遣生死的根本宗旨上，两家是一致的，也都可以“洞见本性”。现在两家出现分歧，以致对立，“盖二宗之学者不本乎生死大事耳。以不痛心于生死，禅则耕空言以自高，净土则常作为而自足，由是是非倒见，杂然前陈”②。显然，明本指的净土是延寿讲的唯心净土，所以他认为两家都以一心为基础。

明本关于禅净一致的这些理论，不都是他的独创，但在实践上具体地将话头禅与念佛法门结合起来，则是他的发明。他给一位吴姓居士写信说：

> 居士久来亲净土之学，复慕少林直指之道，直以“父母未生前那个是我本来面目”话，置之念佛心中，念念不得放舍，孜孜不可弃离。工夫纯密，识见愈精明，道方愈坚密。一旦忘能所、绝气息处，豁然顿悟，始信予言之不尔欺矣。③

此中“父母未生前那个是我本来面目”是话头，“念佛心”属于净土，把话头置于念佛心中，这就是他屡屡重复的“禅即净土，净土即禅”的实际含义，本质上，也就是化净土为禅。

元代政权巩固后，佛教中以喇嘛教的地位最高，是密宗的代表；在北方重点扶植天台、华严和唯识三宗，被称为教门；南方是禅宗的天下，势力最大；律学则为一切宗派共奉，所以，在全国是密、教、禅、律四宗并存的局面。明本的看话禅充分肯定了这一形势。他说：

---

①《天目中峰和尚广录》卷五下。

②《天目中峰和尚广录》卷十一上。

③《天目中峰和尚广录》卷五下。

夫四宗共传一佛之旨，不可缺也。然佛以一音演说法，教中谓：唯一佛乘，无二无三。安客有四宗之别耶？谓各擅专门之别，非别一佛乘也。譬如四序成一岁之功，而春夏秋冬之令不容不别也。其所不能别者，一岁之功也。密宗春也，天台、贤首、慈恩等宗夏也，南山律宗秋也，少林单传之宗冬也。

这四宗都为“一佛之旨”，弘扬的皆是“佛心”，所谓：“密宗乃宣一佛大悲拔济之心也，教宗乃阐一佛大智开示之心也，律宗乃持一佛大行庄严之心也，禅宗乃传一佛大觉圆满之心也。”既然四宗都是一佛之心，宣传的皆是佛心，那就应该四宗平等，不应该有高下优劣之分。

明本关于四家一旨之说，明显是为当时地位低劣的禅宗鸣不平。他用一年四季譬喻四宗之互不可缺，意味深长。将密宗比之为“春”，禅宗比之为“冬”，表明他是深感面临季节的严酷。不过，四季是循环的，所以他依然很有信心，依然坚持禅宗为“大觉圆满”——佛的最高教旨。

明本曲折表达出来的这种心绪，在南方禅宗中可能有相当的代表性。当时有义学教宗责难：“彼三宗皆不言别传，唯禅宗显言别传者何耶？”明本对曰：“理使然也。诸宗皆从门而后入，由学而后成；唯禅内不涉思惟计度之情，外不加学问修证之功，穷劫迨今不曾欠少。拟心领荷，早涉途程；脱体承当，翻成钝置，诚别中之别也。”①

禅宗以自我的本心圆满无缺为理论指导，既不需要增加什么，也不需要减少什么，因此，它无须“从门而入”，也不必总处于“思惟计度”中，所以说它是“别传”。虽然并不排斥其余三宗也是“别传”，但它独得此名，确实是“理使然也”。明本这种解释是有刺的，进一步反映了他对禅宗的自信和自傲。

五、天如惟则与千岩元长

元代后期，朝政腐败，社会动荡，“士大夫逃禅”成为引人注目的现象。一些地方官僚开始向禅宗寻找出路，其中既有汉族，又有蒙族；既有“向司县间作小吏，弄到老死，构不得九品八品”的仕途“无根脚”之人，又有“出身便是五品四品”或“白身便是三品”的统治者。他们的儒学和佛学修养一般不能与宋代的

---

①上引均见《天目中峰和尚广录》卷十一上。

士大夫相比，关心的问题与宋代士大夫不完全相同，参究的内容也有差别。

在元代后期，受到中小官僚和士大夫推崇的禅僧中，明本的弟子惟则和元长是最著名的代表。

1. 惟则的禅净融合新说

惟则，[①] 号天如，俗姓谭，庐陵（江西吉安）人，追随明本习禅多年。曾“遁迹松江之九峰间，十有二年，道价日振”。他也是终生拒绝住持国立大寺院，“江浙诸名山屡请主席，坚却不受”[②]。至正二年（1342），他的信徒在苏州城为他建院居住，为纪念惟则师明本曾住天目山师子岩，禅院便名“师子林”。欧阳玄曾撰《师子林菩提正宗寺记》。危素（1303—1372）说他虽“无意于世，然四方之欲求其道者，唯禅师是归，故其言不待结集而盛行”[③]。惟则的著述有《楞严经圆通疏》、《十法界图说》、《净土或问》和《天如惟则禅师语录》9 卷。

惟则在禅学上无甚创新，主要是传播明本的看话禅。在师子林的一次斋会上，他对一大群蒙汉官僚士大夫说：“何谓参禅是向上要紧大事？盖为要明心见性，了生脱死。生死末明，谓之大事。”他劝说这群“身历宪台，法柄在手，声光赫赫，震耀海内”的诸公去参禅，以“了生脱死”，是很幽默的。他又说，既然诸公“相率过我师子林，咨决禅宗向上一著，此岂偶然者哉！然我这里，别无指授之方，但请各各参取个‘无’字话头，却不妨向出司按部、莅政牧民、偃武修文处，时时提掇，密密觑捕”[④]。

参取“无”字话头，是宗杲到明本的传承，并不新鲜。但这里用来提醒当权的官僚，特别是让他们在行使权势时“时时提掇”，就有特别的意味，这在一定程度上也反映了官僚层对于行将破灭的不安和预感。

元代中后期，净土信仰盛行，对禅宗的影响愈来愈深。惟则在唯心净土的基础上，开始容纳西方净土的主张，并力图给以理论的说明，使禅净统一的传统观念发生了重要变化。他一方面批评排斥净土的禅者：“不究如来之了义，不知达磨之玄

①关于惟则的生平事迹所知甚少。《天如惟则禅师语录》卷四载《水西原十首并引》其中有“至正丙戌（1346），余年六十又一”一句，推知他生于 1276 年左右，卒年不详。

②欧阳玄：《师子林菩提正宗寺记》。

③危素：《天如惟则禅师语录·序》。

④《天如惟则禅师语录》卷二。

机，空腹高心，习为狂妄，见修净土，则笑之曰：彼学愚夫愚妇之所为"；[①] 另一方面又批评修净土者"自疑念佛与参禅不同"。他认为："参禅者直指人心，见性成佛；念佛者达唯心净土，见本性弥陀。既曰本性弥陀，唯心净土，岂有不同哉！"[②]

到此为止，惟则的禅净统一观，没有超出延寿、宗杲以来唯心净土的范围。他的特点，是进一步把西方净土同唯心净土沟通起来，让唯心净土也融进极乐世界的内容。

惟则在叙述自己的思想转变时说：

> 尝闻有唯心净土，本性弥陀之说，愚窃喜之。及观净土经论，所谓净土者，十万亿土之外之极乐也；所谓弥陀者，极乐国中之教主也。是则彼我倏然，远在唯心本性之外矣，果何异哉！[③]

惟则从唯识无境出发，肯定"在吾心"外，不会别有佛土，但他换了一个说法："极乐世界、弥陀世尊，亦吾净土中之一刹一佛而已。"[④] 既然吾心即是吾净土，所以崇拜弥陀的极乐世界也与禅宗以心为宗的本旨不悖。他不像明本那样，把"念佛"归结到看话禅中，而是让禅众理直气壮地去崇拜西方世界："念佛之外，或念经、礼佛、忏悔、发愿，种种结缘，种种作福，随力布施，修谱善功以助之，几一毫之善皆须回向西方。如此用功，非唯决定往生，亦且增高品位矣。"[⑤]

如前所述，西方净土与唯心净土的不同，是基于对外力的信仰与对自力的信心上的差别。惟则容纳西方净土进入禅门，是对自信心的一种动摇，但也反映了极乐世界对于当时世人的吸引力，使禅宗也不能无动于衷。一般说，凡西方净土盛行之日，往往也是人们对当前现实世界失望之时。

惟则曾作《宗乘要义》，集中论述禅宗五家宗旨并概括它们各自的特点是："临济痛快，沩仰谨严，曹洞细密，法眼详明，而云门高古也。"这一评论，很受禅史研究者的重视，常被引用。他的目的在于用五家禅法的不同个性，说明"用有万

①《净土或问》。
②《天如惟则禅师语录》卷二。
③《净土或问》。
④《天如惟则禅师语录》卷三。
⑤《净土或问》。

一，体无二致”① 的道理，反对从五派教学理论和方法的异同方面寻找其兴衰存亡的原因。

2. 元长的禅密统一说

元长在元代的禅宗中也有相当的影响。据明朝宗泐评论：“当元之盛时，庵居知识，在天目则中峰本公，华顶则无见睹公，屹然法幢东西角。立伏龙（指元长）虽晚，出而与天目、华顶并高矣。”② 意谓元长与先睹、明本在元中期称得上三足鼎立。

元长（1284—1357），字无明，号千岩，越之萧山人，俗姓董。17 岁随昙芳游方，习《法华经》。19 岁受具足戒，到武林灵芝寺学律，曾以禅解律，受到律师称赞。后在一次斋僧中，遇到中峰明本，明本让他参究“无”字话头，别后即往灵隐山修行，不久又“弃归法门，随顺世缘，殆将十载”。后再次到灵隐山习禅，“跏趺危坐，胁不沾席者三年”，然后又去参见明本。明本告诫他：“汝直善自护持，栖遁岩穴，时节若至，其理自彰。”于是，元长隐居天龙山东庵，“耽悦禅味，不与外缘”。在此期间，笑隐大䜣曾荐举他住持名刹，领行宣政院事的江浙行省丞相脱欢请他“出世”，他都未应命。

泰定四年（1327），元长来到金华府伏龙山，重建已废的圣寿禅寺，弘禅授徒，声誉日隆。“内而齐鲁燕赵、秦陇闽蜀，外而日本三韩、八番罗甸、交趾琉球，莫不奔走膜拜，咨决心学，留者恒数百人。”据说还有“求道之切，断臂师前以见志者”。这也是元朝的影响力扩大，与周边国家的联系进一步密切的一种反映。

元长在官僚士大夫中也有一定影响，与宋濂“为方外交垂三十年”，“王公大臣响师之道，如仰日月。名倾朝廷，三遣重臣降名香以宠嘉之”。曾被赐“佛慧圆鉴大元普济大禅师”号。

元长也以诗文见长，著“《语录》若干卷，和智觉《拟寒山诗》若干首，皆刻梓行于丛林”③。元长也是毕生倡导看话禅，但在选择话头上比较灵活：

> 果须到佛祖田地，领悟万法归一，一归何处话，与父母未生前话，狗子无佛性话，不是心，不是佛，不是物话。无丝毫疑滞，无些子差错，尽平生力量，一

①《天如惟则禅师语录》卷九。

②宗泐：《题千岩和尚语录后》。

③上引均见《佛慧圆明广照无边普利大禅师塔铭》。

味捱将去。捱到露有极，伎俩尽，命根断，便是到佛祖田地也。

这里列举的四个话头，都比较流行，他认为都无不可，只要能够当做话头坚持参究就行，选择上不必那么拘束。

元长也重视沟通禅与密教的关系，他用禅宗的观点解释密教教义：

秘密一宗，显诸佛不传之旨，阐上上大乘之教，故能入凡入圣，入一切国土而无所入，于诸境界亦无所碍。

但他强调，密宗与禅宗一样，也应该以解脱生死为目的，从“无心”勘破一切事理中获取自由快乐，所以说：

你若打理窟不破，事上便不明；事上既不明，诸法皆有滞；诸法既有滞，持咒观想，皆是虚妄生死根本。唤作法身佛得么？唤作无等等咒得么？唤作大慈悲、大忿怒、大解脱、大自在得么？且道如今作么生？你但无事于心，无心于事，自然虚而灵，寂而妙……随缘着衣吃饭，任运快乐无忧，不与凡圣同缠，超然名之曰祖。如上说底，即非密也，密在汝边，已是说了。无明门下，须吃棒始得。何故，大事为你不得，小事自家支当。

对于密宗提出这种要求，同当时实践中的密宗，不啻是天壤之别。这是他把密宗禅化了，或者是有意按照禅宗标准对密宗实践的批评。与此同时，他也受到密宗的影响，像“任运快乐”的话，在此前的禅宗中是没有的。

不管怎样，在总体上他与明本所取的立场一致，都肯定密宗为佛说，同禅、教一样，不应有高低差异：

云门“普”、赵州“无”、德山棒、临济喝，与你寻常想底佛，持底咒，同耶，不同耶？同则禅分五宗，教分五教，不同则总是释迦老子儿孙，何有彼此之异？①

①上引均见《千岩和尚语录》。

第六章

明 代 佛 教

第一节 明代社会与佛教政策

一、佛教管理制度的建立

明王朝（1368—1644）的建立，结束了辽、金、元以来延续了400余年的少数民族地主阶级的统治。明王朝废除蒙元贵族不平等的民族政策和宗教政策，特别是取消了喇嘛教的特权，不仅受到社会各阶层的拥护，也为佛教的发展提供了新的社会环境。

代表汉族地主阶级利益的明王朝，一开始就把强化封建君主专制制度放在首位，在加强思想文化统治方面，也推出了维护君权至上的新举措。明太祖朱元璋主张以儒术治天下，把宋代理学作为官方的学术，然而，对于儒家经典中有损君权神圣的内容也要清理剔除。如《孟子》中有“君视臣如草芥，则臣视君如寇仇”的话，他认为“非臣子所宜言”，命人删去此类的言论85条，编成《孟子节文》。[①] 他对于文人言论的敏感近乎病态，中国有史以来的真正文字狱就是从明太祖开始的。在这种思想指导下，对宗教的政治控制也空前加强。

①《明史》卷一三九《钱唐传》。

明太祖出身贫寒，早年出家为僧，使他十分熟悉佛教的内幕；3 年的游方乞食，使他广泛了解佛教与社会各阶层的关系；打着明教和弥勒教旗号的农民起义军能够日益壮大并获得胜利，又使他深刻认识到宗教在社会上的影响、价值和地位。正因为如此，在朱元璋统治时期（1368—1398）制定的宗教政策，严密而且针对性强。朱元璋时有关整顿佛教的各项措施，奠定了整个明王朝佛教政策的基础。

朱元璋称帝的第一年，诏令禁止白莲社、大明教和弥勒教等一切“邪教”。继之，于《大明律》中规定，凡“妄称弥勒佛、白莲社、明尊教、白云宗等会，一应左道乱正之术，或隐藏图像，烧香集众，夜聚晓散，佯修善事，煽惑人民，为首者，绞；为从者，各杖一百，流三千里”。洪武十五年（1382）之后，对佛教的管理进一步强化；洪武二十四年（1391），颁布《申明佛教榜册》；二十七年（1394），再次颁布类似榜文，系统地陈述了佛教管理的基本内容。

太祖曾企图让佛教僧人沟通对外关系：洪武三年（1370），命慧昙出使西域；次年，命祖阐和克勤送日僧归国；十年（1377），命宗泐出使西域；十七年（1384），命僧光及其弟子惠辩等出使尼泊尔。这些奉诏出使的僧人，即使是载誉归国后仍很活跃，但没有带回较有影响的外来佛教因素。

建立和健全僧司机构，是强化佛教管理的重要措施。洪武元年，中书省奉旨命“浙之东西五府名刹住持，咸集京师，共璧天界，立善世院，以统僧众”①。设在金陵天界寺的善世院，是明廷建立的第一个临时性中央僧官机构。善世院的第一代统领是慧云（1304—1371），叙从二品。僧官品级如此之高，显然是受到元代的影响。到洪武十四年（1381）六月正式建立各级僧司机构时，在许多方面明确强调参考宋代的规定，僧官的品级也大大降低。根据当时礼部提出的方案，各级僧司衙门的设置与行政建制配套，在中央设僧录司，在府、州、县分设僧纲司、僧正司和僧会司，由此构成了自上而下的严密佛教管理体系；同时规定了各级僧官的名额、品阶、职权范围，以及任选标准等。②

---

①《释氏稽古略续集》卷二。

②根据《释氏稽古略续集》卷二的记载，在京设置僧录司，掌天下僧教事。善世二员，正六品，左善世，右善世。阐教二员，从六品，左阐教，右阐教。讲经二员，正八品，左讲经，右讲经。觉义二员，从八品，左觉义，右觉义。各府僧纲司，掌本府僧教事。都纲一员，从九品，副都纲一员。各州僧正司，僧正一员，掌本州僧事。各县僧会司，僧会一员。

按照当时的规定，僧录司的僧官由礼部任命，没有俸禄①，官、吏、皂隶都由僧人及佃仆担任。各级僧司衙门的职责，是负责与寺院和僧众有关的教内事务，如向当地衙门举荐寺院住持、监督僧众恪守戒律、阐扬教法等，如涉及与军民相关的案件，以及违反国家法律的案件，则分别由中央或地方行政机构处理。因此，僧官机构没有超出宗教范围之外的行政权力。这套管理机构直到明末没有改变，而且为清代直接仿效。

洪武年间，对各府州县的僧道人数、各地方的寺观数量和僧道数量等，也逐步制定出相应限额。另外，对僧人的剃度制度也作了重要变更。洪武六年（1373），诏令全国各地免费发放度牒。明初的剃度条件一直很严格：洪武二十四年（1391）规定，男子出家限定 40 岁以上，女子 50 岁以上。

明太祖控制佛教最重要的环节，是限制僧人与社会各阶层的自由交往。经过元末战乱，许多僧人不住寺院，游荡于乡镇，杂处于民间，对社会的稳定构成威胁。明太祖多次下诏，令各级僧司调查游僧人数，强制集中，入住寺院，这就是所谓“合众以成丛林，清规以安禅”。朱元璋还特别禁止僧人与各级官吏往来，洪武二十七年（1394）诏令：“凡住持并一切散僧，敢有交结官府、悦俗为朋者，治以重罪。”一些经济实力雄厚的大寺院，必然要与当地政府有经济方面的来往，明廷专门设立了前代所没有的“砧基道人”，专门负责寺院与官府的沟通。洪武十九年（1386），明太祖“敕天下寺院有田粮者设砧基道人，一应差役，不许僧应”。洪武二十七年（1394）再次强调：“寺院庵舍，已有砧基道人，一切烦难、答应官府，并在此人，其僧不许具僧服入公听跪拜。”作为寺院与官府的联系者，砧基道人要处理的事务可能不少，但主要职责是负责办理差税。到景泰年间（1450—1456），明廷限制每寺田地为 60 亩，其余都交给农民佃种，并纳粮于国家，砧基道人制度也随之废止了。

明太祖还严禁僧人娶妻成家，不仅三令五申，而且鼓动民众群起攻之。洪武二十七年（1394）发布的榜文说：“僧有妻者，许诸人捶辱之，更索取钞钱；如无钞者，打死勿论。”他要求僧人严格遵守传统戒律，不许逾越僧俗鸿沟。

①根据《释氏稽古略续集》卷二的记载，“僧道录司衙门，全依宋制，官不支俸，吏与皂隶合用人数，并以僧道及佃仆人等为之”。根据《太祖实录》，从洪武二十五年（1392）开始，僧录司各僧官都按级别给俸，最高的月给米十石，最低的五石。

对于那些退居山林、从事隐修的僧人，明廷特别予以鼓励。洪武二十四年（1391）的《申明佛教榜册》规定：“有能忍辱，不居市廛，不混时俗，深入崇山，刀耕火种，侣影伴灯，甘苦空寂于林泉之下，意在以英灵出三界者，听。”

明太祖直接插手佛教的内部事务，多次颁布诏令，把寺院分为禅、讲、教三等，僧人也相应分为三宗，并要求“各承宗派，集众为寺”。这对明代及其以后的佛教发展走向起到决定性的作用。洪武十五年（1382），“礼部照得佛寺之设，历代分为三等，曰禅、曰讲、曰教。其禅不立文字，必见性者方是本宗；讲者务明诸经旨义，教者演佛利济之法，消一切现造之业，涤死者宿作之衍，以训世人”[①]。“历代”之辞是假托，禅、讲、教的三等分类，实始于此。“禅”，专指禅宗；“讲”，指宣讲佛教经典的僧人，相当于元代的“教”；“教”，指祈福弥灾、追荐亡灵等各种法事，从事法事活动的僧人，名“瑜伽僧”或“赴应僧”。与此同时，对三宗僧人的服饰也作了规定：“禅僧茶褐常服，青条玉色袈裟；讲伪玉色常服，绿色浅红袈裟；教僧皂色常服，黑条浅红袈裟。”[②]

明太祖把法事单列一宗，与当时民间显密法事普遍盛行、对群众有特殊影响有关。他本人相信，举办法事，“明则可以达人，幽则可以达鬼”，有助于国家教化，所以比较重视。洪武十六年（1383）又强调，“即今瑜伽显密法事仪式及诸真言密咒，尽行考校稳当，可为一定成规，行于天下诸山寺院，永远遵守”。并规定，在实行过程中，任何人不得增删修改，“敢有违者，罪及首僧及习者”[③]。

按照钦定的仪规做法事，是教僧的职责，也是他们的特权。据说，只有持戒严谨的教僧按程序念诵真言密咒，才能在“呼召之际，幽冥鬼趣，咸使闻知”，其他人是不会有这种神秘效力的。此外，禁止俗人主持法事。有幸充当人天和人鬼使者的教僧，可以获取合法收入。明王朝还专门规定了做法事的价格，根据担任的不同角色，得到相应的报酬。[④] 至此，以往司掌死者葬仪、年忌庆典、祈福消灾诸事的瑜伽僧等，都有了公认的合法地位。过去曾有过火宅僧、火宅道人等已婚俗人或僧道经营此类佛事，现在明令禁止俗人经营，对法事活动进行了规范化的整顿。日本

①《释氏稽古略续集》卷二。

②《明太祖实录》卷十五。

③《释氏稽古略续集》卷二。

④《金陵梵刹志》记有诵读各种经典的收费标准，这只是法事支出的一部分。

学者推断，当时瑜伽教僧的数量达到全部僧侣的半数。[1]

在寺院或家庭请瑜伽僧做法事，一般贫苦人家无力负担其费用，只有富裕阶层才有可能。就像宋代的文字禅为禅僧与士大夫的联系开辟了通道一样，瑜伽宗成为佛教与更广泛的社会富裕阶层联系的桥梁。当各种法事收入成为寺院一个重要经济收入来源时，佛教内部各派的重新组合定位就不可避免了。而对于明朝统治阶层来说，不论是统一仪规，还是令瑜伽者专业化，目的都是为了方便国家控制，以防民众像红巾军那样利用宗教信仰组织暴动。

明太祖对讲习佛教经典也很重视。洪武十年（1377），诏令全国僧人讲《心经》、《金刚》和《楞伽》，并命宗泐、如玘等人注释此三经颁行。元代帝王曾鼓励讲经，但对讲什么经并没有规定，明太祖为全国僧人指定讲习的具体经典，在此后的清代帝王中也再没有出现过。明太祖曾作《心经序》，讲述他对此经的理解。他力图通过统一对某几部佛经的解释，进而统一佛教思想，起到加强思想统治的作用。明王朝要求讲者，“务遵释迦四十九秋妙音之演，以导愚昧”[2]。为国家教化“愚昧”，成为讲僧的神圣职责，享有与瑜伽僧同样的接触社会的权力。相比之下，禅僧恰恰被剥夺了这些职责和权力。

明廷规定：“其禅者务遵本宗公案，观心目形，以证善果。”[3] 这里只有根据禅宗典籍，调节身心，以达到个人“证善果”。禅僧没有讲僧教化“愚昧”的任务，也没有教僧为人消灾祈福的职责，自然也就没有合法的经济收入。明太祖告诫禅僧，还要研读佛经：“若自欲识西来之意，必幽居净室，使目诵心解，岁久而机通，诸恶不作，百善从心所至，于斯之道，佛经岂不大矣哉！”[4] 禅宗对遵守戒律灵活性很大，让禅者读经，主要目的之一是要收到“诸恶不作，百善从心所至”的持戒功效。

游方行脚曾是禅僧重要的修行活动，明王朝先是禁止僧道四处游动，至洪武三十一年（1398）诏令：“著江东驿、江淮驿两处，盖两座接待寺，著南北游方僧道，往来便当。”[5] 很明显，“往来便当”只是一种官腔，其功能是更严厉地制止僧道，

---

①牧田谛亮：《中国佛教史》(下)，见“世界佛学名著译丛”第45册，第106页。

②《释氏稽古略续集》卷二。

③《释氏稽古略续集》卷二。

④《明太祖集》卷十一。

⑤《释氏稽古略续集》卷二。

主要是禅僧的自由游动。故而，禅僧除了“甘苦空寂于林泉之下”，或“幽居净室”之外，实在是别无出路了。显而易见，明太祖为宗教设置的政治环境，特别切断了禅宗与其群众基础的联系；给佛教划定的活动范围，也主要是限制禅宗的自由。如此，禅宗的自然衰亡，成了不可避免的事。

明太祖整顿佛教的目的之一，是力图把宗教不利于社会稳定的消极作用减少到最低程度，尽可能发挥佛教有利于统治的作用。他在整顿佛教的同时，特别重视选拔和重用有政治才干的僧人。他曾撰写《拔儒僧入仕论》、《宦释论》、《拔儒僧文》等，提出要重用佛教队伍中精通儒术的僧人，这在历史上是少见的。他的有些做法，也被认为是过分宠信僧人，有一定的弊端。“帝自践阼后，颇号释氏教，诏征东南戒德僧，数建法会于蒋山，应对称旨者，辄赐金襕袈裟衣，召入禁中，赐坐与讲论。吴印、华可勤之属，皆被擢至大官，时时寄以耳目。由是其徒横甚，谗毁大臣，举朝莫敢言。”① 明太祖重点限制的是禅宗，而僧人中受其重用者和帮助其治理佛教者，恰恰是以精通儒术的禅僧为主。

二、佛教政策的局部调整

从成祖到孝宗（1403—1505）的百年间，虽有几次短时间变动，但是洪武年间制定的佛教政策基本得到贯彻和维持。从主要方面讲，明廷仍然致力于消除佛教产生的不利于社会稳定的因素，发挥其有利于维护统治秩序的因素，并且收到了一定效果。明廷根据社会情况和宗教形势发展，或者重申此前的诏令，或者作出某些局部调整，对前期的宗教事务管理制度有补充和完善的作用。总的说来，这一时期的佛教还是处于王朝的有效掌控之中。明太祖之后，佛教管理制度的调整主要包括如下几个方面。

其一，完善洪武时期某些管理措施。

洪武时期颁布的一系列具体管理措施，有些不够完善和系统，有些规定甚至前后矛盾。例如对僧人出家的年龄规定，洪武二十年（1387）八月，“诏民年二十以上者，不许落发为僧，年二十以下来请度牒者，俱令于在京诸寺试事三年，考其廉洁无过者，始度为僧”②。洪武二十七年（1394）正月，明太祖下令“不许收民儿

---

①《明史》卷一三九《李仕鲁传》。

②《明太祖实录》卷一八四。

童为僧，违者并儿童父母皆坐以罪。年二十以上愿为僧者，亦须父母具告，有司奏闻，方许”[1]。前后两个诏令，对20岁以上者能否出家的说法并不一致。永乐十六年（1418）十月，明成祖命“榜谕天下”：“今后愿为僧道者，府不过四十人，州不过三十人，县不过二十人；限年十四以上，二十以下，父母皆允，方许陈告；有司行邻里保勘无碍，然后得投寺观，从师受业，俟五年后，诸经习熟，然后赴僧录、道录司考试，果谙经典，始立法名，给与度牒。不通者罢还为民。若童子与父母不愿，及有祖父母、父母无他子孙侍养者，皆不许出家。”[2] 这样一来，对出家的规定就更为清楚、系统和全面了。类似的情况还有很多，基本是对洪武时期佛教管理制度的补充、完善或进一步重申，并没有在大的方面有所改变。

其二，从严格限制女性出家到完全禁绝。

洪武时期就严格限制女性出家，此后有逐步强化的趋势，直至颁发完全禁绝女性出家的命令，这是明代以前所没有的。洪武六年（1373），鉴于民间女子出家者较多，规定“自今年四十以上者听，未及者不许”[3]。到明惠帝时，又改为50岁以上。

永乐十八年（1420）二月，山东青州地区尼僧唐赛儿打着佛教旗号起义，自称佛母，精通法术，组织起数万起义军。虽然起义不到一个月就被镇压，但唐赛儿未被擒捕，明廷仍然惶恐不安。明成祖（1403—1424）恐唐赛儿混入尼僧之中，竟然下令尽逮北京、山东境内的出家女性来京审问，而后又下令尽逮全国的尼僧及道姑，先后有几万人，最后发展到命令所有尼姑都还俗。

实际上，完全禁绝女性出家根本不可能，有明一代，佛教和道教中的女性出家者始终存在。尽管如此，成祖之后的帝王不断重申禁令。明宣宗宣德四年（1429）六月，重申遵守永乐年间的禁令，“仍严妇女出家之禁”[4]。明宪宗成化五年（1469）十二月下令，“仍禁绝妇女不许为尼”[5]。明世宗嘉靖六年（1527）十二月，方献夫等人奏准，将尼僧、道姑“发回改嫁，以广生聚。年老者量给养赡，依亲居

①《明太祖实录》卷二三一。
②《明太宗实录》卷二五。
③《明太祖实录》卷八六。
④《明宣宗实录》卷五五。
⑤《明宪宗实录》卷七四。

住"[1]。二十二年（1543）七月，礼部再次申明，"凡中外一切游聚尼僧，俱勒令还俗婚配"，并且强调，"违者重惩如令"。[2] 明王朝对女性出家如此深恶痛绝，既是空前的，也是绝后的。这种政策与当时的思想文化和社会风尚有关。禁绝女性出家，也对明朝佛教产生了潜移默化的作用。

其三，从免费发放度牒到鬻牒。

洪武时期，朝廷每三年免费发放一次度牒，并且不再征收"免丁钱"。到成祖时，改为每五年发放一次。明代中期以后，由于政府财政吃紧，为了赈济遭遇自然灾害的饥民、解决大型土木工程费用，以及支付边境地区的军饷等，明廷从景泰二年（1451）开始鬻牒，一直延续到万历年间。其中，宪宗成化年间（1465—1487）鬻牒最为严重，引起朝野不满。不过，从明代鬻牒的数量、次数、范围，以及给佛教界和社会造成的影响等方面来看，远没有宋代那么严重。但鬻牒制度的实行，也就意味着国家对佛教的控制在一些环节上的松动。

其四，藏传佛教政策的延续和调整。

随着元王朝的灭亡，喇嘛教丧失了在内地佛教界的特权地位。由于喇嘛教在华北一些地区仍有深厚基础，特别是在藏蒙等少数民族中信仰依然普遍，明太祖出于"化愚俗、弥边患"的政治目的，依然重视网罗少数上层喇嘛，把他们作为协助治理藏蒙地区的重要力量。

吐蕃地区在元末陷入政治动乱，藏传佛教内部的派系格局也发生了变化：为元代独尊的萨迦派由盛转衰，噶举派、格鲁派等教派相继兴起。明太祖依然仿效元朝的做法，重视萨迦派的传人，召其到京城接受封号，并授予所荐举人员官职。洪武六年（1373），前元朝代理帝师喃迦巴藏卜入朝，赐以"炽盛佛宝国师"称号，对所推荐乌斯藏（以拉萨为中心的前后藏地区）和朵甘思（乌斯藏以东至陕西、四川邻界的藏族居地）地区人员 60 人，分别授予指挥同知、佥事、宣慰使、元帅、招讨等职位。洪武七年（1374），八思巴后代公哥监藏巴藏卜入朝，又尊为帝师。另外，还在宁夏西宁、甘肃河州设置僧纲司，管理当地的佛教事务。

从成祖开始，明廷对各教派领袖分别封王，不再独尊萨迦派。永乐元年（1403），明成祖派遣中官侯显入藏，迎请噶举派黑帽支脉的转世活佛哈立麻到京

①《明世宗实录》卷八三。

②《明世宗实录》卷二七六。

城。永乐四年（1406）十二月，哈立麻到京，成祖亲自慰问，并请他到南京灵谷寺建法会。永乐五年（1407）三月，封其为“为万行具足十分最胜圆觉妙智慧善普应佑国演教如来大宝法王西天大善自在佛”，令“领天下释教。……赐仪仗与郡主同”。“其徒孛罗等皆封为大国师，并赐印诰金币等物。”①

萨迦派的领袖昆泽思巴，于永乐十年（1412）二月由明廷宦官迎请到京，成祖赐其冗长封号中也有“法王”、“佛”字样，职责也是“领天下释教”。第二年正月，宦官护送其回藏。

格鲁派于明初新创，但发展很迅速，在创始人宗喀巴（1357—1419）时代即成为一大教派。明廷很快注意到这种情况，派遣大臣入藏招谕，宗喀巴曾于1408年上书成祖答谢。永乐十二年（1414）十二月，宗喀巴派弟子释伽智（1354—1435）到京城朝见，成祖赐“大慈法王”称号。释伽智返回西藏后，创建色拉寺，是拉萨三大寺之一。释伽智后重返京城，任成祖、宣宗两代国师。

明廷虽然也封藏传佛教各派领袖“法王”、“佛”和“国师”等称号，并令两派的领袖“领天下释教”，但实际上他们只是统领本派僧众，与元代萨迦派的帝师已经完全不同。武宗（1506—1521）以纵欲荒嬉著称，接纳绰吉我些儿习秘术（房中术），厚赐番僧，为害朝野，一度引起“公私骚然”。到世宗（1522—1566）“复汰番僧”，藏传佛教对内地的影响进一步缩小。

三、明代佛教的发展阶段与特点

明代佛教可以分为三个阶段，第一阶段，明代初期，约为太祖到成祖（1368—1425）的半个多世纪。

元末农民起义有着推翻异族统治、反对蒙古贵族的民族歧视和压迫的色彩。明王朝的建立，顺应了推翻异族统治的要求。明初的佛教界与元初不同，没有复元抗明的前朝遗老，这就避免了佛教界的波动。当时佛教界的著名人物不仅没有留恋前朝，而且对新朝具有很强的向心力。在新旧王朝鼎革之际，许多优秀人才进入佛教队伍，他们有着高涨的政治热情。在当时的佛教界，积极参与政治活动是一种时尚，是有影响的潮流。这种情况的出现，为洪武时期出台的一系列佛教改革措施的有效实施提供了条件。同时，政治舞台上也活跃着一大批政治僧侣，例如姚广孝

①《释氏稽古略续集》卷三。

(道衍)、来复、溥洽等。他们有的因参与政治而位列朝堂，有的也因此身陷囹圄。

在这一阶段，是佛教从王朝交替的动荡中逐渐趋于稳定，并且在新王朝规范治理过程中实现逐步转变的阶段。佛教界的义学诸派陷入沉寂，有影响的义学名僧很少。相对说来，禅宗比较活跃，主要以元叟行端和笑隐大䜣两系影响较大，特别是前者，与明廷关系尤为密切。活跃于明代初年的禅师，主要来自这两个系统。就禅学而言，也发生了不同于宋元的新变化。

第二阶段，明代中期，从宣宗到穆宗（1426—1572）的近150年间。

在这一阶段，佛教规模有所扩大。景泰（1450—1456）初年，为了救济饥荒和筹措军饷，明廷恢复了鬻牒制度，一直实行到明末。景泰四年（1453），监察御史左鼎说："今天下僧数十万计。"① 宪宗成化年间，僧道数量进一步上升。根据倪岳的《止给度疏》说："成化十二年（1476）度僧一十万，成化二十三年（1487）度僧二十余万。以前各年所度僧道不下二十万，共该五十万。……其军壮丁私自披剃而隐于寺观者，不知其几何。"② 宪宗宠信僧人继晓，封为国师。继晓与宦官勾结，操纵官员的进退。宪宗还广封僧道官。弘治九年（1496），工科都给事中柴升说："祖宗朝僧道各有额数，迩年增至三十七万有余，今之僧道几与军民相半。"③ 看来僧道实际人数要大大超过官方的统计，但是说"几与军民相半"则是夸张。武宗时大兴佛寺，僧道传升官充斥于朝。世宗初即位时，对佛教进行力度较大的整顿。他采纳工部侍郎赵璜的建议，没收大能仁寺僧齐瑞竹资财，毁除佛像，革罢充斥于朝的僧道传升官。但是他笃信道教，并因此不理朝政，对佛教的治理也没有多少成效。这一阶段的突出现象，是佛教各宗除了禅宗之外普遍处于沉寂状态，义学僧人中知名者很少。

第三阶段，明代后期，从神宗到明亡（1573—1644）的七十余年。

在这一阶段，明王朝对佛教已经失去有效控制，各种佛教管理措施已经不能执行。当时国家度僧活动已经完全停止，洪武时期规定的寺院分三等、僧人分三宗以及服饰区别规定等都无法维持。更有甚者，三宗的名称也有了变化，成了禅、讲、律。袾宏讲述了他所见到的杭州地区的情况："禅、讲、律古号三宗，学者所居之

①《明英宗实录》卷二二八。
②《明经世文编》卷七七。
③《明孝宗实录》卷一一三。

寺，所服之衣亦各区别。如吾郡则净慈、虎跑、铁佛等，禅寺也；三天竺、灵隐、普福等，讲寺也；昭庆、灵芝、菩提、六通等，律寺也。衣则禅者褐色，讲者蓝色，律者黑色。予初出家，犹见三色衣，今则均成黑色矣。诸禅、律寺，均作讲所矣。嗟乎！吾不知其所终矣。”① 在这一阶段，随着社会矛盾的激化，佛教出现了综合复兴浪潮，以江浙地区为中心，声势浩大，席卷全国，并且一直延续到清代初期。

第二节　明代前中期的禅学和义学

一、禅向义学的倾斜

元末的社会危机在江南禅宗中也有相应的表现：“至正间，四方多事，士大夫逃禅海滨者众矣。”② 这一现象引起元朝廷的注意，进一步增强了对江南禅僧的羁縻，“元主崇尚我宗，凡林下染衣之叟，多受隆誉”③。在“元文、顺二帝时，楚山南北，浙水东西，其有道尊宿，无不经锡徽号”④。他们的徒众多，在下层民众中影响大，以后就构成了明初禅宗界的中坚力量。明太祖建都金陵后，诏见的僧人大多是这类禅师。

明太祖制定的佛教政策着重打击的是禅宗，但他为贯彻这一政策而起用的力量大部分是禅宗宗师，这些禅师大多乐于讲经、注经和主持法会，与禅宗的传统当然是大相径庭的。

明初的著名禅师多出自江南临济宗，北方曹洞宗人极少。洪武年间，元叟行端和笑隐大䜣两系影响较大，特别是前者，与明廷关系尤为密切。洪武三年，明太祖诏僧人赴金陵天界寺，“其赴诏尊宿三十余员，出元叟之门者，三居一焉”⑤。即使如此，他们的法系也没有维持多久就衰落了。

---

①袾宏：《竹窗二笔·禅讲律》。
②《南宋元明禅林僧宝传》卷十。
③《南宋元明禅林僧宝传》卷十二。
④《南宋元明禅林僧宝传》卷十。
⑤《南宋元明禅林僧宝传》卷十。

明中期佛教队伍在规模上超过明初，但是无论义学还是禅学，都处于有史以来最缺乏生机的阶段，既没有形成有影响全国能力的传教基地，也没有出现众望所归的禅师，更没有什么新的禅思潮兴起。有活动能力的多数禅师，在为建寺院、治田庄、蓄财使奴、构筑豪富生活而奔忙，以致其同行也为之感叹："自潜知识之好，哄动富势，建寺院，度徒众。居则金碧，呼则群聚，衣则滑鲜，食则甘美，乃至积金帛，治田庄，人丰境胜，便是出世一番，尽此而已。"[①] 因此，虽然也算是一方之师，在禅学上却无任何建树。潭吉弘忍在记述有明以来临济传法宗师时说："国家至今近三百年，僧行稠杂，宗祖之道，微亦极矣。虽有一二大士，名闻未著，故其《语录》无传焉。"[②] 这里讲到禅宗"微亦极矣"的另一个原因，是有极少数的"大士""深韬岩穴"，遁世隐修[③]，这也是明廷佛教政策的产物。

就禅宗内部情况言，"少室一枝（指曹洞宗），流入评唱；断桥一脉（指临济宗断桥妙伦一系），几及平沉。虽南方刹竿相望，率皆半生半灭。佛祖慧命，殆且素矣"。从元初开始，曹洞宗在河南嵩山建立基地，到明中叶虽然仍在固守少室旧地，却只能因循万松行秀的禅学传统，停止在公案的评唱上。南方是临济宗的活动区域，尽管寺院星罗棋布，却没有什么值得一提的影响。后代临济僧人发出感叹："吾滹沱一宗，自元明之季，盖冰霜之际矣。"[④]

禅宗之所以不景气，从学风上讲是出于禅僧对于义学的攀附。有明一代，讲经注经受到国家重视，义学相对发达，禅僧们竞上京城，听习经典，作为修行的必经阶段，因此，佛教经论的功底如何，不仅是衡量义学法师水平的标准，而且也是考察禅师水平的尺度。法师登门向禅师挑战，似乎也是常见的现象。根据德宝自述："每每黄口义学，见不同，厥类奋毒，将折草探量。吾亦不敢爪齿，遂作涔潦，略顺寒温，庸常管待。彼出门悉皆快畅。"[⑤] 这个故事形象地反映了当时义学的气焰与禅学的委屈自安。

在讲到明中期治经风气的特点时，明末曹洞宗僧人元贤指出："国朝嘉、隆以

①《笑岩北集》卷上。

②《辟妄救略说》卷八。

③《五灯会元续略·凡例》也说：临济宗的"人在大匠"，"所在都有"，但他们"韬光敛瑞，说莫得传"。

④上引均见《南宋元明禅林僧宝传》卷十四。

⑤《笑岩北集》卷上。

前，治经者类胶古注，不敢旁视，如生盲依杖，一步难舍，甚陋不足观也。”① 这种株守古注的作风，在有独立性的禅师看来是很可笑的。

德宝曾见到一个“无用”和尚，“背诵《法华经》，得法华三昧，悟实相之旨。住连日，相谈发言，多污漫宗眼，未甚明识者。咸谓此老固有道之士，奈未遇本色师匠耳。言其日用临机有滞”。按德宝的形容，这位“无用”和尚实是佛家里的“冬烘先生”，精于背诵，似有悟解，只是不知所云，更不能应用。这可以作为当时义学僧侣的一幅写真。德宝曾对义学僧侣的普遍状况作过一次回顾，说：

> 余初闻善知识名者，或一言一行为可宗者，不问远近，必往参见。……既夫礼见之后，或于请益、决惑、论述之际，谆谆自相矛盾者多矣。或谈必大言，及其所言，却又陕（狭）隘。每诲人曰：本具现成。逮究其旨，又不了了。……倘有叩问佛祖古宿纲要，总皆罔知。如此等师，一则从上师法非真非的，师师止此，亦是自己心志不真，不深体察，缺大悟缘，纵遇激发，寻便弛废。②

在明代中期，无论是哪一派义学都陷入沉寂。华严、天台、唯识等方面都没有出现知名人物。当时，能够背诵一部经典的就可以高视阔步了，能够依据古代注疏讲解经文的就是著名宗师了。

相对而言，禅宗僧侣虽然也都看重读经悟教，但依然是当作证悟的手段。嵩山曹洞宗的月舟文载（1455—1524）提倡：“迷时须假三乘教，悟后方知一字无。”③ 学习三乘教典是由迷转悟的过程中不可缺少的环节，但毕竟只是一个过渡，不是终极。

在禅僧中也存在读经后“闭关”修行的风气。“闭关”也称“掩关”，指在一段时期内，足不出户，专事坐禅习定。元贤曾记述了闭关修行的由来，并对这种修行方式提出了批评：

> 余闻古之学道者，博参远访，陆沉贱役，劳其筋骨，饿其体肤，百苦无不备，尝未有晏坐一室，闭关守默以为学道者也。自入元始有闭关之说。然高峰闭死关于天目，乃是枕子落地后，非大事未明而画地以为限者也。入明乃有闭关学道之

①《鼓山永觉和尚广录》卷二十九。

②上引均见《笑岩北集》卷上。

③《笑岩南集》卷下。

事。其最初一念，乃是厌动趋寂者也。只此一念，便为入道之障。况关中既不受知识钳锤，又无师友策励，痴痴守著一句话头，如抱枯椿相似。日久月深，志渐靡，力渐疲，话头无味，疑情不起，忽然转生第二念了也。甚至身坐一室，百念纷飞者有之，又何贵于关哉?①

说元以前没有“闭关之说”，这符合事实；但说没有“晏坐一室”为修行学道者，则距事实太远。如果将“闭关”特指坐禅看话头，那是始自高峰原妙。反对“闭关”修行是禅宗内部一家之言，表明自元以来的山居隐修至此已经形成一种“闭关默守”的定型，在此后的禅宗中一直流行。

二、临济三系禅师行状

明代初年比较活跃的禅师，基本出自临济宗的元叟行端、笑隐大䜣和竺元妙道三系。行端门下弟子众多，以无梦昙噩、愚庵智及和楚石梵琦在元明之际最有影响。

昙噩（1285—1373），字无梦，号酉庵。早年学习儒学，出家后广泛阅读佛教典籍，“性相之学，无不该练”。后从行端习禅，在江南一带住持过多处寺院。早在元延祐（1314—1320）初年，奉诏主持“金山水陆佛事”，元帝师赐以衣号。昙噩本人虽然饱读经书，但并不鼓励弟子们学习，他曾规定：“僧堂内外，有阅经书者，罚油若干。”这反而激发了僧众的读书兴趣：“一僧每逢朔望，纳油库司，读《梵网经》；一僧纳油，读《传灯录》；一僧纳油，读《易》。”② 元末明初的上层禅师一般都有良好的佛学修养，所以能够胜任应请讲经做法事。洪武二年（1369），明太祖诏江南知名僧人，昙噩也在应选之列，后“怜其年耄，放令还山”。有《新修科分六学僧传》30卷。

智及（1311—1378），字以中，号愚庵，江苏吴县人，俗姓顾。早年出家，“释书与儒典并进”，受学于笑隐大䜣和元叟行端。元至正二年（1342），江南行宣政院荐举他住持庆元路隆教禅寺，再迁普慈寺、报恩禅寺，后转径山兴圣万寿禅寺。洪武六年（1373），明太祖“诏有道浮屠十余人集京师大天界寺”，智及“居其首”。宋濂认为：“自宋季以迄于今，提倡达磨正传，追配先哲者，唯明辩正宗广慧禅师

①《鼓山永觉和尚广录》卷九。

②上引均见《南宋元明禅林僧宝传》卷十。

（指智及）一人而已。”①

智及能够得到元明两朝的重视，一个重要的原因是他有在大法会上“据令提纲”演说的能力。此举一例：

> 今辰结集胜会，同音佥诵《法华》妙典，说戒放生，熏修忏法，悉使见闻，莫不回三毒为三聚净戒，转六识为六波罗蜜；回烦恼为菩提，转无明为大智。以之保国安民，则国泰民安；以之禳灾弥盗，则盗息灾消；以之忏罪，则罪垢蠲除；以之荐亡，则亡没解脱；以之普度水陆会内幽显圣凡，则同驾愿轮，俱登觉岸。②

这是用法华忏法统率和替代一切佛法的演说，从中很难见到星点禅师的面貌。以此“保国安民”成为一种定式，既可以为元祈福，也可以为明服务了。所以，他对宗泐在明太祖举办的法会上宣讲的“法”十分赞赏：“说法不应机，总是非时语……今观全室禅师，钟山法会，奉旨普说，穷理尽性，彻果该因，显密浅深，无机不被，真得先佛之意，深与契经相合。”③ 禅宗经过宋元的政治陶冶，至明而完全驯顺了，对国家的依附日益明显。

智及的著名弟子斯道道衍，即姚广孝（1335—1418），曾随智及在“径山习禅学”，后来宗泐看到他的“赋诗怀古”，明白这些不是“释子语”，很明智地将他推荐给朱棣。后来道衍扶助朱棣起兵打败明惠帝，夺得皇位，因此明成祖朱棣对佛教比较偏爱。道衍本人终身为僧，被列入禅宗系谱；同时他也是世俗官僚。

梵琦（1296—1370），字楚石，浙江宁波象山人，俗姓朱。9 岁进寺院，16 岁在杭州昭庆寺受具足戒，后来从学于元叟行端，为嗣法弟子。元英宗诏令写金字大藏经，他因善书法而应选入京。元泰定帝时，曾奉宣政院命令而开堂说法。在近五十年间，于江浙一带住持过六处寺院。元至正七年（1347），帝师赐号“佛日普照慧辩禅师”。明洪武元年和二年，奉诏参加蒋山法会，明太祖听了他的“提倡语，大悦”。梵琦著有《北游集》、《凤山集》、《西斋集》等。其弟子编有《楚石禅师语录》20 卷。

梵琦似乎保留了禅家的放旷风气，他曾说：“如来涅槃心，祖师正法眼，衲僧

---

①《愚庵智及禅师语录》后附《塔铭》。

②《愚庵智及禅师语录》卷三。

③《愚庵智及禅师语录》卷十。

奇特事，知识解脱门，总是十字街头破草鞋，抛向钱塘江里著。”[①] 这很像是倡导自证自悟，呵佛骂祖的样子，但他仅仅用于对付禅门，反衬出他对佛教其他法门的特殊重视。

根据记载，梵琦临终前对昙噩说：“师兄，我去也。”昙噩问：“何处去?”答：“西方去。”昙噩再问：“西方有佛，东方无佛耶?”他“乃震威一喝而逝”[②]。梵琦坚信西方净土，就没有把这种信仰当作破草鞋抛向江里，而是至死不渝。他著有净土诗若干首。明末袾宏指出：“本朝第一流宗师，无尚于楚石矣。筑石室，扁曰‘西斋’，有《西斋净土诗》一卷。今止录十首，以见大意。彼自号禅人而浅视净者，可以深长思矣。”[③] 明末另一位名僧智旭更说：“禅宗自楚石琦大师后，未闻其人也。”[④] 以后的佛教史书多根据此类评语给梵琦加上“第一流”、“第一等”等等赞词。其实，这些都是指他以禅师身份扬净抑禅的突出作用。

梵琦也和智及一样，在法会上宣讲禅宗教义，重点也在超度轮回众生和一切鬼神：“臣僧梵琦，举唱宗乘，所集功勋，并用超度四生六道，无辜冤枉，悉脱幽冥，终生佛土，成就菩提。”[⑤] 这话几乎成了梵琦历次法会的开场白。在明初大禅师那里，主办法会、宣讲禅宗教义，本质上和瑜伽僧所主持的法事仪式、所念诵的真言密咒是一样的，具有同样的通人天、达鬼神的功能。禅学的忏化，是从元代末年产生的现象，是禅师与元王朝政治结合而产生的宗教变化。

元末笑隐大䜣传法于金陵，所以此系禅师和朱元璋接触较早，主要代表有觉原慧昙和季潭宗泐。

慧昙（1304—1371），字觉原，天台人，俗姓杨。16 岁出家，曾习律学、天台宗教义，后来到杭州中竺求学于大䜣，并随其迁住金陵大龙翔集庆寺。住持过牛头山。曾得到元文宗的召见。元帝师授他“清觉妙辩”之号。朱元璋占领金陵，慧昙到军营中谒见，受命住持蒋山太平兴国寺，一年后迁住大天界寺。天界寺是明初最重要的寺院，交由慧昙住持，表明他在佛教界的特殊地位。每当明太祖举办法会，慧昙总是登台说法。洪武元年（1368），善事院成立，他受命“统诸山释教事”。

---

①《楚石禅师语录》卷四。

②《楚石和尚行状》。

③《云栖法会·皇明名僧辑略·楚石琦禅师》。

④《灵峰宗论》卷五。

⑤《楚石禅师语录》卷二十。

洪武三年（1370），奉命出使西域诸国，是明代首批出使僧团。洪武四年（1371），卒于今斯里兰卡。以后，宗泐出使西域，把他的遗衣带回金陵，葬于雨花台。

宗泐（1318—1391），字季昙，号全室，台州临海人，俗姓周。8 岁随大䜣出家，14 岁剃度，20 岁受具足戒。先随大䜣住大龙翔寺，后来南下杭州，求学于元叟行端，在浙江一带住持过多处寺院。洪武五年（1372），奉诏参与金陵法会，并住持天界寺，管理全国佛教事务。曾作《赞佛乐章》8 曲，并同如玘等人笺注《心经》、《金刚》和《楞伽》3 经书，颁行全国。他也以擅长诗文著称于当时，有《全室外集》9 卷。洪武十年（1377），宗泐继慧昙之后，奉诏出使西域，"往返十有四万余程"，洪武十五年（1382）归国，带回了《庄严宝王》、《文殊》、《真空名义》等经。回国后仍住天界寺，并"常入大内，开襟论道"，与明太祖的关系十分密切。在朱元璋的赐诗中，有"泐翁此去问谁禅，朝夕常思在月前"之句。不久，宗泐鉴于"朝臣党立，间有嫉之"，离开天界寺，隐居槎峰。洪武十九年（1386），又诏住天界寺。当时人们赞扬他"与内圣外王之略，无不毕备"①。宗泐参与朝政较多，因善于处理与明廷的关系，与朱元璋的长期交往中，没有遭到见心来复②那样的命运。

笑隐大䜣一系的这两位著名禅师，都积极为新王朝服务，是当时佛教界的头面人物，但其禅学思想并没有值得提及之处。

出自竺元妙道一系的临济禅师，在明初有一定影响的，当属恕中无愠和呆庵普庄。

无愠（1309—1386），字恕中，号空室，台州人，俗姓陈。早年随元叟行端出家，后在江浙一带参禅，阅读佛教经典"凡经十载，以博达著名"。他在竺元妙道的指导下，由于参"狗子无佛性"话头得悟。曾先后住持象山灵岩广福禅寺和台州瑞岩净土禅寺。

无愠不愿长久住持寺院，"虽两住名山，皆甫及三载而退"③。他既不愿与元王朝来往，也不愿接受明王朝的差遣。住瑞岩时，虽然"道价日高，湖江英俊趋台者

---

①《释氏稽古略续集》卷二。

②见心来复（1319—1391）是元末明初有影响的禅师，根据《释氏稽古略续集》卷二记载，他"通儒书，工诗文，一时名士皆与之交，与文僧宗泐齐名。上闻召见之，后以赋诗忤上意，被刑"。也有记载，他的被杀，与胡惟庸案有牵连。他有《四会语录》和《蒲庵集外集》六卷。

③《释氏稽古略续集》卷二。

不绝”，但他始终保持“住山本色之操”①。由于他在明初禅宗界的声望很高，日本曾请明廷遣他赴日传教，但无愠没有接受明太祖的委派，只愿终老林泉。后曾住天界寺，与宋濂有一些交往。

无愠重视以固定的问话启悟学者，重视参究话头，这是他的两大特点。他在住瑞岩时，“乃设三句勘禅流，不合即逐出，当时谓之‘瑞岩三关’”②。所谓“瑞岩三关”，不过是“黄龙三关”之类的翻版，但是在元末明初禅学毫无起色的情况下，也能激起参禅者的兴趣。

无愠自以为博通佛经，却没有得悟，引为教训，而力主参究话头：

> 参禅乎，参禅乎，参禅须是大丈夫，当信参禅最省事，单单提个赵州无。行亦提，坐亦提，行住坐卧常提撕。蓦然打破黑漆桶，便与诸圣肩相齐。……近代参禅全不是，尽去相师学言语。③

重申看话禅的老话，没有什么新意。但相比之下，在他身上依然保持宋代禅宗的遗风，也属难得。

无愠和当时绝大多数禅师一样，也重视净土信仰，作有净土诗若干首，所著《山庵杂录》两卷也颇流行。

普庄（1347—1403），字敬中，号呆庵，台之仙居人，俗姓袁，13岁出家，曾求学于竺元妙道的弟子了堂惟一。洪武十年（1377），受请到镇江金山讲朝廷规定的《心经》等。次年，奉诏入天界寺。洪武十二年（1379），移住抚州北禅寺，不久即率徒到云居山，重建废弃的寺院，力图复兴江西禅宗。洪武二十六年（1393），应诏到金陵见明太祖；当年秋，受命至庐山祭祀立碑；冬，奉诏住持浙江径山寺院。径山是当时海内禅宗首刹，由普庄担任住持，说明了朝廷对他的重视。关于普庄的言行，有《呆庵普庄禅师语录》八卷。

普庄曾指点僧人说：“我等沙门释子，不知岁之余闰，不问月之大小，唤作无事人则可，唤作了事人则不可。八万四千法门，一千七百公案，须是一一参究，一一透脱始得。”④ 可以做“无事人”，不可以做“了事人”，是他的唯一新说。什么

①《南宋元明禅林僧宝传》卷十二。
②《南宋元明禅林僧宝传》卷十二。
③《恕中无愠禅师语录》卷五。
④《呆庵普庄禅师语录》卷三。

是须了的事？那就是对“八万四千法门，一千七百公案”一一参究，也就是完全彻底地钻入禅宗的经学中去。很清楚，这是号召丛林把禅宗转变为教宗的措施，与王朝的要求全然一致。

普庄在《呆庵歌并序》中说：“我此呆庵呆道人，不识世间秋与春，兀兀痴痴只么过，无荣无辱无疏亲。”① 这一自述大约是他的“无事人”的写照，但事实上他是言行不一的。他对明廷的礼待是如此的感到荣耀，至死不能忘怀：“老来无复事朝参，彩笔曾经对御拈。叨沐君王赐方服，中官送出午门前。”②

三、德宝及其看话禅

明中叶影响较大的禅师是笑岩德宝，他没有提出什么新的禅学理论，但对话头禅进行了修正和补充。

德宝（1512—1581），字月心，号笑岩，俗姓吴，金台人，早年丧父，“失读孔孟之书，缺承父师之训”③。“因听《华严》，恍如破梦，乃卸世籍，为大比丘。”④出家之后，长年来往于南北各地，寻师习禅。其中天奇本瑞（？—1503）门下的无闻明聪、大觉圆和大休实三禅师对他的影响较大。⑤ 他在以后的弘教过程中，是“随缘开化，靡定所居”，史称其“名震海内”。⑥ 万历五年（1577）后，隐居于燕京柳巷，不少知名僧人向他请教。他的言行见诸《月心笑岩宝祖南北集》4 卷，隆庆年间（1567—1572）刊行。

德宝在总结自己半生求学经历时说：“予自离本师至此，入山出山，遍谒诸师，博明个事，冒寒暑于十余年间，涉南北于数千里之外，方始心猿罢跳，意马休驰。岂此一心外更别有玄妙可得者哉？”⑦ 他求学 10 余年，参访了 30 多位著名禅师，最后懂得了自悟本心不假外求的道理。他所倡导的实践和理论，都是围绕这一基本思想展开的。

---

①《呆庵普庄禅师语录》卷六。

②《呆庵普庄禅师语录》卷七。

③《笑岩南集》卷下。

④《南宋元明禅林僧宝传》卷十四。

⑤德宝的传承：万峰时蔚—宝藏普持—虚白慧？—海舟永慈—宝峰智瑄—天奇本瑞—无闻明聪—笑岩德宝。

⑥《补续高僧传》卷十六。

⑦《笑岩南集》卷下。

德宝在当时的佛教潮流中，是比较能够独树一帜的人。他对于那种希望于公案和语录中获证的流行观点，持否定态度。他评论一些禅僧："两两三三，聚伙成队，专抱执卷册子，东刺头西插耳，采拾将来，摸寻前人义路葛藤，聚头相斗，朝四暮三，妄诤瞋喜，何异按图索骥，画饼充饥？全不审思于诸已躬，有甚至涉。"他强调的是"审思于诸已躬"，而不是外求于书卷和诤论。据他看，"自世尊拈花已降，诸善知识但有词句，皆出言意之外。不可泥于言句，以意识卜度，或会深或浅，悉随力量。如要真知诸善知识阃奥，必须自己大悟后，方尽见得也"等公案语录之类，不是不可以看，而是要在证悟之后看，这是德宝所确定的阅读禅宗典籍的"法式"。换言之，《灯录》、《语录》并不是悟解的桥梁；反之，只有悟了以后，才能理解历史上诸善知识的思想实质。这样，参学公案、语录就不再是明心见性的正途，而成了获悟后可以了解的历史知识。

然而，德宝也没有创造"审思于诸已躬"的新方法，他主张自悟的方法依旧是宗杲的看话头，但有不少修订：

第一，参话头与念话头结合。他说：

> 直下举个不起一念处，那个是我本来面目？或云：一念未生时，那个是我本来面目？初用心必须出声，或三回，或五回，或至数回，默默审定。次或唯提一句，云：不起一念处；或云：一念未生时。疑句用心不定，顺意则可，只要第五个处字时，字上宜疑声永长，沉沉痛切。此正疑中，当驻意著眼。或杜口默切，或出声追审，的要字字分明，不缓不急，如耳亲闻，如目亲睹。即心即念，即念即疑，即疑即心，心疑莫辨，黑白不分。爆然囮地一声，灼见一场笑具。①

在德宝之前，禅师讲的"举起话头"、"参话头"或"看话头"，都是指内心参究，即用集中一个话头的方法消除其他思虑活动，属于"杜口默切"。德宝把"杜口默切"与"出声追审"结合起来，要求在内心参究的同时，也要口中念诵，并规定如何念诵的细节，因为从入定的实践看，出声念诵比内心默参更容易达到心理的宁静，使参禅者全然处在话头的氛围中，以致出现"如耳亲闻，如目亲睹"的幻觉，一直达到"心疑莫辨，黑白不分"的精神状态，获得"囮地一声"的证悟。很明显，"念话头"的方法是源自念佛，它们的心理机制是一样的，只在最后的信

①上引均见《笑岩北集》上。

仰归宿上有所不同。

第二，参话头与念佛结合。明代中期，许多禅师主张以念佛代替看话头，德宝最初求教于大寂能和尚，能和尚指导他念佛。后到河南见大川禅师，大川说“念佛有念佛功德，争奈发悟尤难，未若提无字活头为佳耳”，于是德宝改参“无”字话头。后又求教于际空禅师，际空让他只管念佛，于是德宝便“屏却无字，还只念佛，甚是顺快”①。最后，他根据自己反复体验，主张将二者等同看待：

> 向无依无着干净心中唯提一个阿弥陀佛，或出声数念，或心中默念，只要字字朗然。……但觉话头松缓断间，便是意下不谨切，便是走作生死大空子，即速觉得照破伊，则自然没处去。……如此用心，不消半年一载，话头自成片，欲罢而莫能也。②

事实上是把阿弥陀佛名号直接当成“话头”，与其他话头一样，既可念，也可参。这样，就把净土信仰再度融进了禅的领域。

第三，解话头与参话头结合。德宝在金陵时，有士人对他说：“某参万法公案，今将半载，心中不快，乞师为分明代破。”于是德宝就为他解释“万法归一”的意思：

> 万法归一，一归何处？昔人从此悟入者，不为不多，欲知万法，便是而今所见虚空、山河、大地、人畜等物，乃至自己身心，总名万法也。欲知其一，便是如今人人本具，不生不灭，妙寂明心是也，亦名真心，虽有多名，皆此一心也。③

历史上，“万法归一”云云，是不允许用语言解释的，因为参话头的出发点，就是要排除知解。所以不管德宝对这一话头的解释是对是错，其解释本身就与话头禅的原意相违。话头既然可以逐字解释，甚至“分明代破”，那么“参看”实际上就变成了理解，话头禅就渗进了义学的成分。

德宝虽然早年没有读过书，却善于讲话。他在与禅师的机语酬对中，总是“随问随答”，略无少滞。德宝也善于作偈颂表达自己的思想，如，明聪曾问德宝：“人人有个本来父母，子之父母今在何处？”为了回答这一提问，德宝写了一首偈：“本

---

①《笑岩南集》下。

②《笑岩北集》上。

③《笑岩北游集》上。

来真父母，历劫不曾离。起坐承他力，寒温亦共知。相逢不相见，相见不相识。为问今何在，分明呈似师。”所谓“本来父母”，即指本心佛性。德宝这首偈，就是表达自己关于佛性本有以及如何明见本心的见解。明聪看过这首偈后，认为“只此一偈，堪绍吾宗”①。擅长机辩，善作偈颂，在明代中叶也是传法宗师的重要条件之一。

四、义学诸派的沉寂状态

从明太祖至穆宗（1368—1572）的200余年间，佛教总格局没有大的改变。明太祖对讲习佛教经典是很重视的，但是，他诏令全国僧人讲的《心经》、《金刚》和《楞伽》都不是义学宗派的根本经典，这无疑进一步削弱了讲僧振兴唐代旧宗派的信念。因此，义学僧人多以融合诸宗学说为特色，专弘某一派或某一经的人极少，佛教义学在这一阶段始终处于沉寂不振的状态。在明代前中期的天台、唯识和华严诸派中，只有华严勉强可以提及。

明太祖没有像忽必烈那样倡导专门宣讲《华严经》，此经的地位在统治者眼里下降了，此前在专弘《华严经》旗帜下复兴华严宗的号召也就失去了权威性和吸引力。在明宣宗在位时（1426—1435），为朝廷认可，并为士大夫和僧众看重的所谓佛教“四大部经”，系指《华严》、《般若》、《宝积》和《涅槃》。“多官并僧众”用“金字”书写这“四大部经”②，一定阶段成了比较流行的风气。然而，重视这四部大经，是出于做功德获福报的目的，并不是研究其义理，所以对义学的发展并没有推动作用。

明代前中期，北方有一些兼弘华严的僧人。圆镜是汾州临县（山西临县）人，早年“游心贤首讲肆”，“得悟诸经密旨”③，可见他习华严宗教理，并不专注于某一部经论。后住隰州（今山西隰县）妙楼山石室寺，宣讲华严教义。他的活动区域不大，影响也有限。

受官方重视的兼弘华严者慧进（1355—1436），字栖岩，号止翁，山西霍州（今霍县）人。他于洪武年间出家，入汴依古峰法师“究通华严宗旨，傍达《唯

①上引均见《笑岩南集》卷下。
②《补续高僧传》卷四《慧进》。
③《大明高僧传》卷三《本传》。

识》、《百法》诸论”[①]，并精通《楞严经》。慧进受明太宗诏至南京，住天界寺，后又随驾至北京，住海印寺，是“被诏领袖天下僧众”的人物。他此后又得仁宗和宣宗的推崇和支持，在组织编校《大藏经》及佛教工具书方面做了较多工作。他在使《华严经》引起僧俗重视方面起到作用，在弘传华严宗教理方面并无突出事迹。

据《新续高僧传》卷五《本传》，无极致力于融合禅与华严。无极（1333—1406），号法天，俗姓杨，大理人。年16，随禅僧海印出家，习禅宗教义，不久遍历诸方，以习禅与华严为主，所谓“参叩明眼，大彻宗旨，而六相圆融，三观妙语”。无极“每登讲席，议论风生，有声于时”，常讲的经典有《华严》和《法华》。特别是他提出了“以宗印心，以教化人”的原则，明确了禅宗与教门诸派的关系。然而，他所说的“教”是泛指佛教所有经典，《华严经》作为其中的一种，并无特殊地位。

洪武十六年（1383），无极率僧众到金陵见朱元璋，盛赞他的统一事业。朱元璋很重视依靠无极这样的僧人教化边区民众。他指出：“朕朝天下，八荒来庭者，皆荒徼诸蛮，其威仪进退，服色制度，饮食词语，一切尽异，非重译不能通其情，所以异于中国者为此也。”朱元璋希望在政治统一的同时也达到文化的统一。于是，他令久居京城的无极等人返归大理，因为“其僧本生云南，学超土俗，经通佛旨，语善华言，诚可谓有志之人矣”。所谓“有志之人”就是有志于为新王朝服务的人。无极回大理后，仍与明王朝保持了一段时间的联系。他著《法华注解》7卷，于洪武二十九年（1396）遣弟子文熹至京呈进。无极徒众数百，嗣法者40余人，在大理地区很有影响。就其传播华严而言，并无显著特色。

总之，在明代前中期，无论佛教昔日的兴盛地还是明王朝注重开发的边区，华严学都不是显学，也没有特殊地位，只是作为整体佛学中影响不大的一支流传。

①《补续高僧传》卷四《本传》。

第三节　明末的佛教复兴

一、佛教复兴中的两股潮流

嘉靖、隆庆时期（1522—1572），明王朝的腐朽已从各方面表现出来：宦官专权，朝臣党争，各级官吏贪赃枉法，统治阶级已经难于照旧存在下去；土地兼并加剧，赋役沉重，农民的负担难以承受，被统治阶级也难于照旧生存下去。万历（1573—1620）初年，张居正推行“一条鞭法”改革，一度抑制了豪强的掠夺和官吏的营私舞弊，起到了缓解阶级矛盾的作用。但为时不久，改革的作用逐渐消失，政治更加腐败。自万历末年开始，党社大兴，以反阉党为主线的斗争揭开了统治阶级内部大规模斗争的序幕；不断进行反抗的农民，终于酝酿并爆发了张献忠、李自成的大起义。久在东北经营的女真人，乘机入关，建立起中国最后一个封建朝代的大清帝国。

在明代末年社会急剧的变动转化中，佛教界出现了声势浩大、发展迅猛、席卷全国的复兴浪潮。这股复兴浪潮从嘉靖、隆庆时期初露端倪，到万历时达到高潮，一直延续到清雍正（1723）时期。由于僧众的出身不同、所依凭的社会基础不同、所采取的修行方式不同、所信奉的教义有别，明末佛教复兴运动自然划分为两股潮流，或者说两个阵营。一股潮流主要在都市城镇里奔涌，是以所谓“明末四大高僧”为代表的“佛教综合复兴运动”；另一股潮流主要在山林村野中流淌，是以临济、曹洞为主体的“禅宗复兴运动”。两股潮流相互激荡，相互呼应，相互影响，打破了佛教界的长期沉寂，共同促成了佛教在中国封建主义历史上的最后一个兴盛期。

万历前后，在北京、南京和其他一些城市，相继出现了一大批学问僧，他们以净土信仰或包括禅学在内的其他佛学门类为纽带，与崇佛的官僚士大夫阶层迅速结合起来。这些学问僧身边往往聚集起数以百计的俗家信徒，在全国范围内掀起佛教综合复兴的浪潮。王元翰曾记述了京城出现的这种情况的概况：

其时京师学道人如林。善知识则有达观（真可）、朗目、憨山（德清）、月川、雪浪、隐庵、清虚、愚庵诸公。宰官则有黄慎轩、李卓吾、袁中郎、袁小修、王性海、段幻然、陶石篑、蔡五岳、陶不退、蔡承植诸君。声气相求，函盖相合。①

活跃于城市的学问僧很多，分别成为各地佛教综合复兴运动的领袖群体。其中最主要的代表，是被后世称为“明末四大高僧”的袾宏、真可、德清和智旭。他们从修行理论到传教实践，都形成了不同于其前辈的显著特点和风格。

学问僧一般都不重视在佛教内部的法系地位，并不争取获得法系的高贵和显赫，这与禅宗宗师重视立门户、续法嗣的传统做法是截然不同的。学问僧一般是依靠俗家弟子的拥戴而在社会上形成影响，凭借其佛学思想在佛教界树立权威。在他们的信众群体中，俗家弟子的人数往往超过出家弟子。学问僧之中的有些人，从来就没有住持过寺院，也没有接收传统意义上的嗣法弟子。清初曹洞宗僧人觉浪道盛指出：“憨山与云栖、达观称三大老，相为鼎立，以悟宗门之人，不据宗门之位，是预知宗门将振，故为大防，独虚此位，而尊此宗。”② 他们从实践到理论，有着促使整体佛教综合复兴的倾向，而不是促使佛教中的某个具体派别崛起。

综合复兴运动的代表人物主要依靠官僚士人的支持，以城镇工商业者为基本群众。明代末年，一大批赋闲官僚和痛感仕途险恶的士大夫，到佛教中寻找自己的精神家园，这些人往往成为佛教综合复兴运动中的社会中坚力量。例如，袾宏的弟子数以千计，其主体就是官僚士大夫阶层，而不是出家僧人。明末佛教信仰群体举办各种结社活动，比如净业社、念佛社、念佛会、放生会等，大都有官僚士人的支持，由学问僧参与领导。同时，学问僧也重视参与社会公益事业和佛教文化建设事业。上层社会的布施、捐助，成为他们的主要经济来源。

以四大高僧为代表的学问僧，在佛教思想方面有共性。他们所推崇的佛教人物，是宋代以来的倡导禅教净律融合的延寿等人；他们继承宋以来教禅并重、三教合一的主张，既重禅学，也重义学，更重净土。当时接受佛教信仰的大部分士人，主要兴趣集中在念佛往生净土方面，以获取福报功德，寻求死后的终极归宿为学佛目标。所以，弘扬净土信仰，几乎是当时每一位学问僧所重视的。同时，为了适应

①《凝翠集·与野愚和尚书》。

②道盛：《憨山大师全集序》。德清曾从学于摄山栖霞寺禅僧法会，法会出自临济宗的净慈妙伦一系。由于此系元末以前极少著名禅师，也不属于明末复兴的临济支派，所以有时把临济僧人德清称为“不据宗门之位”的僧人。

一般社会民众的需要，他们注重宣传佛教的善恶报应理论，注重推广各类救赎法事，注重弘扬菩萨信仰。他们之中的有些人，虽然不是大寺院的住持，但在改进和完善佛教寺院的管理制度、制定寺院日常课诵仪式等方面开展了有影响的工作。他们从理论到实践，都是全面继承佛教遗产，而不仅仅是佛教的学术。

佛教综合复兴的代表人物，在依靠的主要社会力量上没有大的区别，都是以官僚士大夫阶层为主要对象。但是，他们的政治态度也有区别。例如，在“明末四大高僧”中，袾宏与智旭有相同之处，注意与朝廷保持一定距离，避免参与政治斗争，而真可与德清则更积极关注现实，热衷于参与佛教以外的政治事务。

由于这批活跃于城镇、以俗家弟子为主要宣教对象的僧人并不以复兴佛教的某个宗派为目的，而是号召全面继承佛教遗产，可以把他们称为佛教综合复兴运动的代表。他们不仅在当时社会上和佛教界享有盛誉，也成为后世佛教信仰者顶礼膜拜的偶像。

佛教复兴的另一股浪潮是禅宗的崛起，其直接原因是社会动乱造成的穷苦民众源源不断地涌入佛教队伍。圆澄曾指出许多人出家的原因：

> 或为打劫事露而为僧者；或牢狱脱逃而僧者；或妻子斗气而僧者；或负债无还而为僧者；或夫为僧而妻戴发者，谓之双修；或夫妻皆削发，而共住庵庙，称为住持者；或男女路遇而同住者；以至奸盗诈伪，技艺百工，皆有僧在焉。①

这些人显然都是被社会排斥到无路可走的底层民众，随着战乱的蔓延，流亡无归的人愈多，进入“禅家者流”的愈众。他们的共同特点是：出家为僧首先不是出于宗教信仰，而是寻找一条生活的出路。他们缺乏必要的佛学修养和佛教知识，出家又未经官方许可，不能成为讲经僧或瑜伽僧。其中因为“打劫事露”、“牢狱脱逃”、“负债无还”而为僧者，难免要蔑视旧的社会秩序；那些“夫为僧而妻戴发”、“夫妻皆削发”和“男女路遇”而为僧者，则必然轻蔑佛教戒律。但他们毕竟皈依于佛教，所以在总体上是远离社会斗争的旋涡，多半从事垦田开荒。因此，“农禅并举”也就成了新兴禅宗最有吸引力的口号。由于“技艺百工”也进入了禅僧行列，在“农禅”的同时，更扩大了多种经营。

明末禅宗的复兴基地是江西和浙江一带的山林，随着社会动荡的加剧，很快扩

①湛然圆澄：《慨古录》。

展到南方各地，在明清之际，出现的宗师之多，特别引人注目：“今海内开堂说法者至百有余人，付拂传衣者千有余人。”① 具有弘教传禅资格的禅师有上千人，这在整个禅宗史上也是少见的。在数以百计的“开堂说法”者周围，往往聚集着数百名僧人，有的多达一二千众。他们中不少人不循戒律，贬低佛典价值，否定西方净土，反对从事瑜伽教僧的职业，这种禅风与宋以来的禅宗传统直接抵触，而与晚唐五代的山林禅有更多的相似之处。

禅宗流行的东南地区，也是当时党社最发达的地区，但是至少在明末，尚没有见到禅社与党社有什么特殊密切的关系。党社是士大夫组织，他们拥有宋明充分发达起来的理学和心学体系，已经不再需要向佛教请教；而党社本身是同人组织，大部是倾向于从学论政，积极干世，不存在向僧侣队伍逃跑的要求，所以相对而言，明末的士大夫同禅宗是疏远的，这就大大影响了禅宗的素质，不利于理论的创新和提高。至于明亡，大批士大夫逃向僧侣队伍，避难因素大于信仰成分，也没有可能对佛教义理进行钻研。

当时禅宗内部的争论还是很激烈的，争论的症结在于：是突破传统佛教，还是维护传统佛教；是有选择地继承禅学遗产，还是全面地继承佛教遗产。这些争论有时十分烦琐，引发出的创见极少，往往与参加争论者的宗派隶属、政治态度等交织在一起。就此而言，与当时党社的派系斗争又有些近似。知名的禅师几乎都对禅宗的现状不满，都有痛斥所谓“禅病”的言论。

支撑佛教综合复兴的阶层是官僚士大夫阶层，托起禅宗复兴的是失去土地和生活资料的流民，他们有不同的境遇和不同的需求，信仰佛教也有不同的目的，所以两股复兴潮流也就呈现出迥然不同的风貌，而复兴浪潮的发展方向则是一致的。这两股浪潮都延续到清代初年，最后的结果是禅宗复兴运动的彻底沉寂，综合复兴运动中的主导思想逐渐成为社会各阶层信众的普遍基本共识。

二、袾宏复兴佛教的多方面开拓

袾宏（1535—1615），俗姓沈，杭州仁和人，字佛慧，别号莲池，因曾常住杭州云栖寺，世称“云栖大师”。袾宏是明末佛教复兴运动中最有代表性的人物之一，他在佛教理论和实践上的多方面开拓，代表了佛教在明末以后的发展方向，影响十

①《鼓山永觉和尚广录》卷十八。

分深远。清代守一在《宗教律诸宗演派》中，把他作为华严系统宗密一支的第二十二代祖师；清道光四年（1824）悟开撰《莲宗九祖传略》，把他奉为莲宗第八代祖师。袾宏的弟子不下数千人，其中居士多于出家人，充分反映了他在当时社会上的影响。

1. 重视清规戒律

袾宏针对明末佛教界的具体情况，根据自己的亲身实践，从制定《云栖寺僧约》与《孝义庵规约》开始，逐步建立和完善寺院制度，规范僧尼的宗教生活，协调佛教与社会的关系。

袾宏出身名门望族，少年和青年时代以儒学为业，受家庭佛教气氛的影响，出家之前就“已栖心净土矣。家戒杀生，祭必素”①。由于数年之间连续遭受妻亡子丧、父母相继去世的不幸变故，他于32岁出家。出家之后，到南北各地游方参学多年，曾在京城求教于遍融和笑岩德宝。隆庆五年（1571），袾宏乞食来到杭州梵村的云栖山，在当地民众的帮助下，重建荒废百年的云栖古寺。此后数十年间，云栖寺在他的经营下逐步发展成为全国知名的重要寺院。

对于修复云栖寺，袾宏曾有一个说明：“予兴复云栖，事事皆出势所自迫而后动作，曾不强为而亦所损于己不少，况尽心力而求之乎。”② 他是根据形势的需要，有针对性地提出重建云栖寺的各项措施，而不是凭主观意志行事。这不仅是他重建云栖寺的基本方针，也是他为佛教界规划寺院制度，为僧尼制定清规戒律的指导思想。他所提出的寺院建设和僧尼生活规定等管理制度，都不是因循传统的教条，而是根据自己在建立寺院和尼庵的实践中有针对性地提出来的。因此，袾宏的佛教建设理论，并不是从对教理教义的探讨中归纳出来的，而是从亲身实践中总结出来的。因此，他提出的各种方案切合实际，有助于解决佛教界当时面临的具体问题，很快为许多地方的丛林所仿效。

明代末年，南北各地的戒坛被禁止很久，为僧受戒者已经不能履行合法手续。袾宏根据当时的情况，对出家受戒采取了灵活的应对和处理方法。他主张“明旨既禁戒坛，僧众自宜遵守。然只禁聚众开坛说戒，不禁己身依戒修行也，兹议各各自办二部戒经，各各自于佛前承领熟读坚持，即是真实戒子。他日开坛，随众往受，

①德清：《古杭云栖莲池大师塔铭》。

②《竹窗随笔·建立丛林》。

证明功德。倘其久竟未开，亦何忝真实戒子”①。准备出家的人自己带上两部戒律经典（指《四分律》和《梵网经》），通过在佛前诵读，证明自己受戒，这样就能成为“真实戒子”。这种受戒做法在佛典中找不到根据，并不符合传统佛教的规定。另外，明廷禁止开戒坛，就是禁止出家。至于“依戒修行”，与出家为僧毕竟不是一回事。袾宏提出的这种受戒方式实际上既不符合佛教自身的规定，也有违于明廷法令。但是，他同时又提出后续的补救办法，所谓“他日开坛，随众往受”，为遵守国家法令和佛教传统受戒规定留下后退余地。袾宏提出的许多措施都有这种灵活权宜的性质。联系到当时明廷对佛教的管理措施已经名存实亡，佛教实际上处于失控状态，袾宏提出的这种受戒出家规定，满足了社会的需要，而且在实践上行得通。明代直到灭亡也没有再禁止私度，清代初期朝廷公开承认私度合法，袾宏当年的做法尽管不再被普遍仿效，但也没有受到指责。

针对明末佛教界的实况，袾宏深感戒律的重要性。他认为，振兴佛教，戒是根本，没有戒律制度，一切无从谈起。制定相应的戒律，从他重建云栖禅院之初就开始了。根据德清所撰《塔铭》的记载，袾宏在重建云栖寺过程中，所关心的既不是如何造佛像，也不是殿堂是否合规则、寺院是否巍峨壮观，而是关心僧人的住处和安放经与律。他在建寺之初就告诫人们：“毗卢宫殿，遍界遍空，草昧经营，无勤檀施。唯法堂奉经律，禅堂以处僧，兹所急也。”② 他始终把僧众的宗教修行生活放在第一位。“不日成兰若，然外无崇门，中无大殿，唯禅堂安僧，法堂奉经像。余取蔽风雨耳。自此道大振，海内衲子归心，遂成丛林。”③

袾宏为云栖寺制定了《僧约十章》，作为僧众宗教修行生活的准则。这十章是：敦尚戒德，安贫乐道，省缘务本，奉公守正，柔和忍辱，威仪整肃，勤修行业，直心处众，安分小心，随顺规制。并且，对于遵守这个《僧约》有十分严格的规定：寺院中的所有僧人，违反了其中的任何一条，都要被驱逐出寺院。从《僧约》第一章的要求，就可以看到袾宏治理丛林的侧重点：

> 第一，敦尚戒德约。破根本大戒者出院，诵戒无故不随众者出院，不孝父母者出院，欺凌师长者出院，故违朝廷公府禁令者出院，习近女人者出院，受戒经

①袾宏：《云栖共住规约·别集》。

②《云栖纪事》。

③董其昌：《重建云栖禅院碑记》。

年不知戒相者出院，亲近邪师者出院。①

很明显，这里的“戒”已经超出了佛教传统戒律的范围，既有关于家庭方面的内容，也有遵纪守法的内容。袾宏所重视的“戒”，不但要促成佛教内部的协调，也要促成佛教与社会各方面的协调。随着寺院规模的扩大和僧众的增多，袾宏在这个简略《僧约》的基础上制定了更为详细和完备的《云栖共住规约》，这是对僧人寺院制度、僧人宗教生活各个方面的详细规定。

除了云栖寺规约之外，袾宏还为其前妻住持的孝义庵制定了《孝义庵规约》，收录在《云栖纪事·后附》。这个规约虽然很简短，总共只有29条，却是针对尼众特点制定的。规约的制定，影响很大，德清曾这样评价：

其设清规益严肃，众有通堂，若精进、若老病、若十方各别有堂，百执事各有寮。一一具锁钥，启开以时。各有警策语，依期宣说。夜有巡警，击板念佛，声传山谷。即倦者眠不安寝不梦。布萨羯磨，举功过，行赏罚。以进退人，凛若冰霜，威如斧钺。即佛住祇桓，尚有六群扰众，此中无一敢诤而故犯者。虽非尽百丈规绳，而适时救弊，古今丛林未有如今日之清肃者。②

从表面来看，德清的评价是很高了，但是，如果联系袾宏对《百丈清规》的看法，德清“虽非尽百丈规绳”的评说实际上与袾宏的见解不同。袾宏认为：“《清规》一书，后人增广，非百丈所作也。……盖建立丛林，使一众有所约束，则自百丈始耳。至于制度之冗繁，节文之细琐，使人仆仆尔、碌碌耳，日不暇给，更何从得省缘、省事，而悉心穷究此道也。”③ 这种见解与后来智旭的观点一致：“马祖建丛林，百丈立清规，世相沿袭，遂各出私见，妄增条章，如藏中《百丈清规》一书，及流通《诸经日颂》三册，杜撰穿凿，不一而足。”④ 所以，德清实际上并没有真正理解，袾宏制定《规约》的目的不是仅仅“适时救弊”而已，而是要完全取代《百丈清规》，因为真正的所谓“百丈规绳”是根本不存在的。

袾宏在律学方面的著作有《沙弥要略》、《具戒便蒙》各1卷，《菩萨戒疏发

①《云栖纪事》。

②德清：《古杭云栖莲池大师塔铭》。

③袾宏：《竹窗三笔·百丈清规》。

④智旭：《灵峰宗论》卷六之三《刻重订诸经日颂自序》。

隐》5 卷等，适应了建立新律学的需要。它们成为合法僧团成员及其在家信仰者信守戒律的依据，得到佛教界的广泛承认。他的《朝暮二时课诵》（《诸经日诵》），制定和完善了重要宗教生活的具体仪式，并且一直流传到现在。所有这些工作，使他有了宗教导师的精神号召力，奠定了他在佛教界及其社会信众中的地位。

袾宏倡导僧人的职业正当化、生活纯洁化，反对兼营杂术。他认为："僧又有作地理师者，作卜筮师者，作风鉴师者，作医药师者，作女科医药师者，作符水、炉火、烧炼师者，末法之弊极矣。"① 可以说，这是他强调信守清规戒律，全面整顿治理佛教的又一项重要内容。

2. 提倡兴办法事

袾宏提倡戒杀放生，这虽然是佛教界的一贯主张，但是在明末社会动荡开始加剧的历史背景下提出来，更有利于塑造佛教的形象。对于后代影响更大的，是他全力倡导举办各类法事。他曾指出："僧人弃应院而归禅门，譬之儒人弃举业而谈道学也。二俱美事，然归而不修，谈而不行，竟有何益?"② 僧人如果不参与举办法事活动，就等于"归而不修，谈而不行"，这种对法事重要性的强调比较少见，实际上把法事活动作为佛教存在的最重要的表现。在各种法事中，水陆法会是影响较大的一种。

水陆法会被认为是规模最庞大、仪式最隆重、功德最广大、参与阶层最广泛的一种佛教经忏法事活动。根据宋代宗鉴《释门正统》卷四记述，水陆法会起源于梁武帝时期，首先在润州（今镇江）金山寺举办。直到隋唐时期，社会上举办水陆法会仍不普遍，进入宋代才开始流行。宋熙宁（1068—1077）中，东川杨锷祖述旧规，著成有关水陆法会的仪文三卷，在蜀地流行；宋绍圣三年（1096），宗赜著《水陆仪文》4 卷；南宋乾道九年（1173），志磐续成《水陆新仪》4 卷。这种推广斋法、大兴普度之道的水陆法会自宋代流行以后，很快普及全国，特别成为战争以后朝野常行的一种超度法会。宗赜《水陆缘起》对水陆法会的功德和流行情况有一个记述："今之供一佛，斋一僧，尚有无限功德，何况普通供养十方三宝，六道万灵，岂止自利一身，亦乃恩沾九族……所以，江淮两浙、川广、福建，水陆佛事，今古盛行。或保庆平安而不设水陆，则人以为不善；追资尊长而不设水陆，则人以

①袾宏：《竹窗三笔·僧务杂术》。

②袾宏：《云栖大师遗稿》卷三。

为不孝；济拔卑幼而不设水陆，则人以为不慈。由是富者独立营办，贫者共财修设。”①

佛教界倡导这种法事，无论在著书制定仪轨方面，还是在具体参与方面，都超越了宗派界限，同时也有社会各阶层的参与。特别是有佛教信仰的达官富商，成为支持这种大法会的主要力量。宋代举办的规模较大并且较著名的水陆法会不少，例如，元丰七年至八年（1084—1085）间，佛印了元在金山应海贾之请住持水陆法会。元祐八年（1093），苏轼为亡妻王氏设水陆道场。绍兴二十一年（1151），慈宁太后为真歇清了出资在杭州崇先显孝寺举办水陆法会。乾道九年（1173），四明人史浩施田百亩，在四明东湖月波山专门建立举办水陆法会的场所，宋孝宗特别赐给“水陆无碍道场”的寺额。月波山附近有尊教寺，也建立举办水陆法会的场所，僧俗达三千人。② 总的说来，宋代水陆法会的主要举办者是以富商、达官为主，不仅吸引了各阶层民众参加，而且引起朝廷关注。

元代举办法会就不完全是民间的自发行为，而多由元朝廷出面举办。元代在大都昊天寺、五台山、杭州上天竺寺、镇江金山寺等南北各地都举办过规模惊人的水陆法会。延祐三年（1316），在金山寺设水陆大会，命江南教禅律三宗僧人与会说法，仅参与法会的僧人就有1500人。至治二年（1322）的“金山大会，诚非小缘。山僧得与四十一人善知识、一千五百比丘僧，同入如来大光明藏，各说不二法门，共扬第一义谛”③。明洪武元年到五年，在南京蒋山也有官方出面举办的水陆法会。这都促进了佛教法事在民间的盛行。

袾宏适应明代末年举行各种法事的需要，撰写了两部有关法事仪轨方面的著作，其一是修订了《瑜伽焰口》；其二是依据志磐的《水陆新仪》进行增删修改，完成了《水陆法会仪轨》6卷。根据智旭《水陆大斋疏》的记载，袾宏所作的《水陆法会仪轨》首先在杭州一带流行开来。他的著作在清代一直发生影响。仪润根据袾宏的著作，对水陆法会的具体操作规则又进行详细叙述，撰成《法界圣凡水陆普度大斋胜会仪轨会本》6卷。其后咫观又对袾宏的著作详细增补论述，撰成《法界圣凡水陆大斋普利道场性相通论》9卷，略称《鸡园水陆通论》。就其在宗教生活

---

①《施食通览》。

②《佛祖统纪》卷三十三。

③《月江正印禅师语录》卷上。

方面的影响而言，此类著作不亚于明初制定的瑜伽法事仪轨，这种来自民间的仪轨比官方的以行政手段的硬性规定具有更大的影响力，所以流传很广泛，沿用时间也比较长。

3. 提升净土法门

在解决禅教净律四者的关系问题上，袾宏佛教思想的特点是在提升净土法门的前提下兼容并蓄。在融通禅教净律四者的关系方面，袾宏主要通过会通禅与净土来进行。

修行任何佛教法门有一个共同的终极目标，就是超脱生死轮回。这可以说是传统佛教的老话题，但在宋代禅宗中进一步突出出来，并且广泛影响了社会信众。袾宏早年就受到感染，很注重生死问题。据说他在未出家之前，就“每书‘生死事大’四字于案头”①，这与禅宗典籍中讲的“明生死”、“了生死”、“脱生死”、“出生死”之类实际上没有本质区别，都是指解决最终的解脱问题。袾宏把达到最终解脱的途径归结为禅与净土：“经论所陈出生死法固有多门，约而言之，参禅念佛两种法门而已。”② 所以，净土与禅的关系，也就可以代表净土与其他多种修行法门的关系。

禅宗一贯用参禅来概括佛教全部，袾宏则试图用净土念佛来概括佛教的全部，指出：“若人持律，律是佛制，正好念佛；若人看经，经是佛说，正好念佛；若人参禅，禅是佛心，正好念佛。若人悟道，道是佛证，正好念佛。”③

尽管袾宏用净土统摄整个佛学的意图很明确，但是并不意味着他否定佛教其他法门，尤其是禅学的重要性。他指出：

> 禅宗净土，殊途同归。所谓参禅，只为明生死，念佛唯图了生死，而要一门深入。近时性敏者喜谈禅，徒取快于口吻；而守钝念佛者，又浮念不复观心，往往双失之。高见盖灼然不惑矣。今唯在守定而时时切念勿忘耳。④

在他看来，念佛也有弊端，也要吸收参禅入定的长处，因此，念佛并不是用口念，就像参禅并不是高谈阔论一样，两者都有特定的心理感受。这种感受在看话头中可

①德清：《塔铭》。
②《云栖大师遗稿》卷二。
③《云栖遗稿》卷三《普劝念佛往生净土》。
④《云栖大师遗稿》卷二。

以统一。袾宏在倡导念佛的过程中，充分吸收了宗杲看话禅在元明的发展成果，主张把念佛与参话头结合起来：

提话头是宗门发悟最紧切工夫，修净土人即以一声佛号做个话头，此妙法也。但心粗气浮，则未能相应，须是沉潜反照，至于力极势穷，乃有囮地一声消息。①

把佛号作为话头，在元代已经有了。而“囮地一声”，正是宗杲对参禅得悟的表述。因此，袾宏倡导的念佛号一定程度与参究话头有相同或者相似的体验。同时，它们在目的上也有一致性：

畏死者以未悟本来无生故也。本自无生，焉得有死？何畏之有？然无生未易卒悟。今唯当专诚念佛，久久念至一心不乱，必得开悟。就令不悟，而一生念力，临终自知死去必生净土，则如流落他乡得归故里，阿弥陀佛垂手接引往生，欢喜无量，何畏之有？

专以念佛求生净土奉劝，然此道至玄至妙，亦复至简至易。以简易故，高明者忽焉；夫生死不离一念，乃至世出世间万法皆不离一念。今即以此念念佛，何等切近精实。若觑破此念起处，即是自性弥陀，即是祖师西来意。纵令不悟，乘此念力，往生极乐，且横截生死，不受轮回，终当大悟耳。愿翁放下万缘，十二时中，念念提撕，是所至望。②

参禅与念佛有着同样的解决生死问题的目的，念佛到“一心不乱，必得开悟”，与看话头的成功是一致的。因此，念佛的功效既有禅学自力解脱的成分，又有依凭佛的愿力拯救的功能，为念佛者提供了双重保险。同时，念佛可以得到与参禅一样的“悟”，又有参禅所不能得到的“往生净土”。袾宏倡导的念佛，从具体方法到心理感受再到解脱目的，都吸收了看话禅的内容。

当有人问到净土与禅的优劣比较时，袾宏认为：“归元性无二，方便有多门。今之执禅谤净土者，却不曾真实参究；执净土谤禅者，亦不曾真实念佛。若各各做工夫到彻底穷源处，则知两条门路原不差毫厘也。”③ 他并不反对参禅本身，禅与净土都同样是解脱的途径，他是反对不真实参禅者。

①《云栖大师遗稿》卷二。
②上引均见《云栖大师遗稿》卷二。
③《云栖大师遗稿》卷三。

祩宏认为，念佛修行适用于一切人，可以在任何时间进行，并且没有任何限制。“夫学佛者，无论庄严行迹，止贵真实修行。在家居士，不必定要缁衣道巾；带发之人，自可常服念佛，不必定要敲鱼击鼓；好静之人，自可寂默念佛，不必定要成群做会；怕事之人，自可闭门念佛，不必定要入寺听经；识字之人，自可依教念佛。千里烧香不如安坐家堂念佛，供养邪师不如孝顺父母念佛，广交魔友不如独身清净念佛，寄库来生不如见在作福念佛，许愿保禳不如悔过自新念佛，习学外道文书不如一字不识念佛，无知妄谈禅理不如老实持戒念佛，希求妖鬼灵通不如正信因果念佛。以要言之，端心灭恶，如是念佛，号曰善人；摄心除散，如是念佛，号曰贤人；悟心断惑，如是念佛，号曰圣人。”① 这样，祩宏就用念佛修行取代了佛教一切修行法门。

看话禅在元代就与持咒相结合，祩宏也告诫士大夫：“念佛即是持咒，念佛得力后，对境自如作厌离想，即是解脱初门。但目前如何便得自在，久持不退，自有相应时也。”② 另外，祩宏在针对宋代以来盛行的禅学形式方面，反对作颂古、拈古，这些都是与雍正整顿禅宗的思路相一致。

祩宏对佛教经典也十分重视，不因提升念佛而贬抑经典。他说：“予一生崇尚念佛，然勤勤恳恳劝人看教。何以故，念佛之说何自来乎？非金口所宣明载简册，今日众生何由而知十万亿刹之外有阿弥陀佛也。其参禅者借口教外别传，不知离教而参是邪因也，离教而悟是邪解也。……是故学佛者必以三藏十二部为模楷。”③

教禅律三者都有其真理性（因为都来自佛），但是分别考察每一部分，又都有局限性，只有把三者与净土结合，才是完美的统一。认为教禅律分别代表佛教的一部分，各有真理性和局限性的观点早已有之，但把他们牢固地安置在净土信仰上才算完美，则是祩宏有影响力的主张。所以，佛教的一切法门最后都在弘扬净土信仰上完美地统一起来。

祩宏所提升的净土法门是西方净土信仰，所倡导的具体修行方式是“持名念佛”。他说：“念佛一门而分四种，曰持名念佛，曰观像念佛，曰观想念佛，曰实相念佛。虽有四种之殊，究竟归乎实相而已。”他指出自己强调持名念佛的原因：“观

①《云栖大师遗稿》卷三。

②《云栖大师遗稿》卷二。

③《竹窗随笔·经教》。

法理微，众生心杂，杂心修观，观想难成。大圣悲怜，直劝专持名号。良由称名易故，相续即生。此阐扬持名念佛之功，最为往生净土之要。若其持名深达实相，则与妙观同功。”① 在袾宏的著作中，虽然不乏承认出自传统经典的唯心净土的话语，但是通过对实践唯心净土者的批判，认为他们错误理解了经典，并且通过申明“净土不可言无”②，委婉地表达了他否定唯心净土的真实态度。但是，对于否定西方净土实存的言论，不管出自什么经典，也不管是谁讲的，他都要旗帜鲜明地反驳。他认为，《坛经》是他人记录，错误很多，其中“六祖不教人生西方见佛”等，就是“不足信”的。③

袾宏借鉴华严宗的判教方法，认为就教相来说，《弥陀经》属于“顿教”，并且兼通“终教”和“圆教”，借此提高该经在整个佛教典籍中的地位。他说：“此经摄于顿者，盖谓持名即生，疾超速证无迂曲故。”④ 提高《阿弥陀经》在整个佛教经典体系中的地位，正是为他提升西方净土信仰的地位服务。

信奉西方净土信仰僧俗人士，总是与重视忏仪法事、灵异神迹分不开，袾宏也不例外。他曾辑录《大方广佛华严经感应略记》1 卷，述汉地从晋至元以及古印度有关奉持《华严》的神异事迹。书分 28 段，每段四字为题，如“双童观瑞”、“天地呈祥”等，所述神异灵迹大都没有标明出处，书后附有《华严大经处会品目卷帙总要之图》。此书是面向社会宣传崇奉《华严》的诸种神秘功能，并非只是针对僧尼界，从而集中反映了袾宏运用《华严》的侧重点。

从宋代开始，禅已经成为佛学的主流，袾宏全力倡导念佛修行，提升西方净土法门地位，实际上是要扭转佛学发展的趋向，把佛学从以禅学为主流转变到以净土为主流的轨道上。他所倡导的净土学，也并非囿于传统净土经典的内容，而是增加了新内容。

三、达观真可与憨山德清

“明末四大高僧”中，在政治态度、社会实践和佛学思想等方面，真可与德清有更多的共同点，即便是生平遭遇，也有很多相似之处。他们共同代表了佛教综合

①《云栖大师遗稿》卷三，《普示持名念佛三昧》。

②《竹窗二笔·净土不可言无》。

③《竹窗三笔·六祖坛经》。

④袾宏：《阿弥陀经疏钞》。

复兴中的一个类型。

1. 真可事迹与思想特点

真可（1543—1603），字达观，号紫柏，俗姓沈，江苏吴江人。他平生游学南北各地，广泛结交士大夫，知名于明末朝野。他博览群书，精通各派教理，并且以振兴整体佛教各种法门为己任。他不仅关心教内事务，而且热心于现实政治，具有参与政事的强烈愿望。他为保护佛教古迹、刊刻佛教经典等用力甚多，但一生遭遇坎坷，从未住持过寺院，最终因遭诬陷而逝世于狱中。真可现存著作有《紫柏尊者全集》30 卷，收载他的法语、经释、序跋、铭传、书信和诗歌等；《紫柏尊者别集》四卷，补收全集所未收的杂文、赞偈、诗、书问、语录和附录等，另有《附录》1 卷。

真可 17 岁于苏州虎丘云岩寺从明觉出家。此后的 10 余年间，他先后住云岩寺、武塘景德寺、匡山等地，闭门读书，专心研究各种佛教典籍，涉猎十分广泛。万历元年（1573），真可北上京城，先后求学于法通寺华严学名家遍融、禅学名家笑岩德宝与暹理等人，使他了解了京城的佛教情况。万历三年（1575），真可到达嵩山少林寺，参见大千常润。当他看到常润上堂讲解公案，不过是以口耳为心印，以帕子为真传，遂大不以为然，认为这不是真正的禅学。不久，他离开北方，南下到浙江嘉兴。

真可一生没有应请担任过寺院的住持，但他对兴修荒弃古寺、保护佛教的古迹和文物始终热情不减，而且取得不小成就。他到嘉兴不久，看到宋代子睿所居住著经疏的楞严寺荒废日久，便发愿重修，并让侍者密藏具体负责办理。万历二十年（1592），真可游历房山云居寺，在石经山雷音洞佛座下得到隋代高僧静琬所藏的 3 枚佛舍利，引起神宗生母李太后的注意。李太后曾请舍利入宫供养 3 日，并且出资将舍利重藏石窟。当时静琬塔院已经被出卖，真可用太后所施舍的资金赎回，并请德清撰《复涿州石经山琬公塔院记》。

真可在刻印藏经方面的工作尤为突出。万历初年，法本幻予告诉真可，袁了凡曾感慨请经的困难，有把梵夹改为方册以便于经典的印刷、流布的愿望，但是法本自知不能胜任此事，请真可协助。真可为他撰《刻藏缘起》，宣传刻藏的功德，鼓励募刻全藏。此事得到陆光祖、冯梦祯等人的赞助。真可命密藏筹备刻经事宜。万历十七年（1589），方册藏在五台山紫霞谷妙德庵开工，由真可弟子如奇等人主持。由于五台山地区气候寒冷，不适宜刻经工作，4 年后（1593）刻经工作转移到浙江杭州径山寂照庵。

德清在《达观大师塔铭》中说，真可因为看到大藏经卷帙甚多，不易流通，就“欲刻方册，易为流通”，倡议雕刻方册本大藏经。“时与太宰光祖陆公，及司成梦祯冯公、廷尉同亨曾公、冏卿汝稷瞿公等定议，各欢然，愿赞佐。”[①] 当时，陆光祖撰写《募刻书册大藏经缘起序》；瞿汝稷则“为文导诸众信，破除异论”，且在发愿文中表达了对雕刻方册本大藏经的支持，并作誓愿偈说：“我今虽食贫，檀资当勉具。历仕及归农，随缘力为办。不值此一生，愿尽未来际。常以此法藏，普度诸众生。”[②]

万历二十八年（1600），对南康太守吴宝秀因不执行朝廷征收矿税令而被捕，真可表示同情。他常感叹说：“老憨（山）不归，则我出世一大负；矿税不止，则我救世一大负；传灯未续，则我慧命一大负。”在他的这三个愿望中，前两个都涉及政治问题。不久，京城发生“妖书”事件，称神宗要改立太子，以挑拨宫廷内部纠纷。神宗下令搜索犯人，有人趁机诬告真可曾滥用太后所施舍的帑金，并且还说他就是妖书的制作人，真可因此被捕入狱。[③] 此事虽然最终查无实据，但真可一直未能出狱，在狱中病逝。其弟子先将其遗骸藏于西郊慈慧寺外，以后又移藏于杭州径山，再移于开山，并于万历四十四年（1616）在开山立塔。

真可对于佛教各宗的思想采取调和态度，全面吸收佛教遗产的倾向比较突出。《别集》卷四收录有他撰写的《礼佛仪式》，其中除了发愿礼拜十方三世一切诸佛外，还礼拜西天东土历代传宗判教和翻传秘密章句的诸位祖师。吸收融合这么多的崇拜对象，以前还没有过，是真可的首创。真可与当时排斥文字的禅宗不同，极其重视文字经教。他认为，佛弟子不通文字般若，即不得观照般若，不能契会实相般若。对这几种般若的兼容并蓄，也就是对全部佛教理论和实践的接受。

真可对经教的态度，可以通过他对《华严》的理解和运用充分表现出来，并且

①关于刻经缘起，道安在《中华大藏经雕刻史话》（《海潮音》，1978 年第 8 期）另有一个说明：“方册本大藏经之出版，为袁了凡居士之发端。居士在云谷法会参禅之时，遇及云谷法会之侍者幻余法本法师，谈及明之南藏因请求印造者甚多，版面使用日久，经文已不甚清白，而北藏经版又藏于禁内，印造不容易，如将古来之梵荚式折帖本改为方册本，不但节省经费，且使用方便。当时赞成此一提议者，有沙门密藏道开和陆光祖、冯梦祯二居士。”

②《居士传》卷四十四。

③《紫柏尊者别集》附录《东厂缉访妖书底簿》。

能够较全面地反映华严学在佛教综合复兴中的境遇。五台山作为华严宗的圣地，历来受到佛徒崇拜。真可游历五台，作有《文殊师利菩萨赞》、《礼北台文殊菩萨赞》、《蚤春谒李长者著论处》、《华严岭诗》、《登方山歌》等。他赞颂圣地、菩萨和经论，把圣地灵迹、华严典籍和佛菩萨崇拜结合起来，具有推动民间信仰综合发展的特点。

对于《华严经》，僧俗信众有血书或金书以求取功德的传统，真可对此大加赞赏，并且予以鼓励。在《紫柏尊者全集》中，收有真可所作《募书金字华严经缘起》、《麟禅人刺血跪书华严经序》、《跋麟禅人血书华严经》等。在《紫柏尊者别集》中，收有《跋照公墨书华严楞严》等。他指出，对于礼拜书写此经，"予愿凡诸黑白贤豪，皆当见作随喜"①。真可希望这些佛事善举得到僧俗支持，特别是富豪者的支持，以促进经典的流通和信仰的普及。他同时认为，书经之类的活动有助于个人解脱。如麟禅人原来因天性鲁钝，根本读不懂《华严》，由于诚心书写念诵，"忏洗"过去、现在的"重轻罪垢"，"仗毗卢之宠灵，《杂华》之熏发，法界顿开，入佛种性"。②

当然，他与一般禅众一样，也认为书经与不书经对经典本身并无作用，执著于此类做法反而有碍于解脱，所谓"书与不书，全经自在；见与不见，明昧一如"。他还强调："析骨为笔，剥皮为纸，刺血为墨，徒点染太虚；挥洒金屑，岂不重增迷闷，枉历辛勤耶?"③ 他所肯定的书经当是诚心而为，不以书经本身为目的的功德活动。

对于华严宗教理，真可最重视的是"四法界"。他在《持华严偈》中说：

> 《大方广佛华严经》，如来初转根本轮。此轮转不离四门，理转事转事理转。事事无碍最幽玄，拈来便用无廉纤。离理无事波水同，事理互转亦流类。若微第四事事幽，前三终未离窠臼。窠臼不离情不枯，情不枯兮智不讫。智不讫兮觉为碍，境风逆顺难自在。理障事障谁为魔?觉不为碍事事快。若能受持此经卷，洞达吾偈根本在。且道根本毕竟在何所?热恼烧心谁著火?清凉彻骨岂天来!"④

①《紫柏尊者全集》卷十三。

②《紫柏尊者全集》卷十五。

③《紫柏尊者全集》卷十三。

④《紫柏尊者全集》卷二十。

真可此说有两点值得注意：其一，四法界是华严宗人的创造，在《华严经》中是没有的。真可借《华严经》讲华严宗教理，继承了唐末五代以来的传统。这种经学与宗学不分家的传统，始终在华严学中占主导潮流，此后也没有变化。在这里，真可还进一步把四法界作为《华严经》的总纲。其二，在四法界中，真可最注重的是事事无碍及其运用。无论在佛学史上还是中国哲学史上，都找不到与事事无碍完全相同的理论。真可认为，离开事事无碍，前三者均非解脱之途。他重视事事无碍的原因，是要“拈来便用”，要落实到实践上。这就走上了与北宋禅宗僧人相同的思维路线。是否体认和运用事事无碍理论，归根到底体现在个人于或逆或顺的境遇中都能自由自在，都能“事事快”，没有“热恼烧心”，这是真可制定的运用事事无碍的标准。

对于把四法界运用于心理调节、运用于个人处理现实生活中的每一件事上，真可有较多论述，并且把它作为《华严》总纲或核心内容：

> 夫《华严》大典，虽文丰义博，实雄他经。然其大义，不过四分、四法界而已：一念不生谓之理法界；一念既生谓之事法界；未生不碍已生，已生不碍未生，谓之事理无碍法界；如拈来便用，不涉情解，当处现成，不可以理求之，亦不可以事尽之，权谓之事事无碍法界。行者能信此、解此、行此、证此，总谓之四分也。①

在真可看来，四法界已不是认识问题，而是实践问题。他用心念的生与未生及其无碍关系诠释前三法界，偏重于心理调节。他用“不涉情解，当处现成”，不为理或事所束缚作事事无碍的注脚，明确把第四法界贯彻在个人的生活实践中，这与他在《持华严偈》中讲的于逆境顺境中都能自由自在是一致的。能够信仰（信）、理解（解）、实践（行）和体悟（证）这种理论，就是全部《华严经》的要义。经过真可的这番理解，事事无碍就与禅宗的人生实践精神一般无二了。对事事无碍的这种诠解，也就标志着对它运用的最后定型。真可对经教的态度由此就十分清楚了，他是用禅学来解释华严学，以达到服务于实践的目的。

真可并不同意悟道只依靠念佛求生净土的说法，这是对净土信仰者的批评，反映了与袾宏不同的思想。“以为念佛求生净土易而不难，比之参禅看教，唯此着子

①《紫柏尊者全集》卷九。

最为稳当”，这是传统的认识，此前即便是反对净土信仰者，也很少有人针对这一点进行批判。真可则认为，修净土不仅不是容易，而且往生比参禅得悟难度更大。若“到家果能打屏人事，专力净业，乃第一义”①。这种说法，实际上是规劝人们不要以修净土而废禅行。真可此类言论不少，《紫柏尊者全集》卷三的《法语》中就保留了很多。

在《达观大师塔铭》中，德清称真可的宗风足以“远追临济，上接大慧”。由于德清受真可影响很深，关于真可的评价总是多了溢美、夸张，少了真实、客观，此处就是一个例证。就禅学本身而言，真可并没有什么有影响的创新思想，怎么能够和临济义玄、大慧宗杲相提并论？真可的禅学实际上是士大夫禅、贵族禅，而不是当时临济、曹洞两宗兴起于山林的流民禅、农民禅。

真可一生活动范围广大，广交社会各界人士，其俗家弟子也很多。与袾宏关系密切的陆光祖、冯梦祯等人也奔走于他的门下。另外，在与真可来往密切的士大夫中，有代表性的当推汤显祖、瞿汝稷、王肯堂、陈瓒等人。

汤显祖（1550—1617），字义仍，号若士，临川（今江西抚州）人，万历十一年（1583）进士，曾任浙江遂昌知县。他因为不愿附和权贵而被免官，以后再不踏入仕途，是一位性情耿直、了解明末政治黑暗的士大夫。他推崇禅学，抨击假道学，与真可友善。瞿汝稷，字元立，江苏常熟人，以荫补官，曾任黄州知府，以太仆少卿致仕。他兼通儒家和佛家经典，与真可、密藏、幻余、湛然圆澄等名僧交往较多。其最主要的事迹是撰写《指月录》32 卷。王肯堂（1549—1613），字宇泰，号念西居士，金坛（今属江苏）人，万历十七年（1589）进士，官至福建参政，并且是当时的医学大家。在佛教方面，他精通教乘，尤其对唯识学研究深入。鉴于窥基的《成唯识疏》失传，他撰成《成唯识论证义》10 卷。在当时的崇佛士大夫中，王肯堂是比较突出的。

真可虽然贬抑净土而力倡禅学，但在他的士大夫信徒中，不乏信奉西方净土者，陈瓒是其中的一个代表。陈瓒是嘉靖三十五年（1556）进士，曾任刑科给事中，因忤旨而被除名，后重入仕，官至刑部侍郎。陈瓒是坚定的西方净土信仰者，有人问：“尔不闻大鉴之论唯心净土者乎？何厌垢而欣净？”他回答：“唯心净土，发之大鉴，而非自大鉴始也。是心作佛，是心是佛，佛固先言之矣。盖惧人以不净

①《紫柏尊者全集》卷二十四。

之心求净土也。非曰土无垢净也。……客以客之禅乐垢土，而我以我之禅乐净土。”① 禅宗讲的唯心净土，完全否定有与现实世界（垢土）相对的彼岸世界（净土），它把实现净土安置在现实世界中，净土就在垢土中。陈瓒虽然承认有禅宗的唯心净土之说，但是他肯定有与垢土相对的另一个实存净土，就完全背离了禅宗的根本宗旨，他的所谓“乐净土”之“禅”，是徒有禅之名称的净土，是对唯心净土的根本否定，这是与袾宏的思想相一致的。总的说来，在与真可过从甚密的士大夫群中，多数人在佛学思想方面深受其影响，见解不同的只是少数。

2. 德清行状与禅净学说

德清（1546—1628），俗姓蔡，安徽全椒人。19 岁时，德清到南京报恩寺出家，先从住持西林的俊公学习《法华经》，后读《四书》、《易经》等儒家经典和古文诗赋。嘉靖四十三年（1564），到摄山栖霞寺从学于云谷法会，因阅读《中峰广录》感触颇深，下定决心学禅。同年，又从无极明信学习《华严玄谈》，并受具足戒。因为他对清凉澄观极为景仰，自号为“澄印”。过了几年，报恩寺设立义学，教育僧徒，他被聘为教师，其后又应聘镇江金山寺教馆两年。

隆庆五年（1571），他北游参学，先到北京听讲《法华》和唯识，并参遍融真圆、笑岩德宝，分别请教禅学。当他游历五台山时，见到北台憨山风景奇秀，便有取“憨山”为自号之意。不久，他回到北京西山，与当时的名士王凤洲、汪次公、欧桢伯等交往，有诗文酬唱。

万历二年（1574）开始，他又离京游历嵩山、洛阳，然后到五台山，居北台的龙门，专门参禅。万历四年（1576），曾见到袾宏。万历九年（1581），神宗慈圣太后派人到五台山设“祈储道场”，并修造舍利塔，他和妙峰共建无遮会为道场回向。万历十年（1582），在五台山讲《华严玄谈》，听众近万人。到此时为止，德清在五台山地区有了较大影响。

万历十一年（1583），他到东海牢山（山东崂山）那罗延窟结庐安居，开始用憨山为别号。皇太后派人送 3000 金资助他建立寺庵，但他看到当地正值灾荒，便决定全数施舍给贫穷孤苦的人。这使他不仅在上流社会赢得声誉，而且受到当地广大下层民众的拥戴。万历十四年（1586），神宗印刷大藏经十五部，分送全国名山，慈圣太后特送一部给东海崂山，并施财修建海印寺以安置经典。这一年，达观真可

①《居士传》卷四十二《本传》。

与弟子道开来到崂山，与他商谈有关刻印大藏经的事情。万历二十年（1592），德清到北京房山造访真可。

万历二十三年（1595），神宗不满意皇太后为佛事耗费财物，当时恰值太后派人送经到崂山。这样，德清刚从北京返回就被捕入狱，最后以私建寺院的罪名充军广东雷州。第三年德清到达雷州，当时正遇到雷州旱灾，饿殍遍野，他发动当地民众掩埋尸骨，并建济度道场。当年八月，当地官员命令他到广州。当地的民众慕名求教者很多，他甚至穿着罪犯的服装为信众讲说佛法。

万历二十八年（1600），南韶地方官请他住曹溪南华寺。当时作为南宗祖庭的南华寺已经衰落很久，德清到达后，大张旗鼓地开展复兴工作。他选僧受戒，设立僧学，培养人才，订立清规。但是没过多久，到万历三十一年（1603），由于真可在北京因为“妖书”事件被捕入狱，德清受到牵连，仍被遣返雷州。

万历三十四年（1606）八月，明王朝大赦，德清再回曹溪，大兴土木修建南华寺。但是，不久有僧人向按察院告他私用寺院的财产，德清被迫离开南华寺。此事后来虽然因查无实据而不了了之，但德清再也没有担任南华寺的住持。此后的10余年间，德清先后住广州长春庵，衡阳灵湖万圣寺、昙华精舍，九江法云寺等处。每到一地，他都勤于讲经，所以在各地形成了很大影响。他所讲的经典有《华严玄谈》、《法华》、《楞严》、《金刚》、《起信》、《唯识》等。

德清广泛结交社会各阶层的人物，有朝廷和地方的各级官吏，也有南北各地的学者士人，有书信来往的就达近百人。在他身边的士大夫信众，既有倾心于参禅者，也有专注于念佛者。明代知名的文学家屠隆（1542—1605），曾撰《佛法金汤录》3卷，批评宋代儒者的排佛言论。德清逝世后，吴应宾、钱谦益分别根据德清自撰的《憨山老人自述年谱实录》为其撰写塔铭，陆梦龙撰《憨山大师传》。德清深知结交达官显宦的重要性，当他结识了钱谦益时，高兴地说“刹竿不忧倒却矣”①。德清把佛教以及个人的命运与官僚阶层联系得太紧密，他所依凭的社会基础不像袾宏那样广泛。

德清多才多艺，早年诗文和书法都很知名。他说，古人都以禅比诗，不知“诗乃真禅”。他认为陶渊明、李太白的诗境玄妙，是不知禅而有禅味，而王维的诗多杂佛语，后人虽夸他善禅，不过是“文字禅而已”。他在叙述自己的书法时说：

①《梦游集》卷五十五。

“余生平爱书晋唐诸帖，或雅事之。宋之四家（即苏、黄、米、蔡），犹未经思。及被放海外，每想东坡居儋耳时桄榔庵中风味，不觉书法近之。”① 德清文名广播南北各地，为人撰写碑记塔铭、序跋题赞等，数量都很多。

德清学问广博，著作不少，关于佛教方面的著作有《观楞伽经记》8 卷、《楞伽补遗》1 卷、《华严经纲要》80 卷、《法华击节》1 卷、《金刚经决疑》1 卷、《圆觉经直解》2 卷、《般若心经直说》1 卷、《大乘起信论疏略》4 卷、《大乘起信论直解》2 卷、《性相通论》2 卷（卷上为《百法明门论论义》，卷下为《八识规矩颂通说》）、《肇论略注》6 卷、《曹溪通志》4 卷、《八十八祖道影传赞》1 卷，儒家和道家方面的著作有《道德经解》（又名《老子解》）2 卷、《春秋左氏心法》1 卷，另有《梦游诗集》3 卷、《憨山老人自叙年谱实录》2 卷等。

德清主张三教融合，认为“为学有三要，所谓不知《春秋》，不能涉世；不精老庄，不能忘世；不参禅，不能出世”②。这也反映了他治学范围的宽广。在佛学思想方面，他也以博杂多端著名。吴应宾在《憨山大师塔铭》中说他：“纵其乐说无碍之辩，曲示单传，而融入一尘法界，似圭峰（宗密）；解说文字般若，而多得世间障者，似觉范（慧洪）；森罗万行以宗一心，而产无生往生之土，又似永明（延寿）。”这种评价虽然有过誉之嫌，但德清重视华严与禅的确是宗密的传统；他结交官僚孜孜不倦，议论政事无所顾忌，颇类慧洪的作风；他以禅学为主融合佛教各派学说，并且重视净土信仰，显然也是延寿的佛学特点。总的说来，对德清佛教思想形成影响较大的，是云谷法会、无极明信和达观真可。

德清最初学《华严》，后又习禅，所以，他结合华严与禅的思想倾向比较明显。同时，他也接受了其师云谷法会的影响，主张禅净兼修。就其思想的主要方面而言，是禅、华严和净土三者并重，并且有着以净土信仰作统摄的特点。特别是在教化在家信众方面，他尤其强调念佛法门。他在被流放广东时期，曾组织净土结社，向信众传授念佛三昧，并且立有规制，让信众专心净业，月会以期。晚年在庐山法云寺，他仿效慧远修六时净业。

他也和袾宏、真可一样，把参禅与念佛作为最主要的修行法门，认为“参禅看

①《梦游集》卷三十九《杂说》。

②《梦游集》卷三十九《学要》条。

话头一路，最为明心切要。……是故念佛参禅兼修之行，极为稳当法门”[①]。他所谓的参禅，是元代开始就流行的融合了念佛的看话禅：“古人说，参禅、提话头，都是不得已，公案虽多，唯独念佛审实的话头，尘劳中极容易得力。”[②] 所谓“念佛审实的话头”，就是把念佛作为话头来参。从表面上看，德清是把宗杲的看话禅与延寿的念佛净土结合起来，但是，直接把“阿弥陀佛”作为中心话头，是源自元代末年的传统，与宋代宗杲的看话禅与延寿的念佛净土已经有了不少区别。

德清认为，净土法门适合所有的人修行，不但适合“禅家上上根”、“中下之士”乃至“愚夫愚妇”，也适合那些“极恶之辈”。[③] 然而，同样是倡导念佛修行净土法门，德清与袾宏对净土和佛的认识却截然不同。德清告诉信众：“今所念之佛，即自性弥陀；所求净土，即唯心极乐。诸人苟能念念不忘，心心弥陀出现，步步极乐家乡，又何必远企于十万亿国之外，别有净土可归耶?”[④] 因此，德清是完全站在禅宗的立场倡导净土，弘扬的是唯心净土。这与袾宏所倡导的西方有相净土完全不相同，而与真可的思想是相同的。

德清虽然与真可一样，也主张禅净兼修，但在程序上正好相反。真可认为，通过参禅、净心方可念佛；德清则认为，先须念佛、心净，方可参禅。在实践中，真可偏重参禅，德清偏重念佛。

德清接受明信和真可的影响，比较重视华严学。他编著有《大方广佛华严经纲要》80卷，据其自著《年谱》卷下“万历四十七年（1619）条”所述，当时华严一宗将失传，人们对澄观的《疏》、《钞》“皆惧其繁广”，于是“但宗《合论》”（即只钻研李通玄的《新华严经论》）。针对僧界的这种情况，他节要录取澄观的《华严经疏》，并附以自己的解释（补义）。其解释只是具有通俗讲解的性质，并没有什么独到见解。此书始作于万历四十七年，成于天启二年（1622），流传并不广。查《憨山老人梦游全集》中他对《华严经》及华严宗教义的多种论述，主要是鼓励僧俗读诵、书写、礼拜《华严》，将其作为祈福消灾、获得个人解脱的有效手段。总的来说，他对华严的运用与认识没有超出真可。

---

①《梦游集》卷五《示刘存赤》。

②《梦游集》卷二《答郑颂岩中丞》。

③《灵峰宗论》卷五。

④《梦游集》卷二《示优婆塞结社念佛》。

四、智旭及其思想特色

智旭是明末清初倡导全面继承佛教遗产的代表人物。他不仅不分优劣地弘扬天台、禅、律、唯识、净土等教理，而且主张信仰一切佛、菩萨和祖师，并且包括佛教一切经典。他积极推广各类赎罪法事，重视和支持礼忏、持咒、血书、燃香等活动。他把念佛、戒杀和放生，有机地统一到求生净土的信念和实践中。

智旭（1599—1655），俗姓钟，名际明，又名声，字振之，江苏苏州木棱人。据自著的《八不道人传》记载，智旭12岁学习儒家经典，对佛教与道教都采取排斥态度，有“誓灭释老”的决心，并且写作论文数十篇“辟异端”。少年时代的这些做法，智旭在他以后的著作中屡屡提及，作为自己要不断忏悔的大罪过，也作为劝导他人虔诚信仰佛教的教材。他17岁阅读袾宏《自知录》及《竹窗随笔》之后，受到袾宏融合儒释关系的影响，开始不再诽谤佛教和道教。22岁丧父，对他产生触动。此后，智旭总是带着问题听讲佛教经论，或带着听讲中产生的疑问来进一步研究。因此，智旭从信奉儒教转向信仰佛教，既有受到著名僧人影响和阅读佛教经典的原因，也有自身经历方面的原因。23岁时，因为听讲《楞严经》，对为什么有“大觉”、虚空，以及世界如何产生等问题不清楚，下决心钻研有关佛教问题。24岁，因为三次梦见德清，从德清的弟子雪岭剃度，取名智旭。出家后，他专注于钻研经论，先在云栖寺听讲《成唯识论》，对性相二宗的关系问题不能理解，便到径山去坐禅，至第二年夏天，通过坐禅的直观体验，达到“性相二宗，一齐透彻，知其本无矛盾，但是交光邪说，大误人耳”。在他看来，这也就是“觉悟”的体现。

到27岁，智旭针对当时佛教界不守戒律的现象普遍存在，决心弘扬律学，并且开始系统阅读律藏。实际上，他对戒律的重视贯穿于他的整个思想中。他认为：“毗尼藏者，佛法纪纲，僧伽命脉，苦海津梁，涅槃要道也。”[①] 智旭曾三次系统阅读律藏，对大小乘律书进行注释讲解。他所著的《梵网经疏》依据天台宗的见解，对于别解脱戒依照《四分律》，旁采诸家，并参考大乘律。他的主要著作是《毗尼事义集要》。他还曾强调：“伏念诸佛灭后，以戒为师，三无漏学，以戒为首。”[②]

---

①《灵峰宗论》卷六之一《毗尼事义集要缘起》。

②《灵峰宗论·西湖寺安居疏》卷一之二。

32岁时，智旭用在佛像前抓阄的方式决定继承天台宗。这是一种随机选择，并没有其他重要原因。“于是究心台部而不肯为台家子孙，以近世台家与禅宗、贤首、慈恩各执门庭，不能和合故也。”[①] 他是要专门弘扬天台宗教义，并不想成为本派的传法宗师。33岁，秋天，他来到灵峰（浙江孝丰县）建西湖寺。这里成为他以后的常住地。在以后的20余年中，智旭来往于江浙闽皖诸省，主要从事阅藏、讲经、著述、举办法会等活动。

智旭的著作经过其弟子编辑整理，分为宗论和释论两大类。宗论指《灵峰宗论》，有10卷；释论包括各类著述共60余种，164卷。

智旭的思想很庞杂，包括天台、禅、律、唯识、净土等。由于他立志专弘天台教义，所以研究天台典籍相对广泛一些，可以说是明代有代表性的天台学僧之一。明代的天台宗学僧很少，在明代末年，有传灯尝从百松真觉学习天台宗教义，后来在幽溪高明寺建立天台祖庭，并著有《净土生无生论》1卷等。其后的代表人物就是智旭。

智旭32岁注解《梵网经》，开始研究天台教义。他最推崇的两部书是知礼的《妙宗钞》和传灯的《净土生无生论》，其天台思想也主要继承这两个人的学说。在天台教理方面，智旭主张性具善恶与色心双具理事两重三千。虽然他有时也说，“众生现前介尔心性，本无实我实法，亦无五位百法百界千如差别相”，略近山外的“理具三千无相”的思想，但这并不是他的主要思想。在观法方面，智旭沿用妄心观，把现前一念妄心作为止观的直接对象。因此，他的天台思想主要是继承山家派。在判教方面，智旭在《教观纲宗》中提出了贯通前后的五时说，就是在化仪四教的“秘密教”中，区分出“秘密教”与“秘密咒”，把一切陀罗尼章句收于秘密咒之下，这与天台宗旧有教观是不同的。在论及天台与其他宗派的关系方面，智旭认为，天台应遍摄禅、律、法相，否则就不能成其绝待之妙了。从表面上看，他在突出天台教义优越性的同时，有贬抑其他宗派的意图。实际上，智旭在论述净土等法门时，也有过同样的说法。这种论证方法用智旭的话概括，就是“乃一门圆摄百千法门，非举一废百也”[②]。他虽然立志传承天台教义，却并没有希望通过贬低其他宗派来达到这个目的。

---

①上引均见《八不道人传》。

②《灵峰宗论》卷二之三《法语四》。

明代研究唯识学的僧人很少，在明末佛教综合复兴中，唯识学的研究主要集中在《成唯识论》上。智旭在研究唯识学方面也有可提及之处，他作有《成唯识论心要》、《相宗八要直解》等，并且在用唯识思想解释天台学方面引起人们的注意。

另外，主要活动在万历年间的明昱，字高原，吴人，生卒年月不详。他曾为王肯堂讲《成唯识论》，并将讲义整理成《成唯识论俗诠》10 卷。该书流传较广。另外撰有《相宗八要解》8 卷，内容分为：百法明门论赘言、唯识三十论约意、六离合释法式通关、观所缘缘论释记、因明入正理论直疏、三支比量义钞、八识规矩补注证义等。

明代末年弘扬唯识学有传承的一支是昭觉广乘，智旭也受到此系的影响。广乘于杭州莲居庵讲《唯识》，其弟子灵源大惠、古德大贤、新伊大真等继续致力于唯识学的宣传。此系进入清代以后，还维持着传法系统，被称为莲居派。

大惠（1564—1636），浙江仁和人，俗姓邵，字灵源。他在出家之前就到处寻访名僧，研究法相唯识学。57 岁出家之后，在北京、苏州、杭州等地讲《唯识》十几年。寂于杭州昭庆寺。著有《唯识自考录》、《唯识证义》等。大贤，曾在云栖寺讲经，智旭曾听其讲《唯识》。大贤的继承者玉庵、忍庵也传承唯识。大真，字新伊，从云栖袾宏受具足戒，继昭觉广乘住持莲居，除了研究律学之外，也宣讲《唯识》。智旭曾从其学。他著有《成唯识论合响》，其弟子本无、圣先等相继传讲。在此派之外，内衡在杭州讲《唯识》，受到钱谦益的称赞。到清代中期，佛教义学本来就衰微，加之《楞严经》比较流行，《唯识》之学就更沉寂了。

到清代末年，研究和传播唯识学的知名学僧有松岩和默庵果仁。松岩于光绪年间在南京清凉山研究唯识宗学说，曾以唯识理论评价《天演论》、《民约论》等新传入的西方书籍，但他的著作并未流传。果仁（1839—1902），常住南岳福严寺，研究多种佛教经典，为僧俗宣讲《唯识》，并著有《唯识劝学篇》、《阅藏日记》等。传承其学的有弟子道阶和佛乘等人。

至于研究唯识学的士大夫，最著名的当推明清之际的王夫之（1619—1692）。他在佛教方面的重点研究领域之一是法相唯识学，撰有《相宗络索》、《三藏法师八识规矩赞》。在《相宗络索》中，他肯定阿赖耶识的永恒不灭，所谓“唯此八识，实有不亡，恒相接续”。书中还阐述了“转识成智”的原理和过程。通过对佛教“能”、“所”范畴及其关系的考察，王夫之建立起自己的认识论。王夫之研究唯识学，对丰富他的哲学思想有重要作用。

智旭认为，净土法门可以用来概括整个佛教："净土法门本该一切宗教，普收一切群机，故从上佛祖圣贤著述亦最富博。"[1] 他的净土思想集中在《弥陀要解》中。此书先依据天台宗的五重玄义方式，说明此经以能说所说人为"名"，实相为"体"，信愿为"宗"，往圣不退为"用"，大乘菩萨无问自说为"教相"。又认为《阿弥陀经》总摄一切佛教，以信愿行总摄该经宗旨。在智旭之前，宋代遵式作《往生净土决疑行愿二门》，已经包含了信愿行，传灯《生无生论》更正式提出："一念之道有三，曰信，曰行，曰愿"智旭所立信愿行，就是继承了他们的主张，并且进一步发挥。

"信"的内容是：1. 信自：一念回心决定得生，自心本具极了。2. 信他：弥陀决无虚愿，释迦及六方佛决无诳语。3. 信因：散乱称名仍为佛种，一心不乱宁不往生。4. 信果：净土诸上善人皆由念佛得生，如影随形决无虚弃。5. 信事：实有极乐国土，不同庄生寓言。6. 信理：西方依正，不出现前一念心外。这六种"信"的内容，是对西方有相净土和禅宗唯心净土思想的混合，是把两种不同的信仰体系不加区分的结合在一起。没有选择，不分高下，不论优劣，同等看待佛教的遗产是智旭的一个显著特点。六种"信"中，自、因、理，是对自力解脱的信仰；他、果、事，是对外力拯救的信仰。

"愿"的内容是："厌离娑婆，欣求极乐。"既然相信极乐世界实际存在，那么，这个愿就没有唯心净土的痕迹了，从而否定了极乐世界就在娑婆世界之中的认识。

"行"的内容是："执持名号，一心不乱。六字持名，念念欣厌具足，信决愿切，由此就能历九品生，净四种土。"他主张，"即以执持名号为正行，不必更涉参究"，"参禅必不可无净土，净土必不可夹禅机"。智旭实际上是认为，任何一种法门都能独立达到最终解脱，而且并不依靠其他的法门。

智旭把持名分为"事持"和"理持"。所谓"事持者，信有西方阿弥陀佛，未达是心作佛，是心是佛，但以决志愿求生故，如子忆母，无时暂忘。理持者，信西方阿弥陀佛是我心具心造，即以自心所具所造洪名为系心之境，令不暂忘"。事持是对西方净土的肯定，理持则是对唯心净土的强调。

智旭认为念佛三昧有三种：其一，"念他佛，以弥陀果德庄严力为所念境，或

[1]《灵峰宗论》卷五之一《复净禅》。

念名号，或念相好，或念功德，或观正报，或观依报，如东林诸上善人”；其二，“念自佛，观此现前一念介尔之心，具足百界千如，与三世佛平等，功深力到，豁破无明，如南岳、天台、禅宗诸祖”；其三，“自他俱念，了知心佛众生三无差别，托彼果上依正，显我自心理智，感应道交自然不隔，如永明（延寿）、楚石”。[①] 这三种念佛三昧，实际上是两种净土信仰体系和二者的混合形态：“念他佛”指的是西方有相净土；“念自佛”指的是唯心净土；而“自他俱念”则指的是西方净土与唯心净土的混合形态。智旭三种念佛三昧的概括，是把历史上流行的所有念佛法门及其倡导者和传承者都予以肯定和接受。他的净土思想，不仅与袾宏有差别，而且与德清、真可更是显著不同。

智旭倡导信仰佛教典籍中记载的一切佛、菩萨、祖师，并且包括佛教一切经典，他指出：“一心归命，梵网教主卢舍那佛，极乐世界阿弥陀佛，菩萨心地品、毗奈邪藏、三藏十二分教一切尊法，观音、势至、文殊、普贤、地藏、弥勒等一切菩萨，优波离、迦叶、阿难、西天东土一切圣师，愿展慈光，同垂悲济。”[②] 对佛教所树立的一切权威，他都无条件地予以接受。

智旭重视地藏菩萨信仰，据他自述，早年正是因为阅读了《地藏菩萨本愿经》才萌发了出家念头。他在《八不道人传》结尾中说：“知我者，唯释迦、地藏乎！罪我者，唯释迦、地藏乎！”[③] 把地藏菩萨和释迦佛并列，放在同等重要的地位，可见他对地藏菩萨的崇信程度。他写作了多种有关地藏的著作，如《化城地藏菩萨名号缘起》、《甲申七月三十日愿文》等，主要是讲述地藏在拯救世人方面所具有的多种神奇功能，反复劝导人们，只要皈依地藏，凭借地藏慈悲本愿所具有的功能，信仰者就可以消除种种罪障，既不受现世的种种苦难，也可以避免遭受来世的地狱之苦，同时还能够获得种种福报，满足各种美好愿望。

智旭还大力推动地藏信仰在民间的流行。崇祯九年（1636），他在九华山华严庵（回香阁）劝僧俗念持地藏名号，以求地藏菩萨的拯救。他曾结坛百日，念持地藏菩萨灭定业真言五百万遍，“又广化缁素，共持十万万，求转大地众生共业”[④]。记载地藏菩萨的经典很多，就智旭所重视的《地藏菩萨本愿经》而言，它宣称地藏

①《灵峰宗论》卷七之四。

②《灵峰宗论·西湖寺安居疏》卷一之二。

③《灵峰宗论》卷首。

④印光：《九华山志》卷一。

的“大慈大悲”远超过其他菩萨，他的广利众生的神力可以消除信仰者先天和后天的种种罪障。地藏信仰所宣传的对菩萨神力崇拜，给信仰者以脱离苦难的希望。

智旭积极推广各类赎罪法事，并且倡导礼忏、持咒、血书、燃香等。他在《刺血书经愿文》中说：“刺舌血书大乘经律，先与三宝前然臂香十二炷，发十二愿……”① 他在《结坛持往生咒偈》中说，“以此功德力，求决生安养”②。他对刺血书经、燃臂香供养、结坛持咒等行为的积极支持，与祩宏是不同的。这类活动与地藏信仰相互配合，更能激发起人们的宗教热情。

智旭认为，所谓行忏法就是要消除一切罪过：“忏假称悟道、妄评公案之罪，妄造忏法、谤毁先圣之罪，损克大众、错因昧果之罪。诸如此罪，愿悉消除，或不可除，愿悉代受。令现前病苦，速得痊安，若大限莫逃，竟登安养。”③ 倡导和信仰修忏法有两个重要的认识前提：其一，要信仰一切崇拜对象，而不是只信仰某个主要的对象；其二，要认定自己时时处处有罪过，而不仅仅是有痛苦。智旭在大量的忏文、回向文等中，大量列举自己的“罪”过，强调个人的罪过。罪过成为个人的存在形式，罪过多于“苦”。他在《陈罪求哀疏》中，自称“罪旭”：“言念罪旭，少年主张理学，妄诋三宝，过犯弥天，应堕无间。”④

除了强调个人的罪过，还有强调众生乃至国家朝廷的罪过：“悲佛法之衰乱，五逆横作。痛国步之艰难，朝野无改过之心。缁素争覆辙之践，良由共识相种，恶业同牵，同分妄见，眚缘共起。”那么消除这些罪过的办法，就只有举办各种救赎法事，通过这些法事活动，“普为国王帝王、父母亲缘、土境万民、法界含识，顶礼慈悲道场忏法，供养历代知识道容，然香三炷，供常住三宝，又三炷，奉供幽冥教主地藏慈尊”⑤。重视各种赎罪法事，最终归结到忏悔的功能上，智旭指出：“迷真起妄，谁不造业？业有轻重，果报随之。于中转重令轻，转轻令尽，独赖有忏悔一门耳。重业而能深悔，业遂冰消；轻罪而不革心，终成定业。……所谓屠刀放下，便成佛也。”⑥ 在他看来，“忏悔之力，亦能往生，况持戒、修福、种种胜业，

---

①《灵峰宗论》卷一之一。

②《灵峰宗论》卷一之二。

③《灵峰宗论·礼金光明忏文》卷一之二。

④《灵峰宗论》卷一之三。

⑤《灵峰宗论》卷一之三《甲申七月三十日愿文》。

⑥《灵峰宗论》卷三《涵白关主礼忏持咒募长生供米疏》。

岂不足庄严净土”[①]。

智旭曾把戒杀与战争联系起来考虑：“杀业既厚，劫成刀兵，寇贼纷然，干戈不息。释迦往矣，弥勒未生。设欲拯救，唯力修奢摩他耳。奢摩他此翻妙止，止一切恶，从止杀始。若能止杀，即是止一切恶。”[②] 不杀生是佛教的根本戒律，在明代末年社会动荡的形势下，智旭倡导戒杀就有着反对战争的社会意义。很明显，智旭在这里已经不是着眼于宗教戒律来讲戒杀，而是着眼于社会现实来考虑问题。至于与劝戒杀相联系的放生活动，往往成为结社的根据和口号，也成为往生净土的重要手段。在念佛过程中，“以不杀大悲，放生大慈助严之（指作为念佛的辅助手段），必生极乐，莲华化现，永脱轮回之苦”[③]。念佛、戒杀和放生是联系在一起的。在特定的社会背景下，戒杀能唤起人们对争取社会稳定的共识；放生是结社的手段，可以作为募集资金，解决寺院生活资料来源的手段。这两者都在念佛求生净土中统一起来。

第四节　明末的禅宗复兴

一、密云圆悟的“一条白棒”

就明末禅宗的派系结构说，曹洞宗和临济宗并兴。曹洞宗有两支不断扩张，一是湛然圆澄开创的云门系，二是无明慧经开创的寿昌系。临济宗的主要派系出自笑岩德宝的弟子幻有正传（1547—1614）门下，正传的著名弟子有密云圆悟、天隐圆修（？—1635）和雪峤圆信（1570—1647），都在江南一带传禅。

圆澄（1561—1626），会稽人，幼年出家。万历十九年（1591）求学于曹洞禅师大觉方念，成为嗣法弟子，先后住持过绍兴广孝寺、径山万寿寺、嘉兴福城东塔寺等，主要活动于浙江地区。他“生平不为律缚，脱略轨仪”[④]，因此受到不少僧人的指责。

---

①《宗论》卷二之一《法语一》。
②《灵峰宗论》卷四之二《劝戒杀文》。
③《灵峰宗论》卷四之二《惠应寺放生社普劝戒杀念佛文》。
④《会稽云门湛然圆澄禅师塔铭》。

圆澄著作较多，有《宗门或问》、《慨古录》、《楞严臆说》、《法华意语》各1卷，《金刚三昧经注解》4卷，另有其弟子编的《湛然圆澄禅师语录》8卷。他是一位倡导禅教融合的僧人，例如，尽管他对《华严经》及华严宗教义并无偏好，但在他的《语录》中也借用华严来为其禅教融合的主张服务。他指出：

> 闻夫四十八愿而愿愿度生，五十三参而参参见佛，所以清凉大师演华严性海于此地，阐法界一乘于多门，福慧双修，犹星天之行布；禅教两学，若万派之归宗。圆融自在，大小共蹊。①

个人参学求解脱与发愿拯救众生是同一修行过程的两个方面。禅宗讲明心见佛（慧），教门诸派重积累各种功德（福），实际上两者不可偏废，相资为用。既然福慧双修，也就要求禅教两学。华严宗的“圆融”说，也被运用于禅教的圆融无碍上。明末清初禅宗内部论战激烈，争论的症结在于：是突破传统佛教还是维护传统佛教；是有选择地继承佛教遗产还是继承佛教一切遗产。圆澄在这里强调澄观“阐法界一乘于多门”，是倡导全面继承佛教遗产，而不是有选择地继承禅学遗产。明末以后，这种观点在佛教界占主导地位。

圆澄系一直盛行到清初。就其个人影响而言，圆澄不及无明慧经。圆悟（1566—1642），号密云，俗姓蒋，宜兴人，出身于贫困的农民家庭，成年之后从事过各种劳动。少年时，受流行的净土信仰影响，曾“恒诵佛号”。到26岁，因读《六祖坛经》而归信禅宗。29岁，抛妻离子，出外游历，立志出家。

万历二十三年（1595），圆悟到常州龙池山参见正传，以后20余年中，除有几年出游外，都在正传身边。前3年，主要是服杂役，“身任众务，以至鬻薪陶器，负米百里之外”，所以他在成名以后也特别重视劳动，时常以自己的经历告诫门徒：“老僧三十一上待先师，参神学道都在劳作里办，汝靠要安坐修行耶？老僧不愿丛林遗此法式。”晚年住持宁波天童寺时，一次有十几个僧人不参加“普请”，他知道后，“立摈之”。

3年后，圆悟始得落发。次年，遵从正传的教导，“掩关本山，以千日为期”，同时学习禅籍。又3年，正传去燕京，圆悟受命监理龙池山的院务。万历三十三年（1605），入京省觐正传。继之，南还游历杭州径山、天目山以及天台山等地。万历

①《湛然圆澄禅师语录》卷八《募造东塔天王殿引》。

三十九年（1611），正式接受正传“衣拂”。正传逝世（1614），圆悟坚持“心丧伴柩”3年。在此期间，作颂古200首，“以明佛祖大意”。①

圆悟从万历四十五年（1617）到逝世的20余年中，先后住持过常州龙池山禹门禅院、天台山通玄禅寺、福州黄檗山万福禅寺等六处寺院，在江苏、浙江、福建一带产生了很大影响，有“众盈千指”、“众满万指”之说。其所到之处，都着力倡导垦田开荒。晚年居天童寺时，遇大雨，“山水暴涨”，他不顾年事已高，率僧众砌筑大堤防洪，大堤“通计一千三百五十尺，皆用巨石垒砌”②。

圆悟非常重视发展他的宗派势力，不像当时在江西的曹洞宗师那样不轻易承认传法继承人。他可以“付衣拂”于跟随他多年、能力不强但俯首贴耳、唯命是从的僧人，也可以“付衣拂”于暂投门下，桀骜不驯、有禅学异见，但很有能力的僧人。这样，他的弟子遍天下。剃度的弟子200余，嗣法弟子12人，即五峰如学、汉月法藏、破山海明、费隐通容、石通秉公、朝宗通忍、万如通微、木陈道忞、石奇通云、牧云通门、浮石通贤、林野通奇。其中法藏、通容、道忞，在明清之交，影响尤大。由于圆悟门下聚集了持有各种禅观的僧人，所以矛盾多，斗争也激烈，在很大程度上反映了明末不同的禅学思潮。

明末，士大夫大规模向东南转移，情况比任何时代都要复杂，分散向禅僧请教的不在少数。《天童密云禅师年谱》之末，列举了与圆悟交往的“王臣国士”有数人。据其《行状》记载：“吴越闽楚，名公巨儒，慕师宗风，或晨夕随侍，或尺素相通，或邂逅咨请，得师激发，无不虚往而实归。”而“齐鲁燕赵及殊方异城之士，亦憧憧不绝也”③。他与这些士大夫究竟有什么性质的关系，起了什么作用，不得详知。这个事实说明，明朝末年，逃向南方的士大夫同禅宗的交往变得普遍而频繁起来，直接影响了清初禅宗的动向和清政府的宗教政策。

圆悟与明廷始终保持一定距离。崇祯十四年（1641），朝廷斋香赐紫，命他住持金陵报恩寺，他以年迈为由固辞，故有“老不奉诏，朝廷慕之”④ 的传说。事实上，这时的明王朝已经危在旦夕了。关于他的言行，有道忞编的《密云禅师语录》12卷，有他批评弟子法藏的《辟妄救略说》10卷。

---

①上引均见《天童密云禅师年谱》。

②《天童密云禅师年谱》。

③王谷：《行状》。

④《南宋元明禅林僧宝传》卷十五。

圆悟曾花费了许多时间致力于公案研究，在他的《语录》中，有“举古”、“拈古”、“征古”、“别古”、“代古”和“颂古”达三卷多。然而，他对自己数十年修行所得的总结却十分简单：

山僧出家将及四十载，别也无成得甚么事，只明得祖师西来，直指人心，见性成佛一著子。①

“直指人心，见性成佛”，尽管不是他的创造，但他所传禅法紧紧围绕这八个字，却是一个明显的特点。他用以“直指人心”的方法和启发学者“见性成佛”的手段，最后简化到只有“棒打”一条，他这样说：

老僧生平不解打之绕，唯以条棒一味从头棒将去，直要人向棒头拂着处豁开正眼，彻见自家境界，不从他得。②

当时的舆论这样评论：“大师为人，不惜身命，宁使丧身失命，终不为开第二门。此是彻骨彻髓，独超千七百则宗门。”③ 这个独超千七百则宗门，终不为开第二门的就是棒打。圆悟对此有一个解释：“盖缘贫道无学识，兼之口讷，不善委曲接人，故以一条白棒当头直指耳。”④ 这话有谦虚的成分，他对禅宗典籍很熟悉，在他的《语录》中也充满着巧言善辩的机语酬对；但他的这种手段对他的门徒则很适用，因为他们大都从事农禅，不可能都受过禅学和言辩的良好训练。

此外，当时的禅宗中，存在着对“悟”的不同理解，有所谓“大悟十八遍，小悟不计数”之说，把“悟”看成是需要反复多次才能完成的过程。圆悟以“棒打”启悟，与此针锋相对，强调“一悟不再悟，深达法源底，坠地便称尊”。唐世济在《遗衣金粟塔铭并序》中特别指出：

大悟十八遍，小悟不计数，本是宋儒言，非大慧（宗杲）所说。学人承讹久，智者亦惑之。惟师以为非确然，不肯信此。非博学得心，不受瞒故！⑤

圆悟用一条白棒启悟，精简了所有修习层次、阶段，这也是对宋儒的繁缛学风

①《密云禅师语录》卷三。
②《密云禅师语录》卷十二。
③《密云禅师语录》卷七。
④《密云禅师语录》卷七。
⑤《密云禅师语录》卷七。

的一种纠正。

二、汉月法藏的禅思想

1．“得心于高峰，印法于寂音”

法藏（1573—1635），字汉月，号于密，晚改天山，俗姓苏，无锡人。他出身于儒学世家，少年时代受过良好的教育，15 岁于德庆院出家，19 岁得度。此后，他研习佛教经典及禅宗语录并重视融会儒学与禅学的关系。他曾以禅理释《河图》、《洛书》，“粘《河图》、《洛书》于壁，尝语人曰：十河九洛，象教总持，须从无文字道理处求之直指。”①

29 岁时，法藏从云栖袾宏受沙戒，并得袾宏“新刻《高峰语录》，读之，如逢旧物”②。自 30 岁始，专参原妙的“万法归一，一归何处”话头，用功数年。后来“遍购古尊宿语录读之”，尤喜北宋慧洪的著作。年 37，在金陵灵谷寺受具足戒。至 42，宣称“我以天目为印心，清凉为印法，真师则临济也”③。他经常以此自诩，认为是获得了义玄、慧洪和原妙的真传。46 岁时，法藏已颇有声誉，前来参学的禅僧和士大夫很多，以致“提唱无虚日”。但讲说时，法藏“不正席、不升座”，不以宗师自居，因为他没有可夸耀的师承，没有获得正宗禅师的资格。直到 53 岁，到金粟山广慧禅寺拜密云圆悟为师。圆悟立即让法藏为“第一座”，并且“手书从上承嗣法源，并信拂付嘱和尚”④，快速地承认了法藏为嗣法弟子。次年，法藏即以临济传法宗师的身份，历住常熟三峰清凉院、苏州北禅大慈寺以及杭州、无锡、嘉兴等地的八处寺院，扩大了在江浙一带的影响。

法藏因精通儒学，很受一些官僚士大夫的推崇。大司马岳元声见到 35 岁的法藏，敬佩地说：“堂堂我辈中巨人，被释门束之以袈裟，信儒门淡薄也。”⑤ 法藏一生与不少士大夫有过交往，既有一般的官吏，也有像董其昌那样的文人。他住持各地大寺院时，都有官僚士大夫出面支持。

与此同时，法藏也重视寺院的经济建设，倡导农禅。他 60 岁时住持无锡龙山

---

①《三峰和尚年谱》万历二十年。

②《三峰和尚年谱》万历二十九年。

③《三峰和尚年谱》万历四十二年。

④《三峰和尚年谱》天启四年。

⑤《三峰和尚年谱》万历三十五年。

锦树院，共弟子“弘储兄弟辈散广陵、嘉禾诸郡，募置参禅田，期岁得沿湖葑田三百余亩于寺之西，和尚率众入田，构茆凿池，刈榛疏浍，名之曰大义庄”①。这种散于诸郡“募置参禅田”的做法，属于寺院的附设田庄，与山林聚居、自作自食的性质已有不同。“和尚率众入田”，仅是一种示范，与“普请”制度的含义也有区别。

法藏虽然投身圆悟门下，但在禅的见解上，两人大相径庭，而且都没有相互妥协的愿望。法藏曾致信圆悟，表明自己的观点：

> 自谓得心于高峰，印法于寂音，乃复发愿弘两枝法脉，起临济正宗。凡遇埽宗旨者，力为诤之。不独负荷滹沱，将使云门、（法眼）、沩仰、曹洞四家，遥承近续，今五宗再灿，愿世世生生为接续断脉之种……屈指诸家，知和尚（指圆悟）乃高峰嫡骨正传，敢不一探堂奥。向于金粟山前，叨承委付。②

法藏对于圆悟“委付”的事，时时强调，以志不忘。但在禅思想上，绝不因师徒名分而亦步亦趋。他认为禅家五宗各有宗旨，都应继承和弘扬，而不能像圆悟那样，仅以“直指人心，见性成佛”为唯一法门。他不仅要振兴临济宗，而且要使其他四宗并兴，“五宗再灿”。他接受原妙的影响，重视参话头，对宗杲以来的看话禅进行总结；他接受慧洪的影响，重视《临济宗旨》和《智证传》，发挥“三玄三要”之说。在此基础上，他力图融五家宗旨为一家，同时吸收慧洪的说法，重新厘定禅宗五家的传承关系。这些构成了法藏禅思想的主体部分。

2.“大慧一出，扫空千古禅病”

法藏用以统摄五宗的禅法，实际上只是宗杲的看话禅，不过他有一些新的发展。

首先，是对“话头”作了新的解释：

> 所谓话头者，即目前一事一法也。凡人平居无事，随心任运，千思百量，正是无生死处，只为将一件物事到前，便生九种见解，所以流浪生死，无有出期。故祖师家令人于一事一物上坐断九种知见，讨个出格之路，故谓之看话头。③

---

①《三峰和尚年谱》崇祯五年。

②《三峰藏和尚语录》卷十四。

③《三峰藏和尚语录》卷六。

话头原指公案中的问话或答语，法藏将它推广到平常可能遇到的任何“一事一法”，这就打破了禅的某些书卷气。

随便一件日常事象，都可以成为参究的对象，也都可以从中得到证悟解脱。因此，法藏更强调从日常生活的具体事物中采取话头，而不要限定在抽象的玄理上。他说：“（看）话头者，不可看心看性，看理看玄，须离却心窠里，单单向事上看取，谓之事究竟坚固。”① 因为只有解决了日常生活最常遇到的问题，才能真正把握禅所启悟的玄理，这种主张为传统的看语禅增添了更多的实践功能。

把看话头与“格物”联系起来，也是法藏的一个特点。他说：

在祖师禅谓之话头，在儒家谓之格物。格物者，两端叩竭，一切善恶、凡圣等见，并不许些子露现。从此翻身，直到末后句，齐治均平，著著与此相应，则禅与圣道一以贯之矣。②

话头与格物之所以一致，是因为二者都要求人们平等、无差别地看待善恶、凡圣，而不必有意地去扬善止恶、贬凡崇圣。他用“齐治均平”作为禅与儒在政治思想上的衔接点，就是用佛家的平等观（齐与均）阐释儒家的治国平天下，也是他对“格物”的理解。

这样，法藏即以看话禅为尺度，评判宋元以来流行于明的几种主要禅潮流：

单坐禅不看话头，谓之枯木禅，又谓之忘怀禅；或坐中照得昭昭灵灵为自己者，谓之默照禅；以上皆邪禅也。坐中作止作观，惺寂相倾，观理观事，虽天台正脉及如来正禅，然犹假借识神用事，所照即境，所以命根难断，不能透脱，多落四禅八定，及生五十种阴魔，以识身在故也。大慧一出，扫空千古禅病，直以祖师禅一句话头，当下截断意根。任是疑情急切，千思万想，亦不能如此如彼，有可著落。既无著落，则识心何处系泊？令人于无系泊处一迸，则千了百当。可见才看话头，则五蕴魔便无路入矣。③

在这里，他既反对枯木禅和默照禅，也不同意天台宗的止观双运。理由是，枯木禅有失灵性，而默照禅以灵灵昭昭“为自己”，止观双运则是“假借识神用事”。

①《三峰藏和尚语录》卷十三。

②《三峰藏和尚语录》卷七。

③《三峰藏和尚语录》卷七。

此中的“自己”和“识神”，都指“我见”，按照唯识家的说法，“我见”是“末那识”的功用所生，“末那识”为第六“意识”所依，故亦称“意根”，所以“当下截断意根”，就是截断“我见”的根源。而“我见”又是一切分别和烦恼的根本，因而也是截断一切分别和烦恼的根本。换言之，法藏是把唯识家的思想引进看话禅，力求通过对一事一法的参究，以根除我见。但他特别用“假借识神用事”来表示我见，显得更加生动而贴近禅家的生活。

参禅是排除“识神用事”的过程，这是法藏的基本主张。所谓“离心意识参，出凡圣路学”，是他强调的重点。在《三峰藏和尚语录》第十五卷中，有《离心意识说示禅者》和《离心意识辨识神子》两篇短文，集中阐述这个问题。他从宗杲接受唯识家关于“转识成智”的解脱之路出发，认为“心意识”乃是引起生死轮回的总根源，一切修行都以离“心意识”为目的，所以历代佛祖也都“千方百计，立转识成智之法以变之”，其中最为捷便和神奇的，莫过于参究话头：“厥后法之最捷而妙者，但教人看个话头，才看才疑，顿离心、意、识三法。”①

法藏提倡话头禅，并不排斥其他禅法，他反对的是执禅而“病”，成为“禅病”。而禅的用意，很大部分在于治“病”，所以因病给药，禅也不能拘于一路。他给一个“病”中的孝廉写信说：

> 病中工夫且歇却，看话头郁遏费力，难与病情支遣，不若明明白白一看透底，便自肯心休去。第一先看此身凝湿动暖，四大从来，无有实体。……其二看色身既不交涉，其身外骨肉恩怨，功名利养，一切我所，皆是虚妄。……其三看破内外色空，何处更有妄心领受？……到此则身心世界一法无可当情，当下脱然放舍，便与法界平等，无一尘一法不是我自心真心。真心者，无心也。无心便当下成佛。②

法藏在这里介绍的禅法，大体是指观“身”不实，“我所”是空，观“心”无受，诸“法”平等，属于传统小乘的禅法范围。但他作了一些糅合功夫，最后归结到“真心”或“无心”上来，也就是他提倡的“离心意识”和转识所成之“智”。这些观法，对于因“病魔”缠身而精神负担沉重的人来说，可能会因此变得达观

---

①上引均见《三峰藏和尚语录》卷十五。

②《三峰藏和尚语录》卷十四。

一些。

法藏特别提倡把“看话头”与“参请”结合起来：“复有看话头而不肯参请者，又有执参请而不看话头者，皆偏枯也。何不向话头疑处著个参请，参请疑处反复自看？如此参，如此看，两路夹攻，不愁不得。”[①]“参请”指参禅人向外的参究学习，包括禅师的机锋、棒喝和对公案、话头的解释等，而看话头则完全是内功夫。法藏认为，要想得悟就不应该把对外参学与向内自省对立起来，而是要让二者相互推动，相互促进，这样一来，除看话头以外，禅的其他形式也有了合理并存的必要。正是在这种思想指导下，法藏作《五宗原》，神化“五家宗旨”，主张全盘接受禅宗遗产。

3．五家宗旨与威音王圆相

对于五家宗旨的探讨，在法藏的早年就开始了，但结果使他颇感失望：“及考迩来诸尊宿语录，虽不多见，然于五家宗旨，既无吃紧语，未尝不置卷长叹也。”[②]经过多年研究，“既有所立”，但又“苦无先达为证”，于是就“不远千里”到处参请，而“诸方尊宿欲抹杀五家宗旨，单传释迦拈华一事，谓之直提向上”[③]。也就是说，当时的“尊宿”，并不承认有独特的五家宗旨，而只承认有“释迦拈华”的传承存在。所谓“释迦拈华，迦叶微笑”，是关于禅宗创宗不立文字、默传心印的传说，在北宋中后期开始流行。至此，一些禅师重新提出来，似在反对五家的宗派纠葛，认为宗派纠葛有违禅宗“明心见性”的初衷。所以有的禅师照直对他说：“五家宗旨是马祖以下人所建立，非前人意也，子盍简释迦而下逮于六祖三十四传之偈。其禅原无许多事，若向马祖之下辄作禅语，则恶俗不可当矣。”[④]

自《宝林传》以后，禅家说本宗传承，公认西天有二十八祖，东土至慧能为六祖，这里讲“三十四传”，就是指西、东传的总和（其中菩提达磨是重复计算）。《宝林传》载有每个师祖的传法偈言，《坛经》名为“传衣付法颂”。这个以五家宗旨为“恶俗”的禅师，提倡的就是专门研习这些偈颂，而将道一以下的所有禅语，都不当作参究的对象。这种禅风，在明清之际的禅众中，可能有一定的代表性。因此，当法藏问及临济宗时，有位禅师说：“我不用临济禅，我今尽欲翻掉他窟子，

①《三峰藏和尚语录》卷七。
②《三峰藏和尚语录》卷五。
③《三峰藏和尚语录》卷十一。
④《三峰藏和尚语录》卷五。

从六祖而上，直逆释迦老汉，绍其法脉耳。若接临济源流，便有宾主等法。若有宾主等法，便有生死矣。”① 当法藏向另外几个禅师请教临济宗的“三玄三要”时，他们“皆贬三玄三要为谩人语，无如是事”②。由此可见，当时禅宗界对所谓五家宗旨极为轻视，更不能把它们作为禅修应该依据的准则。

法藏的目标就是要大力振兴五家宗旨。在他的语录中，有许多论述各家宗旨的内容。天启五年（1625）所作的《五宗原》，对五家宗旨进行了系统整理。总的来说，包括三项内容：

第一，弘扬慧洪重新厘定的禅宗五家的系谱。关于慧能以后的禅宗传承，本来很复杂（在有关章节中，我们已作过介绍），但自《祖堂集》开始，突出青原行思和南岳怀让两系的血脉，并大体孕育了五宗的脉络：在编排次序上，是先青原，后南岳；青原下出曹洞、云门和法眼三宗；南岳下出沩仰、临济两宗。此后的《景德传灯录》大体沿系这一体例，只是在编次上，是先南岳后青原。但将五宗法统如此明晰起来，并为后世禅宗所共许的，乃是南宋时编纂的《五灯会元》。

然而，自慧洪等宣传崇信出自天王道悟，天王道悟嗣法于道一，从而把云门和法眼两宗归于南岳怀让法系，这种说法影响不小，宋元以来袭其说者不乏其人。法藏即据慧洪之说，认为：“六祖而出二枝，南岳怀让、青原行思是也。让出四叶”，即临济、沩仰、云门、法眼。“青原一枝出一叶”③，即曹洞宗。这些说法，全无新意，但他旧话重提，在当时的禅宗中却是别树一帜。

第二，概括五家宗旨的要点和作新的解释，法藏说：

> ……此其为三玄也，三要不必言矣；四句齐行，金刚王也；全威独露，踞地狮子也；以此验人，探竿影草也；究竟则一喝不作一喝用也，此四喝之谓也。……此四料简也。……此四照用也。……此四宾主也。临济宗旨大略具矣。
>
> ……此五位君臣也，而五位王子亦具焉。此曹沿宗旨也。
>
> ……函盖乾坤也……截断众流也……随波逐浪也……一字关也。此门云宗旨也。
>
> ……以拄杖于空中作圆相……此沩仰宗旨也。

①《三峰藏和尚语录》卷五。
②《三峰藏和尚语录》卷五。
③《三峰藏和尚语录》卷十一。

……此六相义，而法眼宗旨具也。①

很显然，这里讲的五家宗旨，是吸收了法眼文益《宗门十规论》和智昭《人天眼目》的观点，也没有什么新的见解。但在《五宗原》中，则加入了宋以后各派禅师比较常用的机语。他的主要创见，在于对已概括的五家宗旨的新的解释上。例如，他对“云门三句”就作了如下发挥：

> 云门家有三句律之以定宗旨，曰：函盖乾坤句，截断众流句，随波逐浪句。以其函之盖之，乾坤固密，便能截断生死之流，不妨随波不沉，逐浪不汩。今之一句咒语，云唵折隶主隶准提莎诃，岂不函盖乾坤？如此一句，岂不截断生死？凡有所求也，则曰唵折隶主隶准提；所求某事，莎诃，岂非随波逐浪之句乎？②

“函盖乾坤”实际解释为“理”，证得此“理”，即能截断生死之流；运用此“理”，则不妨随逐生死而不会沉沦。他认为这三句云门宗旨的全部涵义，都可以用一句咒语“唵折隶主隶准提莎诃”代替。这一咒语由两部分组成，“莎诃”可以单独用，也可以作为咒语的结句用，所以法藏把它分解为三种意思与云门三句相应。事实上，咒语本身是否具有他所诠释的那些意思，并不重要，关键是他把一家内容繁多的宗旨归为一句咒语，本质上是把它们演变成一个话头，从而使一宗之风统摄到了看话禅中。其所以采用咒语来归纳一家宗旨，则是受了元以来流传的密宗的影响。

第三，神化五家宗旨，推崇威音王佛。法藏说：

> 尝见绘事家图七佛之始于威音王佛，唯大作一○，圆相之后则七佛各有言诠，言诠虽异，而诸佛之偈旨不出圆相也。夫威者，形之外者也；音者，声之外者也；威音王者，形声之外，未有出载，无所考据，文字以前，最上事也。……圆相早具五家宗旨矣，五宗各出一面。③

在某些佛经神话中，威音王佛被认为是最古老的佛。有些禅僧则把威音王当作本心佛性、“实际理地”的形象化说法，他离言绝相，只能用圆相来表示。法藏据此认为，五家宗旨不是中国禅宗发展到特定阶段的产物，而是一直蕴涵在威音王佛中，只是为五

①《三峰藏和尚语录》卷五。
②《三峰藏和尚语录》卷五。
③《三峰藏和尚语录》卷十一。

宗体现出来罢了。这样，五家宗旨就成了威音王佛的显现，各表现了它的一面，比之“释迦拈花，迦叶微笑”所传的宗旨具有更高的神圣性。

法藏之所以强调五家宗旨，在当时有特殊的针对性。他说：

> 比年以来，天下称善知识者，竟以抹杀宗旨为真悟，致令无赖之徒无所关制，妄以鸡鸣狗盗为习，称王称霸，无从勘验，诚久假而不归矣。①

由于抹煞“宗旨”，无从勘验禅众所行的真伪，以致出现了一些无赖之徒，以鸡鸣狗盗称王称霸，这种抨击可谓愤激之极。至于他们的表现，与法藏同时代的曹洞宗禅师无异元来列举过：

> 近时妄称知识者，行棒行喝，入门便打，入门便骂，不论初心晚进，妄立个门庭，皆是窃号之徒。鼓动学者一片识心，妄兴问答，竖指擎拳，翻筋斗，踢飞脚，大似弄傀儡相似，使旁观者相袭成风。②

元来还说，这些人“胸中无半点禅气，强作机锋；肚里怀一块肮脏，伸为问答。鬼见拍手而笑，人逢侧目而嗔”③。元来的指责近乎辱骂，但从中可以看到被斥责的这类禅风为数不少。《五宗原》之作，是在理论上进行声讨，目的在唤醒禅者回到五家宗旨，特别是回到看话禅的轨道上去。

关于法藏等人所揭露的诸种“禅病”是否真的为“病”，从事棒喝、翻踢的禅者是否就是“以鸡鸣狗盗为习”，姑且不论。问题是，在当时处在这股风浪的顶尖，足以“称王称霸”的代表人物是谁呢？人们很容易联想到唯以一条白棒从头打到尾的乃师圆悟。圆悟对法藏的观点深恶痛绝是不可避免的。

三、圆悟对法藏师徒的批判

崇祯三年（1630），圆悟得到法藏送去的《五宗原》，未阅全文，束之高阁。不久，圆悟的同门圆修致书批评法藏。法藏回书反驳。崇祯六年（1633），圆修把法藏的回信寄给圆悟，请其裁决。圆悟听说“汉月每提唱时喜为穿凿，恐后学效尤，有伤宗旨，因

①《五宗原》后附《临济颂语》。
②《无异元来禅师广录》卷七。
③《无异元来禅师广录》卷七。

其省问，乃为规诲”。[①] 他是如何“规诲”的，不知其详。次年，圆悟著《辟妄七书》，揭开批判《五宗原》的序幕。

崇祯九年（1636），法藏已死，圆悟又著《辟妄三录》，再次批判。法藏弟子潭吉弘忍为维护法藏之说，兼驳圆悟，著《五宗救》10卷。圆悟曾说：“潭吉聪明伶俐，博极群书，其所作《五宗救》，读书人爱看。”[②] 但在潭吉弘忍死后不久，崇祯十一年（1638），圆悟推出《辟妄救略说》十卷，对法藏、弘忍师徒一起清算。

《辟妄救略说》按过去七佛到密云圆悟（附法藏）历代佛祖传记的顺序排列，摘录弘忍《五宗救》的言论附于每条之后，逐条批驳，矛头则主要指向法藏，虽论述比较杂乱，但中心思想突出。

首先，斥责法藏不尊师长，是无君无父，乱臣贼子。他说：“古人道：威音王以后，无师自悟，尽是天然外道。汉月抹杀老僧，便是外道种子，所以老僧竭力整顿他，亦为道也，非为名分也。”[③] 又说：“汉月攀高峰为得心之师，觉范为印法之师，真师则临济，正若世间无父之子，认三姓为父亲，遗臭万年，唾骂不尽。”[④] “世有读书君子，明理高贤，以为如此人者，能逃孔孟贼子之笔伐，无父之口诛否耶？”[⑤]

圆悟的这类咒骂，从宋明的儒家道学看，是义正词严、冠冕堂皇，因为“天地君亲师”，师已上升到与君亲并重的伦理地位，当然是违逆不得的。但就禅宗而言，却不尽然。唐禅以超越佛祖为洒脱，宋禅把呵佛骂祖视作解脱，一般禅者也以弟子创新为师之能，师辈也不以弟子违于己说而目作叛逆。因此，禅理禅风不断翻新，显得思想十分活跃。至于圆悟，以师长的身份压人，身份成为真理的象征，表明新儒学的伦理观也已深入禅众。因此，法藏的失败，是历史地注定了的。

其次，是对法藏神化五家宗旨的批判。圆悟说：

> 汉月不识五宗正旨，妄捏一〇，为千佛万佛之祖，则千佛万佛，正法眼藏，已被汉月抹杀。更谓五宗各出〇之一面，任汝作《五宗原》、《五宗救》，建立五宗，实乃抹杀五宗。任汝执三玄三要、四宾主、四料简，举扬临济，实乃抹杀临济。[⑥]

---

①《天童密云禅师年谱》。

②《辟妄救略说》卷十《附三峰》。

③《辟妄救略说》卷七。

④《辟妄救略说》卷八。

⑤《辟妄救略说》卷九。

⑥《辟妄救略说》卷四。

那么，什么是真正的五家宗旨？什么是真正的临济宗旨？这就涉及禅法本身问题。

圆悟认为，所有禅家宗旨，只有一个，即："从上已来，佛法的大意，唯直指一切人心，不从得之本来，为正法眼藏，为曹溪正脉，为五家无异之正宗正旨。"① 圆悟的"直指一切人心"，既是佛祖的宗旨，也是五家共同的宗旨，此外别无宗旨。

显然，圆悟此说是缺乏禅史知识。因为以圆相〇示佛理，佛理即是诸佛的本源，是始自沩仰宗的慧寂，并不是法藏的"妄捏"。从"圆相"说的理论形式上看，它属于禅宗中的理学派；以"一心"为诸佛起源，因而强调"直指人心"，我们称之为禅宗中的心学派。实际上，理学派的理，本质也是"心"；心学派的"心"，也有"理"的含义。所以从哲学本质体论上看，二者没有原则区别。圆悟用"直指人心"批驳法藏的圆相，没有展开心学与理学的分歧，而是以意气用事，代替了理论分析。

其实，圆悟本人对五家宗旨的论述也是有矛盾的。一方面，他否定五家各有宗旨；另一方面，在分述各宗时，又肯定各派确有自己的宗旨。关于临济宗，他就反复强调："此临济建立宗旨，唯问著便打而已。"② "老僧只据临济道，你但自家看，更有什么？山僧无一法与人，是临济宗旨。""老僧拈条白棒，问著便打，直教一个个迥然独脱，无倚无依，者便是老僧的宗旨。"③ 这样，"无一法与人"和"问著便打"都是临济宗旨。

若按这样的标准计算，则宗旨可以多到不可数。显然，圆悟在这里把禅宗的共性同各派的特性，把各派的禅理及其禅风都混为一谈。这暴露了当时禅师们理论水平的普遍粗浅和低下。

如上所述，圆悟一生以"问著便打"著称，并引以为自豪。潭吉弘忍把"打"称为"狂"，把"骂"称为"泼"，对他进行抨击。圆悟也坚决驳斥，他列举了"黄檗打临济，大觉打兴化"，而"天下万世，未有指为狂打者"的事例；列举了某些尊宿用"噇酒槽汉，屎床鬼子"骂人，而"天下万世，未有指为泼骂者"的事例，证明"打"和"骂"正体现了禅的"全机大用"。圆悟认为："妄称狂打泼骂自潭吉始，使天下万世，疑打即是狂，骂即是泼，师家束手结舌，不敢以本分草料接人，自潭吉一言始矣。"④ 作为一个禅师如果不能打骂，就只有"束手结舌"，这就等于说，禅师的全部本领只有打和骂了。

---

①《辟妄救略说》卷九。

②《辟妄救略说》卷一。

③《辟妄救略说》卷十。

④《辟妄救略说》卷八。

四、无明慧经的农禅兴宗

自元初行秀弟子雪庭福裕受诏住持少林到明代中期，嵩山一直是曹洞宗的主要基地，吸引了各地众多的僧人前来参禅，但从这里产生的有影响的禅师则为数寥寥。明初，值得一提的，只有雪轩道成。

道成（1352—1432），15 岁在保定兴国寺出家，后就学于灵岩寺少室文泰的弟子灵岩洁。道成先后受到三帝（明太祖、成祖和宣宗）的重视，在政治上有一定作用，但在禅学上并无建树，也没有促进曹洞宗的进一步兴盛。

总的说来，嵩山曹洞宗继承的是行秀的禅学传统，以评唱公案为主。元贤说：

> 自元朝初，雪庭裕公奉诏住少林，天下学者翕然宗之。历传之万历改元，小山书迁化，诏幻休润补其席，四方腰包而至者，如鸟投林，如鱼赴壑。而润公乃讲习评唱为事，大失众望。①

幻休常润（1514—1585）是小山宗书的弟子，嘉靖二十五年（1546）住持少林。30 年间，仍以“讲习评唱为事”，秉守祖师家法不变，以致“大失众望”。这时候，无明慧经却在江西开始了振兴曹洞宗的事业。

慧经（1548—1618），号无明，抚州崇仁（江西崇仁县人），俗姓裴。9 岁入乡校，21 岁出家，到江西黎川廪山求学于蕴空常忠。常忠（1514—1588）的知名度，没有当时幻休常润高，但对慧经的影响很大。据“杭州径山嗣法曾孙道盛”撰《建昌廪山忠公传》记，常忠是建昌人，“少时习姚江良知之学，尝以自有别见当揭明之”。出家之后，到嵩山参见小山宗书，并游历五台、北京等地。小山宗书住持北京宗镜寺，他“服勤三载，深得其旨”。后来他回到江西黎川廪山隐居，而“独与罗近溪汝芳、邓潜谷元锡二公相与谈性命之学，间拈《金刚》、《圆觉》，发挥宗门大意，及举向上事，剖决良知，扫除知解，皆超出情见”②。据此，常忠是用佛教教义“剖决”王学的中心概念“良知”，并由之所阐发“性命之学”的。可惜这方面的资料不多，具体内容难详。常忠并不广交士大夫，曾把一些缙绅名士拒之门外。有人问他原因，他说：“彼且多知多解，肉饱酒醉，来寻长老消闲。予粥饭僧，那有许多气力，与他搔皮宽肚，取人爽快，图人

①《博山语录集要序》。据《宗统编年》卷二十九记载，幻休常润于嘉靖二十五年（1546）开始住持少林寺，万历初年常润虽仍住少林，但小山宗书早已去世。所以，元贤在这里讲的时间不太确切。

②《建昌廪山忠公传》。

赞叹也。"[1] 这是一个不愿给人作消闲材料，不甘清客身份，而有独立性格的禅师。这对慧经是有影响的。常忠曾有自己的志向："当嘉、隆间，宇内宗风，多以传习为究竟。师疾时矫弊，志欲匡扶大法，而力未合，以故终身韬晦。"[2] 他反对的"以传习为究竟"是指嵩山传习的评唱，他力图加以改革，而响应者少，所以不得不"终身韬晦"。直到慧经"从其剃落，后蒙记荆，始为弘扬"[3]，常忠未申之志才在慧经那里得到实现。

慧经随侍常忠 3 年，后到鹅峰山住 28 年。[4] 万历二十八年（1600），慧经到各地游历参访，曾见到云栖袾宏、无言正道、瑞峰广通等当代名僧。据德清撰《新城寿昌无明经禅师塔铭》记，慧经还曾前往京都，谒达观（真可）禅师，达观"深器重之"。[5]

此中涉及慧经传承关系的有两个人：其一是无言正道（1548—1618），乃幻休常润的弟子，继住少林，被视为曹洞正宗；其二是瑞峰广通，乃笑岩德宝的弟子，属临济宗。他对慧经也有影响，黄端伯在《寿昌语录序》中说，慧经"最初从廪山发悟，而末后印法于五台（广通）"，把慧经归于临济宗。慧经在万历三十一年（1603）初次开堂说法，即宣布嗣法常忠，确定自己属曹洞宗系。尽管如此，到清初仍有人提出慧经一系的归属问题。

万历三十六年（1608），慧经受请住持福建董岩，不久重返宝方寺。第二年，迁住建昌府新昌（江西黎川县）寿昌寺，直至逝世。习惯上即把他这一派称为曹洞宗寿昌系。关于他的言行，有其弟子元来所编《寿昌无明和尚语录》2 卷。

慧经在江西振兴禅宗，主要借助农禅扩大丛林规模。在他出家后的 40 余年中，除二三年行脚外，都是住山开田。在鹅峰山时，他"凿山开田，不惮劳苦"；在宝山寺时，他"虽临广众，不以师道自居，日率众开田，斋甫毕，己荷镢先之矣。时有志于禅者日渐集"；至于寿昌寺，他"居败屋，日中率众开田，一如宝方，未尝少倦。数载之间，重建一新庄，庄严伟丽，甲于江右丛林"。他的弟子元贤说："四十余年，锄犁弗释；年迨七旬，尚混劳侣，必先出后归，未尝有一息敬安之意。三刹岁入可供三百众，皆师血

①《建昌廪山忠公传》。

②《建昌廪山忠公传》。

③《博山语录集要序》。

④一说慧经在峨峰居住二十四年，此据元贤的《元明和尚行业记》，见《鼓山永觉和尚广录》卷十五。

⑤元贤认为，德清所撰《塔铭》"述先师（指慧经）入道机缘，率多失实"，故另作《元明和尚行业记》，认为慧经并没有见到达观真可。

汗之力也。”[①] 他的另一弟子元来说：“入山躬自作务，力田饭僧。凡鼎建梵刹大小十余所，皆吾师一镢之功也。”[②] 慧经正是以倡导并带头劳动，将禅建立在保障自给的经济上，才使禅众不断扩大的。在宝方寺，“四方闻风而至者，络绎于道，挂搭常数千指”[③]；在寿昌寺，“二十年来，千指围绕”[④]。慧经的农禅，是对百丈怀海的自觉效法。他说：“山僧昨早停箸，披蓑顶笠，弄头到晚，犹不觉倦。若不履践至百丈堂奥，焉能禁得大众?”[⑤] 在他看来，“能禁得大众”的，不是精深的学问，而是解决大众的衣食问题；以亲身劳动带动大家共同劳动，才是禁制大众不失散、不违戒的根本途径。也因如此，他受到推崇，被尊为“寿昌古佛”。“学侣参寻，每将镢头为禅杖；尊宾顾访，且就蓑衣准布袍，故有‘寿昌古佛’之称。”[⑥]

慧经“常示参徒”，“牵犁拽地，法法全彰，岂待老僧再举扬乎!”[⑦] 开田垦荒、牵犁拽地，就是示以佛法，用不着再有什么说教。德清说他“生平佛法，未离镢头边也”[⑧]。这个评价是恰当的。

慧经贯彻的农禅制度，非常彻底。其表现之一，就是拒绝接受官僚王公的布施，所谓“历主三刹，皆不发化主，不扳外缘”[⑨]。当时的达官显贵进山，总要“斋香修敬”。对于这些人，慧经“漠然不答”。寺中知事劝他“稍循时宜”，他回答：“吾佛制，不臣天子，不友诸侯，为佛儿孙，而违佛制，是叛佛也。”[⑩] 这是因为有了独立的经济，所以才有独立的品格。而这种禅宗的独立性，只有在中央集权薄弱或失势的年月才能实现。慧经一反明代禅宗风习，主张保持禅林的纯洁性，反对把“禅坊”变为“应院”。洪武年间，明王朝规定禅、讲、教分宗，由于官民法事盛行。教寺香火旺盛，赴应僧赚钱十分容易，所以禅僧多兼作法事。这种风气也曾流到慧经创业的山寺，他大加斥责：“汝

①《无明和尚行业记》。

②《无异元来禅师语录》卷三十三。

③《无明和尚行业记》。

④《新城寿昌无明经禅师塔铭》。

⑤《寿昌无明和尚语录》卷上。

⑥《南宋无明禅林僧宝传》卷十四。

⑦《寿昌无明和尚语录序》。

⑧《新城寿昌无明经禅师塔铭》。

⑨《无明和尚行业记》。

⑩《南宋无明禅林僧宝传》卷十四。

邀一时之利，开晚近流弊之端，使禅坊流为应院，岂非巨罪之魁也！”①

从这类言行看，慧经努力恢复的的确是晚唐农禅的模式，在振兴江西丛林中有不少号召力。但他拒受布施，不作法事，大约只能行之于他所住持的寺院，并不能改变元明以来的旧风。

在禅的领域，慧经继常忠之志，反对讲习评唱，也反对钻研公案机语。他指出：

> 参禅者须得禅源底要妙，方有语话分。此语无来由，没格式，但应机便用，实无有铺排，着量之言。所以云：无味之谈，塞断人口。如僧问赵州：如何是道？州曰：门外是。……此等语话可商量乎？尽是禅源到底句，但具眼者自然相契。②

意思是说，机语是“没来由，没格式”的“无味之谈”，不能通过分析它们的含义悟解。只有“得禅源底要妙”，“具眼者”自然契会。所谓“具眼”，这里指具有“道眼”；“道眼”能令人明慧，所以又名“道眼明”。慧经认为，令人“道眼明”的唯一的方法是看话头。慧经说：

> 参学之士，道眼未明，但当看个话头……如是最是省力，不须念经，不须拜佛，不须坐禅，不须行脚，不须学文字，不须求讲解，不须评公案，不须受皈戒，不须苦行，不须安闲，于一切处，只见有话头明白，不见于一切处。③

他这里讲的看话头，也是明末的潮流，特点是针对性强，目的是用以取代讲习评唱，而看话头的方法也没有定式，禅者只要注意力集中于某个话头上，令心力不要旁涉就足够了。这样，看话禅被简化了，同劳动的结合也更容易密切了。

寿昌一系的传承法号有28字：“慧圆（元）道大兴慈济，悟本传灯续祖先，性海洞明彰法界，广宏行愿证真常。”④ 在慧经的弟子中，以寿昌元谧、晦台元镜、博山元来和鼓山元贤较为著名。

元谧（1579—1649），字见如，一字阒然，南昌人，俗姓胡。21岁到宝方寺见慧经，要求剃发，未获应允，遂去抚州金山，随铠法师出家。1年后，返回宝方寺，一直追随慧经，先作火头，后为维那。元谧接受了慧经的禅学传统，重视参究话头，对扩大丛林

---

①《南宋无明禅林僧宝传》卷十四。

②《寿昌无明和尚语录》卷上。

③《寿昌无明和尚语录》卷上。

④守一编：《宗教律诸宗演派》。

建设多有贡献。后继慧经住持寿昌寺20余年，并重建了宝方寺和本邑的龙湖禅寺。关于他的言行，有弟子道璞集的《见如元谧禅师语录》1卷。

元镜（1577—1631），字晦台，别号湛灵，福建建阳人，俗姓冯。万历三十二年（1604）出家，随慧经住宝方寺和寿昌寺。万历四十三年（1615），从博山元来到福建大仰。晚年归隐武夷石屏山，被称为“武夷第一代禅祖”。关于他的言行，其弟子觉浪道盛编《晦台元镜禅师语录》1卷。李长庚作《武夷第一代禅祖东苑镜公大塔塔铭并序》，附在《语录》之后。

元镜弟子觉浪道盛，是寿昌系的后起之秀。他先后跟随元来、慧经、元镜习禅，元镜曾以“寿昌宗派并书偈付之”。元谧也很看重道盛，后来让他代替自己住持寿昌寺。

五、博山元来的兼容思想

元来不同于其师慧经，不专以劳作为务，而是以禅律并行治理丛林，禅教兼重，又盛倡净土信仰，其影响远远超过慧经。

1. 禅律并行，禅教兼重

元来（1575—1630），又名大舣，字无异，俗姓沙，舒城（安徽舒城县）人。16岁到金陵瓦棺寺，听讲《法华经》，后至五台山出家，从天台宗僧习止观法门。他后来追述这段修行过程说：

> 参五台山静庵通和尚，蒙示三观之旨。先修空观，一空一切空。彼时于蒲团上，当下不知血肉身心前境，不知有山河大地。如此五年。①

显然，元来注重的是天台宗的坐禅观想，所以一直勤于此，“尝露坐松下，不知晨夜，蚊蚋集躯，如喫槁木”②，并由此形成他终生重视禅修实践的作风。

5年之后，元来慕名到鹅峰参见慧经，见他貌似田夫，遂未停留便去福建白云峰，苦修3年，有所证悟。然后又到宝方寺见慧经，慧经让他为首座。27岁，至鹅湖访袾宏弟子心和尚，“受菩萨毗尼”。在此期间，曾三次拜见袾宏，袾宏书写“演畅真乘”相赠 。

从28岁开始，元来独立住持寺院。初住博山（江西上饶）能仁禅寺，后30年中，

---

①《无异元来禅师广录》卷八。

②《博山和尚传》。

住持过福州董岩禅寺、鼓山涌泉禅寺和金陵天界寺等，在江西、福建和江苏一带颇有影响。

明末，南方禅宗崛起，涌入禅门的僧人普遍轻视戒律。元来以戒律约束僧徒，受到社会好评。他能够住持博山能仁禅寺，就是当地官僚士大夫看重他这一特长。“博山故韶国师道场，荒废日久，寺僧皆肉食者流。广文君倡诸缙绅，偕寺僧请和尚。和尚至，同是诛草为屋，仅足容膝，而禅律并行，蹶然而兴起。鹅湖闻和尚居博山，即以授戒仪轨界之。”① 他以戒律治理丛林，有很大的号召力，前来请他受戒的人很多，“学士大夫、文学布衣，礼足求戒者，动至数万”②。

元来也很重视参究话头，但不像慧经那样用它代替一切。他鼓励学徒多读佛典：“夫为学者，凡经律论三藏文字，大小偏圆，靡不遍涉。”③ 他认为宗与教不应该相互褒贬：“然宗教殊途，皆归一致；都城趋入，迅速不同。非敢以宗抑教，以教抑宗，真有所抑，即是魔人。”④ 他本人即颇通经典和诸宗教义，增强了对文人的影响力。“姑苏刘监军锡玄，素慕和尚，闻和尚在金陵，干走谒焉。义以台教，辩如悬河，和尚剖疑义，更示以别传之道，监军窅然自丧。”⑤ 据《无异元来禅师广录》载，他经常为僧人和士大夫讲解天台、华严和唯识等宗的教义。他自撰《宗教答响》5 卷，专门论述宗与教的相通关系。这种禅教并重的做法，适应了整个佛教发展的大趋向，是他名重一时的重要原因。

刘日杲曾高度评价元来：“明兴二百年，宗乘寥寥，得和尚而丕振，猗与盛哉！禅律不相谋，宗教不相为也，而和尚法嗣寿昌，律传鹅湖，殆兼之矣。”⑥ 刘日杲认为元来改变了明代二百年来禅宗萎靡不振的局面是溢美之词，但指出元来打破了“禅律不相谋，宗教不相为”的框框，促进了禅律并行、禅教兼重的发展则是事实。

元来的门徒编有《无异元来禅师广录》35 卷，收录他六坐道场的语录及杂著、拈古、颂古、书启、诗文、传记等，后元贤从中筛选，编为《博山无异大师语录集要》6 卷。

---

①《博山和尚传》。

②《博山和尚传》。

③《无异元来禅师广录》卷二十六。

④《无异元来禅师广录》卷二十三。

⑤《博山和尚传》。

⑥《博山和尚传》。

元来一系后被称为寿昌系的博山一支，其传承法号有二十字：“元道宏传一，心光普照通，祖师隆法眼，永传寿昌宗。”[1] 元来的门徒很多，在他第二次住博山时，“朔既燕都，南尽交趾，望风而止者，数以千计”。[2] 知名的弟子有长庆道独（1599—1660）、雪磵道奉（1597—1675）、古航道舟（1585—1655）、瀛山智誾（1585—1637）等。其中智誾曾住持博山、福州鼓山、杭州虎跑、信州瀛山等处，影响较大，但他的思想没有超出元来的范围。关于他的言行，有《雪关和尚语录》6 卷和《雪关禅师语录》13 卷。

2. 禅与净土，“当求一门深入”

在禅宗史上，禅与净土的关系问题始终是意见不一。当明清之际，禅宗重兴，再次出现了排斥净土信仰的思潮，元来则是卫护净土信仰的代表。他批判当时的一些现象说：

> 慨末法我相自高，边见分执，贬净土为小乘，指念佛为权行，甚至向人涎唾下觅尖新语句，蕴在八识田中，以为究竟极则。及至到头，一毫无用，是之谓弃楚璧而宝燕石，反鉴而索照也。[3]

将净土信仰斥于禅外的人，是要用参究话头取代佛教一切法门。据元来看，这将“一毫无用”。他的观点是：“禅净无二也，而机自二。初进者，似不可会通，当求一门深入。”[4] 他的意思是说，“禅”与“净”本身并无区别，由于行者根基不同，禅与净始划分为二。初学者尚不能将二者会通为一，则参禅者可专心看话头，求西方者可专心于念佛。也就是说，禅净结合最好，否则禅净单修也行，但绝不能把二者对立起来。以后元来指导学人修习，或参禅，或念佛，都没有背离这一原则。

元来提倡禅净无二，其中的“净土”，首先指的还是唯心净土，所谓“十万亿刹之外，不出一心”。[5] 他作《净土偈》108 首，每首都以“净心即是西方土”一句开头，其中前三首是：

> 净心即是西方土，行通西方步不移。无影树头非色相，瞥然起念便支离。
> 净心即是西方土，念佛声消我是谁。彻底掀翻“谁”字窟，三家村里活阿弥。

---

①《宗教律诸宗演派》。

②《博山和尚传》。

③《无异元来禅师广录》卷三十二。

④《无异元来禅师广录》卷二十一。

⑤《无异元来禅师广录》卷二十一。

净心即是西方土，何必瞿昙万卷书。霹雳一声聋两耳，全身拶入赵州“无”。[①]

第一首是重述唯心净土的原理，无甚特色。第二首是接受袾宏关于融通禅净的思想，并纳入看话禅。他曾指出：“我云栖师翁将禅净二途缚作一束，教人单提一句‘念佛是谁’。”[②] 即用看“念佛是谁”代替念诵阿弥陀佛；通过“念佛声”“消我是谁”的“我执”观念。如果参透这个话头，就是“彻底掀翻‘谁’字窟”，将“我执”彻底掀翻，也就达到了念佛求见阿弥陀佛的目的。第三首是用念佛代替看话头，认为二者会有同样的效果：念佛若念到无其他知觉的程度，等于看赵州“无”字话头所达到的境界。

这种“净心即是西方土”，在具体运用上可以有很多方面，但就唯心言净土，本质上是反西方净土的，属于禅宗的老调。但是，若依据修行根机来分，禅与净土是两种法门，这里的净土就是西方净土：“如果提一句弥陀，当以信、行、愿为资粮。信者，信自心有成佛的种子，信有弥陀可见，信有净土可生，信我念佛将来毕竟见佛，毕竟成佛，更无疑虑也……”[③] 既然承认“有弥陀可见”、“有净土可生”，那么，弥陀和净土就不是存在于自我心中，而是外在可崇拜的对象。在这里，元来还把西方信仰当作“资粮”，即手段，但在另一些地方，他把唯心净土与西方净土这两种相互矛盾的说法完全沟通起来：

然行人念佛，正当发愿往生，不可执目前净土。大方家，安可滞一隅，谓之心净土净，正所谓弃大海认浮沤为全潮者，不迹迷乎？……果将一句弥陀，念教不念自念，究竟到一心不乱，则唯心之理，不言可喻，又何妨发愿往生乎？[④]

他认为，以“心净土净”反对求往生，是愚迷的表现；而念诵佛号求往生，最终也能达到唯心净土的境界。看来，矛盾并没有从理论上解决，只是在实践上调和了。

与此相应，他将历代禅师呵佛骂祖等反对偶像崇拜的言论当作“ 权语”，以便把西方净土纳入禅中：“是故求一门深入，不可滞祖师权语，又不可滞抑扬之说也。……祖师亦云：‘佛之一字，吾不喜闻。’又云：‘念佛一声，三日漱口。’祖师意总不在此。”[⑤] 最后，他依然是重述念佛会有佛力冥资、易于参禅等老调：“此净土一门，仗果位中佛，

①《无异元来禅师广录》卷二十。
②《无异元来禅师广录》卷八。
③《无异元来禅师广录》卷二十。
④《无异元来禅师广录》卷二十一。
⑤《无异元来禅师广录》卷二十一。

发大弘誓，广摄念佛行人，比于诸法门中，似省力也。”①

元来提出的禅净可以不必兼修，当求一门深入的主张，影响不小。对此，他的同门师弟元贤有进一步发挥。元贤告诫禅僧，不论是参禅还是念佛，能同样达到解脱：“又有一等人，才念佛又愁不悟道，却要参禅，心挂两头，功不成就，全不知念佛也是这心，参禅也是这心，参禅参得到的，念佛也念得到。”②

然而在元贤的继续解释中，却从禅净可以不必兼修变成了禅净不可兼修：

> 问：参禅兼修净土可乎？曰：参禅之功，只贵并心一路，若念分两头，百无成就。如参禅人有一念待悟心便为大障，有一念恐不悟心便为大障，有一念要即悟心亦为大障，况复慕净土诸乐事乎？况虑不悟时不生净土，已悟后不生净土乎？尽属偷心，急加剿绝可也。③

这样一来，参禅和念佛不是相辅相成、互为补充，而是相冲相克、水火不容，尽管二者都可以独立达到解脱的目的。

元来和元贤这些充满矛盾的主张，反映了明清之际净土思潮的高涨，使禅宗处在两难之中，最后不得不以承认净土为独立的解脱法门来保持禅宗绝对内向的纯净，但这种日子也不多了。

六、永觉元贤的“救儒禅”

1. 生平与著作

元贤（1578—1657），字永觉，俗姓蔡，建阳（福建建阳县）人。未出家前受过良好的儒家教育，是一个典型的“以儒而入释”的禅师。他喜好宋代理学家的著作，尤其“嗜周、程、张、朱之学”。25岁，到寺院听讲《法华经》，对佛教产生信仰，便继续研习《楞严》、《圆觉》等在当时最流行的佛典。万历三十一年（1603），往福建董岩，随慧经习禅，慧经还指导他参究“干屎橛”话头。万历四十五年（1617），元贤正式出家。1年后，慧经去世，元贤又随元来习禅3年。至46岁，闭门3年，阅读大藏经。自57岁以后的20余年，先后住持福建鼓山涌泉禅寺、泉州开元禅寺、杭州真寂禅院和剑州宝

---

①《无异元来禅师广录》卷二十一。

②《鼓山永觉和尚广录》卷九。

③《鼓山永觉和尚广录》卷二十九。

善庵。其弟子为霖道霈称他“四坐道场，大作佛事，言满天下，道被域中”。①

元贤是继元来之后曹洞宗最有影响的禅师。他重建了许多废弃的寺院，他居住时间最久的鼓山成为“八闽丛林之冠”，且“山中所依止率三百余人；问道受戒，不啻数万人”②。

元贤晚年，正是明清交兵的年月，南方战事频仍，生灵涂炭，人民蒙难，死亡狼藉。元贤率领僧徒，从事赈济灾民、葬埋死者等慈善活动。如清顺治七年（1650），率众“收无主遗骸千余瘗之”。顺治十二年（1655）春，兴化、福清、长乐一带“罹兵变，饥民男妇流至会城南郊……师乃敛众遗途，设粥以赈。死者具有棺葬之，凡二千余人，至五十日而止”③。中国佛教在战争年代从事大规模的社会救济活动，大约应该从元贤算起。

元贤的社会视角广，关心的问题也多，反对溺杀女婴的陋习是其中之一。他说：

> 今世俗溺女，正所谓杀无罪之子，慭之莫大者也，而世俗恬不知怪，视以为常，不亦异乎？昔孟子谓：今人乍见孺子将入井，皆有怵惕恻隐之心，非纳交于孺子父母也，非要誉于乡党朋友也，非恶其声而然也，直曰：无恻隐之心非人也。……其爱子之情，岂有择于男女哉。④

元贤以精通儒释闻名，本人也很自负，临终述怀，竟以拯救儒士和禅者为嘱：

> 老汉生来性太偏，不肯随流入世廛。顽性至今犹未化，刚将傲骨救儒禅。儒重功名真已丧，禅崇机辩行难全。如今垂死更何用，只将此念报龙天。⑤

在他看来，儒士追求功名而丧尽真性，禅僧巧言善辩则正行难全。此话讲于明亡清初之际，是否别有所指很难揣度，但最后要将此念报“龙天”，确实特别。在佛徒中，一般不会说“报龙天”这种话的，尤其是一个知识僧侣。

元贤一生著述很多，道霈说：“师平生说法语录及诸撰述共二十种，凡八十卷，盛

①道霈：《最后语序》。

②潘晋台：《鼓山永觉老人传》。

③《福州鼓山白云峰涌泉禅寺贤公大和尚行业曲记》，以下简称《贤公大和尚行业曲记》。

④《喜山永觉和尚广录》卷十六。

⑤《贤公大和尚行业曲记》。

行于世。"[1] 元贤自述其著作"凡二十种，计一百余卷"。[2] 道霈集元贤的语录及部分杂著，编为《鼓山永觉和尚广录》30 卷。除了上堂说法语录之外，他的著作可分为四类：一是史传，包括两部《灯录》，1 部地区僧史和重修的 2 部寺志；二是禅学论述，以《洞上古辙》2 卷为代表；三是"会通儒释"之作，主要是《寱言》；其四是注疏，包括《楞严翼解》、《楞严略疏》、《金刚略疏》、《般若心经指掌》、《法华私记》等。

元贤很重视编撰禅宗的史书，用力甚大。为补《五灯会元》的不足，他于 1649 年编撰了《补灯录》，补记了 185 人，希望能"发前贤之秘光，开后学之智眼"。[3] 两年之后，他又补了《五灯会元》和《 五灯续略》的不足，编撰《继灯录》六卷，分述临济（始于第十八世）和曹洞（始于第十六世）两宗，其影响大于《补灯录》。

元贤的《建州弘释录》2 卷，是在元来鼓励下编撰的，完成于崇祯二年（1629）。元来指出，他早年游历福建，知道这里是"理学渊薮"，后读《灯录》又知道"建州为禅学渊薮"[4]。因此劝元贤写一部他故乡的僧史。元贤遂"博探群籍，取诸师之产生于建者，或开法显化于建者，悉录传之"[5]，记录了从唐到明的名僧 77 人。

元贤整理和续编了 2 部山寺志书，即续编《泉州开元寺志》和《鼓山志》。后者原为 2 卷，未最后定稿。

元贤对临济和曹洞两宗的研究独具心得，认为两家禅学具有一致性。他说："予三十年前学临济，三十年后学曹洞，自从胡乱后，始知法无异味。"[6] 在临济禅学方面，曾作《三玄考》，重新解释三玄三要；而费力最多的是研究曹洞宗禅学。清顺治元年（1644），写成《洞上古辙》2 卷；顺治五年（1648），经"再四订定"，最后定稿。此书把曹洞宗旨的源头归结到希迁的《参同契》，认为"参同契"乃"洞宗之源也"；[7] 对"五位君臣"、"偏正回互"等曹洞宗义重新解释，并选集了历代曹洞禅师若干言行。

---

①《喜山永觉老人传》。
②《喜山永觉和尚广录》卷十八。
③《喜山永觉和尚广录》卷十四。
④《无异元来禅师广录》卷十二。
⑤《鼓山永觉和尚广录》卷十三。
⑥《鼓山永觉和尚广录》卷十六。
⑦《鼓山永觉和尚广录》卷二十七。

元贤在讲到撰写《洞上古辙》的背景时指出：

> 至我明弘治中，有《四家颂古注》，嘉靖中，有《曹洞宗旨绪余》及《少林笔记》等书，悉皆谬妄，迷乱后学。……乃作《洞上古辙》二卷，尽删邪说，唯取古德旧案，类集成书，间有发明考订，乃不顾危亡，直犯忌讳。[①]

《洞上古辙》在于用“发明考订”的方法，批驳谬妄，理清迷乱，而矛头则是直指《曹洞宗旨绪余》及《少林笔记》等代表的嵩山系曹洞宗。因此，《洞上古辙》的性质与法藏的《五宗原》相似，也有反权威的意义，在一定程度上反映了南北曹洞禅师在禅思想上的差异。

元贤论述儒释关系的著作是《寱言》。写于崇祯五年（1632）的《续寱言序》说：“昔余居荷山，因诸儒有所问辩，乃会通儒释，而作《寱言》。”[②] 他强调的是儒佛二教的一致性：“人皆知释迦是出世底圣人，而不知正入世底圣人，不入世不能出世也；人皆知孔子是入世底圣人，而不知正出世底圣人，不出世不能入世。”[③] 视佛为出世之教，儒为入世之教，二者分工治世，是一种十分流行的观点。元贤则把二家圣人完全等同起来，认为他们既是出世的，同时也是入世的。

《寱言》的内容比较庞杂，引用大量儒典，涉及历代很多儒士，分析了不少哲学命题，但比较集中论述的仍然是心性问题。在谈及程朱及王阳明的学说与禅宗心性论之同异时，他说：

> 佛氏论性，多以知觉言之。然所谓知觉者，乃灵光独露，回脱根尘，无待而知觉者也。阳明倡良知之说，则知待境起，境灭知亡，岂实性之光乎！程朱论性，直以理言之，谓知觉乃心，心中所具之理为性，发之于四端为情。阳明之良知，正情也。即欲深观之，则此情将动未动之间，有灵灵不昧，非善非恶者，正心也，岂实性之理乎？[④]

这是一个禅僧对于宋明儒学热门话题的观点，是值得注意的。以《圆觉》、《楞严》为代表的“佛氏”，即禅宗的主流，以“知觉”为人的本“性”。但此“知觉”与

①《鼓山永觉和尚广录》卷二十七。
②《鼓山永觉和尚广录》卷三十。
③《鼓山永觉和尚广录》卷二十九。
④《鼓山永觉和尚广录》卷二十九。

王阳明的“良知”不同：佛氏之“知觉”，是无条件的存在；王氏的“良知”则受对象的限制；程朱把人“性”归为“理”在心中的显现，知觉仅归为心的功能，理成了知觉的本体。这是三家的差别。元贤认为，儒家两说都不完全：王氏之“良知”，属于道德化的“善”；“善”是“情”的一种，故曰“正情”；程朱之理，“发之于四端”者，也是善，与王氏之“情”是一回事。但在此“情”之上，即“此情将动未动之间”，善恶尚未分化，是谓“正心”，即“灵灵不昧”的“知觉”，这才是“实性”所在，而不是别有其“理”的存在。因此，王学是讲情而非“性”，程朱讲“理”亦非“性”，只有禅宗的“知觉”才是“性”，也与儒家的“正心”之旨相合。

2. 论“治经”

注重讲经注经也是明代佛徒的一种风气。元贤在追溯这种风气的变化时说：

> 国朝嘉隆以前，治经者类胶守古注，不敢旁视，如生盲依杖，一步难舍，甚陋不足观也。万历间，雪浪起而振之，尽罢诸疏，独演经文，遂为讲中一快。然而轻狂之士，强欲效颦，妄逞胸臆，率尔灾木，其违经叛圣之害，岂止于陋而已哉?①

明代治经有两个阶段，在嘉靖、隆庆（1522—1572）年以前，讲经者都是“胶守古注”，不敢有一点自己的见解。从万历开始（1573—1619），治经出现了转折：精通《华严》、《唯识》的雪浪洪恩（1545—1608），完全撇开古疏，而按自己的理解阐发，使治经之风为之一新。但由此又引发另一种流弊，使“轻狂之士”任意发挥，以致“违经判圣”。在元贤看来，这种现象比“胶守古注”更为有害。他以《楞严经》的讲习为例说：“英敏者既藐视前修，则竟逞臆裁，而全经之旨几至扫地。稍钝者进无新得，退失故局，则从席下拾残唾而已。”② 因此，治经既不能全靠古注，又不能“藐视前修”；既不能曲解经义，又不能没有独立见解，应该把二者结合起来。元贤注解《楞严经》就是按这个原则做的：“今山中闲寂，客有请益《楞严》者，乃俾以旧解为指南，间有未安者，乃旁采众说，或出私意以翼之。”③

元贤很赞赏谢介庵注《金刚般若经》，认为能够“使天下学者读之，无不了然

①《鼓山永觉和尚广录》卷二十九。

②《鼓山永觉和尚广录》卷十三。

③《鼓山永觉和尚广录》卷十三。

于自，豁然于心，亦善巧方便，接引初机之一法也”。[①] 他自作《楞严略疏》，更以“使观者触目而爽然会心，不为经文所蔽，诸疏所乱”[②] 为目标。这实质上是把注经变成了弘禅的方便手段，所以时出“私意”就成了必然的事。因此，他的注疏往往受到指责。他的《金刚略疏》三易其稿而后成，自以为“尽诛旧日葛藤，独揭崭新日月，但理求其当，辞求其达”，绝对“无纡回隐昧之弊”，可谓是得意之作。但却有人批评他：“古疏上祖慈尊，下宗二论，无片言只字不有所本，今子弃之而弗从，岂子之智能超于诸大圣哉?”[③]

很显然，这种批评本身是迂腐的，根本不值一驳。元贤把治经作为发挥自己禅观的手段，作为教授学徒明心的方便，无疑是继承了禅宗历来提倡“六经注我”的传统，表明自由解释的学风也在明清之际复苏起来。

3. 运用华严义理

在传授方式及佛学思想等方面，元贤不类其师，而与元来有更多相同处。他们在运用教门义理方面，特别是对华严的态度及评论，不仅代表了曹洞一系的观点，而且反映了明末清初佛教界具有普遍性的思想倾向。在他们各自的《语录》中，提及《华严经》或华严宗教义之处很多，归纳起来，主要有三方面的内容：

其一，全面接受唐宋以来华严学的成果，把华严宗人及其教外居士的华严学说同等看待，发掘其中的共性。

元贤在《重刻华严要解序》中说：

> 《华严》为世尊成道最初所说，实称性之真谈，非逐机之曲说，他经不可得而并拟者也。昔杜顺大师首为发端，贤首继之，颇畅其旨。至于清凉而表里发挥，罄无余蕴矣。然其旨幽，其理圆，其文富，其义丰，非浅薄之机所敢窥，故学者多望洋而退。至方山李长者，则别为《合论》，约繁就简，独明大旨，盖是大圣方便，用接此方好略之机，非二师有轩轾也。[④]

元贤推崇《华严》，把它奉为众经之首，视为佛的真实之谈，不过是老话重提。另外，他认为杜顺最早阐发《华严经》义理，认为法藏承杜顺而不提智俨，又把李通

①《鼓山永觉和尚广录》卷十三。
②《鼓山永觉和尚广录》卷十三。
③《鼓山永觉和尚广录》卷十四。
④《永觉元贤禅师广录》卷十三。

玄列于澄观之后等，均与史实有违。但是，他确认澄观发挥了华严宗的全部要义、李通玄“独明大旨”，则真实反映了唐末五代以后此两人著作最受重视的情况。这也是在宋僧戒环书中所反映的。元贤没有涉及从杜顺到澄观华严思想的演变脉络及其学说异同，反而强调澄观与李通玄的著作仅有繁简之异，真实反映了李通玄学说与华严宗人学说合流的史实。在禅教融合的大潮中，禅僧也把华严内部各支派的学说进一步糅合混同，寻求其共性，不论其差别。

其二，在倡导禅教融合中，始终坚持禅统诸教的原则。

有人问：“禅宗称顿悟者，何教所摄？岂非清凉判顿教摄欤？抑亦未及圆教欤？”这是有关禅与华严优劣比较的问题。如果依澄观的判教理论，禅宗属顿教范围，比不上华严宗（圆教）。元来认为，华严教理可以说是“教家极则”，在教门中最高，但比不上禅宗的悟门。在他看来，禅宗是“五教所不能摄，唯禅门能摄五教”。他用以论证这个命题的论据，不过是“释迦拈华，迦叶微笑”之类的神话，并无任何理论说明。当然，在论述各派优劣高下时，也用不着什么理论，神话就是最权威的论据。元来认为，禅师的“一语一喝，一动一静，皆纯圆之旨，非悟入者，不能仿佛万一也。或禅宗称顿者，是顿悟之顿，非判教之顿也”。[①] 在论及宗与教的优劣高下时，禅僧必定要彻底推翻华严及其他教门诸派的所有判教主张，认为那些判教理论只属于教门之内的事，与禅宗无关。那些力图把禅宗纳入教门判教范围内的一切观点，都是不被承认的。“唯禅门能摄五教”，才是禅僧处理宗与教关系的不可改变的总原则。禅门高于教门，并且容纳了教门的一切。

其三，接受包括《华严》在内的诸多经典及诸派教义，最终目的是“实用”。

元来在《示道揆禅人》中说：“夫为学者，圆顿之教，了义之诠，广博精研，穷源极数，一一得其实用，慎勿执名相阶段并遮表文字，障诸佛之光明，翳众生之慧目。”[②] 精研各类经典及其注疏之作的目的，只是“得其实用”，不包括记诵文字语句，这些与解脱无缘。联系华严学，这种“实用”是指把《华严经》的神通描述和华严宗的哲学发挥完全落实到实践上来。元来指出：

> 若达成平等实相，一微细众生与毗卢遮那佛等无有异。《华严疏》谓：遮那如来入一微细众生身中入定，全身不散，此众生不觉不知。谓佛众生同体故，理无

①《无异元来禅师广录》卷二十七。

②《无异元来禅师广录》卷二十六。

分齐故……以此观，人有贵贱，位有尊卑，而心无高下也。是故当发大心，以愿力维持，直成佛道，似不可须臾有间然也。①

包容一切的遮那如来可进入一微细众生身中入定之类，原本是《华严经》对神通构想境界的描述，经过华严学人（并非始自澄观）的哲学发挥，则形成一种理论：作为万物本原的“理”不可分割，没有差别，遍在于万有之中，是佛与众生所具有的共同本质。

元来则把这种抽象理论运用于观察人生，实现在现实生活中平等看待有贵贱之别和尊卑之分的一切人。所谓“心无高下”，就是从思想上把有差别和不平等的现实世界转化为无差别和绝对平等的理想世界。能够达到并且一贯保持这种“心无高下”的实践，即为华严之“实用”，“成佛道”就有了保证。

这种“实用”论显然不能从《华严经》的神通描述中直接引申出来，而要经过华严宗哲学这个中介。它之所以产生的最直接的动力则是禅宗开发自我能力的精神。

①《无异元来禅师广录》卷二十二。

第七章
清代佛教

第一节　清代社会与佛教

一、宗教政策与佛教演变态势

清王朝（1644—1911）是中国历史上最后一个封建王朝，处于从封建社会向半封建半殖民地社会的转型时期。在政治、经济和文化各个方面的剧烈变动，特别是社会形态的交替，直接制约着这一阶段佛教的兴衰消长和演变趋向。

从世祖到圣祖，清王朝基本肃清了国内抗清势力，效法明代制定各项典章制度，实现了对多民族的有效统治。世宗和高宗两朝，清廷通过整顿吏治、革除积弊，继续保持着国势强盛的生机。从仁宗开始，帝国出现了由盛转衰的迹象。宣宗时期，内忧外患接踵而至，在清王朝内部腐败日益加剧和西方殖民主义者入侵不断深入下，国家逐步沦为半封建半殖民地社会，从此翻开了中国历史上最悲壮的一页。

在意识形态领域，清代诸帝基本继承明代的传统，采取了崇奉孔子、倡导理学、宣扬儒家伦理的各种措施。在思想统制方面，禁止文士结社，以文字治罪，禁锢人们的思想，可以说比明代还要严酷，达到了空前未有的程度。清王朝宗教政策的指导思想，是把维护专制皇权放在第一位，彻底清除任何宗教派别中有违于“皇权至上”的因素。这个政策的一个突出特点，是把儒、释、道“三教”与其他一切有秘密结社性质的民间教派严格区分开来，自觉把前者作为加强统治的思想工具，扶植多于限制，采取相对宽松的政策；明确把后者作为颠覆政权的力量，武力镇压多于思想诱导，采取坚决打击的严厉措施。清王朝的佛教政策，就是在这种指导思想之下制定的。

清朝贵族在入关之前就接触了佛教，入关之后面对全国多种传统宗教以及民间教派，借鉴前代的经验，制定了保护“三教”和打击“左道”或“邪教”的宗教政策基调。顺治十三年（1656）谕：“朕唯治天下必先正人心，正人心必先黜邪术。儒、释、道三教并垂，皆使人为善去恶，反邪归正，尊王法而免祸患。此外乃有左道惑众，如无为、白莲、闻香等教名色，邀集结党，夜聚晓散，小者贪图财利，恣为奸淫；大者招纳亡命，阴谋不轨。无知小民被其引诱，迷惘颠狂，至死不悟。历考往代，覆辙昭然，深可痛恨。”①世祖比前代帝王更明确地把儒、释、道这“三教”与其他民间教派分开，前者之所以都是“正教”，主要在于“尊王法”，有助于帝王从“正人心”到“治天下”的事业；后者之所以均属“左道”，主要在于“惑众”、“阴谋不轨”。在清代前期，被称为此类的教派很多。根据康熙十二年（1673）的“议准”，有：“无为、白莲、焚香、混元、龙元、洪阳、圆通、大乘等邪教”②，实际上远不止这些。

民间秘密结社组织的一个共性，就是利用传统宗教的内容吸引信徒。对此，清朝政府严格禁止假借佛道名义从事各类活动。康熙二十六年（1687）规定：“无赖狂徒假借僧道为名，或称祖师降乩，或妄逞邪说，托言前知，或以虚妄之谈蛊惑愚蒙，至有群相礼拜，甘作徒众者。此等邪教，行令五城官严行禁止。”清廷下达的打击“邪教”命令，大多是与惩处查办不利的官员的规定相联系。康熙十四年（1675）奏准：“官员该管地方有愚民自称为佛，不能查缉者，降二级调用；或不能禁止邪教，以至聚众、张旗、鸣锣者，降一级调用。如给予此辈执照、告示者革职，该管上官降一级调用，督抚罚俸一年。如愚民创建淫祠，不能查禁反给告示者，罚俸一年。”这里的规定有一点很值得注意，对于不能查缉“自称为佛”者的官员的惩处要比“不能禁止邪教”的官员的惩处更严厉，前者降二级，后者降一级。康熙三十年（1691）又奏准：“凡官员该管地方，有奸民自称为神为佛，传布

①《大清会典事例·都察院·五城》。

②《大清会典事例·礼部·方伎》。

符水、经版、煽惑愚民，以致聚众、敛钱、张旗、鸣锣者，降三级调用；该管上司降一级留任；督抚罚俸九月。”[①] 在整个清代历史上，防范和镇压诸如此类的民间秘密结社组织，始终是清廷的一项要务。

到仁宗时，各省上报的“邪教”和“会匪”案子就越来越多。他看到这些案情大同小异，众多参加“邪教”或“会匪”的人都是被诱骗，所以在继续打击之外，还采取教育诱导的办法。“每有奏办邪教及会匪等案，其案由虽各不侔，而蚩愚被诱，其情节大率相类。此等顽民既经破案，不能不严行惩创。若先时化导，或可冀其觉悟改悔，陷法者少。著该督抚各就该省情形，叙次简明告示，通行晓谕，使乡曲小民群知：三纲五常之外，别无所谓教；天理王法之外，他无可求福。从正则吉，从邪则凶。”[②] 他所讲的与邪教相对“三纲五常”之教、“天理王法”之教，都是传统的“三教”所讲的内容，除此之外，别无新鲜内容。

清王朝在管理佛教事务方面，采取了许多不同于前代的重要措施。取消试经度僧制度，就是一个重要变化，对佛教的演变走向有深刻影响。直到明代，申请出家者要通过官方组织的经典考试，合格者才能得到度牒，成为合法出家人。历代考试内容不同，有的是背诵经典，有的是读诵经典，其命题都是从经律论中选出。这就要求申请出家者要有一定的文化，有一定的佛学修养。同时，这种政策也有鼓励僧尼钻研佛教经典的作用。取消试经度僧制度，对清代佛教义学的发展产生严重消极影响，所谓“国初免试僧之制，研究三藏者鲜矣”[③]。这等于是告诉人们，是否懂得佛教理论知识对于僧众是无关紧要的。清朝诸帝中，与佛教僧人接触较多者有之，喜读佛教典籍者有之，甚至传说佛教信仰极坚定者亦有之，他们当中几乎没有人不指责当时僧人学问修养低下，但是没有哪位帝王为提高僧人的佛学修养采取切实可行的有效措施，甚至也没有在僧官任用方面提出相应的激励措施。官方对佛教义学的漠视，对清代义学诸派衰落到历史最低点起了推波助澜的作用。

佛教事务管理方面的另一个重要变化，是颁发度牒从收费到免费再到完全废止的转变。清朝贵族入关之前，仿照明王朝的做法，给出家者发放度牒。清太宗天聪六年（1632）规定，对于通晓经典义理、恪守清规的申请出家者，发给度牒，并收

---

①上引均见《大清会典事例·礼部·方伎》。

②《大清会典事例·礼部·风教》。

③《清续考》卷八十九。

取一定的费用。崇德五年（1640）再次规定，僧人要给户部交纳银子才能领度牒，度牒由僧纲司分发。顺治二年（1645）开始实行免费颁发度牒，并且在顺治八年（1651）又重申这一规定。但是，顺治十五年（1658）在要求把汉文字度牒换成满汉两种文字的度牒时，规定原来没有纳银的旧度牒在换新度牒时要纳银。因此，此前免费发放度牒的规定并没有切实执行。到顺治十七年（1660），再次议准僧道度牒免费。度牒从收费颁发到免费颁发，反映了清王朝要革除历代鬻牒所引发的各种弊端的愿望，无论对整顿佛教界的风气还是对维护社会经济秩序，都是有积极意义的。清代初年，度牒作为僧道合法身份证，具有免税免役的作用，所以比较受重视。顺治十八年（1661）曾规定："其有充僧道无度牒者，悉令为农，安插附入丁册当差。"①

圣祖时期，朝廷对度牒的管理并不严格。雍正十三年（1735），鉴于"近日缁流太众，品类混淆，各省僧众真心出家修道者百无一二，而愚下无赖之人游手聚食，且有获罪逃匿者窜迹其中，是以佛门之人日众，而佛法日衰。不惟参求正觉、克绍宗风者寥寥希睹，即严持戒律习学小乘之人已不多见"的状况，出于整顿佛教的目的，加强度牒管理，世宗下令"情愿出家之人，必须给度牒方准披剃"②。但是，这个措施并没有收到效果。

高宗时期，曾一度要加强度牒管理。"乾隆三十九年甲午六月癸巳，山西道御史戈源奏：近据礼部奏请，自乾隆四年以后僧道未给度牒者，交地方官通查补给，以备僧纲、道纪等官之选。查乾隆元年至四年，僧道之无度牒者，已有三十四万余人。其私自簪剃者，恐不下数百万众。若纷纷查补，必多滋扰，请嗣后永停通颁。如遇选充僧道等官，查其实在戒行严明者，具结咨部，给照充补。"③ 清廷长期对度牒制度不重视，有法不依，造成私度僧人泛滥，居然有"百万众"，远远比政府掌握的僧人数量多。按照当时的规定，没有度牒的僧道是不合法的，更不能担任各级僧道官。为了解决这个问题，清王朝开始进行度牒的查验补发，但积重难返，无法实行，不但查不清楚，而且引起各方面的不安。另外，由于度牒问题，出现了不合法的僧道（无牒照）多于合法僧道（有牒照）的现象。这不仅造成佛道队伍的

①《东华录·顺治一》。
②《东华录·乾隆一》。
③《东华录·乾隆七十九》。

分裂，也给政府管理带来困难。在这种情况下，高宗于当年下令，不仅以后选僧道官不需要度牒，而且完全废除度牒制度：

> 僧道度牒本属无关紧要，而查办适以滋扰，著永远停止。其选充僧道官，令地方官查明具结办理。……度牒不过相沿旧例散给，仍属具文，而稽查实虞烦扰。若防僧道滋事，未必有牒照者悉能恪守清规，而犯法者皆系私自簪剃。方今法纪森严，有犯必惩，更毋庸为此葸葸过虑。……所有充补僧道官必须给有牒照之例，亦著停止。①

表面上看，废止度牒是高宗迫不得已之举，实际上与当时的政治、经济形势和佛教界的具体情况相联系。从经济方面看，这与雍正时采取“摊丁入亩”的赋税改革有关。清廷将人丁税与田亩税合一，依据占有土地的面积统一征收赋税，这样，具有免役作用的度牒随之失去意义。正如清人所说：“度牒亦废，盖以丁归地，则不须报牒免役也。”②

再从社会政治形势和佛教界的情况来看，清初，各地的反清农民起义不断发生，明朝旧臣的反抗更是震撼着清廷。反清复明情绪也波及佛教界，一些明朝官僚子弟、甚至宗室成员剃发出家，著名的有戒显、函可、澹归、药地、檗庵、担当、大错、石涛、八大山人、石溪、渐江等。这种情况引起了朝野上下的注意。茆溪行森曾对顺治说：“近三十季来，则世家公子、举监生员，亦多有出家者。浙直素称佛地，觉似不如广东矣。”③ 明朝遗民或为僧，或为施主，扶植佛教，促进了江南禅宗的兴盛，也增强了禅宗不满清统治的政治倾向。在这种情况下，加强度牒管理是必要的。但是，到了高宗时代，佛教队伍已经稳定，大量流民掀起的山林禅宗复兴浪潮已经平息。由于进入宗教团体的人已经没有反清复明的政治目的，所以，对有牒照和无牒照的僧人自然可以一视同仁。像“未必有牒照者悉能恪守清规，而犯法者皆系私自簪剃”之类的话，此前的帝王是从未讲过的。

除了废除度牒制度之外，沙汰僧道是高宗佛教政策变化的另一个重要标志。乾隆初年，鉴于当时佛、道教中“游手之徒藉名出家，耗民财而妨民俗”的情况，高宗下令渐次沙汰僧道，并且要求地方官“从宽办理”，不要太严厉。在他看来，

---

①《大清会典事例·礼部·方伎》。

②《癸巳存稿》卷十三。

③《天童弘觉忞禅师北游集》卷三。

"古圣人之严辟异端者，因其有害于正教。今之僧道不过乡里无依之贫民，窜入空门，以为糊口计，岂古昔异端之可比而能为政教之害耶？若果去一僧道，即多一力田之农民，则善政也。但朕复思之：彼游手坐食之人，既为僧道，习于安闲，若迫令改业，受手胼足胝之劳苦，其势有所不能，不过市井中添无数游惰生事之辈耳，转不若收之寺观中，尚有羁縻也。是以朕前原有渐次裁减之旨，不可听其引而日盛。若缁黄之属必应尽汰无遗，则朕从前又何难降旨全行禁革不事姑容乎！尔等可将朕意寄信于督抚，令其善为体会，转饬所属，从宽办理。若伊等错会朕意，以为崇尚佛老，则又非矣"①。但是，在实施过程中发现，各省上报的册籍中，只有沙汰的僧道数字，没有续收增加的僧道人数。僧道队伍的萎缩，也不是他治理僧道队伍的本意。所以，乾隆十九年（1754）又谕："前经降旨礼部，颁发僧道牒照，复令各督抚岁终将所减实数具奏。此原欲驱游手为良农，略示沙汰之意耳。乃十余年来，各省奏报不过具文从事，且若辈即尽令归农，安得余田而与之，转不免无籍为匪耳。据实严查，或致滋扰，有名无实。此综理日久所悉，正不必袭复古辟异之迹也。著停止。"② 在乾隆看来，僧道团体的组成人员已经不构成对王朝统治的威胁，相反，寺观可以容留失去土地、走投无路的贫民，起到稳定社会的作用。同时，国家也没有那么多的土地安置还俗的僧道。所以，大规模的沙汰僧道，既是难以实行的，也是不必要的。整顿佛教和道教组织不同于对付异端邪教，过于严格则对社会是有害无益的。无论佛教与道教中有多少游手坐食者，都不会使这两种宗教成为乱政害民的异端邪教。当寺观被最高统治者视为收容游手坐食之辈的处所时，佛道教的社会形象也开始向历史最低点滑落。

对僧道不进行全面沙汰，对佛道教不采取全面整顿措施，僧道违法案件采取就事论事的个案处理方法，这些不仅是高宗朝的政策，也是整个清代宗教政策的特点。高宗之后，清王朝面临更多的问题，也就无暇顾及佛教和道教的治理了。

清代的僧道管理机构基本仿照明代建立。从天聪六年（1632）开始，清朝贵族就设立管理佛教和道教的机构，当时设立了"僧录司"和"道录司"以管理寺庙中的僧道事务。到康熙十三年（1674），清王朝建立了与行政建制相配套的覆盖全国的僧道官机构。京城设立僧录司，所有僧官经礼部考选，然后由吏部委任。僧录

①《东华录·乾隆二十一》。

②《大清会典事例·礼部·方伎》。

司之下有善世两人、阐教两人、讲经两人、觉义两人。地方上是府设僧纲、州设僧正、县设僧会。地方僧官由各省布政司考选，报送礼部任职。这套僧道管理体系完全是仿照明代建立的：中央和地方僧官机构设置，僧官遴选和任命办法，僧官的名称、品级、职权等，都与明代洪武年间的规定大体相同。各级僧官主要负责佛教内部有关事务，并没有实际行政权力。如果属于戒律清规方面的问题，僧官可以自主处理，不必上报官府；如果超出了这个范围，则由中央或地方的各级相关机构处理，即“若所犯与军民相涉，在京申部酌审，在外听有司断理”。①

清朝在从事刊刻和翻译佛经等佛教文化事业方面，其规模已经远不能与前代相比。清代官方的刻经是从刊刻零散经典开始，发展到刊行藏经。圣祖曾刊刻《圆觉》、《金刚》等22经，被认为是清代官方刊经之始。明万历中所刻大藏为6771卷，乾隆三年（1738）敕选后世大德著述，增为7247卷，从事雕刻，是为《龙藏》。《龙藏》的刊刻是从雍正十一年（1733）开始。清代以寺院为单位的民间刊刻佛经也不少，如福州鼓山清初所刻的有《华严经》、《华严经疏论纂要》、《憨山梦游集》等。顺治、康熙（1644—1722）年间，民间各地所刻的僧传语录，都集中在嘉兴楞严寺。当时发行的有《续藏经》90函，237部。《又续藏经》43函，189部。这些都是清初所刻，而附于明版《嘉兴藏》的典籍。

清代佛经翻译是国内各民族语言的互译。乾隆二十四年（1759），敕和硕庄亲王允禄选择通习梵音之人，详译全藏经中诸咒，编为《满汉蒙古西番合璧大藏全咒》，计88卷，附《同文韵统》6卷、《字母读法》1卷、《读咒法》1卷，共96卷，颁发中外各大丛林。乾隆三十八年（1773），又敕以国书翻译藏经，乾隆五十五年（1790）告成，计2466卷。

清王朝对建寺和度僧都颁布了法律条文，而且规定得也比较细致。清代寺院分为国家建造和民间建造两种，都被纳入政府的统一规划和管理之下，限制比较严格。顺治二年（1645），宣布禁止在京城内外私自建造寺庙和佛像，如果建造必须获得礼部批准。对于私建寺院的限制和管理，清王朝始终没有放松过。同时，对于已有的寺庙和佛像等，也不允许擅自拆毁。康熙六年（1667）礼部统计，各省属于国家的大寺院6 073处，小寺院6 409处；民间私家建造的大寺院8 458处，小寺院58 682处。对各种寺院可以有多少僧人也有规定，然而实际情况可能有较大出入，

①《清续考》卷八十九《康熙十三年》。

这从官方掌握的僧道数量与实际数量悬殊上可见一斑。

清朝官方对统计僧道人数并不重视。现存有圣祖和高宗时期的两次统计数据。康熙六年（1667）礼部统计，有僧 110 292 人，尼 8 615 人。当时佛教正处在高涨期，许多山林寺院的僧人成百上千，僧尼人数却少于宋、明时期，可见大量僧尼处于国家管理之外。根据乾隆三十九年山西道御史戈源所奏，“查乾隆元年至四年，僧道之无度牒者，已有三十四万余人。其私自簪剃者，恐不下数百万众”。这里的“三十四万余人”，是各地方统计的数量，是可以相信的。至于私度的僧道“不下数百万众”，就只能是推测的数字了，很难据此判定当时僧道的实际人数。但是，这些情况可以说明，清廷掌握的僧道人数，或者说官方承认的合法僧道的数量，与实际人数相差悬殊。无论在清代初期还是中后期，这种情况大体没有显著变化。

清王朝对藏传佛教采取的诸种措施，是其宗教政策的一个重要方面，与掌控蒙藏边疆地区的政策相联系。清朝贵族与喇嘛建立联系较早，太祖（1616—1626）曾优礼关外传教的喇嘛，太宗（皇太极）曾与达赖喇嘛五世（罗桑加措）（1617—1682）互致问候。入关之后，历代帝王对藏传佛教始终予以重视。从太宗到高宗，清廷对藏传佛教的各项政策逐步建立和健全。

顺治九年（1652），达赖五世应请进京，受封号“西天大善自在佛所领天下释教普通瓦赤喇怛喇喇嘛”，这是中央政府承认他作为藏蒙地区宗教领袖的地位。达赖返回之后，用朝廷赏赐的金银在前后藏新建格鲁派寺庙 13 所。圣祖时期，中央政府不断遣使进藏与达赖和班禅联系沟通。康熙三十年（1691），封章嘉喇嘛为“呼图克图”、“灌顶普慧广慈大国师”，总管内蒙古佛教事务。康熙五十二年（1713），遣使封五世班禅罗桑益为“班禅额尔德尼”，为黄教树立了另一位领袖。世宗雍正六年（1728），设驻藏大臣，管理西藏政务。到高宗乾隆五十八年（1793），制定《钦定章程》，确定了西藏地区政教合一的制度，所有西藏地区的寺庙和喇嘛都受清廷理藩院管理。

即便与元代相比，清王朝对藏传佛教僧人的管理措施也更为细致。总的说来，清廷授予上层喇嘛以政教权力，鼓励喇嘛教在内地传播，但并没有引发元代那样从中央到地方的乱政扰民局面。宗教上层人士的教权成为协助中央管理地方的重要力量。同时，清廷通过编译四种文字对照的《满汉蒙古西番大藏全咒》，通过在京城建立喇嘛教寺院等措施，强化了满、汉、藏、蒙诸民族的文化认同意识。有清一代，藏传佛教对汉传佛教的影响已经不能与元代相比了。

清王朝对佛教内部各种宗派或各种法门的变动情况也很重视，其中干预较多的是清代前四帝。他们的态度是相当明确的，也是相当一致的。他们着重鼓励和支持的是律宗和净土，重点整顿和清理的是禅宗，任其自生自灭的是教门诸派义学。帝王的这种态度以及清廷采取的相应政策，对佛教内部的派系结构变化、思想信仰调整，都有着直接或间接的影响。

二、世祖的“都门宗风”

在清廷进入北京的时候，禅宗依然是汉地佛教的主体，支派最繁盛，规模最宏大，活跃于丛林的高僧也最多。同时，与清朝贵族入关前接触过的佛教相比，它的个性也最显著。更为重要的是，在明清交替之际，江南禅宗队伍中抗清复明情绪也最浓重，所以，清初帝王对禅宗高度关注。其中，与禅宗交涉多、关系密切，其政策对禅学发展走向，乃至对整个佛教思想结构发生重大影响的，是世祖和世宗。

世祖（1644—1661）个人喜好禅学，信仰禅宗，敬重禅师。在召见著名禅师时，不让他们称臣致拜。他与诸禅师的往来论道，被后世誉为“都门宗风自此大振”，这是与后来的世宗完全不同的方面。但是，他们作为帝王，在利用禅师协助治理佛教方面，在把禅宗引入服务于王朝的政治统治方面，并没有本质区别，只是具体措施有不同而已。

世祖曾多次召见江南著名禅师，这不仅是出于个人对禅学的喜好，更是要借助他们的声望和影响，协助清廷治理佛教，宣扬清统治的合理性，从而起到缓和民族矛盾的作用。在他所召见的禅师中，著名的有憨璞性聪、玉林通琇及其弟子茆溪行森和木陈道忞，他们都属于临济宗。

世祖曾说：“朕初虽尊象教，而未知有宗门耆旧，知有宗门耆旧，则自憨璞始。”[①] 憨璞性聪（1610—1666），福建延平顺昌县人，15 岁出家，18 岁剃度，随费隐通容的弟子百痴元禅师习禅。自顺治六年（1649）开始，在浙江住持多处寺院。顺治十三年（1656）应北京士绅和僧侣之请北上京城，住城南海会寺。次年，世祖到寺见性聪，请他住万善殿。

世祖很看重性聪，到万善殿时，传话“驾到不用和尚接送，不行礼拜”。[②] 他

---

①《天童弘觉忞禅师北游集》 卷六。

②冯博：《明觉聪禅师》。

对性聪持戒严谨、善于治理寺院也给予鼓励。顺治十六年（1659）的敕书说："禅僧性聪，戒律清严，规模淳朴"，"弘阐清规，信无惭于福地"。[①] 他最欣赏性聪之处，是其持戒严谨、善于治理寺院。此后的帝王衡量僧人优劣，都把信守和弘扬戒律清规放在首位。世祖通过与性聪的交谈，了解江南禅宗情况，以网罗更多有影响力的禅师。顺治十五年（1658），他让性聪专门开列了一个"南方尊宿"的名单，于是按名单诏见木陈道忞。性聪恐其不愿应诏，特地送去书信，颂扬顺治是"佛心天子"，"笃信于佛乘"，"宽忍恕礼待人"，劝道忞"不吝洪慈，慨然飞锡，莫负圣明之诚心，有失宗门之正信"。[②]

在以后召见的江南诸禅师中，世祖重用的是玉林通琇，曾分别于顺治十五年和十七年两次下诏请其入京，要他住持京城戒坛：

> 末法比丘，少奉戒律。其口谈无，而行在有者，又如麻粟也。此欲于都城建立皇坛，俾衲子一千五百人众，受毗尼戒……然非禅师为羯磨，正恐以最上慈航为人天阶级耳。[③]

世祖的目的很清楚：利用通琇在禅众中的声望，治理整顿佛教，使僧尼守戒奉法。通琇因此而获得"大觉普济能仁国师"的赐号，也是世祖给予国师称号的唯一江南禅师。

世祖对江南禅学的内部结构并不了解。例如，当他听说曹洞宗僧人三宜明盂常为僧人讲经时，很不满意，认为："既称宗师，当提持向上事，讲经即不相宜。"[④] 他并不知道，清初禅师与《五灯》中记载的禅师已大不相同，他们中的许多人已把讲经、念佛、修忏等等纳入了禅的范围。顺治本人的确喜好参禅，然而他最喜好的参禅活动，就是禅僧们在他面前借机语酬对恭维皇上，宣扬清王朝统治的合理性。他与道忞的一段问答可是一个典型：

> 上一日问：梁武帝见达磨，问如何是圣谛第一义？磨云廓然无圣。意旨如何？师云：丝包持石。上云：帝曰对朕者谁？磨云不识。又作么生会？师云：铁里泥

①《明觉聪禅师语录》卷首。

②《明觉聪禅师语录》卷十四。

③《玉林禅师语录》卷首。

④《天童弘觉忞禅师北游集》卷三。

团。上云：今问老和尚，如何是圣谛第一义？师云：天无二日，民无二主。上云：对朕者谁？师云：即日恭维皇上圣躬万福 。[①]

梁武帝与达磨问答的这段公案，是唐以后禅宗僧人精心琢磨出来的机语，表达禅宗否定外在权威，主张凡圣无别，倡导自证自悟的教义。帝与达磨的简短问答并不难懂，顺治让道忞解释，则是一大难题。因为如何曲解，也不会让世祖听了高兴。道忞的机敏就表现在不作正面回答，而是用“丝包持石”、“铁里泥团”一类的“玄言”暗示达磨答语不能从字面理解，而是别有玄理，即“第一义谛”：清世祖是天下独一无二的君王，清取代明是绝对的合理。正因为道忞有如此不凡的阿谀本事，所以世祖与他交谈的话题最多，几乎无所不谈。

明末清初，西方天主教以耶稣会为主体，在东南沿海省份相当活跃。世祖曾与道忞讨论过这个问题。

上遂问师：天主教书，老和尚曾看过么？师曰：崇祯末季，广闽盛行其说。有同参唯一润者，从福建回，持有此书，因而获睹。上曰：汤若望曾将进御，朕亦知其详意。天下古今，荒唐悠谬之说，无逾此书，何缘惑世反从其教，真不可解。师曰：此含生之所以出没三途如游园观，盖邪见为之纠缠也。[②]

世祖把天主教教义视为最荒谬的学说，道忞则诅咒天主教徒是沉沦于苦海而自以为乐。世祖对洋教的这种态度，在有清一代，大体未变；佛教则与儒教一起，成为反洋教的舆论中坚。在当时的历史条件下，他们的立场同广大民众的情绪还是一致的。

总的说来，清世祖对江南禅宗曾有意识地进行政治清理，但他笃信教和禅的倾向也很认真，顺治十七年（1660）八月，董鄂妃病死，他执意出家，就是突出表现。

三、世宗整顿禅宗与清理禅学

在清初诸帝中，清世宗对禅宗认识最深刻，因而控制也最严厉。他曾广泛阅读禅籍，详细评论禅学，积极干预禅宗的内部事务，力图通过对禅僧的生活方式、修行实践和禅学理论进行全面分析，为他们制定不可违反的金科玉律，给禅宗的发展划定不可逾越的界限。

---

①《天童弘觉忞禅师北游集》卷二。

②《天童弘觉忞禅师北游集》卷三。

世宗接触佛教之初，就把世俗佛事与禅学泾渭分明地区别开来，认为禅学不属“如来正教”。他说：“朕少年时喜阅内典，唯慕有为佛事。于诸公案，总以解路推求，心轻禅宗，谓如来正教，不应如是。”[1] 在对待佛教问题上，他“唯慕有为佛事”和“心轻禅宗”的态度终生未变。他早年受喇嘛教僧人影响较大，推崇章呼图克图，称其为“真再来人，实大善知识也”，相互来往时间颇长。他说：“藩邸清闲，时接茶话者十余载，得其善权方便，因知究竟此事。……章呼图克图国师喇嘛，实为朕证明恩师也。”他早年也接待过不少禅师，但对他们的说教总是心存疑虑，不愿轻信，往往请章呼图克图为其判定正邪是非。临济宗的迦陵性音曾辅导他研究五家宗旨，结果适得其反。他说：

> 向后性音唯劝朕辨五家宗旨，朕问：“五家宗旨如何研辨？”音云：“宗旨须待口传。”朕意：是何言欤？口传耳授，岂是拈华别传之旨？堂堂丈夫，岂有肯拾人涕唾？从兹弃置语录，不复再览者二十年。

他否定“口传耳授”，把研读语录说成是“拾人涕唾”，可见他对禅宗蔑视之甚。

世宗即位以后，10 年间“唯循周孔之辙”，再没有过问佛教和禅宗的问题。在他看来，当时的禅僧“实明者少，逐块之流，徒劳延伫；求名之辈，更长业缘”[2]。

然而清初的禅宗，尤其在江南地区，却是一股拥有信徒众多、影响很大的社会力量。对于政治特别敏感的世宗，是不会长期忽视的。雍正十一年（1733），他借口禅学弊端太多、禅僧腐败严重，以维护佛教和禅宗的名义，对禅宗进行了声势浩大的清算和整顿，有关内容集中反映在他编著的《御制拣魔辨异录》和《御选语录》中。

《御制拣魔辨异录》是打着维护圆悟禅学的旗号，专为摧垮法藏禅系而作。雍正在相当于序言的《上谕》中指出：

> 朕览密云悟、天隐修语录，其言句机用，单提向上，直指人心，乃契西来的意，得曹溪正脉者。及见密云悟录内，示其徒法藏辟妄语，其中所据法藏之言，骇其全迷本性，无知妄说，不但不知佛法宗旨，即其本师悟处，亦全未窥见。肆其臆诞，诳世惑人，此真外魔知见。……如魔嗣弘忍，中其毒者，复有《五宗救》

①上引均见《御选语录》卷十八。

②《御选语录》卷十八。

一书，一并流传，冀魔说之不朽，造魔业于无穷。

在这里，世宗御定圆悟及其支持者圆修是已经悟证的宗师，所言契合禅理，全是正确的。相反，法藏及其弟子弘忍则迷失本性，其言论都是“无知妄说”、“外魔知见”。于是，长达八卷的《拣魔辨异录》逐一批驳法藏系的观点。其中涉及的问题很多，论证也很烦琐，总体上是因袭圆悟的说法，并无新的见解。

世宗特别深恶痛绝于法藏一系的重要理由，是说他们结交士大夫：“今其魔子魔孙，至于不坐香、不节制，甚至于饮酒食肉，毁戒破律，唯以吟诗作文，媚悦士大夫，同于娼优伎俩，岂不污浊祖庭？若不剪除，同是诸佛法眼，众生慧命，所关非细。”据此，勒令“天童密云悟派下法藏一支，所有徒众，著直省督抚，详细查明，尽去支派，不许蔓入祖庭。”这等于是株连九族式的镇压。此外，还下令毁掉法藏、弘忍的语录和著述，禁止流传。

明清之际的南方士大夫，普遍具有抗清扶明的意识，但有一部分以名士自居，在严重的民族危急时刻，依然吟诗作文，饮酒狎妓。随着明遗民流入佛教，怀念亡明的情绪和某种颓废的风气，无疑也波及禅宗。因此，不守戒律、与怀旧的士大夫交往，就成了清代初期江南禅宗的普遍现象，也是使清廷特别警觉的现象。故而，取缔法藏一系，不过是杀一儆百。

《御选语录》共19卷，前11卷选录了晋唐宋明清各代14人①的“语录”；第十四至十八卷是“历代禅师语录”，系依据《正法眼藏》、《指月录》、《教外别传》和《禅宗正脉》等选辑；第十二卷是世宗为亲王时的“语录”；第十三卷是云栖袾宏的著作；第十九卷为“当今法会”，即经过他的指导，一些亲王、大臣和僧人有关参禅证悟的诗文。他写的20余篇《序》和《上谕》放置在有关“语录”的各卷前后。他对前11卷选的人物特别重视，指出：“是数大善知识，实皆穷彻洞本，究旨通宗，深契摩诘不二法之门，曹溪一味之旨。”② 实际上，这14个人中，不但有禅宗以外的僧人，还有道教徒。因此，他把这些人统称作“究旨通宗”的“大善知识”，不过是明确清廷的价值标准，给他统治下的僧侣确定应该效法的师范。

与此相应，世宗还钦定了禅学应该涉足的范围：

---

①十四人是：僧肇、永嘉玄觉、私圣寒山、合圣拾得、沩山灵佑、仰山慧寂、赵州从谂、永明延寿、云门文偃、雪窦重显、密云圆悟、玉林通、紫阳真人张平权、茆溪行森。

②《御选语录·御制总序》。

第一，“宗教之合一”。

把僧肇列入《御选语录》中的第一人，世宗有个解释：

朕阅肇法师所作《般若无知》、《涅槃无名》、《空有不迁》、《形山密宝》诸论，非深明宗旨，何能了了如斯？以此讲经，正是不立文字。诸佛慧命，奚隔封疆，有何今古？岂得谓菩提达磨未来以前，震旦无宗旨哉？①

说达磨来华以前，中国佛教即有禅宗宗旨存在，这话不一定错；僧肇的论文中含有以后禅宗阐发的思想，也是事实，但说像僧肇那样作论讲经“正是不立文字”，却是只有权势者才能成立的逻辑。他的目的，在于强调“讲经”的重要性，以促进“宗”与“教”的一致。在卷十三的《御制序》中，他重申：“朕于肇法师语录序，已详言宗教之合一矣。”

与强调义学法师也深明禅宗宗旨的同时，世宗还认为道教徒同样可以明见本性，他把道士张平叔（紫阳）称为“禅仙”，收录了他的著述，并加以说明：

紫阳真人作《悟真篇》，以明元门秘要，复作颂偈等三十二篇，一一从性地演出西来最上一乘之妙旨。……篇中言句，真证了彻，直指妙圆。禅门古德中，如此自利利他，不可思议者，犹为希有。……刊示来今，使学元门者，知有真宗；学宗门者，知唯此一真实，余二即非真焉。②

张平叔是道教徒中三教合一论的提倡者，他以为“老氏以炼养为真”，“如其未明本性，则犹滞于幻形”，因此把禅宗的“明心见性”也当作道士必修的功课。世宗难得找到这样一个代表人物，使他能把佛教内部的“宗教之合一”，扩展为佛教与道教的合一。其合一的基础，实是儒、释、道共同主张的心性说，即清帝国官方哲学的重要组成部分。

第二，禅净兼修。

关于辑录云栖祩宏的著作，世宗的说明是：

及明莲池大师，专以此（指净土法门）为家法，倡导于浙之云栖。其所著《云栖法会》一书，于本分虽非彻底圆通之论，然而已皆正知正见之说。朕欲表示净土一门，

①《御选语录》卷一《御制序》。此中提到的《形山密宝》当指《宝藏论》，为后人伪托僧肇的著作。
②《御选语录》卷八。

使学者宴坐水月道场，不致岐而视之，误谤般若，故择其言之融合贯通者，刊为外集，以示后世。①

意为袾宏虽没有“彻底圆通之论”，但他弘扬净土法门，仍是“正知正见”。“至于净土法门，虽与禅宗似无交涉，但念佛何碍参禅，果其深达性海之禅人，净业正可以兼修。”②其实袾宏也是主张禅净兼修的，不过是以净业为主罢了。

第三，禁止呵佛骂祖。

世宗在编选语录中，指出一些著名的禅师不能入选，即“如傅大士、如大珠海、如丹霞天然、如灵云勤、如德山鉴、如兴化奖、如长庆稜、如风穴沼、如汾阳昭、如端师子、如大慧杲、如弘觉范、如高峰妙，皆宗门中历代推为提持后学之宗匠，奈其机缘示语，无一可入选者”③，并对这些人分别作了批判，其中抨击丹霞天然和德山宣鉴最为激烈。对于天然，他说：

如丹霞烧木佛，观其语录见地，只止无心，实为狂参妄作。据丹霞之见，木佛之外，别有佛耶？若此，则子孙焚烧祖先牌，臣工毁弃帝王位，可乎？

他对德山宣鉴的呵佛骂祖，更是痛斥不绝，连曾收录宣鉴言论的性音也不放过：“如德山鉴，平生语句，都无可取，一味狂见恣肆。乃性音选《宗统一线》，采其二条内，一条截去前后语言，专录其辱骂佛祖不堪之词，如市井无赖小人诟谇，实令人不解是何心行。”又说：“释子既以佛祖为祖父，岂得信口讥诃，譬如家之逆子，国之逆臣，岂有不人天共嫉、天地不容者。”④

从这里可以看出，雍正对于禅实在是隔膜得很，他把禅宗追求精神的超脱，如“无心”之类，视作“狂参妄作”；把禅宗要求摆脱的种种道德伦理观念，视为天经地义、不可逆背的圣教，所以他要把天然、宣鉴等斥之为“逆子”、“逆臣”了。

第四，贬黜颂古，创立“雍正禅”。

世宗反对参禅者在钻研公案上下功夫，他说：“拈代偈颂四者，颂为最后，学人于颂古切用功夫，遂渐至宗风日坠。此端一开，尽向文字边作活计。”⑤ 据他看，

---

①《御选语录》卷三。

②《御选语录·总序》。

③《御选语录》卷十四。

④上引均见《御选语录》卷十八 。

⑤《御选语录》卷十八 。

参学拈古、代别、诗偈、颂古，研究公案，无助于证悟。他提倡恢复禅宗的传统，即“了悟自心”。然而，据他考察，古往今来，刻苦参禅的僧人“如麻似粟，而了悟自心者，凤毛麟角”。于是他自创了一种参禅方法，在他的指导下，“自春至夏，未及半载，而王大臣之能彻悟洞明者，遂得八人”。[①] 参的是什么，悟的又是什么，不得其详。但从皇十七弟果亲王那里可以略窥一斑：“俗则居家，僧则秉教。为臣常忠，为子当孝。能尽伦常，即为玄妙。”[②] 据此，“自心”即“性”，就是儒家以忠君孝亲为核心的伦常。彻悟的体现则是各安本分，笃守这些伦常。这种禅法，在禅宗史上，无以名之，暂称其为“雍正禅”。

总之，世宗直接干预禅宗内部事务，以帝王的身份扮成当代大宗师，消除禅宗叛逆者的成分，把它完全纳入服从和服务于王权需要的轨道。随着清政权的巩固，禅宗再也不能恢复自己独立的特色了。

清世宗在整顿禅宗和清理禅学的同时，积极支持宝华山如馨一系的南山律宗。雍正十二年（1734），诏文海福聚到北京，改悯忠寺为法源寺，支持这一派弘律传戒。禅宗对戒律天然轻视，这是由其基本教义决定的。整顿禅宗和扶植律宗，是世宗加强佛教管理的两个相互联系的重要措施。

四、佛教发展阶段和特点

清代佛教的发展演变可以分为两个阶段。第一阶段，世宗到高宗时期（1644—1795）的150年。在这一阶段，佛教沿着明末开辟的方向继续发展演变。同时，由于受到清王朝政治、经济和思想文化的制约，也不断修正前进方向，调整内部结构。总的说来，佛教还保持着相当规模，在社会上还产生相当大的影响。尤其是禅宗，还呈现出兴旺的发展势头。

第二阶段，从仁宗到清朝灭亡（1796—1911）110余年。在这一阶段，佛教逐步滑落到最衰落期。从仁宗（1796—1820）开始，随着清王朝的内忧外患进一步加剧，官方已经无暇顾及传统宗教，佛教自身也进一步衰落，许多寺院逐渐成了流民的藏身之地。太平天国运动时期，以天主教为号召，反对偶像崇拜，对佛教和道教

---

①《御选语录》卷十九。这八个王公大臣是：皇十六弟庄亲王爱月居士、皇十七弟果亲王自得居士、皇四子和硕宝亲王长春居士、皇五子和硕和亲王旭日居士、多罗平郡王福彭如心居士、大学士鄂尔泰坦然居士、大学士张玉澄怀居士、左都御史张照得天居士。

②《御选语录》卷十九。

都予以排斥和打击，以致僧尼星散、寺院遭受破坏。佛教的存在，表现为在寺院和民间广泛流行的名目繁多的各类佛教法事，例如瑜伽焰口、水陆道场、慈悲水忏、梁皇忏、大悲忏、金刚忏、打佛七等各类忏法活动。太平天国对佛教从下至上的扫荡，比“三武一宗”自上而下的打击和整顿影响更为深远。据太虚在《整理僧伽制度论》中估算，清末僧尼约有80万，但人数的多寡已经不能反映它在社会上的影响和作用。经过几重打击，佛教已经不能按照旧的形式存在下去了。虽然宗派的传承还可以追踪到，但是已经没有多大的意义。

总体观察，佛教在清代的发展演变呈现出几个较显著的特点：

其一，宗派意识有增强的趋势。

尽管袾宏、德清、真可和智旭被誉为“明末四大高僧”，他们的思想在清代佛教界颇具影响力，但是，他们淡化法系传承，消除门户壁垒的主张始终没有成为佛教界的主流认识。随着佛教内部各派思想融合进程的发展，在绝大多数情况下，门派之别或法系之别已经难于反映思想的分野，从两者之间已经很难找出其中的必然联系。但是，对于一般僧人而言，法系传承又是决定他们身份、地位以及赢得社会承认的重要因素，个别场合甚至关乎个人的进退荣辱。所以，在这一阶段，佛教内部对传承关系更为重视，在有些支派中还有强化的势头。除了禅宗、天台等宗派之外，律宗是一个更具特点的新例证。

其二，禅宗诸派依然保持着传法系统，在组织规模上始终是佛教的主体，但是他们的弘教传禅活动从活跃走向沉寂，禅学从多头发展、保持个性转向融合各种佛教思潮，并与其他教派逐渐趋同。这种消除个性的融合，也改变着佛教的整体面貌和内在精神。

明末山林禅宗复兴的浪潮在清代前期得到进一步发展，继续成为佛教的主体。就派系结构而言，临济宗系统最为兴盛，名僧辈出，以江浙等地为主要基地，其影响遍及全国，并分化出若干支派，分头弘化于南北各地，特别是弘化于此前禅宗发展相对薄弱的地区。同时，曹洞宗也有一定的发展，并且分化出有影响的几支。

就禅宗的思想而言，也开始发生分化。在佛学思想上，他们主张有选择地继承禅宗遗产，突出禅宗的固有的个性特征，或者推崇斗机锋、施棒喝，甚至呵佛骂祖，用极端狂放的手段表达自证自悟的教义，完全沿袭唐末五代的山林禅风；或者主张钻研公案语录，作拈古、颂古，继承北宋流行于禅林的禅风；或者以参究话头为唯一正确的证悟之途，沿着南宋宗杲开创的禅学道路前进。随着清王朝政权的巩固及社会安定，唐末五代的山林禅风和北宋的文字禅逐渐成为主流舆论批判的对象，特别经过世宗的清理，基本沉寂下去，而看话禅则与净土思想融合，继续盛行于禅林。

其三，西方净土信仰和各种救赎性质的佛事活动开始兴盛于佛教界，也成为在社会各阶层中最有影响力和号召力的佛教信仰和实践。

清代以前，流行于僧俗信徒中的净土信仰有许多种，其中禅宗的唯心净土也很盛行。但是，进入这一阶段，逐渐增多的净土修行者都接受来自传统弥陀经典的西方有相净土学说。专弘净土的宗师比以前任何时期都多，并且在实践上不断有创造，著名的净土道场及其结社组织也随之涌现。但是，虽然不断有后代弟子续编排定净土传承祖师的系谱，可净土依然没有演变为一个严格意义上的宗派。而西方净土法门在发展普及过程中，逐渐取代禅宗法门，成为佛教界最流行的思潮，同时为越来越多的社会民众所接受。西方净土在僧俗两界的盛行表明，人们重视佛力拯救甚于重视自力解脱。与此相联系，同样是寄希望于佛菩萨拯救的各种救赎性质的忏仪法会盛行于社会。

其四，教门各派义学开始进入全面衰落期，律宗形成一支严格意义上的宗派。

在这一阶段，佛教界始终没有形成学习、研究佛教经典，探讨佛教理论的风气，能谈得上对佛学有研究者已经寥若晨星。就佛教义学的总体情况而言，尚不能与明代末年相比，除了个别华严学者还保持某些特点之外，其余的义学门类就没有特点可言了。

接续明末律学多途发展的浪潮，如馨一系律宗兴盛起来。佛教各宗派中，在组织规模的宏大、法系传承的严整、社会影响的扩大等方面，能够超越前代的唯有律宗。只有到了这一时期，律宗才称得上是严格意义上的宗派。

第二节　清代禅宗四系及其弘教诸师

一、禅宗派系结构与基本特点

雍正干预禅宗内部事务，是清代禅宗史上的一个转折点。在此以前，新旧王朝更迭造成的社会动荡尚未完全平息，禅宗依然保持着明万历年以来持续高涨的势头。其突出表现是宗派势力发展，传播地区扩大，涌现出一批有影响的禅师，禅宗的典籍大量编制刊刻。雍正以后，禅宗明显衰落，尽管许多支派仍有严整的传承系统、有比较固定的传法基地、禅僧的数量继续有所增加，但思想既无创新，对社会的作用也大大缩小。禅宗的衰落，也是整个佛教衰落的标志。因为，佛教中再也没有崛起一个派别来替代禅宗。

清初禅宗，基本是明代末年兴起于江南的临济、曹洞两宗。临济宗下分天童系和盘山系，曹洞宗下分寿昌系和云门系，这四系构成了有清一代禅宗派系的主体。江南依旧是禅宗的重要基地，广东、福建在遗民的支持下，出现了超过“浙直佛地”的兴盛局面；福建还是禅宗向日本传播的主要口岸。而一部分能够迅速改变政治态度的江南禅师，受到清王朝的欢迎，北上京城地区传禅。相反，遭到流放的禅师，则在辽宁千山建起了新的禅学中心。以破山海明为代表的僧人，为躲避战乱，传禅巴蜀，使禅宗扩大到了川滇黔地区。

在新旧王朝更迭之际，禅宗内部的政治气氛也浓烈起来。一些禅师曾为挽救明王朝而奔走疾呼，与明遗民保持密切联系，曹洞宗的觉浪道盛和祖心函可是其中最著名的代表。而临济宗的憨璞性聪、玉林通琇、茆溪行森、木陈道忞等人，则是与清王朝合作的代表。禅僧在政治上的分化，给禅宗的宗派斗争增添了新的内容。

明末，禅僧强调有选择地继承佛教和禅宗的遗产，非经毁教，贬抑净土等思潮也一度盛行。清以后，逐渐强调“集大成”，要求不加区别地继承一切佛教遗产。“集大成”的理论和实践比北宋以来的“宗教一致”、“禅净兼修”等主张涵盖的内容要广泛得多，使禅宗与民间的佛教信仰完全融合。

清初关于禅学的论辩也很激烈，但争论的问题停留在对古禅师语录中个别语句和一些公案的理解上，理论意义微乎其微。清中叶以后，连这样的论战也不复存在了。清代前、中期禅宗僧人所面临的禅学问题，不是发展与创新的问题，而是用官方佛教对禅学进行改造、清洗的问题。这既适应民间佛教信仰的需要，也是帝王意志的体现。

这个时期编集的禅宗典籍相当多，除了大部头、多卷本的语录之外，还出现了多种禅宗灯史著作。这些灯史的特点是：多选集已有的史传，在传承关系上做文章。费隐通容于顺治十一年（1654）编成的《五灯严统》，即是其中的代表作。《五灯严统》25 卷，前 20 卷抄自《五灯会元》。此书在记述禅宗系谱方面有自己的观点：其一，承袭北宋慧洪以来的说法，将云门、法眼两宗定为南岳怀让一系；其二，把曹洞宗无明慧经一系列为嗣法未详。慧经一系是清初禅宗四大系之一，著名禅师很多，因此，激起曹洞宗僧人的强烈不满。一些禅师围绕《五灯严统》展开了激烈辩论，论著不少，但中心问题不过是考证天皇道悟与天王道悟的真伪与传承，论证无明慧经一系是否曹洞正脉等。此外的灯史僧传还有超永编的《五灯全书》120卷、本晳编的《宗门宝积录》93卷、性统的《续灯正统》42卷、净符的《祖灯大统》18卷、通顺的《续灯存稿》12卷、道忞的《禅灯世谱》9卷、纪荫的《宗统编年》32卷。另外，通醉的《锦灯世灯》20卷、如纯的《黔南会灯录》8卷，属于禅宗的地区史传，价值较高。

清代前期，不少有重大影响的士大夫归依佛教，如宋文森（？—1702）、毕奇（？—1708）、方以智（1611—1671）、黄宗羲（1610—1695）、周梦颜（1656—1739）、彭绍升（1740—1796）、罗有高（1734—1779）、汪缙（1725—1792）等。他们研习佛教经典（包括禅宗语录），编撰和注释的著作，既有弘扬禅宗的，也有弘扬其他宗派的。他们接受的佛教，有禅也有净土。从他们身上，可以看到禅学在士大夫阶层中的影响和地位已经下降。

清代临济宗僧人多出自密云圆悟和天隐圆修两系，前者习称天童系，后者习称盘山系。在顺治、康熙年间，天童系的著名禅师较多，影响较大。雍正之后，盘山系的影响超过天童系，成为清代临济宗的代表。

二、密云圆悟的弟子与天童系

密云圆悟认可的12个传法弟子，分别活跃于明末清初，在南北各地弘教传禅，都有一定的知名度，而以木陈道忞、汉月法藏、费隐通容和破山海明四支为最。

道忞（1596—1674），字木陈，号梦隐，俗姓林，广东潮阳人。早年习儒，出家后随圆悟习禅。崇祯十五年（1642），继圆悟住持天童寺，后在浙江住持过多处大寺院。顺治十六年（1659）九月，应诏进京，受赐“弘觉禅师”号。此后历游各地，到处宣扬他与顺治的问答机缘，号召归顺新朝，在佛教内外产生了不小影响。他的弟子显权等编《天童弘觉忞禅师语录》20卷，真朴等编《天童弘觉忞禅师北游集》6卷，汇集了他的言行和部分著述。

顺治十六年十月十五日，道忞在奉旨说法时指出：

遇川广人与他说川广底话，遇闽浙人与他说闽浙底话，遇江淮人与他说江淮底话，遇长安人与他说长安话，方可谓之我为法王，于法自在。何故？人居大国方为贵，水到沧溟彻底清。①

意思很清楚：人要成为自己的主人，在世界上取得自由，就要见什么人说什么话，识时务者为俊杰，当时就是要投靠“大国”。“居大国方为贵”是其独创，佛教传统上只有居“中国”为贵之说。所谓“大国”，不言而喻是指大清国。相比之下，南明的许多小朝廷和其他抗清组织，确实是微不足道。

道忞在宣传自己与世祖的问答机缘过程中，不允许任何人对自己的言论提出异议，不管提意见者的主观动机如何，他都拒绝接受。徐昌治曾记录了他亲身经历的一件事：

上（指清世祖）云：孔孟之学，又且何如？老人（指道忞）云：《中庸》说心性而归之天人命，与老庄大人段皆同。予（指徐昌治）因众议稍窒，致书老人，乞将“段皆”二字，易“不相”二字，便见孔孟与老庄大不相同。老人复书不纳。②

作为圆悟一系的俗家弟子，徐昌治并不是有意攻击道忞，而是在“众议稍窒”之后才和道忞讨论问题的。

道忞露骨地颂扬清王朝，把禅学导入维护新统治者的政治轨道，受到一些参禅士大夫和禅僧的抨击。他的高傲态度，不仅令士人和禅僧望而生畏，增加了对立情绪，后来连雍正也对他表示不满。破山海明是他的师兄，同是圆悟认可的嗣法弟子，竟致函道忞，请示天童法道，说：“遣丈雪（指海明弟子丈雪通醉）与先师（指密云圆悟）扫塔，第不知天童法道是何人主持？尚未修候，罪多如发……愚兄年迈，只可填沟塞壑……何如贤弟佳声，播扬海外。吾师道脉，诚不虚印。”③ 这些表面上十分恭谨的言词背后，掩饰不住的是又恨又怕的情绪，在当时的禅僧中，也是有普遍性的。

汉月法藏一系，原以弟子众多、门叶繁荣著称，其中，具德弘礼（1600—1667）、继起弘储（1605—1672）与法藏一起，人称“佛法僧三宝”。弘礼曾常住

①《天童弘觉忞禅师北游集》卷一。

②《天依道人录》卷下。

③《破山禅师语录》卷十二。

杭州灵隐寺，座下常逾万人，有不少明代遗老及其子弟从其剃发出家，如晦山戒显、硕揆原志等。弘储常住苏州灵岩崇报寺，江浙有很多南明和福王臣属作弟子，其中金赋原直住湖南的衡山和德山，楚奕原豫住湖南云盖山，有较大影响，于是法藏一系扩展到湖南，势力稳步增长。由于雍正的严酷打击，法藏一系被明令取缔。

费隐通容一系，主要在福建活动。通容（1593—1661），先后住持过浙江石门的福严寺和福建黄檗山，门人中不少出生于福建并在当地传禅，最著名的是云门亘信和隐元隆琦。亘信（1603—1659），传禅于闽南，其弟子有如幻超弘和南山超元等人，分别住持福州和泉州一带的寺院。

隐元隆琦（1592—1673），福建福清人，俗姓林。1620 年出家后，长期游学南北各地，听讲《涅槃》、《法华》和《楞严》等经。曾慕名求学于圆悟，不久投到通容门下。曾应请住持黄檗山万福禅寺、崇德县福岩禅地、长乐龙泉禅寺等。顺治十一年（1654），应日本长崎僧人之请，赴日本传禅弘教，1673 年卒于日本。著有《云涛集》1 卷。海宁等编有《隐元禅师语录》16 卷。

隆琦并不反对禅僧学习经典，但对当时“讲席混滥”的情况不满，认为：“经中实乃径路，直示人要，行则到家矣，不行，听到驴年亦无益。”[①] 在教禅关系上，他主张最终要落实到禅行上。

对待净土信仰，隆琦坚持禅宗的唯心净土说，以“心”的染净作为衡量净土世界的标准：“念不净不往极乐，心不染不来娑婆，娑婆极乐，只在当人心念染净之间矣。”[②] 对当时盛行的念佛求生净土的风气作出让步，认为修行净土的念佛法门也是返照自心见佛的“一线”通路。

隆琦特别推重《禅林宝训》，曾让弟子玄生重刻此书，以“急救像季之流弊，摧邪扶正，恢复上古之真宗”。他认为：“此书盛行于江北，大著于吴中，而闽粤师僧十有八九莫之见闻。欲其禅林之振，法道之隆，讵可得乎！”[③]《禅林宝训》汇集宋代禅师语录三百条，主要是论述禅僧的道德修养。隆琦弘扬此书，反映了他对加强禅僧道德的重视。

福建沿海一带与日本商业来往较多，而日本长崎居住着中国商人，其中不乏禅

①《隐元禅师语录》卷十。
②《隐元禅师语录》卷十一。
③《隐元禅师语录》卷十六。

宗的信奉者。隆琦应请去日本传禅之前，充分考虑到“彼此各土，语言、礼节、佛法、人情恐不贯通，而见责于方外，则进退两难矣”，[1] 所以有充分的思想准备，保证了他的成功。顺治十一年（1654）东渡后，他先后在长崎、江户和京都等地传禅，受到下层民众和僧人的欢迎，也得到日本官方的支持。隆琦在京都北宇治受赐的土地上建黄檗山万福寺，由此开创了日本的黄檗宗。

三、破山海明与川滇黔禅学

明末清初，兴盛于江浙一带的禅宗逐渐影响于巴蜀地区，那里沉寂了数百年的禅学重新兴起，并波及贵州、云南等地，在一定程度上推动了川滇黔佛教的结构变化。开创这一局面的，始于圆悟的弟子破山海明。

1. 海明在巴蜀的影响

海明（1597—1666），号破山，四川顺庆府大竹县人，俗姓蹇。19 岁，在本郡佛恩寺随大持律师出家。第二年，转到延福寺从慧然法师习《楞严经》。因不满足慧然的解释，离开四川，于万历四十七年（1619）至黄梅破头山，研习禅宗语录 3 年，并效法元初高峰原妙的修禅方式，以习禅 7 日为限，获得证悟。

从天启二年到五年（1622—1625），海明游历江浙一带禅林，先后求教于憨山德清、无异元来、雪峤圆信、湛然圆澄、密云圆悟等禅师。天启六年（1626），再度到金粟山见圆悟，任维那职。次年，圆悟“书曹溪正脉来源一纸，并信金”[2] 交付海明，承认了他的嗣法资格。至崇祯元年（1628），海明应请住持嘉禾东塔广福禅寺三年，“远近观光，罔不悦服，道风遂大振于江南”[3]。崇祯六年（1633），返巴蜀，住持梁山县（四川梁平）万峰山太平禅寺。海明一生住持大小寺院 14 处，以在梁山时间最长。关于他的言行，其弟子印正等编有《破山禅师语录》20 卷。

海明在巴蜀传禅三十余年，无论在佛教界还是社会上都产生了广泛影响。在梁山双桂禅寺时，“朝参暮请之众盈万指而有余”。在 70 岁生日时，“道俗集庆者万有余指”。顺治十七年（1660），“峨眉诸刹名宿思聆法音”，请他赴峨眉山，他以“衰病不能跋涉”为由谢绝，于是“峨眉高志之辈，皆接踵而来，朝夕磨砺。师施

①《隐元禅师语录》卷十二。

②《双桂破山明禅师年谱》。

③《破山明和尚行状》。

以本色钳锤，均有深省”①。

自崇祯十三年（1640）张献忠攻占四川，巴蜀就成了战乱不息的地方。甲申（1644）以后，自荆襄以西，更是大西残部、明流亡政府和清军三股力量角逐之处，一直扩展到川贵云和中缅边境。焚杀之残酷、你亡之惨烈，与东南遥相照应，惨绝人寰。人们纷纷向深山逃难，促使禅宗骤然繁盛。海明本人的立场不甚清楚，似乎曾在起义队伍中住过。据《破山明禅师塔铭》记：

> 甲申以来，刀兵横起，杀人如麻。有李鹞子者，残忍好杀，师寓营中，和光同尘，委曲开导。李一日劝师食肉，师曰：“公不杀人，我便食肉。”李笑而从命。于是暴怒之下，多所全活……然自此人目师为酒肉僧。反有藉师为口实者，师以救生为卫法之苦心，甚不得已也。

从这里看不出他是被胁迫寓于军营的。但以后他又赞扬清廷对起义军的进剿。顺治十六年（1659），“李制台出师夔关，耑书问道，师复书最详，更赠以偈，有‘重开巴国苏民困，再造夔关起世贤’之句。李览大悦志，拟旋师躬亲法座”。② 李制台指清川陕总都李国英。夔东十三军是张献忠的最后残部，李国英献策清军会剿，夔州首当其冲，海明所住之梁山，即属夔州府辖。

关于海明如何进入起义军，又为何把“苏民困”、“起世贤”的希望寄托到清军身上，不得而知，但他受到本地民众和清官僚的欢迎，则较明显。他对禅宗在巴蜀的复兴，起了促进作用。当时有人指出：

> 盖西川自宋圆悟、大随而后，少室纲宗久矣绝响，人皆习为讲诵。师一提最上极则之事，远近瞻风，心怀畏爱，道望又于是乎大著矣。③

两宋之际，圆悟克勤曾几度住持成都昭觉寺，联系颂古，评唱公案，吸引了不少僧俗，并影响全国，开创了巴蜀禅宗又一个辉煌时期。由于海明扭转了“讲习”的风气，使禅学重光，所以当时人们把海明比作克勤的再世。在巴蜀之外，海明也被视为禅学正宗。吏部尚书郎牟遂延，是四川籍官僚，曾奉差住金陵，乐于参禅。

①《双桂破山明禅师年谱》。
②《双桂破山明禅师年谱》。
③《破山明和尚行状》。

海明的同门朝宗和尚告诉他："天童衣钵正在破山，归而求之，何用它觅？"① 牟以后回归巴蜀，大力扶植海明的传禅活动。

2. 海明的"棒打"和禅净教戒的统一

海明在启悟参禅方面，突出地表现出密云圆悟的风格。根据他的弟子追述：

> 凡师开法席处，众集如云，久参初进，绝不以词色稍为宽假，唯拈白棒，据令而行……复不问来机利钝，器量浅深，皆本分钳锤。若拟议而不能顿领，并倔强而妄为低昂，必以痛棒棒到底，直要逼得生蛇化龙。②

海明自己也说过："万竹山中无剩言，拟开口处便还拳，连连打彻自家底，胜过诸方五味禅。"③ 禅宗以"棒打"启悟禅众，到海明算是最后的终结。从五代到明清交替，禅僧大部分行之于战乱年代的深山老林、穷乡僻壤，目的在使徒众缄默寡语，少逞机锋，以维护禅群体的稳定和安宁。

与此相应，海明把看话禅与净、教、戒协调为一，也是要佛徒循规蹈矩，不要在佛教内外挑动事端的意思，这集中反映在他的《学道四箴》中：

> 念佛一声，漱口三日，若不念佛，如水浸石。打鱼念经，经且是路，若不修行，如风过树。戒急乘缓，乘急戒缓，若不持犯，如鸡卜卵。一句话头，击涂毒鼓，若不因循，如猫捕鼠。

此中涉及的问题是：

第一，参禅与念佛。海明认为这是两个并列的方便法门："夫佛祖方便固多，要之不出两种，则禅、佛是也。信得参禅，及立志参禅；信得念佛，及立志念佛。虽顿渐不同，出生死心一也。"④ 他的理由同他的前辈们相同，都是把二者统一在"心"上，所谓"参禅念佛，本是一个道理，念佛念此心也，参禅参此心也"⑤。

然而，海明所指的"参禅"，主要指参究话头。他示学者说："初用心处，先体取念佛的是谁，单在谁字上著力，岁久月深，筑著磕著，合得此个道理，始知

①《双桂破山明禅师年谱》。

②《破山明和尚行状》。

③《破山明禅师语录》卷十四。

④《破山明禅师语录》卷六。

⑤《破山明禅师语录》卷九。

‘念佛一声，漱口三日’。”①

提倡参究“念佛的是谁”，源于云栖袾宏，海明是把念佛与参究话头统一起来，付诸修持实践，只有这样才能理解“念佛一声，漱口三日”这一看来是否定念佛之语的真谛（指无我）。从这个意义上说，“若不念佛，如水浸石”。

第二，参禅与学教。海明认为，这也是可以并存的两个法门：

> 参禅学教二法门，有深有浅，然深者禅，浅者教。但形方语，即粗相分，皆教也；若达教之了义即禅，亦是如来禅，非祖师禅也。②

海明赞同禅教一致，甚至认为，“若达教之了义即禅”。然而，这里的禅是“如来禅”，即佛教经典所讲到的禅，而不是“祖师禅”，即由慧能传承下来的禅，实际上还是把经教与禅宗划上了一条界限。海明奉行的棒喝和看话头，在经教中都找不到根据，但他没有特别强调祖师禅与如来禅的差别，也是模糊矛盾的一种做法。因此，他所谓的“若不修行，如风过树”，也不排斥按经教规定的修行。

第三，参禅与持戒。海明把持戒和参禅看作二门，其前提是将戒的本体归于“一心”。他说：

> 佛说波罗提木叉，是名十重，四十八轻，此戒差等，大小乘是也。若论本，总归一心。一心不生，万法无咎。无戒不持，无心不一，此乃真圆大戒总持也。③

以“一心”为戒体，属禅家律学通论；以“一心不生”为持戒的最高体现，也是禅家常说。但据此而倡“无戒不持”，不是用修禅取代持戒，而是说明他是极看重戒律的禅师。但他又说：

> 修行戒为本，参禅悟为极，唯此二门，余则方便多门也。毕竟如何得入？驴拣干处尿，羊择湿处屙。④

把持戒与参禅作为两个虽然并列，却有不同分工的法门，并用“驴拣干处尿，羊择湿处屙”的譬喻，为证悟者提一个可以灵活掌握的原则，等于为某些参禅者打开一

①《破山明禅师训录》卷九。
②《破山明禅师语录》卷十一。
③《破山明禅师语录》卷九。
④《破山明禅师语录》卷八。

扇可以践踏戒律的方便之门。他本人吃肉喝酒，被视为“酒肉僧”就是一例。

第四，参究话头。海明提倡的参禅，主要指话头禅，所谓“一句话头，击涂毒鼓”，看话头位列诸禅之首。他认为对此应该坚信不疑，有人参究话头一事无成，在于其自身“心志之不善”，并不是话头禅有什么问题。

与此同时，海明强调“话头”只是一种方便设施，而不是凝固不变的实体。他说：

> 若是一定有话头与人参，有实法与人会，则达磨初祖不知担几许话头来，迄今也是有尽。山僧每对学人言，遇境生疑，逢缘理会，甚是捷当，甚是至要。①

意思是说，日常所遇到的任何事物，都可以当作话头去参，而不必因循株守某些不变的公案语句。所以说“若不因循，如猫捕鼠”，随处可以捕捉到起“疑”会“理”的材料。

以上海明的种种观点，不出江南禅宗的主流范围。他对于后来的影响，主要是将参禅与净土、经教、持戒四者在看话禅上的统一。所谓禅净教戒，直到近现代还相当流行。相反，他的“痛棒到底”，却再也没有知名的继承者了。

3. 海明一系的传播

海明与其师圆悟一样，十分重视扩大本派的组织规模，前后“剃度弟子印开等凡百余人，嗣法弟子八十七人，南北分化，各振家声”②。时人评论说：“西来一宗，自天童（指密云圆悟）中兴，济上儿孙遍天下，可谓盛矣。然未有如双桂（指破山海明）之尤超于诸方也。”③

海明承认八十七人为他的嗣法者，在明清之际的确少见，其杂滥是不可避免的。后来有人辩解说：“师随其一知半解，辄有付嘱焉。或疑付法太滥，而不知师于此又有深心也。盖佛法下衰，狂禅满地，倘一味竣拒，彼必折而趋邪师，以传法为卫法之苦心，甚不得已者也。”④ 此话说得直白一些，就是为了扩大自己的宗派势力，不得不然。这些弟子中，比较著名的是丈雪通醉、象崖性挺和莲月印正。

丈雪通醉（1610—1693），曾在贵州、陕西、浙江、四川等地住持过多处寺院，

---

①《破山明禅师语录》卷六。

②《双桂破山明禅师年谱》。

③《象崖挺禅师语录序》。

④《破山明禅师塔铭》。

特别是在成都昭觉寺时，吸引了各地不少参禅者。关于他的言行，其弟子彻纲等编有《昭觉丈雪醉禅师语录》10卷。他的另一弟子月幢彻了，在云南昆明和贵州安顺一带传禅，是通醉门下影响最大的人物。还有一个弟子懒石觉聆，在云南商山禅院弘禅。

象崖性挺（1598—1651），福州福清人，19岁出家，从无异元来、密云圆悟习禅，后投到海明门下，并随之入蜀。自崇祯七年（1634）起，在四川和贵州等地住持过7处寺院。其弟子编有《象崖挺禅师语录》7卷。知名弟子有云腹道智（1612—1673）。道智及其门徒也主要活动在川黔一带。

莲月印正被海明称为"却是老僧一个放心的人"，曾在贵州遵义、四川南充和湖北当阳等地住持寺院。关于他的言行，其弟子性容等编有《莲月禅师语录》6卷、发慧等编有《玉泉莲月正禅师语录》。

清初的川黔滇地区，是全国抗清力量最强、坚持时间最久的地区之一，也是兵荒马乱、社会动荡最大的地区之一，海明禅系能在这里得到迅速的发展，显然与这种形势有关。清中叶以后，这个禅系仍绵延不绝。

四、玉林通琇与盘山系

清初，天隐圆修一系的影响不及密云圆悟，但到中叶以后，圆修一系成了临济宗最重要的一派。

盘山系创自圆修的弟子箬庵通问和玉林通琇。箬庵通问（？—1655），住持过杭州理安寺，而镇江金山则是他的重要基地。通问的弟子天竺行珍递传梦庵格、迦陵性音等，在清初有一定影响。通问的另一弟子铁舟行海递传乳超乐、量闻明诠、月潭明连、大晓实彻。大晓实彻将本为律寺的常州天宁寺改为禅院，使它成为知名度很高的丛林。实彻的弟子天涛际云和纳川际海也各有传承，连绵不绝。

玉林通琇下分美发淳和栖云岳两支，栖云岳递传南谷颖、灵鹫诚、天慧实彻、了凡际圣、昭月了贞、宝林达珍等，使扬州高旻寺成为禅宗重要寺院。清中叶以后，金山、天宁和高旻既是盘山系的主要寺院，也是禅宗在江南最有声望的丛林。

盘山系尽管有比较严整的传承法系，有比较稳定的禅院，但在雍正以后禅宗日趋衰落的总趋势下，也没有更多的作为。此系的代表人物，首推清初的通琇。

通琇（1614—1657），字玉林，俗姓杨，常州江阴县（今江苏江阴）人。出家前接触过禅学，而信仰净土。19岁随天隐圆修出家。崇祯九年（1636），继圆修住湖州报恩寺（在浙江吴兴县），经营8年，使这个残破的寺院“殿堂寮舍、僧园物务，以悉周备”[1]。他主要是通过化缘，由官僚富豪布施而扩建寺院、购买田产。当时，他还只是个青年，但已是“数千指日环拥参请”。

顺治二年（1645），通琇令弟子代管报恩寺，自己到江南各地游历，先后住过浙江的大雄山、江苏常熟的虞山、宜山的龙池山和盘山等，影响逐步扩大。顺治十六年（1659），应诏进京，住万善殿，先后奉旨“请上堂者四”。这也成为通琇禅系的转折点。

通琇与顺治的交谈、应对谨慎而善巧，他总是接着这位皇帝的问话谈禅，从不对政治问题发表意见。“上如不闻，则不敢强对，语不及古今政治得失、人物臧否，唯以第一义谛启沃圣心。”[2] 他对于顺治接受禅思想可能有影响，所以顺治称赞他“实获我心，深契予志”[3]。当年四月，通琇离京南返。顺治十七年（1660），再次蒙召，受“大觉普济能仁国师”号。次年，顺治去世，通琇即南归。

通琇两次进京，受到清王朝的褒奖，成为全国知名禅师。此后，他一直活动在江浙一带，晚年曾住持过浙江的西天目山和江苏宜兴的国山。

宜兴国山有善权寺，内有幻有正传剃度师乐庵的塔。康熙元年（1662），曹洞宗禅师百愚净斯来此重修寺院，并将本宗亡僧遗骨藏入乐庵塔内，引起临济宗僧人不满。康熙十二年（1673），通琇在宜兴官僚的支持下，进住善权寺，赶走了曹洞宗僧人，然后交弟子白松行奉住持，自己回浙江。就是这样一件事，触发了两家的争斗。

行奉住持善权寺后，曾企图占居寺侧的陈家祠堂，与陈氏家族发生矛盾。此时“三藩[4]叛乱，乘机盗劫者充斥宜兴”[5]。康熙十三年（1674）九月，陈氏家族聚众火烧善权寺（有说是受净斯弟子寒松智操的唆使），杀死几十名僧人，行奉也丧命寺中。当“王师至已”，“诸处叛寇”“皆鼠窜”之后，清王朝在这里恢复了统治，陈氏家族受到镇压；“唆使”陈氏的净斯弟子寒松智操等曹洞宗僧人，其结果可想

---

①《大觉普济能仁国师年谱》。

②《大觉普济能仁国师年谱》。

③《玉林禅师语录》卷首《玉音五道》。

④“三藩叛乱”指康熙十二年底（1673年初），吴三桂、耿精忠、尚可喜分别于滇、黔、粤、闽等地发动的反清叛乱，同民众对清统治不满的民族情绪相呼应，一时震动整个江南地区。

⑤《大觉普济能仁国师年谱》。

而知。于是通琇一系重新得势。据此，关于争夺善权寺的斗争，有当时特殊政治背景，是很明显的，但在宗派思想上，通琇与净斯二系也确有分歧。

据通琇一系传说，通琇早年曾作《辩魔录》，“乃痛斥弁山瑞公（湛然圆澄的弟子瑞白明雪）断常邪见”，由是结怨于明雪的弟子百愚净斯，争夺善权寺只是两家冲突的集中表现。然而宗派主义发展到如此酷烈的程度，在禅宗史上是不多见的。

通琇一生以好辩著称，所谓“自幼而壮，自壮而老，无时无刻不力辩”①。《辩魔录》洋洋数万言，作于28岁。他通过批驳当时禅僧时对高峰原妙一生“悟道”事迹的种种解释，阐述自己的观点。其中反响最大的是有关“拖死尸句子”的解释：

> 时诸方共论高峰祖……而祖始终悟道因缘，灼知落处者稀。……至有以昭昭灵灵，认识为心之妄见，配合祖打破拖死尸句子，直得虚空粉碎，大地平沉之悟，谓之有主初进步。②

高峰原妙似乎成为禅僧议论的话题。据原妙自述，他早年参访雪岩祖钦，一进门，祖钦便问：“阿谁与你拖个死尸来？”原妙未及回答，祖钦便打。如此一问便打，反复多次，原妙始终不知所以然。时过很久，原妙偶然见五祖法演遗像，“蓦然触发日前仰山老和尚（指祖钦）问拖死尸句子，直得虚空粉碎，大地平沉，物我俱忘，如镜照境，百丈野狐，狗子佛性，青州布衫，女子出定话，从头密举验之，无不了了，般若妙用，信不诬矣”③。由法演的遗像而悟解祖钦的机用，从而密验一切祖师公案话头，这灵感联想是怎么形成的，属不可言传领域。但原妙所证悟的，其实就是以“物我俱忘”为中心的般若空观，则十分清楚。

在通琇之前，多数禅师认为原妙的这一证悟，只是“有主初进步”，是悟的初级阶段，与最高的悟境无关。通琇反驳这种见解说：“禅必以虚空粉碎，绝后再苏为正悟，悟后必须透脱末后牢关，方可出世为人。”④“虚空粉碎”指心境空寂，由心境空寂形成认识上的空观，即是“绝后再苏”。从空寂的体验到空的观念，都是

①《大觉普济能仁国师年谱》。
②《大觉普济能仁国师年谱》。
③《高峰和尚禅要·开堂普说》。
④《大觉普济能仁国师年谱》。

"正悟"，而"正悟"之后，还必须"透脱末后牢关"，即"悟后重疑"。只有解决像历代公案类的问题，才能将空寂之心贯彻到现实生活的一切方面，"出世为人"。因此，悟不是一次完成的，不能以"一悟为休"；但悟也不是分裂的，不能把"虚空粉碎"的心境看成非悟。

由于《辩魔录》批驳的禅师很多，不仅受到曹洞宗僧人的反对，也受到临济宗僧人的指责。密云圆悟即致书责难，尤其"不肯不肖以高峰打破拖死尸句子为悟"①。后圆悟再著论反驳，说："时有谓师（指通琇）下视诸方，讥呵当世；又亦以高峰祖打破拖尸句子，'直得虚空粉碎，大地平沉'为非悟，左袒邪说，以诬祖及师。故是夏复出《判魔直笔》。"②

参加此类争论的禅师尽管很多，且喋喋不休，但涉及的问题多属细枝末节，并没有产生什么新的禅学。然而，这也是禅宗史上最后一次较大的禅学活跃期。清中叶以后，连这样的禅学辩论也消失了。

通琇对修禅和读书的关系，有一套别致的规定。据记载：

> 师自出世以来，大事未明者，唯专一参究，内外典籍，概不许私阅。时有僧于藏堂请《碧岩集》，执事呈白，师特小参重为申戒云：……好大哥，直绝根源，尚迂曲、录枝摘叶，复何如？③

但这不是说他反对读书。他引"古德"的话说："通宗不通教，开口便乱道。"④ 不读经教是不行的。他强调的是证悟，"未明大事"，读书会走入"邪魔"；悟后不读书，就会胡说八道。因此，他要求读书的目的明确，读什么书要有次序：

> 看书当先究明诸家宗旨，次及诸祖语录。宗旨洞明，语录遍览，方可看教。如来禅、祖师禅，无不了了，方可涉历外典。若躐等趋末，不尊吾训，后日悔之何及。从上纲宗及一切公案，不可笼统会去，须是著著透露，知古人说不到处，自出得手眼，方是看得语录之人。⑤

---

①《玉林禅师语录》卷十一。

②《大觉普济能仁国师年谱》。

③《大觉普济能仁国师年谱》。

④《玉林禅师语录》卷七。

⑤《玉林禅师语录》卷七。

这种读书方法，无疑是要把学子禁锢在特定的思想框架内，但他同时又让人们在这个框架内博览内外群书，作为护法和创造的手段，“自出得手眼”，则比当时庸碌守旧的禅师要高明得多。这种禅教育思想，直接影响了近现代佛家教育，对推动佛教适应社会的发展有积极影响。

通琇的嗣法弟子 29 人，其中茆溪行森也曾得到清世祖的诏见。清中叶以后，通琇的法系均出自栖云岳和美发淳。

五、云门系与寿昌系简况

清代曹洞宗僧人多出自湛然圆澄和无明慧经门下，前者习称云门系，后者习称寿昌系。

湛然圆澄在江南弘教传禅 20 年，门下弟子众多，支派繁盛，可以与临济宗的天童系相比。其中三宜明盂（1599—1665），从“癸未至丁亥（1643—1647）五年，度僧累千百人，秉戒者数千人，请益者万人，开悟者数十百人”。他很注重讲经，认为：“吾耻近世禅者高心空腹，不明一经，故劳劳讲席，实不得已。他人以语言目我，失之矣。”① 事实上，讲经是当时禅僧中的一种风气，不完全是“不得已”。明盂有《语录》12 卷、《杂著》20 卷；弟子中有“传法者三十人，传衣者二十人”，佷亭净挺、西遁净超等知名。

瑞白明雪（1564—1641）一支在云门系中影响较大，流传时间最长。明雪的知名弟子元洁净莹（1612—1672）在江浙一带住持过多处寺院，嗣法弟子 43 人。他批评临济宗天童系僧人作禅宗史书，“翻乱青原南岳以下统系”，遵照其师“拔剑相助”的指示，“依《龙藏》五宗世系而正之”②，作《传灯世谱》，得到余大成等人的支持。明雪的另一弟子百愚净斯（1610—1665），南阳人。21 岁出家，次年具戒，历游江南各地。32 岁嗣法明雪，在江浙一带住持过 8 处寺院，“凡所至地，数千衲子，而糗粮自充，师名振珠林”③。关于他的言行，有智操等编的《百愚斯禅师语录》20 卷；另有诗集《蔓堂集》4 卷，乃方拱乾编选。弟子有寒松智操等 42 人。后来传承不明。

---

①《云溪佷亭挺禅师语录》所收《愚庵先和尚行实》。

②《元洁莹禅师语录》卷十。

③《百愚斯大禅师塔志铭》。

明雪门下还有破暗净灯及其弟子古樵智先，先后住金山定慧寺，金山遂成为曹洞宗云门系的重要基地，直到清后仍传承不断。

寿昌系分为三支，即慧经的弟子博山元来、鼓山元贤和晦台元镜。元来的知名弟子有长庆道独、雪礀道奉、古航道舟、星朗道雄和嵩乳道密等人。其中，出自嵩乳道密（1589—1658）的传承延续到清中叶。长庆道独（1600—1661）曾在广东罗浮、福建雁湖等地传禅，晚年住持广州海幢寺，使之成为以后曹洞宗的一个稳定基地。他的弟子天然函罡和祖心函可，人称粤中两个“怪杰”。

六、天然函罡与祖心函可

函罡（1608—1685），字丽中，号天然，出身于番禺望族，俗姓曾。崇祯癸酉（1633）举人，次年跟从道独出家。从崇祯十五年（1642）开始，先后住持过8处寺院。“丙戌（1646）清兵入粤，明诸王孙多见疑被戮，尸横于野，师遍拾骸骨，别建冢以瘗之。”[①]《粤东遗民传》称：“函罡虽处方外，仍以忠孝廉节垂示，每于死生去就多受其益。”因此，他特别受到明末遗民的归依，信众日多。“吾粤向来罕信宗乘，自师提持向上，缙绅逢掖执弟子礼，问道不下数千人。”[②] 函罡也重视经教，曾注疏《楞伽》、《楞严》、《金刚》等经。其弟子今辩重编《庐山天然禅师语录》12卷。

函罡的知名弟子多是明代遗老。他少年在俗之时，曾与番禺李云经等结净社，后来李云龙随函罡出家，法名今从。万历朝的名臣金堡，亦投在门下，法名今释。另有今地，原为大学士李永茂之弟，舍丹霞旧宅为寺，由今释住持。今释所撰《遍行堂集》，即收藏于丹霞寺。至乾隆四十年（1775），因此书被发觉而引发了一场有名的文字狱，传说此狱株连寺僧500余人。

今无（1633—1682），番禺人，俗姓万。16岁随函罡出家，22岁到千山参访函可，3年后返广州。康熙元年（1662）起，继住广州海幢寺，习禅者“动数千指”，“开戒一十三年，所度缁白徒众一千七百余人”。今无也曾游江南，广交士大夫，“与王公为莫逆交”[③]。

①《本师天然？和尚行状》。

②《本师天然？和尚行状》。

③上引均见《海幢阿字无禅师语录》所附《行状》。

函可（1611—1659），字祖心，号剩人，惠州博罗人，俗姓韩。其父是万历年间进士，官至礼部尚书。29 岁父死家败，被迫出家为僧。曾游庐山等地习禅，后至罗浮参见道独，与函罡一直要好。当他听到“甲申之变，悲恸形辞色”；听说“江南复立新主”，拟去投奔。顺治二年，函可在金陵被捕[①]，被施以酷刑后押送京城，不久被流放千山（辽宁鞍山市东南）。他的 3 个弟弟皆以抗节死，他的叔叔、从兄、侄子等 4 人抗清战败死，姊妹、弟媳、仆婢等从死者甚众。

禅宗在辽宁地区始终没有传承，这是中国佛教史上的一件奇事。当地喇嘛说：“禅宗针锤未及于遐方……空闻法眼流入朝鲜，杳然绝响，岂本性果分南北，由大事实待因缘。”[②] 函可到千山传禅，算是给这个地区带来了“大事因缘”。他以谴谪的明臣为核心，建冰天诗社，有 33 人，经常聚集在他身边的僧人有 500 到 700 人；他还与在岭南的函罡保持密切联系，函罡曾遣今无通问。时人称他一生，“七坐道场，全提直指，绝塞罕闻，称佛出世”[③]。

函可因身经家国惨变，虽居世外，依然痛苦难堪，有诗云：“地上反奄奄，地下多生气。”有时他也自我安慰：“努力事前路，勿为儿女悲。”因此，他的禅法多半是为解悲消愁，为僧俗们讲解公案和经典，指导参究话头，与立志开拓禅宗新领域的宗师们自是不同。加上辽宁禅宗本无根基，所以他的影响范围是十分有限的。

七、为霖道霈与民间佛教

鼓山元贤没有认可大量嗣法人，直到临终才肯定为霖道霈为继承人。道霈递传惟静道安、恒涛大心、圆玉兴五、象先法印、淡然法文等，一直流传到 19 世纪中叶。

道霈（1615—1688），字为霖，自号旅泊、非家叟，建宁建安（今福建建瓯）人，俗姓丁。家庭世代奉佛，14 岁进寺院，第二年出家。先投闻谷广印，请教“出生死路头”，“老人授以念佛毕竟成佛之说，遂谛信不疑”。崇祯七年（1634），到鼓山见元贤，参禅四年，未有收获，又“经历诸讲肆凡五年，《法华》、《楞严》、《维摩》、《圆觉》、《起信》、《唯识》及台贤性相大旨，无不通贯”。此后，再随元

①据《粤东遗民传》，函可被捕的罪名是在弘光被俘时“新见诸臣死事，纪为私史”。

②《千山剩人禅师语录》卷首。

③《重梓千山和尚语录序》。

贤习禅，研习经教，并与老母“同修净业”五年。顺治十四年（1657），元贤命他继住鼓山禅寺。自此，道霈以宗师身份弘教，共十四年，“座下常绕五千指”①。康熙十年（1671），出外游历，“杖锡所至，即成丛林”②。康熙二十三年（1684），重返鼓山，直至逝世。

道霈一生著述颇多，自云：

余在鼓山有《秉拂录》一卷，《鼓山录》六卷，《餐香录》八卷，《还山录》四卷；在温陵有《开元录》一卷；在玉融有《灵石录》一卷；在建州有《旅泊庵稿》六卷，《法会录》三卷；其集古有《圣箭堂述古》一卷，《禅海十珍》一卷；其忏悔法有《八十八佛忏》一卷，《准提忏》一卷；其修净业有《净业当课》一卷，《净土旨决》一卷，《续净土生无生论》一卷；注释有《心经请益说》一卷，《佛祖三经指南》三卷，《舍利塔号注》一卷，《发愿文注》一卷；其往复书问有《笔语》一卷。以上共二十种，四十四卷。其纂述有《华严疏论纂要》一百二十卷，《金刚般若经疏论纂要刊定记略》三卷，《护国仁王般若经合古疏》三卷。③

从这个尚不完备的书目中可以看到，道霈的著述之多、涉及的法门之广，在当时无人与之相比。

道霈特别推崇天台宗智顗，自称是他的私淑比丘。他说，对于智顗，“后代机浅智劣、罔测高深，虽久在法门，而于三大部（指《法华玄义》、《摩诃止观》、《法华文句》），有白首而不敢轻一展卷者，此佛法所以日衰，而圣师所说竟付之野马蠹鱼，似于己无涉，为可叹也”④。道霈不但对天台宗论著取严谨的修学态度，对其他经论，也提倡认真研习。他认为，“近世硕学大德，随顺机宜，依文解释”⑤佛典的做法应该肯定，所以讲解注疏经教和刊刻流通佛籍，成了道霈佛教事业的重要组成部分。

道霈提倡净土信仰，早年以念佛为出离生死的途径，终生未变。他在《普劝念佛文》中指出：“夫人之情，莫不厌苦而欣乐，舍苦而取乐，今有极苦而不知厌舍，

①上引均见《为霖道霈禅师还山录》卷四。

②龚锡瑗：《旅泊庵稿序》。

③《为霖道霈禅师还山录》卷四。

④《为霖道霈禅师旅泊庵稿》卷三。

⑤《为霖道霈禅师旅泊庵稿》卷三。

有极乐而不知欣取，非大惑欤?”① 他撇开禅宗不厌苦、不欣乐的违反常情的追求，而把人们厌苦、欣乐的普遍心理作为净土信仰的基础。“故我普劝世人，忙里偷闲，每日念佛，或百或千或万，念讫填圈，日向净土，一年既满，然后总算，共念佛若千万，记之于册，尽形受持，渐积净业，现为佛光照烛，罪灭福增，远为三圣接引，必生净土。”②

但道霈提倡的净土信仰，与他的同代禅师相似，都是将西方净土与唯心净土混淆为一的，故有“此去西方十万亿，只在当人一念中，心净自然佛土净，弥陀何处不相逢”③ 之说。换言之，对参禅者可以讲西方唯在一念中，对于民间信仰者可以讲念佛即能生于西天。在这里，禅与净已无原则界限。

道霈重视忏法和法事仪规，宣扬征应，其代表思想从他作的《中峰禅师施食科仪序》中可见：

> 元天目中峰本禅师撮瑜伽旨要，作《施食科文》，其法简而精，其仪规略而备，其宣扬第一义谛，详明痛切，盖欲使天人神鬼，一言之下，顿破大梦，直彻性源，饱餐甘露，立地成佛。

《施食科仪》是掺糅了禅旨的法事仪规，道霈说它是“万历间，寿昌无明师翁北游五台，得于古寺残经中，如获至宝，佩以南归，凡遇节腊及诸佛事，躬自登座，如法修设，屡感征应”④。

无明慧经以农禅兴宗，明确反对把禅寺变为“应院”，反对禅僧像瑜伽教僧那样做佛事赚钱。但是，到了道霈的时候，禅僧已经理所当然地担负起应赴僧的职务。在他的笔下，连历史上的反对者也变成了弘扬者。他还作多篇《感应记》，说明念佛、诵经、各种法事能够拯救亡灵、见到佛祖、驱病防灾等，使禅宗成为包罗佛教一切法门的一个派别。

八、觉浪道盛的集大成思想

晦台元镜注重个人隐修，在禅宗内外都无甚影响，而他的弟子觉浪道盛却颇负

①《为霖道霈禅师餐香录》卷下。
②《为霖道霈禅师餐香录》卷下。
③《为霖道霈禅师餐香录》卷下。
④《为霖道霈禅师旅泊庵稿》卷三。

盛名，特别在士大夫中享有盛誉。道盛的弟子有竺庵道成和观涛大奇等，在清初也属于有活动能力的禅师。

1. 以儒说谈宗

道盛（1592—1659），号觉浪，别号杖人，福建浦城人，俗姓张。19岁出家。万历四十四年（1616），到江西董岩给无明慧经庆寿，受具足戒。不久，投到慧经弟子元镜门下。从万历四十七年（1619）起，在江南各地布教弘禅四十年。谭贞默说："天下之盛，莫若江南；江南之大善知识，莫若觉浪。和尚年未古稀，而闽、楚、吴、越、江淮以底旧京建业，展坐具者阅历五十余会，声名洋溢，无间华夷。"①

道盛的著述很多，"佛祖儒老内外篇集百有余种"②。汇集其语录和主要著述的，有其弟子大成、大奇等编的《天界觉浪盛禅师语录》12卷；大成、大峻等编的《天界觉浪盛禅师全录》33卷；大枢、大英等编的《天界觉浪盛禅师嘉禾语录》1卷；陈丹衷、毛灿等编的《杖人随集》2卷。许多士大夫赞赏他的著作，仅为其《语录》、《全录》作序的就有钱谦益、徐芒、赵原、张贞生、李长庚、谭贞默、马嘉植等人，既有明朝的旧官僚，也有清朝的新显贵。他们欣赏的不是专门的禅学或棒喝机辩，而是"无法不收，无机不被"式的融佛教各门为一门，能适应各阶层的佛教需要，并具有"救时"政治作用的学说，道盛的著作恰好具备这些特点。

道盛既论佛学禅学，也论儒学百家，中心还是儒释合一。他倡导的"真儒必不辟佛，真佛必不非儒"③，尤为士大夫叹服，以致"名公巨卿，莫不入室扣击，俯首归心"④。他的俗弟子评论说："盖师于世出世法，已透内圣外王、先佛后祖之微，故其神发秘旨，光阐玄猷，不特为学人衲子点眼刳心，直当与儒师宗匠返魂夺命。"⑤"片词微旨，触类旁通，不特有益于禅，而且有益于儒。"⑥有人甚至说："若以儒说谈宗，上下千年，独我师一人而已。"⑦尽管这些评价言过其实，却反映

①《觉浪和尚语录序》。

②马嘉植：《崇先语录序》。

③刘宗谟：《传洞上正宗三十三世摄山栖霞觉浪大禅师塔铭并序》。

④李鹤鸣：《天界浪杖人全录序》。

⑤李长庚：《圆通语录序》。

⑥张贞生：《天界觉浪盛禅师全录序》。

⑦刘宗谟：《传洞上正宗三十三世摄山栖霞觉浪大禅师塔铭并序》。

了道盛沟通儒学与禅学的主张，曾引起强烈反应。

道盛之所以有这样大的影响，并不在于他在理论上有什么创新，而是因为他的言论渗透着对明王朝的爱国情感。他的诗作中有《伊尹》、《管仲》、《张良》、《诸葛》等赞颂诗，寄托着他期盼贤臣良将出世扶明的强烈愿望。明清之间，不少著名的官僚士大夫随他出家。

道盛的嗣法弟子28人，得戒剃度弟子不计其数。其中，“能嗣杖人之传者，前则有青原笑峰，今则有药地愚者，此两人在吾儒中皆天民先觉”。他们都是以“宰官身现比丘相，称师之嫡骨”①。他的门徒也带有明遗民的性格。

2. 为国说法

天启（1621—1627）年间，明王朝内外交困，已是风雨飘摇。崇祯欲有所振作，曾给人以希望。正在这个时候，道盛辗转各地，不辞劳苦大声疾呼，希望出现为国戮力的“忠臣烈士”和为国说法的“真僧高道”：

> 况三百年来，养天下臣民，岂无忠臣烈士，一旦奋发，展生平经济，为国驱除戮力者乎？三百年来，养天下僧道，岂无真僧高道，一旦奋发，展生平机用，为国说法破迷者乎？②

道盛这里讲的“为国驱除”，主要是指抗御风起云涌的农民暴动和农民起义；“为国说法”，则指鼓舞军民捍卫城池的士气。他本人身体力行，到处以“真僧高道”和“忠臣烈士”的双重身份，出谋划策，进行鼓动。

崇祯八九年之交（1635—1636），道盛应请到龙湖宝筏禅寺开堂说法，号召说：“今聚而闻法之士，即合而守城之士也！总斯人也，饥而食，寒而衣，寇至而登城，寇远而闻法。城守不碍于闻法，闻法亦何碍于守城乎？”③ 这样官、军、民、禅四位一体，互不相碍。至于所“闻法”内容，从道盛的宣讲中可见大略：

> 盖守城之害有三：一畏心，二悭心，三分别心。见贼轻逃，困乏不济，左右分袒者，此三心之祟也。大师说法，首破此三心，单刀直入，大震全威；出死入

①张贞生：《天界觉浪盛禅师全录序》。

②《天界觉浪盛禅师全录》卷三。

③《龙糊宝筏语录序》。

生，神变自在。人人如此，心心如此，何忧乎办贼已哉。①

道盛要破的“三心”，其实是当时明王朝官、军的整体精神状态。“畏贼”心理是普遍的；军费匮乏，缺乏后勤保障，是严重的；而文官武将各有所党，更是明王朝的致命弊端。道盛企图从破除“三心”上解决根深蒂固的体制问题，从而令守城之士出生入死，舍己奋战，只能是一种幻想。据说他还“于兵戈中惠诸三昧，处危城里转大法轮”②，内容也超不出这个范围。

禅宗在军队中，特别是在战争前沿弘法，是有传统的。道盛为守城军民和禅者说教，是这一传统的继承和发扬。历史上禅宗是如何联系战争实际说法，文献记载寥寥，难得其详。道盛在这里提供了一个范例，从中可以推测其前辈们活动的大体模样。

道盛曾制定多种强化治安、“御寇”安民的策略，献计于地方官吏。《救荒乱策》提出“振三纲、张四维”的措施，要求实施。“振三纲”指“官为民纲，贵为贱纲，富为贫纲”，把全民道德统一到权力和财产的名下；“张四维”指“设险为御寇维，作寨为安民维，赋田为足食维，教民为练兵维”③，希望以足兵足食，增强地方的防卫力量。另外，针对麻城（今属湖北）“贼数入境”，作《麻城制边境策》，陈述“设险”用兵等措施。时人叹道：“此议洞见形胜于掌指，谓出世不可经世耶？安得经世者见诸行事？”④

道盛所献的这些策略，都是枝末之谈，明王朝已病入膏肓，为高官巨富设计对付农民造反的办法，至少是不识时务。及至他经历增多，始有所觉醒：

> 适在河南凤阳，一路亲见此病。何曾贼善攻以破城，是皆官长士夫愤激，百姓私通外寇为内应而破城也。……又见有贼势急，远远于省城州府请官兵，殊不知……戕害百姓，掳掠妇女，树头草根无不剿尽，官兵之毒，有甚于流寇者。⑤

清统一后，一些禅师刊刻自己的语录时，纷纷删掉有犯“国忌”的言词，但政治嗅觉敏锐的道盛却无反应，依然不忘明故国。最终，他因著述中有“明太祖”字

---

①《龙糊宝筏语录序》。

②《龙糊宝筏语录序》。

③《天界觉浪盛禅师全录》卷二十九。

④《天界觉浪盛禅师全录》卷二十九。

⑤《天界觉浪盛禅师全录》卷二十七。

样而被捕，身陷囹圄1年。顺治五年（1648），金陵官僚“因阅师（指道盛）《原道七论》，谓不应称‘明太祖’三字，遂坐师狱中。师不辩。后陈太宰闻，令一吏省师索偈，师援笔书云：‘问予何事栖碧山，笑而不答心自闲。桃花流水杳然去，别有天地非人间。’”① 明王朝如落花流水，杳然而去，人间的天地已属满洲贵族，而他道盛身在大狱，可心中依然“别有”那个非人间的天地。在始终不忘旧朝的禅师中，道盛也是一个突出的代表。

3. 集大成与定宗旨

道盛在弘教传禅上也有旺盛的热情。“杖人于刀兵水火中求大伤心人，穷尽一切，超而随之，乃集大成，乃定宗旨。”② 所谓“集大成”，有人解释成“集三圣大成”③。事实上，这是效法孔子儒家的集大成者，集佛教之大成，定禅宗之宗旨，所以他说：“吾佛祖之道，至于五宗，亦当有集大成者，故吾作《会祖规》，以追孔子集大成之意。”④

道盛的集大成著作，除《会祖规》外，其实还有一部《尊正规》。《尊正规》论述禅宗乃是传统佛教的集大成者，“以佛菩萨及诸宗祖出世为人，种种经律论藏、净土、止观、忏法等，门庭施设，堂奥深微，始终本末，折入禅宗，为集佛祖大成，已无余蕴矣”⑤。他认为，禅宗将佛教的一切理论与实践，无任何遗漏包容于一身，其《会祖规》则试图集禅宗五家之大成。他针对禅门五宗中已有三宗不传的事实上，怀着对临济、曹洞“安知不踵沩仰、云门、法眼之流弊，以致无传乎”的忧患，“慨然将西天、东土以至五家宗师而会其始终之旨，为《会祖规》”。他认为这部著作已会通禅宗“东西密相付之根本法印”，足以“使后代子孙能悟此根本法印”，令“五家门庭堂奥之宗旨，不致流弊而无传也”⑥。

道盛的集大成、定宗旨，不过是对当时佛教发展总趋向的一种自觉的推动，即承认佛教所有教门并存的合理性，把它们都纳入禅宗的“大统”之中：

予今不特以宗门会祖别作一统为大全，即经、律、论、观亦各有统为一大全

①《天界觉浪盛禅师全录》卷二十。
②徐芳：《天界觉浪盛禅师全录序》。
③谭贞默：《觉浪和尚语录序》。
④《天界觉浪盛禅师全录》卷十九。
⑤《天界觉浪盛禅师全录》卷二十一。
⑥《天界觉浪盛禅师全录》卷二十一。

也。如禅自有五宗为统，经自有五教为统，律自有五部为统，论自有五摄为统，而吾经、律、论、禅、净等而大统于佛者，正如诗、书、礼、易、春秋之大统于儒也。使经、律、论、禅、净各无统纪，则选圣诸堂所学何事，所宗何旨，而诸堂又何足以成此大统于选圣场哉！

也就是说，他要求承认佛教内部有“小统”的存在，但必须归诸于“大统”之中，以成“选圣场”整体。或者说，“大统”要以承认“小统”为基础，不容相互排斥。以此说为标志，禅宗最终接受了佛教的全部遗产。

尽管如此，道盛仍然设法抬高禅宗的地位。他用“一岁之统四时”为喻，把佛教分为五类，进行配比：

即如经、律、论、观、禅，以一岁四时配之：经则勃然开发，春也；律则灿然敷陈，夏也；论则凛然精核，秋也；观则宴然清彻，冬也；禅则浑然通洽，如岁运无言，而四时行也。

这样，禅与其他小统就有了差别，它不只是独立的一门，而且还贯穿于其他教门之中，实际上成为佛教全体的总纲。

再用同样方法，排列禅宗五派，就成这个样子：

沩仰则如春之生育，临济则如夏之明露，云门则如秋之严峭，法眼则如冬之精纯，曹洞则如四季之统化也。此亦拟其大概，有如此折摄耳，岂沩仰、临济、曹洞、云门、法眼之宗旨，有优劣同异乎！

在禅宗史上，归纳五派特点的禅师很多，像道盛这样排列的却很新鲜。不仅以一岁为喻已很勉强，而且全从个人好恶出发进行配比，缺乏必要的史实依据，所以随意性很大。他显然是在学隋唐的判教，但由于知识不足，往往难以自圆其说。

最后，他把以禅宗为核心的全部佛教归结成一种历史的演化模式，称作“六种纲宗”：“以六种纲宗而集始终一贯之大成耳，岂别有所谓奇特之建立哉”，力图以“六种纲宗”保证佛教一以贯之的禅宗精神。

予昔阅《五灯》，见从上佛祖始终之事，乃作《法印记》，有六种纲宗：一参悟，二印证，三师承，四法嗣，五家风，六付嘱。始终虽分为六，实统于一参悟也。[1]

他在这里实际讲的是一个禅系自创建到继承的全过程，而以“参悟”作为本宗得以稳定发展的基石，表明了他在禅宗中看待的重点。

禅宗经过明清之交的一度活跃，随着清王朝的巩固，逐渐与佛教的其他法门浸没为一。道盛似乎预感到了这一进程，所以在竭力保持禅宗宗旨、宗风时，也不得不这样曲曲折折、吞吞吐吐。此后，连这样的言论也不多见了。

第三节　教门义学概况及特点

从顺治到雍正，明末佛教综合复兴的浪潮尚未完全平息，佛教界也出现了一些以或振兴天台，或振兴华严为己任的义学僧人。流风所及，士大夫群中也涌现出倾心义学的人物。清中叶以后，在禅宗衰落的同时，法事活动成为僧人的常业，净土信仰流行于僧俗界，以天台和华严为主的佛教义学也陷入空前衰微的状态。当佛徒普遍把佛教生存与发展的支柱安置在各种法事上时，义学全面危机和衰落的厄运就永远不能改变了。

一、天台学僧及其事迹

清代初年的天台学，无论从师承关系还是治学特点方面来说，都是明末佛教复兴浪潮的简单延续。从宗派传承的角度考察，虽然有后代勉强排定的来自明末的清代天台宗传承法系，但是即便是专门弘扬天台教义者，在社会上和佛教界的影响也不大，而且也没有比较流行的著作。

清代的天台学僧中比较知名者，首先是出自明末的百松真觉一系。真觉被称为重兴天台教观的第一世，幽溪传灯为第二世，藕益智旭为第三世，苍辉受晟为第四世，警修灵明为第五世。

苍辉受晟的同门有天溪受登（1607—1675），曾住杭州天溪大觉寺弘扬天台教义，前后约30余年。他著有《药师三昧行法》1卷，该书是根据《药师如来本愿

①《天界觉浪盛禅师全录》卷二十一。

功德经》而作的忏法书，主要说明依据药师如来的誓愿而离苦得乐之行法，内容包括：1. 定名。叙述药师三昧名称之缘由；2. 劝修。劝诫修习本三昧，则所求长寿、富饶、官位、男女等，都能遂心愿；3. 方法。供养药师如来的方法。4. 释疑。由于当时西方往生思潮很兴盛，本部分内容为本书为致福消灾的要法和明心作佛的秘典而作。后世凡消灾延寿之法事，多礼拜此忏，即今所谓“药师忏”。

受登的弟子有警修灵明、遐运灵乘和全彰灵耀等人，也宣传天台教义。其中，灵乘著有《地藏菩萨本愿经纶贯》及《科文》各 1 卷。灵耀跟随受登 20 余年，康熙元年（1662）住嘉兴楞严寺，在《嘉兴藏》的补刻和流通中做了很多工作。灵耀著有《楞严经观心定解》10 卷、《法华经释签缘起序指明》1 卷、《四教义集注节义》1 卷、《补定摩诃止观贯义科》2 卷、《随缘集》4 卷等。

清代中叶以后，天台的学者有观竺、广昱、幻人、寻源、通智、敏曦、定宗祖印、古虚谛闲等。观竺传教于上海龙华寺，与天童广昱、金陵妙空、杭州玉峰、嘉兴济延 5 人，同被称为当时“法门龙象”。幻人（1828—1910），名隆范，字献纯。开始于焦山从学大须，后到天童从广昱听《法华》，被推为天童首座。幻人常讲经于南京以及普陀山，与杨文会通信论学达数万言。著有《法华经性理会解》1 卷、《穿珠集》（禅宗语录）2 卷。

通智名寻源，同治十三年（1874）从北京龙泉寺本然出家，得法于浙江普陀佛顶山信真，多次讲《法华》于宁波天童、南京古林、扬州万寿等寺院。于《楞严》特别有研究，著有《楞严开蒙》十卷。

敏曦（1827—1899），字日种，曾从学于温岭明因寺永智。先后在嘉兴楞严寺、上海龙华寺、杭州天龙寺等著名寺院讲《法华经》。他还与海盐张常惺游历日本，考察佛教情况。晚年重兴苏州报恩寺，编撰《苏州报恩寺志》。

祖印（1852—1922），名定宗，出家于湖北当阳玉泉寺，后从敏曦、广昱学习天台教义。光绪二十五年（1899）游历江浙，所至以讲经为主。

谛闲（1858—1932），名古虚，号卓三，初于嘉兴楞严寺随敏曦学《法华经》，后到慈溪圣果寺专门研究天台教义。晚年重兴宁波观宗寺，建立弘法研究社。著作有《谛闲大师全集》。他是清末民初的天台名家。

二、续法与清代华严学

清初兼弘华严学的，有受空印镇澄影响的观衡一系。观衡（1579—1646），字颛愚，霸州（今河北霸州）人，俗姓赵。18 岁游历五台山，从学于镇澄 3 年。离开五台山以后，游历南北各地，先后从学于达观真可、雪浪洪恩、憨山德清等人。他“初侍空印，宗贤首，而禅宗印可于憨山。立法不为崖岸，不分门户”①。观衡受空印和德清两人的影响较大，但并不以专弘某一派的教义为主，平生比较重视《楞严》，后常住金陵紫竹林。他的著作较多，但并无华严方面的专著，记录其言行的有《紫竹林颛愚和尚语录》30 卷。

在观衡的后继者中间，不乏兼弘华严学者，重要的有通理。通理（1701—1782），字达天，先习《法华》，后入京城就学于有章元焕，“深得秘要，遂发明十宗五教之旨，不遗余力，为清代中兴贤首一人”②。说通理是“清代中兴贤首一人”，自然是夸张，因为华严宗在清代并没有形成中兴局面。但是，通理在传播澄观《华严经疏》方面的确有作用。雍正十一年（1733），通理奉旨进入圆明园校勘藏经，对《宗镜录》比较重视。乾隆十八年（1753），奉命管理僧录司印务。他的著作不少，关于华严方面有《五教仪开蒙增注》5 卷。此系的影响主要在今北京及河北省一带。

清代南方研习和传播华严学的僧众集中于江浙地区。苍雪读彻（1587—1656），云南呈贵人，俗姓赵，嗣法一雨通润，曾讲《华严》、《楞严》于苏州。他比较重视法事仪规，合作补修《华严海印忏仪》42 卷，另还著有《法华珠髻》。读彻在明清之际以诗闻名，有《南来堂集》4 卷。在华严方面，他以传讲法藏、澄观著作为主，此外还传讲《楞严》、《唯识》、《法华》、“三论”等经典。他的后继者有闻照、书佩等 7 人。与读彻有师承关系或同门关系的通润、巢松、汰如等，也都学习或宣讲过《华严》。他们都与读彻有相同特点，即并不以专弘《华严》为业。含光（1599—?）是明河汰如的弟子，曾讲《华严》。被归为洪恩系的佛闲也曾于普德寺讲《华严》、《法华》。

福建鼓山的为霖道霈（1615—1688）编有《华严疏论纂要》120 卷，是把李通玄的《新华严经论》与澄观的《华严经疏钞》摘要汇编，配于经文之下。他认为：“《疏钞》则穷源极妄，章句分析，不唯是此经标准，实乃如来世尊一代时教之标准也；《论》则广论佛意，会归自心，不唯是此经阃奥，实乃宗门之阃奥也。禅者

①《新续高僧传》卷八《本传》。

②《新续高僧传》卷十《本传》。

喜读《论》而不知《疏钞》之广大精微，讲者喜读《疏钞》而不知《论》之直接痛快，两者皆失之。”① 明末清初，鉴于李通玄的著作特别流行，其影响甚至超过华严诸祖的著作，佛教界倡导融合李通玄与澄观学说的不乏其人，但像道霈这样编出大部头的著作的禅师尚属特例。他编此书的目的，是要纠正禅者与讲者各有偏重的过失。但是，在明初之后佛教名相义学全面衰落的情况下，他的编著被束之高阁，在清代几乎无人提及。就道霈本人而言，并不独钟华严，他兼通各宗教义而倾心天台，自称是智顗的私淑比丘。道霈虽然编了如此卷帙浩繁的华严类著作，但华严学在他所整理的佛教总体系中的地位是十分可怜的。

上述在南北各地兼弘华严者大多受明末学僧的影响，仅就佛教义理而言，其治学范围和见解并未超出其前辈的水平。他们大多重法事仪规，这也是由佛教发展总趋势所决定的。清代礼《华严》、刺血书《华严》、诵《华严》等事迹在佛教界不少，均以为个人或他人求取福报为目的。相对说来，清代在弘扬华严义学方面稍有生气的是续法。

续法（1641—1728），字柏亭，号灌顶，仁和（浙江杭州）人，俗姓沈。9 岁师从杭州天竺山慈云寺德水明源，19 岁受具足戒，20 岁习讲经，历时 7 年。后历住慈云、崇寿、上天竺诸刹。他在杭州一带弘《华严》50 多年，弟子有培丰、慈裔、正中、天怀等 20 余人。

续法著述有 20 余种，达 600 卷，其中有关华严宗的史书是《法界宗五祖略记》1 卷、《华严宗佛祖传》14 卷；总结华严教理的著作有《贤首五教仪》（简称《五教仪》）6 卷、《贤首五教仪科注》48 卷，此两书基本包括了他的华严学的全部内容。为便于学僧理解，简要概述教义或以譬喻说明教义的著作有《贤首五教仪开蒙》、《贤首五教断证三觉拣滥图》、《法界颂释》、《法界宗莲华章》、《法界镜灯章》，以上各书均为 1 卷。另有《法界观镜纂注》2 卷、《贤首十要》2 卷等。继法还有《般若心经》、《圆觉经》、《楞伽经》、《起信论》等方面的著述。

续法的华严思想直承其师德水明源。他在康熙十四年（1675）写的《贤首五教仪序》中说：他撰写这部概括华严宗全部要义的书，是“将先师常所乐说者录之，复寻诸大部中所切要者集之，十余年间，考阅再三，穷思再四，始成六卷”。因此，他在继承明源的基础上又有所发展，是集此系华严学之大成者。明源曾作《五教解

①《华严疏论纂要序》。

消论》、《论贤首宗未知圆义解》两文，主要说明“贤首（法藏）大师之离四为五（指判教），非悖天台，实备天台之所未备”①。明源的两篇文章是针对天台宗人攻击法藏判教而作，论证五教之判不仅与天台宗的判教无违，而且比后者更完备。续法学说的一个最重要的特点，是通过对五教的展开论述，概括华严宗的全部教理。

续法弘扬华严也针对当时义学衰落的局面。他在历述宋元明诸代弘华严的主要人物后指出：“奈何今义学家不得其门而入，见其教部广大，意旨幽深，即如贤首大师著述凡有一百余卷，清凉国师现流传者约有四百余卷，圭峰大师疏注总有九十余卷，浮狂者诋为葛藤，愚钝者视为砂石。”② 因此，他的著作和宣讲大多具有普及华严基本知识的性质。

续法的代表作是《五教仪》6卷，康熙五年（1666）初成，认为“贤首大师判释如来一代时教，不出三时、十仪、五教、六宗、三观”。“三时”指佛讲说全部经典的三段时间，分为“别”与“通”两类，各有“三时”，其中吸收了法藏、宗密及元代华严学僧的观点。“十仪”指佛说法的形式和内容：本末差别、摄末归本、本末无碍、随机不定、显密同时、一时顿演、寂寞无言、该运三际、重重无尽。这种划分既包含了华严宗判教的内容，又容纳了天台宗判教的因素。“五教”是依法藏的五教说，无大变动。“六宗”是依据法藏的“十宗”判教演化而来，分为随相法执宗、唯识法相宗、真空无相宗、藏心缘起宗、真性寂灭宗、法界圆融宗，其中特别讲到天台“性具”与华严“性起”的区别。“三观”依据法顺的华严法界观，并配上法藏、澄观、宗密等人的解释。这种时、仪、教、宗、观五部分的组织，实际上又分为两大部分，一讲教相，二讲观行，以适应对天台宗人反驳的需要。

自《佛祖统纪》斥华严宗“有教无观，无断无证”以来，历代攻击华严教理者多执此辞，维护者又多以驳倒此论为目的。续法的学说组织，即要说明华严宗有教（教相）有观（观行）。他还要使华严宗的教观神圣化：“初集录也（指作《五教仪》），知教观之创于华严诸祖；次阅藏也，知教观本于经论；后精纯也，知教观之从于自心流出，不从遮那佛口所宣。”③ 华严宗不仅有教有观，而且这种教观为华严诸祖所揭示，有佛教经典的依据，是众生心中所本来具有的。这就为华严宗教

①《贤首五教仪序》。

②续法：《五教仪序》。

③《贤首五教仪开蒙》

观的成立提供了权威的依据，而且是具有禅学色彩的依据。至于华严教观的具体内容，不过是一方面重复华严宗的老话，一方面吸收了天台教义。

针对“无断无证”的指责，续法也专门予以反驳。他的《贤首五教断证三觉拣滥图》专门为使学者了解这一点而作。他认为，“五教断证，原出经论”，由于“人未之察，反曰无断无证，岂不屈抑佛祖也欤”！他“遂准贤首宗诸大部中，录出断证，排图贯线，庶使学者于一家判释，明如指掌，无纤疑滞”。他所谓的“断证”，就是“断（消除）执障于莲华藏刹，证（证悟）法界于毗卢性海”。尽管续法在论证华严宗有教有观、有断有证方面并无理论创新，尽管他所争论的问题是老话重提并不与佛教发展的大潮相联系，但在他之后，连这样的议论也没有了。

续法于康熙十四年（1675）始讲《五教仪》一遍，“听众茫然不解”。康熙二十年（1681）再讲一遍，提问之后，“众亦不知教观之义之始终”。鉴于六卷本的《五教仪》完全无法为义学佛徒所理解，他便开讲作于康熙八年（1669）的略本，即《贤首五教仪开蒙》。实际上，当时能为义学僧接受的也只有这种“开蒙童，便记诵”的简略本，烦琐论证的较大部头著作难以流行。续法多种一卷本的著作，都是为达到此目的撰写的。他在《贤首五教断证三觉拣滥图》中指出，此图也是略示梗概，如欲进一步了解华严教理，需阅读《五教仪》等书。续法的实践表明：当时系统普及华严学知识在义学僧中已很困难，更不用说其他不以义学为务的广大佛徒了。

自唐中叶以后，历代都有倾心《华严经》或华严宗教理的士大夫。他们侧重接受和宣扬的内容，一定程度上反映了佛教的主流趋向以及这个阶层与佛教的关系。清代士大夫群中，热衷于将华严作为树立信仰和从事修行主要依据者不少，清初周克复的著作标示出士大夫运用华严的重要趋向。

周克复继著成《金刚持验记》、《法华持验记》后，再作《华严经持验记》1卷。他对此三经的理解是：“《华严》以即秽即净为宗，《金刚经》以无相不取一法为宗，《法华》以人人成佛为宗。”仅就他讲的《华严》宗旨言，是重述华严宗的教理。然而，他作此书的目的并非弘扬义理，而是要宣扬以各种方式崇奉《华严经》所具有的神秘功能，把此经视为一种灵验的护身符，视为可以实现自我解脱、救世度人的灵丹妙药。

《华严经持验记》又称《历朝华严经持验记》，书前题有“男周石校，吴郡陈济生皇士参”，正文前有周克复的序及《劝流通华严持验引》。周克复认为，《华严经》“一品之持，已得净戒；一偈之诵，能破地狱”，“夫书写读诵，讲说思修，冥通幽感，殊绝人天”。本书收录自龙树菩萨到明代谭贞默之母四十九人有关《华严经》的神异灵迹，大多数人物事迹之后附所引书名，多取自唐惠英的《华严经感应传》和明袾宏的《华严经感应略记》等。士大夫热衷于“持验”之道，此道又能在社会上广为流传，不仅与义学衰落、神异崇拜盛行有关，而且有深刻的社会原因。

第四节　净土诸师与净土信仰特点

无论在佛教界还是在社会信众中，西方净土都成为清代佛教中最有影响的信仰思潮，这种变化是与清王朝的佛教政策有关联的。清王朝对禅学的治理、对义学的漠视、对净土念佛和戒律的提倡，都对净土念佛的流行起到了鼓励和促进的作用。特别是雍正以后，禅学无论在社会民众还是一般僧侣心目中的地位都大大下降。雍正在打击和改造禅学的同时，树立云栖为佛教的榜样，尽管还主张所谓禅教融合，实际上是用净土法门取代禅学。其后，没有任何一位帝王为禅学作翻案文章，相反，乾隆对士大夫的念佛予以积极支持。

一般说来，历代信仰西方有相净土的僧俗人士，有着共同的精神需求和思想内容。信仰实际存在的彼岸极乐世界，寄托着信众对现实世界的厌弃和对美好世界的向往，反映着信众对终极归宿的憧憬，表现着信众对超人间、超现实力量的追求。所以，历代凡是修持西方有相净土法门者，基本都虔信忏仪法事的功能、因果报应、生死轮回、众生有罪、佛力拯救这五项宗教内容。由于重视各种法事的功能，自然就强调神异灵验事迹在往生中的作用，促进了各种法事活动在社会上的流行。另外，由于往生西方极乐世界需要具备道德标准，所以信仰和弘扬西方有相净土，又总是与出家众强调戒行、在家众倡导善举结合在一起的。诸如此类的内容，在清代净土信仰中不可或缺地保持着，并且没有发生大的变化。

具体到清代净土信仰，也有几个显著特点：

第一，专门弘扬净土思想与实践，或以修西方净土为主业的僧人显著增加。清代净土思想在佛教界和社会上的流行广度，是任何一个朝代也不能比拟的。在清代僧传《新续高僧传》中列有《净读篇》一科，作者解释：“《梁》有《诵经》，又有《经师》;《唐》、《宋》改为《诵读》。今并入此科，以净为归。”在前三部最著名的《僧传》中，无论是《诵经》、《经师》，还是《诵读》各部分，都是记载那些唱念或读诵各种经典的僧人，他们的目的是要收到感动神明、临危获济、消灾弥难的种种神奇功能。在《新续高僧传》之前，还没有一部僧传开辟专门一科记载净土修行。《新续高僧传》在体例上的这一变动，正是清代净土修行在佛教界空前兴盛的反映。本书《净读篇》所记载的传主言行内容是“诵经讽佛，是曰净修。功果圆时，西方非遥。念念自得，庶证真如”。《净读篇》中所记的从宋至清的僧人来自不同派别，他们的共同特点是修持和弘扬净土法门，特别是所记的清代僧人，基本上信仰西方净土，修行持名念佛。本书从第四十五卷到第四十八卷记载清代僧人，正传 47 人，附见 45 人。卷四十一到卷四十四记载宋元明三代僧人，共有 110 人。清代净土僧人的人数超过此前任何一代。

第二，清代流行的净土法门趋向单一化。当时的弘扬净土者，特别是专弘净土者，基本是接受西方弥陀净土思想，主要内容来自传统的弥陀经典。

第三，佛教界不再注重对各种净土思想进行理论上的分析和比较，而是在完善具体践行上下工夫。因此，新的念佛形式不断出现。

当时专注于往生净土的僧人，把修行的主要目的放在超脱生死轮回上，正如从宋代以来的参禅僧人把修行的目的放在解决生死大事上，这是与参禅相同的目的。所以，他们往往认为，在解决生死问题上，净土比禅更重要。即便那些不是专门弘扬净土的僧人，也往往把净土和戒律放在禅之上。在参禅、念佛和持戒的关系上，禅往往被一些僧人视为无足轻重的末节，修行的根本是持戒和念佛。例如，闻思常智在“遍游名刹，参诸知识，久之无所契”后，对同伴说：“禅以戒行为基，净土为本，吾何事跋涉而不务实行乎?”于是，他就专门修习净土。等到他住持寺院后，进一步“宣弘戒法”[1]。对禅、净、戒三者重要性的这种价值评判，已经不是个别僧人的认识，而是佛教界带有普遍性的观点。

清代身体力行弘扬净土思想和实践的僧人很多，著名的有截流行策、省庵实贤、彻悟际醒、瑞安悟和、豁然悟开、玉峰古昆等。他们或者创立了新的净土修习形式，或者建立了新的修习理论，或者在结社劝修方面产生较大影响，或者发挥了稳定社会的积极作用。

---

①《新续高僧传》卷四十五《本传》。

根据《新续高僧传》卷四十五所记，行策（1628—1682），字截流，俗姓蒋，江苏宜兴人。23 岁在武林理安寺从箬庵通问出家，从学五年，受息庵瑛的影响而信仰净土。又随钱塘樵石法师学习天台教义，并且共同修习法华三昧。康熙二年（1663），行策到杭州法华山结莲柎庵，专门修习净土。康熙九年（1670），住常熟普仁院，创办莲社，从学的僧俗信徒很多。

行策在弘扬净土法门方面的主要工作，是制定“七日念佛”的实践方法，开创了清代僧俗界实践净土信仰的一种新形式。所谓七日念佛，也称“打念佛七”、“打佛七”、“佛七”等，是修行者为了在短时期内收到较好的效果，定下七天的期限，集中修习念佛法门。这种念佛求往生的活动，无论男女老幼，或僧或俗，都可以参加。在这种活动中，对于如何念佛，怎样烧香，感受哪些体验，获得什么功德等，都有一定的要求、规定和说明。行策为这种易于修持和普及的宗教活动制定了规则，产生了比较深远的影响。

行策的著作有《金刚经疏记会编》10 卷，是把唐代宗密的《金刚经疏》和宋代子睿的《金刚经纂要刊定记》汇集而成书；禅学方面的著作有《宝镜三昧本义》1 卷，是对洞山良价《宝镜三昧歌》的注解和发挥；净土方面的著作有《劝发真信文》、《起一心精进念佛七期规式》，以后者影响最大；另有《楞严经势至圆通章》等。

据《新续高僧传》卷四十五所记，实贤（1686—1734），俗姓时，字思齐，号省庵，江苏常熟人，出身于儒学世家。15 岁出家，参究“念佛是谁”的话头。这个话头是标准的把参禅和念佛结合起来的产物，参究这个话头在当时佛教界很盛行。他曾在真寂寺掩关三年，白天学习经典，晚上念佛名号。24 岁受具足戒。他曾长期跟随绍昙学习天台和唯识教理。实贤在两个方面受人称颂：其一，持戒严谨，日仅一食，常坐不卧。清代净土名僧基本都重视戒律修持，但像他这样持戒类苦行者是不多的。其二，在重视学习各类经典的同时，注重净土信仰，往往是昼阅三藏典籍，夕课西方佛名。他在江浙地区很有名望，归依的僧俗信徒不少。他曾在鄮山阿育王寺、杭州迁林寺等处讲经十余年，晚年在杭州梵天寺结“妙莲法会”，指导僧俗专修净业。他所著的《劝发菩提心文》、《净土诗》108 首、《西方发愿文注》等，都是激励信众树立往生净土的信仰，实践念佛法门，流传较广；另有《续往生传》、《涅槃忏》等。关于他的言行，彭际清辑有《省庵禅师语录》2 卷。净土信仰者尊他为莲宗第九祖。

润州焦山寺的性海觉远（1751—1819），在处理禅净教戒关系方面，特别是禅净关系方面，是很有特点的，其理论颇有影响。他未出家之前就热衷于学习《华严》、《法华》等多种经典，但40岁才受具足戒。后投曹洞宗禅师焦山借庵门下习禅，成为其弟子。在随觉远学习的众多弟子中，有数十人后来住持名山寺院，但是觉远从未做过住持，只是常年应请为各地僧俗信徒讲演。他的言行颇具号召力和感染力，“道俗钦慕，奉为规法”。著有《普明观法》1卷、《宗镜目录》2卷、《毕竟毘尼》2卷、《出世上上禅》1卷等。借庵禅师把他的遗稿刻刊，题为《拾遗集》1卷。

作为禅宗僧人，觉远兼重经教、戒律、礼忏和净土。在经教方面，他对“华严奥旨独有会心，乃自别其号曰一真法界”。他能够背诵《华严经》，“不遗一字”，为僧俗讲说，颇受欢迎。在戒律方面，他乐行苦行，“口不妄语，不非时食，手不触金银宝物，身不著兽毛蚕丝”。这四者都是当时人认为是难以做到的。在礼忏方面，他曾“重订普门观忏仪，昼夜六时行法，胁不著席”。在净土方面，他“十数年居心质直，其正见知如永明、云栖，以净土为归宿。日诵弥陀名号十万声”。

在处理这四者的关系上，他始终把净土作为修行的归宿，作为修行其他法门的基础，不仅如此教人，也如此实践。他“每礼忏毕，必回向净土”。他“一生精力注于木叉、净业二事，既以自为，即以为人”。对于禅净教戒的关系，他认为：“以念佛为往生正因，以持戒为决定往生正因，以读诵大乘解第一义为往生上品。”所以，他持戒严谨，精研教典，专注参禅，勤苦礼忏，一切都围绕往生这个主要目的。

他在对参禅与念佛进行细致比较时指出：“欲了生死，不外禅净二门，然而竖出难而横超易，则今时修行，切要唯在净土一门耳……参禅时法法归禅，念佛时法法归佛。所以《普门》云：生灭既灭，寂灭现前。《势至》云：总摄六根，净念相继。是知参禅要全身放下，不放下则六根动被遮蔽。念佛要念念提起，不提起则种现乘间而出。以念佛之心参禅，则参禅即归净土；以参禅之心念佛，则念佛即是深禅。”他的这些见解被认为是“其发明禅净分合之义，彻了无余”①。

觉远的这些议论的一个特点，是从心理体验方面对禅净进行比较。无论参禅还是念佛，都要求精神集中，不受外界事物和内心杂念的干扰，专注于所要体验的对

①上引均见《新续高僧传》卷四十五《本传》。

象。这里讲参禅的“全身放下”，讲念佛的“念念提起”，表述方式虽然不同，但目的是一样的，都是要求排除来自外界的干扰（六根被遮蔽）和内心的干扰（种现乘间而出）。所以，参禅与念佛是相通的。实际上，这些看法在佛教典籍中有根据，但在当时，觉远的议论是有特点的。

际醒（1741—1810），字彻悟、讷堂，号梦东，河北丰润人，俗姓马。22 岁出家，主要活动在河北、北京地区。曾先后从香界寺的隆一、增寿寺的慧岸、心华寺的遍空、广通寺的粹如等学习《法华》、《圆觉》、《楞严》、《金刚》、《唯识》等经典。后继粹如住持广通寺，次迁觉生寺，最后于嘉庆五年（1800）退居北京怀柔红螺山资福寺。际醒从住持广通寺开始，就从以弘扬禅法为主转向以弘扬净土为主。这种转变是受到永明延寿的影响，更是根据当时佛教界的情况提出的。他“策励后学，每谓：永明延寿，禅门宗匠，尚归心净土，期生安养，况今末代，尤宜遵承。于是专主莲宗”。在延寿的时代，禅师信仰净土还不是普遍现象，但到清代情况就完全不同了。到资福寺后，他“平昔示众，一以净土为教”。

际醒所讲的“念佛法门”，概括为 16 个字，即“真为生死，发菩提心，以深行愿，持佛名号”。这是他的“念佛法门”的总纲，其具体内容，又分为“八事”：“一、真为生死，发菩提心，是学道途径；二、以深行愿，持佛名号，是净土正宗；三、摄心专注而念，是下手方便；四、折伏现行烦恼，是修心要务；五、坚持四重戒法，是入道根本；六、种种苦行，是修道助缘；七、一心不乱，是净行归宿；八、种种灵瑞，是往生验证。”①

际醒讲的这“八事”，比较全面地反映了清代流行于各地的净土信仰与实践的基本特点。以解决生死、超脱轮回为修行的目的，这是把禅宗号召修禅的目的原封不动地接受下来，对僧俗信徒具有吸引力。重视戒律，并且把苦行作为有利于修行的辅助条件，这是净土祖师受到信众拥戴的重要原因，是他们的人格魅力。更多地吸收了参禅的方法和内容，所谓“摄心专注”、“一心不乱”等，是禅师普遍要求的心理状态和体验。重视神异灵迹，这是号召信徒的重要方法，几乎每一位净土师都宣传许多感神灵、动鬼神，乃至弥陀佛迎接等神异事迹，这是与重视神通相联系的地方，也是与禅的精神相差最远的地方。

际醒使红螺山成为北方著名的净土道场，被认为是云栖、省庵之后最有影响的

①上引均见《新续高僧传》卷四十七《本传》。

净土宗师，后来被奉为莲宗第十二代祖师。他有《彻悟禅师语录》2 卷，其中较多内容讲念佛修行。另撰《念佛伽陀》1 卷。

瑞安（？—1864），字悟和，常住北京怀柔红螺山，专修净土。他与魏源关系比较密切，曾应请到高邮传教。根据程兆鸾《悟和法师传略》的记载，他曾游历南京、苏州、泰州、通州等地，向僧俗信众弘传净土信仰。

悟开（？—1830），字豁然，号水云道人，苏州木椟人，俗姓张。曾住荆南显亲寺，晚年住苏州灵岩山宝藏寺，精通多种经论，以倡导净土信仰为主。著作有《莲宗九祖传略》，《净土知津》、《念佛百问》各 1 卷。

古昆（？—1892），号玉峰，字恋西。咸丰五年（1855），在杭州崇福寺阅读明代幽溪传灯的著作而产生净土信仰，立誓修持念佛法门，并且持戒严谨，自己定下每日称念佛名六万遍。他还组织刊刻大乘经律以及有关阿弥陀佛的典籍。光绪四年（1878），住杭州弥陀寺，摩崖刻大字《阿弥陀经》。光绪十五年（1889），住明州慈溪西方寺，专门弘扬净土思想。其著作大多为净土念佛方面，有《净土随笔》2 卷，《莲宗必读》、《净土必求》、《西方径路》、《净土自警录》、《念佛要诀》等各 1 卷。他的弟子芳慧著有《净土承恩集》、照莹著有《净土业痛策》，都继承了他弘扬净土的传统。

在清代崇佛的士大夫中，信仰和实践净土法门的人较多，他们在鼓励社会民众接受佛教方面影响也较大。像周梦颜（1656—1739）、汪缙（1725—1792）、彭际清（1740—1796）、罗有高（1734—1779）、钱伊庵（？—1837）、汪沅（1766—1837）、张师诚（1762—1830）等，都是西方净土的虔诚信奉者、积极宣传者和亲身实践者。他们的人生经历和社会地位不尽相同：有的官至巡抚，有的终生白衣；他们的治学经历基本相同：既精通儒学，又精通佛学。他们在研究佛学方面各有侧重，但是都把信仰的终极归宿安置在西方净土上。周梦颜和彭际清可以作为这些信仰净土士大夫的代表。

周梦颜，一名思人，字安士，号怀西居士，江苏昆山人。他熟悉佛教典籍，对善恶因果报应深信不疑。他认为众生所造作的无法计量的罪过，都是缘于杀和淫。所以，他撰《万善先资集》4 卷，阐述戒杀的道理；又撰《欲海回狂》3 卷，阐述戒淫的道理。这种众生有罪说，是鼓励人们弃恶从善，信奉儒家和佛家的伦理道德，对维护现存的社会秩序是有着积极意义的。佛教在清代所讲的世俗伦理，不过是贴着佛教标签的儒家伦理，也就是宋儒所讲的伦理。因此，批判儒教，也就必然批判佛教。实际上，佛教与儒教、道教的命运是天然地联系在一起的。周梦颜的净土主张实际上并没有什么新鲜内容。他所集《西归直指》四卷，主要阐述净土念佛为“究竟解脱方便”。他自谓“一心常念阿弥陀佛”、“发愿往生西方极乐”，并作偈：“修行无别法，出世为究竟。出世有多途，净土为捷径。”①

彭际清（1740—1796），名绍生，字允初，号尺木、西归子、二林居士等，苏州人，出身于士大夫家庭。早年研究宋明理学，乾隆三十四年（1769）进士。他曾从道士习修炼之术，由于三年没有成效，受罗有高影响而信仰佛教。他通过阅读紫柏真可、云栖袾宏、憨山德清、藕益智旭的著作，接受“明末四大高僧”的佛教思想，以倡三教融合、佛教内部各派融合为特色，遍读各种大小乘经典，而以净土信仰为归宿。他曾从苏州华藏庵闻学禅师受菩萨戒。他“以为道之所归在是矣；闻西方有无量寿佛，放大光明，接引五浊众生，往生净土。意忳然慕之，日面西而拜焉”②。

他的代表著作有《居士传》56卷。这是他针对佛教的现状，寄希望于儒者学佛，所以撰写此书为士大夫学佛树立榜样。另有《二林居集》、《行居集》等。他最有特色的佛学理论著作，是以运用华严学弘扬净土信仰为目的，并且融通儒释关系的两部著作，即《华严念佛三昧论》（简称《念佛三昧论》）1卷和《一乘决疑论》1卷。

《念佛三昧论》的主旨，是通过融会华严学说与净土信仰，把华严纳入鼓励念佛往生的轨道。此论作于乾隆四十八年（1783）。他自谓，《念佛三昧论》“于贤首、方山处不妨别出手眼，设遇云栖老人，定当相视而笑也”。这表明他的立论不同于华严宗人和李通玄，而与袾宏倡导的念佛名号往生西方净土法门相一致。但是，他讲的念佛又并非仅为念诵佛名号一种，而是具有吸收包括华严信仰在内的多种念佛法门的性质。

彭际清把念佛修净土分为五门（五类）：1. 念佛法身，直指众生自性门；2. 念佛功德，出生诸佛报化门；3. 念佛名字，成就最胜方便门；4. 念毗卢遮那佛，顿入华严法界门；5. 念极乐世界阿弥陀佛，圆满普贤大愿门。他所论的上述五门，均引《华严经》为据，表明该经是倡导念佛往生的经典。他在文后列有“别申问

①《居士传》卷五十五《本传》。

②《居士传》卷五十六。

答”，消除其说与隋僧灵斡华严观及李通玄净土学说的差异，以便“豁破群疑”、“同归一乘”（指华严教义）。五门念佛的主旨，是要说明西方极乐净土与毗卢遮那佛境界的一致性。

彭际清所述“念佛三昧”的具体内容，没有超出前代僧人的学说范围，但他不仅认为《华严经》宣扬念佛法门，而且要以念佛法门概括《华严经》和华严宗的主要教义，这自然是与法藏和李通玄的一大区别，是他本人的创造。这种有特色的发挥，是清代净土信仰在士大夫阶层空前盛行的必然结果。

《一乘决疑论》作于乾隆四十五年（1780），倡导儒释融合。彭际清指出：“予读孔氏书，得其密意，以《易》系无方，《中庸》无依之旨，游于华严藏海，世出世间，圆融无碍。”因此，儒释的圆融无碍，是儒家经典和佛家经典的共同主张。他作此文的目的，是通过此文“以解诸儒之惑，以究竟一乘之旨”。所谓“诸儒”，指宋明理学家，有“二程”、张载、朱熹、陆九渊、王阳明、高攀龙、胡居仁、顾宪成等；所谓“一乘”，指华严教理。他所驳斥的诸儒排佛言论，大多是老生常谈，但他在论辩中对华严教理的运用不乏特色。

他引朱熹言：“宇宙之间，一理而已，天得之而为天，地得之而为地，张之为三纲，纪之为五常，此理无适而不在。儒者于此，因其自然之理，而成自然之功。若夫释氏，恶此理之充满无间，而使己不得一席无理之地以自安；厌此理之流行不息，而使己不得一息无理之时以自快，是以畔君亲，弃妻子，入山林，捐躯命，求其所谓空无寂灭之地而逃焉。”在朱熹看来，“理”无所不在，天地君亲、三纲五常等都是“理”的体现。释家厌恶此“理”，抛君亲、弃妻子，想要逃遁到无“理”之地。

彭际清则以华严宗的理事关系说反驳此论。他认为：“四法界竖穷三际，横亘十虚，诚所谓充满无间，流行不息者矣。”“四法界”包括理与事两个方面，四法界的遍在是说不仅理无所不在，事也无所不在。由于理事不可分，那么任何作为都应与理无违。他指出，只有运用华严宗的“圆融无碍”才能认清这一点：“若入华严广大圆融无碍之门，顺一切法空，起大智愿，润物利生，世出世间，重重涉入，隐显随缘，都无作者，法尔如然，绝诸思议。是故毗卢遮那遍一切处，其现比丘身而说法者，特释迦应化之一隅耳。《入法界品》善财童子遍参知识，或现人王身而为说法，或现长者、居士身而为说法，是谓之无碍。”毗卢遮那无形无相、无所不在，是“理”的象征，无论为释迦为孔子、为僧为俗，其所言所行都体现“理”。

这样，僧人出家也与“理”无违。

他最后总结说：“孔子为千百亿化身中之一身可也，所谓现长者、居士身而说法也。张三纲，纪五常，范围天地，曲成万物，胥天地而经论，曾不满普贤一毛孔中亿万分之一。何则？理无尽，事亦无尽；事无尽，行亦无尽。惟其无尽，是以无碍。何厌之有，何恶之有！”① 彭际清运用华严神通构想境界说明释儒相互无障碍，并把佛菩萨凌驾于孔子之上，自然为儒家人士所不屑。不过，他并不贬抑三纲五常，而是认为在这种伦理规范之外还有释家的伦理准则，也同样具有合理性。

总之，彭际清热衷于把华严作为倡导净土信仰的手段，倾心于用无尽圆融调和儒释关系，化解一切矛盾，消除一切差别，为佛教进入封建社会末期的生存寻找理论依据。

第五节　律学概况与如馨系

从明代中叶开始，各地的戒坛封闭，出家和在家信徒的受戒活动无法正常进行，受戒的规则也逐渐废弛，律宗的传承也几近断绝。到明末清初，在佛教综合复兴和禅宗复兴的浪潮中，律宗和律学也有兴起的气象。其具体表现是，既出现了专门弘传律学，并以复兴律宗为己任的代表人物，也出现了兼弘律学的各宗僧人，律学由此呈现出多头发展的局面。其中，在明代末年佛教综合复兴中兴起的如馨一派，到清代成为严格意义上的佛教宗派，这是自唐代以来所没有的现象。这一派不但有严格的法系传承系统，而且有传祖衣的制度。

明代末年，三峰法藏重视戒律的弘传，撰有《弘戒法仪》一卷，其所倡导的传戒方法在江南一带传播。清代初年，终南山的超远对法藏的著作加以补充，撰成《传授三坛弘戒法仪》。广东的弘赞著《比丘受戒录》和《比丘尼受戒录》两书，乐山老人著《增删毗尼戒科》，智旭著《重治毗尼事义集要》等书。这些戒律书籍都产生了不同的影响，被一些地区法师和律师在传戒时所使用，对传戒制度的重建和完善起到作用。总体说来，传戒活动规模和影响较大，形成持久的流传法系，并且得到清朝历代帝王支持，成为近代传戒实践和理论先导的律宗系统，是在金陵地

①上引均见彭际清《一乘决疑论》。

区形成和壮大起来的如馨一派。

如馨（1541—1615），江苏溧水人，俗姓杨。万历十年（1582）（一说在嘉靖年间），在摄山栖霞寺从素安出家。根据《新续高僧传》卷二十八的记载，如馨从受戒到开坛传戒，都有很多神异事迹。他因读《华严经·菩萨住处品》而游历五台山，从文殊菩萨受戒，精通了大小乘戒律，并且顿悟戒律宗旨。他从五台山南返至南京，也由于神异事迹而被称为“优波离再世”。实际上，他在受沙弥戒之后，就关心自己如何得戒的问题，于是曾“叩诸宗匠，辄究戒缘”，表明他长期注重对佛教戒律的研究。由于明末官方的传戒活动处于停止状态，僧人出家很难按照佛教的传统规定进行，所以当时的传戒的随意性较大，附会离奇的神话传说就很自然了。

如馨一生致力于弘扬戒律，先后住持过的寺院，或应请开坛传戒的寺院共有30余处，如灵谷、栖霞、甘露、灵隐、天宁等，所谓“坐道场三十余所，徒众累万，声闻于天明”。万历四十一年（1613），神宗赐紫衣、锡杖，诏命其在五台山灵光永明寺举办龙华大法会，“开皇坛说戒”，并赐其“慧云律师”号。

如馨能够引起明朝廷的重视，与其弟子澄芳远清的努力分不开。远清早年学习华严教义，从如馨受具足戒，后到五台山，“精研律部，善达意旨。开遮无碍，尤善属文”。他鉴于当时戒坛久不开放的情况，认为“欲兴此举，非扣帝阍，其道末由。乃具文疏略，述其梗概”。神宗“览疏大悦”，诏请如馨到五台山。因为当时北方地区社会动乱，如馨从五台山南返后，远清继续在该地传戒。

如馨主要活动在万历年间，其传戒规模较大，可以说是轰动朝野，影响南北。他是以振兴南山律宗为己任，被称为“中兴律祖”。他鉴于“自元季以来，律学荒芜”的情况，认为“佛法住世，功在毘尼”，所以“访求梵网，遍参律法”。[1] 但他的著作不多，编著有《经律戒相布萨轨仪》1卷。记载其事迹的除《新续高僧传》外，还有《梵网经菩萨戒初津》卷七、《香乳记》卷下。

在如馨的众多弟子中，性理、性璞继承如馨传戒的发源地南京古林寺的传法系统，被称为“古林派”。而振兴宝华山的，则是其弟子三昧寂光。

寂光（1580—1645），广陵（江苏江都）人，俗姓钱，字三昧。21岁出家，先从雪浪洪恩学习华严教义，后到各地参访名师，曾受紫柏真可、云栖袾宏等人的器重。后从如馨受具足戒，专心从事律学研究。如馨在五台山传戒时，寂光为“副

①上引均见《新续高僧传》卷二十八《本传》。

座，助其教授”，所谓“律学中兴，光有力焉”。寂光感慨明末“世末道污，轻蔑毘尼”的现状，继承如馨的传统，奔走各地弘律传戒，一生“临坛演戒百有余所”。他还致力于建造寺院，一生“修建梵宇凡十数所”①。寂光曾在金陵宝华山组织“千华社”，参加的人很多，所以，此后把如馨开创的律学一派称为“千华派”。寂光重建的宝华山隆昌寺，日后成为重要的律宗道场、著名的律学中心，当时已经是“大江南北，罕与伦比”②。寂光谥号“净智律师”。他的著作有《梵网经直解》4 卷、《十六观经忏法》等。乾隆年间，经福聚奏清，其《梵网经直解》被编入大藏。

在寂光的门徒中，静观书祯早年帮助见月读体弘律，后常住广陵五台律院，“春冬传戒，夏则安居，学者从之，如水赴壑，得戒者千余”。著有《随机羯摩疏钞》6 卷、《昆尼甘露择要》10 卷、《历代律祖略传》1 卷等。香雪戒润“精通经律，致功净土，尤善文词，挥毫成韵，见重时贤”③，后来住持常州天宁寺，著有《楞伽经贯珠》10 卷。其后的传承不详。此系最有影响的人物是读体，而且法系一直不绝。

读体（1601—1679），号见月，俗姓许，云南楚雄人。他先信仰道教，出家为道士 3 年。偶遇老僧赠《华严经》，读至《世主妙严品》而产生了佛教信仰。崇祯五年（1632），在宝洪山随亮如出家。自崇祯六年（1633）开始，读体离开云南到湖南宝庆五台庵，参观衡颛愚。其后游历南北各地数年，于崇祯十年（1637）在镇江海潮庵从三昧寂光受具足戒。从此之后，以学习和研究戒律为主，并随从三昧在各地传授戒法。崇祯十二年（1639），寂光应请住持金陵宝华山，读体任监院。清顺治二年（1645），寂光逝世后，读体继任，住持宝华山 30 余年。

读体在管理寺院、规范僧众方面，以率先垂范严格执行制度仪轨著称，得到僧众的悦服和拥戴。当时佛教界不守戒规的现象普遍而且严重，“止作真教，久成绝响。故结界立规，率先躬行：是制必遵，非法必革”。在清初兵荒马乱的动荡社会环境中，他重修寺院、筑砌戒坛，建立了稳固的传戒基地；定期每年春冬传戒、结夏安居，完善了为各方借鉴的寺规制度；研究律学、著书立说，促进了律学的重

①《新续高僧传》卷二十八《本传》。
②《新续高僧传》卷二十九《读体传》。
③上引均见《新续高僧传》卷二十九《本传》。

兴。读体的著作有《毗尼止持会集》16 卷，《毗尼作持续释》15 卷，《传戒正范》4 卷，《沙弥尼律仪要略》1 卷（以上五种收于《续藏》)。另有《传戒正范》、《僧行规则》、《三归、五、八戒正范》、《黑白布萨》、《出幽冥戒》、《大乘玄义》、《药师忏法》等各 1 卷，有自著《一梦漫言》。

在明末清初的战乱年代，读体为保护寺院不被劫掠，为保护僧人不被杀戮，总是挺身而出，把个人安危置之度外。另外，读体重视社会公益事业，康熙十一年（1672），当地闹饥荒，他率众“赈粥五十余日，全活无算”，这些是他受到僧众和社会各界拥戴的重要原因。读体宣教弘戒数十年，“戒徒千四百人，堂食三万指，法席之盛，世所希有”。[①]

根据《南山宗统》的记载，读体的得法弟子有 68 人，大多数弘律传戒于各地，并且致力于修建寺院的活动。有些人也比较重视经教，重视净土信仰。读体门下的传戒律师有一个传统，就是身体力行严守戒律，以自己的品德赢得僧俗信众的拥戴，从而推动他们的弘律传戒事业。例如，碧天书净（1642—1705）初到苏州积善庵时，“败壁颓垣，斋粥不继”，生活困难，但他“处之恬如，曾不芥带。唯精持律仪，严摄一众，羯磨布萨规约肃然。人知信仰，檀护浸多。由是经之营之，建造戒坛、殿阁郭庑。数年之间，遂成巨刹”。他个人“处事必诚，接物以慈。新徒禀戒，知愚同诲，虽累千指，肃然一室。威仪有则，不敢苟简”。正因为这样，书净成为朝野知名的僧人。康熙四十二年（1703），康熙南巡时曾召见他，并“赐《心经》三册，御书‘衍真谛’三字赐之，因改寺名，额以‘真谛’”[②]。

读体的弟子中，在传承法系、建立弘戒基地和著书立说等方面成就比较大的，当推定庵德基、宜洁书玉。

德基（1634—1700），字定庵，俗姓林，休宁（今属安徽）人。20 岁依苏州宝林寺竹怀出家，后到宝华山隆昌寺从读体受具足戒，潜心研究诸种律书 15 年。读体逝世后，德基继任宝华山住持。康熙十三年（1674），江南大旱，冬天饥民到山上乞食，他率众设粥赈济。后又恐怕山上粮食不够，就率领饥民渡江，从仪真维扬沿路化缘供养饥民，直到麦熟时节才结束，这使他在社会各界声望日高。对于戒律，德基不仅重视研究，而且强调实践，他告诫弟子“既知修行，必当严持戒律，

①上引均见《新续高僧传》卷二十九《本传》。

②《新续高僧传》卷二十九《本传》。

若不持戒而欲超脱生死，如缘木求鱼、舍舟渡海”①。在他的管理下，宝华山作为律学中心的地位进一步扩大。他的著作有《毗尼关要》16 卷、《羯磨会释》14 卷、《比丘尼律本会义》12 卷、《宝华山志》12 卷。

当然，对于德基的这种重戒律的看法，重禅或重净土的僧人有不同意见，侣石万清在德基处受具足戒之后就说：“持犯，束身而已，心地发明，非大匠曷由启迪！”于是，他就离开德基，另找“大匠”去了②。

书玉（1645—1721），江苏武进人，俗姓唐，别号佛庵。少年时期学习儒学，因听僧人读《行愿品》而萌发佛教信仰。22 岁出家，从读体受具足戒。康熙二十二年（1683），与德基到杭州昭庆寺讲戒，从此住持该寺 38 年，使其成为稳定的弘律传戒中心，各地僧俗来此受戒者达万余人。著有《梵网经菩萨戒初津》8 卷、《毗尼日用切要香乳记》2 卷、《沙弥律仪要略述义》2 卷、《二部僧授戒仪式》2 卷、《羯磨仪式》2 卷。从书玉开始，如馨一派在杭州地区建立了稳固的传戒基地。

德基的弟子有 38 名，传承其衣钵的是松隐真义。真义 11 岁出家，在未见到德基之前，通过学习佛教典籍已认识到戒律的重要性，认为“佛法不出三学，慧由定生，定从戒始”。于是，他到宝华山从德基受具足戒，专心研究律宗典籍。据说他离开德基游历南北各地参学时，在佛教界和社会上已经很有威望。在京城时，“王公天宝仰其声誉，延居延寿兰若正席，方丈乃愿行头陀行。一时归礼者，倾国而来”。尽管有言过其实之嫌，也反映了他的影响之大。继任宝华山住持之后，“戒坛累启，四方云集”。真义曾 3 次受诏见，获赐寺额、经书等，所谓“宠锡优隆，遐迩嗟咨”③。49 岁逝世。

真义之后传此派“祖衣”的依次是闵缘常松（1664—1718）、珍辉实咏（1675—1722）。他们与其历代祖师一样，始终重视以戒律规范僧众，并且以善于治理寺院著称。常松在真义处任维那时，“一堂之内，分别三根。上者喻以纯旨，深思自得；中材导以正途，循序而进；又其次者，曲垂教言，引之渐入。三者不同，成功则一。故化有程式，人无弃材。新旧学子，荣出其门”。常松这种教僧育才的理论和实践，对于佛教队伍建设是十分重要的。康熙五十二年（1713），曾受赐紫

①《新续高僧传》卷二十九《本传》。

②《新续高僧传》卷四十六《万清传》。

③《新续高僧传》卷二十九《本传》。

衣、玉器等。实咏在宝华山受具足戒后，勤于钻研律学，“精求律意，早晚孜孜，不遑宁息。遮制轨范，取次领悟”。当时，僧人们都认为智圆律师所著的《会真记》很重要。也最深奥，“当时读者谓其菁粹超出六十家释义之外”，实咏便“综其旨趣，为之贯彻”。善于用人的常松知道他有学识，便“擢之教授，开迪新知”①。后实咏“亲付祖衣”给文海福聚（1686—1765），此派由此达到鼎盛阶段。

福聚是浙江义乌人，俗姓骆，字文海，号二愚。15 岁出家，在溧水上方寺清修苦行 10 年之后，到宝华山隆昌寺闵缘常松处受戒。后游方参学 8 年，许多名僧表示器重并有传法希望，但他认为：“机锋捷悟，终属言荃；波提木叉，乃照实相”②，毅然复归宝华山，继珍辉实咏住持隆昌寺。雍正十二年（1734），奉诏进北京，住持法源寺（原悯忠寺），并奉敕开戒坛，受戒者有 1890 人③，各地求戒的学徒有数千人。这样，福聚成为法源寺第一代律师。不久，福聚将法源寺交弟子天月性实管理④，自己仍回宝华山。乾隆二年（1737），福聚奏请将宝华山诸师寂光、读体、德基等人的著作编入大藏。福聚住持宝华山 30 年，受戒的学徒遍天下，据说超过 10 万人。其著名弟子住持南北各处寺院的有 20 余位。他著有《南山宗统》、《瑜伽补注》、《瑜伽施食仪观》（可能作于乾隆六年〈1741〉）等书。

在福聚之下，有性言、圆先、明如、定静、慧皓、昌苍、海然、印宗、法圆等次第相承。总的说来，这一律宗系统，从明末清初开始，建立了以宝华山为中心的传戒弘律基地，使宝华山不仅成为各方求戒者的聚集地，而且成为其他地区传戒的学习样板或主要参考范本。

清代守一所作《诸家宗派》中的“南山律派”，以唐代道宣律师为第一世，十三传至金陵古林庵慧云如馨，如馨传三昧寂光，为宝华山第一代。自“如”字起演派 56 字，即编排了 56 世。如馨的千华派一系在律学思想上与相部宗相同，以诸恶莫作的止持、诸善奉行的作持为宗旨。在止、作二持中，尤其重视作持。另外，此系认为，《四分律》在形式上属于小乘，但在内容上属于大乘，这又是对南山宗思想的继承。在律书之外的佛教经典上，此系律师比较重视《梵网经》。此系在注重法系传承方面、注重创宗建派方面，是超过此前律宗派别的。

---

①《新续高僧传》卷三十《本传》。

②《新续高僧传》卷三十二《本传》。

③《新续高僧传·福住传》记为“一千九百人”。

④性实住持法源寺之后，一直传承不断。

参考文献

一、古代典籍

1. 翻译类

西天戒日王制，（宋）法贤译：《八大灵塔梵赞》，《大正藏》第32册。

（清）阿旺扎什译：《白救度佛母赞》，《大正藏》第20册。

（宋）法贤译：《宝授菩萨菩提行经》，《大正藏》第14册。

（宋）慧严等依《泥洹经》加之：《大般涅槃经》，《大正藏》第12册。

（宋）法护等译：《大乘宝要义论》，《大正藏》第32册。

（宋）施护译：《大乘宝月童子问法经》，《大正藏》第14册。

龙树菩萨造，（宋）施护译：《大乘二十颂论》，《大正藏》第30册。

法称菩萨造，（宋）法护等译：《大乘集菩萨学论》，《大正藏》第32册。

龙树菩萨造，（宋）施护译：《大乘破有论》，《大正藏》第30册。

（宋）施护译：《大乘舍黎娑担摩经》，《大正藏》第16册。

（宋）天息灾译：《大方广菩萨藏文殊师利根本仪轨经》，《大正藏》第20册。

（宋）法天译：《大方广总持宝光明经》，《大正藏》第10册。

（宋）法天译：《大寒林圣难拏陀罗尼经》，《大正藏》第21册。

（宋）施护译：《大金刚妙高山楼阁陀罗尼》，《大正藏》第21册。

（宋）法贤译：《大正句王经》，《大正藏》第1册。

法救集，（宋）天息灾译：《法集要颂经》，《大正藏》第4册。

（宋）天息灾译：《分别善恶报应经》，《大正藏》第1册。

（宋）释宝云译：《佛本行经》，《大正藏》第4册。

（元）沙啰巴译：《佛顶大白伞盖陀罗尼经》，《大正藏》第19册。

（宋）施护译：《佛顶放无垢光明入普门观察一切如来心陀罗尼经》，《大正藏》第19册。

寂友尊者造，（宋）施护译：《佛吉祥德赞》，《大正藏》第32册。

大域龙菩萨造，（宋）施护等译：《佛母般若波罗蜜多圆集要义论》，《大正藏》第25册。

三宝尊菩萨造，大域龙菩萨造本论，（宋）施护等译：《佛母般若波罗蜜多圆集要义释论》，《大正藏》第25册。

西土圣贤撰，（宋）法贤译：《佛三身赞》，《大正藏》第32册。

（宋）法贤译：《佛说阿罗汉具德经》，《大正藏》第2册。

（宋）法贤译：《佛说八大灵塔名号经》，《大正藏》第32册。

（宋）法贤译：《佛说八大菩萨经》，《大正藏》第14册。

（宋）法护等译：《佛说八种长养功德经》，《大正藏》第24册。

（宋）施护等译：《佛说白衣金幢二婆罗门缘起经》，《大正藏》第1册。

（宋）施护译：《佛说宝带陀罗尼经》，《大正藏》第21册。

（宋）施护译：《佛说宝生陀罗尼经》，《大正藏》第21册。

（宋）法贤译：《佛说宝贤陀罗尼经》，《大正藏》第21册。

（宋）法天译：《佛说宝藏神大明曼拏罗仪轨经》，《大正藏》第21册。

（宋）法天译：《佛说苾刍迦尸迦十法经》，《大正藏》第24册。

（宋）法天译：《佛说苾刍五法经》，《大正藏》第24册。

（宋）施护译：《佛说遍照般若波罗蜜经》，《大正藏》第8册。

（宋）法贤译：《佛说钵兰那赊嚩哩大陀罗尼经》，《大正藏》第21册。

（宋）法贤译：《佛说布施经》，《大正藏》第16册。

（宋）施护译：《佛说持明藏八大总持王经》，《大正藏》第21册。

（宋）法贤译：《佛说持明藏瑜伽大教尊那菩萨大明成就仪轨经》，《大正藏》第20册。

（宋）施护译：《佛说初分说经》，《大正藏》第14册。

（宋）法护译：《佛说出生一切如来法眼遍照大力明王经》，《大正藏》第21册。

（宋）法护等译：《佛说除盖障菩萨所问经》，《大正藏》第14册。

（宋）法贤译：《佛说慈氏菩萨誓愿陀罗尼经》，《大正藏》第20册。

（宋）法贤译：《佛说慈氏菩萨陀罗尼》，《大正藏》第20册。

（宋）王日休校辑：《佛说大阿弥陀经》，《大正藏》第12册。

（宋）法贤译：《佛说大爱陀罗尼经》，《大正藏》第21册。

（元）真智等译：《佛说大白伞盖总持陀罗尼经》，《大正藏》第19册。

（宋）法护译：《佛说大悲空智金刚大教王仪轨经》，《大正藏》第 18 册。
（宋）法贤译：《佛说大乘八大曼拏罗经》，《大正藏》第 20 册。
（宋）施护译：《佛说大乘不思议神通境界经》，《大正藏》第 17 册。
（宋）法护等译：《佛说大乘大方广佛冠经》，《大正藏》第 14 册。
（宋）法贤译：《佛说大乘观想曼拏罗净诸恶趣经》，《大正藏》第 19 册。
（宋）施护译：《佛说大乘戒经》，《大正藏》第 24 册。
（宋）法护等译：《佛说大乘菩萨藏正法经》，《大正藏》第 11 册。
（宋）法天译：《佛说大乘日子王所问经》，《大正藏》第 12 册。
（宋）法护等译：《佛说大乘入诸佛境界智光明庄严经》，《大正藏》第 12 册。
（宋）天息灾译：《佛说大乘善见变化文殊师利问法经》，《大正藏》第 14 册。
（宋）法天译：《佛说大乘圣吉祥持世陀罗尼经》，《大正藏》第 20 册。
（宋）法天译：《佛说大乘圣无量寿决定光明王如来陀罗尼经》，《大正藏》第 19 册。
（宋）绍德等译：《佛说大乘随转宣说诸法经》，《大正藏》第 15 册。
（宋）法贤译：《佛说大乘无量寿庄严经》，《大正藏》第 12 册。
（宋）智吉祥等译：《佛说大乘智印经》，《大正藏》第 15 册。
（宋）天息灾译：《佛说大乘庄严宝王经》，《大正藏》第 20 册。
（宋）施护译：《佛说大方广善巧方便经》，《大正藏》第 12 册。
（宋）施护译：《佛说大方广未曾有经善巧方便品》，《大正藏》第 17 册。
（宋）法天译：《佛说大护明大陀罗尼经》，《大正藏》第 20 册。
（宋）法贤译：《佛说大吉祥陀罗尼经》，《大正藏》第 21 册。
（宋）施护译：《佛说大集法门经》，《大正藏》第 1 册。
（宋）施护译：《佛说大集会正法经》，《大正藏》第 13 册。
（宋）施护译：《佛说大迦叶问大宝积正法经》，《大正藏》第 12 册。
（宋）施护等译：《佛说大坚固婆罗门缘起经》，《大正藏》第 1 册。
（宋）施护译：《佛说大金刚香陀罗尼经》，《大正藏》第 21 册。
（宋）天息灾：《佛说大摩里支菩萨经》，《大正藏》第 21 册。
（宋）法天译：《佛说大三摩惹经》，《大正藏》第 1 册。
（宋）施护译：《佛说大生义经》，《大正藏》第 1 册。
（宋）施护译：《佛说大自在天子因地经》，《大正藏》第 15 册。

（宋）施护译：《佛说帝释般若波罗蜜多心经》，《大正藏》第 8 册。
（宋）法贤译：《佛说帝释所问经》，《大正藏》第 1 册。
（宋）施护译：《佛说帝释岩秘密成就仪轨》，《大正藏》第 19 册。
（宋）施护等译：《佛说顶王因缘经》，《大正藏》第 3 册。
（宋）施护译：《佛说发菩提心破诸魔经》，《大正藏》第 17 册。
（宋）金总持译：《佛说法乘义决定经》，《大正藏》第 17 册。
（宋）施护译：《佛说法集名数经》，《大正藏》第 17 册。
（宋）法贤译：《佛说法身经》，《大正藏》第 17 册。
（宋）施护译：《佛说法印经》，《大正藏》第 2 册。
（宋）施护译：《佛说分别布施经》，《大正藏》第 1 册。
（宋）法天译：《佛说分别缘生经》，《大正藏》第 16 册。
（宋）施护译：《佛说佛母般若波罗蜜多大明观想仪轨》，《大正藏》第 20 册。
（宋）法贤译：《佛说佛母宝德藏般若波罗蜜经》，《大正藏》第 8 册。
（宋）施护译：《佛说佛母出生三法藏般若波罗蜜多经》，《大正藏》第 8 册。
（宋）施护等译：《佛说佛十力经》，《大正藏》第 17 册。
（宋）施护译：《佛说福力太子因缘经》，《大正藏》第 3 册。
（宋）施护译：《佛说给孤长者女得度因缘经》，《大正藏》第 2 册。
（宋）天息灾译：《佛说观想佛母般若波罗蜜多菩萨经》，《大正藏》第 8 册。
（宋）法贤译：《佛说观自在菩萨母陀罗尼经》，《大正藏》第 20 册。
（宋）施护等译：《佛说灌顶王喻经》，《大正藏》第 4 册。
（宋）施护译：《佛说光明童子因缘经》，《大正藏》第 14 册。
（宋）惟净等译：《佛说海意菩萨所问净印法门经》，《大正藏》第 13 册。
（宋）法贤译：《佛说护国经》，《大正藏》第 1 册。
（宋）施护译：《佛说护国尊者所问大乘经》，《大正藏》第 12 册。
（宋）施护译：《佛说花积楼阁陀罗尼经》，《大正藏》第 21 册。
（元）沙啰巴译：《佛说坏相金刚陀罗尼经》，《大正藏》第 21 册。
（宋）法贤译：《佛说幻化网大瑜伽教十忿怒明王大明观想仪轨经》，《大正藏》第 18 册。
（宋）沮渠京声译：《佛说迦叶禁戒经》，《大正藏》第 24 册。
（宋）天息灾译：《佛说较量寿命经》，《大正藏》第 17 册。

（宋）法贤译:《佛说较量一切佛刹功德经》,《大正藏》第 10 册。
（宋）法天译:《佛说嗟袜曩法天子受三归依获免恶道经》,《大正藏》第 15 册。
（宋）法贤译:《佛说解夏经》,《大正藏》第 1 册。
（宋）法天译:《佛说解忧经》,《大正藏》第 17 册。
（宋）法贤译:《佛说戒香经》,《大正藏》第 2 册。
（宋）施护译:《佛说金刚场庄严般若波罗蜜多教中一分》,《大正藏》第 18 册。
（宋）法天译:《佛说金刚手菩萨降伏一切部多大教王经》,《大正藏》第 20 册。
（宋）施护译:《佛说金刚香菩萨大明成就仪轨经》,《大正藏》第 20 册。
（宋）法贤译:《佛说金光王童子经》,《大正藏》第 14 册。
（宋）施护译:《佛说金身陀罗尼经》,《大正藏》第 21 册。
（宋）天息灾译:《佛说金耀童子经》,《大正藏》第 14 册。
（宋）施护译:《佛说净意优婆塞所问经》,《大正藏》第 17 册。
（宋）法贤译:《佛说旧城喻经》,《大正藏》第 16 册。
（宋）法贤译:《佛说俱积罗陀罗尼经》,《大正藏》第 21 册。
（宋）法贤译:《佛说决定义经》,《大正藏》第 17 册。
（宋）惟净等译:《佛说开觉自性般若波罗蜜多经》,《大正藏》第 8 册。
（宋）施护译:《佛说莲华眼陀罗尼经》,《大正藏》第 21 册。
（宋）施护译:《佛说了义般若波罗蜜多经》,《大正藏》第 8 册。
（宋）法天译:《佛说六道伽陀经》,《大正藏》第 17 册。
（宋）天息灾译:《佛说楼阁正法甘露鼓经》,《大正藏》第 16 册。
（宋）施护译:《佛说轮王七宝经》,《大正藏》第 1 册。
（宋）法贤译:《佛说洛叉陀罗尼经》,《大正藏》第 21 册。
（清）工布查布译:《佛说弥勒菩萨发愿王偈》,《大正藏》第 20 册。
（宋）法贤译:《佛说秘密八名陀罗尼经》,《大正藏》第 21 册。
（宋）施护等译:《佛说秘密三昧大教王经》,《大正藏》第 18 册。
（宋）施护等译:《佛说秘密相经》,《大正藏》第 18 册。
（宋）法贤译:《佛说妙吉祥菩萨所问大乘法螺经》,《大正藏》第 14 册。

（宋）法贤译：《佛说妙吉祥菩萨陀罗尼》，《大正藏》第 20 册。

（宋）法贤译：《佛说妙吉祥瑜伽大教金刚陪啰嚩轮观想成就仪轨经》，《大正藏》第 21 册。

（宋）法贤译：《佛说妙吉祥最胜根本大教经》，《大正藏》第 21 册。

（宋）法贤译：《佛说妙色陀罗尼经》，《大正藏》第 21 册。

（宋）法贤译：《佛说灭除五逆罪大陀罗尼经》，《大正藏》第 21 册。

（宋）法天译：《佛说目连所问经》，《大正藏》第 24 册。

（宋）施护等译：《佛说尼拘陀梵志经》，《大正藏》第 1 册。

（宋）法天译：《佛说毗沙门天王经》，《大正藏》第 21 册。

（宋）法贤译：《佛说辟除诸恶陀罗尼经》，《大正藏》第 21 册。

（宋）求那跋摩译：《佛说菩萨内戒经》，《大正藏》第 24 册。

（宋）施护译：《佛说普贤曼拏罗经》，《大正藏》第 20 册。

（宋）法天译：《佛说普贤菩萨陀罗尼经》，《大正藏》第 20 册。

（宋）法天译：《佛说七佛经》，《大正藏》第 1 册。

（宋）施护等译：《佛说清净心经》，《大正藏》第 17 册。

（宋）法贤译：《佛说人仙经》，《大正藏》第 1 册。

（宋）施护等译：《佛说如幻三摩地无量印法门经》，《大正藏》第 12 册。

（宋）法护译：《佛说如来不思议秘密大乘经》，《大正藏》第 11 册。

（宋）施护译：《佛说如意宝总持王经》，《大正藏》第 21 册。

（宋）慈贤译：《佛说如意轮莲华心如来修行观门仪》，《大正藏》第 20 册。

（宋）施护译：《佛说如意摩尼陀罗尼经》，《大正藏》第 21 册。

（宋）翔公译：《佛说濡首菩萨无上清净分卫经》，《大正藏》第 8 册。

（宋）施护译：《佛说入无分别法门经》，《大正藏》第 15 册。

（宋）法贤译：《佛说萨钵多酥哩逾捺野经》，《大正藏》第 1 册。

（宋）施护译：《佛说沙弥十戒仪则经》，《大正藏》第 24 册。

（宋）法贤译：《佛说圣观自在菩萨梵赞》，《大正藏》第 20 册。

（宋）法贤译：《佛说善乐长者经》，《大正藏》第 21 册。

（宋）支法度译：《佛说善生子经》，《大正藏》第 1 册。

（宋）惟净等译：《佛说身毛喜竖经》，《大正藏》第 17 册。

（宋）法天译：《佛说圣宝藏神仪轨经》，《大正藏》第 21 册。

（宋）施护译：《佛说圣大总持王经》，《大正藏》第 21 册。
（宋）法贤译：《佛说圣多罗菩萨经》，《大正藏》第 20 册。
（宋）施护译：《佛说圣佛母般若波罗蜜多经》，《大正藏》第 8 册。
（宋）天息灾译：《佛说圣佛母小字般若波罗蜜多经》，《大正藏》第 8 册。
（宋）施护译：《佛说圣观自在菩萨不空王秘密心陀罗尼经》，《大正藏》第 20 册。
（宋）施护译：《佛说圣六字大明王陀罗尼经》，《大正藏》第 20 册。
（宋）施护译：《佛说圣庄严陀罗尼经》，《大正藏》第 21 册。
（宋）施护译：《佛说圣最上灯明如来陀罗尼经》，《大正藏》第 21 册。
（宋）施护译：《佛说圣最胜陀罗尼经》，《大正藏》第 21 册。
（宋）施护译：《佛说胜幡璎珞陀罗尼经》，《大正藏》第 21 册。
（宋）施护译：《佛说胜义空经》，《大正藏》第 15 册。
（宋）施护译：《佛说胜军王所问经》，《大正藏》第 14 册。
（宋）施护等译：《佛说施一切无畏陀罗尼经》，《大正藏》第 21 册。
（宋）法贤译：《佛说十八臂陀罗尼经》，《大正藏》第 20 册。
（宋）天息灾译：《佛说十号经》，《大正藏》第 17 册。
（宋）施护译：《佛说守护大千国土经》，《大正藏》第 19 册。
（宋）法贤译：《佛说四品法门经》，《大正藏》第 17 册。
（宋）施护译：《佛说四无所畏经》，《大正藏》第 17 册。
（宋）法贤译：《佛说宿命智陀罗尼经》，《大正藏》第 21 册。
（宋）施护等译：《佛说随勇尊者经》，《大正藏》第 14 册。
（宋）法天译：《佛说未曾有正法经》，《大正藏》第 15 册。
（元）沙啰巴译：《佛说文殊菩萨最胜真实名义经》，《大正藏》第 20 册。
（宋）法天译：《佛说文殊师利一百八名梵赞》，《大正藏》第 20 册。
（宋）施护译：《佛说无二平等最上瑜伽大教王经》，《大正藏》第 18 册。
（宋）法贤译：《佛说无量功德陀罗尼经》，《大正藏》第 19 册。
（宋）法贤译：《佛说无量寿大智陀罗尼》，《大正藏》第 21 册。
（宋）法天译：《佛说无能胜大明王陀罗尼经》，《大正藏》第 21 册。
（宋）施护译：《佛说无能胜幡王如来庄严陀罗尼经》，《大正藏》第 19 册。
（宋）施护等译：《佛说无畏授所问大乘经》，《大正藏》第 12 册。

（宋）法贤译：《佛说无畏陀罗尼经》，《大正藏》第21册。
（宋）施护等译：《佛说五大施经》，《大正藏》第16册。
（宋）沮渠京声译：《佛说五恐怖世经》，《大正藏》第24册。
（宋）施护译：《佛说五十颂圣般若波罗蜜经》，《大正藏》第8册。
（宋）法贤译：《佛说息除贼难陀罗尼经》，《大正藏》第21册。
（宋）施护译：《佛说息诤因缘经》，《大正藏》第1册。
（宋）法贤译：《佛说消除一切灾障宝髻陀罗尼经》，《大正藏》第21册。
（宋）法贤译：《佛说信佛功德经》，《大正藏》第1册。
（宋）法贤译：《佛说信解智力经》，《大正藏》第17册。
（宋）法贤译：《佛说虚空藏菩萨陀罗尼》，《大正藏》第20册。
（宋）法贤译：《佛说延寿妙门陀罗尼经》，《大正藏》第20册。
（宋）法贤译：《佛说一切佛摄相应大教王经圣观自在菩萨念诵仪轨》，《大正藏》第20册。
（宋）施护译：《佛说一切如来安像三昧仪轨经》，《大正藏》第21册。
（宋）施护译：《佛说一切如来金刚三业最上秘密大教王经》，《大正藏》第18册。
（宋）法贤译：《佛说一切如来名号陀罗尼经》，《大正藏》第21册。
（宋）法天译：《佛说一切如来乌瑟腻沙最胜总持经》，《大正藏》第19册。
（宋）施护等译：《佛说一切如来真实摄大乘现证三昧大教王经》，《大正藏》第18册。
（宋）施护译：《佛说医喻经》，《大正藏》第4册。
（宋）施护译：《佛说蚁喻经》，《大正藏》第1册。
（宋）求那跋摩译：《佛说优婆塞五戒相经》，《大正藏》第24册。
（宋）法贤译：《佛说瑜伽大教王经》，《大正藏》第18册。
（宋）施护译：《佛说园生树经》，《大正藏》第1册。
（宋）法贤译：《佛说月光菩萨经》，《大正藏》第3册。
（宋）施护译：《佛说月喻经》，《大正藏》第2册。
（清）工布查布译解：《佛说造像量度经解》，《大正藏》第21册。
（宋）法贤译：《佛说栴檀香身陀罗尼经》，《大正藏》第21册。
（宋）法天译：《佛说长者施报经》，《大正藏》第1册。

（宋）施护译：《佛说智光灭一切业障陀罗尼经》，《大正藏》第21册。
（宋）法贤译：《佛说众许摩诃帝经》，《大正藏》第3册。
（宋）施护译：《佛说诸佛经》，《大正藏》第14册。
（宋）法天译：《佛说诸行有为经》，《大正藏》第17册。
（宋）施护译：《佛说最胜妙吉祥根本智最上秘密一切名义三摩地分》，《大正藏》第20册。
（宋）法贤译：《佛说最上根本大乐金刚不空三昧大教王经》，《大正藏》第8册。
（宋）法贤译：《佛说最上秘密那拏天经》，《大正藏》第21册。
（宋）施护译：《佛说最上意陀罗尼经》，《大正藏》第21册。
（宋）法贤译：《佛说尊那经》，《大正藏》第17册。
（宋）施护译：《佛说尊胜大明王经》，《大正藏》第21册。
（宋）施护译：《佛为娑伽罗龙王所说大乘经》，《大正藏》第15册。
（宋）法天译：《佛一百八名赞》，《大正藏》第32册。
龙树菩萨集，（宋）日称等译：《福盖正行所集经》，《大正藏》第32册。
（宋）日称等译：《父子合集经》，《大正藏》第11册。
（宋）昙无竭译：《观世音菩萨授记经》，《大正藏》第12册。
龙树菩萨造，（宋）施护译：《广大发愿颂》，《大正藏》第32册。
（宋）施护译：《广大莲华庄严曼拏灭一切罪陀罗尼经》，《大正藏》第20册。
莲华戒菩萨造，（宋）施护译：《广释菩提心论》，《大正藏》第32册。
（清）达喇赫嘎卜楚萨木丹达尔吉译：《极乐愿文》，《大正藏》第19册。
觉吉祥智菩萨造，（宋）施护译：《集大乘相论》，《大正藏》第32册。
善寂菩萨造，（宋）施护译：《集诸法宝最上义论》，《大正藏》第32册。
（宋）法海译：《寂调音所问经》，《大正藏》第24册。
（宋）法贤译：《迦叶仙人说医女人经》，《大正藏》第32册。
（宋）法贤译：《揵稚梵赞》，《大正藏》第32册。
（宋）慈贤译：《金刚摧碎陀罗尼》，《大正藏》第21册。
（宋）法贤译：《金刚萨埵说频那夜迦天成就仪轨经》，《大正藏》第21册。
法称菩萨造，（宋）法天译：《金刚针论》，《大正藏》第32册。
（宋）惟净等译：《金色童子因缘经》，《大正藏》第14册。

（明）员珂会译：《楞伽阿跋多罗宝经会译》，《新纂卍续藏》第1卷。

马鸣菩萨集，（宋）日称等译：《六趣轮回经》，《大正藏》第17册。

龙树菩萨造，（宋）施护译：《六十颂如理论》，《大正藏》第30册。

（宋）求那跋摩译：《龙树菩萨为禅陀迦王说法要偈》，《大正藏》第32册。

（宋）法贤译：《啰嚩拏说救疗小儿疾病经》，《大正藏》第21册。

（宋）法贤译：《曼殊室利菩萨吉祥伽陀》，《大正藏》第20册。

（元）管主八撰：《密迹力士大权神王经偈颂》，《大正藏》第32册。

（宋）法天译：《妙臂菩萨所问经》，《大正藏》第18册。

（宋）法天译：《妙法胜念处经》，《大正藏》第17册。

（宋）慈贤译：《妙吉祥平等观门大教王经略出护摩仪》，《大正藏》第20册。

（宋）慈贤译：《妙吉祥平等秘密最上观门大教王经》，《大正藏》第20册。

（宋）慈贤译：《妙吉祥平等瑜伽秘密观身成佛仪轨》，《大正藏》第20册。

（宋）法贤译：《难你计湿嚩啰天说支轮经》，《大正藏》第21册。

马鸣菩萨集，（宋）日称译：《尼乾子问无我义经》，《大正藏》第32册。

（宋）法天译：《毗俱胝菩萨一百八名经》，《大正藏》第20册。

（宋）法天译：《毗婆尸佛经》，《大正藏》第1册。

（宋）绍德、慧询等译：《菩萨本生鬘论》，《大正藏》第3册。

（宋）法天译：《菩提心观释》，《大正藏》第32册。

龙树菩萨集颂，（宋）天息灾译：《菩提心经》，《大正藏》第32册。

龙树菩萨造，（宋）施护译：《菩提心离相论》，《大正藏》第32册。

（宋）法天译：《七佛赞呗伽他》，《大正藏》第32册。

（宋）施护译：《千转大明陀罗尼经》，《大正藏》第20册。

龙树菩萨造，（宋）僧伽跋摩译：《劝发诸王要偈》，《大正藏》第32册。

（宋）法贤译：《三身梵赞》，《大正藏》第32册。

（宋）求那跋摩译：《沙弥威仪》，《大正藏》第24册。

（宋）天息灾译：《胜军化世百喻伽他经》，《大正藏》第32册。

（宋）施护等译：《圣八千颂般若波罗蜜多一百八名真实圆义陀罗尼经》，《大正藏》第8册。

（宋）施护译：《圣持世陀罗尼经》，《大正藏》第20册。

（宋）施护译：《圣多罗菩萨梵赞》，《大正藏》第20册。

（宋）法天译：《圣多罗菩萨一百八名陀罗尼经》，《大正藏》第20册。
（宋）施护译：《圣观自在菩萨功德赞》，《大正藏》第20册。
（宋）天息灾译：《圣观自在菩萨一百八名经》，《大正藏》第20册。
（宋）法贤译：《圣金刚手菩萨一百八名梵赞》，《大正藏》第20册。
（元）安藏译：《圣救度佛母二十一种礼赞经》，《大正藏》第20册。
（宋）施护译：《圣六字增寿大明陀罗尼经》，《大正藏》第20册。
（元）释智译：《圣妙吉祥真实名经》，《大正藏》第20册。
胜德赤衣菩萨造，（宋）法护等译：《圣佛母般若波罗蜜多九颂精义论》，《大正藏》第25册。
（宋）法天译：《圣无能胜金刚火陀罗尼经》，《大正藏》第21册。
（宋）法天译：《圣虚空藏菩萨陀罗尼经》，《大正藏》第20册。
（元）智慧译：《圣者文殊师利发菩提心愿文》，《大正藏》第20册。
（清）达喇嘛萨穆丹达尔吉译：《释迦佛赞》，《大正藏》第19册。
（宋）法护等译：《侍设论》，《大正藏》第26册。
马鸣菩萨集，（宋）日称等译：《十不善业道经》，《大正藏》第17册。
（宋）施护译：《十二缘生祥瑞经》，《大正藏》第16册。
马鸣菩萨集，（宋）日称等译：《事师法五十颂》，《大正藏》第32册。
（宋）法天译：《外道问圣大乘法无我义经》，《大正藏》第17册。
（宋）金总持等译：《文殊所说最胜名义经》，《大正藏》第20册。
（清）魏源会译：《无量寿经会译》，《新纂卍续藏》第1卷。
（宋）法天译：《无能胜大明陀罗尼经》，《大正藏》第21册。
（宋）法天译：《无能胜大明心陀罗尼经》，《大正藏》第21册。
（宋）施护译：《息除中夭陀罗尼经》，《大正藏》第21册。
（宋）天息灾译：《贤圣集伽陀一百颂》，《大正藏》第32册。
（宋）施护译：《消除一切闪电障难随求如意陀罗尼经》，《大正藏》第21册。
（清）阿旺扎什补译：《修药师仪轨布坛法》，《大正藏》第19册。
（宋）昙摩蜜多译：《虚空藏菩萨神咒经》，《大正藏》第13册。
（元）沙啰巴译：《药师琉璃光王七佛本愿功德经念诵仪轨》，《大正藏》第19册。
（元）沙啰巴译：《药师琉璃光王七佛本愿功德经念诵仪轨供养法》，《大正藏》

第 19 册。

（清）工布查布译：《药师七佛供养仪轨如意王经》，《大正藏》第 19 册。

（宋）施护译：《一切秘密最上名义大教王仪轨》，《大正藏》第 18 册。

（宋）天息灾译：《一切如来大秘密王未曾有最上微妙大曼拏罗经》，《大正藏》第 18 册。

（宋）施护译：《一切如来说佛顶轮王一百八名赞》，《大正藏》第 19 册。

（宋）施护译：《一切如来正法秘密篋印心陀罗尼经》，《大正藏》第 19 册。

（宋）求那跋摩译：《优波离问佛经》，《大正藏》第 24 册。

（宋）求那跋摩译：《优婆塞五戒威仪经》，《大正藏》第 24 册。

龙树菩萨造，（宋）施护译：《赞法界颂》，《大正藏》第 32 册。

（宋）天息灾译：《赞扬圣德多罗菩萨一百八名经》，《大正藏》第 20 册。

（清）工布查布译：《造像量度经》，《新纂卍续藏》第 1 卷。

（宋）施护译：《增慧陀罗尼经》，《大正藏》第 21 册。

发合思巴造，（元）沙罗巴译：《彰所知论》，《大正藏》第 32 册。

观无畏尊者集，（宋）日称等译：《诸法集要经》，《大正藏》第 17 册。

（宋）法天译：《诸佛心印陀罗尼经》，《大正藏》第 19 册。

慈氏菩萨造，（宋）施护译：《诸教决定名义论》，《大正藏》第 32 册。

（宋）法天译：《最上大乘金刚大教宝王经》，《大正藏》第 20 册。

（宋）法天译：《最胜佛顶陀罗尼经》，《大正藏》第 19 册。

尊者瞿沙造，失译：《阿毗昙甘露味论》，《大正藏》第 28 册。

2. 著述类

（宋）宝臣述：《注大乘入楞伽经》，《大正藏》第 39 册。

（宋）本嵩述，琮湛注：《注华严经题法界观门颂》，《大正藏》第 45 册。

（宋）才良等编：《法演禅师语录》，《大正藏》第 47 册。

（宋）陈瓘撰：《三千有门颂》，《新纂卍续藏》第 57 卷。

（宋）陈瓘撰：《止观坐禅法要记》，《新纂卍续藏》第 57 卷。

（宋）陈舜俞撰：《庐山记》，《大正藏》第 51 册。

（宋）陈田夫撰：《南岳总胜集》，《大正藏》第 51 册。

（宋）澄彧注：《注十疑论》，《新纂卍续藏》第 61 卷。

（唐）法藏撰，（宋）承迁注：《大方广佛华严经金师子章》，《大正藏》第 45 册。

（唐）法藏述，（宋）承迁注：《注华严金师子章》，《新纂卍续藏》第 58 卷。
（宋）重显拈古，克勤击节：《佛果击节录》，《新纂卍续藏》第 67 卷。
（宋）重显颂古：《雪窦和尚百则颂古》，《新纂卍续藏》第 67 卷。
（宋）重显颂古，克勤评唱：《佛果圆悟禅师碧岩录》，《大正藏》第 48 册。
（宋）崇岳、了悟等编：《密庵和尚语录》，《大正藏》第 47 册。
（宋）楚圆集：《汾阳无德禅师语录》，《大正藏》第 47 册。
（宋）处谦述：《法华玄记十不二门显妙》，《新纂卍续藏》第 56 卷。
（宋）处元述：《摩诃止观义例随释》，《新纂卍续藏》第 56 卷。
（宋）从芳述：《百法论显幽钞》，《新纂卍续藏》第 48 卷。
（宋）从义撰：《金光明经文句新记》，《新纂卍续藏》第 20 卷。
（宋）从义撰：《金光明经玄义顺正记》，《新纂卍续藏》第 20 卷。
（宋）从义排：《摩诃止观义例科》，《新纂卍续藏》第 56 卷。
（宋）从义撰：《摩诃止观义例纂要》，《新纂卍续藏》第 56 卷。
（宋）从义注：《始终心要注》，《新纂卍续藏》第 56 卷。
（宋）从义撰：《天台三大部补注》，《新纂卍续藏》第 28 卷。
（宋）从义撰：《天台四教集解》，《新纂卍续藏》第 57 卷。
（宋）从义撰：《止观辅行补注》，《新纂卍续藏》第 55 卷。
（宋）大隐排定：《大般若波罗蜜多经关法》，《新纂卍续藏》第 24 卷。
（宋）道标出：《资持记立题拾义》，《新纂卍续藏》第 44 卷。
（宋）道诚集：《释氏要览》，《大正藏》第 54 册。
（宋）道川颂并著语：《金刚经注》，《新纂卍续藏》第 24 卷。
（宋）道隆述：《般若心经注》，《新纂卍续藏》第 26 卷。
（宋）道楷撰：《祇园正仪》，《新纂卍续藏》第 63 卷。
（唐）慧忠著，（宋）道楷、怀深述：《般若心经三注》，《新纂卍续藏》第 26 卷。
（宋）道谦编：《大慧普觉禅师宗门武库》，《大正藏》第 47 册。
（宋）道亭述：《华严一乘分齐章义苑疏》，《新纂卍续藏》第 58 卷。
（宋）道通述：《大方广佛华严经吞海集》，《新纂卍续藏》第 8 卷。
（宋）道通述：《华严法相槃节》，《新纂卍续藏》第 58 卷。
（宋）道通述：《法界观披云集》，《新纂卍续藏》第 58 卷。

（宋）道威入注：《法华经入疏》，《新纂卍续藏》第 30 卷。
（宋）道言述：《释四分戒本序》，《新纂卍续藏》第 40 卷。
（宋）道原撰：《景德传灯录》，《大正藏》第 51 册。
（宋）德洪造论，正受会合：《楞严经合论》，《新纂卍续藏》第 12 卷。
（宋）法崇述：《佛顶尊胜陀罗尼经教迹义记》，《新纂卍续藏》第 23 卷。
（宋）法登述：《议中兴教观》，《新纂卍续藏》第 57 卷。
（宋）法登述：《圆顿宗眼》，《新纂卍续藏》第 57 卷。
（宋）法泉继颂：《永嘉真觉禅师证道歌》，《新纂卍续藏》第 65 卷。
（宋）法悟撰：《释摩诃衍论赞玄疏》，《新纂卍续藏》第 45 卷。
（宋）法显集出：《十诵比丘尼波罗提木叉戒本》，《大正藏》第 23 册。
（宋）法云编：《翻译名义集》，《大正藏》第 54 册。
（宋）法照撰：《法华经三大部读教记》，《新纂卍续藏》第 28 卷。
（宋）法照撰：《止观辅行读教记》，《新纂卍续藏》第 55 卷。
（宋）非浊集：《三宝感应要略录》，《大正藏》第 51 册。
（宋）复庵述：《华严经纶贯》，《新纂卍续藏》第 3 卷。
（宋）观复述：《遗教经论记》，《新纂卍续藏》第 53 卷。
（宋）观复撰：《圆觉经钞辨疑误》，《新纂卍续藏》第 10 卷。
（宋）怀远录：《楞严经义疏释要钞》，《新纂卍续藏》第 11 卷。
（宋）慧开语，宗绍编：《禅宗无门关》，《新纂卍续藏》第 67 卷。
（宋）慧洪撰，觉慈编：《智证传》，《新纂卍续藏》第 63 卷。
（宋）慧洪造，张商英撰：《法华经合论》，《新纂卍续藏》第 30 卷。
（宋）慧洪撰：《临济宗旨》，《新纂卍续藏》第 63 卷。
（宋）惠洪：《冷斋夜话》，中华书局 1985 年版。
（宋）惠洪：《禅林僧宝传》，上海古籍出版社 1987 年版。
（宋）惠洪《石门文字禅》，《大藏经补编》。
（宋）慧霞编，广辉释：《重编曹洞五位显诀》，《新纂卍续藏》第 63 卷。
（宋）慧因注：《梵网经菩萨戒注》，《新纂卍续藏》第 38 卷。
（宋）惠彬述：《丛林公论》，《新纂卍续藏》第 64 卷。
（宋）惠泉集：《黄龙慧南禅师语录》，《大正藏》第 47 册。
（宋）集成等编：《宏智禅师广录》，《大正藏》第 48 册。

（宋）继忠集：《法智遗编观心二百门》，《大正藏》第 46 册。
（宋）继忠集：《四明仁岳异说丛书》，《新纂卍续藏》第 56 卷。
（宋）继忠排：《四明十义书科》，《新纂卍续藏》第 56 卷。
（宋）戒度述：《观无量寿经扶新论》，《新纂卍续藏》第 22 卷。
（宋）戒度述：《观无量寿经义疏正观记》，《新纂卍续藏》第 22 卷。
（宋）戒环解：《法华经要解》，《新纂卍续藏》第 30 卷。
（宋）戒环集：《华严经要解》，《新纂卍续藏》第 8 卷。
（宋）戒环解：《楞严经要解》，《新纂卍续藏》第 11 卷。
（宋）戒珠撰：《别传心法议》，《新纂卍续藏》第 57 卷。
（宋）戒珠叙：《净土往生传》，《大正藏》第 51 册。
（宋）净善重集：《禅林宝训》，《大正藏》第 48 册。
（宋）净源集：《华严普贤行愿修证仪》，《新纂卍续藏》第 74 卷。
（宋）净源编叙：《首楞严坛场修证仪》，《新纂卍续藏》第 74 卷。
（宋）净源录：《圆觉经道场略本修证仪》，《新纂卍续藏》第 74 卷。
（唐）澄观述，（宋）净源录：《华严经疏注》，《新纂卍续藏》第 7 卷。
（唐）法藏撰，（宋）净源述：《金师子章云间类解》，《大正藏》第 45 册。
（宋）净源刊正：《华严还源观科》，《新纂卍续藏》第 58 卷。
（宋）净源述：《华严妄尽还源观疏钞补解》，《新纂卍续藏》第 58 卷。
（宋）净源述：《华严原人论发微录》，《新纂卍续藏》第 58 卷。
（宋）净源撰集：《仁王经疏》，《新纂卍续藏》第 26 卷。
（宋）可观述：《金刚錍论义》，《新纂卍续藏》第 56 卷。
（宋）可观注：《金刚经义》，《新纂卍续藏》第 24 卷。
（宋）可观述，智增证：《山家义苑》，《新纂卍续藏》第 57 卷。
（宋）可观撰：《竹庵草录》，《新纂卍续藏》第 57 卷。
（宋）黎靖德：《朱子语类》，中华书局 1986 年版。
（宋）了然述：《大乘止观法门宗图记》，《新纂卍续藏》第 55 卷。
（宋）了然述：《十不二门枢要》，《新纂卍续藏》第 56 卷。
〔日〕俊芿问，（宋）了然、智瑞、妙音答：《律宗问答》，《新纂卍续藏》第 59 卷。
（宋）李焘：《续资治通鉴长编》，上海古籍出版社 1986 年版。

（宋）罗大经：《鹤林玉露》，中华书局2005年版。
（宋）吕夏卿撰：《明州雪窦山资圣寺第六祖明觉大师塔铭》，《大正藏》第47册。
（宋）妙莲撰：《蓬折直辨》，《新纂卍续藏》第60卷。
（宋）妙莲撰：《蓬折箴》，《新纂卍续藏》第60卷。
（宋）妙生述：《佛制六物图辩讹》，《新纂卍续藏》第59卷。
（宋）妙生述：《三衣显正图》，《新纂卍续藏》第59卷。
（宋）妙原编：《虚堂和尚语录》，《大正藏》第47册。
（宋）普观述：《大乘法界无差别论疏领要钞》，《新纂卍续藏》第46卷。
（宋）普观录：《大乘法界无差别论疏领要钞科》，《新纂卍续藏》第46卷。
（宋）普观述：《释摩诃衍论记》，《新纂卍续藏》第46卷。
（宋）普观治定：《释摩诃衍论科》，《新纂卍续藏》第46卷。
（宋）普观述：《盂兰盆经疏会古通今记》，《新纂卍续藏》第21卷。
（宋）普容集：《台宗精英集》，《新纂卍续藏》第57卷。
（宋）契嵩撰：《传法正宗定祖图》，《大正藏》第51册。
（宋）契嵩编：《传法正宗记》，《大正藏》第51册。
（宋）契嵩著：《传法正宗论》，《大正藏》第51册。
（宋）契嵩撰：《镡津文集》，《大正藏》第52册。
（宋）仁勇编：《杨岐方会和尚语录》，《大正藏》第47册。
（宋）仁岳撰：《金刚錍科》，《新纂卍续藏》第56卷。
（宋）仁岳述：《楞严经熏闻记》，《新纂卍续藏》第11卷。
（宋）仁岳撰：《释迦如来涅槃礼赞文》，《大正藏》第46册。
（宋）仁岳述：《十不二门文心解》，《新纂卍续藏》第56卷。
（宋）日新录：《盂兰盆经疏钞余义》，《新纂卍续藏》第21卷。
（宋）如吉编：《重编天台诸文类集》，《新纂卍续藏》第57卷。
（宋）如山注：《圆觉经略疏序注》，《新纂卍续藏》第10卷。
（宋）如山注序：《圆觉经序注》，《新纂卍续藏》第10卷。
（宋）僧璩撰出：《十诵羯磨比丘要用》，《大正藏》第23册。
（宋）善卿编正：《祖庭事苑》，《新纂卍续藏》第64卷。
（宋）善熹述：《辨非集》，《新纂卍续藏》第58卷。

（宋）善熹书：《斥谬》，《新纂卍续藏》第 58 卷。
（宋）善熹述：《评金錍》，《新纂卍续藏》第 58 卷。
（宋）善月述：《大部妙玄格言》，《新纂卍续藏》第 28 卷。
（宋）善月述：《法华经文句格言》，《新纂卍续藏》第 29 卷。
（宋）善月述：《法华龙女成佛权实文旨》，《新纂卍续藏》第 56 卷。
（宋）善月述：《金刚錍论义解》，《新纂卍续藏》第 56 卷。
（宋）善月述：《金刚经会解》，《新纂卍续藏》第 24 卷。
（宋）善月述：《楞伽经通义》，《新纂卍续藏》第 17 卷。
（宋）善月述：《仁王护国般若波罗蜜经疏神宝记》，《大正藏》第 33 册。
（宋）善月述：《山家绪余集》，《新纂卍续藏》第 57 卷。
（宋）善月述：《台宗十类因革论》，《新纂卍续藏》第 57 卷。
（宋）绍隆等编：《圆悟佛果禅师语录》，《大正藏》第 47 册。
（宋）沈孟柈叙述：《钱塘湖隐济颠禅师语录》，《新纂卍续藏》第 69 卷。
（宋）师会述：《般若心经略疏连珠记》，《大正藏》第 33 册。
（宋）师会述：《华严融会一乘义章明宗记》，《新纂卍续藏》第 58 卷。
（宋）师会录：《华严一乘教义分齐章焚薪》，《新纂卍续藏》第 58 卷。
（宋）师会述：《华严一乘教义分齐章科》，《新纂卍续藏》第 58 卷。
（宋）师会述，善熹注：《华严一乘教义分齐章复古记》，《新纂卍续藏》第 58 卷。
（宋）师会述，善熹注：《注同教问答》，《新纂卍续藏》第 58 卷。
（宋）师会述，希迪注：《注华严同教一乘策》，《新纂卍续藏》第 58 卷。
（宋）师明集：《续刊古尊宿语要》，《新纂卍续藏》第 68 卷。
（宋）师远述：《十牛图颂》，《新纂卍续藏》第 64 卷。
（宋）士衡编：《天台九祖传》，《大正藏》第 51 册。
（宋）侍者等编：《宏智禅师广录》，《大正藏》第 48 册。
（宋）守坚集：《云门匡直禅师广录》，《大正藏》第 47 册。
（宋）守坚集：《云门文偃禅师语录》，《新纂卍续藏》第 69 卷。
（宋）守千集：《般若心经幽赞崆峒记》，《新纂卍续藏》第 26 卷。
（宋）守千添改：《般若心经幽赞添改科》，《新纂卍续藏》第 26 卷。
（宋）守千述：《表无表章栖玩记》，《新纂卍续藏》第 55 卷。
（宋）守千集：《弥勒上生经瑞应钞》，《新纂卍续藏》第 21 卷。

（宋）守千集：《弥勒上生经瑞应钞科》，《新纂卍续藏》第21卷。
（宋）守遂注：《沩山警策注》，《新纂卍续藏》第63卷。
（宋）守一集：《律宗会元》，《新纂卍续藏》第60卷。
（宋）守一述，行枝编：《终南家业》，《新纂卍续藏》第59卷。
（宋）思坦集注：《楞严经集注》，《新纂卍续藏》第11卷。
（宋）苏轼：《东坡志林》，中华书局1981年版。
（宋）昙应述：《金刚经采微》，《新纂卍续藏》第24卷。
（宋）昙应排：《金刚经采微科》，《新纂卍续藏》第24卷。
（宋）昙应述：《金刚经采微余释》，《新纂卍续藏》第24卷。
（宋）王日休撰：《龙舒增广净土文》，《大正藏》第47册、《新纂卍续藏》第61卷。
（宋）惟白述：《文殊指南图赞》，《大正藏》第45册、《新纂卍续藏》第58卷。
（宋）惟盖竺编：《明觉禅师语录》，《大正藏》第47册。
（宋）惟勉编次：《丛林校定清规总要》，《新纂卍续藏》第63卷。
（宋）惟慤科，可度笺：《楞严经笺》，《新纂卍续藏》第11卷。
（宋）惟显编：《律宗新学名句》，《新纂卍续藏》第59卷。
（宋）文才述：《肇论新疏》，《新纂卍续藏》第54卷。
（宋）文才述：《肇论新疏游刃》，《新纂卍续藏》第54卷。
（宋）文冲重校、编集：《慧日永明寺智觉禅师自行录》，《新纂卍续藏》第63卷。
（宋）文素编：《如净和尚语录》，《大正藏》第48册。
（宋）闻达解：《法华经句解》，《新纂卍续藏》第30卷。
（宋）希迪述：《华严一乘教义分齐章集成记》，《新纂卍续藏》第58卷。
（宋）希迪录：《评复古记》，《新纂卍续藏》第58卷。
（宋）希麟集：《续一切经音义》，《大正藏》第54册。
（宋）晓莹：《罗湖野录》，中华书局1985年版
（宋）晓月注：《夹科肇论序注》，《新纂卍续藏》第54卷。
（宋）孝宗帝注：《御注圆觉经》，《新纂卍续藏》第10卷。
（宋）行霆解：《圆觉经类解》，《新纂卍续藏》第10卷。
（宋）彦琪注：《证道歌注》，《新纂卍续藏》第63卷。
（宋）彦起撰：《释门归敬仪护法记》，《新纂卍续藏》第59卷。

（宋）延寿撰：《定慧相资歌》，《新纂卍续藏》第63卷。
（宋）延寿撰：《观心玄枢》，《新纂卍续藏》第65卷。
（宋）延寿撰：《警世》，《新纂卍续藏》第63卷。
（宋）延寿撰：《受菩萨戒法》，《新纂卍续藏》第59卷。
（宋）延寿述：《万善同归集》，《大正藏》第48册。
（宋）延寿撰：《永明智觉禅师唯心诀》，《大正藏》第48册。
（宋）延寿述：《中峰国师三时系念佛事》，《新纂卍续藏》第74卷。
（宋）延寿述：《中峰三时系念仪范》，《新纂卍续藏》第74卷。
（宋）延寿述：《注心赋》，《新纂卍续藏》第63卷。
（宋）延寿集：《宗镜录》，《大正藏》第48册。
（宋）延一编：《广清凉传》，《大正藏》第51册。
（宋）杨圭编：《金刚经集解》，《新纂卍续藏》第24卷。
（宋）杨彦国纂：《楞伽经纂》，《新纂卍续藏》第17卷。
（宋）义銛述：《不可刹那无此君》，《新纂卍续藏》第57卷。
（宋）义远编：《天童山景德寺如净禅师续语录》，《大正藏》第48册。
（宋）有严笺：《法华经文句记笺难》，《新纂卍续藏》第29卷。
（宋）有严注：《法华经玄签备捡》，《新纂卍续藏》第28卷。
（宋）有严注：《止观辅行传弘决助览》，《新纂卍续藏》第55卷。
（宋）与咸：《梵网菩萨戒经疏注》，《新纂卍续藏》第38卷。
（宋）与咸述：《复宗集》，《新纂卍续藏》第57卷。
（宋）遇荣钞：《盂兰盆经疏孝衡钞》，《新纂卍续藏》第21卷。
（宋）遇荣集定：《盂兰盆经疏孝衡钞科》，《新纂卍续藏》第21卷。
（宋）元粹述：《圆觉经集注》，《新纂卍续藏》第10卷。
（宋）元悟编：《螺溪振祖集》，《新纂卍续藏》第56卷。
（宋）元照述：《阿弥陀经义疏》，《大正藏》第37册。
（宋）元照撰：《补续芝园集》，《新纂卍续藏》第59卷。
（宋）元照撰：《道具赋》，《新纂卍续藏》第59卷。
（宋）元照述：《佛制比丘六物图》，《新纂卍续藏》第59卷。
（宋）元照述：《观无量寿佛经义疏》，《大正藏》第37册。
（宋）元照重集：《兰盆献供仪》，《新纂卍续藏》第74卷。

（宋）元照述：《授大乘菩萨戒仪》，《新纂卍续藏》第 59 卷。
（宋）元照录：《四分律含注戒本疏科》，《新纂卍续藏》第 39 卷。
（宋）元照录：《四分律删补随机羯磨疏科》，《新纂卍续藏》第 41 卷。
（宋）元照录：《四分律拾毗尼义钞科》，《新纂卍续藏》第 44 卷。
（宋）元照录：《四分律行事钞科》，《新纂卍续藏》第 43 卷。
（宋）元照撰：《四分律行事钞资持记》，《大正藏》第 40 册。
（宋）元照重定：《四分删定比丘尼戒本》，《新纂卍续藏》第 40 卷。
（宋）元照撰，戒度注：《无量寿佛赞注》，《新纂卍续藏》第 74 卷。
（宋）元照述：《遗教经论住法记》，《新纂卍续藏》第 53 卷。
（宋）元照作：《芝园集》，《新纂卍续藏》第 59 卷。
（元）元照述，戒度记：《阿弥陀经义疏闻持记》，《新纂卍续藏》第 22 卷。
（宋）元照录，道询集：《芝园遗编》，《新纂卍续藏》第 59 卷。
（宋）源清述：《法华龙女成佛权实义》，《新纂卍续藏》第 56 卷。
（宋）源清述：《法华十妙不二门示珠指》，《新纂卍续藏》第 56 卷。
（宋）蕴闻编：《大慧普觉禅师语录》，《大正藏》第 47 册。
（宋）允堪述：《净心诫观法科》，《新纂卍续藏》第 59 卷。
（宋）允堪述：《四分比丘尼钞科》，《新纂卍续藏》第 40 卷。
（宋）允堪述：《四分律含注戒本疏发挥记》，《新纂卍续藏》第 39 卷。
（宋）允堪述：《四分律拾毗尼义钞辅要记》，《新纂卍续藏》第 44 卷。
（宋）允堪述：《四分律随机羯磨疏正源记》，《新纂卍续藏》第 40 卷。
（宋）允堪撰录：《新受戒比丘六念五观法》，《新纂卍续藏》第 59 卷。
（宋）允堪述：《衣钵名义章》，《新纂卍续藏》第 59 卷。
（宋）赞宁撰：《大宋僧史略》，《大正藏》第 54 册。
（宋）赞宁等撰：《宋高僧传》，《大正藏》第 50 册。
（宋）则安述：《羯磨经序解》，《新纂卍续藏》第 41 卷。
（宋）则安述：《行事钞资持记序解并五例讲义》，《新纂卍续藏》第 44 卷。
（宋）赜藏主集：《古尊宿语录》，《新纂卍续藏》第 68 卷。
（宋）张商英述：《护法论》，《大正藏》第 52 册。
（宋）张商英述：《续清凉传》，《大正藏》第 51 册。
（宋）张无尽述：《金刚经四十二分说》，《新纂卍续藏》第 24 卷。

（宋）真宗皇帝注：《注四十二章经》，《大正藏》第 39 册。
（宋）正受集记：《楞伽经集注》，《新纂卍续藏》第 17 卷。
（宋）知礼撰：《观无量寿佛经融心解》，《新纂卍续藏》第 22 卷。
（宋）知礼述：《观无量寿佛经疏妙宗钞》，《大正藏》第 37 册。
（宋）知礼述：《观音玄义记》，《大正藏》第 34 册。
（宋）知礼述：《观音义疏记》，《大正藏》第 34 册。
（宋）知礼述：《金光明经文句记》，《大正藏》第 39 册。
（宋）知礼述：《金光明经玄义拾遗记》，《大正藏》第 39 册。
（宋）知礼集：《金光明最胜忏仪》，《大正藏》第 46 册。
（宋）知礼集：《千手眼大悲心咒行法》，《大正藏》第 46 册。
（宋）知礼述：《十不二门指要钞》，《大正藏》第 46 册。
（宋）知礼撰：《四明十义书》，《大正藏》第 46 册。
（宋）知讷述：《灵岩妙空和尚注证道歌》，《新纂卍续藏》第 65 卷。
（宋）志磐撰：《佛祖统纪》，《大正藏》第 49 册。
（宋）志磐述：《宗门尊祖议》，《新纂卍续藏》第 57 卷。
（宋）智聪述：《圆觉经心镜》，《新纂卍续藏》第 10 卷。
（宋）智肱述：《华严清凉国师礼赞文》，《新纂卍续藏》第 74 卷。
（宋）智圆述：《阿弥陀经疏》，《大正藏》第 37 册。
（宋）智圆述：《般若心经疏》，《新纂卍续藏》第 26 卷。
（宋）智圆撰：《般若心经疏诒谋钞》，《新纂卍续藏》第 26 卷。
（宋）智圆集：《金刚錍科》，《新纂卍续藏》第 56 卷。
（宋）智圆集：《金刚錍显性录》，《新纂卍续藏》第 56 卷。
（宋）智圆述：《涅槃经疏三德指归》，《新纂卍续藏》第 37 卷。
（宋）智圆撰：《涅槃经治定疏科》，《新纂卍续藏》第 36 卷。
（宋）智圆述：《涅槃玄义发源机要》，《大正藏》第 38 册。
（宋）智圆述：《请观音经疏阐义钞》，《大正藏》第 39 册。
（宋）智圆述：《维摩经略疏垂裕记》，《大正藏》第 38 册。
（宋）智圆著：《闲居编》，《新纂卍续藏》第 56 卷。
（宋）智昭集：《人天眼目》，《大正藏》第 48 册。
（宋）忠撰：《五相智识颂》，《新纂卍续藏》第 58 卷。

（唐）法藏疏，（宋）仲希说：《般若心经略疏显正记》，《新纂卍续藏》第26卷。
（宋）周琪述：《圆觉经夹颂集解讲义》，《新纂卍续藏》第10卷。
（宋）子昇录，如祐录：《禅门诸祖师偈颂》，《新纂卍续藏》第66卷。
（唐）宗密述，（宋）子璿治定：《金刚般若经疏论纂要》，《大正藏》第33册。
（宋）子璿录：《金刚经纂要刊定记》，《大正藏》第33册。
（宋）子璿述：《楞伽经义疏注经科》，《新纂卍续藏》第10卷。
（宋）子璿录：《起信论疏笔削记》，《大正藏》第44册。
（宋）子璿集：《首楞严义疏注经》，《大正藏》第39册。
（宋）宗杲集并著语：《正法眼藏》，《新纂卍续藏》第67卷。
（宋）宗镜述：《销释金刚经科仪会要》，《新纂卍续藏》第24卷。
（宋）宗绍编：《无门关》，《大正藏》第48册。
（宋）宗寿集：《入众日用》，《新纂卍续藏》第63卷。
（宋）宗晓编：《宝云振祖集》，《新纂卍续藏》第56卷。
（宋）宗晓述：《金光明经照解》，《新纂卍续藏》第20卷。
（宋）宗晓编：《乐邦文类》，《大正藏》第47册。
（宋）宗晓编：《乐邦遗稿》，《大正藏》第47册。
（宋）宗晓注：《三教出兴颂注》，《新纂卍续藏》第57卷。
（宋）宗晓编：《施食通览》，《新纂卍续藏》第57卷。
（宋）宗晓编：《四明尊者教行录》，《大正藏》第46册。
（宋）宗翌述：《注法华本迹十不二门》，《新纂卍续藏》第56卷。
（宋）宗印撰：《北峰教义》，《新纂卍续藏》第57卷。
（宋）宗印述：《楞严经释题》，《新纂卍续藏》第11卷。
（宋）宗赜集：《重雕补注禅苑清规》，《新纂卍续藏》第63卷。
（宋）祖庆重编：《佛鉴佛果正觉佛海拈八方珠玉集》，《新纂卍续藏》第67卷。
（宋）遵式撰：《炽盛光道场念诵仪》，《大正藏》第46册。
（宋）遵式治定：《华严经普贤行愿品疏科》，《新纂卍续藏》第5卷。
（宋）遵式述：《观音经普门品重颂》，《新纂卍续藏》第35卷。
（宋）遵式集：《金光明忏法补助仪》，《大正藏》第46册。
（宋）遵式述，慧观重编：《金园集》，《新纂卍续藏》第57卷。

（宋）遵式述：《摩诃止观义显》，《新纂卍续藏》第 56 卷。
（宋）遵式集：《请观世音菩萨消伏毒害陀罗尼三昧仪》，《大正藏》第 46 册。
（宋）遵式述：《三衣辨惑篇》，《新纂卍续藏》第 59 卷。
（宋）遵式撰：《受五戒法》，《新纂卍续藏》第 59 卷。
（宋）遵式撰：《授菩萨戒仪》，《新纂卍续藏》第 59 卷。
（宋）遵式述：《天台智者大师斋忌礼赞文》，《大正藏》第 46 册。
（宋）遵式述，慧观重编：《天竺别集》，《新纂卍续藏》第 57 卷。
（宋）遵式撰：《往生净土忏愿仪》，《大正藏》第 47 册。
（宋）遵式撰：《往生净土决疑行愿二门》，《大正藏》第 47 册。
（宋）遵式述：《圆顿观心十法界图》，《新纂卍续藏》第 56 卷。
（宋）遵式排定：《肇论疏科文》，《新纂卍续藏》第 54 卷。
（宋）遵式述：《注肇论疏》，《新纂卍续藏》第 54 卷。
（辽）道殿集：《显密圆通成佛心要集》，《大正藏》第 46 册。
（辽）觉苑撰：《大日经义释演秘钞》，《新纂卍续藏》第 23 卷。
（辽）鲜演述：《华严经谈玄决择》，《新纂卍续藏》第 8 卷。
（辽）志福撰：《释摩诃衍论通玄钞》，《新纂卍续藏》第 46 卷。
（西夏）智广等集：《密咒圆因往生集》，《大正藏》第 46 册。
（元）拔合思巴集：《根本说一切有部苾刍习学略法》，《大正藏》第 45 册。
（元）拔合思巴集：《根本说一切有部出家授近圆羯磨仪范》，《大正藏》第 45 册。
（宋）义青颂古，（元）从伦评唱：《林泉老人评唱投子青和尚颂古空谷集》，《新纂卍续藏》第 67 卷。
（宋）子淳颂古，（元）从伦评唱：《林泉老人评唱丹霞淳禅师颂古虚堂集》，《新纂卍续藏》第 67 卷。
（元）道泰集：《禅林类聚》，《新纂卍续藏》第 67 卷。
（元）德煇重编：《敕修百丈清规》，《大正藏》第 48 册。
（元）管主八撰：《密迹力士大权神王经偈颂》，《大正藏》第 32 册。
（元）怀则述：《净土境观要门》，《大正藏》第 47 册。
（元）怀则述：《天台传佛心印记》，《大正藏》第 46 册。
（元）觉岸编：《释氏稽古略》，《大正藏》第 49 册。
（元）刘谧撰：《三教平心论》，《大正藏》第 52 册。

（元）蒙润排定：《天台四教仪科文》，《新纂卍续藏》第57卷。

（元）明本著：《幻住庵清规》，《新纂卍续藏》第63卷。

（元）念常集：《佛祖历代通载》，《大正藏》第49册。

（元）普度编：《庐山莲宗宝鉴》，《大正藏》第47册。

（元）普度辑：《庐山优昙宝鉴》，《新纂卍续藏》第61卷。

（宋）法应集，（元）普会续集：《禅宗颂古联珠通集》，《新纂卍续藏》第65卷。

（元）普瑞集：《华严悬谈会玄记》，《新纂卍续藏》第8卷。

（元）清觉述，道安注：《初学记》，《新纂卍续藏》第63卷。

（元）清觉述：《正行集》，《新纂卍续藏》第63卷。

（元）清远述：《圆觉经疏钞随文要解》，《新纂卍续藏》第10卷。

（元）如瑛编：《高峰龙泉院因师集贤语录》，《新纂卍续藏》第65卷。

（元）善遇编：《师子林天如和尚净土或问》，《新纂卍续藏》第61卷。

（元）盛熙明述：《补陀洛迦山传》，《大正藏》第51册。

（元）师正排科，可度重订：《科南本涅槃经》，《新纂卍续藏》第37卷。

（元）天如则著：《净土或问》，《大正藏》第47册。

（元）王子成集：《礼念弥陀道场忏法》，《新纂卍续藏》第74卷。

（元）文才述：《肇论新疏》，《大正藏》第45册。

（元）祥迈撰：《辩伪录》，《大正藏》第52册。

（元）省悟编述，嗣良参订：《律苑事规》，《新纂卍续藏》第60卷。

（元）性澄句解：《阿弥陀经句解》，《新纂卍续藏》第22卷。

（元）徐行善科注：《法华经科注》，《新纂卍续藏》第31卷。

（元）徐行善科：《金刚经科释》，《新纂卍续藏》第24卷。

（宋）正觉颂古，（元）行秀评唱：《万松老人评唱天童觉和尚拈古请益录》，《大正藏》第49册。

（宋）正觉颂古，（元）行秀评唱：《万松老人评唱天童觉和尚颂古从容庵录》，《大正藏》第49册。

（元）一辩问，觉答：《青州百问》，《新纂卍续藏》第67卷。

（元）弌咸编：《禅林备用清规》，《新纂卍续藏》第63卷。

（元）永盛述，德弘编：《永嘉真觉大师证道歌》，《新纂卍续藏》第65卷。

（元）元粹述：《天台四教仪备释》，《新纂卍续藏》第57卷。

（元）元通设问，行秀仰答：《通玄百问》，《新纂卍续藏》第 67 卷。
（唐）宗密疏，（宋）元照记：《盂兰盆经疏新记》，《新纂卍续藏》第 21 卷。
（元）圆觉述：《华严原人论解》，《新纂卍续藏》第 58 卷。
（元）云峰集：《唯识开蒙问答》，《新纂卍续藏》第 55 卷。
（元）智彻述：《禅宗决疑集》，《大正藏》第 48 册。
（元）子成撰，师子比丘述注：《折疑论》，《大正藏》第 52 册。
（元）自度编述：《增修教苑清规》，《新纂卍续藏》第 57 卷。
（元）宗宝编：《六祖大师法宝坛经》，《大正藏》第 48 册。
（明）本瑞直注，道霖性福编集：《尝绝老人天奇直注天童觉和尚颂古》，《新纂卍续藏》第 67 卷。
（明）本瑞直注，道霖性福编集：《尝绝老人天奇直注雪窦显和尚颂古》，《新纂卍续藏》第 67 卷。
（明）禅修述：《依楞严究竟事仪》，《新纂卍续藏》第 74 卷。
（明）成时评点、节要：《净土十要》，《新纂卍续藏》第 61 卷。
（明）传灯录：《法华经玄义辑略》，《新纂卍续藏》第 28 卷。
（明）传灯述：《观无量寿佛经图颂》，《新纂卍续藏》第 22 卷。
（明）传灯撰：《净土生无生论》，《大正藏》第 47 册。
（明）传如述：《楞严经截流》，《新纂卍续藏》第 14 卷。
（明）传灯述：《楞严经玄义》，《新纂卍续藏》第 13 卷。
（明）传灯述：《楞严经圆通疏前茅》，《新纂卍续藏》第 14 卷。
（明）传灯集：《礼吴中石佛起止仪式》，《新纂卍续藏》第 74 卷。
（明）传灯注：《天台传佛心印记注》，《新纂卍续藏》第 57 卷。
（明）传灯著：《维摩经无我疏》，《新纂卍续藏》第 19 卷。
（明）传灯著：《性善恶论》，《新纂卍续藏》第 57 卷。
（明）传灯重编并注：《永嘉禅宗集注》，《新纂卍续藏》第 63 卷。
（元）惟则会解，（明）传灯疏：《楞严经圆通疏》，《新纂卍续藏》第 12 卷。
（明）大慧释：《阿弥陀经已决》，《新纂卍续藏》第 22 卷。
（明）大慧释：《般若心经际决》，《新纂卍续藏》第 26 卷。
（明）大惠录：《成唯识论自考》，《新纂卍续藏》第 51 卷。
（明）大建较：《禅林宝训音义》，《新纂卍续藏》第 64 卷。

（明）大韶撰：《楞严经击节》，《新纂卍续藏》第 14 卷。
（明）大韶著：《千松笔记》，《新纂卍续藏》第 65 卷。
（明）大文述：《般若心经正眼》，《新纂卍续藏》第 26 卷。
（明）大香注：《沩山大圆禅师警策》，《新纂卍续藏》第 65 卷。
（明）大佑述：《阿弥陀经略解》，《新纂卍续藏》第 22 卷。
（明）大佑集：《净土指归集》，《新纂卍续藏》第 61 卷。
（明）大佑述，传灯钞：《阿弥陀经略解圆中钞》，《新纂卍续藏》第 22 卷。
（明）大韵笔记：《金刚正眼》，《新纂卍续藏》第 25 卷。
（明）道衡述：《物不迁正量论证》，《新纂卍续藏》第 54 卷。
（明）道衍编：《净土简要录》，《新纂卍续藏》第 61 卷。
（唐）澄观疏义，（明）德清提挈：《大方广佛华严经纲要》，《新纂卍续藏》第 8、9 卷。
（唐）法藏造疏，（明）德清纂略：《大乘起信论疏略》，《新纂卍续藏》第 45 卷。
（明）德清述：《八识规矩通说》，《新纂卍续藏》第 55 卷。
（明）德清述：《百法论义》，《新纂卍续藏》第 48 卷。
（明）德清述：《般若心经直说》，《新纂卍续藏》第 26 卷。
（明）德清述：《大乘起信论直解》，《新纂卍续藏》第 45 卷。
（明）德清述：《法华经击节》，《新纂卍续藏》第 31 卷。
（明）德清述：《法华经通义》，《新纂卍续藏》第 31 卷。
（明）德清笔记：《观楞伽经记》，《新纂卍续藏》第 17 卷。
（明）德清撰：《金刚决疑》，《新纂卍续藏》第 25 卷。
（明）德清撰：《楞伽补遗》，《新纂卍续藏》第 17 卷。
（明）德清述：《楞严经通议》，《新纂卍续藏》第 12 卷。
（明）德清排定：《楞严经通议略科》，《新纂卍续藏》第 12 卷。
（明）德清述：《楞严经悬镜》，《新纂卍续藏》第 12 卷。
（明）德清述：《性相通说》，《新纂卍续藏》第 55 卷。
（明）德清解：《圆觉经直解》，《新纂卍续藏》第 10 卷。
（明）德清述：《肇论略注》，《新纂卍续藏》第 54 卷。
（明）德清阅：《紫柏老人集》，《新纂卍续藏》第 73 卷。
（宋）守伦注，（明）法济参订：《法华经科注》，《新纂卍续藏》第 30 卷。

（明）法藏辑：《弘戒法仪》，《新纂卍续藏》第 60 卷。
（明）法藏：《三峰和尚语录》，载《禅宗全书》第 52 册，台北：文殊文化有限公司，1989 年版。
（明）法藏著：《五宗原》，《新纂卍续藏》第 65 卷、《禅宗全书》第 33 册，台北：文殊文化有限公司，1988 年版。
（明）方泽纂：《大方广佛华严经合论纂要》，《新纂卍续藏》第 5 卷。
（明）葛寅亮：《金陵梵刹志》，载《中国佛寺志丛刊》第 22 册，江苏广陵古籍刻印社 1996 年版。
（明）古德法师演义，慈航智愿定本：《阿弥陀经疏钞演义》，《新纂卍续藏》第 22 卷。
（明）观衡述：《般若心经小谈》，《新纂卍续藏》第 26 卷。
（明）观衡撰：《金刚经略谈》，《新纂卍续藏》第 25 卷。
（明）观衡撰：《楞严经悬谈》，《新纂卍续藏》第 14 卷。
（明）广承辑录，智旭会补：《毗尼珍敬录》，《新纂卍续藏》第 39 卷。
（明）广贵辑：《莲邦诗选》，《新纂卍续藏》第 62 卷。
（明）广莫参订：《楞严经参订疏》，《新纂卍续藏》第 18 卷。
（明）广莫直解：《楞严经直解》，《新纂卍续藏》第 14 卷。
（明）广莫辑录：《四分戒本缘起事义》，《新纂卍续藏》第 40 卷。
（明）广伸述：《金刚经鎞》，《新纂卍续藏》第 25 卷。
（明）广益纂释：《八识规矩纂释》，《新纂卍续藏》第 55 卷。
（明）广益纂释：《大乘百法明门论》，《新纂卍续藏》第 48 卷。
（宋）时举释，（明）海眼会：《金刚錍论释文》，《新纂卍续藏》第 56 卷。
（明）韩岩集解，程衷懋补注：《金刚经补注》，《新纂卍续藏》第 24 卷。
（明）何道全注：《般若心经注解》，《新纂卍续藏》第 26 卷。
（明）弘忍：《五宗救》，载《禅宗全书》第 33 册，台北：文殊文化有限公司，1988 年版。
（明）弘丽著：《般若心经开度》，《新纂卍续藏》第 26 卷。
（明）弘赞述：《般若心经贯义》，《新纂卍续藏》第 26 卷。
（明）弘赞述：《般若心经添足》，《新纂卍续藏》第 26 卷。
（明）弘赞注：《半月诵菩萨戒仪式注》，《新纂卍续藏》第 38 卷。

（明）弘赞述：《梵网经菩萨戒略疏》，《新纂卍续藏》第38卷。
（明）弘赞辑：《式叉摩那尼戒本》，《新纂卍续藏》第40卷。
（明）弘赞释：《四分戒本如释》，《新纂卍续藏》第40卷。
（明）弘赞辑：《四分律名义标释》，《新纂卍续藏》第44卷。
（明）弘赞注，开诇记：《沩山警策句释记》，《新纂卍续藏》第63卷。
（明）洪恩述：《般若心经说》，《新纂卍续藏》第26卷。
（明）洪恩辑：《相宗八要》，《新纂卍续藏》第55卷。
（明）洪莲编：《金刚经注解》，《新纂卍续藏》第24卷。
（明）胡文焕著：《十牛图颂》，《新纂卍续藏》第64卷。
（明）幻轮编：《释鉴稽古略续集》，《大正藏》第49册。
（明）寂光直解：《梵网经直解》，《新纂卍续藏》第38卷。
（明）寂正要解：《圆觉经要解》，《新纂卍续藏》第10卷。
（明）焦竑纂：《法华经精解评林》，《新纂卍续藏》第31卷。
（明）焦竑纂：《楞伽经精解评林》，《新纂卍续藏》第18卷。
（明）焦竑纂：《楞严经精解评林》，《新纂卍续藏》第15卷。
（明）焦竑纂：《圆觉经精解评林》，《新纂卍续藏》第10卷。
（宋）宗镜述，（明）觉连重集：《销释金刚科仪会要注解》，《新纂卍续藏》第24卷。
（明）克勤著：《书》，《新纂卍续藏》第57卷。
（明）李贽撰：《般若心经提纲》，《新纂卍续藏》第26卷。
（明）李贽简要：《大方广佛华严经合论简要》，《新纂卍续藏》第4卷。
（明）李贽集：《净土决》，《新纂卍续藏》第61卷。
（宋）守遂注，（明）了童补注：《佛遗教经注》，《新纂卍续藏》第37卷。
（宋）守遂注，（明）了童补注：《四十二章经注》，《新纂卍续藏》第37卷。
（明）林弘衍编次：《福州玄沙宗一禅师语录》，《新纂卍续藏》第73卷。
（明）林弘衍编次：《雪峰真觉禅师语录》，《新纂卍续藏》第69卷。
（明）林兆恩撰：《般若心经概论》，《新纂卍续藏》第26卷。
（明）林兆恩撰：《般若心经释略》，《新纂卍续藏》第26卷。
（明）林兆恩撰：《金刚经统论》，《新纂卍续藏》第25卷。
（明）凌弘宪点释：《楞严经证疏广解》，《新纂卍续藏》第14卷。

（明）陆西星述：《楞严经述旨》，《新纂卍续藏》第 14 卷。

（明）陆西星述：《楞严经说约》，《新纂卍续藏》第 14 卷。

（明）梅鼎祚：《释文纪》，载《现代佛学大系》，第 8 册，台北：弥勒出版社，1982 年版。

（明）妙叶集：《宝王三昧念佛直指》，《大正藏》第 47 册、《新纂卍续藏》第 61 卷。

（明）明德排定：《金光明经文句科》，《新纂卍续藏》第 20 卷。

（明）明德排定：《金光明经玄义科》，《新纂卍续藏》第 20 卷。

（隋）智𫖮说，（唐）灌顶录，（宋）知礼述，（明）明德会：《金光明经文句文句记会本》，《新纂卍续藏》第 20 卷。

（隋）智𫖮说，（唐）灌顶录，（宋）知礼述，（明）明德会：《金光明经玄义拾遗记会本》，《新纂卍续藏》第 20 卷。

（明）明教标注：《西方合论标注》，《新纂卍续藏》第 61 卷。

（明）明昱证义：《八识规矩补注证义》，《新纂卍续藏》第 55 卷。

（唐）窥基解，（明）明昱赘言：《大乘百法明门论赘言》，《新纂卍续藏》第 48 卷。

（明）明昱俗诠：《成唯识论俗诠》，《新纂卍续藏》第 50 卷。

（明）明昱会释：《观所缘缘论会释》，《新纂卍续藏》第 51 卷。

（明）明昱录记：《观所缘缘论释记》，《新纂卍续藏》第 51 卷。

（明）明昱著：《相宗八要解》，《新纂卍续藏》第 55 卷。

（唐）玄奘立，（宋）延寿造，（明）明昱钞：《三支比量义钞》，《新纂卍续藏》第 53 卷。

（明）明昱约意：《唯识三十论约意》，《新纂卍续藏》第 51 卷。

（明）明昱疏：《因明入正理论直疏》，《新纂卍续藏》第 53 卷。

（唐）一行依经录，（宋）普瑞补注，（明）木增订正，读彻参阅，正止治定：《大方广佛华严经海印道场十重行愿常遍礼忏仪》，《新纂卍续藏》第 74 卷。

（明）普泰补注：《八识规矩补注》，《大正藏》第 45 册、《新纂卍续藏》第 55 卷。

（唐）窥基注解，（明）普泰增修：《大乘百法明门论解》，《大正藏》第 44 册、《新纂卍续藏》第 48 卷。

（明）钱谦益钞：《楞严经疏解蒙钞》，《新纂卍续藏》第 13 卷。
（明）钱谦益纂阅：《紫柏尊者别集》，《新纂卍续藏》第 73 卷。
（明）仁潮录：《法界安立图》，《新纂卍续藏》第 57 卷。
（明）如观注：《金刚经笔记》，《新纂卍续藏》第 25 卷。
（明）如惺撰：《得遇龙华修证忏仪》，《新纂卍续藏》第 74 卷。
（明）如惺撰：《大明高僧传》，《大正藏》第 50 册。
（明）如馨纂要：《经律戒相布萨轨仪》，《新纂卍续藏》第 60 卷。
（明）如愚著：《法华经知音》，《新纂卍续藏》第 31 卷。
（明）如卺续集：《缁门警训》，《大正藏》第 48 册。
（明）善坚撰：《华严大意》，《新纂卍续藏》第 58 卷。
（明）绍觉音义：《成唯识论音义》，《新纂卍续藏》第 51 卷。
（明）受教记：《净土生无生论亲闻记》，《新纂卍续藏》第 61 卷。
（明）受汰集：《金光明经科注》，《新纂卍续藏》第 20 卷。
（明）宋濂文句：《般若心经解义节要》，《新纂卍续藏》第 26 卷。
（明）通容述：《般若心经斫轮解》，《新纂卍续藏》第 26 卷。
（明）通容述：《丛林两序须知》，《新纂卍续藏》第 63 卷。
（明）通容辑著：《祖庭钳鎚录》，《新纂卍续藏》第 65 卷。
（明）通润集解：《成唯识论集解》，《新纂卍续藏》第 50 卷。
（明）通润述疏：《大乘起信论续疏》，《新纂卍续藏》第 45 卷。
（明）通润笺：《法华经大窾》，《新纂卍续藏》第 31 卷。
（明）通润述：《楞伽经合辙》，《新纂卍续藏》第 17 卷。
（明）通润述：《楞严经合辙》，《新纂卍续藏》第 14 卷。
（明）通润述：《圆觉经近释》，《新纂卍续藏》第 10 卷。
（明）王肯堂证义：《成唯识论证义》，《新纂卍续藏》第 50、51 卷。
（明）王肯堂集释：《因明入正理论集解》，《新纂卍续藏》第 53 卷。
（明）无相说：《法华经大意》，《新纂卍续藏》第 31 卷。
（明）谢观光释：《般若心经释疑》，《新纂卍续藏》第 26 卷。
（明）谢观光释：《般若心经释义》，《新纂卍续藏》第 26 卷。
（明）谢于教著：《准提净业》，《新纂卍续藏》第 59 卷。
（明）新伊合响：《成唯识论合响》，《新纂卍续藏》第 51 卷。

（明）性祇述：《佛说目连问戒律中五百轻重事经略解》，《新纂卍续藏》第44卷。

（明）性祇述：《毗尼日用录》，《新纂卍续藏》第60卷。

（明）虚一撰：《宗门玄鉴图》，《新纂卍续藏》第63卷。

（明）徐溥等奉敕撰，李东阳等重修：《明会典》，影印文渊阁《四库全书》，第617—618册，商务印书馆1986年版。

（明）许元钊录：《云门麦浪怀禅师宗门设难》，《新纂卍续藏》第73卷。

（明）尧挺撰：《准提心要》，《新纂卍续藏》第59卷。

（元）圆觉解，（明）扬嘉祚删合：《华严原人论合解》，《新纂卍续藏》第58卷。

（明）杨起元评注：《维摩经评注》，《新纂卍续藏》第19卷。

（明）一念编：《西方直指》，《新纂卍续藏》第61卷。

（明）一如集注：《法华经科注》，《新纂卍续藏》第31卷。

（明）一松说，灵述记：《楞严经秘录》，《新纂卍续藏》第13卷。

（明）益证疏：《般若心经一贯疏》，《新纂卍续藏》第26卷。

（明）永海述：《佛说目连五百问戒律中轻重事经释》，《新纂卍续藏》第44卷。

（明）语风圆信、郭凝之编：《金陵清凉院文益禅师语录》，《大正藏》第47册。

（明）语风圆信、郭凝之编：《瑞州洞山良价禅师语录》，《大正藏》第47册。

（明）语风圆信、郭凝之编：《潭州沩山灵祐禅师语录》，《大正藏》第47册。

（明）语风圆信、郭凝之编：《袁州仰山慧寂禅师语录》，《大正藏》第47册。

（明）元来说，成正集：《博山和尚参禅警语》，《新纂卍续藏》第63卷。

（明）元贤述：《般若心经指掌》，《新纂卍续藏》第26卷。

（明）元贤集：《禅林疏语考证》，《新纂卍续藏》第63卷。

（明）元贤述：《金刚略疏》，《新纂卍续藏》第25卷。

（明）元贤述：《净慈要语》，《新纂卍续藏》第61卷。

（明）元贤述：《楞严经略疏》，《新纂卍续藏》第15卷。

（明）元贤述：《律学发轫》，《新纂卍续藏》第60卷。

（明）元贤述：《四分戒本约义》，《新纂卍续藏》第40卷。

（明）圆澄注：《金刚三昧经注解》，《新纂卍续藏》第 35 卷。
（明）圆澄著：《慨古录》，《新纂卍续藏》第 65 卷。
（明）圆澄注：《楞严经臆说》，《新纂卍续藏》第 12 卷。
（明）圆澄注：《思益梵天所问经简注》，《新纂卍续藏》第 20 卷。
（明）圆澄说，明海重订：《法华经意语》，《新纂卍续藏》第 31 卷。
（元）师正分科，（明）圆澄会疏：《涅槃经会疏解》，《新纂卍续藏》第 37 卷。
（明）圆杲解注：《金刚经音释直解》，《新纂卍续藏》第 25 卷。
（明）圆悟：《密云禅师语录》，载《禅宗全书》第 52 册，文殊文化有限公司 1989 年版。
（明）圆悟著，真启编：《天童和尚辟妄救略说》，《新纂卍续藏》第 65 卷。
（明）圆信、郭凝之编集：《曹山本寂禅师语录》，《新纂卍续藏》第 69 卷。
（明）圆信、郭凝之编集：《五家语录》，《新纂卍续藏》第 69 卷。
（明）袁宏道撰：《西方合论》，《大正藏》第 47 册。
（明）曾凤仪释：《金刚经偈释》，《新纂卍续藏》第 25 卷。
（明）曾凤仪宗通：《金刚经宗通》，《新纂卍续藏》第 25 卷。
（明）曾凤仪宗通：《楞伽经宗通》，《新纂卍续藏》第 17 卷。
（明）曾凤仪宗通：《楞严经宗通》，《新纂卍续藏》第 16 卷。
（明）真贵述：《仁王经科疏》，《新纂卍续藏》第 26 卷。
（明）真贵述：《仁王经科疏科文》，《新纂卍续藏》第 26 卷。
（明）真贵述：《仁王经科疏悬谈》，《新纂卍续藏》第 26 卷。
（明）真鉴述：《楞严经正脉疏》，《新纂卍续藏》第 12 卷。
（明）真鉴作：《楞严经正脉疏科》，《新纂卍续藏》第 12 卷。
（明）真鉴述：《楞严经正脉疏悬示》，《新纂卍续藏》第 12 卷。
（明）真界纂注：《大乘起信论纂注》，《新纂卍续藏》第 45 卷。
（明）真界纂注：《楞严经纂注》，《新纂卍续藏》第 15 卷。
（明）真界解：《物不迁论辩解》，《新纂卍续藏》第 54 卷。
（明）真界集解：《因明入正理论解》，《新纂卍续藏》第 53 卷。
（明）真觉略解，智旭较：《三千有门颂略解》，《新纂卍续藏》第 57 卷。
（宋）知礼排定，（明）真觉重排：《观无量寿佛经疏妙宗钞科》，《新纂卍续藏》第 22 卷。

（明）真可述：《八识规矩颂解》，《新纂卍续藏》第 55 卷。
（明）真可说：《般若心经说》，《新纂卍续藏》第 26 卷。
（明）真可说：《般若心经要论》，《新纂卍续藏》第 26 卷。
（明）真可撰：《般若心经直谈》，《新纂卍续藏》第 26 卷。
（明）真可撰：《般若心经注解》，《新纂卍续藏》第 26 卷。
（明）真可撰：《金刚经释》，《新纂卍续藏》第 25 卷。
（宋）真宗皇帝注：《四十二章经御注》，《新纂卍续藏》第 37 卷。
（明）镇澄著：《物不迁正量论》，《新纂卍续藏》第 54 卷。
（明）正诲略说：《八识规矩颂略说》，《新纂卍续藏》第 55 卷。
（明）正寂注：《净土生无生论注》，《新纂卍续藏》第 61 卷。
（明）正相解：《般若心经发隐》，《新纂卍续藏》第 26 卷。
（明）正相解：《楞严经势至圆通章科解》，《新纂卍续藏》第 16 卷。
（宋）可度详解，（明）正谧分会：《十不二门指要钞详解》，《新纂卍续藏》第 56 卷。
（明）正远注：《大乘起信论捷要》，《新纂卍续藏》第 45 卷。
（明）智旭解：《阿弥陀经要解》，《大正藏》第 37 册。
（明）智旭解：《八大人觉经略解》，《新纂卍续藏》第 37 卷。
（明）智旭解：《八识规矩直解》，《新纂卍续藏》第 55 卷。
（明）智旭述：《般若心经释要》，《新纂卍续藏》第 26 卷。
（明）智旭述：《成唯识论观心法要》，《新纂卍续藏》第 51 卷。
（明）智旭重定：《重定授菩萨戒法》，《新纂卍续藏》第 59 卷。
（明）智旭汇释：《重治毗尼事义集要》，《新纂卍续藏》第 40 卷。
（明）智旭解：《大乘百法明门论直解》，《新纂卍续藏》第 48 卷。
（明）智旭述：《大乘起信论裂纲疏》，《大正藏》第 44 册。
（明）智旭述：《大乘止观法门释要》，《新纂卍续藏》第 55 卷。
（明）智旭述：《法华经会义》，《新纂卍续藏》第 32 卷。
（明）智旭述：《法华经纶贯》，《新纂卍续藏》第 32 卷。
（明）智旭节：《法华经玄义节要》，《新纂卍续藏》第 28 卷。
（明）智旭述：《梵网经忏悔行法》，《新纂卍续藏》第 60 卷。
（明）智旭述：《佛遗教经解》，《新纂卍续藏》第 37 卷。
（明）智旭科注：《佛说斋经科注》，《新纂卍续藏》第 44 卷。

(明）智旭解：《观所缘缘论释直解》，《新纂卍续藏》第51卷。
(明）智旭解：《观所缘缘论直解》，《新纂卍续藏》第51卷。
(明）智旭述：《教观纲宗》，《大正藏》第46册。
(明）智旭述：《教观纲宗释义》，《大正藏》第46册。
(明）智旭述：《金刚经观心释》，《新纂卍续藏》第25卷。
(明）智旭造论：《金刚经破空论》，《新纂卍续藏》第25卷。
(明）智旭撰述：《楞伽经玄义》，《新纂卍续藏》第17卷。
(明）智旭疏义：《楞伽经义疏》，《新纂卍续藏》第17卷。
(明）智旭集：《律要后集》，《新纂卍续藏》第60卷。
(明）智旭笺：《菩萨戒本经笺要》，《新纂卍续藏》第39卷。
(明）智旭释：《菩萨戒羯磨文释》，《新纂卍续藏》第39卷。
(明）智旭解：《三经解》，《新纂卍续藏》第37卷。
(明）智旭重辑：《沙弥十戒威仪录要》，《新纂卍续藏》第60卷。
(明）智旭释：《四分律藏大小持戒犍度略释》，《新纂卍续藏》第44卷。
(明）智旭著：《四十二章经解》，《新纂卍续藏》第37卷。
(明）智旭解：《唯识三十论直解》，《新纂卍续藏》第51卷。
(明）智旭解：《相宗八要直解》，《新纂卍续藏》第55卷。
(明）智旭述：《因明入正理论直解》，《新纂卍续藏》第53卷。
(明）智旭疏：《盂兰盆经新疏》，《新纂卍续藏》第21卷。
(明）智旭述：《赞礼地藏菩萨忏愿仪》，《新纂卍续藏》第74卷。
(明）智旭撰：《占察善恶业报经疏》，《新纂卍续藏》第21卷。
(明）智旭集：《占察善恶业报经行法》，《新纂卍续藏》第74卷。
(明）智旭撰：《占察善恶业报经玄义》，《新纂卍续藏》第21卷。
(明）智旭略解：《真唯识量略解》，《新纂卍续藏》第53卷。
(明）智旭撰述，道昉参订：《楞严经文句》，《新纂卍续藏》第13卷。
(明）智旭撰述，道昉参订：《楞严经玄义》，《新纂卍续藏》第13卷。
(明）智旭注，道昉订：《梵网经合注》，《新纂卍续藏》第38卷。
(明）智旭述，道昉订：《梵网经玄义》，《新纂卍续藏》第38卷。
(明）钟惺撰：《楞严经如说》，《新纂卍续藏》第13卷。
(宋）净源节要，（明）袾宏补注：《佛遗教经论疏节要》，《大正藏》第40册。

（明）袾宏述：《阿弥陀经疏钞》，《新纂卍续藏》第 22 卷。
（明）袾宏述：《阿弥陀经疏钞事义》，《新纂卍续藏》第 22 卷。
（明）袾宏述：《阿弥陀经疏钞问辩》，《新纂卍续藏》第 22 卷。
（明）袾宏辑：《禅关策进》，《大正藏》第 48 册。
（明）袾宏著：《答净土四十八问》，《新纂卍续藏》第 61 卷。
（宋）志磐撰，（明）袾宏重订：《法界圣凡水陆胜会修斋仪轨》，《新纂卍续藏》第 74 卷。
（明）袾宏发隐：《梵网经心地品菩萨戒义疏发隐》，《新纂卍续藏》第 38 卷。
（明）袾宏述：《梵网菩萨戒经义疏发隐事义》，《新纂卍续藏》第 38 卷。
（明）袾宏述：《梵网菩萨戒经义疏发隐问辩》，《新纂卍续藏》第 38 卷。
（明）袾宏撰：《净土疑辨》，《大正藏》第 47 册。
（明）袾宏校正，庄广还辑：《净土资粮全集》，《新纂卍续藏》第 61 卷。
（明）袾宏辑：《具戒便蒙》，《新纂卍续藏》第 60 卷。
（明）袾宏述：《楞严经摸象记》，《新纂卍续藏》第 12 卷。
（明）袾宏辑：《沙门律仪要略》，《新纂卍续藏》第 60 卷。
（明）袾宏辑：《往生集》，《大正藏》第 51 册。
（明）袾宏著并释：《西方愿文解》，《新纂卍续藏》第 61 卷。
（明）袾宏重订：《瑜伽施食仪轨》，《新纂卍续藏》第 59 卷。
（明）袾宏补注：《瑜伽施食仪注》，《新纂卍续藏》第 59 卷。
（明）诸万里注：《般若心经注解》，《新纂卍续藏》第 26 卷。
（明）宗本集：《归元直指集》，《新纂卍续藏》第 61 卷。
（明）宗泐、如玘同注：《金刚般若波罗蜜多心经注解》，《大正藏》第 33 册。
（明）宗泐、如玘同注：《金刚般若波罗蜜经注解》，《大正藏》第 33 册。
（明）宗泐、如玘同注：《楞伽阿跋多罗宝经注解》，《大正藏》第 39 册。
觉明菩萨说，（清）常摄集：《西方确指》，《新纂卍续藏》第 62 卷。
（清）超溟著：《万法归心录》，《新纂卍续藏》第 65 卷。
（清）超永编：《五灯全书》，载《中国佛学文献丛刊》，中华全国图书馆文献缩微复制中心出版，1996 年。
（明）法藏撰集，（清）超远检录：《传授三坛弘戒法仪》，《新纂卍续藏》第 60 卷。

（清）陈梦雷编纂：《古今图书集成》，中华书局，巴蜀书社，1985 年版。
（清）乘戒著：《唯心集》，《新纂卍续藏》第 62 卷。
（清）程兆鸾录存：《莲修起信录》，《新纂卍续藏》第 62 卷。
（隋）智𫖮说，灌顶记，（清）成莲合：《仁王经疏会本》，《新纂卍续藏》第 26 卷。
（清）存吾阐说：《金刚经阐说》，《新纂卍续藏》第 25 卷。
（清）达默造钞，达林参订：《阿弥陀经要解便蒙钞》，《新纂卍续藏》第 22 卷。
（清）达默集：《净土生无生论会集》，《新纂卍续藏》第 61 卷。
（清）大义集：《法华经大成》，《新纂卍续藏》第 32 卷。
（清）戴京曾题：《法界宗五祖略记引 · 法界宗五祖略记》，《新纂卍续藏》第 45 卷。
（清）道忞：《弘觉忞禅师北游集》，载《禅宗全书》，第 64 册，文殊文化有限公司 1990 年版。
（清）道忞：《天童弘觉忞禅师语录》，载《禅宗全书》，第 64 册，文殊文化有限公司 1990 年版。
（隋）智𫖮说，灌顶记，（清）道霈合：《仁王经合疏》，《新纂卍续藏》第 26 卷。
（清）道霈说：《般若心经请益说》，《新纂卍续藏》第 26 卷。
（清）道霈纂要：《法华经文句纂要》，《新纂卍续藏》第 29 卷。
（清）道霈述：《佛祖三经指南》，《新纂卍续藏》第 37 卷。
（清）道霈述：《遗教经指南》，《新纂卍续藏》第 37 卷。
（清）道霈述：《圣箭堂述古》，《新纂卍续藏》第 73 卷。
（清）道霈述：《四十二章经指南》，《新纂卍续藏》第 37 卷。
（清）道霈述：《沩山警策指南》，《新纂卍续藏》第 63 卷。
（清）道霑撰：《鼓山为霖和尚示修净土旨诀》，《新纂卍续藏》第 62 卷。
（清）德基辑：《毗尼关要》，《新纂卍续藏》第 40 卷。
（清）德基辑：《毗尼关要事义》，《新纂卍续藏》第 40 卷。
（清）德润录：《毗陵天宁普能嵩禅师净土诗》，《新纂卍续藏》第 62 卷。
（清）德玉顺硃：《禅林宝训顺硃》，《新纂卍续藏》第 64 卷。
（清）德玉顺硃：《梵网经顺硃》，《新纂卍续藏》第 39 卷。
（清）德真辑：《净土绀珠》，《新纂卍续藏》第 62 卷。

（清）谛闲述：《楞严经序指味疏》，《新纂卍续藏》第16卷。
（清）读体汇集：《毗尼日用切要》，《新纂卍续藏》第60卷。
（清）读体集：《毗尼止持会集》，《新纂卍续藏》第39卷。
（宋）知礼始集，（清）读体重纂：《千手千眼大悲心咒行法》，《新纂卍续藏》第74卷。
（清）读体撰：《三坛传戒正范》，《新纂卍续藏》第60卷。
（清）读体辑集：《沙弥尼律仪要略》，《新纂卍续藏》第60卷。
（唐）道宣撰集，（清）读体续释：《昙无德部四分律删补随机羯磨》，《新纂卍续藏》第41卷。
（清）法藏著：《于密渗施食旨概》，《新纂卍续藏》第59卷。
（清）法藏著：《修习瑜伽集要施食坛仪》，《新纂卍续藏》第59卷。
（清）芳慧编：《净土承恩集》，《新纂卍续藏》第62卷。
（清）佛闲立科，智一拾遗：《法华经科拾》，《新纂卍续藏》第33卷。
（清）佛闲立科，智一重订：《法华经科拾科》，《新纂卍续藏》第33卷。
（清）佛闲立科，智一拾遗：《法华经科拾悬谈卷首》，《新纂卍续藏》第33卷。
（清）孚佑帝君注解：《般若心经注解》，《新纂卍续藏》第26卷。
（清）孚佑帝君注解：《金刚经注解》，《新纂卍续藏》第25卷。
（清）工布查布译解：《佛说造像量度经解》，《大正藏》第21册。
（清）工布查布述：《造像量度经续补》，《大正藏》第21册。
（清）龚概彩注：《金刚经正解》，《新纂卍续藏》第25卷。
（清）古崑集：《净土神珠》，《新纂卍续藏》第62卷。
（清）古崑编：《净土随学》，《新纂卍续藏》第62卷。
（清）古崑集：《恋西大师净土必求》，《新纂卍续藏》第62卷。
（清）古崑集：《莲宗必读》，《新纂卍续藏》第62卷。
（清）古崑录辑：《西归行仪》，《新纂卍续藏》第74卷。
（清）古云重编：《沙门日用录》，《新纂卍续藏》第60卷。
（清）观如辑：《莲修必读》，《新纂卍续藏》第62卷。
（清）广和标科：《法华经演义科》，《新纂卍续藏》第33卷。
（清）果能述：《时时好念佛》，《新纂卍续藏》第62卷。
（清）函罡著：《般若心经论》，《新纂卍续藏》第26卷。

（清）函罡疏：《楞伽经心印》，《新纂卍续藏》第 18 卷。
（清）函罡疏：《楞严经直指》，《新纂卍续藏》第 14 卷。
（清）函可：《千山剩人和尚语录》，载《四库禁毁书丛刊》，子部第 35 册，北京出版社 2000 年版。
（清）弘丽著：《圆觉经句释正白》，《新纂卍续藏》第 10 卷。
（清）弘赞辑：《八关斋法》，《新纂卍续藏》第 60 卷。
（清）弘赞述：《比丘尼受戒录》，《新纂卍续藏》第 60 卷。
（清）弘赞述：《比丘受戒录》，《新纂卍续藏》第 60 卷。
（清）弘赞辑：《持诵准提真言法要》，《新纂卍续藏》第 59 卷。
（清）弘赞集：《供诸天科仪》，《新纂卍续藏》第 74 卷。
（清）弘赞辑：《归戒要集》，《新纂卍续藏》第 60 卷。
（清）弘赞编：《礼佛仪式》，《新纂卍续藏》第 74 卷。
（清）弘赞编：《礼舍利塔仪式》，《新纂卍续藏》第 74 卷。
（清）弘赞会释：《七俱胝佛母所说准提陀罗尼经会释》，《新纂卍续藏》第 23 卷。
（清）弘赞编：《沙门日用》，《新纂卍续藏》第 60 卷。
（清）弘赞注：《沙弥律仪要略增注》，《新纂卍续藏》第 60 卷。
（清）弘赞述并注：《沙弥学戒仪轨颂注》，《新纂卍续藏》第 60 卷。
（清）集云堂编：《宗鉴法林》，《新纂卍续藏》第 66 卷。
（清）纪荫编：《宗统编年》，载《新纂卍续藏》，第 86 卷。
（清）济能纂辑：《角虎集》，《新纂卍续藏》第 62 卷。
（清）济时述：《楞严经正见》，《新纂卍续藏》第 16 卷。
（清）际庆排录：《法华经大成科》，《新纂卍续藏》第 32 卷。
（清）寂暹书：《瑜伽焰口仪轨六则》，《新纂卍续藏》第 59 卷。
（清）寂暹书：《瑜伽焰口注集纂要仪轨》，《新纂卍续藏》第 59 卷。
（清）寂焰书：《金刚经演古》，《新纂卍续藏》第 25 卷。
（清）迹删鹫述：《金刚经直说》，《新纂卍续藏》第 25 卷。
（清）继僧著：《舍利忏法》，《新纂卍续藏》第 74 卷。
（清）建基录：《金刚经科仪》，《新纂卍续藏》第 74 卷。
（清）戒显著：《禅门锻炼说》，《新纂卍续藏》第 63 卷。
（清）戒显订阅，济岳汇笺：《沙弥律仪毗尼日用合参》，《新纂卍续藏》第 60 卷。

（清）戒香述：《净土极信录》，《新纂卍续藏》第 62 卷。
（清）今释：《丹霞澹归禅师语录》，载《禅宗全书》，第 70 册，文殊文化有限公司 1990 年版。
（清）今释造：《菩萨戒疏随见录》，《新纂卍续藏》第 38 卷。
（清）净符汇集：《宗门拈古汇集》，《新纂卍续藏》第 66 卷。
（清）净讷述：《宝镜三昧原宗辨谬说》，《新纂卍续藏》第 63 卷。
（清）净昇集：《法华经大成音义》，《新纂卍续藏》第 32 卷。
（清）净挺著：《阿弥陀经舌相》，《新纂卍续藏》第 22 卷。
（清）净挺著：《般若心经句义》，《新纂卍续藏》第 26 卷。
（清）净挺著：《法华经悬谭》，《新纂卍续藏》第 32 卷。
（清）净挺著：《梵网经戒光》，《新纂卍续藏》第 38 卷。
（清）净挺著：《金刚三昧》，《新纂卍续藏》第 25 卷。
（清）净挺著：《楞伽经心印》，《新纂卍续藏》第 18 卷。
（清）净挺著：《楞严经问答》，《新纂卍续藏》第 15 卷。
（清）净挺著：《涅槃经末后句》，《新纂卍续藏》第 37 卷。
（清）净挺著：《维摩经饶舌》，《新纂卍续藏》第 19 卷。
（清）净挺著：《药师经灯焰》，《新纂卍续藏》第 21 卷。
（清）净挺著：《阅经十二种》，《新纂卍续藏》第 37 卷。
（清）敬止撰：《般若心经注解》，《新纂卍续藏》第 26 卷。
（清）宽量集：《净土救生船诗》，《新纂卍续藏》第 62 卷。
（清）昆冈等奉敕撰：（光绪朝）《钦定大清会典》，商务印书馆，光绪戊申年（1908）版。
（清）昆冈等奉敕撰：（光绪朝）《钦定大清会典事例》，商务印书馆，宣统已酉年（1909）版。
（清）来舟集：《大乘本生心地观经浅注》，《新纂卍续藏》第 20、21 卷。
（清）来舟述：《大乘本生心地观经浅注悬示》，《新纂卍续藏》第 20 卷。
（清）了根纂注：《阿弥陀经直解正行》，《新纂卍续藏》第 22 卷。
（清）了亮等集：《彻悟禅师语录》，《新纂卍续藏》第 62 卷。
（清）灵椉定，岳玄排：《地藏本愿经科文》，《新纂卍续藏》第 21 卷。
（清）灵椉辑：《地藏本愿经科注》，《新纂卍续藏》第 21 卷。

（清）灵桀撰：《地藏本愿经纶贯》，《新纂卍续藏》第 21 卷。
（清）灵耀述：《法华经释签缘起序指明》，《新纂卍续藏》第 28 卷。
（清）灵耀说：《观音经普门品肤说》，《新纂卍续藏》第 35 卷。
（清）灵耀撰：《金刚经部旨》，《新纂卍续藏》第 25 卷。
（清）灵耀述：《楞严经观心定解》，《新纂卍续藏》第 15 卷。
（清）灵耀述：《楞严经观心定解大纲》，《新纂卍续藏》第 15 卷。
（清）灵耀述：《楞严经观心定解科》，《新纂卍续藏》第 15 卷。
（清）灵耀节：《四教仪集注节义》，《新纂卍续藏》第 57 卷。
（清）灵耀著：《随缘集》，《新纂卍续藏》第 57 卷。
（清）灵耀撰：《药师经直解》，《新纂卍续藏》第 21 卷。
（清）灵耀撰：《盂兰盆经疏折中疏》，《新纂卍续藏》第 21 卷。
（清）刘道开纂述：《楞严经贯摄》，《新纂卍续藏》第 15 卷。
（清）妙空子述：《莲邦消息》，《新纂卍续藏》第 62 卷。
（清）尼量海著：《影响集》，《新纂卍续藏》第 62 卷。
（清）蕅益编订：《十善业道经节要》，《新纂卍续藏》第 39 卷。
（清）彭际清述：《阿弥陀经约论》，《新纂卍续藏》第 22 卷。
（清）彭际清集：《重订西方公据》，《新纂卍续藏》第 62 卷。
（清）彭际清著，弟子节钞：《观河集节钞》，《新纂卍续藏》第 62 卷。
（清）彭际清述：《观无量寿佛经约论》，《新纂卍续藏》第 22 卷。
（清）彭际清述：《华严念佛三昧论》，《新纂卍续藏》第 58 卷。
（清）彭际清述：《净土三经论》，《新纂卍续藏》第 37 卷。
（清）彭际清纂：《念佛警策》，《新纂卍续藏》第 62 卷。
（清）彭际清重订：《省庵法师语录》，《新纂卍续藏》第 62 卷。
（清）彭际清述：《无量寿经起信论》，《新纂卍续藏》第 22 卷。
（清）彭际清述：《一乘决疑论》，《新纂卍续藏》第 58 卷。
（清）彭绍升著，弟子节钞：《测海集节钞》，《新纂卍续藏》第 62 卷。
（清）彭绍升集：《二林唱和诗》，《新纂卍续藏》第 62 卷。
（清）彭绍升著：《体仁要术》，《新纂卍续藏》第 60 卷。
（清）溥仁乩释，子真乩订：《金刚经注释》，《新纂卍续藏》第 25 卷。
（清）溥畹述：《金刚经心印疏》，《新纂卍续藏》第 25 卷。

（清）溥畹述：《楞严经宝镜疏》，《新纂卍续藏》第16卷。
（清）溥畹撰：《楞严经宝镜疏科文》，《新纂卍续藏》第16卷。
（清）溥畹述：《楞严经宝镜疏悬谈》，《新纂卍续藏》第16卷。
（清）钱谦益集：《般若心经略疏小钞》，《新纂卍续藏》第26卷。
（清）钱伊庵编辑：《宗范》，《新纂卍续藏》第65卷。
（清）瑞圣叹著：《念佛三昧》，《新纂卍续藏》第62卷。
（清）沈善登述：《报恩论》，《新纂卍续藏》第62卷。
（清）石成金著：《禅宗直指》，《新纂卍续藏》第63卷。
（清）石成金撰集：《金刚经石注》，《新纂卍续藏》第25卷。
（唐）柳子厚著，（清）实贤解：《东海若解》，《新纂卍续藏》第62卷。
（清）实贤注：《西方发愿文注》，《新纂卍续藏》第61卷。
（清）受登说，灵耀补定：《摩诃止观贯义科》，《新纂卍续藏》第56卷。
（清）受登集：《药师三昧行法》，《新纂卍续藏》第74卷。
（清）受登集：《准提三昧行法》，《新纂卍续藏》第74卷。
（清）书玉述：《二部僧授戒仪式》，《新纂卍续藏》第60卷。
（清）书玉述：《佛说梵网经初津》，《新纂卍续藏》第39卷。
（清）书玉编：《羯磨仪式》，《新纂卍续藏》第60卷。
（清）书玉笺记：《毗尼日用切要香乳记》，《新纂卍续藏》第60卷。
（清）书玉科释：《沙弥律仪要略述义》，《新纂卍续藏》第60卷。
（清）孙念劬纂：《般若心经汇纂》，《新纂卍续藏》第26卷。
（清）孙念劬纂：《金刚经汇纂》，《新纂卍续藏》第25卷。
台湾故宫博物院编：《宫中档光绪朝奏折》，台湾故宫博物院，1973—1975年版。
台湾故宫博物院编：《宫中档康熙朝奏折》，台湾故宫博物院，1976年版。
台湾故宫博物院编：《宫中档乾隆朝奏折》，台湾故宫博物院，1982—1987年版。
台湾故宫博物院编：《宫中档雍正朝奏折》，台湾故宫博物院，1977—1980年版。
（清）陶善著，弟子节钞：《琼楼吟稿节钞》，《新纂卍续藏》第62卷。
（清）通理述：《法华经指掌疏》，《新纂卍续藏》第33卷。

（清）通理述：《法华经指掌疏科文》，《新纂卍续藏》第 33 卷。
（清）通理述：《法华经指掌疏事义》，《新纂卍续藏》第 33 卷。
（清）通理述：《法华经指掌疏悬示》，《新纂卍续藏》第 33 卷。
（清）通理述：《金刚新眼疏经偈合释》，《新纂卍续藏》第 25 卷。
（清）通理述：《楞严经指掌疏》，《新纂卍续藏》第 16 卷。
（清）通理述：《楞严经指掌疏悬示》，《新纂卍续藏》第 16 卷。
（清）通理述：《圆觉经析义疏》，《新纂卍续藏》第 10 卷。
（清）通琇：《玉林禅师语录》，载《禅宗全书》，第 64 册，文殊文化有限公司 1990 年版。
（清）托津等奉敕纂：（嘉庆朝）《钦定大清会典》，载《近代中国史料丛刊》三编，第 631—640 册，文海出版社有限公司 1991 年版。
（清）托津等奉敕纂：（嘉庆朝）《钦定大清会典事例》，载《近代中国史料丛刊》三编，第 641—700 册，文海出版社有限公司 1991 年—1992 年版。
（清）卍莲述：《净土证心集》，《新纂卍续藏》第 62 卷。
（清）王耕心衷论：《摩诃阿弥陀经衷论》，《新纂卍续藏》第 22 卷。
（清）王起隆述：《般若心经大意》，《新纂卍续藏》第 26 卷。
（清）王起隆述：《金刚经大意》，《新纂卍续藏》第 25 卷。
王云五主编：《清朝通典》，载《十通》第三种，商务印书馆，民国二十四年（1935）版。
王云五主编：《清朝通志》，载《十通》第六种，商务印书馆，民国二十四年（1935）版。
王云五主编：《清朝文献通考》，载《十通》第九种，商务印书馆，民国二十五年（1936）版。
王云五主编：《清朝续文献通考》，载《十通》第十种，商务印书馆，民国二十五年（1936）版。
（清）闻性道、释德介：《天童寺志》，载《中国佛寺史志汇刊》，第 1 辑，第 13 册，明文书局 1980 年版。
（清）翁春、王锡琯解释：《金刚经浅解》，《新纂卍续藏》第 25 卷。
（清）无是注解：《金刚经如是解》，《新纂卍续藏》第 25 卷。
（清）悟开述：《净业知津》，《新纂卍续藏》第 62 卷。

（清）悟开著：《念佛百问》，《新纂卍续藏》第 62 卷。
（清）西宗集注：《水忏科注》，《新纂卍续藏》第 74 卷。
（清）夏道人集：《大准提菩萨焚修悉地忏悔玄文》，《新纂卍续藏》第 74 卷。
（清）谢承谟注释：《般若心经易解》，《新纂卍续藏》第 26 卷。
（清）谢承谟注释：《金刚经易解》，《新纂卍续藏》第 25 卷。
（清）信庵辑：《修西辑要》，《新纂卍续藏》第 62 卷。
（清）行策述：《宝镜三昧本义》，《新纂卍续藏》第 63 卷。
（清）行策会编：《金刚经疏记会编》，《新纂卍续藏》第 25 卷。
（清）行策著：《净土警语》，《新纂卍续藏》第 62 卷。
（清）行策撰：《楞严经势至圆通章解》，《新纂卍续藏》第 16 卷。
（清）行策定：《起一心精进念佛七期规式》，《新纂卍续藏》第 62 卷。
（清）行海述：《禅宗指掌》，《新纂卍续藏》第 65 卷。
（清）行敏述：《般若心经如是经义》，《新纂卍续藏》第 26 卷。
（清）行敏述：《般若心经注讲》，《新纂卍续藏》第 26 卷。
（清）行敏述：《金刚经如是经义》，《新纂卍续藏》第 25 卷。
（清）行敏述：《金刚经注讲》，《新纂卍续藏》第 25 卷。
（清）行盛著，超记录：《禅林宝训拈颂》，《新纂卍续藏》第 64 卷。
（清）行悦集：《列祖提纲录》，《新纂卍续藏》第 64 卷。
（清）行舟说：《八识规矩浅说》，《新纂卍续藏》第 55 卷。
（清）行舟注：《八识规矩颂注》，《新纂卍续藏》第 55 卷。
（清）性聪：《明觉聪禅师语录》，载《禅宗全书》，第 63 册，文殊文化有限公司 1990 年版。
（清）性起述：《金刚经法眼悬判疏钞》，《新纂卍续藏》第 25 卷。
（清）性起述：《金刚经法眼注疏》，《新纂卍续藏》第 25 卷。
（清）性起论释，善漳等录：《唐玄奘法师八识规矩母颂》，《新纂卍续藏》第 55 卷。
（清）性权记：《天台四教仪注汇补辅宏记》，《新纂卍续藏》第 57 卷。
（清）性统编：《三山来禅师五家宗旨纂要》，《新纂卍续藏》第 65 卷。
（清）性音重编：《禅宗杂毒海》，《新纂卍续藏》第 65 卷。
（清）徐昌治解：《般若心经解》，《新纂卍续藏》第 26 卷。
（清）徐昌治著：《法华经卓解》，《新纂卍续藏》第 32 卷。

（清）徐昌治纂：《金刚经会解了义》，《新纂卍续藏》第 25 卷。
（清）徐法诠次：《金刚经郢说》，《新纂卍续藏》第 25 卷。
（清）徐槐廷解义：《般若心经解义》，《新纂卍续藏》第 26 卷。
（清）徐槐廷述：《金刚经解义》，《新纂卍续藏》第 25 卷。
（明）袾宏疏钞，（清）徐槐廷撷：《阿弥陀经疏钞撷》，《新纂卍续藏》第 22 卷。
（清）续法录注：《阿弥陀经略注》，《新纂卍续藏》第 22 卷。
（清）续法集：《八大人觉经疏》，《新纂卍续藏》第 37 卷。
（清）续法述：《般若心经理性解》，《新纂卍续藏》第 26 卷。
（清）续法述：《般若心经事观解》，《新纂卍续藏》第 26 卷。
（清）续法会编：《大乘起信论疏笔削记会阅》，《新纂卍续藏》第 45 卷。
（清）续法识：《大乘起信论疏科文》，《新纂卍续藏》第 45 卷。
（清）续法集：《法界宗莲花章》，《新纂卍续藏》第 58 卷。
（清）续法释：《佛顶尊胜陀罗尼经释》，《新纂卍续藏》第 23 卷。
（清）续法集：《观无量寿经直指疏》，《新纂卍续藏》第 22 卷。
（清）续法述：《观自在菩萨如意心陀罗尼咒经略疏》，《新纂卍续藏》第 23 卷。
（清）续法集：《华严镜灯章》，《新纂卍续藏》第 58 卷。
（清）续法集：《楞严经势至圆通章疏钞》，《新纂卍续藏》第 16 卷。
（清）续法题：《起信论释教义中诠真妄生灭法相之图》，《新纂卍续藏》第 45 卷。
（清）续法识：《起信论疏记会阅缘起》，《新纂卍续藏》第 45 卷。
（清）续法述：《四十二章经疏钞》，《新纂卍续藏》第 37 卷。
（清）续法集：《贤首五教断证三觉拣滥图》，《新纂卍续藏》第 58 卷。
（清）续法集录：《贤首五教仪》，《新纂卍续藏》第 58 卷。
（清）续法集：《贤首五教仪开蒙》，《新纂卍续藏》第 58 卷。
（清）杨文会略注：《大宗地玄文本论略注》，《新纂卍续藏》第 46 卷。
（清）一松讲录，广和编定：《法华经演义》，《新纂卍续藏》第 33 卷。
（清）伊桑阿等纂修：（康熙朝）《大清会典》，载《近代中国史料丛刊》三编，第 711—730 册，文海出版社有限公司 1992 年、1993 年版。
（清）仪润证义：《百丈丛林清规证义记》，《新纂卍续藏》第 63 卷。
（明）智旭集，（清）仪润、陈熙愿增订：《在家律要广集》，《新纂卍续藏》第 60 卷。

（清）雍正帝：《御录经海一滴》，中国社会科学出版社 2004 年版。
（清）雍正帝：《御录宗镜大纲》，中国社会科学出版社 2004 年版。
（清）雍正帝：《御选语录》，《新纂卍续藏》第 68 卷。
（清）雍正帝制：《御制拣魔辨异录》，《新纂卍续藏》第 65 卷。
（清）永光敬录：《华严经三十九品大意》，《新纂卍续藏》第 9 卷。
（清）永光录集：《华严经纲目贯摄》，《新纂卍续藏》第 9 卷。
（清）虞执西、严培西同录：《云栖净土汇语》，《新纂卍续藏》第 62 卷。
（清）俞行敏重辑：《净土全书》，《新纂卍续藏》第 62 卷。
（清）俞樾注：《金刚经注》，《新纂卍续藏》第 25 卷。
（清）俞樾著：《金刚经订义》，《新纂卍续藏》第 25 卷。
（民国）喻谦：《新续高僧传》，载《大藏经补编》，第 27 册，华宇出版社 1986 年版。
（清）元奇书：《盂兰盆经略疏》，《新纂卍续藏》第 21 卷。
（清）允禄等监修：（雍正朝）《大清会典》，载《近代中国史料丛刊》三编，第 761—790 册，文海出版社有限公司 1994 年、1995 年版。
（清）允祹等奉敕撰：（乾隆朝）《钦定大清会典》，影印文渊阁《四库全书》，第 619 册，台湾商务印书馆 1986 年版。
（清）张师诚著：《径中径又径》，《新纂卍续藏》第 62 卷。
张伟仁主编：《“中央”研究院历史语言研究所现存清代内阁大库原藏明清档案》，台湾联经出版事业公司 1986—1995 年版。
（清）张文嘉较定，张文宪参阅：《禅林宝训合注》，《新纂卍续藏》第 64 卷。
（清）张渊述：《念佛起缘弥陀观偈直解》，《新纂卍续藏》第 62 卷。
（清）照莹集：《净业痛策》，《新纂卍续藏》第 62 卷。
（清）真嵩述：《阿弥陀经摘要易解》，《新纂卍续藏》第 22 卷。
（清）真益愿纂述：《劝修净土切要》，《新纂卍续藏》第 62 卷。
（清）真在编，机云重续：《径石滴乳集》，《新纂卍续藏》第 67 卷。
（清）郑澄德、郑澄源注：《阿弥陀经注》，《新纂卍续藏》第 22 卷。
（清）郑韦庵述：《持名四十八法》，《新纂卍续藏》第 62 卷。
（清）咫观记：《法界圣凡水陆大斋法轮宝忏》，《新纂卍续藏》第 74 卷。
（清）咫观述：《法界圣凡水陆大斋普利道场性相通论》，《新纂卍续藏》第 74 卷。

（清）智铨述：《法华经玄签证释》，《新纂卍续藏》第 28 卷。
（清）智素补遗：《成唯识论音响补遗》，《新纂卍续藏》第 51 卷。
（清）智素科：《成唯识论音响补遗科文》，《新纂卍续藏》第 51 卷。
（清）智祥述：《禅林宝训笔说》，《新纂卍续藏》第 64 卷。
（清）智祥排：《法华经授手科》，《新纂卍续藏》第 32 卷。
（清）智祥集：《法华经授手》，《新纂卍续藏》第 32 卷。
（清）治兆辑：《清珠集》，《新纂卍续藏》第 62 卷。
（清）智证录：《慈悲水忏法随闻录》，《新纂卍续藏》第 74 卷。
中国第一历史档案馆编：《康熙朝汉文朱批奏折汇编》，档案出版社 1984 年、1985 年版。
中国第一历史档案馆编：《康熙朝满文朱批奏折全译》，中国社会科学出版社 1996 年版。
中国第一历史档案馆编：《乾隆朝上谕档》，档案出版社 1991 年版。
中国第一历史档案馆编：《雍正朝汉文谕旨汇编》，广西师范大学出版社 1999 年版。
中国第一历史档案馆编：《雍正朝汉文朱批奏折汇编》，江苏古籍出版社 1989 年至 1991 年版。
中国第一历史档案馆译编：《雍正朝满文朱批奏折全译》，黄山书社 1998 年版。
中国第一历史档案馆、中国社会科学院历史研究所译注：《满文老档》，中华书局 1990 年版。
（清）仲之屏纂注：《般若心经注疏》，《新纂卍续藏》第 26 卷。
（清）仲之屏汇纂：《金刚经注正讹》，《新纂卍续藏》第 25 卷。
（清）周克复纂：《净土晨钟》，《新纂卍续藏》第 62 卷。
（清）周梦颜汇集：《西归直指》，《新纂卍续藏》第 62 卷。
（清）周上智录出：《高王观音经注释》，《新纂卍续藏》第 35 卷。
（清）周思仁述：《戒杀四十八问》，《新纂卍续藏》第 60 卷。
（清）周思仁辑：《启信杂说》，《新纂卍续藏》第 62 卷。
（清）朱寿朋编：《光绪朝东华录》，中华书局 1958 年版。
（乾隆朝）《钦定大清会典则例》，影印文渊阁《四库全书》，第 620—625 册，台湾商务印书馆 1986 年版。

《清实录》，中华书局 1985 年至 1987 年版。
《超宗慧方禅师语录》，《新纂卍续藏》第 69 卷。
《慈悲地藏菩萨忏法》，《新纂卍续藏》第 74 卷。
《慈悲水忏法》，《大正藏》第 45 册。
《大沙门百一羯磨法》，《大正藏》第 23 册。
《佛教碑帖集成》，载《现代佛学大系》，第 11 册，弥勒出版社 1983 年版。
《高峰大师语录》，《新纂卍续藏》第 70 卷。
《观自在菩萨如意轮咒课法》，《大正藏》第 46 册。
《华严海印道场九会请佛仪》，《新纂卍续藏》第 74 卷。
《华严道场起止大略》，《新纂卍续藏》第 74 卷。
《孔雀尊经科仪》，《新纂卍续藏》第 74 卷。
《瑯琊慧觉禅师语录》，《新纂卍续藏》第 69 卷。
《礼法华经仪式》，《大正藏》第 46 册。
《历代法宝记》，《大正藏》第 51 册。
《略法华三昧补助仪》，《大正藏》第 46 册。
《菩提心义》，《大正藏》第 46 册。
《普庵印肃禅师语录》，《新纂卍续藏》第 69 卷。
《神僧传》，《大正藏》第 50 册。
《石霜楚圆禅师语录》，《新纂卍续藏》第 69 卷。
《石溪心月禅师杂录》，《新纂卍续藏》第 71 卷。
《死心悟新禅师语录》，《新纂卍续藏》第 69 卷。
《四家语录》，《新纂卍续藏》第 69 卷。
《天目中峰广慧禅师语》，《新纂卍续藏》第 70 卷。
《往生西方净土瑞应传》，《大正藏》第 51 册。
《消灾延寿药师忏法》，《新纂卍续藏》第 74 卷。
《续传灯录》，《大正藏》第 51 册。
《序听迷诗所经》，《大正藏》第 54 册。
《雪庵从瑾禅师颂古》，《新纂卍续藏》第 69 卷。
《游方记抄》，《大正藏》第 51 册。
《真心直说》，《新纂卍续藏》第 64 卷。

（隋）灌顶撰，（唐）湛然再治，（日）本纯分会：《涅槃经会疏》，《新纂卍续藏》第36卷。

（唐）明旷记，（日）辩才会：《金刚錍论私记》，《新纂卍续藏》第56卷。

（唐）道宣疏，（宋）元照述，（日）禅龙合会：《四分律羯磨疏济缘记》，《新纂卍续藏》第41卷。

〔日〕道忠编：《古尊宿语录目录》，《新纂卍续藏》第68卷。

〔日〕道忠编：《古尊宿语要目录》，《新纂卍续藏》第68卷。

〔日〕道忠编：《续古尊宿语录目录》，《新纂卍续藏》第68卷。

〔日〕东晙辑：《黄龙慧南禅师语录续补》，《大正藏》第47册。

〔日〕海寿编次：《古林和尚拾遗偈颂》，《新纂卍续藏》第71卷。

（宋）允堪述，〔日〕慧光合：《净心诫观发真钞》，《新纂卍续藏》第59卷。

（宋）了然述，〔日〕慧光合：《释门归敬仪通真记》，《新纂卍续藏》第59卷。

（唐）道宣撰，（宋）元照述，〔日〕慧门等分会：《四分律行事钞资持记》，《新纂卍续藏》第43、44卷。

〔日〕慧印校：《抚州曹山元证禅师语录》，《大正藏》第47册、《新纂卍续藏》第69卷。

〔日〕慧印校：《筠州洞山悟本禅师语录》，《大正藏》第47册、《新纂卍续藏》第69卷。

〔日〕及藏主集录：《即休契了禅师拾遗集》，《新纂卍续藏》第71卷。

（唐）道宣撰，（宋）元照述，〔日〕即静分会：《四分律含注戒本疏行宗记》，《新纂卍续藏》第39、40卷。

（宋）慧显集，〔日〕戒月改录：《行事钞诸家记标目》，《新纂卍续藏》第44卷。

（宋）元照述，〔日〕良信合：《释门章服仪应法记》，《新纂卍续藏》第59卷。

（宋）本如述，处咸续解，〔日〕亮润分会：《普贤观经义疏》，《新纂卍续藏》第35卷。

（隋）智说，（宋）知礼述，〔日〕实乘分会：《观音经玄义记会本》，《新纂卍续藏》第35卷。

（隋）智说，（宋）知礼述，〔日〕实乘分会：《观音经义疏记会本》，《新纂卍续藏》第35卷。

（隋）灌顶撰，（唐）道暹撰，〔日〕守笃分会：《涅槃经玄义文句》，《新纂卍续藏》第36卷。

〔日〕玄契编:《抚州曹山本寂禅师语录》,《大正藏》第47册。

二、现代著述

曹仕邦:《中国佛教译经史论集》,东初出版社1990年版。

陈垣:《明季滇黔佛教考》,河北教育出版社2000年版。

陈垣:《清初僧诤记》,上海书店出版社1992年版。

陈垣:《释氏疑年录》,载《现代佛学大系》,第3册,弥勒出版社1982年版。

陈垣:《中国佛教史籍概论》,上海书店出版社2001年版。

杜继文主编:《佛教史》,江苏人民出版社2008年版。

杜继文、魏道儒:《中国禅宗通史》,江苏古籍出版社1993年版。

方广锠主编:《藏外佛教文献》第1—10辑,宗教文化出版社1995—1998年、2000年、2003年、2008年版。

方立天:《佛教哲学》,长春出版社2006年版。

方立天:《中国佛教与传统文化》,上海人民出版社1988年版。

方立天:《中国佛教哲学要义》,中国人民大学出版社2005年版。

郭朋:《明清佛教》,福建人民出版社1982年版。

洪修平:《中国禅学思想史》,中国人民大学出版社2007年版。

胡适等:《禅宗的历史与文化》,新潮社文化事业公司1991年版。

江灿腾:《晚明佛教丛林改革与佛学之争辩之研究》,新文丰出版公司1990年版。

赖永海:《佛学与儒学》,浙江人民出版社1992年版。

赖永海:《中国佛教文化论》,中国青年出版社1999年版。

赖永海:《中国佛性论》,中国青年出版社1999年版。

李富华、何梅:《汉文佛教大藏经研究》,宗教文化出版社2003年版。

龙显昭主编:《巴蜀佛教碑文集成》,巴蜀书社2004年版。

吕澂:《中国佛学源流略讲》,中华书局1979年版。

吕建福:《中国密教史》,中国社会科学出版社1995年版。

麻天祥:《晚清佛学与近代社会思潮》,文津出版社1992年版。

潘桂明:《中国禅宗思想历程》,今日中国出版社1992年版。

阮仁泽、高振农主编:《上海宗教史》,上海人民出版社1992年版。

释圣严:《明末佛教研究》,东初出版社1992年版。

苏晋仁：《佛教文化与历史》，中央民族大学出版社 1998 年版。
苏渊雷：《佛教与中国传统文化》，湖南教育出版社 1992 年版。
汤一介：《佛教与中国文化》，宗教文化出版社 1999 年版。
王居恭：《华严经及华严宗漫谈》，中国书店 1997 年版。
王治心：《中国宗教思想史大纲》，东方出版社 1996 年版。
魏道儒：《宋代禅宗文化》，中州古籍出版社 1993 年版。
魏道儒：《中国华严宗通史》，江苏古籍出版社 1998 年版。
谢重光、白文固：《中国僧官制度史》，青海人民出版社 1990 年版。
严耀中：《江南佛教史》，上海人民出版社 2000 年版。
杨曾文：《中国佛教史论》，中国社会科学出版社 2002 年版。
印顺：《中国禅宗史》，江西人民出版社 1999 年版。
张曼涛主编：《现代佛教学术丛刊》，大乘文化出版社 1977 年版。
中国佛教协会编：《中国佛教》（1—4 册），东方出版中心 1980 年、1982 年、1989 年版。
〔日〕长谷部幽蹊：《明清佛教史序说》，新文丰出版公司 1976 年版。
〔日〕道端良秀：《中国佛教史》，东京：1948 年版。
〔日〕高雄义坚：《中国佛教史论》，京都：1952 年版。
〔日〕忽滑谷快天：《中国禅学思想史》，朱谦之译，上海古籍出版社 2002 年版。
〔日〕矢吹庆辉编：《三阶教残卷》，载《现代佛学大系》第 1 册，弥勒出版社 1982 年版。
〔日〕伊藤猷典编：《碧岩集宝本》，载《现代佛学大系》第 9 册，弥勒出版社 1982 年版。

《中华佛教史》后记

◎汤一介

1999 年冬，山西教育出版社约请季羡林先生主编一套多卷本《中华佛教史》。其时，季先生年近九十，因身体的原因，季先生向出版社提出由他与我共同主编。我虽对中国佛教史稍有涉猎，但并无深入研究，为了帮助季先生实现编著《中华佛教史》的意愿，我答应了。自 2000 年起，我们开始组织编写队伍，又花了一年多的时间经多次与作者共同讨论，就《中华佛教史》的框架和编写体例达成了共识。我们认为，现有的中国佛教史著作多为汉地佛教，而且往往只写佛教思想，这次我们是否可以编写出一套有特色的佛教史，把我国多个受佛教影响的民族的佛教历史也包含在内，这样也许更有意义。为了与过去的《中国佛教史》有所区别，我们把这部佛教史定名为《中华佛教史》，此点季先生在本书的总序中已有说明。

原来我们讨论编写的《中华佛教史》共分十三卷：一、汉魏两晋南北朝佛教史卷；二、隋唐五代佛教史卷；三、宋元明清佛教史卷；四、近代佛教史卷；五、佛教文学卷；六、佛教美术卷；七、西藏佛教史卷；八、西夏佛教史卷；九、云南上部座佛教史卷；十、西域佛教史卷；十一、敦煌佛教史卷；十二、中韩佛教交流史卷；十三、中国佛教东传日本史卷。后季先生自 2003 年起因身体原因长期住在医院，我又担任了教育部哲学社会科学重大攻关研究项目“儒藏编纂与研究”的首席专家，加之各卷作者的教学与其他研究任务繁忙，因此《中华佛教史》的进度较慢。自 2004 年开始有作者交稿，至 2012 年已交十卷，敦煌卷、西域卷、西夏卷因各种原因而无法继续写作。现在完成的是以下十卷，即汉魏两晋南北朝佛教史卷、隋唐五代佛教史卷、宋元明清佛教史卷、近代佛教史卷、佛教文学卷、佛教美术卷、云南上部座佛教史卷、西藏佛教史卷、中韩佛教交流史卷、中国佛教东传日本史卷。为了稍稍弥补此套《中华佛教史》之不足，我征得季先生同意，从季先生的著作中把他所写的中国佛教论文编成一本《佛教史论集》，把它作为本书的最后一卷，一方面希望读者能了解季先生对“中华佛教史”总体上的把握，另一方面季先生的这本《论集》中包含着他对敦煌、吐鲁番以及西域地区佛教的若干看法，这或许对敦煌佛教、西域佛教的研究有所帮助。还需要说明一事，季先生曾为西域卷写了三万余字的书稿，但现在不知手稿在何处，故未及编入《论集》，希望以后能找到，供研究西域佛教的学者参考。把季先生的《佛教史论集》作为《中华佛教史》最后一卷，其他十卷顺序排列，这或者也可以说仍是一套稍具规模而与其他中国佛教史著述有所不同的研究著作。

由于我不是专门研究佛教史的专家，加之我晚年特别关注中国儒家哲学及其现代发展的可能性问题，因此没有可能把大力花在《中华佛教史》上，这是一件遗憾的事。学术研究是没有止境的，我相信一定会有更好的包含中华各民族佛教信仰的佛教史研究著作出现。这对凝聚中华民族为一体也有一定的意义。

#《中华佛教史》

总主编

季羡林

汤一介

《汉魏两晋南北朝佛教史卷》 张雪松

《隋唐五代佛教史卷》 洪修平

《宋元明清佛教史卷》 魏道儒

《近代佛教史卷》 麻天祥

《佛教文学卷》 孙昌武

《佛教美术卷》 金维诺

《西藏佛教史卷》 王尧

《云南上部座佛教史卷》 张公瑾 杨民康 戴红亮

《中韩佛教交流史卷》 魏常海

《中国佛教东传日本史卷》 杨曾文

《佛教史论集》 季羡林